中国佛教史研究

隋唐佛教への視角

藤善眞澄 著

法藏館

中国佛教史研究——隋唐佛教への視角——＊目次

第一篇

第二篇

凡　例

一、本書は故藤善眞澄先生の南北朝隋唐佛教史に関する論文を収める。収録範囲は既発表論文のうち、先生の既刊書に未再録のものを主な対象とした。

二、本書への収録にあたっては、努めて原文の複印を期したが、以下の点については統一および補記を行った。

・本文には現代の通用字体を、引用文および書名（史料名）にはいわゆる正字体を用いた。ただし固有名詞や任意の字についてはその限りではない。

・各章各節で初出の年号には西暦を補い、読者の便を図った。

・書名・史料名には『』「」を付した。また書名・史料名については、専門家以外の読者に配慮し、各章の初出箇所には具称を示した。

・誤字・脱字・衍字と判断されるものは適宜修正した。なお、引用文は『大正新脩大蔵経』をはじめ、著者が用いた資・史料をもって校正した。

・原文において典拠の記されていなかった引用文には適宜、典拠文献名等を補った。また『大正新脩大蔵経』からの引用文には『大正蔵』と略号し、巻数・頁数・段数を示した。

・本文・引用文とも問題が見られる箇所には、（編者註）を挿入の上、各章末尾に問題点と本書での対応を明示した。

・参照文献には、その初出掲載誌の他、その後の所収書などの情報をできるかぎり挙げた。

三、今日からみれば不適切と思われる表現があるが、論文発表時の時代背景および著者が故人であることなどを考慮し、原文のままとした。

中国佛教史研究

——隋唐佛教への視角——

第一篇

第一章　隋唐佛教への視角

はじめに

元来政治が一切に優先し、天命思想を背景とする帝王観をもち、君臣・父子・夫婦の秩序を強調する礼教主義や、さらには中華思想に彩られた中国社会に、それらをかなぐり捨て、世俗を越えて国家以外の世界を思慕する佛教が導入された。そこには原理をめぐり、あるいは形式を中心に、さまざまな葛藤が準備される。まさに佛教が中国社会に流布されるためには、多大の犠牲を払い、迂余曲折を経なければならなかったが、その過程を通じて近接調和がはかられ、佛教の変貌が余儀なくせしめられたことは否定できない。

このような近接調和を、また変貌を主体として、これまで中国佛教史の時代区分に関する仮説が組立てられてきた。中でも現在用いられる有力な説は、次の五区分法である。

一、伝訳時代……東晋道安まで
二、研究時代……南北朝まで
三、建設時代……唐中期まで
四、実行時代……北宋まで

五、継承時代……清まで

これには疑問もあるが、各時代の特色がよく把握されていると思われる。ただし、こと宗教に関するだけに、各方面からの検討が必要であり、またそのような試みも続けられている。それらの中で私が最も同意できるのは、佛教の伝来から右の区分の建設時代までを一括して、佛法の王法ないし国家権力への屈伏過程とみなすものであり、上述の区分などが佛教界の変遷のみに終始しがちなのに比べ、政治や社会さらに思想界へと幅広い展望を含む点が興味を引くのである。さりとて完全に承服するのではない。本章はこの把握の仕方に批判を加えつつ、隋唐佛教の性格を伺い、あわよくば新しい視点が生まれんことを念じて起稿したものである。試論の域にとどまるものではあるが、先学諸兄のご教示を懇望する次第である。

一　国家による僧団規制

六朝から隋唐におよぶ佛教史を概観するとき、国家による僧団の統制が次第に複雑、かつ峻厳な方向をたどった形迹が歴然としている。制度面からみれば、まず僧官の設置とそれに付随する僧尼科罪、僧尼所隷の問題をあげることができる。これらに関しては、宋の賛寧が『大宋僧史略』にかかげた専論を筆頭に、すでに幾多の研究がだされ、殆んど論じつくされた感があるが、(1)論を進める便宜上あえて必要な範囲で略述しておくことにする。

六朝時代に創始された僧官は、僧団が具体的に政治との関わりをもち、その拘束を受ける第一歩であったとみられるが、北朝の沙門統系と南朝における僧正系とでは性格上かなりの相違が認められる。前者は北魏太祖の皇始中（三九六～三九七）に監福曹がおかれ、趙郡の法果が道人統に就任して以来、監福曹を昭玄寺に改め、道人統を沙門統、僧統、沙門都統にかえるなど、名称の改変や員数の増減はあったが、中央に設けられた僧曹の長官として重きをなした。また地方州郡にもそれぞれ僧官が任ぜられ、中央に直属していたわけである。この制度は東西両魏に承けつがれ、さらに北周では昭玄三蔵、国三蔵といい、北斉では昭玄寺のもとに大統と統が各一名、都維那が三名のほか功曹、主簿などの俗官が配せられ、地方の僧曹を管轄するという、あたかも正規の官制かと見まがうほどに組織的なものであった。

一方南朝では、東晋安帝のころ、廬山の慧遠が制定したいわゆる「遠規」に基づいて組織せられたとみられる僧正と、後秦の姚興が僧団の拡大するに伴って偽濫が生ずるため、僧䂮を立てて国内僧主となし、僧遷を悦衆に、法欽・慧斌を僧録にしたのが南朝僧官の創始である。じらい僧主もしくは僧正の称が用いられ、多少の変貌をとげながらも、南朝を通じて中央・地方に存続したのである。すでに山崎宏氏が指摘されているように、南北両朝の僧官を比較すると、強力な国家統制の意図に出発した北朝系に対し、国家の権威がみだりに教界を攪乱することを懼れた慧遠が、自主的に制定した法規(2)に始まる南朝系とでは、内容・形式いずれにも著しい相違がある。僧官は北朝ではきわめて組織的であり、中央と地方との体系化が整然と行なわれたが、南朝では割拠的、分散的であった。換言すれば、教界を国家の統制下におくという意図は同じでも、南朝の僧団は割合自律性に恵まれていたが、北朝のそれはかなり強固な束縛をこうむっていたことになる。この相違は、そのまま両朝の政治力や社会の在り方に還元しうる性格のものと考えて無理からぬものである。

ついで隋代になると、初め北斉の制をうけて、開皇二年（五八二）に僧猛が隋国大統に、曇延が昭玄統となり、昭玄寺に三役が、地方にもそれに準ずる僧官が配置されたが、次第に僧官の内容に変化をきたし、沙門統のほか僧主・僧正など南北朝の僧官が雑然と用いられるに至った。この現象は隋王朝の文化統一事業の一端を表明するるともに、隋における僧官の重要性が薄れてきた結果とみられる。果たせるかな、開皇十年（五九〇）ごろから僧官は激減しはじめ、煬帝の治世におよんで、ついに歴史から姿を消すことになり、代って各寺院における寺主・上座・維那のいわゆる三綱が政治との交渉に携わるに至った。

かくて、六朝に淵源する僧官制度は終焉を迎えたわけで、以後、僧団の統制は完全に僧尼の手を離れ、中央官庁に直属して、純然たる俗官がこれを掌握することになる。それは隋唐における僧尼所隷の問題として注目されるが、大体唐では、崇玄署あるいは祠部へとしばしば所管を移したあげく、ついに安史の乱後には、宦官をもってあてられる功徳使が、僧団の事務を掌り、統制監視を行なうことになった(3)。

これまでかいまみた僧官制度の変遷は、初め偽濫の徒や徭役忌避の輩を排除して僧団を粛清し、ひいては佛法を真に宣揚するとの大義名分に発した努力のつみかさねである。とはいうものの、疑いもなく国家の支配を僧団にまで及ぼし、あわせて隋唐における官寺の建立に端的にみられるように、国家百年の計を翼賛させようとする意識のあらわれでもある。ここでは割愛するが、唐代までに成立した制度では、他に僧尼籍・度牒（得度）、僧尼給田など、幾多の重要な問題があって(4)、そのいずれをとってみても、従来、世俗との一切のきずなを断って国家支配の外にあった僧団を国家が統轄し、さらには僧団や寺院のワクをさえ突き破って僧尼を個別に掌握する、いわゆる個別人身支配の貫徹をもくろんだものといえる。つまり形式的に眺める限り、国家は僧尼を俗人とは異なる存在と一応認めながらも、地位・処遇に関しては、一般となんらの差別も設けなくなったことを意味する(5)。それが隋唐佛教の姿である。ただ、形の上だけではない。内容においても同様であったことは、僧尼の科罪に明確に示されているのである。

周知のごとく、僧尼律の開始は東晋の道安によって起草された「僧尼軌範」「佛法憲章」に遡ることができ、いわば道安の私的な法が、「天下の寺舍、遂に則りて之に從う」[6]ものとなった。ついで隆安三年（三九九）、慧遠が教団自粛のために広く条制を立てたいわゆる「遠規」が僧団統制の基準となり、南朝のみならず北朝にまで影響を及ぼした。今その内容を知るすべもないが、遠規成立の動機が桓玄による教団介入の企てを排除すると同時に、桓玄の提起した教団の紊乱という事実を認め、自らこれを粛清しようとする意図に発したのであるから、僧尼の過失や犯罪にはかなり厳格な取り締まり規定があったとみられる。けれども戒律に厳しく、佛法の統一性を貫こうとした道安の流れを汲む慧遠であるからには、その遠規は、やはり戒律に基づくものと思われ、それだけに教団の自主性が重んぜられたと推測される。

北朝にあっては、太和十七年（四九三）に沙門都統僧顕らが制定した「僧制四十七條」があり[7]、永平元年（五〇八）には、殺人以上の罪は俗法で処断し、他は昭玄寺に付して内律つまり戒律で治罪すべしとの勅令が出された。翌年には沙門統の恵深が経律に詳しい僧と制を立てたと奏し、その例文が若干残されている[8]。宣武帝が「緇素既に殊なれば、法律も亦異なる」といい、恵深が三綱らに命じておのおの戒律を修得させ、「咸《ことごと》く内禁に依らしめよ」と述べているのは、昭玄大統らにあらかた司法権が賦与されているのとあわせて、僧団の自律性を認め、最大限の譲歩が払われていた事実を示す。ところが東魏の時代、崔暹は僧尼のでたらめな行為が目にあまるため、「科條篇」を設け、法上を昭玄都に推して僧徒を取り締まらせたという[9]。崔暹は篤信の士で、当時御史中丞の位にあり、法制を掌っていた。この科条も不明であるが、従来の制では僧侶の不法行為が防ぎえないために制定されたのであるから、一般法の要素が多分に盛り込まれたことは間違いない。また北魏では、先の恵深も述べているように、僧官が「經律の法師と群議して制を立」て、西魏でも魏国大統の道臻が「大いに科條を立」[10]てたのであって、国家の司法官といえども僧団の自律的統制に介入するものではなかったから、崔暹の科条作成はその点でも一歩を進めたものといえよう。

北斉に置かれた昭玄十統は、法上とその法系に独占されていた。法上は東魏、北斉と約四十年にわたって大統の任にあり、令史五十人あまりを使い、二百万の僧尼に君臨して、皇室の帰依のもとに絶大な行政手腕をふるった。と同時に、法上系の洪遵が、これまた北斉に創設された佛教界の裁判官たる断事沙門の地位につき、「五衆の憲網に墜《おち》る者あれば、皆、內律に據って之を治す」ありさまとあっては、(11)前代にもまして僧官の権限は広く、まだしも僧団の自律性は残されていたと考えられる。ただし北周では、宗教行政は春官所属の典命および司寂などの俗官の手に移り、昭玄三蔵、国三蔵は権限を縮小されて、もっぱら斎礼、教導などを担当したにすぎないのは注目すべきである。この北周における行政と教導の分離は、隋唐の先駆となるもので、隋以後、僧官は機能を失い、やがて消滅することはすでに述べた。

一方、開皇十五年（五九五）に文帝は僧尼科罪のため、諸経典にみえる沙門を禁約する語を摘出し、『衆經法式』を勅撰したといわれる。これは佚して今に伝わらないが、従来のものより強固な制約が加えられたとみられている。(12)かくて唐代に及んで主客顚倒し、俗法にわずか内律を加味しただけの道僧格が整備され、それは唐律にも見いだせるように、一般と同等の律令が成立するのである。(13)

二　国家権力への隷属説批判

上に眺めてきた国家による僧団統制は、おおむね唐の中期までに完備されるが、それは冒頭に紹介した時代区分における建設時代の末期に相当するものである。従来これらの諸現象を、佛法の、王法や皇帝権力・国家権力への隷属、もしくは屈伏という形で把握されてきた。この方向は巨視的にみて決して誤りではない。しかし、よく考えてみると、次のような疑問を抱かざるをえないのである。

まず王法との対峙は「普天の下、王土に非ざるはなく」また「率土の賓、王臣に非ざるはなき」帝王観と、世俗を越えその世俗を包摂する世界観との相克が前提にある。この次元の争いに置きかえられる原理闘争は、東晋成帝のときに提起された庾冰の礼敬問題によって表面化し、ついで桓玄と慧遠の間に論難が往復され、結果は慧遠の主張を桓玄が容認することで落着したことは周知のとおりである。この問題に関して板野長八氏が、王者を拝礼しないという態度を教団が貫徹できたのは、王者の寛容によるだけで、むしろ王者・王道は沙門・佛道を包摂するものとして設定されたと解釈されるのに対して、(14)島田虔次氏は板野説を批判され、それは伝統的な帝王観もしくは王者の絶対的権力が領土全体におよぼされたという観念を前提にする解釈であり、王権拡充の線にそって生まれた政策とみる限り、板野説は自ら矛盾撞着をきたすものとして、落着の要因は王者の寛容ではなく王者の実力不足によると論破された。(15)確かに伝統的な帝王観をもってするならば、革命前夜、並々ならぬ意気ごみで臨んだ桓玄が、いかに非難抵抗を受けようとも、いまさら寛容さを示すはずもなく、やはり理論に屈し、自己の意図どおりに強行しえない政治的、社会的な要因が背後にあったとみるのが穏当であろう。

それはさておき、礼敬問題は原理をめぐる対立には違いないが、私が疑問とするのは、礼敬問題をもっぱら佛法という概念だけからとらえ、これを佛法そのものの問題として把握すべきかどうかである。元来佛教は佛・法・僧のいわゆる三宝からなり、三位一体の関係にあることは論をまたず、僧イコール佛法と規定してよいであろう。しかし中国においては、桓玄の主張はいわずもがな、歴代皇帝の願文をはじめ僧団統制の詔勅などを通覧する限り、とかく佛・法と僧を分離する傾向があると思われる。この点はなお検討を要するもので速断は避けたいが、僧団掌握の体制を完備した玄宗にあっても佛法を敬信することに変りはなく、廃佛毀釈を断行した北周武帝でさえ、僧徒に対して真の大乗佛教を宣揚するための措置だといわしめている。これらを単なる外交辞令もしくは佛・法を支配力に利用するための方便とみるむきもあろうが、最大に割引いても、佛・法と僧団とを明確に区別し、僧団と切り離された佛法だけは広大無辺のものである、と容認する立場だと思われる。このようにみれば、礼敬問題も、あくまで三位一体を遵守しようとする僧団と、分離をもくろむ王者との対立抗争ともいえるのである。要するに私が主張したいのは、王者に隷属せしめられたのは僧団であって、必ずしも佛・法ではないという点につきる。

つぎに従来王法とか王権、国家権力という言葉が用いられるが、その概念がきわめてあいまいである。おおむね、伝統的な帝王観をもって王法と定義されているようであるが、それは万代不易の、理想の帝王像にほかならず、その帝王観の前にあっては礼敬問題はもちろん、僧団の王権に対する隷属、屈伏などを論ずること自体が、全く意味をなさない。かかる論が成り立つためには、やはり理想の帝王像と現実との乖離が叫ばれねばならず、乖離するところにこそ、問題が生ずるともいえよう。いかなる皇帝も理想の帝王たらんと努めたには違いないが、目的を達成するためには、政・経の充実、軍事力、支配組織の拡充、さらには民心の掌握がなければならない。これらを総合した結果生まれてくるものが皇帝権力であり、国家権力ではあるまいか。従ってそれには強弱が伴い、時代によって変動が生ずるのもまた当然である。もし唐代までを教団の屈伏過程として把握するならば、おのずと、東晋より宋、梁、北魏より東西両魏へと、もしくは南北朝から隋・唐へと支配力浸透度の強化、権力の強大化が明確に位置づけられる必要がある。

確かに教団に対する統制は時代とともに微をきわめ細にわたってきた。けれども如上の諸点を考慮すれば、教団規制のみで俗権への隷属と安易に片付けてよいかどうか、いささか疑問を覚える。一般に律令・制度は国家支配の一翼を荷うものであっても、必ずしも単独に国家権力そのものを意味するものではなく、権力の強弱いかんに関わりなく整備、拡充される一面もあわせもつと思われる。教団制度にだけ終始するならば、むしろ官制の発達、律令体制の発展過程の一環としてのみ把える方が無難であり、またふさわしいであろう。むろん私とて教団制度を無視するわけではない。ただ三武一宗をはじめ、幾多の法難を経験した反面、その直後には以前にも勝る篤信の皇帝、教界の繁栄をみたように、教団の地位の上下を刻々と変化する外部条件のみで論断することの危険性を強調したいのである。私はさきに礼敬問題をとりあげて、唐の玄宗朝に「沙門はまさに君と親を拝すべし」との儀が成立したと論証したが[16]、この原理をめぐる争いが僧制ともども成立したからという一事をもって、僧団が皇帝権に屈伏したとみなすべきであるとは思わない。佛法の権威は帰依するものの信仰によって存在するように、外部条件に対する僧団の反応、つまり僧団自らが外圧のもとに安住するか、もしくは積極的に国家の政策に参加協力し阿諛追随するところにこそ、権力の是認があり、権力への屈伏があるとみるべきで、本章の目的もまさにここにある。したがって、これより以下『梁高僧傳』『唐高僧傳』を中心に僧徒の言行をさぐり、さらに撰者の慧皎と道宣の立場を比較しつつ、国家権力と教団との関係について検討を加えてみることにする。

三　南朝教団の立場

陳留の阮瞻、潁川の庾凱らと塵外の交わりを結び、世に八達と称された東晋の支孝龍は、晋王朝の興隆した時世に、なぜ沙門は僧衣を脱ぎ捨てて美しい着物をまとわないのかと、ある人に嘲られた。支孝龍の答えはこうであった。きみは髪をそり容姿を粗末にする者を辱しめるが、沙門は世人が栄誉とする一切を棄て、道を抱いて逍遥し、ただ寂念を守って誠を致すから「貴を心《おも》う無くして愈々《いよいよ》貴く、足るを心う無くして愈々足る」のだと。この支孝龍の応対ぶりは、儒家的立場からする佛教批判に対して反駁する場合の常套手段であって、当時のみならず、後世の僧においても多く発せられる、いわば出家者として当然の主張にすぎない。にもかかわらず、『梁高僧傳』において特筆されねばならない必然性は、少なくとも内容の深みにあるのではなく、清談者流の当意即妙ぶりを強調することにあり、慧皎が「其の機辨の時に適《かな》うこと、皆《すべ》て此の類なり」と付言するのも、その意味である。(17) 慧皎は支遁の伝をはじめ、全編いたるところに同様な清談的雰囲気を盛り込み、方外の生活にあけくれる軽妙洒脱な僧徒の言行を載せている。これは東晋以来、彼の生きた南朝社会がかかる徒輩の跳梁する時代であったことと、慧皎自身がそれらの生きかたに共鳴したことが、なによりも大きな原因であろう。

廬山の慧遠に代表される国家に超然たる教団のありかたは、南朝のみならず、隋唐にまでも脈々と承けつがれている。桓玄の礼敬問題に際して憤然として呉郡に還り、桓玄の招きにも応ぜず、人事を絶ち道を講じて死んだ道祖はいわずもがな、天子にまみえるよう袁粲に勧められても、「貧道は方外の人なり。豈に宜しく天子と同趣すべけんや」と拒絶した曇斌、さらに劉裕の北伐に同行を求められた慧厳が「貧道は事外の人なれば、敢て命を聞かず」と肯んじなかった例など、世外に遊歩する傲岸の士を多く列挙している。(18) 我々は、そのより具体的な姿を道壹に見いだすことができる。

道壹は、道安と同門の法汰の門下で、晋の簡文帝に知遇をうけた法門の逸材であるが、帝の死後、虎丘山にいた彼も、丹陽尹が都に還るよう強要したのに答えて、「唐虞の時代には逸民でもその性を奪うことはなかった。徳は無外にあまねく、佛法を崇礼する大晋の世ではなおさらである」とし、佛徒は「愛を割き欲を棄て、心を清玄に洗い、期を曠世に遐かにする」が故に、道は常の隠者より深いのである。志は慈悲救済にある。さればこそ雲水の生活に従い、道法のみこれ務めとするのだ、と説く(19)。

今若し其の屬籍を責め、役を編戸に同じうすれば、恐らく遊方の士は聖世を望崖《みかぎ》り、輕擧の徒は長往して反らず、盛明の風を虧き、主相の旨を謬《そこな》わん。且つ荒服の賓は天臺に關わる無く、幽藪の人は王府に書せず云々。（『大正蔵』五〇・三五七ａ）(編者註1)

この答えは、簡文帝のとき、僧籍作成の企てがあったことを示すとともに、逸民を例にとって僧の殊域性を説く、僧徒の格義的な傾向を知るよすがとなる。このように殊域の人、荒服の賓であるからには国家の埒外にあり、国家統制の寸尺の介入をも認めないとする僧団の意識が強く、国家に超然たる不羈の士を理想像とし、ひいてはそれが護法につながるとみる気風が漲っていたのである。

梁の武帝がひき起こした御座の法と白衣僧正をめぐる論争は、南朝末の佛教の性格を示すものとして注目される。この御座の法は、僧徒に宮闕を開放し遊践するにまかせていた武帝が、とつじょ沙門の昇降を禁じた事件である。そのとき智蔵はこれをきいて、勃然と色をなして正殿に上り、法座にいすわったまま、

貧道《わたし》は昔、吳中の顧郎たりしときすら、尙、御榻に慙じず。況んや復た迺ち定光を祖とし金輪の釋子なるをや。檀越《てんし》よ、若し貧道を殺さば卽《ただ》ちに殺せ。生を受くるの處無きを慮らず。（『大正蔵』五〇・四六六ａ）

と抗言し、武帝は屈して遂に御座の法を撤回したといわれる。また白衣僧正の論争は、僧団の腐敗に悩んだ武帝が、自ら僧官となり、「佛が國王に付囑す」の理論をひいて僧団を統御しようとしたものである。これも「佛法の大海は俗人の知るところに非ず」とする智蔵の主張に、武帝はまたも詔勅を停止せざるをえなかった(20)。撰者道宣も「斯れ天子を跨略し、釋門を高岸にす、皆て此の類なり」と驚嘆するように、天子をなみする智蔵の言動は、隋唐時代になれば想像すらできないほどの強い一面をもつ。その是非はともかく、智蔵が後に教団の猥雑ぶりを認め、如来

の戒律を遵守して綱紀をひきしめるべきことを門弟に説くくだりは、廬山の慧遠を彷彿させるものがある。彼が「僧正は但に益なきのみに非ず。損を爲すこと弘《はなは》だ多し」と述べて、僧官佛教を否定することと併せ考えれば、国家の介入を排除し、あくまで逍遥の士で終るためには、戒律の厳守以外に道はないとするものであろう。

倨傲ともみえる智蔵が僧官佛教を問題とするとき、すでに国家統制の重圧を意識するともいえるが、事実、彼自身ひそかにそれを恐れていた。ある人が、万乗の怒りを買えば夷滅の危険がある、と忠告したのに対して、「此れ實に畏るべし。但し吾れ年老いたり。縱《たと》い復た旨を荷いて附會するも、終《つい》に長生せず。然れども死は本より惜しまざる所、故に之に安んずるのみ」と答えている。初め武帝の僧正就任に賛成の署名を求められたとき、「盛哲の敢えて抗する者なく、皆、然りとして筆を投じ」(編者註2)、また論争の最中に、智蔵の傍若無人ぶりに色をなした武帝をみて、満座の諸僧は震えおののき、あい携えて武帝に懇願した。ところが、かえって武帝から冷笑される。「諸法師は大丈夫に非ず。意は實に同じからざるに、言は則ち異ならず。弟子は向《さき》ごろ藏法師と碩《いた》く諍《あらそ》えり。而るに、諸法師は默然として助けらるる者なし。豈に意は不同に在るに非ずや」と。制令の適用は僧団の意志に関わりなしに強行されるが、教団の危機は同じく存在するとしても、教団がそれを緘默するか否か、皇帝の威に阿諛追随するか身を挺して抗うかに、教団の運命を決し沙門の独自性を保ちうる鍵がひそむのだと、むしろ武帝によって指摘されているにほかならない。いずれにしろ、南朝社会にもようやく国家の介入を容認し屈伏する沙門が増大した傾向は見のがせないのである。

梁の大同十二年(五四六)、唯識などの新教を弘めんとして中国に渡った真諦が、建元寺の僧宗や慧愷に招かれて建業に還ろうとしたとき、楊都の碩望は武帝に「言は治術に乖《そむ》き、國風を蔽う有り」と述べて、真諦を国外に配流すべきだと奏した。(21) これは中国人の佛教がインド・西域の佛教を取捨選択するまでに成長したことを示すが、また道宣が洞察するように、「時栄を奪わるるを恐れ」た不純な動機が秘められていることも否定できない。国家に益なしとの理由で、しかも皇帝の威をかりて真諦の退去を請う沙門こそ、国家意識、換言すれば皇帝の権力を是認し、それに屈した姿であると思われる。

四　慧皎の対国家意識

『梁高僧傳』巻八「義解篇」の末尾に、慧皎は論賛をかかげ、佛図澄・道安・慧遠三代の功業をたたえて、「湧泉猶お注ぐは、寔《まこと》に伊《そ》の人に頼る」と称揚しながら、道安と慧遠の生きかたの違いをあえて論評している。

遠公は既に限るに虎溪を以てし、安師は乃ち更に輦輿を同じうす。夫れ高尚の道に忒うこと有るが如し。

（『大正蔵』五〇・三八三a）

慧遠は居を廬山に定めてから三十年、一歩だに浮俗へ足を入れず、「客を送り遊履するごとに、常に虎溪を以て界と爲し」[22]た。深山幽谷に身をおき、世俗とのきずなを断って、ひたすら訓育修道にいそしみつつ孤高の生涯をおえた慧遠にひきかえ、師の道安は前秦苻堅の崇信をうけ、遊幸にも輦をともにする栄に浴した。沙門を陪乗させるのは天子の礼法にもとると諫めた宰相権翼に対して、苻堅はいう。「（道安の徳は）天下をもっても易えず、輿輦の栄だもその徳にかなわず」と。権翼にこう答えて、苻堅は道安を扶乗せしめた事実がある。[23]一方の慧遠は「沙門が王者を敬せざるの論」を展開して皇帝にかかわりない僧団の立場を説き、他方の道安は皇帝の顧問となって俗権に近接した。両者の生きかたは、沙門が常に思いわずらう難問であった。

慧皎は自分が提起したこの難問に、商山の四皓[24]と屈原の行動をたとえにひいて、両者の在り方は時に応じ機に対して変化するもので、いずれを是、いずれを否とすることもできない、とする。

經に云う。若し正法を建立せんと欲すれば、則ち國王及び仗を持つ者に親近するを聴《ゆる》すと。〔道〕安は一時輦を同じうすと雖も、廼わち百民の爲に諫めを致す。故に能く終に應眞の雲を開き、報を顯わすを感ぜり。

（『大正蔵』五〇・三八三a）

といい、経典にかりて道安の正当性を弁護している。かかる弁護を必要とせねばならぬところに、慧皎の時代すら慧遠の態度を是とする傾向が強く、道安に対する批判があったことを推測せしめる。

慧皎は序録（『大正蔵』五〇・四一八b～四一九a）にいう、出家者は「國に處り王に賓」である以上、「勵然と自ら遠ざかり、高蹈獨絶すべからず」とはいえ、栄を辞し愛を棄てるのは俗に異なるからこそ賢なのであり、「此の若く論ぜざれば、竟に何をか紀《しる》す所ぞ」と。現世に生きる者として出家者も独善の美を追求すべきではなく、世俗を救い風化を助ける実践道が不可欠であることを強調している。彼はこの後に、本伝に叙するところは「衆記」に散在していることを、ただ一処にまとめて編集したにすぎず「述べて作る無し」とことわるが、伝中の随所に救済・教化に身を挺した沙門の行為をたたえているのであり、従って皇帝への近接も、皇帝を教化することを通じて社会を救済しうる方法だとする、大乗的な立場から許さるべきものと解したと思われる。

道安は後趙の喪乱にあい、「今、凶年に遭う。國主に依らざれば、則ち法事は立ち難し」と考えて、教団を分散したが、それは国主に隷属せんとする消極的な行動ではなく、また皇帝のための佛法を意図したのでもない。むしろ佛法興隆のために皇帝を利用せんとする積極的な方便である。師の佛図澄と同様に、皇帝をはじめ世俗との接触を苦にせず、しかもなお爵位、俸禄はうけず、かの習鑿歯をも嘆息せしめた戒律厳重な道安の態度は[25]、出家者の権威を失わないとして慧皎の共感を呼んだものであろう。彼が「神異伝」の論賛（『大正蔵』五〇・三九五a～b）において、神異は佛法の本意ではないが、神異を通じて社会を教化し、かつ「光和すと雖も、而も其の體を汚さず、塵同じと雖も、而も其の眞を渝《か》えず」と讃えるのも、佛法の本意を曲げない方便は可能なかぎり認めるとの立場である。これに対し、慧遠と双璧をなした姚秦の鳩摩羅什には、訳経者、学者としての功績は讃えても、慧遠らに比すべき論賛を加えず、むしろ羅什が呂光の命を拒みえずに、亀茲王の女を娶り、醇酒をしいられたことなどについて、「遂に其の節を虧けり」と述べている。(26)想うに姚興からも妓女をしいられ、僧坊に住まずに俗人同様の生活を営んだ羅什に対して批判的であったからであろう。このことは羅什におくれて迎えられた佛陀耶舎の伝(27)に、耶舎が姚興からの莫大な贈遺を拒み、なおかつ招聘の使者に向かって、「脱《も》し羅什の如く處すれば、則ち未だ敢て命を聞かじ」と莞爾として答えたことを讃えているが、同じ巻に列せられた両者の書き方の相違は、慧皎の意図が那辺にあったかを明らかにしている。

慧皎は道安を弁護し、皇帝に近づくことを認めてはいるが、やはり慧遠の在り方に、より賛同するものであったことは、塵外の士を高く評価する点にあらわれている。彼は姚興が任じた僧䂮以下の僧官を採録し、彼らが侍中の秩に匹敵する高給をうけ、羊車・車力などを施与せられた事実も遺漏なく記す。だが、贈与のことは叙述の主眼ではない。それは皇帝の帰依をうけたことの具体的な記述なのであって、かついずれも「䂮躬《みずか》ら自らは歩行し、車輿は以て老疾に給し、獲る所の供䣊は常に衆用に充」てた戒律堅固ぶりを展開するための前提にすぎない。(28)『梁高僧傳』は僧官に関する列伝が少なく、列伝にのせられたものでも付伝が多いのは、南朝における僧官制度の未発達、教団の自律性からくる僧官の軽視が、その大きな原因であろう。逆の現象をもつ北朝については、道宣が『唐高僧傳』序で指摘するように、南朝系に偏向した『梁高僧傳』の短所となってあらわれているが、(29)それは同時に、国家とかかわることの少なかった南朝僧団の特殊性と慧皎の好みにも帰因する。

如上の前提のもとに慧皎は皇帝と教団との関係をいかに考えていたであろうか。法願の伝に、[30]宋の武帝と法願の間に生じた事件を中心にして、皇帝に屈しなかった沙門の姿を浮彫りにしている。この事件は武帝の子の義真を赫連勃勃から救ったかの僧導と法願との対立に由来するもので、僧導に加担する武帝は法願に肉食を強要した。しかし、法願は「遂に前兩歯を折らるるも、其の操を廻《か》えず」、激怒した武帝は法願を還俗させて広武将軍に任じ、武帝崩御の後に、法願は再び佛門に入ることができたのである。南朝といえども、僧団に加わる皇帝の恣意的外圧がある事実を、これは余すところなく伝えている。この事件に関して、「（法）願は形は俗人に同じと雖も、而も心を禪戒に栖まわせ、未だ嘗て節を虧かず」と絶讃する慧皎は、僧団のおかれた実情に目をそむけることなく、沙門の本分を遵守して節を屈しないところに、沙門の独自性を貫ぬき、外圧を排除する道があるのであって、そのような態度こそ皇帝の譲歩屈伏さえ招きうると強調し、[31]不羈の言行こそ無上の帰信をうると確信しているように思われる。それは宋の大明六年（四六二）に再び起こった礼敬問題の際、当時宮中にあった僧遠が皇帝に対する拝礼を拒否して、即日定林山に隠迹したことにふれ、その後、

宋の明（帝）は祚を踐み、（僧）遠に請いて師と爲さんとするも、竟に致す能わず。其の後、山居逸迹の賓、傲世陵雲の士、踵を山門に崇くし、敬を禪室に展べざるは莫し。（『大正蔵』五〇・三七八ａ）

と評していることからも裏付けられる。この僧遠は斉の太祖の篤い帰信をうけ、しばしば来訪をうけたが、そのつど「太祖、遠を見んと欲するも、遠は操を持して動か」なかったといわれる。[32]宋の孝武帝の礼敬問題に続けて斉の太祖の事跡を記した慧皎の手腕は見事であり、両者の比較よりして僧はかくあらねばならぬとする意識が、充分に伺われるのである。[33]

五　北朝教団と国家

北魏初代の道人統・法果が、佛法を好む皇帝は当今の如来であるから、沙門は皇帝を拝すべきだと説いたのは有名であり[34]、東晋の慧遠とは異なって、皇帝権力に屈伏する沙門の先駆であるとみなされている。北朝におけるこのような皇帝即如来の思想と、南朝の梁に起こった皇帝即菩薩の思想は、前者においては皇帝が佛と同等の地位を、後者では佛に次ぐ地位を与えられたもので、それは南北の地域性の差と皇帝の地位に格差があったことを示す、とする説には、鈴木啓造氏から批判がだされている[35]。それはともかくとして、この二つの称号は佛教界からではなく官僚から、しかも皇帝一般にではなく崇佛皇帝にのみ奉られたと洞察された氏の説は、傾聴に値する。鈴木氏は法果の言を史料的に疑うとの前提に立たれるが、たとえ史実とみても、これ以後の南北朝を通じて、教団からこのような言葉が再び出された形跡はないのであるから、法果の場合は完全に例外とみて誤りはない。また法果自身においても、太宗より贈られた輔国宜城子、忠信侯、安成公などの官爵をあいついで辞退するのは、僧官であるとはいえ、皇帝の官僚となることを肯んぜず、あくまでも沙門の独自性を貫ぬこうとする意識のあらわれである。以後僧官の多くはこの態度を堅持しており、強固な僧制に呻吟しながらも、割合い教団の自律性が保たれたのは、そのためであろう。また法果が自ら提起した皇帝即如来の説について、「能く道を鴻むる者は人主なり、我は天子を拝するに非ず、乃ち是れ佛を禮するのみ」と弁明するのも、皇帝を如来と同一視するのさえ、教団から激しい非難がわき起こったことを裏書きする。

国家の命に応じて僧官就任を承諾することが、すでに国家の権力を容認し、僧の方外性を放棄するものだ、とみるならば、僧官成立のときが教団の国家介入に対する屈伏のはじまりであり、従って本章も意味をなさないことになる。北斉の曇献にみるように、胡太后と通じて沙門統となり、奢侈の限りを尽くしたあげく、極刑に処せられる徒輩を生み、また州県の僧官が売買されるに至っては[36]、意識の上でも国家の支配を甘受する態度といわねばならず、時とともにその傾向が増大したことも間違いない。けれども北周廃佛の直前、衛元嵩によって再び起こされた皇帝即如来の思想[37]が、犠牲をもかえりみず再三再四、排斥抵抗をうけているのは、佛・法どころか僧徒さえも国家に隷属するものではないという意識の表明にほかならない。少なくともそれが名僧知識の間に脈々と波打っていたと思われるのであって、かくてこそ本章を草する意義もあるのである。

鳩摩羅什の弟子道恒と道標が姚興に逼られて仕官を要請されたとき、必死に辞退した往復の書簡が『弘明集』巻一一、『梁高僧傳』巻六の道恒伝に収録されている。これは北方胡族政権のもと、奉佛事業が大々的に営まれ、それに招かれた沙門が国家によって生活を保証されただけに、皇帝の恣意と拘束を受けた具体例であると同時に、なお命を賭して拒絶した僧徒の姿を浮彫りにする。姚興をして譲歩せざるをえなくさせたものは、罪なき世界に終りたいとする両人の頑愚一徹ともいうべき凝然たる誠心であり、詔勅に反した罰を甘受すると広言してはばからなかった彼らの守心である。道恒はこの直後、「古人言える有り、我が貨を益す者は我が神を損ない、我が名を生かす者は我が身を殺すと」（『大正蔵』五〇・三六五a）と嘆じ、巌谷に身をひそめて余生を終ったという。この事件では、「闔境これを救け」たといわれ、それは僧団の統一性を守り佛法に殉ずる誇り高い多くの沙門あるいは佛教徒の存在を推測させる。そしてまた、胡族君主もそれを認めるものであったことを知るよすがとなる。

とはいっても、北斉の僧稠のように、沙門をも王土の民とみなし、国家佛教を意図した者がなかったわけではない[38]。彼は北魏の孝明帝に三顧の礼で召されたが、その辞退の理由は、普天の下、王土に非ざるは莫し。乞うらくは山に在りて道を行ない、大通に爽《たが》わざらんことを。
（『大正蔵』五〇・五五四ａ）

であった。この考えは隋唐時代に一般的となるが、従来の主張、すなわち深山幽谷を佛国土とみなし、そこに隠棲するのは皇帝との関係を否定することだとした主張と同じではない。ここに見られる伝統的な王土観は、そのまま「率土の賓、王臣に非ざるは莫」き王民観の是認をも付帯する。従って彼が天保三年（五五二）に勅を受けて雲門寺、鼓山石窟寺の寺主を兼ねたのも、いずれの地をも王土とみ、僧尼さえ王民と考える彼にとって当然のことであったといわねばならない。

彼が文宣帝による僧尼沙汰を諫止し、近衛兵を率いて僧房を訪なう皇帝に対して送迎しなかったことなどは、旧来の在り方を継承するかのように見える。しかし、送迎を勧めた弟子に彼が答えたその理由は、

昔、賓頭盧は王を迎うること七歩にして、七年の國を失うを致せり。吾は誠徳之に逮ばざるも、未だ敢て自ら欺かず。形相もて福を帝に獲んことを冀うのみ。（『大正蔵』五〇・五五四ｃ）

であった。戒律には無論のこと、皇帝の福寿、国家の安寧に並々ならぬ関心が払われ、国家佛教の一面が如実に表れている。しかもかかる僧稠の在り方さえ、なお「倨傲無敬」だと讒言し、害を加えようと企てた僧徒があった事実は、皇帝に追随する、より積極的な輩が存在したことを意味する。

このような教団意識の両面は、北周の廃佛に際して一時に露呈される。『唐高僧傳』巻二三には、武帝に敢然と反抗した護法の烈士たちを採録するが、その一人智炫は武帝と激しく応酬したあげく、

主《ぶつ》辱しめらるれば臣死《そう》す。戮に就くこと歸するが如く、何の懼る可きこと有らん。乍《たち》まち早く亡《みま》かりて、神《こころ》を浄土に遊ばしむべし。豈に無道の君と同《とも》に世に生きながらえんや。（『大正蔵』五〇・六三一ａ）

と唾棄し、衆人の深い感動をさそったといわれる。また道安は『二教論』（『廣弘明集』巻八所収）を著わして武帝の非をならしたが、廃佛にあうと草沢に逃れて命を終えた。彼が死に臨んで門弟に与えた遺誡九章には、沙門の自覚と誇りを促す切々たる配慮が伺われる。その第四章には「卿ら已に出家し號して道人と曰う。父母に敬せず、世帝に臣たらず」（『大正蔵』五〇・六二〇ａ）と述べて、帝王に関わるなき沙門の立場を、くりかえし強調しているのである。

　このほか帝旨に抗い、その激切な言辞は満座の百僚を戦慄せしめた僧猛、極諫するも容れられず、同友七人と弥勒像の前で餓死した道積など、多くの例をあげうるが、この時にあたり、護法菩薩といわれて、一躍名声をはせた浄影寺の慧遠こそ、特筆に値する。[39]「陛下よ。今、王力の自在なるを恃み、三寶を破滅す。是れ邪見の人なり、阿鼻地獄は貴賤を揀《えら》ばず。陛下、何ぞ怖れざるを得んや」という言葉に象徴される彼の抵抗は、武帝の激怒を買い彼の身骨を粉にして鼎鑊で煮るべし、という極論さえ生んだといわれる。後に彼は昭玄大統・法上らに向かって「正理は須らく申《の》ぶべく、豈に此の形命を顧みんや」といい、衆僧に対しては、

　時運此くの如く、聖も違す能わず。恨むらくは、目下に奉侍せざることを以て大恨と爲すも、法は實に滅びず。

　大徳よ、之を解して願くば以て憂惱せざらんことを。（『大正蔵』五〇・四九〇ｃ）

と述べている。廃佛のさけがたい時運にあることは承知しながらも、なおかつ主張を述べて止まず、身命を賭しても屈しない慧遠において、我々は佛法に殉ずる崇高な宗教人の姿を伺うことができる。またこのように、法難を眼前にしながらも、なお佛法は滅びずと断ずるところに、真の宗教的権威があると思われる。

　これに比較して、昭玄大統の法上ら五百余人は黙々としたまま武帝の威に屈し、再三、返答を促されながらも「相い看て色を失ない、都《すべ》て答うる者なき」有様であった。法上は前にも紹介したごとく、東魏・北斉の佛教界に

君臨し、北斉の文宣帝は自分の髪を地に敷いて法上に践ましめたといわれる。武帝に対する激しい抗言を吐いた慧遠に向かって、彼が手を執りながら泣いて謝し、「天子の威は龍火の如く、以て犯觸し難し。汝能く之を窮めり」といっているのは、武帝の威に畏れをなした告白である。これに対して、先に引用したように、「正理は須らく申ぶべし云々」と慧遠はいった。それは、内心では抗いながらも緘黙することが、権力の容認と僧団の屈伏につながり、外圧に順応することが佛法の権威を失墜し、真の法滅を意味するものだ、という批判にほかならない。

六　南北朝より隋唐へ

前節に述べたところを振りかえってみると、たび重なる法難を経験し、強固な統制をうけた北朝佛教界の現象面にとらわれる限り、南朝と違って北朝佛教界は国家の権力に屈したかのごとく、えてして説かれがちであるが、僧の内面を重視すれば、両朝の間にはさほど大差がないことに気付くのである。いずれにおいても逸民を標榜する気風の中から、国家を肯定する傾向の高まりがみられる。すでに慧皎が指摘したように、個人により、時に応じ、また処によって、沙門の生き方は変化するが、しかし一方では、一個人をとりあげて、時代の推移とともに国家に対する意識が変化してゆくことを眺める必要があろう。いま北斉から隋にかけて活躍した曇遷(40)を俎上にあげて検討してみよう。

曇遷は博陵から太原に移った王氏の一族であり、隋の文帝が「釋氏の棟梁にして卽ち人倫の龍象」であると、最大の讃辞を呈した人物である。摂論派の領袖として河北に名をふるい、浄影寺慧遠さえ彼の法座に列して義を稟けたほどの義学の僧である。しかし、その反面、開皇七年（五八七）、昭玄大統に就任して以来、大業三年（六〇七）

に卒するまで、隋代佛教の発展に最大の功績をあげ、仁寿中（六〇一～六〇四）に行なわれた舎利塔建立も彼の発案になるという、すぐれた政僧でもあった。この曇遷が北斉時代には、後秦の姚興に仕官を強要されたかの道恒の迹を慕い、林慮山に隠棲した前歴の持主であると知れば、その転身ぶりに驚かされる。それは恐らく身をもって経験した北周の廃佛が大きな影響を及ぼして、彼自身の皇帝観ないし教団の在り方に対する心情を変化せしめた結果であろうと思われる。

曇遷は廃佛に遭遇すると金陵に逃れ、多くの法侶を伴って楊都の道場寺に潜んだが、周隋革命とともに北帰する途上、廃佛の余燼をつぶさにみて、堂閣の再興に努めている。この未曾有の経験から、彼は皇帝の加護なくしては佛法の維持はありえぬとの内省に達し、かたくなに卑棲を是とする立場より転じて、文帝の招きを機会に隋の佛教政策に参加協力したと考えられる。彼はのち開皇十年（五九〇）、文帝に随って并州に至り、文帝から私度の山僧が公度を願っている件について意見を求められたとき、

天地覆載してより王民に匪《あら》ざるは莫し。至尊の汲引せらるれば、萬方寧止し、一郭、慶を蒙むらん。（『大正蔵』五〇、五七二a）

と答えている。北斉の僧稠にみられた古来の帝王観がここでは容認され、僧尼も皇帝の民であるとの意識が提示されている。彼はしばしば私度僧に公度を与えられるよう奏請しているが、私度や公度にかかずらい、国家の認可を奏請することこそ、すでに国家による僧団介入を妥当とする態度にほかならない(41)。道宣もなんらこれを疑わず、「率土の度を蒙むるもの數十萬人なるは、遷の力なり」と讃えている。朝野の敬信を集めたため、「榮寵に滞る者」という一部の非難に答えて、曇遷は、「亡是非論」を紹介しつつ自己弁護を試みている。これは是非をもって人間の行為を判別できないと釈明した論であり、この主張を敷衍していけば、彼は僧団を皇帝に隷属せしめることも肯

んずることになる。つまり、佛法を再興し法を護るためには、国家の制約もやむなしとするのであって、南北朝における外圧排除をもって護法とする在り方とは異なり、体制への順応を護法とみるのである。唐および日本における官寺の範となった、一百余州に及ぶ舎利塔建立を彼が立案建白したのも、この意図から出たものにほかならないが、彼の提起した三尊の説は、より深く曇遷のこのような立場を明らかにしている。

三尊の説とは、長安大興善寺の佛像が光芒を放ったとの上奏に接した文帝が、朕はなぜその瑞応にあえないか、と問うたのに対して、

佛は世尊たり。道は天尊たり。帝は至尊たり。尊は恆政有りて竝治すべからず。所以《ゆえ》に佛・道は教を弘めて來業を開示す。故に神光を放ち、其の罪障を除けり。陛下の光明は四海に充ち、律令法式は罪の源を禁止す、卽ち大光なり。（『大正藏』五〇・五七三c～五七四a）

と述べたものである。この「三尊」は皇帝を儒とみなせば三教の並列に等しい。ともあれ、三尊にはそれぞれ功徳を異にする「恆政」があり、いずれも光芒があるとするのは、帝王を佛に包摂し、佛の一面を王とする従来の理念とは異なっている。それは、佛と王とは功用が異なると強調することによって、佛教の存在価値を失わせない配慮を施しながらも、両者を完全に同格化するものであった。南北朝における教団には、佛を頂点とするヒエラルヒーを構成し、世俗のそれと対比せしめる傾向はあるが[42]、必ずしも両者を同等に扱うことはなかった。しかし曇遷の場合、両者は完全に同等であって、佛を皇帝に、僧を官僚の地位にまで引き下げることにほかならない。これがつまるところ、皇帝即如来の思想が徹底され、僧と官僚とが同一視されるに至るのは必然のなりゆきであろう。

北周の廃佛は教団に深刻な打撃を与え、末法思想を鼓吹するかたわら、熱烈な革新運動が展開され、求道、実践を主体とする新佛教が成立した。末法の危機を体験し、従来の佛教への批判から出発したこれら新佛教の指導者が、

それだけ国家対教団の関係に最大の注意を払い、認識しなおさねばならなかったのは当然である。その場合、新佛教の間にも、末法佛教といわれる信行の三階教のように、国家の教団介入を排除して自律性を強調するもの(43)と、天台智顗や玄奘に代表される国家との結合を積極的にはかる立場とがあるが、弾圧にあって瓦解した前者に比べると、後者は国家との関係が緊密すぎたために衰退したとみられ(44)、隋唐時代における教団維持の困難さ、ひいては佛教界全体の傾向を伺うに足るといわねばならない。

曇遷はいうまでもなく、煬帝が建立した四道場に集められた南朝系の沙門たちを含めて、彼らの態度に認められるところの、国家による佛教事業への協力参加は(45)、隋唐の沙門一般の姿であろう。この四道場に召されながら固辞した靖嵩(46)のように、皇室に親近するのを肯んじない僧も依然として存在する。けれども、靖嵩が辞退の理由を問うた門人に、次のように答えていることは注目に値する。

王城には限り有りて、動止嚴《はなは》だ難し。內道場と雖も、物外に如かず。沙門は名づけて解脱と爲す。如何ぞ返って事業を以て累わされんや。吾れ曾て兩都に遊び、屢々播蕩に逢い、此の勞役に弊《つか》るるのみ。

(『大正蔵』五〇・五〇二a)

王城をひたすら穢土とみなし、これに近接するのは佛法にもとるとして、傲然と拒絶した南北朝時代の僧の姿勢に比較すれば、この靖嵩の答えは結果的には同じであっても、そこに雲泥の隔りがあることは否めない事実である。これは唐の武徳年間(六一八〜六二六)、法にふれて驩州に配流された霊潤が都を去るにあたって、「三界の往還由來は恆《つね》の理なり。勅して修道せしめらる。何ぞ悲泣すること有らん」といって、忻然とおもむいた姿と共通するところがある(47)。それはいずれも明らかに体制に順応し、国家の教団介入を容認していることにほかならぬ(48)。もし無意識であるとすれば、なおさら国家の教団支配が意識されない程度にまで貫徹され、教団側になんらの抵抗をも感じさせない、当然のこととする傾向が強くなっていたことのあらわれであろう。

武徳七年（六二四）に惹起された廃佛計画は幸いに実施されずに終ったが、唐の宗教政策に基づく道・儒・佛の序列が貞観十一年（六三七）に決定したこととともに、それは教団に大きな衝撃を与えた。また礼敬問題も隋の煬帝のときに再燃し、さらに高宗の龍朔二年（六六二）に開かれた御前会議にもかかわらず、その問題は未解決のまま終った。いずれの場合にも教団から必死の護法運動が試みられており、その点からいえば、まだしも完全に国家に屈服したとはいいがたい。けれども次第に僧侶たちは躊躇することなく国家の官爵の栄に浴し、皇帝に対して臣と称するものさえあらわれる。そして玄宗の時代には、ついに教団の側から礼敬を認め、無抵抗のまま成文化せられるまでに至ったことは、かつて論じたとおりである(49)。

七　道宣の国家観

『唐高僧傳』の撰者道宣は南山律の祖といわれ、『廣弘明集』『集古今佛道論衡』など護法を目的とした多くの書を著わして、後世に影響を与えた人物である。従って、彼の対国家観と沙門観を眺めることは、隋唐佛教の在り方を知る上に重要な手がかりとなり、また興味深いものといえる。

道宣は慧皎の『梁高僧傳』の短所を批判しながらも、その後をつぐ意図のもとに『高僧傳』を撰した、と述べている。しかし、両書の形式・内容ともに、かなりの違いがある。その相違は両者の性格によるばかりでなく、両者が生きた時代に帰因すると思われる。詳細については、また稿を起こす機会もあろうが、本章に関連する範囲でいえば、まず道宣が「護法」両篇を創設する点をあげねばならない。これは、道宣が慧皎の欠を補うべく目を向けた北朝佛教の性格と、隋唐佛教の在り方を代弁するとともに、戒律の大家として護法に力を注がねばならなかった彼の立場を表明する。しかしそれらを通読した限りでは、廃佛や僧尼沙汰など、教団の浮沈に直接つながる問題に関しては、敢然と抗争した沙門を「護法の士」と讃えてはいても、国家の統制や僧官などを拒絶する気配は感ぜられない。道宣が北周の廃佛に関して、それが道士の策謀によるものだと意識的に曲筆し、また還俗僧の衛元嵩による平延大寺の思想、つまり皇帝即如来観を肯定したのはすでに指摘されている。(50) しかし、それ以外に、「護法篇」では国家との対決よりも、むしろ道教との対決に重点がおかれ、しかも時とともにその色彩が濃厚となるのは、彼が国家の教団支配を是認し、国家の庇護――それは監視・統制を伴う――の下に教団を維持存続することが護法である、と解していた結果ではあるまいか。もしこの推測が正しければ、明確に慧皎とは袖を分かつものとなる。いま、道宣の立場をより明らかにするために、法上と霊裕の二人を抽出し、その所伝を中心に検討を加えてみよう。両者を選んだ理由は、法上が北斉の僧官として君臨した大立物であり、一方霊裕は、同門でありながら法上とは逆な生きかたを是とする対象的な人物であるからである。

法上の伝は『唐高僧傳』巻八(『大正蔵』五〇・四八五a～四八六a)にある。不惑の歳に高澄の推挙をうけて鄴に至り、以後北斉に及ぶまで、僧局に任じたわけで、道宣は、

(法)上の綱領は四十年に将《なんなん》とす。道俗歡愉し、朝庭胥悦す。所以に四方の諸寺は咸く其の風を稟け、崇護の基、繼采有ること罕《まれ》なり。(『大正蔵』五〇・四八五b)

と評している。北斉における法上の活躍はめざましく、天保中(五五〇～五五九)に設けられた昭玄十統の総師となり、その派閥は完全に他を圧し、僧官の多くは法上派に占められた。世に喧伝される北斉佛教の隆盛は、彼を中心に展開したといっても過言ではない。彼を戒師として常に髪を地に布き践ませた文宣帝の篤信ぶりを、余すとこ

ろなく伝えた道宣は「擔荷を總べ、竝びに緝諧を得」た法上にたいして、「邪霧を碎蕩し、佛海を載淸す」といい「斯の柱石に非ざれば、孰か此の棟梁たらん哉」と激賞する。

とまれ道宣が「（法）上の未だ任ぜざる已前、儀服は通混せしも、一たび綱統を知《つかさど》るや、制様別《ふたつ》ながら行なわれ」たとするのは、僧官の功用を認め、教団統御の能力を重視することにほかならぬ。戒律を宗とし、同書巻二二の末尾において持戒の勧めを縷々と論ずる道宣であってみれば、僧官とはいえ、清風の宣揚は好ましい限りであろう。彼が僧官にかんする記録を逐一とどめ、功績を高く評価するのも同様の志向からであるが、ひるがえって僧官が国命による点に考慮が払われていないのは、国家による統制さえも、教団の粛清と戒律の護持には必要なものとみることになる。これは国家佛教への追随といってよいものであって、彼が隋の文帝の舎利塔建立を細大漏らさず紹介する中に、担当の沙門が「國風を統敍」したと記し、沙門の皇帝に対する阿諛とみられる瑞象の数々をたばさみながら、これを「冥通」として慶賀する態度[51]、また玄奘伝において、「國の爲に翻譯」したといい、「國風を揚導し、邪正を開悟するに取れば、奘より高きもの莫し」（『大正蔵』五〇・四五八c）と評する姿勢と、軌を一にする。それのみか、洛州刺史の韓孝威に袈裟を脱がされようとした明導が、「袈裟は敕度にて著る所、敕に非ざれば妄りに除く可からず」と肯んじなかったエピソードをあげ、「故に以《おも》えらく、護法の士の、形有を顧みざる者、代に人有るなり」と高く評価するのは[52]、明導のみならず、道宣自身が完全に国家体制に順応し、その体制内で持戒堅固なものを護法とみることに終始した表われと断言できる。

霊裕の伝は『唐高僧傳』巻九（『大正蔵』五〇・四九五b～四九八a）に記されている。彼は法上と同門の道憑に師事し、後に裕菩薩と称された法門の逸才であるが、北斉時代はおろか隋代でも僧官就任を辞退し続け、文帝をして「是れ自在の人、誠に節も屈すべからざるなり」といわしめた。彼の門弟に対する訓誡は、王臣の親附するに久しく誓言有り。近づけば則ち人を侮り法を輕んじ、退けば則ち遙敬無くんばあらずと。故に吾れは斟酌して向背するのみ（『大正蔵』五〇・四九六b）

であった。道宣は彼の布施行とあわせて、「其の高く榮時を謝し類の爲にすること此の若し」というけれども、これは必ずしも国家の威力を否定するものではない。(53) 王臣を化導するのと、これと昵懇になるのとはおのずから別のことであり、自節をまげて権勢に接近することは、惑溺に堕しがちな凡夫として法を汚す恐れなしとしない。親附せらるると崇敬せらるるとは異なるとするのが霊裕の、そして道宣の主張でもあろう。

道宣は法上の人となりはもちろん、政治的手腕をも高く評価した。けれども霊裕伝では、法上派の専横を暗に非難したあげく、(54) 霊裕が節義をまげず「卓然として倫類に偶し」なかったと讃えている。従って、霊裕の生き方により共鳴するのは疑いないが、さりとて僧官制度を拒否したのではないことも歴然としている。つまり彼の立場は国家の教団支配をあるべきものと認め、その枠内で、できる限り不羈の生活を営もうとするものであり、体制の下に戒律を遵守することが護法に通じ、ひいては佛教の興隆につらなるとみているのである。それが唐代佛教界の大勢であったと断言してよいであろう。

むすび

『弘明集』の撰者である梁の僧祐は、同書巻一四の末尾に概括的な論賛を付し、佛法を誹謗する輩の六つの疑惑を逐一論破しているが、その第五疑、つまり佛法は晋代に盛んとなったにすぎないとする非難を反駁し、

儒術は秦に愚なりて漢に智たるに非ず。用いると用いられざるとのみ。佛法は漢に淺くして晉に深きものに非

ず。明なると明ならざるとのみ。故に知んぬ、五經は恆に善なるも、崇と替とは運に隨い、佛化は常に熾んなるも、通と塞とは緣に在ることを（『大正藏』五二・九六ａ）

と結んでいる。宗教の本質を恒常的なものとみ、通塞崇替は時により人によるとする僧祐の説は誤っていない。この説を借りていえば、時とともに変貌するのは佛法の本質や宗教の権威ではない。変化するものは、それを具現する僧であり、教団自体であるだろう。

魏晋このかた隋唐に至るまで、国家による教団統制が急務とされ、さまざまな制度が確立されてきた。それらの諸制度に応ずる教団の意識も次第に変化をきたし、国家に超然たる態度を沙門のあるべき姿とする時代から、国家の支配を認める方向をたどるに至ったのは、これまで眺めてきたとおりである。この推移は、世俗をそのまま彼岸とみる大乗佛教の進展、さらに漢訳佛典の中に象徴的にあらわれるように、国家という概念の内容を民衆から皇帝へと変化せしめた佛教の国家意識に、すこぶるあい応じている。この外部条件とそして教団の意識によって、唐中期を下限とする教団史を概括し、国家の支配を教団が容認していく過程と把握するのは妥当である。(55)

佛教が世俗を超越した世界に価値を求めるとすれば、沙門は、世俗に拘束されず、世俗を意識しないはずである。しかし世俗をあるがままに認めようとする大乗佛教の普及は、教団の性格を大きく変えたことは否めない。この思想を徹底すれば、わが国の佛教に到達するであろうが、中国佛教は依然として小乗的な性格を残存した。従って世俗とのきずなを断ち、高蹈不羈の生活を営み、戒律を遵守して佛法に殉ずることが最高の道であることに変りはない。それを教団の権威とすれば、国家の支配を教団が容認していく過程とは、そのまま教団の権威失墜の過程とおきかえることができよう。しかしながら、そのような権威の失墜をもたらしたものは、国家の側からする外圧よりも、むしろそれに対処する沙門の内面に、より一層大きな比重があるのではないであろうか。

註

（1）山崎宏『支那中世佛教の展開』（清水書店、一九四二年。のち復刻、法藏館、一九七一年）中の第二部「教団の統制」、小笠原宣秀「支那南北朝時代佛教教団の統制――特に僧官僧曹について――」（『龍谷史壇』一四、一九三四年）、同「支那の僧制に就いて」（『龍谷大学論叢』三〇四、一九三二年）、服部俊崖「支那僧官の沿革」（『佛教史学』二―五・六・八、一九五一年）、賀光中「歴代僧官制度考」（『東方学報』京都一―一・二、二―一、一九三一年）。

（2）山崎宏「南北朝時代に於ける僧官の検討」（山崎註〈1〉前掲書、第二部第一章）参照、なお慧遠の法規は桓玄との礼敬問題論争後に成立した。

（3）功徳使については塚本善隆「唐中期以来の長安の功徳使」（『東方学報』京都四、一九三三年。のち再録、『塚本善隆著作集』三、大東出版社、一九七五年）参照。なお北斉でも鴻臚寺に典寺署があり僧祇部がおかれ、僧尼事務を担当することになっていたが、実際は昭玄寺が掌っていた。

（4）これらの問題については塚本善隆、道端良秀、高雄義堅、滋野井恬氏らの専論がある。

（5）一般に免租免徭役をもって僧尼の特権とみるが、僧尼は国家安康を祈ることがそれにかわる義務とみられないことはなく、またそのような理念があったと思う。

（6）『梁高僧傳』（以下『梁傳』と略す）巻五（『大正蔵』五〇・三五三b）。

（7）『廣弘明集』巻二四、「立僧尼制詔」（『大正蔵』五二・二七二b～c）。

（8）『魏書』巻一一四、釈老志。塚本善隆氏は太和十七年の修補であろうとされ、またその例文は新律制のうち、一般刑律と異なる条項の主要なものと推測されているが、前後の関係からみて、むしろ戒律と違った特殊な規定であると思われる（『魏書釈老志の研究』〈佛教文化研究所、一九六一年、のち『塚本善隆著作集』一、大東出版社、一九七四年所収〉二五八頁註②）。

（9）『北史』巻三二、崔挺附伝。

（10）『唐高僧傳』（以下『唐傳』と略す）巻二三、道臻伝（『大正蔵』五〇・六三一b）。

（11）『唐傳』巻二一、洪遵伝（『大正蔵』五〇・六一一a～六一二a）。なお北斉の昭玄十統は、山崎宏「北斉僧官昭玄十統」（山崎註〈1〉前掲書、第二部所収参照）。

（12）『歴代三寶紀』巻一二（『大正蔵』四九・一〇七a）。山崎宏氏は衆経法式の成立を僧官廃止にむすびつけておられる（「隋代に於ける教界の統制」山崎註〈1〉前掲書第二部所収）。

（13）秋月観暎「道僧格の復旧について」（『歴史』四輯、一九五二年）。同「唐代宗教刑法に関する管見」（『東方宗教』四・五、一九五四年）、道端良秀「唐朝の佛教対策」（『唐代佛教史の研究』法藏館、一九五七年、のち『中国佛教史全集』二、書苑、一九八五年所収）。

（14）板野長八「東晋に於ける佛教の礼敬問題」（『東方学報』東京一一―二、一九四一年）。

（15）島田虔次「桓玄―慧遠の礼敬問題」（木村英一編『慧遠研究』研究編、創文社、一九六二年所収、『中国思想史の研究』京都大学学術出版会、二〇〇二年再録）。

（16）拙稿「唐中期佛教史序説――僧尼拝君親を中心に――」（本書第一篇第四章）。

（17）『梁傳』巻四、支孝龍伝（『大正蔵』五〇・三四六c）。

（18）道祖は『梁傳』巻六（『大正蔵』五〇・三六三a）、曇斌・慧厳は『梁傳』巻七（『大正蔵』五〇・三七三a～b及び三六七b～三六八b）。

（19）『梁傳』巻五、道壹伝（『大正蔵』五〇・三五七a～b）。

（20）『唐傳』巻五、智蔵伝（『大正蔵』五〇・四六五c～四六七b）。これについては鈴木啓造「梁代佛教徒の一性格――白衣僧正論争を通して――」（『史觀』四九、一九七五年）に詳述されている。なお『梁傳』巻一三、法献伝に南斉の武帝の時僧主であった玄暢らが武帝と語るに名を称して坐しなかった点が論議にあがって、そのままになった事件を記するのは唐代に僧が臣と称したありかたとコントラストをなしている。

（21）『唐傳』巻一、拘那羅陀伝（『大正蔵』五〇・四二九c～四三一a）。

（22）『梁傳』巻六、慧遠伝（『大正蔵』五〇・三五七c～三六一b）。

（23）『梁傳』巻五、道安伝（『大正蔵』五〇・三五一c～三五四a）。

（24）『漢書』巻七二、王貢両龔鮑伝序に「漢興有園公、綺里季、夏黄公、甪里先生、此四人者、當秦之世、避而入商雒深山」とみえる。

（25）習鑿歯与謝安書「師徒肅肅、自相尊敬、洋洋濟濟、乃是吾由來所未見云云」による（『梁傳』巻五、道安伝〈『大正蔵』五〇・三五二c〉所収）。

(26)『梁傳』巻二、鳩摩羅什伝(『大正蔵』五〇・三三〇a～三三三a)。
(27)同前、佛陀耶舎伝(『大正蔵』五〇・三三三c～三三四b)。
(28)『梁傳』巻六。僧䂮伝(『大正蔵』五〇・三六三a～b)。なお巻七、僧瑾伝に「……給法伎一部、親信二十人、月給錢二萬、冬夏四時、賜幷車輿吏力、……瑾性不蓄金、皆充福業、……」(『大正蔵』五〇・三七三c)というのもその例であるが、金を蓄えずとはまた蓄える者が多かった、との意味でもある。
(29)『唐傳』序(『大正蔵』五〇・四二五a～c)。
(30)『梁傳』巻一三(『大正蔵』五〇・四一六c～四一七b)。
(31)『梁傳』巻八、道盛伝に「齊高帝敕代曇度爲僧主、丹陽尹沈文季、素奉黃老、排嫉能仁、迺建義符僧局、責僧屬籍、欲沙簡僧尼、由盛綱領有功　事得寧寢」(『大正蔵』五〇・三七六a)というのなどは明確に慧皎の意図を示すと思われる。
(32)『梁傳』巻八、僧遠伝(『大正蔵』五〇・三七七c～三七八b)。
(33)『梁傳』巻七、慧義伝(『大正蔵』五〇・三六八c～三六九a)に慧義によって出された劉裕受命の瑞応を載せている。これは沙門が劉裕に阿諛し、佛教と皇帝との結合をはかった事件として有名である。このような沙門も多かったと思われるが、慧皎自身この慧義の態度は好ましからざるものと考えたと解したい。それは「此の瑞、宋史に詳らかなり」と記す。『梁傳』を通じて見ると、孫綽の「道賢論」などをひいて人物評価はするが、依拠する史料を本文でことわる例はこれしかない。恐らく有名な事件であって無視するわけにいかず、記載したものの「宋史に詳かである」として、責めを逃れんとしたとみたいのである。
(34)『魏書』巻一一四、釈老志。なおこの言で塚本善隆氏は北朝では皇帝に対する礼敬が定まったといわれる(「王法と佛教」〈宮本正尊編『佛教の根本真理――佛教における根本真理の歴史的諸形態――』三省堂、一九五六年所収〉)。しかし隋代でも礼敬が問題となっているのはおかしく、もし北朝で一般に行なわれたのであれば、廃佛後の隋であるから北朝系の僧などによって積極的に行なわれたはずであり、後の論争にも出されると思われる。
(35)鈴木啓造「皇帝即菩薩と皇帝即如来について」(『佛教史学』一〇―一、一九六二年)。
(36)『北齊書』巻九、胡后伝および同巻一二、封隆之伝。『魏書』巻一一〇、食貨志。
(37)平延大寺の思想で、曲見伽藍は廃毀すべく皇帝を如来とし城隍を寺、民を僧とする。塚本善隆「北周の廃佛」

（塚本註〈8〉前掲書）に詳しい紹介がある。

（38）『唐傳』巻一六、僧稠伝（『大正蔵』五〇・五五三b〜五五五b）。

（39）『唐傳』巻八、慧遠伝（『大正蔵』五〇・四八九c〜四九二a）。

（40）『唐傳』巻一八、曇遷伝（『大正蔵』五〇・五七一b〜五七四b）。なお結城令聞氏が「隋西京禅定道場釈曇遷の研究」（『福井博士頌寿記念論集　東洋思想論集』福井博士頌寿記念論文集刊行会、一九六〇年所収）で彼の思想を通じインド佛教から中国的佛教への変質を論ぜられている。

（41）『唐傳』巻一四にのせる慧頵（『大正蔵』五〇・五三三c〜五三四b）は道宣の師でもあるが、陳の太建年中に勅度を蒙って同泰寺に住することになった。これに「剃落之後、親親乃知、既是官許、即便稱慶」とみえる。僧ではないが官による得度が慶ぶべきものとする気分が強かったことを示す。『唐傳』と『梁傳』との相違の一つは本住に還るとか「移貫」など、僧の本貫があるか否かであり、「公憲を以って未だ剃落を蒙むらず」（巻一五、僧弁伝〈『大正蔵』五〇・五四〇a〉）、「公度に預る」（巻一五、霊潤伝〈『大正蔵』五〇・五四五b〉）など僧制を示す語が随所にある。事実それがあったからには違いないが道宣自らが当然とみ、なんの疑いもさしはさまなくなった、体制に順応した姿だといえる。

（42）鈴木啓造「中国における佛教受容の一面」（『東方学』一九、一九五九年）。

（43）矢吹慶輝『三階教之研究』（岩波書店、一九二七年、のち再刊、一九七三年）。

（44）塚本善隆「隋の江南征服と佛教――晋王広（煬帝）と江南佛教――」（『佛教文化研究』三、一九五三年。のち『著作集』三、再録）、結城令聞「初唐佛教の思想史的矛盾と国家権力との交錯」（『東洋文化研究所紀要』二五、一九六一年）にその点についての展望がある。

（45）山崎宏「煬帝（晋王広）の四道場」（『隋唐佛教史の研究』〈法藏館、一九六七年、一九八〇年再刊〉所収）。

（46）『唐傳』巻一〇、靖嵩伝（『大正蔵』五〇・五〇一b〜五〇二a）。

（47）『唐傳』巻一五、霊潤伝（『大正蔵』五〇・五四五b〜五四七a）。

（48）隋の「衆経法式」について『歴代三寶紀』の撰者費長房はその巻一二で、佛法のために慶ぶべきだと積極的に協賛しているのは興味ぶかい。

（49）註（16）前掲拙稿「唐中期佛教史序説――僧尼拝君親を中心に――」。

(50) 塚本善隆「北周の廃佛」(註〈8〉前掲『魏書釈老志の研究』所収)。
(51) 『唐傳』巻一一、法侃伝に彼は宣州の舎利を担当したが「掘地四尺、獲一古瓦、銘云、千秋萬歳樂未央……抑是冥通、豈唯人事」(『大正蔵』五〇・五一三b)といい、また巻一二、慧遷伝にも瀛州を担当した慧遷が、瑞象をあらわし「又土上成字、黒文分明、云轉輪王佛塔也」(『大正蔵』五〇・五二〇c)という。
(52) 『唐傳』巻二三、明導伝(『大正蔵』五〇・六二三c～六二四a)。
(53) 『唐傳』巻二一、霊蔵伝(『大正蔵』五〇・六一〇b～c)、霊蔵は隋文帝と布衣の友で、文帝が道人夫子の称号を与えたのは有名である。道宣は文帝の同榻、同輦の崇重ぶりを栄誉としているが、慧皎が同じように遇せられた道安のために必死に弁護したのとは雲泥の差がある。
(54) 『唐傳』巻一六、僧達伝に道宣が「自季世佛法、崇尚官榮、僥倖之夫、妄生朋翼、云云」(『大正蔵』五〇・五五三b)というのも法上一派に対する批判と思われる。
(55) 横超慧日「中国佛教に於ける国家意識」(『中国佛教の研究一』〈法藏館、一九五八年〉所収)、高雄義堅「中国佛教と中世の国家意識」、なお松長有慶氏は「護国思想の起源」(『印度學佛教學研究』一五—一、一九六六年。のち『松長有慶著作集』二、法藏館、一九九八年所収)で漢訳経典を中心にその経緯をたどられ、唐中期不空の訳出経典で完結すると指摘されている。

(編者註1)

引用文の校正は原則として『大正蔵』本文により行った。原論文では三本・宮本を採用した箇所も多いが、大きな異同がない限り特に注記しない。

(編者註2)

「皆、然りとして筆を投じ」は『大正蔵』は「匿然投筆」、三本・宮本は「皆匿然投筆」と作る。

第二章　隋唐佛教時代区分試論

――度僧制と貢挙制――

はじめに

私はかつて、六朝から隋唐にいたる間、国家権力に対処する教団内部の意識が次第に変化する過程を跡づけ、隋唐佛教をいかに把握すべきかをめぐって、一つの試論を提供した(1)。その動機は、ヨーロッパ中世史と中国中世史との比較を通じ、相互に共通点を見出すか、或は差異をクローズアップするかの違いはあれ、グローバルなものに還元しようとするが、ことほど左様に、中国佛教史の研究においても東洋史全般に還元する配慮が払われてしかるべきではないか。また中国佛教史が東洋史学というジャンルの中で、いささか孤立化している現状に反省を促し警鐘を打ち鳴らされた先学諸氏の意図が、未だ充分に咀嚼されないまま放置されていることへの焦燥であった。しかし心いよいよ猛きにはやれども満足に意を尽せないまま今日に至った。はからずも本誌（『東洋学術研究』）編集委員に、なるべく煩瑣に流れず、隋唐佛教の特色を浮彫りにするよう注文を受けたのを幸いに、従来の考えを補足し、明確な形で提起することにした。蛇足ながら原稿依頼を受けた直後、再度入院する羽目となり、参考文献を吟味しなおすことも意にまかせず、論旨も一貫性に欠けるのではないかと、いささか危懼の念を抱くが御教示、御叱正を賜りたい。

一　官僚的佛教の概念提起

南宋・志磐の『佛祖統紀』は佛教史籍としてだけでなく、中国史学史の上で注目すべき体裁を備えていることに気付く。佛本紀四巻、西土祖紀一巻、東土祖紀二巻、興道祖紀一巻、諸祖旁出世家二巻、諸師列伝十巻、諸師雑伝一巻、未詳承嗣伝一巻、歴代伝教表一巻、佛祖世繋表一巻、山家教典志一巻、浄土立教志三巻、諸宗立教志一巻、三世出興志一巻、世界名体志二巻、法門光顕志一巻、法運通塞志十五巻、名文光教志二巻、歴代会要志四巻の計五十四巻からなる。本紀、世家、列伝、表、志、会要と眺めてくれば、すぐさま中国官撰史書の体裁が想起されるであろう。つまり『佛祖統紀』編纂の意図・内容・構成それぞれに司馬光の『資治通鑑』の影響を看過するわけにはいかないが、編年体を骨子としながらも紀伝体さらに『弘明集』『廣弘明集』ないしは『唐文粋』などの形式をも習い、かつ『通典』『會要』などの性格を併せ持つという、従来の史書を複合的に吸収し、大系づけていることも確かなのである。さりとて私は、ここで中国史学史に占める『佛祖統紀』を云々するつもりなのではない。それは別の機会に譲り、今は宋代の佛教史家が従来の佛教史籍の体裁を破り、外典もしくは俗書である官撰史書のありようを導入し、あまつさえそれらにもない新しい形式を先取りしている事実に注目したいのである。この事実は、佛教史学史が名実ともに中国史学史となりおおせたなによりの表象であり、変貌を遂げた宋代史学と相応じ[2]、賛寧撰述の『大宋僧史略』ともども帝王学の一翼を荷うものといえよう。したがって賛寧にしろ志磐にしろ宋代佛教教団の姿を代弁するものではあるが、一般史書や史学史との巨視的な比較検討をへなければ、とうてい両書の充分かつ完全な理解は望めまい。志磐らがかかる体裁を採用し採用せねばならなかったところに俗書の影響や史官の意識を満身に浴びている事実を、またそれより逃れえないとの自覚や認識を汲みとれるのである。換言すれば志磐らは史学史上に限らず、教団が俗権・世俗の埒外にあり得ないことは勿論、撰述の体裁を通じて一歩を進め、佛教史と世俗史の間に共通の場があることをわれわれに明示し、相互比較を試みることにより中国史の流れに佛教史を氷解すべきことを暗に否教したと思えてならない。

では志磐らが意図する氷解への途を、われわれは一体どこに求めるべきなのか。さまざまな問題・方法が考えられるが、畢竟、時代区分に逢着せずばなるまい。ここに至る過程には佛教史独自の区分論が展開されるのは当然だが、それらを基に事象相互の比較分析が必然的に要求されるであろう。かかる意味で私は従来の佛教史における時代区分に批判を加え、隋唐佛教を国家権力への隷属過程とみる立場に同調しながらも、僧団の意識構造の変化にも充分な注意が払われるべきことを強調したわけであった。意識変化の過程は宋代に及んで終焉を迎えるのは賛寧に、(3)そしてまた上述の如く志磐にはっきり伺うことができるが、これで事足りるとするのでは決してない。もう少し具体的にいえば、他の二稿(4)でそこはかとなく触れたためか関心を惹起されなかった僧徒の官僚化時代、換言すれば官僚的佛教の時代という概念規定を、ここで明確に提起したいのである。これは教理史よりする中国的佛教成立の時代、教団史にもとづく国家的佛教の概念を睨みながら、東洋史の時代区分論を併せ考慮に入れた概念であって、逆に隋唐時代をかく位置づけるからには、南北朝時代に対する一つの伏線を敷いている。未だ展望の域を出ないが南北朝を貴族的佛教とするのがそれである。ただ貴族的佛教については本章で詳しく論及する遑はないので、特徴の一つを上げるにとどめるとすれば、佛を頂点とするヒエラルヒイの問題がある。

本書第一篇第一章で鈴木啓造氏の見解を踏まえこのヒエラルヒイに触れたが、(5)私は隋の開皇年間に昭玄大統となり大業三年（六〇七）にみまかる迄、文帝の仁寿舎利塔建立を発案するなど佛教興隆に尽した政僧曇遷が説く「佛は世尊たり、道は天尊たり、帝は至尊たり云々」の三尊説をもとに、次のように述べた。「この『三尊』は皇帝を儒とみなせば三教の並列に等しい。ともあれ、三尊にはそれぞれ功徳を異にする『恒政』があり、いずれにも光芒があるとするのは、帝王を佛に包摂し、佛の一面を王とする従来の理念とは異なっている。それは佛と王とは功用が異なると強調することによって、佛教の存在価値を失わせない配慮を施しながらも、両者を完全に同格化するものであった。南北朝における教団には、佛を頂点とするヒエラルヒイを構成し、世俗のそれと対比せしめる傾向はあるが、必ずしも両者を同等に扱うことはなかった。しかし曇遷の場合、両者は完全に同等であって、佛を皇帝に、僧を官僚の地位にまで引下げることにほかならない。これが詰るところ皇帝即如来の思想が徹底され、僧と官僚とが同一視されるに至るのは必然のなりゆきであろう」と。この推測は、はからずも志磐が『佛祖統紀』で官撰史書のもつ皇帝を頂点にすえたヒエラルヒイ顕揚の方式をそのまま踏襲し採用して、見事に結果した姿をほうふつとさせてくれるのである。

教団のヒエラルヒイと世俗のそれを対比しながら、同等に扱わなかった南北朝時代と、同等に扱おうとした隋唐時代の間には或程度の問題はあるにしろ、一線が劃されてしかるべきであろう。では南北朝時代にはなぜ同等に扱われなかったのか、なに故それが許容されたかを問うとき、自ずと南北朝における国家権力の様態、社会機構のありかたへ帰着することになる。南北朝では王朝と豪族という力の主体が、二元的に存在しながら官僚制的ヒエラルヒイをもって両者が結びあい、この二元性を一元化する理念によって生まれたものが科挙制度であるとみなされるが、(6) 二元性より一元化への過程は、まさしく教団のそれと完全に一致するのである。とすれば教団＝豪族・貴族の方程式が成立ち、皇帝を含めて貴族や豪族層に密着し、自らも豪族化し貴族化した教団の姿が澎湃と浮びあがってきはすまいか。

ところで教団官僚化の問題解決には、今述べた教団＝豪族等にみる発想の転換が是非とも必要である。一体に、仁寿舎利塔や唐代の官寺を、国家の立場において宗教政策や民心収攬、僧団規制、保護等とするところから一歩を進め国家支配の原理にそう精神的、宗教的行政組織とみる者は少く、さらに一種の地方官庁であったとまで積極的に言いきる勇気は仲々に生まれないが、実は両者の対置から出発してそこまでの一元化を志向する勇断が要求されるのである。国忌行香を宗廟の祭り、宮中の講経・議論を侍講、内道場僧を侍講学士とする類がそれであり、むしろこうした発想が支配者側の理念に最もふさわしいものであると思われる。なぜなら、だいたい佛教教理でさえも中国の伝統思想を媒体として受容する格義が流行したが、教団内部で或程度の矯正がなされたとはいえ、禅の中に老荘思想を色濃く残すように、払拭し去ることはできなかった。幼時の初学に用いられる孝経・論語、教養人必読の書たる老荘まで常に佛教理解にまとわりついて離れず、古典の色眼鏡を通して教理が眺められている。教理・信仰すらそうだとすれば直截的であるだけ形態においては尚更中国人的な受取り方をしたと思われるからである。

僧形や出家はたまた袒服、拝不拝君親の論争等に顕われる如く絶えず伝統よりする見方が前面に押出され、一般に次元の違い、目的・意識の差異をなし崩しに把えがちである。これこそ格義的立場といわねばならず、教団側がいかに反論これ務めても、その趨勢に歯止めすることは困難であった。『弘明集』などに収録する論難や酬答には五戒を五倫・五常になぞらえるといった佛教と古典思想を対置し、同一化する象徴的な姿が随所に認められ、世俗のありようをベースに佛教・教団を眺めようとする中国社会の性格を如実に示してくれるのである。教団の変容、調和、融合もこうした社会の要請に応じたものであることは否定すべくもない。要するに、教団の諸現象を世俗のそれと比較、対置するのは、私個人の恣意によるのではなく、中国社会に普遍的であった格義の風潮を、教理の面だけにとどめず教団制度にまで適応するにすぎないのであり、発想の転換とは教団制度を教団の側よりはむしろ為政者、世俗の立場から眺め、彼らがどのように理解したか、そこに横たわる共通の理念はなにかを導き出そうとすることにほかならない。

教団の官僚化を具体的に示すものを求めれば、僧官、官爵、俸秩などがあるが、これらは既に論じもし、またあまりにも直截に過ぎ一部に限定されるため、例外とみられる嫌いがある。そこで、今度は教団のグルントとなる度僧制度にスポットをあて、私の提起に普遍性を持たせてみたい。これまでにもたびたび制度史もしくは国家の教団対策、国家権力への反作用の線にそって度僧制度が扱われ、解明されてきたが、最近、諸戸立雄氏が唐・五代・宋に偏った従来の缺を補ない、南北朝より唐貞観年間に度牒が成立するまでの変遷を明らかにされた。(7) 氏が、出家得度の公度制、僧尼籍の淵源を北魏時代に遡らせながらも、実際には不備なもので厳格に守られなかったことを指摘し、むしろ各寺院独自の裁量に委ねられていたと説かれるくだりは注目される。避徭役の目的で寺院に流入する弊害が反復して取沙汰されながら、度僧を各寺院に委ねたまま放置せねばならなかった背景には、当然、前述した「貴族的佛教」にかかわる要因が隠れていようが、それはともかく、諸戸氏が僧尼籍の創設を武徳年間（六一八～六二六）に、度牒給付開始を貞観十一年（六三七）以前に求められた点を考慮しながら推論の必要上、度僧制度についてあらまし紹介すれば、次のようである。

中国ではがんらい律の規定に基づき、父母の出家許可を得て師を求め、入門を許されると剃髪し、十戒を受けて沙弥となり、一定年修業ののち具足戒を得て比丘となった。しかるに国家の教団取締りが強化されるに伴ない、或はまた僧侶たるにふさわしい経典読誦能力が不可缺の条件とされた結果、童子・行者—沙弥—比丘の階級が生まれた。さらに均田制下における僧尼給田などと相俟って公度制が実施されると、沙弥にまで僧の資格が引下げられ、賦役免除の特典を与える代償に、公度を経なければ僧と認めず、官度者には身分証明書ともいうべき度牒を給付し、僧尼籍を備えて私度偽濫僧の摘発に便ならしめた。よって度僧制度は国家・教団いずれの側にもきわめて重要なものとなり、国家の介入を排除して教団の純一性を貫かんとする教団と国家の間に少からぬ軋轢が生じたのである。この公度制は㈠試経度僧、㈡勅恩度僧、㈢進納度僧の三要素からなり、同一資格＝僧ではあっても手段・方法に違いがある以上に、目的・理念上の隔りは大きかったと思われる。そこで以下順を追って検討を加えることにする。

二　試経度僧と貢挙

試経度僧については『釋氏稽古略』（以下『稽古略』と略）巻三にいう、

（中宗）神龍二年（七〇六）……八月、天下に詔すらく、童行の經義を試《はか》り挑通《きわめつく》して滞る無き者は、之れを度して僧と爲せ、と。經を試り僧を度すること、此れ従《よ》り始まるなり（『大正蔵』四九・八二一c）

中宗の神龍二年といえば、則天武后が退位し中宗の復辟がなった翌年にあたる。この詔は『冊府元亀』巻五一の

神龍元年二月制すらく、天下諸州に各おの寺・觀一所を置き、咸《ことごと》く大唐中興を以って名と爲す

のいわゆる中興官寺・官観設置の命に応ずるものであって、唐朝中興を記念するとともに紊乱をきわめた武后朝の度僧制度に終止符をうつべく、国家による試験を採用する必要に迫られたからである。そして、この時の試験課目が、『法華經』であったことは、のち代宗の大暦中、越州称心寺に寂《みまか》った大義が、

中宗の位を正し恩制もて人を度するに屬《あた》り、都督胡元禮が經義を考試するに、格《せいせき》第一に中《あた》る（『大正蔵』五〇・八〇〇a）

天下に詔し、經を試り人を度するに、山陰の靈隱（寺）僧童大義、年十二、法華經を誦え試第一に中る

（『大正蔵』四九・三七一b）

によって明らかであり、(8) かく経典の読誦・経義をもって度を与えるのが試経度僧なのである。『稽古略』は試経の開始を中宗朝に求め、道端良秀氏は少くとも高宗時には局地的に行われていたと推測されている。けれども諸戸氏が明かにされたとおり南北朝では各寺院ごとに経典読誦を課していたのであり、それがやがて国策に採用され試経と勅恩の二つを派生させたと考えられる。過渡的な例をあげれば、『唐高僧傳』巻一七、智顗伝に陳末のこととして、

　時に于《お》いて僧尼を検括するに貫《そうせき》無き者、萬もて計《かぞ》う。朝議に云う、經を策《と》い落第する者は並びに合《まさ》に道を休《や》めしむべし、と（『大正蔵』五〇・五六五c）

幸いに智顗の極諫により即刻捜簡が停められたが、恐らく天下一律にしかも毎歳行われたものでないにしろ、(9) あたかも官吏登用の科挙試が隋文帝時代に創始されたとはいえ、既に雛形は梁武帝前後にみられるように、かかる「策経」が南北朝末頃には実施されていたと思われる。『稽古略』の説は多分、完全に制度化されたものを指すのであろう。

　かくして創められた試経度僧は次第に拡充の一途を辿るが、今その主なものを『佛祖統紀』の記述に従って再現すれば、粛宗の至徳元載（七五六）に

　勅すらく、五岳に各おの寺を建て、妙《すぐれ》て高行あるものを選び、之が（寺）主と爲せ。白衣《ズンアン》（童行）の經五百紙を誦するものには明經出身を賜《あた》え僧と爲し——時に僧標は首選《しゆせき》に中る——或は錢百緡を納める者には（度）牒を請い剃度するを許す(10)（『大正蔵』四九・三七六a）

文中の僧標は『宋高僧傳』巻一五、杭州霊隠山道標のことである。試経五百紙とは難題であるが、時あたかも安史

の乱に遭い、軍費の捻出に困り果てた結果であれば、試経よりも進納に重きを置いたためと考えるべきであろう。

（代宗大暦）八年（七七三）敕すらく、天下の童行は經・律・論三科を策試し、牒を給し度を放《ゆる》す、と（『大正蔵』四九・三七九ａ）

この制は『宋高僧傳』巻九、慧忠伝、同巻一六、神湊伝にもみえるが[11]、慧忠伝には「經・律・禪法」となっており、恐らく禅門の慧忠にひきずられて禅法と記したのであろう。ともかく誦経が試経の課目であった唐前半に比べ、策試つまり経・律・論に対する論策を採用したことは大変化であって、教団紊乱の粛正とともに、僧尼の素質向上を目指した改革であるには違いない。けれども目を転じて当時の科挙制度を眺めてみるに、安史の乱中に科挙は中断され代宗の大暦年間に至って道士の官吏登用制度とも称すべき道挙が復活するなど[12]矢つぎばやの改革が発布されている。試経制度改革もこれらと軌を等しくしており、したがって科挙制と一体的に把握されねばならない問題である。

（敬宗）寶暦元年（八二五）兩街に勅し、方等戒壇を左街は安國寺に、右街は興福寺に建て、中護軍の劉規を以って左右街功徳使に充つ。戒行の者を擇び（臨壇）大徳と爲し、童子の能く誦經すること百五十紙、女童の誦すること百紙に背《つう》ずる者を試らしめ、剃度を許與《ゆる》す[13]（『大正蔵』四九・三八四ｃ）

さらに会昌廃佛の直後、宣宗朝の大規模な復興事業に伴ない試経度僧も復活したと思われるが、前朝の例に鑑み規制を厳しくしたらしく、

（大中）十年（八五六）勅すらく、毎歳僧を度するには本教に依り戒・定・慧の三學中に於いて道性有り法門に通ずる者を擇んで之れを度し、此の外の雑藝は一切禁止せよ、と（『大正蔵』四九・三八八ｂ）

と経・律・論より戒・定・慧に改められ「此の外の雑藝」つまり誦経を含めて一切禁止する厳重な試験審査を打出

している。なお後述するが、これらの諸科は五代に及んで紫衣・師号の試験に採用されることになる。

以上が唐代における試経度僧の概略である。ここで注意を喚起しておきたいのは、兵革により時には皇帝の意向その他の事情によって中断されもするが、「毎歳度僧」が原則であり誦経のほか経・律・論、或は戒・定・慧をめぐる論策が課せられ、合格者には首席以下の等第がつけられ明経出身を賜わることなどである（私の推測では誦経に明経出身を与えるかぎり明律、明論、明定、明慧各出身も設けられていたと思われる）。この試経制度は都長安で試験する場合もみられるものの、一般には各州県にて行われているが、それにひきかえ、五代以降になると都に集める方策がとられている点は注目に価する。後梁末帝の

龍徳元年（九二一）……三月丁亥朔、祠部員外郎李樞の上言すらく……如《も》し出家受戒を願う者《ばあい》は、皆須《すべか》らく闕《みやこ》に赴き藝業を比試せんことを請うと。……詔して曰く……明聖節（末帝誕節）に遇う毎に、両街各おの官壇度七人を許す。諸道如《も》し度僧を要《もと》むれば、亦仰せて京の官壇に就き、仍《よ》って祠部をして給牒せしめん、と[14]

はその証左であり、『大宋僧史略』（以下『僧史略』と略）巻中、管属僧尼の項には「天下の私度を禁じ、僧尼の出家を願うもの有れば勅して京に入れ、比試の後、祠部より上請す」（『大正蔵』五四・二四六ａ）と都に赴き試経せられた状況をかいつまんで述べている。

さて試経度僧の沿革を通覧する時、折おりにふれたように隋唐から宋代にかけて創設拡充された官吏登用の法、科挙試の姿が沛然と浮び上ってくる。隋唐時代の科挙は完成した宋代のものと趣を異にし、九品官人法が廃止された隋文帝の開皇十八年（五九八）に創始後、秀才・明経・進士・明法・明字・明算などの各科目が形を整え、唐高宗の時に秀才科が姿を消すと明経科が正統となり、やがて詩文全盛期の訪れとともに、諳記主体の帖経に偏った明経科は疎んぜられ、詩・賦を中心課題とする進士科が脚光を浴びた。そして宋代になると明経の内容をあわせもつ

進士科一本に統合されるに至るのは周知のとおりである。(15)『新唐書』巻四四、選挙志が、武徳年間の詔とし

諸州の明經・秀才・俊士・進士は理體に明かにして鄕里に稱せらるる者を、縣が考試し州長が重覆して、歳ごとに方物に隨って入貢せしむ

というように原則的に歳々年々行なわれ、県・州のいわゆる郷試をへて中央に挙送し、礼部の考試合格者に明経出身が許されてのち吏部の試（身・言・書・判）にパスして始めて任官させるものであった。前に紹介した試経の中に明経出身とあるとおり、科挙なかんずく明経科と試経度僧とはきわめて類似しており、結論的にいえば、両者は同じ主旨の下に成立ったものではないかと推論するのである（明経＝儒、道挙＝道、試経＝佛の三教併置となる）。

初め明経科は経史の内容を試みる論策のみであったが、高宗の調露二年（六八〇）に考功員外郎劉思立の献議により経書の本文・注文の一部を隠し前後を問う帖経が加わり、また経書に孝経・老子が課せられるなど改変あいついだ。玄宗時代には帖経十条（五条合格）、経書本文の略義を口答させる口問大義十条（同六条）、時事問題にあたる時務策三道にほぼ文理を尽せば及第となった。なお五経、三経、二経、学究一経の別があり、孝経・論語・老子が必修となっている。そして詩・賦に主眼を置いた進士科にひきかえ、経書中心でしかも帖経に偏る明経は次第に地位を進士科に譲ったあげく、遂には「三十老明經、五十少進士」に代表される状況にたちいたったため帖経を除き論策、口問大義を重視すべきことが、しばしば論議の的になったのである。(16)

翻って試経度僧の開始を『稽古略』の説に従い中宗年間とすれば、時あたかも高宗から則天武后をへて玄宗朝に連なる唐代科挙制の完成期、帖経を主とする明経科全盛の頃である。かつ科挙に老子帖経、老子策問が加えられたとすれば、誦経中心の試経度僧が形式・内容に程度の差こそあれ、科挙特に明経科に影響を受け、ほぼ同じ主旨と目的をもって創始されたと考えても、あながち無理ではあるまい。帖経と誦経と、はたまた求道のための度僧に

「試中第一」といったランクづけが採用されるなど、試経はまさしく佛挙と称すべき制度であり、代宗朝の経・律・論三科、或は宣宗朝の戒・定・慧三学の制も科挙の科目に比定される。誦経に対する反省から生れたこれらの制度設立の時代は、科挙帖経の弊が盛んに指弾された時期に相当するが、いみじくも粛宗の詔文にあった「經五百紙を誦するものは、明経出身を賜う」の条は、試経度僧が明経科になぞらえるものであったことを示唆するものといえよう。なお両者の理念については後節末に一括して述べることにする。

三　勅恩度僧と制挙・資蔭

前節に試経度僧が科挙でも明経科に該当することを論述したが、では第二の度僧制度としてあげた勅恩度僧は、なにに相当するとみればよいであろうか。勅恩（特恩ともいう）度僧とは読んで字の如く、勅命により特別に僧を度するものであって、常度たる試経とは異なり飽迄も臨時に行なわれ、しかもおおむね皇帝に密接な関りを持つ事件をめぐって実施された。即ち、即位、改元、誕節、国忌、皇子等の出生、大赦・曲赦令、封禅、行幸、戦捷、営寺、建斎、追善供養、病気平癒、祈願などのほかに王公・官僚・僧尼の奏請などがあるが、奏請とて彼らに対する報賞とみれば例外ではない。その起源はやはり公度制採用の北魏以降に求められよう。『唐高僧傳』巻二、彦琮伝に北周大定元年（五八一）、曇延等の挙奏によって落髪を蒙ったとみえ（『大正蔵』五〇・四三六c）、挙奏というなどあたかも貢挙における郷挙里選を想わしめるものがあり、本来ならば挙奏者の連坐制を背景に持つ最も理想的な度僧制度に違いない。このほか同巻一四、慧頵伝に南朝陳のこととして、

陳帝の僧を度するに會い、便ち比校に預り太建年中便ち勅度を蒙り同泰（寺）に住わしめらる

（『大正蔵』五〇・五三二c）

とあり、隋代以降その例は枚挙に遑がない。恐らく公度化してからは度僧の主役を演じ、公度とはそのまま勅恩度僧を指すものとなったであろう。爾後、唐代に及んでも圧倒的優位に立って存続するが、勅恩が勅恩として位置づけられるのは厳密な意味では試経得度成立後と限定する方がよさそうである。ともあれ私はこの勅恩度僧制を官吏登用制度の制挙、資蔭の両者にふり分けて比擬するものである。制挙とは『新唐書』巻四四、選挙志の冒頭にいう、

唐制、士を取るの科、多く隋の舊に因る。然るに其の大要に三つ有り。學館由りする者を生徒と曰い、州縣由りする者を郷貢と曰う……此れ歳擧の常選なり。其の天子自ら詔する者を制擧と曰い、非常の才を待つ所以のものなり

また『封氏聞見記』巻三に「國朝は常擧に於いて人を取るの外、又制科有り、搜揚拔擢するに名目甚だ衆《おお》し」という制科或は応制ともいうのであって、定期的に行われる常挙と違い、がんらい野に賢才をとどめずとの帝王学にもとづき臨時の恩制にて天子自らが詔を発し非常の才を登用する法であった。但し、制挙には二系統があり無冠の大夫を抜擢するものと、既に任官した者が昇進を速めるべく応ずる制挙とで、前者を勅恩度僧とすれば後者は後に述べる紫衣、師号と深いかかわりがあるので注意を促しておきたい。なお「唐世、制擧の科目猥《はなは》だ多く、徒らに其の名を異にするのみ」であり、史料によって出入はあるが『困學紀聞』の如きは八十六科を数えている。[17]「其れ制詔の擧人には常科有らず、皆其の目を標《あ》げて之れを搜揚す」[18]と時に応じて必要な科目をあげて抜擢するが、常歳ではないとしながらも『文獻通考』の「唐登科記總目」が証明するように貢挙が停止された年でも制挙は運営されているほど頻繁に行われたものなのである。

一方、資蔭は漢代の任子に準応するものであり、恩蔭ともいい父祖の身分の上下、官品の高低によって子孫の出

身、仕官に特典を与える制度であった。今選挙志にある学館を例にとれば、唐代には門下省直属の弘文館、東宮の崇文館があり皇室及び外戚、宰相、散官一品、功臣の食実封（封爵）を持つ者、京官・職事官従三品以上、中書・黄門侍郎の子が入学を許され、国子学、崇玄館には文武三品以上の子・孫、従二品以上の曾孫、国公の子・孫、勲官二品・県公・京官四品以上の子などが、太学には五品以上の子・孫、三品以上の曾孫、勲官三品以上で有封者の子などがあてられ、四門学は、七品以上と庶民の子、律学、算学、書学は八品以下の子及び庶民の優秀な子が選ばれている。仕官、選挙の場合でも試験によらず或は正一品の子は正七品上、従五品の子は従八品下と身分に対応する出身が許され、試験をへた明経上第の従九品上、進士及第の従九品下などに比べ、処遇にかなりの格差があった。[19]この資蔭による出仕が科挙出身者と比較し尨大な数に上ったであろうことは想像に余りあるものだが、既に高宗の顕慶二年（六五七）、黄門侍郎劉祥道が選挙の弊害を陳べ「經學時務等（＝明経出身）を雜色（＝資蔭等）に比ぶれば、三分して其の一にも居らず」と述べ改革すべきを主張している。[20]けれどもその弊は改まらず「諸色の入流は歳ごとに千を以って計う」[21]有様であり、父祖の七光により無学無才のまま幼少に仕官する者は跡を断たなかったのである。この資蔭をどのように理解するかは大問題であるが、一般的にみて貴族的官制をきわだたせ、身・言・書・判を骨子とする吏部選、或は古典的素養を要求する科挙試が実務の才より貴族としての容姿、教養を重んじた以上にはるかに貴族的であり、より六朝貴族社会の陰影を濃厚に帯びた制度であると断言できよう。

私が勅恩度僧を制挙と資蔭になぞらえる所以は、以上であらかた推測していただけたと思うが、形よりしていえば、きわめて制挙に近いのである。ただ制挙が諸科目を掲げて試策するのに対し、勅恩度僧はさにあらずとの疑問を抱かれるかも知れない。確かに唐太宗が貞観二十二年（六四八）九月、帰依した玄奘三蔵の言を納れ天下の諸州に命じ寺院ごとに五人、寺数三千七百余、総数一万八千五百余人[22]を度した如く、いかに各州県の裁量に委すとはいっても、これでは綿密に取捨することは容易な術ではなかったに違いない。けれども、かかる大量度僧はむしろ例外である。今『全唐文』巻五所収、太宗の「度僧於天下詔」を引用すれば、

　其れ天下諸州、寺有るの處は、宜しく人を度して僧尼となし、總數三千を以って限りと爲さしむべし。其れ州には大小有り地に華夷有れば當處の度する所の多少は有司の量定に委《まか》す。務めて精誠徳業あるものを須《もち》い、年の幼長を問うこと無かれ……若《も》し官人の簡練精《ただ》しからざれば、宜しく錄して殿失に附すべし

という。誠に貢挙制の挙送そのものであって、精誠・徳業ある者を銓選せねばならず、簡練精しからざれば所司の官人は殿失つまり考課格にはねかえる責任が附帯したわけであるから、試経以上に厳しいといわねばなるまい。科挙にも、挙送して落第すれば挙送の長官が責任を問われたため、遂に姿を消した秀才科の例もある。爾後の勅恩度僧もおおむね大同小異で同書巻二四、玄宗の「春郊禮成推恩制」に、「灼然として經業戒行有りて、鄉閭の推す所となるものを簡擇せよ」とまでいえば、最早疑いは氷解されよう。これが勅恩度僧の本来の姿なのであり、制挙になんら損色なきものであった。またあえて言及すれば詔文中の経業戒行とは誦経、戒・定・慧、経・律・論、雑科・唱道・表白いずれでもよいのであり、それらの規準はあたかも制挙の科目に等しいと思われる。

　制挙の野に賢才をとどめず人材を登用して治国平天下に貢献せしめる主旨内容は、またそのまま勅恩度僧にあてはまる。禅宗四祖の道信が隋文帝時代に出家した時(23)

　國、賢良を訪《もと》め、度して出家するを許す。此れに因り名を附し吉州の寺に住す（『大正藏』五〇・六〇六b）

というのは、正しく勅恩度僧であるが、賢良・方正の流れを汲む制挙と同じく、臨時の勅命によって在野の人材を発掘任用するものであった。そもそも、佛教もしくは僧団が朝野の尊信を浴び、民衆の帰依を受けるのは宗教本来のありかたではあるが、形よりする支配、民心収攬に陥りがちな為政者が、畢竟求めるものは内よりする掌握で

あって、ここにこそ儒教が支配原理に導入される所以がある。佛教や道教とて例外ではありえなかった。信仰を共通の紐帯として支配・被支配者をなべて一元化する方向こそが為政者の願うところであるとすれば、その期待を担うものが道教であり佛教にほかならない。したがって形よりする世俗官僚（外的官僚）を通じて支配を貫徹する従来の缺を補うものとして着目されたのが教団であり信仰の媒体者、換言すれば内的官僚たる僧尼を確実に把えるため編出されたのが僧官制度そして度僧制度であったといえよう。おおむね僧官はともかく、度僧制度を私度・偽濫僧対策や僧団規制とネガチーブに説かれがちであるが、野に賢才をとどめず人材の登用を通じて完全な支配をもくろむパッシーブな一面にも注意が払われるべきで、勅恩といわず官度制にはまさに両刃の剣という性格が賦与されていたと考えられる。

さて、勅恩度僧に資蔭の影を求める根拠は制挙ほど明確ではない。漢代の任子制が形を変えて魏晋以後になると慣習法の位置に高められ、九品官人法に集約された次第は宮崎市定氏の『九品官人法の研究』に詳しいが、唐代の資蔭の成りたつ基盤も九品官人法に支えられた貴族制の本質に迫るものがあり、隋代の九品官人法廃止以後はむしろ資蔭によって貴族勢力の維持存続がはかられたわけである。ただ九品官人法と資蔭の制とは必ずしも同質ではない。北魏孝文帝の時から門閥主義否定、賢才主義尊重の論が頭をもたげ漸次、主客が転倒し[24]、南朝にも賢才主義の萌芽が少なくとも梁代には認められるが、それらがストレートに科挙に連なるものではない。資蔭にもかなり賢才主義的な発想が加味され門閥主義と賢才主義の両面を併せもっており[25]、かかる故に科挙成立後も並存しつづけられたのではないかと思われる。さらに推測の域を出ないが、門地による九品官人法を門閥の側ではなく皇帝の立場よりすれば、国家ないし皇帝への貢献度を門地に内包せしめたものと解釈され得ないであろうか。資蔭にはたんに父祖の功績が子孫に波及すると一元的に把えられないもの、父祖の国家に対する勲功が、国家による報賞という形を媒体として子孫にはね返る推恩の方向を導入せねば理解できない一面がある。もしこの把握が許されるならば、資蔭は門地に含まれてきた貢献度が独立したことになりそれが九品官人法と資蔭の間に一線を劃す重要なカギの一つともなるであろうし、資蔭を恩蔭ともいう恩は必ずしも父祖の恩ばかりではなく、勅恩度僧と同じく皇帝の恩、推恩の恩という意味になりはすまいか。

勅恩度僧が官度制の成立に相応じて出現したことは既に述べたが、その時期が賢才主義の萌芽と前後している事実は、あながち偶然の一致とは片付けられない現象だと思われる。そもそも官度を内的官僚制とみる私の立場からすれば試経・勅恩度僧とは、無差別な教団＝官界への流入は好ましいものではなく、流入をチェックする方策と、賢才主義の主旨に沿ってはかられた制度とみなしたいのである。ただ度牒、僧尼籍等が完備される隋唐以降にくらべ、南北朝は同じ勅恩といいながらも遥かに不備なものであり、殊に南朝の如きは依然として、教団の裁量に委ねられる傾向が強かったのであって、その点、資蔭の例と同様、隋唐とそれ以前には明確な相違が認められよう。したがって隋代以前の勅恩度僧には萌芽的賢才主義の要素を認めながらも、門閥主義的形体を濃厚に持つといわねばならない。

今、教団に門閥主義を云々するには疑いを抱かれるかも知れないが、冒頭に南北朝佛教を貴族的佛教と定義づけたいとした伏線も、実はここに連なるわけで、貴族社会なるが故に貴族的佛教と安易に処理したのではない。私は前章に南北朝佛教教団の自律性を強調したが、度僧の寺院裁量こそはその格好の傍証でもある。度僧の弊害が叫ばれながら改革に手を染められなかった事実は、東晋の桓玄による「僧尼拝君親論」が撤回され、梁武帝の御座法、白衣僧正の問題(26)が廃案となった背景と同様、教団の自律性ひいては教団のあなどり難い実力のほどを想定せずばなるまい。或は教団の自律性とはいい条、当時の門閥貴族や軍閥の力に裏うちされたものであるかも知れないが、寺院形体といい、門閥貴族出身者の熾んな教団流入といい、また貴族社会のサロンに出入する僧輩の動向、傲岸とも思われる態度など[27]、いずれを取っても門閥貴族化を否定する材料はみあたらない。かくてこそ勅恩度僧に門閥主義の流れを求める所以があり、内実は南北朝といささか異なるが唐代の資蔭に比擬する一論拠ともなるのである。

論を元に返せば、勅恩度僧にはまた、国家よりする報賞の理念が附帯されていると考えたい。廃佛直後、革命、戦乱等による僧尼の減少、私度僧の増加するやむを得ない場合を除き、勅恩度僧の行われる契機となるものは先に列挙しておいたが、一見無関係とみられるものにも教団に対する報賞、論功行賞の内意が汲みとれる。『唐高僧傳』巻一九、智璪の伝に、大業元年（六〇五）、煬帝は参謁した智璪を天台山に護送すべく通事舎人盧正方を派遣した。

智者（大師智顗）の爲に一千僧齋を設け、四十九人を度して出家せしめ、寺に物二千段、米三千石幷びに香酥等を施す（『大正蔵』五〇・五八五c）

煬帝はいわずと知れた智顗の菩薩戒弟子であり、寂年に至るまで絶大な帰信を寄せている。大業六年にも百人を度し寺に物千段、斎僧に絹一匹ずつを施しているが、いずれも勅恩度僧で智顗の徳恩、功業に報いるためであった。

また同書巻八、曇延伝に、

延、寺宇未だ廣からず、敎法方《まさ》に隆んなるときを以って、僧を度し以って千二百五十比丘、五百童子の數に應ぜしめんことを奏請す。勅して遂に總《すべ》て一千餘人を度し、以って延の請に副《そ》わしめたり

（『大正蔵』五〇・四八九a）

とある。曇延は隋佛教興隆の立役者であるが、佛教治国策をはかる文帝に積極的な協力を惜まなかった。同様の例は随所にみえ唐代においても玄奘三蔵に対する太宗、高宗の勅恩度僧の如く頻繁に行われているのである。これら

を報賞、論功行賞にみたてるには恐らくオーソドックスな立場や佛教の本質に重きを置く学究から邪道偏見という反撥を買うに違いない。私とて度僧の功徳や衆生済度といった佛教信仰に深く根ざすことを否定するのではない。だが本章が佛教史を佛教史として眺めることへの反省から出発したように、純然たる佛教教理や信仰へ一途に解決を求める常道こそが偏見であり曲解だとするパラドックスもなりたつのである。もしひたすら常道に遵うならば雨を祈って「絹三百段を賜う」（『大正蔵』五〇・四八九b）ことも、皇帝の起居を問いて物を賜うことも、布施業から完全な解決を求めることは不可能であり、逐一あげないが即位、中興、誕節、皇子生誕、戦捷における勅恩度僧はおろか、度僧制度そのものの存在さえ疑わしくなる。かかる諸現象や、受容、理解の仕方がとりも直さず中国佛教のあるがままの姿なのであり、勅恩度僧を報賞とする異端的附会の説が俗権にとって最も本道に近い把えかただと思われる。その意味で『唐高僧傳』巻二〇、明浄伝に太宗の貞観三年（六二九）亢旱に自ら雨を祈ることを奏請し、効験あらたかに遂に有年あるをもって、太宗は

　勅し、乃ち總て三千僧を度し、用《も》って淨の徳に酬ゆ（『大正蔵』五〇・五九四c）

というのは決定的サンプルであり、僧徒の徳業＝治国平天下・鎮護国家に寄与し、又寄与する期待を含めて、酬ゆるに物をもってし賜うに俸禄・官爵そして度僧をもってするにほかならない。勅恩度僧は父祖の勲功の上下により子孫を入仕せしめる資蔭ほど明確にはいかないにしろ、僧徒の徳業によって弟子等を度＝仕官させる理念には相通ずるものがあると思われる。

四　進納度僧・受戒と売官・制挙

最後に進納度僧に及ばねばならないが、約束の紙数を遥かにオーバーしたので論じ残したものと併せて概略述べることにする。この進納とはいわば雅言であって、卑俗な言葉で表わせば売度にあたる。淵源はさだかでないが、恐らく度牒が給付された貞観以降に出現したものであろう。その例として中宗の景龍年間（七〇七～七一〇）、左拾遺の辛替否が韋后・安楽公主一派の猥濫を諫め、盛んに営まれる奉佛事業とあいまって、百姓を疲弊させ帑蔵は空竭にひんしている状況を訴えた

　當今、財を出し勢に依る者は、盡く度して沙門と爲り、避役姦訛の者は盡く度して沙門と爲る。夫れ未だ度せざる所は、唯、貧窮と善人とのみ(28)

の上疏が広く知られており、武則天から玄宗朝にわたる政争が勢い貴顕による売官・売度の傾向を促した事情については、谷川道雄氏の論稿に詳しい(29)。安楽・長寧両公主、上官婕妤、沛国夫人らが、

　皆、勢に依って事を用い、請謁し賕を受く。屠沽・臧獲《ぬひ》と雖も錢三十萬を用うれば則ち別に墨勅を降して官に除し、斜封して中書に付す。時人は之れを斜封官と謂えり。錢三萬なれば則ち度して僧尼と爲す(30)

の状況であったため、辛替否の上疏が草されもし、また酸棗県尉の袁楚客が時の宰相魏元忠に書を致して朝政の十失を数え、

　今や人を度すること既に多く、緇衣は道半ばにして行業に本づかず、専ら重寶を以って権門に附するに皆、定直有り。昔の賣官は錢は公府に入れども、今の賣度は錢は私家に入る。茲《ここ》を以って入道し、徒らに游食を爲す

は、此れ朝廷の三失なり(31)

と弾該したわけである。この売度を私家に入ったが故に私度僧とみるむきもあるが、決してそうではない。安楽公主ら一派は政界を左右し中宗にかわる実権を掌握したのであるから、銭は彼ら私家に入ったとはいえ、それは公家に等しく、度牒は官の度牒であったからこそ三万銭にて売買されたわけである。かく金銭を官に納めて度牒を買い僧の資格を得るのが進納度僧である。

古来、売官が財政破綻や貴顕の貪財の具に供され、或は兵革に際してその財源に利用されてきたように、進納度僧も完全に同じ目的で行われることになった。安史の乱が勃発するや楊国忠が侍御史崔衆を太原に赴かせ「納錢もて僧尼道士を度し、旬日にて百萬緡を得たり(32)」、また霊武に蒙塵した粛宗が軍須の缺乏に苦しみ、宰相裴冕の献議をいれ、「僧道の度牒を鬻ぎ、之を香水錢と謂う(33)」このいわゆる香水銭の計に、南宗禅の荷沢寺神会が積極的に協力している(34)。こうした傾向は唐の支配力が衰え、藩鎮跋扈の時代到来とともに、いよいよ拍車をかけることになった。その次第については、道端氏の紹介に譲る(35)。

ともあれ、進納度僧が頻繁に行われる背景には、僧徒のもつ免租免徭役の特典が富有層の食指を動かさせる原因となっているからであるが、裏返せば、官度制の設置が僧徒の俗的価値を高める結果を招いたことを看過してはならない。売官(爵)と売度が比肩されるのは上引資料によって明白であり、金銭への換算が官・爵に限らず、度牒にまで拡大された、否度牒が官・爵と同一扱いを受けるに至った姿を、ここに垣間みるのである。よしんば教団が進納度僧を本道にもとり弊のきわみと退け、彼らを僧とは認めようとすまいと、前引資料がいみじくも鬻官、鬻度を対置させているように、世俗的な感覚では官爵と度牒は同等のもの、換言すれば度牒は僧尼における告身にすぎなかったのである。況んや神会の如く積極的な協力者が教団に存在するにおいてをやである。これはからずも裴

晃の香水銭をめぐって、『新唐書』食貨志にいう、

天下の用度充らざるを以って、諸道に人を召し錢を納れて空名告身を給し官勳邑號を授け、道士僧尼を度することを得せしむるに、勝《あげ》て計う可からず。錢百千を納むれば明經出身を賜う[36]

まさしく空名告身と空名度牒が売買され、銭十万を納むれば両者ともに明経出身を与えているのである。佛教側の史料が度牒だけに触れるのにくらべ、食貨志が両者を対置し一括して述べているのは、両者が同等視されたことを知る、なによりのよすがとなろう。進納度僧ばかりではない。『佛祖歴代通載』巻一三に同じことを、

白衣の能く經五百紙を誦する者は、度して僧と爲し、或は錢百緡を納め牒を請い剃落するも亦明經出身を賜《あた》えることを聴す（『大正蔵』四九・五九八b）

とあり、誦経五百紙が銭百緡に換算されているのである。両者はいずれも同一資格が与えられるのであるから、進納度牒を告身とみる限り、試経そして勅恩の度牒さえ告身、つまり内的官僚の告身という見方が論理上からも、成り立つと思われる[37]。かく考えなければ「明經出身」の意味がそこなわれるのは必定であろう。

度僧制度は五代周の顕徳二年（九五五）、世宗による廃佛毀釈の際（私は毀釈ではなく粛清・再編成とみるのだが）童行制度の制定に伴ない完備され、ほぼ試経一本にしぼられることになり[38]、宋代の度僧制へ発展するが、この童行及び度僧制施行の詔勅に左の一項が併載されている。

一、僧尼は私に受戒することを得ず。只だ兩京・大名府・京兆府・青州府の戒壇に於いて受戒の時を候《ま》て。兩京は祠部に委ねて官を差《つかわ》し、前項の習う所の經業を引試せしめ、其の大名府等三處の戒壇は、只だ本判官・錄事參軍に委ねて引試せしめ、勅條に合する者は分析し聞奏せよ

つまり具足戒を受け比丘大僧となるための官壇受戒に関する規定である。したがって本条文により

1　出家志願者は父母・祖父母の聴辞を受けて師主を選び、師主は家長等の許諾状を得て童行となす。
2　童行は男十五以上、女十三以上になれば師主の推挙により念経・読経のいずれかを選択し、地方官の試験を受け、合格してはじめて剃髪得度する。
3　剃髪得度の僧は修行ののち、両京及び三府の官壇において受戒するが、両京は祠部の官、三府は各府の判官・録事官がたちあい、得度の経業を試験し、合格すれば受戒を得る。

の三段階が明白になる。しかも剃度・受戒は非時に行われるのでなく、上文のあと、

一、應《すべ》て剃頭・受戒に合する人等は、逐處に仰せて天清節（誕節）の一月前に、姓名・郷貫・寺院・年幾及び習う所の經業を具して申奏せよ。

という。前文の「受戒の時を候つ」とは、この天清節を指すのであって、このように五代の頃から度僧・受戒等は毎年誕節に行われるのが一般的となっていたらしい(39)。それはともかく、剃髪と受戒が「勅の下るを候《ま》って祠部に委ね憑由（公験＝度牒）を給付する」といえば、明らかに受戒牒も別に給せられたわけである。受戒時の「所習經業」とは一体なんであったか具体的に述べていないが、恐らく次の科目と関係があろう。後唐清泰二年（九三五）、紫衣・師号をめぐり、

（三月）辛亥、功徳使奏すらく、毎年誕節には諸州府より僧・道を奏薦す。其の僧尼には講論科・講經科・表白科・文章應制科・持念科・禪科・聲贊科を立てんと欲す。道士には經法科・講論科・文章應制科・表白科・聲贊科・焚修科を立て、以って其の能否を試らんと欲す、と。之れに従う(40)

の制が採用された。『冊府元龜』巻六一には両街功徳使であった雍王重美の奏としており、僧尼は講論・講経・表白三科、文章応制十二科、持念一科、禅科、声賛科を設け「竝びに本伎能中に於いて條貫する」こととし、道士は

経法科のうち義十道、講論科には経論を、文章応制科には詩、表白科は声喉を、声賛科には歩虚三啓、焚脩科は斎醮儀を試験するものであったと述べている。前年に講経・禅定・持念・文章応制四科を立てたのを拡充したもので、これを志磐は度僧の項に入れ、道端氏も同じ轍を踏まれているが[41]、決して度僧ではないこと『五代會要』巻一二に「毎年誕聖節諸道州府奏薦僧尼紫衣師號云々」の文が明言しているように紫衣・師号の試験制度なのである。後周世宗の制にいう経業の試みもこうした科目であったに違いない。

紫衣・師号が比丘大僧の中でも徳行あり戒・定・慧に秀れた者に国家が与えた勲章であることは、周知の事実である。この紫衣・師号の試はいわば僧尼の昇級試験であり、諸科の立てかたなど第三節にあげた制挙＝応制の第二系統にそのままあてはまる。なお紫衣・師号の試は宋代になると宮中で行われるが、或は五代でも同様であったのかも知れない。

『僧史略』巻下、賜師号の項に賛寧は、

是れより先、開寶より太平興國四年に至る以前には、四海の僧の殿庭に入り、三學を比試せんことを乞えば、開封府の功德使に下し僧を差《つか》わして經・律・論の義を證《しら》べ、十條に全通すれば紫衣・(師)號を賜い、手表の僧と爲すを許せり。……此れより皇帝の誕節に遇《あた》る毎に親王・宰輔・節度使より刺史に至るまで上表して、知る所の僧道に紫衣・師號を薦むるを得せしむ(『大正蔵』五四・二四九b)

といい、彼らは入内して門下省の牒を受けるが、これを簾前の師号と謂い、簾前の紫衣といって「此れ最も榮觀と爲すなり」と記している。これは『佛祖統紀』巻四三に

(太祖)開寶二年(九六九)長春節に詔すらく、天下の沙門は經・律・論義を殿試し、十條に全中する者は紫衣を賜う(『大正蔵』四九・三九五c)

とあるのに相当する。このように宋代では天子直々の試験となり、簾前の師号・紫衣とてもてはやされたのである。
因みに宋代科挙制度には唐代の郷貢にあたる解試、礼部の試に相当する省試と、唐代では吏部が掌った吏部試にかわり皇帝が試験官となる殿試とがあった。太祖は先朝の貢挙の弊をためるべく鋭意改革に当ったが、遂に省試の再試を中書省にて行ない（覆試法）、さらに発展させて開宝六年には殿試を整え、開宝八年に至り名実ともに完成させた(42)。紫衣・師号の殿試はそれに先立つこと四年、覆試に遅れること二年である。科挙制度史からは注目されていないが、両者の関係は疑う餘地のないものであろうし、殿試が官僚の死命を制し皇帝の忠実な弟子、いわゆる天子門生と化したことはそのまま僧尼の殿試にも適応できるものと思われる。

むすび

これまで度僧制度を通じ、隋唐を官僚的佛教の時代と把える論拠を示しながら、併せて六朝を貴族的佛教と定義づける一つの展望を試みてきた。これは短兵急に結論づけられる問題ではなく、したがって飽迄も試論の域を出るものではない。けれども強引と思われるかも知れないが、やはり東洋史の一ジャンルとして同じ土俵に上らなければならないのは確かであり、その為にも、かかる比較史学的な手段を弄することは必要缺くべからざるものであろうし、方法論的にも決して誤ってはいないと思う。冒頭に志磐を俎上にあげたので、結びに賛寧をもってすれば、彼は『僧史略』巻下、賜僧紫衣の項でいう。

古《いにしえ》の貴ぶ所は名と器となり。人に服章を賜うこと極まれば、則ち朱紫、緑皂、黄綬と乃ち降次を爲す。故に曰く、紫綬を加うれば必ず金章を得と。僧をして但だ其の紫を受けて金とせざらしむなり。方袍は綬に非ず諸史を尋《たず》ぬる

に僧衣は赤・黄・黒・青等の色にして、朱紫なることを聞かず（『大正蔵』五四・二四八c）

俗官の賜衣と僧道のそれは同じでないとしながらも、彼自身が両者を比較して理念の共通性を感得せざるを得なかった。同書巻中、祠部牒の項には、更にはっきりと次のように述べる。

嘗て聞くならく、僧は其れ官に視すれば則ち五品なりと。然れども未だ令式、史傳に明載するを見ず。且《しばら》く相い傳うることを信ぜん。（又嘗て僧の五品を見るも官品には非ざるなり）其れ經を誦し格に合するに據り、試に就きて通ずるを得るは、此れ僧選なり。髪を剃り袈裟を被《き》るは、此れ釋褐なり。敕して形倶無作の戒法を授くるは、此れ官位なり。三藏の敎を講ずるは如來（＝皇帝即如來）の使に充たるなり。內外の衆を化導し惡を背に善へ向わしむるは、理民なり。國の爲に行道し、民を保ち災無からしむる、是れを課最と爲すなり、苟《かりそめ》にも其の階品に比して、其の職官に視《ひ》せざること、其れ得べけん乎。將來、法門の君子は帝王に對敭し、明勅を降し某官、某品に比するを許されよと請わば、像末の時、美事の端と爲らん（『大正蔵』五四・二四六a）

まことに皮肉と嘆息と、こもごも織りまぜているが、彼の時代、既にかかる対比の試みられる風潮が厳然としてあり、それが誤りでなかったことは本章に検討したとおりである。令式・史伝に未だ見ずといい、認めたくない想いに駆られながら、いかんともし難い現況を直視する時、彼自らも僧官となりおおせた教団の姿を認めざるを得なかったものに相違ないのである。

教団には学校制度にあたるものはない。しかし隋唐の学制はさほど徹底したものではなく、むしろ私塾が盛んであり(43)、かつ貢挙・仕官を究極の目的とするが故に、得度のための童行が形態・内容ともになぞらえることが出来る。また度僧制度が貢挙に等しいことは累々述べてきたが、やがて受戒や紫衣・師号にも試験が課せられ、あたかも貢挙中の制挙が昇進の軽舸と目された如く一種の昇級試験としての性格が附帯されることになった。さらに宋初に及んで紫衣・師号の試験が殿中にて行われ、科挙における殿試と対応することになった。以上が本章で検討した概要である。このようにみてくると度僧―受戒―紫衣・師号の階梯は、まさしく宋代科挙制の解試―省試―殿試と結びつけられ、必然的に隋唐以後、僧徒の官僚化＝内的官僚化が進行し、宋代に及んで完成したとの結論が導き出されるのである。

註

（1）本書第一篇第一章「隋唐佛教への視角」。初出は中国中世史研究会編『中国中世史研究――六朝隋唐の社会と文化――』（東海大学出版会、一九七〇年）。

（2）内藤虎次郎『支那史学史』（弘文堂、一九四九年。後に『内藤湖南全集』第十一巻〈筑摩書房、一九六九年〉所収）。

（3）例えば牧田諦亮「君主独裁社会に於ける佛教々団の立場（上）――宋僧賛寧を中心として――」（『佛教文化研究』三、一九五三年）、「君主独裁社会に於ける佛教々団の立場（下）――宋僧契嵩を中心として――」（『佛教文化研究』四、一九五四年）。ともに後に『中国佛教史研究　第二』（大東出版社、一九八四年）所収。

（4）拙稿「官吏登用における道挙とその意義」（『史林』五一―六、一九六八年）及び「唐中期佛教史序説――僧尼拝君親を中心に――」（『南都佛教』二二、一九六九年）。ともに本書所収（第一篇第五章・同第四章）。

（5）鈴木啓造「中国における佛教受容の一面」（『東方学』一九、一九五九年）。

（6）この点については宮崎市定『九品官人法の研究―科挙前史―』（東洋史研究会、一九五六年。後に『宮崎市定全集』〈岩波書店、一九九二年〉第六巻、所収）とそれを展開された谷川道雄『隋唐帝国形成史論』（筑摩書房、一九七一年）第Ⅱ編第2章「北魏官界における門閥主義と賢才主義」が参考になる。

（7）例えば道端良秀「度僧制度の問題」（『唐代佛教史の研究』〈法藏館、一九五七年、又増訂版、法藏館、一九六七年〉、第一章第三節）、塚本善隆「宋時代の童行試経得度の制度」（『支那佛教史学』五―一、一九四一年、後に『塚本善隆著作集』第五巻〈大東出版社、一九七五年〉所収）、高雄義堅「度牒考」（『六条学報』二二六、一九二〇年）、

曾我部静雄「宋代の度牒雑考」(『史学雑誌』四一―六、一九三〇年)などがあり、私も「唐五代の童行制度」(『東洋史研究』二一―一、一九六二年。本書第一篇第七章)に若干触れた。諸戸氏の論文は「南北朝・隋・唐初の童行と度牒の制」(『佛教史学』一五―二、一九七一年。のち改稿のうえ『中国佛教制度史の研究』〈平河出版社、一九九〇年〉、所収)。なお同氏の「中国に於ける度牒初授の年代について」(『文化』一五―四、一九五一年。のち『中国佛教制度史の研究』、所収)を併せて参照。

(8) 『宋高僧傳』巻一五、大義伝、及び『佛祖統紀』巻四〇。

(9) 『唐高僧傳』巻一九、法蔵伝に「周天和二年四月八日明帝度僧、便従出俗」(『大正蔵』五〇・五八〇c)といえば四月八日佛誕節には毎年度僧が行われていたと想像される。さらに同巻二一、霊蔵伝には「時屬周初佛法全盛、國家年別大度僧尼」(『大正蔵』五〇・六一〇b)とみえる。また『唐高僧傳』巻四、玄奘伝には「年十一誦維摩法華、東都恆度、便預其次」(『大正蔵』五〇・四四六c)とある。恒度とは毎歳の度僧を指すとみねばならず、時は隋文帝年間にあたるから、或は毎歳試経があったとしてよいかも知れない。なお科挙は後代の用語で隋唐代には用いられない語であるが、便宜上用いることにする。

(10) 『佛祖統紀』の記載は『歴代編年釋氏通鑑』にもあり、乾元元年(七五八)となっている。また道標伝では至徳二年とし紙数七百とあり(『大正蔵』五〇・八〇三c)、同巻の真乗伝に「屬顏魯公許試經得度、時已暗誦五百紙、比令口諷、一無差跌、大見褒異、落髪配住八聖道寺」(『大正蔵』五〇・八〇三b)とみえる。顔真卿が兗州あたりで試経得度を行なったとすれば、だいたいこの前後と思われるので、この時の試経は五百紙と考えてよいであろう。

(11) 慧忠伝「至大曆八年、又奏度天下名山僧中取明經律禪法者、添滿三七人、道門因之、羽服緇裳、罔不慶懌、數盈萬計、用福九重也」(『大正蔵』五〇・七六三a)とて慧忠の奏請によったことが紹介されている。神湊伝では「大曆八年制、懸經論律三科、策試天下出家者、中等第方度、湊應是選、詔配九江興果精舍」(『大正蔵』五〇・八〇七a)という。また同伝巻六、神清伝には大暦中のこととし「于時勅條嚴峻、出家者限念經千紙、方許落髪、清卽誦法華維摩楞伽佛頂等經、有同再理云々」(『大正蔵』五〇・七四〇c)とみえる。紙数と経典の比較は道端氏の前掲論文註(7)に詳しい。

(12) 拙稿前掲註(4)「官吏登用における道挙とその意義」。

(13) 『宋高僧傳』巻二九、法真伝に「(洎長慶中)……四年赴禁中道場……因請云、久廢壇度、僧未全法者皆老朽、蓋

兩江閒兵革未偃之故、（脱文あらん）尋詔兩街佛寺、各置僧尼受戒壇場、自三月十日始、至四月十日停、仍令兩街功德使、各選擇有戒行僧、謂之大德者、考試僧尼等經、僧能暗誦一百五十紙、尼一百紙、即令與度、眞頻奉敕修功德、故遂奏請」（『大正蔵』五〇・八九四ａ）とあって法真の請により長慶四年（宝暦元年）に行われたことが判明するが『册府元龜』巻五二にも同様の記事がある。穆宗は長慶四年正月にみまかっているので、『册府元龜』などの宝暦元年二月が正しい。なお順宗・憲宗・穆宗とつづく時代は憲宗によって一応中興の業が果されたものの藩鎮の横恣に悩み、兵乱あいつぎ宦官、朋党の争いの禍中にあって度僧など公に行いえない状況であったことは察しがつく。

（14）『舊五代史』巻一〇、末帝紀下、『册府元龜』巻一九四、閏位部、崇釈老。

（15）前にことわった如く唐代では科挙といわず貢挙と称すべきだが、一応科挙の呼称も用いておく。唐代については福島繁次郎『中国南北朝史研究』（教育書籍、一九六二年。又増訂版、名著出版、一九七九年）特に第一篇第二章「唐代の貢挙制」、宮崎市定『科挙』（秋田屋、一九四六年。後に『宮崎市定全集』〈岩波書店、一九九三年〉第一五巻、所収）、荒木敏一『宋代科挙制度研究』（東洋史研究会、一九六九年）に詳しい。

（16）『通典』巻一五、選挙三、『文獻通考』巻二九、選挙考二。ちなみに進士は大経十帖、老子帖経、時務策五道、詩・賦各一篇。

（17）『容齋續筆』巻一二、唐制挙科目。科目数について『日知錄』巻五、科目は五十餘科、『郡齋讀書志』巻九は七十六と数える。なお『唐會要』巻七六、『文獻通考』巻三三に科目及び及第者の名を年代順に編載している。

（18）『通典』巻一五。

（19）池田温『六典所掲開元職員一覧表』（著者刊、一九六七年）及び「律令官制の形成」（『岩波講座世界歴史5―東アジア世界の形成Ⅱ』〈岩波書店、一九七〇年〉第八章）を参看。

（20）『舊唐書』巻八一、本伝、『通典』巻一七、選挙五。なお明経・進士・雑色出身の比率、沿革などについては福島繁次郎氏の註（15）前掲書に詳しい。

（21）『通典』巻一七、『唐會要』巻七四、選部上、論選事。

（22）『大慈恩寺三藏法師傳』巻七、『佛祖統紀』巻三九は一万七千人とする（『大正蔵』五〇・二五九ａ、同四九・三六六ｂ）。なお同書歴代会要志、特恩度僧には、隋文帝が僧五十万を度し（『唐高僧傳』巻一〇、靖嵩伝にみえる。

『大正蔵』五〇・五〇一c）、唐睿宗が三万、文宗が七十万を一挙に度したと記すが（『大正蔵』四九・四五三a）、その数は疑わしく、確かとしても例外に属するであろう。

(23)『唐高僧傳』巻二〇。道信は唐永徽二年（六五一）七十二歳で卒しているので、生誕は北周大象末年（五八〇）か翌大定元年頃。したがって得度は開皇年間とみられる。

(24) 谷川道雄『隋唐帝国形成史論』特に第二編第二章「北魏官界における門閥主義と賢才主義」。

(25) その意味で谷川氏が前掲論文に「中正制度による人物品評には、本来、才は門のうちに必然的に包含されるという理念があったのではないか」（一五二頁）と推論されているのは首肯できる。

(26) 島田虔次「桓玄―慧遠の礼敬問題」（木村英一編『慧遠研究』研究篇、創文社、一九六二年所収、『中国思想史の研究』京都大学学術出版会、二〇〇二年再録）。なお本書第一篇第一章、「隋唐佛教への視角」に一括して触れておいた。

(27)『唐高僧傳』巻二〇、志超伝に、「時遭嚴勅、度者極刑、而曾無介懷、如常剃落」（『大正蔵』五〇・五九二c）、又同静琳伝には「有通事舍人李好徳者、曾於雒邑受業於琳、後歴官天門、弊於俗務、逃流山藪、使弟子度之、若准正敕、罪當大辟」（『大正蔵』五〇・五九一a）という。傲岸な僧徒の姿をほうふつさせるとともに隋唐初期においてさえかかる有様であったことが知られる。

(28)『舊唐書』巻一〇一、辛替否伝。なお『唐會要』巻四八、景雲二年の条は記事に誤りがある。

(29) 谷川道雄「武后朝末年より玄宗朝初年にいたる政争について――唐代貴族制研究への一視角――」（『東洋史研究』一四―四、一九五六年）。

(30)『資治通鑑』巻二〇九、景龍二年七月条。

(31)『新唐書』巻一二二、魏元忠伝。売度牒を私度とする説にも一理あるが『容齋三筆』巻九、僧道科目に後唐末帝清泰二年の条にふれ「蓋是時猶未鬻賣祠部度牒耳」という。明らかに空名度牒といえども祠部牒なのである。

(32)『新唐書』巻五一、食貨志。

(33)『佛祖統紀』巻四〇、至徳元載（『大正蔵』四九・三七五c）。

(34)『宋高僧傳』巻八、神会伝（『大正蔵』五〇・七五七a）。

(35) 道端良秀註（7）前掲論文。

(36)『通典』巻一一、食貨一一、鬻爵もほぼ同じである。
(37)『佛祖統紀』には「唐稱符告者、與品官告身同、今時但稱度牒」といい、『大宋僧史略』にも「告身卽戒牒也」(『大正蔵』五四・二四六b)と明言する。
(38)拙稿註(7)「唐五代の童行制度」参照。その折は童行制度の立法を論証するのに主眼を置いたので詳しく述べていないが、「男年十五已上念得經文一百紙、或讀得經文五百紙者、女年十三已上念得經文七十紙、或讀得經文三百紙者、方得經本州陳狀乞剃頭」(『五代會要』巻一二、雑録。なお『舊五代史』巻一一五、『新五代史』巻一二、参看)と念経、読経の両試に分かれており、恐らく年齢を考慮した面があると思われる。
(39)後唐末帝の時も誕節たる千春節に行われている(註〈40〉所引の資料参照)。後晋高祖の天福二年十二月の条(『五代會要』巻一二)にほとんど後周世宗の政策と同じ制度が実施されている。恐らく後周の制はこれをもとにしたと思われるが、五代以後毎年誕節の辰にかぎり度僧が行われた一証である。
(40)『舊五代史』巻四七、末帝紀中。なお『新五代史』巻七、『册府元龜』巻五二、『五代會要』巻一二にもみえる。
(41)『佛祖統紀』巻五一、歴代会要志及び道端良秀註(7)前掲論文。
(42)荒木敏一註(15)前掲書、特に第三章参照。
(43)多賀秋五郎『唐代教育史の研究』(不昧堂書店、一九五三年)。

第三章　六朝佛教教団の一側面

――間諜・家僧門師・講経斎会――

はじめに

魏・晋時代、中国社会への足掛りを固めた佛教教団は、南北朝の間に驚くべき勢力の拡大をみせる。この動かすべからざる佛教の盛行という事実を通じて、あるいは政治の混乱、社会秩序の動揺、民心の不安等々、さまざまな現象を読みとり、あるいは逆に佛教盛行の因を求めようとする。歴史の流れに生ずるひずみや亀裂、それを縫合し治癒してきたものが伝統的な思想や民族宗教であったとすれば、免疫性はたまた傷の大きさの故にか、今迄ほどの効力はなく新薬の出現が待ち望まれていたところに伝来した佛教は、こうした時代のニーズにぴったりの薬効を備えていた、という結論に落着く。かくて新薬の成分、薬効はもちろん副作用や化学変化、相乗作用などにつき分析されてきたのであるが、目的・方法・結論と、いずれをみても満足すべき成果を上げており、最早オーソドックスな分析を施すべき余地はないかに見受けられる。そこで従来の研究を逆手にとり、いささか違った視点から六朝における佛教教団の姿を浮彫りに出来ないものであろうか。不遜な目論みのもとに出発したのが本章であり、「側面」と題した所以でもある。

昭和五十年度、大谷大学で開かれた第二十六回の印度學佛教學會において、本章とまったく同じテーマの研究発表を行ったことがある。当学会では大会発表の成果を、機関誌『印度學佛教學研究』に必ず掲載する慣行があると承知し準備したものの、内容の蕪雑さの故にか梨の礫に終ってしまい、草稿は今もって埃を被ったままである。[1]概要は、中国や高句麗、新羅等の佛教教団が、諜報活動を行っていた形迹のあることを指摘し、それを背景に日本の留学僧達にも同様の役割が賦与されていた可能性があることを論じたものである。かの『隋書』巻八一、東夷伝、倭国の条の大業三年（六〇七）に「其王多利思比孤、使を遣わして朝貢す、云云」の記事中に「兼ねて沙門数十人をして來り佛法を學ばしむ」とみえる。数十人にも及ぶ留学僧の派遣は、隋文帝の佛教治国策に迎合もしくは見倣わんがためとみて可笑しくはないが、実に限られた員数の留学に、これほど多くの沙門が含まれることの不思議さも拭いきれない。当時の緊迫した国際情勢から判断すれば、隋朝に渦巻く佛法興隆の気運に乗じて、諜報活動を行う使命のもと、割合い行動に制約を受けない僧形にかりて送り込まれたのではないか、と考えることが可能だからである。

失意の最中、直木孝次郎氏が「古代朝鮮における間諜について」を発表され、『三國史記』『三國遺事』の中に散見する間諜僧に着目し、国事に挺身した沙門の様態より、六・七世紀における朝鮮三国の佛教には、国家的色彩が濃厚であった点を強調された。[2]氏の指摘どおり、当時のきびしい国際関係のもとでは、出家者といえども武器をとり間諜として国家に身命を捧げることが要求されたのである。それはただに三国間のみならず、隋唐王朝に対しても同然であった。朝鮮における華厳の始祖義湘の伝に、入唐しようとした彼が「遂に元曉と與に道《ゆ》きて遼東の邊りに出ず。戍邏これを諜者と爲し、囚閉すること纍旬」（『三國遺事』巻四〈『大正蔵』四九・一〇〇六c〉）とあるのは、唐との間に僧形の諜者が暗躍していた事実を物語ってくれる。義湘はのち、海路より揚州に達し（六六一）、長安の終南山至相寺に入り智儼に華厳を学んだが、唐高宗に新羅遠征の企てありとの情報を携えて急ぎ帰国しているろう。

（六七〇）。この一事だけでも、直木説の妥当性、ひいては筆者の着想が誤りではなかったことを証するに足るであろう。

大谷大学での発表に先だち敬愛する先輩、川勝義雄氏に概要を語って示教を仰いだところ、件の口調で「おもろいやないか」と激励され、滅多に人を傷つける言辞を弄しない氏の人柄と承知しつつも、意を強くして発表に臨んだことを想い出す。先述したとおり草稿は眠ったままで川勝氏の学恩に報いることなく終ったが、今ここに旧稿の着想を敷衍して、新たな問題に取りくんでみたい欲望に駆られた。カビ臭い感じがしないでもないが、先輩を追悼するには最もふさわしい論題と思い、あえて起稿することにした。大方の批判を仰ぎたい。

一　間　諜

道宣の『唐高僧傳』巻六、「魏西河石壁谷玄中寺曇鸞伝」に興味深い記載がある。周知のとおり曇鸞は北魏より北斉にかけ、汾州西雁谷玄中寺において浄土教学をひろめ、隋の道綽、唐の善導さらに日本浄土教に大きな影響を与えている。雁門に生まれ文殊の霊境として名高い五臺山に詣で、心神歓悦のあまり出家した彼は『大集經』を読みすすむうち、開悟に利あらしめんがため注解を志した。ところが功も半ばを終わった頃、たちまち気疾を感じ筆を停めて医療につとめた。疾いえて筆功を継続しようとしたが、寿命のはかなさを痛感した彼は、むしろ仙方を究めてのち佛法を修めるのがよいと考え、神仙道の習得を思い立つ。

江南の陶隱居なる者は方術の歸する所、廣博弘贍にして、海內に宗重さると承《き》き、遂に往きて之れに従わんとす。既に梁朝に達す。時に大通中（五二七～五二九）なり。乃ち名を通じて云う、「北國の虜僧曇鸞、故さらに

來りて奉謁す」と（『大正蔵』五〇・四七〇a）

陶弘景は南斉永明十年（四九二）、職を辞して茅山にこもり、華陽陶隠居と号して上清派道教の育成と著作活動に熱中したが、建国前より親交のあった梁武帝の絶大なる信頼を得て、国家の大事にはたびたび下問を受けたため、山中宰相と呼ばれた人物である。(3) 曇鸞伝にも梁武帝が陶弘景のことを「此れ世に傲れる遁隠者にして、比《ちか》ごろ屢ば徵するも就かず」といったくだりがある。かかる政治的な背景もあって陶隠居の名声は、はるか雁門のあたりにまで達していたのであろう。問題はここから始まる。

時に所司は細作を爲すかと疑う。推勘するも異詞有る無く、事を以て奏聞す。帝曰く「斯れ國を覘う者に非ざらん、重雲殿に引き入れ、仍って千迷道従《よ》りす可し」と。帝は先に殿隅に於て繩床に却坐し、衣《つ》くるに袈裟を以てし、覆《いただ》くに納帽を以てす。(4) 鸞は殿前に至りて顧望するに承對する者無く、高座を施《ほどこ》張し、上に几拂を安《お》き正に殿中に在《す》える有りて傍に餘座無きを見、徑ちに往きて之れに昇り、佛性義を竪つること三たびす。帝に命じて曰く、「大檀越《みかど》よ、佛性の義は深し。略ぼ已に標敍したれば、疑いの有らば問いを賜わらんことを」と。帝は納帽を却《と》り、便ち數闘《ろんなん》を以て往復す。因りて曰く「今日は晩《く》れ向《な》んとすれば、明《あした》に須らく相い見ゆべし」と。鸞は座より下り、前に仍りて直ちに出ず。詰曲重沓すること二十餘門、一として錯誤すること無し。帝は極《すこ》ぶる嘆訝して曰く「此の千迷道は、從來舊侍も往還に疑阻す。一度として遂に乃ち迷うこと無きは如何」と

（『大正蔵』五〇・四七〇a～b）

明らかに梁側では曇鸞を「細作を爲すか」と疑ったのであり、武帝も「國を覘う者」かどうか、自ら曇鸞の真贋を見破ろうと重雲殿の千迷道を利用しているのである。

梁武帝の重雲殿は後庭の華林園中に建てられたもの。『廣弘明集』巻一九「御講波若經序」は大同七年（五四一）

三月十二日、重雲殿において金字『般若波羅蜜三慧經』が講ぜられたとき(5)、皇太子蕭綱らが草稿したものであるが、江左以来の名園と重雲殿に言及し、

茲に天苑を捨て、爰に道場を建て、法事を莊嚴し僧侶を招集す。肅肅たる神宇は翠巘の陰に結ばれ、峨峨たる重閣は丹雉の上に臨まる。廣博光明なること菴羅(Amrapāliārāma)の地に邁《まさ》るもの有り、身心安樂なること寔に歡喜(Pramuditā-bhūmi)の園に符《かの》う(『大正蔵』五二・二三五c)

と、その美事さを敍べている。右序にも伺われるごとく、重雲殿は同泰寺とならび武帝の佛事一切が行われた処であり、殿中には等身大の金・銀二軀の佛像が安置され、武帝は朝な夕な礼拝していたといわれ(6)、また折ふし、当時の名僧や善知識達を召見しては開題講論させたのも、この重雲殿においてであった(7)。陳世祖の永定三年(五五九)七月、惜しくも灰燼に帰してしまうが(8)、おそらく宮城と重雲殿をつなぐ二十余門の屈曲が千迷道と呼ばれるものであったらしい。

曇鸞が疑われた細作をなす者とは、『爾雅』釈言「間俔也」の疏に、

左傳に之れを諜と謂う、今の細作なり

という間諜のことであろう(9)。その『左傳』荘公二十八年(前六六六)に楚が鄭を伐ったとき、鄭の間諜が楚軍の動きを報告している事実や、僖公二十五年(前六三五)、周子を殺して刑を滅亡に追い込んだ衛の間者礼至兄弟の話さえある。かく中国における間諜の歴史はふるく、とりわけ分裂抗争の時代に彼らの跳梁暗躍が熾烈であったことは、次ぎの例をあげるだけで充分であろう。

廢帝即位し、洛州刺史・河陽道行臺左丞に除せらる。皇建中(五六〇)、詔して洛州の西界に於いて長塹を掘ること三百里、城戍を置き、以て間諜を防がしむ(『北齊書』巻二五、王峻伝)

ちょうどこの頃、蒲坂に北斉軍の侵寇を防いでいた隋文帝の父楊忠が、亡命する北斉の北予州刺史司馬消難を迎えるべく敵領深く分け入った（『周書』巻一九、楊忠伝）ことでも明白なように、両国の境界は晋州より洛州へ大きく切れ込み、最前線の河陽城あたりは間諜のよき舞台になっていたのである。『隋書』巻六四の張奫と来護児などは、正史に立伝する間諜の代表であろう。

曇鸞が南渡した時期、南北の関係はどのような状況にあったのであろうか。まず北魏では幼帝粛宗の摂政として実権を握る生母霊太后のもと、淫蕩の風がみなぎり政治の紊乱は目を覆うばかりで、正光四年（五二三）沃野鎮の破六韓抜陵の反乱をきっかけに、柔玄鎮の杜洛周、懐朔鎮の鮮于修礼らによる反乱、いわゆる六鎮の乱へと突入していく。権威失墜のあいつぐ最中、洛陽では孝明帝が毒殺され、霊太后一派は世に名高い河陰の悲劇――将軍爾朱栄による大虐殺の生贄となった。その爾朱栄も反乱鎮圧の功を引っ提げて実権掌握を狙ったものの、擁立した孝荘帝に暗殺されてしまう（五三〇）。かくて爾朱一族を除く口実で兵を挙げた高歓と、これに対立する宇文泰の両極に分解していくわけである。

一方、梁においては武帝時代にも漸く翳りが見えはじめていた。政治は放縦に流れ、それに伴い狂信的とも思われる崇佛へ傾斜の度を加えていき、国力の甚だ凋弊しつつあったのは紛れもない事実である(10)。ではかかる北朝政界の動乱と南朝の文弱にとりまぎれて、両朝間が平穏であったかといえば、必ずしもそうではない。むしろ北朝の権力争いや反乱のインパクトは、南部国境一帯に強く波及する。

普通六年（魏孝昌元年、五二五）、北魏の徐州刺史元法僧が反き、彭城をもって梁に降った（『梁書』巻三九、元法僧伝）。宗室の一人であり国境鎮撫に当たってきた彼の背信は、北魏の救いようもない混迷ぶりを象徴するものだが、梁側では魏室の動乱にまぎれて、爾朱栄に追われ梁に仕えていた元樹を平北将軍、北青兗二州刺史に任じ、大軍を率いて北伐させていたところである（『梁書』巻三九、元樹伝）、これ幸いと元法僧に司空を授け宋王に封じて優寵を示した。この事件は元樹の北伐とあわせて北魏内部に衝撃を与えずにはおかなかった。翌年、陳慶之等の活躍により北魏の予州刺史李憲が、また曇鸞の南渡した大通元年（五二七）には渦陽の王緯が降り、梁の領域は淮北深く切れ上ることになった。この時である。北魏の北海王元顥が内附してきた。そこで武帝は予州（安徽省寿県）を守る陳慶之に命じて傀儡政権を樹てるべく元顥を北朝へ護送させた。陳慶之が睢陽を陥れ、さらに洛陽を攻めたため、北魏の孝荘帝は都を逃れ、のち爾朱栄の支援を受けて洛陽を奪回する。かくして元顥は破れ、陳慶之は「鬚髪を落して沙門と爲り」、間行して命からがら予州にたどりついたのであった(11)。

梁武帝に北朝併合の野心があったか否かはともかく、また北魏の内訌によって梁が優位の立場にあったとはいえ、南北両朝が険悪な状況の下に置かれていたことは間違いない。梁軍の侵攻、北海王擁立など北朝人の感情を刺激する事件が連続する最中、北来の沙門曇鸞に「細作を爲す者か」との疑いを抱いたとしても、臨戦体制下の梁朝においては当然であり、北魏の側にあってもまた同様であろう。それにつけても、かかるエピソードが曇鸞の異能ぶりを語る便法《シフト》として用いられたこと、それを曇鸞の事迹に採択した撰者道宣の態度にも注目する必要がある。国家による教団の保護とか僧官制度など国家権力に協力する教団のありかたは、佛法護持のために一応やむを得ないものとして認めながらも、その枠内にあってなお出家者の特殊性を訴え、方外の生活を鑽仰してやまなかった道宣の立場からすれば(12)、間諜として国家に奉仕する話など許容できる代物ではない。にもかかわらず「細作を爲す」沙門の存在を、あり得る話として採用した道宣の意を付度するとき、曇鸞伝の彼方に諜報機関に仕立て上げられた沙門、あるいは僧形に身をやつした間者達の暗躍ぶりを想定しても、あながち不当ではなかろう。

管見の及ぶところ、六朝時代にズバリ「細作を爲し」た沙門の例は残念ながら見出せないが、それとおぼしきものは若干あり、とりわけ『南齊書』巻一八にみえる「璽文」の話は恰好のものといえる。それは斉の永明二年（四八四）十一月、北魏領内の斉祥という者が霊丘関に入った折、紫気のたなびき鳥が群れ翔ぶ山あいで、獣鈕で方一寸四分の璽を発見する。そこに「坤維聖帝永昌」の六文字があるのをみて、文明太后の門師恵度にとどけ孝文帝に献上しようとした。ところが肝心の恵度は璽文をみて「竊に謂えらく、當今の衣冠正朔は齊國に在り」とて、ついに道人恵蔵に附して建康に送り、羽林監の崔士亮を介して武帝に献じた、という。「永昌」を「永〓→永明」と牽強しての祥瑞譚なのである。[13]

文成帝の死後、献文・孝文二代にわたって実権を奮った文明太后馮氏は、いわずと知れた北魏佛教の大立者であり、沙門統曇曜を重く用いて積極的に佛教興隆のため力を注いだ人である。[14]また恵（慧）度は孝文帝の時代に義行をもって重んぜられた僧として『魏書』釈老志に名を残しており、祥瑞譚には注目されていないけれども塚本善隆氏が推定される僧淵門下の曇度＝法度とすれば辻褄がよく合い、またその可能性が大きいのである。[15]曇度は本姓蔡、江陵の人。建康に遊学して『涅槃』『法華』『維摩』『大品』の奥旨をきわめ、のち徐州にいたり白塔寺僧淵に『成實論』を受け、その精博さは当時に独歩すと称されている。孝文帝が風を聞き使を遣わして徴請するや、平城に赴いて大いに講席を開き、千余の門弟を擁するにいたった。太和十三年（四八九）つまり斉の永明七年に平城で客死したが（『梁高僧傳』巻八、曇度伝）、恵度よしんば曇度でなかろうと、南朝に通報する沙門の存在を語る証として「璽文」の事件をみることは許される筈である。それを携えた道人恵蔵とは恵度の門弟か、遊方のため南渡した沙門の一人と考えられ、これに類する手順により情報を伝えるのが最もポピュラーな方法であったとみたい。[16]

二　行脚・遊方

細作かと疑われた曇鸞はもちろん、「坤維聖帝永昌」の璽文を齎した恵蔵なる沙門にしろ、南北抗争の最中にもかかわらず、易やすと国境線を突破できたかにみえる。だいたい南北朝を通じて国交が平穏な状況の下にあっても、国境一帯は戒厳令がしかれており、一旦、干戈を交えれば、たとえ局地戦に終始しようと厳しく往来がチェックされた筈である。(17) にもかかわらず、あたかも一国を思わせるような行脚生活が史料に散見することは注目してよい。では彼らの往来が自由であったかといえば、さにあらず、同国内における行動さえ制約されていたことは、早くも北魏延興二年（四七二）夏四月、孝文帝の詔令中に「沙門は寺を去《はな》れて民間に浮遊するを得ず。行く者《ばあい》は仰《もと》むるに公文を以てせよ」とある禁令によって伺い知られる。これは沙門が姦猾と交通して弊害を生じているためであり、鄰保相互に容止を監視させる一方、教化の遊行僧は州鎮維那の文移や台省都維那の印牒を携帯するよう命じたもので、(18) 僧尼籍の設置、僧官制度の研究に不可欠の資料となっている。要するに沙門の遊方には身分証明書か通行手形の必携が求められたのであり、その具体的な姿を『唐高僧傳』巻一六の法懍伝に見出す。

釋法懍、姓は嚴、枝江（荊州枝江県）の人。十五にして玉泉山寺に出家す。……昔、岱岳従り路して徐州に出でしとき、一縣令に遇い、問わるるに公驗を以てす。懍は常に法華一函を齎《たずさ》う。乃ち答えて云う、「此の函中に行文有り」と。檢覓するも見えず。令は怒りて曰く、「本もと行文も無きに、何ぞ有りと言う邪」と。答えて曰く、「此の經は是れ諸佛所行の跡。貧道《それがし》、履みて之れを行い、源に還り本に返るものなれば、卽ち我の行文なり」と。令は瞋りて歇まず、之れを閉《とら》う（『大正蔵』五〇・五五六c）

法懍は後梁にかけての人、県令が公験の提示を求めたは上記の僧団規制により当然の行為であると思われる。ところが規制によれば沙門の処罰は昭玄寺など僧曹に委ねられ、県令ごとき地方官の宰領できる性格のものではなかった。したがって法懍が逮捕されたのは処断のためではないとする見解は正しい(19)。おそらく公験不携帯の場合、拘束ののち所属寺院ないし所轄の僧曹に照会し処置されたものと考えられるが、領内本貫の沙門ならばともかく、越境の僧尼に同様の規制が適用されたという保証は、ない。徐州は南北の国境線に近く、両朝攻防戦の影響を受け厳戒態勢がとられていたとみねばなるまいが、僧形による細作の跳梁を念頭におけば、法懍の場合は県令の怒りはもちろん、間諜の疑いありとして投獄された可能性が強い。なぜなら公験とは私度僧や避徭役者のチェック、姦猾との交通及び妖賊の防止だけでなく、国際紛争にあっては間諜の取締りに効力を発揮する性格のものだからである。

ところで法懍は「錫を荷いて遠く遊び、言《ここ》に勝友を追《たず》ね、廬峰、台嶺、衡、羅、恆、岱と遠く屆《いた》らざるは無き」(同前) 遊方の士であった、という。本来、行雲流水を宗とする沙門達は、政治的な意図のもとに教団への介入をはかり禁足を加える俗権もものかは、東西はおろか南北を股にかけて、師を尋ね法を求めてやまなかった。曇鸞しかり、法懍もまた然りである。さらに俗権による教団規制が厳しさを増し、かつ南北あるいは東西の領界が風雲急を告げるころ、洛陽広徳寺に名をはせた法貞は義会の友僧建と語らい、梁の普通二年(五二一)に手をとりあって南遁し「追騎の及ぶ所と爲り、其の身を禍滅す」という(『唐高僧傳』巻六、法貞伝〈『大正蔵』五〇・四七四b〉)。かく危難をもかえりみず遊方した学匠は枚挙にいとまがない。とすれば、割り合い教団規制の緩やかであるか、無いに等しい南北朝の初期までについては、おおよその見当がつく。ここでは後に重要となるので、廬山の慧遠教団にかんする例証を二、三あげておこう。

東晋武帝の太元中ごろ、江州刺史桓尹の寄進になる廬山東林寺に落ち着いた慧遠は、爾来三十余年の間、山居より出でず隠棲修道の生活に終始する。時に前秦苻堅の死後（三八三）、関中を制圧した後秦は姚興が前秦を滅ぼし、華北の大半を勢力下におさめて絶頂期を迎えたが、弘始三年（東晋隆安五年、四〇一）十二月、涼州に呂隆を討って鳩摩羅什を長安に迎え入れる。羅什来たるとの情報をキャッチした慧遠が早速、道好を求める文状を送り、かくして両碩学の間に高邁な質疑応答がくりかえされ、今に伝わる『大乗大義章』へ結実することになる。[20] 時に後秦と東晋の対立に加え、桓玄のクーデター勃発という政情不安な最中に、廬山と長安、この遠隔の地を往復して南北佛教を代表する慧遠と羅什を仲介し、新佛教の伝播に重要な役割をになったのは曇邕である。曇邕は前秦苻堅に仕え淝水の戦にも従軍した武将であり、長安に還って道安の門に投じた。師なき（三八五）あと南渡して廬山に入り慧遠の薫陶を受けたが「後ち、遠の爲に關へ入り、書を羅什に致す。凡そ使命を爲すこと十有餘年、風流を鼓擊し峯岫を搖動す。強捍にして果敢、專對を辱しめず」（『梁高僧傳』巻六、曇邕伝〈『大正蔵』五〇・三六二c〉）という。曇摩流支に弗若多羅の誦出『十誦律』を完補する使命を果したのも彼であり、慧遠伝には「葱外の妙典、關中の勝說の、茲土《こうなん》に來り集まる所以の者は、遠の力なり」（『梁高僧傳』巻六〈『大正蔵』五〇・三六〇a〉）というけれども、慧遠の手足となって南北を往来した曇邕の功績は大である。

　廬山教団には天下の俊英が集まり、そして伝道のため各地に散じた。その一人、建康烏衣寺の慧叡は冀州の生れ。遊方の途中、蜀の西辺にて抄掠せられ、牧羊の童となっているところを佛教信者の商売に贖われ、ふたたび諸国行脚の旅に出て南インドに達した貴重な経験を持つ。帰国してのち廬山に憩い、関中に入って羅什に学び、建康に適いて烏衣寺に住し、宋の元嘉年間（四二四〜四五三）に卒するまで講筵につとめている。また建康の道場寺にあって宋朝佛教をリードする慧観も慧遠に業を受けたが、「什公の關に入ると聞き、乃ち南自り北へ徂き、異同を訪覈し新舊を詳辯し」た彼は、羅什なきあと荊州に適き、檀越の司馬休之に高悝寺を寄進されている（『梁高僧傳』巻七、慧観伝〈『大正蔵』五〇・三六八b〉)。まさに国境を越え領界をまたぎ、笈を洞天に負う沙門の姿が頻繁にみられたのである。沙門が情報の収集や伝達の具として着目されるのもむべなるかなである。

では、不羈奔放ともみえる沙門のかかる生活ないし行動が、なぜ許されたのであろうか。広大にして変化に富む国境線のあいまいさ、翻覆恒ない政情や国境防衛の甘さなどなど、客観的な条件はいくらもあろう。けれども常人の場合ならばいざ知らず、禿頭に法衣という最もきわ立つ異形の僧が相手では、それなりの説得力を必要とする。漢人の出家者が出現する初期の段階は当然のこと、後代でも碧眼や褐肌のインド・西域僧など遠目にも簡単に識別されたに違いなく、むしろ中国人が嫌忌してやまぬ髡褐の異様な風体に、なにがしか困惑と畏怖の念を覚え、あるいはエキゾチックなもの、未知なものに対する憧憬や畏敬等を考慮するほうが面白い。東晋の僕射周顗が王敦に殺されたとき(三二二)、かねて親交のあった帛尸梨蜜多羅は周顗の遺族を弔問したが、「對坐して胡唄を作すこと三契、梵響は雲を凌ぐ。次いで呪を誦えること數千言、聲音は高く暢び、顏容は變らず。旣にして涕を揮い涙を收め、神氣自若たり」(『梁高僧傳』巻一、帛尸梨蜜多羅伝〈『大正蔵』五〇・三二八a〉)とある。中国語も解せぬ彼を丞相王導が一見して奇としたという話とあわせ、外国僧が異常なまでの尊敬を集めた事実は、如上の見方にとってきわめて示唆的である。

三世並木五瓶のオリジナル『勸進帳』は、奥州へ落ちのびる義経主従が、安宅関において関守の富樫左衛門と山伏問答を行い、はてに疑いを晴らそうと弁慶が義経を錫杖で打ちすえるシーンを、クライマックスにしている。この歌舞伎十八番の一幕は、追捕を逃れるため修験者や緇服に身をやつすことが世間の目をあざむく常套手段であった風潮を、美事に描き出してくれる。こうした『勸進帳』のモチーフと近似の話が中国史料に散見し、両者の関連が取沙汰されており、その一つ、王華の話はこうである。東晋の隆安元年(三九七)、王国宝討伐の兵を挙げた王恭は[21]、母の喪に伏している王廞に檄を飛ばし、その決起を促した。王廞はやむなく婦女子までも駆り集めて呼応したが、王国宝が死んで今度は兵を解くよう求められる。苦境に立たされた王廞は、一転して王恭討伐に名を借り矛を交えたものの、曲阿の戦に敗れ行方知れずになった。王廞の子王華は十三歳。父にはぐれ兄王泰も殺され、従軍僧の曇永に伴われて逃竄する。時に王恭の部将劉牢之が追捕にあたり、捜検いよいよ厳しさを加えた。曇永は王華少年に衣幞を持たせ後に随行させた。渡場の邏卒があやしみ、王華もびくびくして遅滞する。曇永は呵罵った。

　奴阿呆、怠懈《なまけ》やがって、儂について歩けんのか。

杖が数十回も王華を見舞った。邏卒の疑いが晴れて難を免れることができたという[22]。

また晋安王子勛を擁立した雍州刺史袁顗が事敗れて誅殺されたとき、幼子の袁昂は一沙門に匿われて密かに脱出する。関守に見咎められた沙門は、やむなく袁昂を杖うってみせ危急をしのいだとある[23]。両ストーリーとも追捕を免れた所以を、主筋の貴人が従者に呵責され杖打たれるなど、あり得べからざる仕儀に求めており、一般の常識を逆手に執ったところがプロットの妙味となっている。皮肉な見方をすれば、十不善（十悪）業のなかで悪口、瞋、暴力など破戒的行為が関津の吏卒に度肝を抜かせたか、かかる沙門が珍しくなかったかのいずれかであるが、そこには出家者に対する寛容さも見逃せない。

さて前節にみた梁の陳慶之は、北海王元顥の推戴に失敗し、南朝へ逃げ帰るとき「鬚髪を落して沙門と為る」とあり、これまた前出の晋安王子勛が斬られ、加担した郢州行事張沈および竟陵太守丘景先も「形を變えて沙門と為り、逃走した」（『宋書』巻八四、鄧琬伝）ように、僧形を隠れ蓑に虎口を脱した例は一切ならずある[24]。それはかの黄巣が「髪を祝《そ》り浮屠《びく》と為っ」て余生を送った話[25]をまことしやかに伝えるとおり、六朝時代に特有のものでは決してなく、時代を超えて認められる乱離期の現象といってよい。では生死の狭間から脱出する命綱に僧形を選んだのは、なぜなのであろうか。

佛教における剃髪 muṇḍana は『大智度論』発趣品第二〇に、釈迦の言葉としてある。

> 我れ頭を剃り、染衣を著け、鉢を持ちて乞食す。此れ是《まこと》に憍慢を破する法なればなり
>
> （『大正蔵』二五・四一二c）

『毘尼母經』巻三にも、より詳細にいう。

> 剃髪の法、但し頭上の毛、及び鬚を除き、餘處の毛は一切、却くことを聽さず。剃髪する所以の者は、憍慢自恃の心を除かんが爲の故に（『大正蔵』二四・八一六a）

つまり増長憍慢、我執の心を取り去る意味で剃髪するというのである。出家遁世し先覚者佛陀の教えを実践悟得すべく、在俗者が肉体の中で最も神聖な頭の、大切な毛髪、[26]換言すれば増上慢の因を断ち、世俗への執着を切りはなったのであった。こうした沙門の剃髪が中国社会の倫理、とりわけ孝道にそむくものとして排佛論者の大きなターゲットにされたことは、よく知られており、外来習俗（佛教）と伝統的習俗（儒教）との鎬を削る争いが、僧形という最も視覚に訴えるものに集約されたと考えられる。したがって僧形が俎上にのぼるたびに、きわめて形而下的な発想、低次元の論難が飛びかうことも度《たび》たびであった。[27]

宗炳の『明佛論』には「夫れ道は神《こころ》を練るに在りて、形《にくたい》を存《やしな》うに由らず。是を以て沙門は形《かみ》を祝《そ》り、身を焼き、神を厲まして絕往《しゅつけ》す」（『大正蔵』五二・一四a）と、割り合い正論に近いことを述べているが、孫綽の『喩道論』にいたっては、

> 昔、佛の太子爲りしとき、國を棄てて道を學べり。形を全うし以て道に向わんと欲するも、維縶を免れざるを恐る。故に其の鬚髪を釋り、其の章服を變ず。既にして外には反らざるを示し、內には簡易を修む

（『大正蔵』五二・一七b）
と興味深い説明を加えている。彼が依拠したはずの呉・支謙訳『太子瑞應本起經』巻上（『大正蔵』三所収）ほか諸本生譚にはみあたらないけれども、孫綽の時代には、かかる伝聞があったのか。いずれにせよ剃髪のみでなく、偏袒右肩 ekāṃsam uttarāsaṅgaṃ kṛtvā が非難され[28]、赤衣が問題となり[29]、踞食論争が惹起されるところに[30]、沙門達の特異な生活様式、異様な風体に対する戸惑いと反撥が伺われる。それはまた一般大衆にとってはR・オットーが指摘するヌミノーゼ Numinose[31] 的な現象を喚び起さずにはおられない性格のものであり、拘束し介入することへの畏怖、時としてタブー視することさえあった、と考えられる。そしてなによりも雲水の生活が沙門本来の姿という一般認識があり、あたかも教理や儀式、行事など宗教儀礼を日常的に繰返し経験することによって、宗教行動が無意識の間に形成されていくように、社会全体が沙門の行動に特別な感情や寛容さを持つにいたった。僧形にかりての逃亡や諜報活動こそ、いみじくも『喩道論』が語る本生譚のごとき追捕者を眩惑させるためのみならず、沙門に対する社会通念、あるいはヌミノーゼ現象を意識して、よりよき実効を期すべく利用したもの、とみなされるのである。

如上の見方が許されるならば、時代を越えて存在する細作に、今度は時代性を賦与するための処方を講じる必要がある。以下、家僧・門師と講経・斎会を細作問題につなげて六朝的な性格を探り出すことにしよう。

三　家僧・門師

六朝より隋唐の時代にかけて、一門一家が特殊な関係を結び、時として家族の命運をさえ托して悔いないまでの帰敬を奉げた沙門、いわゆる家僧・門師の発生が著るしかったことは、山崎宏氏が指摘されて以来[32]、貴族社会における佛教教団を特色づける現象の一つとして注目されてきた。帝師、国師、供奉僧（内道場僧）など宮廷に出入するものはもちろん、民間の教化にあたり社邑、法社などの信仰団体を組織した邑師や師僧の類も、広い意味での家僧・門師に属しようが、最も貴族社会を彩るものは貴族達に崇重せられた狭義の家僧・門師であったこと、言うまでもない。

家僧・門師の性格や機能、弊害などについては、山崎氏が具体例をあげて詳述されており、また宮川尚志氏の「晋代貴族社会と佛教」「六朝時代士大夫の佛教信仰」のように[33]、貴族層の佛教信仰、奉佛事業の数かずを解明する中で、それに言及するものが多く、もはや贅言を必要としないほどである。けだし後漢の楚王英が「伊蒲塞桑門」を供養してこのかた[34]、檀越と沙門の間に往々発生しがちな関係であり、檀越の大部分を占める貴族層の佛教を扱うには、避けて通れない問題だからである。本章も同様であるが、いささか違った方向からスポットを当ててみたい。

東晋安帝の義熙十二年（四一六）、劉裕の後秦討伐にあたり、折しも建康の東安寺に住していた慧厳は、大檀越劉裕に同行を求められた。「貧道《それがし》、事外《しゅつけ》の人なれば、敢て命を聞かじ」と辞退する慧厳も遂に口説きおとされる。従軍を要請した劉裕の目的は、必ずしも通り一遍の軍事的な顧問役、吉凶を占う門師としてではなく、さりとて純粋な信仰によるものでもなかった。長安において鳩摩羅什に学び、師亡きあとも関中を中心として隆盛を誇る羅什教団に、多くの知友を持つ慧厳である。羅什一門を利用するには、誂え向きのパイプ役とみたからである。長安占領後、羅什の高足僧導を紹介された劉裕は、後詰に第二子の劉義真を残して帰還するとき、僧導に十二歳の義真を托すが、劉裕の狙いが的中した証以外のなにものでもない。やがて赫連勃勃に敗れた劉義真が、敵軍の追撃を必死に防ぎとめた僧導のお蔭によって命拾いをし、父のもとへ逃げのびた経緯はよく知られており、僧導の恩に報いるべく劉裕が寿春に建てた東山寺と、ここに迎えられた僧導教団が、羅什の新佛教『成實論』や三論（『中論』『十二門論』『百論』）系統の南朝弘宣に、大きく貢献した事情についても詳しい研究がある。[35]

劉裕の門師慧厳はまた、いわゆる劉裕受命の符瑞演出にも深い関わりがあるとみられる。事のあらましは、こうである。北地の生れと称する慧義が建康にきて、冀州の僧法称なる者が臨終に弟子の普厳に語った嵩山神の託宣「江東に劉將軍有り。應に天命を受くべし。吾れ三十二の璧、鎮金《おうごん》の一鉼を以て信《あかし》と爲さん」（『梁高僧傳』巻七、慧義伝〈『大正蔵』五〇・三六八c〉）といいふらした。慧義は劉裕の請に応じて嵩山へ赴き、符瑞の品々を探し出して献上する。[36]践祚した劉裕の礼遇はいやまし、永初元年（四二〇）には創建されたばかりの祇洹寺に迎えられる。この祇洹寺こそ、右僕射袁湛とともに劉裕へ九錫を授ける東晋の使者となり、結局は洛陽まで随行し宋朝佐命の功臣とも称すべき役割を果した范泰が、私第の一部を割いて造営したもの。世間では寺名にちなみ慧義を身子（舎利弗Śāriputra）、范泰を須達長者（Sudatta）になぞらえたといい、范泰は「慧義の德、物の宗爲るを以て」祇洹寺に招き、慧義はまた范泰の「清信の至なるを以て」儀則を指授したと書かれているが、内実はさほど清浄でも清信でもなく、両者に劉裕を加えたおどろおどろなる結びつきを想定することができる。[37]しかも慧義が劉裕の要請により嵩山へ赴いたのは義熙十三年（四一七）七月、つまり劉裕の北伐中、洛陽より陜州へ軍を進めた時であり、[38]慧義も慧厳と同様、初めから北征軍に随行していた可能性が強い。とすれば符瑞のスタッフに慧厳の加入を認めて不当ではなかろう。

范甯の子であり范曄の父にあたる范泰は、佛性義の論陣をはり『法華經疏』などで疏釈時代の幕開けをつとめた竺道生[39]に教えを受けており、彼の佛理に対する造詣の深さは『廣弘明集』が収載する若干の遺文からも伺うことができる。吉川忠夫氏はしかし、奉佛者の彼が「魂の遊息のため」に営んだはずの祇洹寺に、文帝御製の『祇洹寺碑讃』を賜るよう請うた一事よりして「政治の世界では充分にみたされることのなかった権勢欲を誇示するための、きわめて世俗的な道具に使われる」(40)姿を垣間みる。ただし、それは范泰のみに局限されるものではなく、貴族層の布施や造寺等には富や権力誇示の一面があるとする見方(41)を巧みに裏附けるものであり、本章にとってもまた好都合の見解なのである。范泰が慧義を迎えたについても皇室の崇重ならびなき慧義の効用を慮っての、きわめて世俗的な仕儀であると考えられる。

武帝のあとを継いだ少帝劉義符は、新興貴族の徐羨之らに廃され、武帝の第三子、文帝劉義隆が即位する。かつて僧導の庇護により命ながらえた廬陵王劉義真は、范泰も含め謝霊運、顔延之ら旧勢力の外護者とみなされたためか、徐羨之らの手にかかって殺された。

宋元嘉（四二四～四五三）の初め、徐羨之、檀道濟等の権を朝政に専らにするや、（范）泰に不平の色有り、嘗て言を肆《ほしい》ままにして之れを罵る。羨（之）等は深く憾み(42)、聞く者は皆、憂うらく、「泰は不測に在り」と。泰も亦、禍に及ばんことを慮り、迺ち（慧）義に身を安んずるの術を問う。義の曰く「忠順は失われず、其の上に事うるを以ての故に、上下能く相い親しむなり。何の慮か之れ憂うるに足らんや」と。因りて泰に勸め、果竹園六十畝を以て寺に施し、以て幽冥の祐と爲さしむ。泰は之れに從い、終に其の福を享く

（『梁高僧傳』巻七、慧義伝〈『大正蔵』五〇・三六八c〉）

徐羨之と范泰に象徴される新・旧勢力の確執を伝えて面白い。それにしても政争の渦中にあって、生命の危機にさらされる范泰に対し、幽冥の祐にと果竹園の寄進を促す慧義のしたたかさには刮目してよい。劉宋佛教をリードした慧義と范泰にしてそうだとすれば、檀越と家僧ないし教団の間に繰広げられた施財や寄進の背景が、どのようなものであったか想像するに難くない。慧義伝の撰者慧皎も元嘉三年（四二六）、政情一変して徐羨之らが除かれ、危機を脱した范泰が侍中・左光禄大夫・国子祭酒・領江夏王師を授けられたことを「終に其の福を享く」の一節に

要約する。それは范泰の死後、第三子の范晏が父の険難につけ込んで寄進させたは遺憾と、果竹園を奪い返した次第につき「（范）晏は後ち、少時にして卒す。晏の弟（范）曄も後ち孔熙先の謀逆に染みて、厥の宗は同に潰ゆ」（同前・三六九ａ）、すなわち寺財を勝手に奪い取った范晏の暴挙が、彼の夭折のみならず范曄の禍乱、族滅を招いたのだと結ぶ論評とコントラストをみせ、見事である。范晏の暴挙は、范泰の晩年における激しい佛教批判を背景に持ち、あるいは礼教の枠を越えられない奉佛者(44)、富や権力の誇示に汲々とし、はたまた現世利益に心奪われている佛教信仰が(45)、どれほど脆弱であり、うつろい易いものであるかを曝け出している。と同時に、范泰の攘災を寄進の功徳に仕立て、返す刀で范氏の滅亡を得々然と裁断してはばからない慧皎の口調を通じて、因果応報の理を振りかざしながら士庶を教化し、布施行へ導いていた当時の教団のありかたが問われなければなるまい(46)。

これまで劉裕受命の符瑞、范泰と祇洹寺を中心に、檀越と家僧・門師が織りなす模様のいくつかを眺めてきた。全般的にいえることは、山崎氏が指摘されるとおり、家僧・門師と檀越の関係は宗教生活の面のみならず、私的生活にわたる助言指導と相応の四事供給が、あたかも法施と財施の関係において成りたつものである。ただし六朝時代のそれには、南北になにがしかの違いはあれ政治色や社会性——私的な関係を越えた性格が強く、唐代にはそれが稀薄になっていく点は見逃せない。劉裕における慧厳、慧義はいわずもがな、斉太祖の簒奪に協力し、「宣伝密謀」の功をもっての故にか僧正のポストにつき、斉朝成立と同時に還俗し寧朔将軍・州陵県男・食邑三百戸に封ぜられた楊法持などのように、直接革命に参劃した者も多かったとみられる（『南齊書』巻五六、『南史』巻七七）。家僧・門師を本章が扱う所以は、こうした沙門のあるべき姿とはほど遠いきわめて世俗的な政治色に加えて、教化など彼らに本来賦与されている社会性ですら換骨奪胎される点に注目するからである。

六朝時代に特徴的な現象の一つは地方へ転出する官僚達が家僧・門師を伴い、あるいはその地域の名僧知識を家僧・門師として招く傾向が認められることである。東晋の宰相何充が「性は釋典を好み、佛寺を崇修す、沙門に供給すること百を以て數え、巨億を糜費するも吝まず、親・友の貧乏に至るも施遺する所無く」世の譏りを受けたという。(47)当時の王侯や貴族達が多くの沙門をかかえ、また各地の名僧に施入供給していたのは、何充の場合を含め例証の選択に迷うほどであり、かかる供養僧に任地への随行を要請するのが一般的であった。また宋武帝の第五子、江夏王劉義恭は「性嗜の恆ならざる」問題児に似合わず多宝寺に『法華』『十地』の法筵をはって名声のあった弘充（『梁高僧傳』巻八、本伝）、唱導は天然の才にして独絶と称された長干寺の曇穎（同巻一三、本伝）など、知重の沙門を多く持ったばかりか、江陵に鎮撫したとき文帝に義学沙門の派遣を要請したような例もある。(48)ここに家僧・門師にかんし、さまざまな問題を提起する恰好の資料がある。

宋衡陽文王義季の荊州を鎭るや、意理の沙門を覓《えら》び共に佛法を談らんことを求む。境を罄《こぞ》り、光を推して以て鴻任に當つ。光は固く辭す。王自ら房に詣り敦《ねんごろ》に請い、遂に命に従う。車服・人力を給し、月ごとに一萬を供る（『梁高僧傳』巻一三、曇光伝〈『大正蔵』五〇・四一六b〉）

劉義季は義恭の弟、武帝の末子である。元嘉十六年（四三九）、臨川王劉義慶にかわって荊湘等八州諸軍事・安西将軍・荊州刺史となった。劉義慶の在任中、巴蜀の擾乱により府庫は空になっていたが、劉義季は「躬ら節儉を行い、財を畜え用を省き」、数年の間にもとどおり充足せしめた（『宋書』巻六一・『南史』巻一三、劉義季伝）、という。それはともかく、曇光が選ばれたのは劉義季と個人的つながりがあってのことではない。また「境を罄り、光を推し」たのも、曇光の学識、才能や徳行が荊州一帯に膾炙されていたからにほかならない。すでに官界で失われた郷挙里選の真髄を僧綱の補任に見るおもいであるが、これこそが劉義季の期待し狙いとするもの、佛教をもって民心収攬に協力する意理沙門(49)のあらまほしき姿であったといえる。固辞する曇光のもとに、義季自らが出向いて要請する。また前節にも紹介した烏衣寺慧叡は、義季の兄の彭城王義康より門師に迎えたいとの要請を受けた。ところが邸第において受戒しようとした義康は「禮は來り學ぶと聞くも、往きて教うるを聞かず」という慧叡の一言に愧入り、烏衣寺に出向いて虔しく弟子の礼をとったとある（『梁高僧傳』巻七、慧叡伝〈『大正蔵』五〇・三六七b〉）。かく文帝の弟達が出身もさだかならぬ一介の沙門に膝を屈し、傲岸不遜ともみえる狷介さに愧じ入り、あるいは三顧の礼をとる。それを当然の言動、あるべき姿として語られるところに、唐代の軽侮をこめて呼ばれた私養沙門などからは、とうてい想像もつかぬ六朝時代の家僧・門師の面目を窺いうるのである。さらに府庫の充実に懸命であったはずの劉義季が、こともあろうに車服や人力を給した上、月ごとに一万銭を贈っているのはたんなる法施に対する財施ではなく、荊州支配に協力を求める報償の意味があり、いかに曇光の、そして佛教の効用に期待するや切なるものがあったかを物語っている。

曇光はまた、後にふれるとおり文帝の第九子、義陽王劉昶の門師となり、北徐州へ同行している。彼の声望のほどを偲ばせるものだが、劉義季にしろ劉昶にしろ曇光を門師に迎えたのは信仰の故にというよりも、きわめて世俗的な動機に発したものである。それは後趙の石勒・石虎と佛図澄、前秦苻堅と道安、後秦姚興と鳩摩羅什、そして悲劇的な結末を生んだ沮渠蒙遜とインド僧曇無讖の関係に認められる異常なまでの政治性、つまり沙門の神異・霊験的能力や方術から学識徳望にいたるまでを公・私両面に期待し、彼らのカリスマ的性格を民心収攬に利用したま[50]でのぎらつきは見せないものの、やはり軌を一つにすることは間違いなかろう。

四　講経・斎会

曇光の伝を再度、俎上に載せよう。

齋會を設くる毎に、導師の有る無し。（衡陽）王、光に請いて曰く「群生を奬導するには、唯だ徳のみ之れ本づく。上人は何くんぞ辭を爲すを得んや。願わくば、必ず自ら力めよや」と。光は乃ち心を廻らし唱を習い、懺文を製造す。爐を執り衆に處する毎に、輒ち道俗は傾仰せり（『大正蔵』五〇・四一六b）

右文は衡陽王劉義季が、荊州において度たび斎会を設けていたこと、斎会は導師によって主宰進行され、唱導、懺悔文が表白されていた事実を指摘し、それが道俗の教化に効果をあげたことを浮彫りにしてくれる。

出家者と在家信徒の間に結ばれる社会的交渉は、前者の法施に対する後者の財施、つまり布施行を根本原理として成立する。『大智度論』巻八八の有名な「財施は法施に從りて生ず。法を聞かば則ち能く施すの故に」（『大正蔵』二五・六八二c）の文に語られる大乗佛教の布施観は、いわゆる福田思想、かの『維摩詰所說經』菩薩品に説く福田無二の功徳に結実するわけであるが[51]、この原理が教団の拡大するにつれ歪曲され、財施の功徳のみが強調された姿を、はからずも祇洹寺果竹園の施入をめぐる慧義と范泰の欺瞞にみたのである。

法施と財施を成り立たせ、佛法を流布させる最も普遍的な場を提供する宗教儀礼、それが講経・斎会であった。今、そのルーツや原初的形態を探る余裕はないけれども、かの楚王英が「潔齋すること三月、神と誓いを爲す」（『後漢書』列伝三一、楚王英伝）といわれ、徐州における笮融の盛大な浴佛法会や無遮大会（『後漢書』列伝六三、笮融伝、『三國志』呉書巻四、笮融伝）の例よりして、インド・西域の佛教儀礼を主としたものが[52]、漢訳佛典の出現にともない中国伝統の講義様式と融合調和されていったと推測される。そして『大宋僧史略』の「道俗立制」中、賛寧が注目しているように、道安が制定した佛法憲章三条によって大体の方向づけがなされた、と考えられる[53]。行香・定座・上講の法と称する道安の講会には都講、覆講が選ばれ転経や開題も行われていた。襄陽における道安教団の粛々然として規律正しい修道ぶりは、東晋の名士習鑿歯が建康の宰相謝安にしたためた手書に「師徒數百、齋講して倦まず」（『梁高僧傳』巻五、道安伝〈『大正蔵』五〇・三五二c〉）と嘆服おくあたわざるところである。こうして確立された講経・斎会は、一方では玄学・談論の風潮にあおられ、続々と訳出される佛典の摂取、新来の教義理解のために、また一方では家族制度や祖先崇拝、はては飲飯、施財を伴うが故に、賑恤と結びつき[54]、隆盛の一途をたどることになった。東晋の西域僧帛尸梨蜜多羅が僕射周顗の遺族を弔問し「胡唄を作すこと三契、梵響は雲を凌い」だことを紹介したが、曇光が斎会の導師となるべく心を廻らして習得した唱こそ、胡唄すなわち梵唄（Path あるいは Bhāṣa、讃、頌、歌詠）なのである。「鍾律に協諧し、宮商に符靡するを以て、方めて乃ち奥妙なり。故に歌を金石に奏すれば、則ち之を謂いて以て樂と爲し、法を管絃に讃うれば、則ち之を稱して以て唄と爲す」（『梁高僧傳』巻一三、経師論賛〈『大正蔵』五〇・四一四c〉）とあるように、それはインド・西域の楽器にあわせ唱詠されるものであり、執炉＝行香、表白などを加えて、講経・斎会を霊妙不可思議に荘厳演出する宗教儀礼となっている。

講経・斎会の流行発展はまた、義解にすぐれ徳望をかね備え、あるいは芸術、祝呪にたけた沙門の需要を促す。その貴族的なありかたの一つが家僧・門師にほかならない。王侯・貴族が家僧・門師を擁することは、前節にみたように政治的、社会的な色あいが濃く、范泰の祇洹寺造営にみた権勢や財力の誇示、角力界のたにまちに類する一面をもあわせ持つのである。したがって教団名うての善知識、義解ならびなき沙門の檀越となり、自己の世俗的欲望を満足させるために盛大な講経・斎会を開くことに汲々とする。それが教団や信者層の歓迎を受け、陰に陽に郷評を高からしめ、政界への発言力を増し、あるいは行政の一助となるよう期待するなど彼ら一流の読みもあったはずである。

時に沙門の慧巖、僧恭なるもの有り。先に岷蜀に在りて人情を傾蓋す。……巖公は内外に多く解《すぐ》れ、素より毛璩の重んずる所と爲る。後、蜀人の譙縱は鋒鏑の機に因りて毛璩を攻殺し、蜀土に割據して自ら成都王と號す。乃ち僧を集め會を設け、逼《つよ》く巖公に請う。巖は已むを得ずして赴くも、璩は既に宿昔の檀越、一旦にして傷破すれば、事を覩ては悲みを増し、痛みは顔色に形わる。遂に譙縱の忌む所と爲り、因りて害に被《あ》う。邑を擧げて紛擾し、白黑《どうぞく》は危懼す（『梁高僧傳』巻六、慧持伝〈『大正藏』五〇・三六一c〉）

益州刺史毛璩が部下の平西参軍譙縦に謀殺されたのは、東晋安帝の義熙元年（四〇五）二月。同九年（四一三）七月、朱齢石が譙縦を斬って結末を迎えた事件である（『晉書』巻八一、毛璩伝、同書巻一〇〇、譙縦伝）。教団の協力を求めるに急なあまりの悲劇ではあるが、毛璩の死を悼んで殺された慧巖の姿に家僧・門師と檀越の関わりの深さをおもい、譙縦の暴挙のゆえに、かえって政治に対する教団への期待、そして講経・斎会の持つ効用のほどを感じるのは、筆者だけではなかろう。

講経・斎会の盛況を伝える資料には事欠かない。それが南朝にとどまらなかったのは、筆者編纂の『唐高僧伝索引』巻下、講および斎の項目で北朝にかんする事例が多くみえており、その一つ、

（高齊の）都下、大寺は略計四千、見住の僧尼は僅《ほと》ど八萬に將《なんな》んとす。講席の相い距つるものは二百有餘なり（『唐高僧傳』巻一〇、靖嵩伝〈『大正藏』五〇・五〇一b〉）

をあげるだけで充分であろう。斎会の規模も大は一万僧斎にいたるものもあり、隋代のことながら慶州に宣教した法順が、土豪の一人でもあろうか五百人斎を設けさせたところ、斎食のころおい千人もの人が集まり供養主を震え

上らせた、という笑えぬ話もある（『唐高僧傳』巻二五、本伝）。八関斎、普賢斎、金光明斎、聖僧斎、水陸斎、無遮会など形式や内容に違いがあり、講経を伴う斎講より飯食を主とする斎会まで、今後に検討すべき余地を多く残しているものの[55]、貴族・豪族層が供養主となるそれは、おおむね彼らが迎えた家僧・門師によって主宰されたことは疑いないのである。

さて、最終節へ移る前に是非とも触れておかねばならぬ造寺問題がある。六朝時代における寺院造営のフィーバーぶりは誰しも注目するところであり、事実、北魏文明太后の兄、馮熙の七十二におよぶ精舎、佛塔の建立など、よしんば馮太后の政策にそい彼女の権力をバックに、教界のリーダーである沙門統曇曜とのコンビにより推し進められたとはいえ[56]、すこぶる常軌を逸したものとなっている。彼が州鎮に建てた寺塔はたいてい高山秀阜にあり、数多の使役人や牛力を殺傷したため、ある者が中止を勧告すると「成就の後、人びと唯だ佛圖《スツーパ》を見るのみ、焉んぞ人と牛を殺したるを知らんや」と嘯く始末であったという。まさしく再三にわたり確認した権力、財力の誇示以外のなにものでもない。純粋に信仰より発願した造営であったとしても、実力者の場合、他者への波及効果は甚大である。何氏一族は晋の司空何充、宋の司空何尚之など奉佛者を輩出し、寺塔を多く建立した。

（何）敬容に至りて又、宅東を捨して伽藍と爲す。勢に趨むく者は、因りて財を助けて造構するも、敬容は竝びに拒まず。故に此の寺の堂宇、校飾は頗ぶる宏麗なり（『梁書』巻三七、何敬容伝）

何敬容は宋の太常卿何攸之の孫、斉の吏部尚書何昌寓の子であり、斉武帝の娘、長城公主を妻としている。梁朝にあっては侍中、吏部尚書、左僕射、尚書令を歴任、その門には賓客、門生が輻湊したという。まさに「勢に趨く者」であり、造構の財を助けて猟官運動をする徒輩であった。何敬容が情実を交えたか否かはともかく、寺院造営がきわめて世俗的な施主の権力や財富の誇示という面が強いことを再確認する格好の例証となろう。ではこうした寺院と施主との関係は、一体いかなる状況であったろうか。

唐宋時代における私寺、いわゆる功徳墳寺などは経済的結びつきが強く、利殖や科敷蠲免のため権貴と寺院との癒着問題に発展していったが[57]、六朝時代の寺院および寺産と檀越主の関係については、ほとんど知られていない。先にみた祇洹寺は檀越范泰の邸宅一部を寄進したもので[58]、劉宋の元嘉年間には建康を代表する慧観、慧聡らが文帝を動かし、遠く闍婆国より招聘した求那跋摩が、勅命によって止住した。彼が『法華』『十地』を開講するや、「法席の日、軒蓋は衢に盈れ、観矚し往還するもの、肩の随《ふ》れ踵の接する」盛況ぶりであった（『梁高僧傳』巻三、本伝〈『大正蔵』五〇・三四一ａ〉）。それは「西域の名僧、多く此の寺に投止す。或は經典を傳譯し、或は禪法を訓授する建康屈指の名刹（同書巻七、慧義伝〈『大正蔵』五〇・三六八ｃ〉）にふさわしく罽賓僧の曇摩密多（同書巻三、本伝）、摩訶衍匠として知られる中インドの求那跋陀羅（同書巻三、本伝）をはじめ、范泰や王弘が膝を屈して止住を請うたという僧苞（同書巻七、本伝）、唱導をもって宋初に独歩すと称され、文帝の帰依を受けかつ臨川王劉道規の門師となった道照（同書巻一三、本伝）などを数えることができる。まこと謝霊運が范泰にあてた返書中、「承わるに祇洹の法業は日々に茂《さか》んなり」（『廣弘明集』巻一五「答范特進書送佛讃」〈『大正蔵』五二・二〇〇ａ〉）の言そのままであった。こうした状況や范氏の果竹園問題等を考慮すれば、信仰のいかんを問わず菩提寺に対する施主の発言力は大きいものであったと想定せざるを得ない。況んや家僧・門師を三綱に迎えるにおいてをやである。

廬山慧遠の謦咳に接したかの『明佛論』の宗炳は、十八高賢の一人に数えられる求道者であるが、彼の孫にあたる宗測は秀才に挙げられながら不羈の生涯を追い求め、江陵に帰れば「仍って舊宅永業寺に留まり、賓友を絕ち、唯だ同志の庾易、劉虬、宗人の尙之等と、往來し講說するのみ」であった（『南齊書』巻五四、宗測伝）。また長安生れの曇機は関中の寇乱を避けて会稽に遊んだとき、郡守の王琨に請われて西郊の嘉祥寺に錫をかけたが、この嘉祥

寺こそ王琨の祖父王薈が東晋の会稽内史として赴任中に創建したものであった(59)。呉興武康の沈道虔が、

累世、佛に事え、父祖の舊宅を推《す》て寺と爲す。四月八日に至れば、毎に像を請う。像を請うの日には、輒ち家を擧って感慟す（『宋書』巻九三、沈道虔伝）

といえば(60)、特別な事情がないかぎり、寺院と施主の関係はかなり永続的なもの、檀越に相当の発言力があったとみなして、大過ないであろう。

五　情　報

ここで三たび曇光伝に注目しよう。

義陽王旭（昶）の、出でて北徐を鎭るや、光を携えて同行す。景和の徳を失ない、義陽の事を起すに及び、光の預見あるを以て、乃ち七曜を齎し、以て光に決《はか》る。光は口を杜ざして言う無く、故に事寧《や》みて免るるを獲たり（『大正蔵』五〇・四一六b）

宋文帝の第九子、義陽王劉昶は前廃帝劉子業が即位するとすぐ（四六四）徐州刺史に転出している。彼は兄の世祖とあわず、かねてから謀反の兆ありと噂されていた。景和つまり廃帝時代に入り江夏王劉義恭が誅され、追い込まれた劉昶は泰始四年（四六八）、兵を挙げ檄を飛ばしたが、管領する諸軍は命に応じず、はては劉昶の使者を斬る始末であった。敗北必至と覚悟した彼は夜陰にまぎれ数十騎を伴い門を開いて北魏へ奔った（『宋書』巻七二、劉昶伝）。

徐州の幕下にいた曇光に劉昶は挙兵いかんを諮問するわけであるが、七曜暦で歴然となるように曇光の予見能力

あるをもって、吉凶を占おうとするものであった。曇光が黙して語らなかった理由について撰者慧皎も、その卜筮や預知能力に帰せるかのごとき余韻を残している。これを劉昶の本伝に重ねあわせれば、曇光には管内諸郡の命に応じはすまい形勢が充分に判っていたと解読すべきであり、かかる先見の明、判断力こそが合理的な予知に相当する。先見の明や判断力も、たんなるインスピレーションのいかんに依るならば、卜筮とか呪術の範囲を出るものではない。より科学的に、豊かな合理性を賦与するためには、先見の明を先見の明たらしめ、判断力を判断力たらしめるデータの有無多少を想定し問題とすべきである。曇光はたしかに「五經・詩賦を嗜み、算數・卜筮に及ぶまで貫解せざるは無き」才識すぐれ、預知能力も備えた人物には違いなかろうが、それにもまして情報収集の能力にたけ、入手ルートに恵まれていたとみた方が実際に近く、説得力もある。では曇光にみた沙門の情報収集は、いかにして行われたであろうか。行脚・遊方より已下の各節をもとに推論してみたい。

襄陽に南下した道安の教団は四百人を優にこえる規模であった。一時、既存の白馬寺に安下したものの、学徳を慕って集まる僧衆を収容しきれず、襄陽の富豪達の賛助を受けて檀渓水のほとりに新寺を構えた[61]。これが檀渓寺である。檀渓寺における道安教団の粛々然たる姿は前にふれたが、先師佛図澄が石勒・石虎に大和上、国の神人などと仰がれた神異・霊験的能力を持たず、習鑿歯が謝安に「變化《マジック》の伎術にして、以て常人の耳目を惑す可きもの無く」と歎服するように[62]、まったく慧解や修禅・訳経を中心に教団が運営されている。それは道安の弟子慧遠の廬山教団や長沙の太守勝畯の請を容れて道安が派遣した曇翼の長沙教団なども同然であり、各地より訓導を求めて慕いよる沙門で膨れあがった。「業を受くる者、四百餘人」（『梁高僧傳』巻五、法遇伝〈『大正蔵』五〇・三五六ａ〉）と道安門下は各地に散り、各自の教団を組織する。彼らは「乃ち（道）安の形を圖寫し、念を存して禮拝す。是に於いて江陵の士女は咸《みな》、西に向い敬を印手菩薩（＝道安）に致す」一種の宗教的なヒエラルヒイさえも形成する[63]。長安の鳩摩羅什教団ほかも、また然りであった。師弟の間には絶えず起居を問い、示教を仰ぐ文状の交換がある。上記法遇伝には門弟の一人が酒を飲み、夕べの焼香を廃したとき「法遇は止だ罰して放還せず」と聞いた道安が、竹筒に荊子一枝を入れ自ら緘封して法遇に送りつける。法遇は早速、維那に命じ、槌を鳴らして衆僧を集め、香を焼き竹筒を拝んで地に伏し、維那に荊子で三たび己れを杖うたせ、涙を垂れて自らを責めた、という。新島襄のエピソードを思わせる仕儀であるが、それはともかく、もし道安に政治的野心が旺盛であったならば、荊子ならぬ命令によって、あるいは「道體如何」の日常的会話の中に、情報を収集する手段はいくらもある。

寺院で開かれる講経・斎会には、周辺地域の道俗はもちろん、全国各地より衆僧が集まってくる。会稽太守孟顗の招請を受け、山陰の霊嘉寺に住した超進は「是に於いて、浙東に停止し講論相い續く。邑野の僧尼及び清信の男女は、竝びに菩薩の因縁を結び、戒範を伏膺す」（『梁高僧傳』巻七、本伝〈『大正蔵』五〇・三七四b〉）といい、「後、寺を長安青門外に立て、精勤行道す。是に於いて德化は四もに布き、聲は遠近を蓋う。僧徒は千もて數え、咸來たりて宗奉す」（『出三藏記集』巻一三、竺法護伝〈『大正蔵』五五・九八a〉）とは、必ずしもオーバーな表現ではない。「時に成都の法席は恆に竝置すること三・四。法鼓は齊しく振い、競いて玄門を敞《ひら》く」（『唐高僧傳』巻六、慧韶伝〈『大正蔵』五〇・四七一a〉）と講経・斎会によって、寺院は一種の都会、文化センターとなっていたのである。王侯、貴族より地方豪族にいたるまで名僧高僧を競い迎え、家僧・門師として供養し、富と権力に物をいわせて造営した菩提寺に、おのがじし盛大な講経・斎会をいとなむ。法筵の有様は、優劣が死命を制するシビアーな一面を、時として覗かせる。道安の同学である竺法汰が、荊州において心無義をもって鳴る道恒を屈服せしめた話など、その一端を物語るものであり[64]、その声望によっては東晋簡文帝に重んぜられ瓦官寺における『放光經』開題会に「帝親しく臨席し、王侯公卿の畢く集まらざるは莫し。汰の形解は人に過ぎ、名を四遠に流せば、開講の日、黒白は觀聴し士庶は群を成す。諮稟の門徒に及んでは次を以て席を駢《なら》べ、三呉より袟を負いて至る者、千もて数う」（『大正蔵』五〇・三五四c）ことになりかねない。したがって富と権力の誇示に汲々たる檀越は、きわめて世俗的な欲望を満足させるためにも、当代に誇れる碩徳を求め、黒白士庶を集める必要があったのである。そこでもし、かかる檀越達が菩提寺と家僧・門師を操つり、また講経・斎会を信仰による人心収攬のみならず政情や社会の動向を探るデーター収集の場として利用したとすれば、これほど有効かつ軽便な方法はないであろう。

行雲流水の生活をむねとする沙門が、俗権の介入や動乱、領界の防禁ものかは、東西南北を股にかけて善知識を追い法を求めた姿を、行脚・遊方の項に眺めておいた。邑落に分衛乞食するかと思えば蓬戸・朱門も区別せぬ彼ら雲水は、意図すると否とにかかわらず民情に接し、政治や社会の動向を知る機会と場を最も多く与えられ、世俗を棄てた出家者なるが故になおさら世俗的、客観的情報に恵まれていた、ともいえる。寺院そして講経・斎会に離合集散をくりかえす彼らは、ある意味でのメッセンジャー、情報の運搬人《キャリアー》でもあった。集会や盛場における日常的会話の中に、あるいは世間話や噂話に的確な情報を探るのは古今東西を問わぬ間諜達の常道であろうが、講経・斎会や寺院などはさしずめ信仰を隠れ蓑に情報を集める最良の場ということになる。このように考えれば政治や軍事の顧問として、あるいは一族の運命を托す指南人として崇重された家僧・門師達、それにまつわるさまざまな卜筮や予知能力の話[65]があるのも、充分に納得がいくのであり、以下のような蛇足を加えることも可能となる。

沮渠蒙遜と曇無讖の悲劇は、史料の語るところ曇無讖のずば抜けた神異霊験的能力と、それを異常なまでに利用した蒙遜の依存度によると説明される。しかし蒙遜が北魏太武帝に曇無讖の譲渡を迫られたとき「此れは是《まこと》に門師なれば、當に之れと倶に死すべし。實に殘年を惜まず」と屈しなかった背景には、大呪師を失うことよりも、対立する北魏に自国の内情を漏らされることを恐れる気持があったからだと考えられる。曇無讖には道明以下、千余の門弟がつき従っており、もし彼が北魏に投ぜんか、門下の相当数が北魏へ流入してしまう。蒙遜が不世出の大呪師を殺害したゆえんは、曇無讖があまりにも北涼の政治にかかわり情報に通じていたが故に、自国にとって最大の不利益を招くと危惧したためではないか。それは北魏孝文帝に招請された太昌寺僧宗が「齊の太祖は外に出ずるを許さず」(『梁高僧傳』巻八、本伝〈『大正蔵』五〇・三七九c～三八〇a〉)とて北渡を断念した事情と一脈通ずるからである。[66]

再三にわたり言及してきた廬山の慧遠教団は、執拗に全教団の粛清をもくろむ実力者桓玄でさえも、その衆僧沙汰の教令に「唯だ廬山のみは道徳の居る所、搜簡の例に在らざれ」と譲歩せざるを得ないほど、内外の帰敬をあつめたことは間違いなく、一種のアジール的存在であった。[67]五胡時代における泰山の僧朗教団についても同じことがいえようが、ただ慧遠教団の背後に江南姓族の影をみ、かの白蓮社結成にも政治的な匂いを嗅ぎとるようにアジール的世界を獲得できたのは、必ずしも慧遠や僧朗に対する世俗の篤い尊信のみに帰せしめるべきでない。[68]風雲急を告げる南北の対立に加えて東晋王朝内部の政権争い、とりわけ会稽王道子らと対立する荊州刺史殷仲堪が江陵に、広州刺史桓玄は潯陽をおさえる形勢を示し、その政治的対立のはざまに置かれた廬山および慧遠教団が、諸勢力にとってきわめて世俗的な利用価値のある場として意識されていたからではなかったか。

天師道教徒の乱(三九九)として知られる孫恩軍の指導者盧循は、父盧瑕が慧遠の同学というよしみで廬山を訪ずれたが、歓然として朝夕音問する慧遠に、弟子の一人が「脩《ママ》(=循)は國寇《こくぞく》爲り。之れと交わり厚ければ、疑われざるを得ん乎」と忠告している。果せるかな盧循追討の兵を進める劉裕の陣中で慧遠と盧循の交わりが物議をかもしている。幸いに劉裕の「遠公は世表の人、必ずや彼此無けん」という弁護によって救われてはいるが(『梁高僧傳』巻六、慧遠伝〈『大正蔵』五〇・三五九b〉)、一歩を誤れば大事を招く危険をはらんでいたのである。それを慧遠の偉大さとみるか、劉裕の洞察力の確さと解するかはともかく、劉裕の配慮や桓玄の扱いに廬山教団の占める位置——地理的、政治的、社会的意味も含めた——の重要性を認めなおかつ、これまで注目してきた教団の側面、つまり情報収集の場としての役割を見出すことができはすまいか。

註

（1）『印度学佛教学研究』二四—二（一九七六年）の「寄稿されなかった諸氏の発表題目」にみえる。サブ・タイトルは「諜報機関としての佛教教団」であった。

（2）直木孝次郎『橿原考古学研究所論集』五、一九七九年。また「定恵の渡唐について——飛鳥・白鳳期佛教の性格に関する一試論——」（『東洋学術研究』一九—二、一九八〇年）では、やはり『隋書』の記事に言及し、「数十人もの僧をいちどに中国へ送るのは、一つの国家政策といわねばならない。国家は彼らが佛教を学んでくることだけを期待したのであろうか。そうではなくて佛教とともに諸種の国家に役立つ学芸を身につけ、あわせて朝鮮と倭を含む東アジアの国際情勢についての理解を深めて帰ってくることを望んでの僧侶派遣であったろう」と、言外に間諜としての役割があったことをほのめかされる。

（3）陶弘景については『梁書』巻五一・『南史』巻七六、陶弘景伝および麥谷邦夫「陶弘景年譜考略」上・下（『東方宗教』四七・四八、一九七六年）を参照。なお曇鸞南渡の時は陶弘景七十二、三歳頃である。

（4）『南史』巻七、梁武帝本紀、中大通元年（五二九）秋九月癸巳の同泰寺無遮大会などをみれば「上釋二御服一披二法衣一、行二清淨大捨一、以二便省一爲レ房、素牀瓦器、乘二小車一、私人執役」とあり、僧形に身をやつしている。武帝については森三樹三郎『梁の武帝』（サーラ叢書五、平楽寺書店、一九五六年）。

（5）『梁書』巻三五、蕭子暉伝に「性恬靜、寡嗜好、嘗預三重雲殿聽制講二三慧經一、退爲二講賦一奏レ之、甚見二稱賞一」とみえる。『陳書』巻三四、岑之敬伝。

（6）『唐高僧傳』巻二九、僧明伝に「又梁高祖崇重釋侶、欣二尙靈儀一、造二等身金銀像二軀一、於二重雲殿一晨夕禮敬」（『大正蔵』五〇・六九三b）とある。『集神州三寶感通錄』中、『法苑珠林』巻一四の観佛部感応縁之余を参看。な

お『南史』巻七、中大通元年六月条に「都下疫甚、帝於二重雲殿一、爲二百姓一設二救苦齋一、以レ身爲レ禱」とあり、『建康實錄』巻一七は大通三年六月にかけている。

（7）『唐高僧傳』巻一六、僧達伝に「敕二駙馬殷均一、引二入重雲殿一、自レ晝通レ夜、傳レ所レ未レ聞、連席七宵、帝歎二嘉瑞一、因從受レ戒、誓爲二弟子一」（『大正蔵』五〇・五五三a）とある。同様のことは同巻二五の慧雲伝附傳弘伝にも「後於二華林園重雲殿一、開二般若題一」（『大正蔵』五〇・六五〇b）とあり、同巻七の宝瓊伝、巻二九の僧明伝ほか『辯正論』巻三、傅大士伝、『廣弘明集』巻四、「捨事李老道法詔」等を参照。

（8）『陳書』巻三、永定三年秋七月（五五九）条に「乙丑、重雲殿災」とあり、それにまつわる話は『法苑珠林』巻一四、『集神州三寶感通錄』巻中、『廣弘明集』巻一五にみえる。

（9）『隋書』巻二七、百官志中の北斉太府寺条に細作署があり、梁では少府卿下に炭庫、紙官、染署とともに細作署が置かれている（同書巻二六、百官志上）。形よりすれば唐代の太府寺よりも司農寺系統の職掌に近いと思われるが、なぜ細作署なのかは今一つ詳かでない。『隋書』巻六八、何稠の伝に「及三高祖爲二丞相一、召二補參軍一、兼掌二細作署一」とあり、何稠自身が織錦、瑠璃製作などに異能ぶりを発揮しているので、おそらく細工一般を行う意味より生じた署名であろう。本章の細作については『白居易集』巻五九、憲宗元和五年（八一〇）四月進「臣伏聞、迴鶻吐蕃、皆有二細作一、中國之事、小大蓋知」とある。

（10）新田雅章「梁の武帝と佛教」（『松阪女子短大論叢』三、一九六六年）ほか梁武帝の佛教に言及する論稿は多い。なお諏訪義純「梁武帝佛教関係事蹟年譜考」一・二（『佛教史学研究』二六―一・二、一九八三～八四年、のち『中国南朝佛教史の研究』法藏館、一九九七年所収）参照。

（11）『梁書』巻三二・『南史』巻六一、陳慶之伝参看。曇鸞南渡の前後にも、例えば普通六年（五二五）正月、安北将軍晋安王綱による南郷郡、晋城および馬圏城、彭陽城の攻略戦があり、五月に開始された中護軍夏侯亶の北伐は翌年末まで継続されている。

（12）拙稿「隋唐佛教への視角」本書第一篇第一章。

（13）霊丘関、山西省滱水上流の霊丘城であろう。宮川尚志氏は山東省滕県の東、春秋斉の霊邱城かといわれるが（「南斉書佛教史料稿」『東海大学紀要』文学部一四輯、一九七〇年）、時に都は平城にあり、地理的に無理がある。

（14）塚本善隆「沙門統曇曜とその時代」（『著作集』二〈大東出版社、一九七四年〉、第三章）、渡瀬道子「北魏文明皇太后と佛教」（『史窗』一二号、一九五七年）。

(15) 塚本善隆『魏書釈老志の研究』（仏教文化研究所、一九六一年、『著作集』一、大東出版社、一九七四年）訳註篇四七の註（8）。

(16)『梁高僧傳』巻一一、曇超伝に「至二斉太祖即レ位、被レ勅往二遼東一、弘二讃禪道一、停レ彼二年、大行二法化一、建元（四七九～四八二）末還レ京」（『大正蔵』五〇・四〇〇a）とある。遼東をいわゆる遼東とするには躊躇を覚え、なぜ斉太祖の勅命により国外遥か北辺の地に赴いたのか理解に苦しむが、太祖の政治目的に利用されたことは間違いない。また『宋書』巻四四、謝晦伝には晦が京邑に発した檄文中、「又、恵觀道人説、外人告二(王)華及到彦之謀反一、不レ謂レ無レ之」という。恵観は宋武帝と親しく、道場寺に住して宋朝の政界に相当なかかわりを持っていたようである（『梁高僧傳』巻七には慧観として立伝）。明らかに謀反を密告した例であるが、教団が貴族社会と密接な関係を持てば持つほど、こうした現象が多くみられたに違いない。

(17) 梁武帝の従父弟蕭景の伝（『梁書』巻二四、『南史』巻五一）に都督郢司霍三州諸軍事・安西将軍・郢州刺史であった普通中（五二〇～五二七）、「齊安・竟陵郡接二魏界一、多二盗賊一、景移レ書告示、魏即焚二塢戍一保レ境、不レ復二侵略一」という状況もあるにはあったが、熾烈をきわめた淮水の線をめぐる攻防は康絢伝（『梁書』巻一八、『南史』巻五五）および昌義之伝（同上）などに詳しい。曇鸞の頃、魏の予州刺史源子恭が、新蔡や南頓（現在の河南省項城市）に迫る梁軍を撃退して、淮水以南の民を淮北に移し、淮水を防衛線とする形勢にあった。

(18)『魏書』巻七上、高祖本紀。また同釈老志には詔勅の全文と思われるものが掲載されている。塚本善隆『魏書釈老志の研究』訳註篇四三を参照。なおかかる規定が発展して唐の道僧格「歴門教化」の禁となったであろうことは諸戸立雄「北魏の僧制と唐の道僧格」（『秋大史学』二〇、一九七三年）参看。他に小笠原宣秀「支那南北朝時代佛教々団の統制」（『龍谷史壇』一四、一九三四年）、山崎宏「南北朝時代に於ける僧官の検討」（『支那中世佛教の展開』〈清水書店、一九四二年、のち法藏館、一九七一年〉第二部第一章）、諸戸立雄「中国に於ける度牒初受の年代について」（『文化』一五―四、一九五一年、『中国佛教制度史の研究』平河出版社、一九九〇年所収）。

(19) 諸戸立雄前掲「北魏の僧制と唐の道僧格」。

(20) 木村英一編『慧遠研究』遺文篇（創文社、一九六〇年）および研究篇（同、一九六二年）参看。また塚本善隆「鳩摩羅什論――その佛教の江南拡大を中心として――」(1)(2)（『結城教授頌寿記念　佛教思想史論集』〈結城教授

頌寿記念論文集刊行会、一九六四年〉および『干潟博士古稀記念論文集』〈干潟博士古稀記念会、一九六四年〉）、上原専禄「鳩摩羅什考」（『一橋論叢』二二―一、一九四九年）、横超慧日「鳩摩羅什の翻訳」（『大谷学報』三七―四、一九五八年、『中国佛教の研究』第二、法藏館、一九七一年）、湯用彤「鳩摩羅什及其門下」（『漢魏両晋南北朝佛教史』商務印書館、一九三八年）、諸戸立雄「姚興の崇佛と羅什の訳経事業」（『集刊東洋学』六、一九六一年）。

(21) 王恭は桓玄、殷仲堪らと連盟し会稽王道子一派を除こうとした。彼の妹は孝武帝の皇后、叔母は哀帝の皇后であり、また奉佛者としても名高い（『晉書』巻八四、王恭伝）。

(22) 『宋書』巻六三、王華伝。大川富士夫「王華と曇永」（『立正史学』二三、一九五九年）。なお羅大経は『鶴林玉露』甲編、巻一、「三事相類」として楚公子が宋の門衛に見咎められ、その僕隷が箠撻して難を逃れた話、宇文泰が侯景と戦ったとき、馬より墜ちたところを李穆が救った話を、この王華と曇永の事件に類似していると注目する。

(23) 『南史』巻二六、袁湛伝。なお『梁書』巻三一、袁昂伝にはない。

(24) 『南齊書』巻四〇、竟陵王昭冑伝（『南史』巻四四）、同巻五一、崔慧景伝附崔覚伝、『陳書』巻一八、王質伝（『南史』巻二三）にも同様のことがみえる。なお晉安王子勛のことについては安田二郎「晉安王子勛の叛乱について――南朝門閥貴族体制と豪族土豪――」（『東洋史研究』二五―四、一九六七年）参看。

(25) 『賓退錄』巻四所引『五代亂紀』。『鶴林玉露』甲編、巻二、「盜賊脱身」には「巣髡髮爲レ僧、題詩自贊、有㆓鐵衣著盡著僧衣之句㆒」という。王仁裕の『洛城漫錄』をふまえ『揮麈錄』後録五には「張全義爲㆓西京留守㆒、識㆓黄巣于羣僧中㆒」など、この種に関する話を集めている。

(26) J・G・フレーザー著、永橋卓介訳『金枝篇』（生活社、一九四三年）上巻二一章。

(27) 例えば『牟子理惑論』にいう泰伯の断髪文身を孔子が称えた（『論語』泰伯篇）ことなど。他でも剃頭弁護に再三再四使用されている。

(28) 何無忌の「難祖服論」とそれに応じた慧遠の「沙門祖服論」が代表的なものである。木村英一編『慧遠研究』遺文篇参照。

(29) 註（27）前掲『牟子理惑論』に「今沙門剃㆓頭髮㆒、披㆓赤布㆒、見レ人無㆓跪起之禮儀㆒、無㆓盤旋之容止㆒」（『大正蔵』五二・三a）とし、また「今沙門被㆓赤布㆒、日一食」（同・四c）とある。それは『魏書』巻一一四、釈老志にも

「漢世沙門皆衣二赤布一、後乃易以二雜色一」という。赭衣が罪人の服であったことは『漢書』刑法志によって明らかであり、物議をかもすのも当然であろう。

(30) 踞食論争については、吉川忠夫「踞食論争をめぐって」(『六朝精神史研究』同朋舎出版、一九八四年)。

(31) R・オットー著、山谷省吾訳『聖なるもの』(岩波文庫、一九六八年)。聖なるもの、畏敬をともなう戦慄、神秘的な権威と魅惑、威圧的力や尊敬といった非合理的要素がないまぜになった経験内容をもつ対象をいう。

(32) 山崎宏「支那佛教盛時に於ける家僧・門師」(『支那中世佛教の展開』第五章)。

(33) 宮川尚志『六朝史研究』宗教篇(東洋史研究会、一九六四年)第九章および第一〇章。

(34) 『後漢書』列伝三二、楚王英伝。なお周一良『魏晋南北朝史論集』所収「能仁与人祠」参照。

(35) 劉義真については『宋書』巻六一、『南史』巻一三。慧厳および僧導の伝は『梁高僧傳』巻七にある。森鹿三「劉裕の北伐西征とその従軍紀行」(『東洋学研究』歴史地理篇、東洋史研究会、一九七〇年)。塚本善隆「水経注の寿春・導公寺について——劉裕(宋・武帝)と長安・鳩摩羅什系の佛教——」(『著作集』三〈大東出版社、一九七五年〉第二章)、諸戸立雄「東晋劉宋時代における僧侶の従軍」(『古代文化』一七—四、一九六六年)を参照。

(36) 板野長八「劉裕受命の佛教的祥瑞」(『東方学報』東京一一—一、一九四〇年)。塚本註(35)前掲論文および「南朝元嘉治世の佛教興隆について」(『著作集』三、第三章)。南部松雄「劉宋王朝と佛教」(『龍谷史壇』六一、一九六九年)。劉裕と宋朝の成立全体については、吉川忠夫『劉裕』(人物往来社、一九六六年)参照。このことは『梁高僧傳』巻七、慧義の本伝にもとづくが、『太平御覧』巻八〇六所引『西征記』は恵義、また三十二璧を四十二璧に作り、『宋書』巻二七、符瑞志上には法義とあり、『建康實錄』巻一一、同巻一四や『南史』巻一、本紀の記載ともども内容に若干の相違がある。また塚本善隆「北魏太武帝の廃佛毀釈」(『著作集』二、第二章)では、当時の嵩山には寇謙之がおり、この事件が彼に影響を及ぼした可能性を推測する。

(37) 吉川忠夫氏は劉裕が嵩山の神霊に感謝した「祭嵩山文」(『初學記』巻五)が范泰の筆になることなども、范泰と慧義の奇妙なる関係を語るものだと指摘する(吉川註〈30〉前掲論文)。

(38) 「宋公諮議王智、先停二栢谷一、遣レ騎送二道人恵義疏一曰、有二金璧之瑞一、公遣二迎取一、軍次二崤東一、金璧至、修レ壇拜二受之一」(『太平御覧』巻八〇六、戴延之『西征記』)とあり。王智の伝は『宋書』巻八五、王景文伝に付す。なお森鹿三註(35)前掲論文参照。

(39) 横超慧日「釈教史考」(『中国佛教の研究』第三、法藏館、一九七九年所収)。
(40) 吉川註(30)前掲論文。
(41) 例えば宮川尚志「六朝時代士大夫の佛教信仰」(『六朝史研究』宗教篇、第一一章)。
(42) 原文は「嘗肆言罵之、羨等深憾」とある。
(43) 吉川忠夫「史家范曄の謀反」(『歴史と人物』一九七一年一一月号)。
(44) 吉川註(30)前掲論文参看。
(45) 例えば篤信の士として知られていた阮裕は、愛する長男が病気にかかり三宝に祈請した功徳もなく死んだため「恨みを釋氏に結び宿命都て除く」挙に出ている(『世説新語』尤悔篇)。また沮渠蒙遜は世子の興国が吐谷渾のため敗死したとき「佛に事うるも應無し」として五十以下の沙門を還俗させている(『梁高僧傳』巻二、曇無讖伝〈『大正蔵』五〇・三三六b〉)。
(46) 范泰による果竹園の寄進は、寺財の蓄積される典型的なパターンとみられる。その証拠に、范晏の事件にもかかわらず「士庶は歸依し、利養は紛集す」る祇洹寺の台所は、慧義入滅の元嘉二十一年(四四四)、つまり范泰の死より十六年を経過した後も、「資生の雜物は近《ほと》んど百萬に盈てる」(『梁高僧傳』巻八、慧基伝〈『大正蔵』五〇・三七九a〉)豊饒ぶりであった。寺院、僧尼の豊さは『宋書』巻七五、王僧達伝、同巻九五、索虜伝、『南齊書』巻三八、蕭穎胄伝によっても窺われる。祇洹寺の盛況が、あるいは范晏を果竹園奪取にはしらせた直截の動因になっているのかもしれない。
(47) 『晉書』巻七七、何充伝。『建康實錄』巻八には『京師塔寺記』を引き、何充造営の建福寺があったことを伝え、また『比丘尼傳』巻一、康明感尼伝には建福尼寺がみえている(『大正蔵』五〇・九三五c)。
(48) 『宋書』巻四六、張邵伝附張敷伝によれば「義恭就二文帝一、求二一學義沙門一、會敷赴二假江陵一、入辭、文帝令下以二後車一載二沙門一往上云云」とある。同書巻六二、張敷伝参照。
(49) 意理沙門は正規の僧官でなく家僧・門師の変形と考えられる。意理の出典は『三國志』蜀書一三、王平伝に「口授作レ書、皆有二意理一」とある。
(50) 石勒・石虎と佛図澄の事蹟は『梁高僧傳』巻九、および『晉書』巻九五の佛図澄伝。苻堅と道安のそれは『梁高僧傳』巻五の道安伝。姚興と羅什、沮渠蒙遜と曇無讖も同書巻二の各本伝にみえる。こうした点を論じたものに山崎宏「東晋時代の北支那諸胡族佛教」（『支那中世佛教の展開』第三章）、野上俊静「支那に於ける胡族国家と佛教」（『真宗年報』一、一九四三年）、諸戸立雄「東晋時代五胡十六国の佛教受容の一面」（『秋大史学』六、一九五五年）、同「姚興の崇佛と羅什の訳経事業」（『集刊東洋学』六、一九六一年）、小田義久「沮渠氏と佛教について」（『龍谷史壇』六〇、一九六八年）、石田徳行「北涼佛教――主として沮渠蒙遜佛教について――」（『社会文化史学』三、一九六七年）などがある。また宇井伯寿『釈道安研究』（岩波書店、一九五六年）、湯用彤『漢魏両晋南北朝佛教史』、塚本善隆『中国佛教通史』第一（鈴木学術財団、一九六八年）、横超慧日・諏訪義純『人物中国の佛教――羅什』（大蔵出版、一九八二年）をも参照されたい。

（51）常盤大定「佛教の福田思想」（『支那佛教の研究』二、春秋社、一九四一年、第一二章）、山崎宏「佛徒の社会的活動の基準として観たる布施」（『支那中世佛教の展開』第三部第一章）、早島鏡正「福田思想の発達とその意義」（『宗教研究』一二四、一九五一年）。

（52）例えば平川彰『原始佛教の研究』（春秋社、一九六四年）。特に第四章「信者の布薩、八斎戒」。

（53）前掲註（50）中の宇井、塚本両書、および荒牧典俊「南朝前半期における教相判釈の成立について」の附論「襄陽の道安教団における講経会の成立」（福永光司編『中国中世の宗教と文化』京都大学人文科学研究所、一九八二年所収）。なお福井文雅「唐代俗講形式をめぐる諸問題」（『大正大学研究紀要』五四、一九六九年）は俗講形式のルーツを道安の講経に求める。

（54）『唐高僧傳』巻二、那連提黎耶舎伝に「設レ供飯レ僧、施二諸貧乏一」（『大正蔵』五〇・四三二c）とあり、また同書巻六の斉鄴中天平寺真玉は生れつき盲目であったが、「後郷邑大集、盛興二齋講一、母携レ玉赴レ會、一聞欣領曰、若恆預レ聽、終作二法師一、不レ憂二匱餒一矣」（『大正蔵』五〇・四七五b）とある。後に引用する同書巻二五、唐雍州義善寺法順伝も例証となる。

（55）隋唐時代のものに関して山崎宏「支那佛教盛時の講席に於ける講師・聴衆・対論」及び「隋唐時代の佛徒の斎会」（いずれも註〈18〉前掲『支那中世佛教の展開』第三部第二・第三章）に詳述されている。

（56）塚本善隆「沙門統曇曜とその時代」（『著作集』二、第三章）に、この指摘がある。なお『水經注』巻一三、濃水条にみえる皇舅寺こそ馮熙が建立したもの。娘二人が孝文帝の皇后となったから、かく呼ばれたのである。

（57）三島一「唐宋時代に於ける貴族対寺院の経済的交渉に関する一考察」（『市村博士古稀記念東洋史論叢』冨山房、

一九三三年所収）、同「唐宋寺院の特権化への一瞥」（『歴史学研究』一―四、一九三四年）、小川貫弌「宋代の功徳墳寺に就いて」（『龍谷史壇』二一、一九三八年）、竺沙雅章「宋代墳寺考」（『中国佛教社会史研究』同朋舎出版、一九八二年、前編第三章）。

(58) 祇洹寺の変遷はよくわからないが、求那跋摩を闍毘に付したのち白塔を建てたので白塔寺の名を得たという。劉世衎の『南朝寺考』参看。

(59) 『梁高僧傳』巻七、超進伝附曇機伝。王琨が会稽太守となったのは宋明帝の泰予元年（四七二）である（『南齊書』巻三二、本伝）。王蕃が嘉祥寺を建立したについては『梁高僧傳』巻五、道壹伝にみえ、撰者慧皎もここに住み、著作に専念した（『唐高僧傳』巻六、本伝）。

(60) 隋文帝が生れ育った馮翊の般若尼寺は、父楊忠の邸第中にあり、文帝を育てた智仙尼が北周廃佛の際にも隠れ住んだといい、後年大興国寺として官寺に昇格する。檀越と菩提寺の関係を、よく伝えている。塚本善隆「隋佛教史序説」（『著作集』三、第五章）、拙稿「北斉系官僚の一動向」（『鷹陵史学』四、一九七七年、のち『道宣伝の研究』京都大学学術出版会、二〇〇二年所収）。

(61) 『水經注』巻二八、沔水条に「又北逕二檀溪一、謂二之檀溪水一、水側有二沙門釋道安寺一、即二溪之名一、以表二寺目一也」とある。

(62) 『梁高僧傳』巻五、道安伝に「習鑿歯與二謝安一云……」（『大正蔵』五〇・三五二c）とある。当時、習鑿歯は桓温の幕僚として襄陽にあった。

(63) 『梁高僧傳』巻五、曇徽伝、鈴木啓造「中国における僧侶の師弟関係について」（『史観』五七・五八、一九六〇年）参看。

(64) 『梁高僧傳』巻五、竺法汰伝に「（道）恆仗二其口辯一、不レ肯レ受レ屈、日色既暮、明旦更集、慧遠就レ席、設レ難數番、關責鋒起、恆自覺二義途差異一、神色微動、麈尾扣レ案、未二卽有レ答、遠曰、『不レ疾而速、杼軸何爲』、座者皆笑矣、心無之義、於レ此而息」（『大正蔵』五〇・三五四c）とある。

(65) 佛図澄が葛陂より還るとき枋頭にて夜襲を予告し、鈴の音によって用兵の是非、吉凶を占ったという。鈴とは情報を象徴するかのようである。こうした話は多く、求那跋陀羅が宋の譙王劉義宣に建康の禍乱を予言し（『梁高僧傳』巻三、本伝）、蕭恵開が益州にあったとき晋安王子勛に加担する晋原郡等の兵に囲まれたが供養する沙門が

「城圍まるるも尋いで解かれん。檀越は貴門、後方に大いに興る。外賊を憂うる無かれ」と断言したという（『南齊書』巻五六、紀僧真伝）。情報を的確に握っていたからであろう。

（66）『隋書』巻四六、趙煚伝に「煚與二宗伯斛斯徵一素不レ協、徵後出爲二齊州刺史一、坐レ事下レ獄、自知二罪重一、遂踰レ獄而走、帝大怒、購レ之甚急、煚上二密奏一曰、徵自以二負レ罪深重一、懼レ死遁逃、若不三北竄二匈奴一、則南投二吳越一、徵雖二愚陋一、久歴二清顯一、奔二彼敵國一、無レ益二聖朝一、今者炎旱爲レ災、可三因レ茲大赦一、帝從レ之」とみえる。これも情報の漏れることを恐れてのことであろう。

（67）『慧遠研究』遺文篇附録八「桓玄輔政、欲沙汰衆僧、與僚屬教」および訳注篇を参照。

（68）宮川尚志「五胡十六国と泰山の竺僧朗教団」（『六朝史研究』宗教篇、第一〇章）。

第四章　唐中期佛教史序説

――僧尼拝君親を中心に――

一

唐の粛宗から代宗朝にかけ、東・西両都を中心にくりひろげられた崇佛事業は、ある意味からいって唐三百年の歴史を通じ、最も華かな様相を呈するものであった。その立役者が密教の大家、不空金剛であることは周知のとおりである。「胡僧不空、官は卿監に至り、國公に封ぜらる。禁中と通籍し、勢は公卿をも移す。權を爭い威を擅ままにし、日々に相い凌奪す」（『舊唐書』巻一一八、王縉伝）という。この『舊唐書』の撰者は佛・道いずれの教にもあまり好意的ではない。『佛祖統紀』の撰者、南宋の志磐は「歐陽氏の（新）唐書・五代史を修するや、佛・老の事に於いては則ち之を刪る。それ唐書は唐家の正史にして歐陽の私書には非ざるなり。借使《たとい》、法とするに足らずとも、之を論ずるは可なり。豈、當に己の好まざる所を以って、悉く之を刪るべけんや。是れ知んぬ、通識なき者は、以って修史の任に當るに足らざることを」（同書、巻三九、法運通塞志）との酷評を下すが、『舊唐書』にもその傾向は多分に認められる。したがって不空に向けられた非難の記述も、まず撰者と宋代の対佛教感情を考慮に入れなければならない。とはいえ、佛教史の上で中国密教の大成者である彼に、真向から浴びせられたこの批判は、やはり一面の真実を鋭くえぐり出すもののようである。今に残る『代宗朝贈司空大辨正廣智三藏和上表制集』（以下『不空表制集』と略）に収録された彼の上奏とか、粛宗、代宗の答批などを一読すれば、不空に対する両皇帝の並なみならぬ崇重の跡を知りうる。と同時に、それにともなう異様さと矛盾の影を、数多く認めないわけにはいかない。

時あたかも、安史の乱によって、唐朝の命運は文字通り累卵の危きにあった。両京の回復はなったとはいえ、反乱の余燼は依然として猖獗をきわめ、あまつさえ反乱の鎮圧に援助を仰いだ回紇、さらには吐蕃による騒擾が絶えず、国の財政はほとんど底をつき、民心の動揺はいやがうえにも高まっていた。この最中にありながら、おびただしい国費を傾け、奉佛事業に狂奔する姿には、『舊唐書』の撰者ならずとも、尋常一様の言葉では表現できないものを感ずるのである。

では、このような佛教ブームを招いた原動力は、一体何であったのかと問えば、なによりも魏晋このかた、着実に獲得してきた幅広い信者層や愛好家を底辺に持つのはもちろんのこと、動乱における朝野をあげての刹那的享楽趣味であり、はたまた国家安康と、現世利益を願う人間本来の欲望とに帰せられよう。この願望に応じ、国家的性格の濃厚な、かつ除禍攘災などの祈禱から現世利益のための呪術的要素を多分に持つ密教が、脚光をあびるに至ったのは当然であった。この点は決して否定できないのである。けれども、如上の説明はいずれの時代にも、いずれの社会にも適用できる危険があるばかりか、不空の密教については確に流布の様態をとき、受容の背景を描きえても、必らずしも唐中期の佛教をきわだたせるものではない。なぜなら不空の佛教は長い年月を費し、中国の土壌で中国人の手によって培われてきたものではなく、玄宗朝に至り突如、彗星のように現われ、不空を一期に衰退の一途を辿るインド色豊かな新来の佛教なのである。この新佛教が、かたや根強い地盤を築きあげていた旧佛教を圧倒し、他方、佛教以上に呪術を誇り、加うるに皇室の積極的な庇護の下に発展を遂げてきた道教にも、後塵を拝せしめるに至った理由を説明するには、いささか役不足の感を免がれないからである。

このような反省からか、不空佛教の性格が、近年とみに道教との関連において、あるいは不空のすぐれた政治性や、朝野の佛教に対する志向などから、改めて見直されつつある。[1]私も、それら先覚者の驥尾に附して論じようとするものであるが、ただ、私は不空の佛教を直截に取扱うものではなく、社会が大きく変貌する唐中期の佛教を通じ、そのワクを越えて唐代の思想・宗教・文化を眺めることを最終の目的とする。それについては、内面的な問題に立入らねばならないが、より客観的に把握するために、佛教をめぐる諸問題、とくに政治との接点、あるいは道教との交渉、制度など外郭となる問題を一応おさえる必要を痛感する。本章は、まさにその一環となるものであり、表記のテーマを定めたのも、そのためなのである。先に附記して大方の御叱正を懇望する次第である。

二

則天武后から久しくつづいた内難を平げた玄宗は、開元二年（七一四）宰相姚崇の進言にもとづき、二万余人[2]にものぼる偽濫僧を還俗させたのを手はじめに、寺観建立の禁止、官僚と僧道との往来の禁止、はては僧尼の素質調査にいたるまで、あらゆる面からの僧団粛清策を次々と実施に移した。[3]このような玄宗の教団に対する一連の政策は、武宗による会昌の廃佛毀釈を別格とすれば、唐代を通じて最も強硬かつ峻厳なものである。数多の禁令や諸種の対僧団制度を表面から眺めるかぎり、教団の置かれた立場は、まったく暗澹たるものがあった。まさに佛教の受難時代といっても過言ではない。玄宗のこのような強硬手段について、玄の字が示すとおり、道教に心酔した玄宗の嗜好に帰因するとみる佛教側の史料は、あまりにも単純明快すぎて面白くない。事実、玄宗の政策を詳細に検討すれば、あながち佛教々団に限定されたものでは決してなく、道教々団にも適用されたもの、ことに両者が政治や社会にとって直接影響を及ぼし、不都合と認められる点の取締りに主力が注がれていることに気付くのである。かくて藤井清氏のような「佛教を道教と共に国家の統制下に置いて保護育成し、国家的宗教として逸脱せる佛教教団を粛正統一せんとした」ものであり、「佛教に対する取締が、道教に対するそれよりも厳しく、且目立つのは、唐代には道教が盛んだったとは云え、佛教の社会的勢力には、遥かに及ばなかったから」(4)という、玄宗の道教的偏見論を否定する見解が出されるのも当然である。ただこの見解は玄宗の教団粛清が真の佛教保護であり、教団にとってそれは受難ではなく繁栄だとする大乗的な解釈につながり、三武一宗の廃佛事件にしばしば用いられる論法と軌を一つにすると思われる。確に隋唐佛教に保護佛教の概念を与えるなら、庇護の下にあるが故に、適度の外圧もやむを得ないばかりか、統制監視を受けること自体が、真の繁栄を約束されるとの逆説も成立つようである。

開元年間（七一三〜四一）の僧尼数は約三十万、寺院約五千三百といわれ、招提、蘭若を加えると無慮数万にものぼり、(5)彼らが経営する荘園をはじめ、碾磑、邸店から無尽などの金融事業におよぶ経済活動は、国家や社会にすくなからぬ動揺を与えた。この教団の動向は魏晋以来、漸次培われてきたものではあったが、その大勢を決定的ならしめたものは、唐代ことに則天武后にはじまる政争であるとみられる。つまり皇族、外戚らが自己保身に専心する間隙をぬい、彼等と巧みな人的結合関係を持った庶民、ことに富有層が、濫発される売官、売度によって官界へ、あるいは教界へと進出をはかった。これに対し、教団の側も為政者の間で演じられる葛藤を絶好の機会とみ、積極的な教団の勢力拡充につとめたのである。(6)したがって、玄宗の宗教政策とは、この逸脱した教団を本来あるべき姿に引きもどすとともに、武后以後の積弊をためるためにとられた諸政策の一環にすぎず、なんら教団にのみ特殊な圧迫ではない。恐らく教団の腐敗堕落化は、少なくとも内部の心ある者をして目を覆わしめるものがあったに相違なく、玄宗の強硬手段にさえ賛同する者がいたと思われる。とすれば、政治的圧力に対する教団の反応を知るうえで注目すべき現象となるが、はなはだ具体的資料に乏しい。今、僧慧範と普潤、道士の葉静能、鄭普思と馮処澄などに認められる相対立する行動を中心に、推測を加えてみることにする。

中宗朝の前後、宮中に出入し朝野の帰依をうけた名僧は、禅宗六祖の神秀をはじめ南山律の祖、道宣の流れを汲む文綱、その弟子道岸など（『宋高僧傳』巻一四・『大正蔵』五〇・七九〇b〜七九三c）多士済々であった。けれども、この時代を彩り政・教両界を混乱におとし入れたのはほかならぬ慧範を筆頭とする多くの妖僧達である。慧範は武后朝の薛懐義に比肩される人物で、武后末から太平公主の事件に及ぶまで常に政争の渦中にあり、京師の名刹聖善、中天、西明三寺の寺主を兼ね、威権並ぶ者なしと畏れられた。

胡僧慧範、妖妄を以て權貴の門に遊び、張易之（張昌宗）兄弟と善《した》しく、韋后も亦これを重んず。易之の誅せらるるに及んでは、復、慧範其の謀に預かると稱し、功を以て銀青光祿大夫を加えられ、爵を上庸縣公に賜い、宮掖に出入す。上、數々その舍に行幸す（『資治通鑑』〈以下『通鑑』と略〉巻二〇八、神龍元年二月甲子）

皇室の佛教信仰がどの程度のものであったか窺いうるばかりか則天武后の時、権勢を恣にした張易之兄弟をはじめ、慧範を支える公主・外戚グループの強大な勢力を背後に認めることができる。中宗復辟の功臣である侍中の韋（＝桓）彦範は、韋皇后、安楽公主と慧範との結託を畏れるあまり、「時政論」をたてまつって慧範を誅殺するよう建白したが、遂に黙殺されてしまった。その論で彦範は「胡僧慧範は佛教に矯託し、后妃を詭惑す」と、暗に韋皇后派の不道をならし、「故に孔子曰く、『左道を執り、以て政を亂す者は殺。鬼神に假り、以て人を危うくする者は殺』と。今、慧範の罪は此れに殊ならざるなり」（『舊唐書』巻九一、桓彦範伝）と極論する。彼は中宗推戴の功を賞でられ韋皇后の姓を賜った人物である。いわば外戚グループに属するはずの彦範でさえこの有様とあっては、いかに慧範の蠹政、目にあまるものがあったか推察に難くない。

不幸にも彦範の危惧は適中する。つまり韋后派の策謀に中宗はあえなく毒を盛られるわけであるが、慧範はやがて東都聖善寺の造営にからむ姦贓によって、侍御史魏伝弓の弾劾をうけ官爵を削られ、中央から追われた（『通鑑』巻二〇八、景龍元年九月）。けれども睿宗の即位とともに、再び皇太子李隆基（玄宗）と対立する太平公主の傘下にはせさんじ、以前にもましてらつ腕を振うのである。

時に僧惠（＝慧）範、太平公主の権勢を恃み百姓の店肆を逼奪するも、州縣理する能わず。（薛）謙光將に彈奏を加えんとするや、或ひと請うらく、これを寢めんと。……中略……遂に殿中（侍御史）慕容珣と、これを彈ぜんと奏す。反って太平公主の構う所と爲り、出でて岐州刺史と爲る。惠範、既に誅せられ太子賓客に遷る（『舊唐書』巻一〇一、薛登伝）

薛登に弾奏を中止するよう勧告する者があったことや[7]「惠範、既に誅せられ」という表現から、太平公主派にあっても慧範が玄宗派への急先鋒となっていたことが知られる。

ところで、これらの政争には慧範と軌を同じくする多くの道士が関与しており、従来、政治の場にあっては必らずといってよいほど、しのぎを削ってきた佛道両教が、珍らしく提携する態度をみせているのも、この時代の特色であって、それだけに異常な雰囲気をかもし出しているといわねばならない。

（神龍二年二月）丙申、僧慧範等九人に、並びに五品の階を加え、爵を郡縣公に賜う。道士史崇恩等に五品の階を加え、國子祭酒同正に除し、葉靜能に金紫光祿大夫を加う（『通鑑』巻二〇八）

『舊唐書』本紀によると「聖善寺を造るの功を賞す」る官爵授与であったと述べている（『舊唐書』巻七、中宗本紀）。聖善寺は既に長安に置かれていたが、中宗は武后の追善供養のため、武后ゆかりの洛陽に、改めて同名の寺を建立したのであり、かの慧範が弾劾され失脚する原因ともなったことは、先にふれた。それはさておき、賜官爵の理由は『舊唐書』本紀のいう造寺の功によるばかりではなく、中宗復辟にからむ論功行賞であったことは、慧範の例でもおのずと明らかであるが、その前年、道士鄭普思に「立功の人なるを以て」鉄券が授けられていることから考えても、間違いない（『通鑑』巻二〇九、神龍元年五月乙酉）。

彼らの中、葉静能は中宗毒殺の陰謀にあずかり、韋后派官僚の宗楚客らとともに武后の故事にならい、唐室を簒奪するよう韋后に勧めたが、李隆基のクーデターによって失敗したあげく、梟首の刑に処せられた（『通鑑』巻二〇九、景雲元年六月）[8]。また鄭普思は娘を後宮に入れ、妻の第五氏は「鬼道を以て」韋后の寵をうけ、常に禁中との往来が許されたといわれる。のち雍・岐二州の妖党を糾合し逆乱を謀ったが、中宗の特赦をうけ儋州に流されてしまった（『舊唐書』巻八八、蘇瓌伝）。前述のようにこれら道士の動向は、まったく慧範のそれと異ならず、亦同様に弾劾もされているのであって、当時、右衛騎曹参軍であった宋務光などは「小道淺術を挾み、朱紫に列し、銀黄を取るは、國經を虧し、天道に悖る」ものと、両佞人を遠ざけるよう強く進言しているのである（『新唐書』巻一一八、宋務光伝）[9]。

以上に紹介した輩は周・唐革命の功労者とはいえ、本質的には公主・外戚グループを形成するものであった。慧範はもちろんのこと、彼らの多くは睿宗即位の後、太平公主の下に集まったため、中宗朝の余弊が依然、跡を断たなかったのは、諫議大夫寗原悌が「先朝の親狎する所の諸僧は、尚左右に在り。宜しく屏斥を加うべし」（『通鑑』巻二一〇、景雲元年一二月癸未）と論ずるとおりである。これに対し、李隆基を盟主と仰ぐ皇室グループが結成され、前者の覆滅に積極的な役割を担っている。

中宗暴かに崩じ、韋庶人の制を稱するや、（崔）日用は禍の己に及ぶことを恐る。玄宗の將に義擧を圖らんとするを知り、乃ち沙門普潤、道士王曄に因り、密かに藩邸に詣って深く自ら結納し、潛かに翼戴せんことを謀

る（『舊唐書』巻九九、崔日用伝）

玄宗本紀によれば、道士馮道力、処士劉承祖も玄宗のもとに「誠款を布し」たといわれ（『舊唐書』巻八、玄宗本紀上）、その他に馮処澄などの活躍もあった（『冊府元龜』巻二〇、功業二）。彼らは韋后派が除かれ睿宗が位につくと、定難の功によってそれぞれ官階をうけ、普潤などは三品を加え食実封の栄に浴し、常に皇太子宮に出入したほどである（『舊唐書』巻一〇六、王琚伝）(10)。

韋后派の中心人物であった袁楚客のように、はじめ酸棗尉であった時は宰相の魏元忠に建白書を寄せ、「左道の人、主聽を螢惑し、祿位を盗竊すること、十失なり」（『通鑑』巻二〇八、神龍二年三月庚戌）と葉静能、鄭普思を攻撃しながらも、一度権貴の座に登れば、彼らと通謀するほど無節操の者が横行する時代である。果して僧道の言行にどの程度の主体性があったかは疑問の余地がある。とはいえ、彼らが少なくとも従来の教団のあり方に批判的であり、玄宗の来たるべき教団対策を支持する立場にあったことは、否定できない。このことは、はじめ三品官と食実封を与えられ、更に太平公主の誅殺にも功績を立てながら、開元二年に至って「辞公封表」をたてまつり、世俗の栄位をかなぐり捨てた普潤の行動と、それとあい前後して、これまた「譲官封表」(11)を提出した馮道力の姿に端的に示されている。開元二年が玄宗による教団粛清の開始の年である点を併せ考えるならば、彼らの譲官が玄宗の政策と決して無関係ではなく、積極的に協力の意を表明するものであったことが、充分納得できると思う。それとともに如上の両派は行動においてまったく相反するとはいえ、政争に参劃し、官爵の授受という僧道の官僚的性格を濃厚におびている点では共通しているのであり、この傾向は開元初期を除き、いよいよ顕著となってくる。

三

前節で明らかになったように、玄宗の教団政策が、それまでに醸し出されてきた悪弊を除き、佛・道の差別なく保護育成する意図のもとに行なわれ、政界に密邇する教団の内部にも協力を惜まない人々が存在した。ただ注意せねばならないのは、まず玄宗の立場を教団に好意的であったとみ、教団の真の繁栄を齎らすものと把握するのは、飽迄も現在の時点に立ち、我々の分析と判断を通じて得られる結論にすぎない点である。確かに一部教団の賛同を得たものの、当時の教団全体が我々と同様、善意に理解したと考えるのはきわめて危険であろう。

ここで北周武帝の廃佛毀釈を例にとるならば、蜀僧衛元嵩によって奉られた佛教改革案、つまり四海万民、道俗親疎を分かたず、天子を如来とみ、城隍を寺塔、邑巷を僧坊とする平延大寺の理想をかかげ、現存の寺院は佛心にもとる曲見伽藍であるから、ことごとく廃毀し僧尼を還俗させ、国家・万民を寺院・僧尼とみなすことが、佛心に合一するものだとの意見[12]にもとづき、遂に大廃佛を断行したわけである。この衛元嵩の態度を教団の反省とみ、武帝が廃佛のあと三教斉一の名のもとに、国立宗教研究所たる通道観を設立したことを重視すれば、北周の廃佛は廃佛ではなく、むしろ最も積極的な佛教保護の政策であったと解釈することができ、現にそのような見解も出されているのである。けれども衛元嵩の立場はそれほど真摯なものではなく、名声を求め栄達をはかるためであり、武帝の政策も北斉に対抗する上でなによりも急務となる富国強兵に端を発し、さらに教団あるいは信者層の憎悪をやわらげる目的で、設置されたのが通道観であったことが、明確にされている[13]。

周知のように北周の廃佛にあたっては任道林、慧遠らをはじめ、許多の僧徒が生死を賭けてあらがい、護法のために奔走した。(14)さらに廃佛の直後、末法思想が沛然とわきおこり、教団の危機が叫ばれ、隋朝の成立とともに再び活発な宗教運動が展開された。教団の憎怨を恐れた武帝による通道観設置の本意といい、護法に身命をなげうった教団の動きといい、いずれにせよ、結果的には佛教の革新に役立ち、隋唐佛教の隆盛を招いたとはいえ、当時の教団が矢張りあるがままに廃佛を廃佛としかみなかったからにほかならない。私が重視するのは為政者の政策だけでなく教団が、その政策にいかなる反応を示したかである。外圧と反応、この両者があいまって、はじめて教団の質的転換が期待できるからである。

おおむね、玄宗の粛清はほとんど効力を持たず、空文に終わったものが多いとされる。政策の徹底いかんは単に教団のことにとどまらず、唐朝の支配力を占う大問題であるから、安易に片付けられるものではない。即位の当初に約十分の一にあたる二万余の還俗を可能ならしめた力量は、括戸などの諸政策と照合しても、天宝時代はともかく、開元期においてはあながち空文視できるものではない。しかも『舊唐書』五行志には、このことにふれ「僧尼を澄汰し、父母を拜せしめ、午後、院を出でざらしめんことを謀る。其の法、頗る峻し」とみえているのである。よしんば一応空文化を認め、さらに前述のように教団内部に反省する動きが多少なりあったとしても、先朝に異常な発展ぶりを示した直後のことでもあり、玄宗によって瞬時に僧尼沙汰をはじめ、粛清へと大転換されたことは、教団に相当なショックを与えずにはおかなかったと思われる。

既に過去二回にわたる大廃佛を経験した。しかも唐初においては、玄武門の変が勃発したため、幸運にも実施されなかったとはいえ、高祖により危うく第三の廃佛事件が惹起されようとしたのである。中国佛教の特色は律令的制約を蒙むることはもちろんのこと、皇帝とそのブレーンの個人感情いかんによっては、いついかなる場合、廃佛の浮目にさらされるか分らない状況に置かれていたことである。隋唐佛教にもし保護佛教の概念を与えるとするならば、通俗的な保護とはまったく相反する廃佛を含めた、広義の意味でなければならない。北周の廃佛は僧尼の整理淘汰にはじまり、経像毀却、ついで全面禁止へと進展したが、玄宗の諸政策はまさにその経緯を踏襲するものの、実施には移されなかったが、再び全面的な廃毀に発展する可能性を充分予測させるものであったといえる。

さらに北魏太武帝には寇謙之、北周武帝における張賓、唐高祖のときの傅奕と、いずれの場合にも道教や道士が何らかの役割を果たしてきた。いうまでもなく、それらの原因がただ道士の策謀にのみ帰せられないことは、先学がすでに明らかにされており、ことに北周では張賓よりもむしろ衛元嵩の活躍が大きかったのである。けれども塚本善隆氏が指摘せられたように[15]、北周廃佛についての資料を採録した道宣の『廣弘明集』、『集古今佛道論衡』、『唐高僧傳』には少なからぬ作為が認められる。その作為は高祖―傅奕ラインの廃佛計画を経験した道宣が、教団内部から衛元嵩を出したことに苦慮し、道教徒による排佛論を反駁すると同時に、北周廃佛を佛教擁護に有利なように解釈を与え、道教側に責任を転荷する意図に出るものであった。つまり佛教徒はすべてが道士によって推進されたと解釈を下し、そのように伝えてきたのも事実なのである。道士の役割が強調され近年の分析によって白日の下にさらされた真実が、長年にわたり隠れたまま放置されていたのは、そのためにほかならない。換言すれば道宣らの作為にこそ道教側に向けられた危険意識が働いており、一道士の陰謀によってすら墓穴が準備される教団の脆弱さを訴え、佛教徒の護法意識を喚起しようとする意図を認めることができるのである。

このようにみるならば、玄宗が唐代において他に類をみない道教心酔者であることを、あながち無視するわけにいかなくなる。王鳴盛は玄宗の道教信仰に論及し、清浄無為を尊ぶ道教信仰と実生活との乖離を冷笑したあげく、「帝の道を好むは、聲音笑貌の閒に在るのみ」（『十七史商榷』巻七二）ときめつけるが、信仰の様態はさておき、則天武后が佛教を優遇したのと同様に、玄宗の道教偏向はかくれもない事実なのである。むろん私とて玄宗の教団対策は道教偏向によるとする論を、復活するものではない。老子を祖とする唐室、ことに玄宗が道教を重んじ、道士も亦意欲的に接近する現実を目前にしては、当然教団内部に深刻な不安が生まれたに相違ないのであり、予測される教団の危機に対処すべき前後策がこうじられたはずである。しばしば説かれるように、寺観・僧道の実数からみて、道教にくらべ、佛教が圧倒的に優勢ではあった。だが華やかさに幻惑されてはならず、廃佛の危機においては数量の多寡など、ものの数ではなかったこと、歴史が明白に示してくれているのである。

玄宗の初期、宮廷に重きをなした大衍暦で名高い一行が、玄宗に国師と仰がれながらも、「將來の佛法は、誰か扞禦に堪え、誰か闡揚す可きや過《はな》はだ慮んばかり」玄宗に請い、「天下の英髦のうち、學の內外を兼ねる者を召し、洛京福先寺に集め、大いに論場を建」てたのである（『宋高僧傳』巻五、道氤伝・『大正蔵』五〇・七三四c）。また、東国への布教を志し、はるばる南海を経由してきた金剛智が「時に帝は心を玄牝《どうきょう》に留め、未だ空門を重んせず。所司は旨を希がいて奏すらく、『外國の蕃僧は歸國せしめ、行くに日有らしめん』と」いう有様であったため、佛法宣揚の大志をなげうち、帰国をはからねばならなかったほどである（『宋高僧傳』巻一、金剛智伝・『大正蔵』五〇・七一一c）。彼らの行動はきわめて官僚的であるが、それだけに宮廷に密邇する身として、教団の上にのしかかる暗翳を強く肌に感じていたからに違いない。

累々論じてきたが、このような教団の自覚は、おのずから融和、抗争のいずれにしろ教団のありかたを改め、道教を克服することに意を用い、あるいは官界へ積極的に接近し、政治に協力参加する所謂国家的佛教へ、悪くいえば、御用宗教へと脱皮するか、官僚ないし豪族の庇護をうける方向を辿らざるをえなくなる。もちろんこの傾向は六朝以来しばしば認められる現象であるが、最も顕著かつ決定的となるのは唐代、特に唐中期であるとみられる。この点を論証するためには、さまざまな問題をとり上げる必要があるが、本章では教団の質的転換をめぐる二、三のことを論じておくにとどめておきたい。

四

佛教の伝来以後、政治と教団との交渉は僧官制度、僧尼科罪の問題、僧尼籍、度僧制度など、幾多の問題を惹起し、そのほとんどが対立、妥協といった紆余曲折をへて、ほぼ唐中期までに落着くべきところに落着いたとみられる。中でも最も激しくかつ長期にわたって論争をまきおこしたのが、沙門拝不拝王親の問題である。これは佛教の純一性をあくまでも擁護しようとする教団にとって、出家者の立場を守るべき最後の砦であった。したがって彼らは必死に防禦これつとめてきたのである。ふるくは晋・庾冰によって提出されたのをきっかけに、桓玄と廬山慧遠との間に論難が闘わされ、くだっては隋の煬帝に引継がれたが、ことごとく未解決のまま結論は唐に持越されたのである。[16]

唐では太宗の貞観五年（六三一）正月「拝父母詔」（『貞観政要』巻七）が発せられたものの、間もなく撤回され、更に高宗の龍朔二年（六六二）四月、文武百官千有余人を一堂に集め、僧尼は君親を拝礼すべきか否かについて御前会議が催された（『全唐文』巻一四）。結果は群議紛々たるうえに、猛烈な僧団側の反対運動が展開され、遂に太宗の時と同様、不首尾に終ったのである。[17] かくて玄宗朝におよび開元二年（七一四）閏二月、まず拝父母が三度むしかえされることになった。先に述べたように、この歳は僧尼沙汰が決行されたことも、併せ明記しておきたい。

開元二年閏二月十三日敕、自今已後、道士女冠僧尼等、並令レ拝二父母一、至二於喪祀輕重、及尊屬禮數一、一準二常儀一、庶能正二此頽弊一、用明二典則一（『唐會要』巻四七）[18]

つまり、従来のたんなる拝不拝に結末をつけるにとどまらず、広く一切を在俗者の仕儀に等しくあらしめようとするもので、ここにも玄宗の並々ならぬ意欲のほどが窺われる。この際教団から反撥を受けた資料はみあたらず、難なく軌道に乗せられたと考えたいのであるが、『佛祖統紀』巻四〇（『大正蔵』四九・三七三b）に「四月に至って罷む」との記載があるばかりか、『全唐文』巻三〇に「令僧尼無拝父母詔」が残されているため、玄宗一代はおろか、唐代を通じて父母を拝礼することなく、教団の勝利に帰したものとみられてきた。厳然と撤回の資料が存在し、かてて加えて「無拝父母詔」が存在するのであるから、無理もないが、あれほど強硬な態度で臨んだ玄宗が、わずか二カ月足らずで全面的に譲歩したとは、いささか納得しかねるのである。

そこで『全唐文』と同じ詔勅を他の資料に求めてみると、『唐大詔令集』（以下『詔令集』と略）巻一一三に収録する開元二十一年（七三三）十月の日付で「僧尼拝父母敕」が残っているが、

道教釋教、其歸一體、都忘二彼我一、不二自貴高一、近者道士女冠、稱二君子之禮一、僧尼企踵、勤二誠請之儀一、以爲、佛初滅度、付二囑國王一、猥當二負荷一、願在二宣布一、蓋欲下崇二其教一、而先中於朕上也、自今已後、僧尼一依二道士女冠例一、兼拝二其父母一、宜下增二修戒行一、無レ違二僧律一、興二行至道一俾レ在中于茲上

すでに気付かれたことと思うが、これは「（拝君）兼拝父母」の勅であって、「無拝父母」の勅ではないのである。いずれを是とすべきかを検討する必要があるが、同一記事が『冊府元龜』巻六〇「立制度」の項と、同書巻六三「発号令」の項とにみえている。前者は七月に、後者は十月にかけているものの「無拝父母」であることに変わりはない。（編者註）『詔令集』は周知のように伝写の誤脱がきわめて多い書であるから、全面的に信憑するわけにはいかず、常識的に考えれば最も無難な『冊府元龜』に依拠すべきかも知れない。しかしそれではますます疑問がとけなくなるのである。

『册府元龜』には静嘉堂文庫に宋刊本系統の明鈔本が四百七十四巻残っており、その精度の高さを誇っている。この残本には幸なことに前記の個所が含まれ、それには明らかに「兼拝父母」とし、もう一つの系統である人文科学研究所の内藤博士旧蔵明鈔本も同様に作っている。つまり「無拝父母」とするのは通行本系統だけということに(19)なる。構文上からみても「不拝父母」ならばともかく「無拝父母」では少々無理な気がするし、さらに内容からみても「近ごろ道士女冠らは君子の礼に称い、僧尼もこれに企踵し、天子に拝礼するという誠請の儀に勤め」ているのであるから、今正式に「僧尼は一に道士女冠の例に依って天子を拝し、兼ねてその父母を拝せしめる」との意味であろう。したがって無であっては前後矛盾することになり、都合が悪いのである。恐らく伝写の折「無違僧律」の無にひきずられたか、あるいは書体のきわめて類似する「兼」と「無」とを見誤ったかのいずれかである。『全唐文』は通行本系統によったのか「無拝父母」をそのまま項目として掲げ、さらに先学はその項目から大きな錯誤を犯したものと考えられる。

思うに、開元二十一年の詔勅は「拝君」を主旨とするものであって、「拝父母」は以前に発せられた詔の再確認か、徹底を期するものであったとみなされる。そのように把握してこそ「兼」の字が生きてくる。『詔令集』の題も「僧尼拝父母」ではなく「僧尼拝君親敕」とすべきであった。したがって拝父母の規定は開元二年以来、ひきつづいて効力を持ち、さらに開元二十一年に拝君の制が確立し、玄宗一代を通じ変ることはなかったと断定できる。

この考えを傍証するものとして肅宗の上元二年（七六一）九月に、

自今以後、僧尼等朝會、並不㆑須㆓稱㆑臣、及禮拜㆒（『通典』巻六八、禮）

との詔がみえる。『佛祖統紀』の拝父母廃止の記事は、肅宗のこの事を念頭に入れて注記したのかもしれない。それはともかく、拝君の場合は肅宗の時再び廃止されたのであるから、問題は玄宗一代に限るのではないかとの疑問も生ずるが、この時の廃止は安史の乱に功績のあった僧団への論功行賞であると思われ、唐末までこの問題が二度と取沙汰されなかった点を考慮すれば、粛宗の廃止こそ特例なのであり、後述するように粛宗の時以外は、玄宗の制を踏襲したと考えてよいであろう。かくてこそ、『新唐書』百官志、崇玄署の条に、

道士女官僧尼、見㆓天子㆒必拝

との記載が生きてくるのである。

高宗朝に及ぶまで、さしも熾烈であった拝君親に対する僧団の抵抗は、玄宗朝に至って終焉を迎え、これまで父母尊長の礼拝すら受けていた僧尼が[20]、常儀に従って逆に礼拝せねばならなくなったことは、教団の質的転換を考える上で、きわめて重要な意義を持つものといわざるをえない。形の上からいえばインド的要素の消滅であり、逸民的性格の放棄、世俗の法への完全な屈服とみることができる。と同時に中国社会に完全にとけ込んだ佛教の姿でもあり、儒教・道教とも積極的に融合調和できる体制が、完全に確立されたことを示すものでもある。教団が玄宗の政策に何らの抵抗をみせなかったことは、つまり教団自体、君親を拝することにさほどの痛痒を感じなくなっていたからに相違ないのである。

五

僧尼の拝不拝君親と不可分の関係におかれ、それ以上に教団の皇帝への隷属化、官僚的性格を濃厚に表わすものは、僧尼が皇帝に向って用いた自称である。寡聞のため、いまだこの点に論及されたものを知らないが、前者同様、教団の変容を知るのに、きわめて重要な手掛りを与えるものと考える。元来、僧尼は皇帝に対し、貧道とか沙門某

などの称を用いてきたことは、今に残る僧徒の上奏文により知られる。(21) 世俗との紐《きずな》を絶ち、世間を超越する出家者であるからには、世俗の慣例にとらわれる必要はなく、禄を食まず政治の外に存在する身として皇帝といえども、拝礼の要もなければ臣と称することもない。それが伝来以後ひきつづいて順守されてきた教団の立場であった。

宋代の佛教史家賛寧は、さすがに早く僧尼の自称が変化したことに着目している。「近朝今代は道薄く人乖き、表章の稱謂に『臣頓首』と稱す。それ頓首とは拜することとなり。臣と稱するは卑の極みなり。其の起る所を尋ぬるに唐時を出でず」（『大宋僧史略』巻下・『大正蔵』五四・二五一c）と述べ、初見を粛宗の至徳二載（七五七）に求めている。すなわち、安史の乱の最中、扶風にあった粛宗は鳳翔開元寺に薬師道場を置き、二十一名の高僧を選び六時の行道をとり行なわせ、国家のために祈願せしめた。この時、道場の内供奉に任ぜられていた僧元皎が、道場内に李樹四十九茎を生じたとの瑞象を奏聞したが、その文中に「臣等忝けなくも臣子と爲り」と書いたものである。(22) さらに上元元年（七六〇）三月、粛宗は中使劉楚江を曹谿に遣わし、南宗禅六祖慧能の衣鉢を請来せしめたが、慧能の弟子令韜は門下の明象に衣鉢を託して入内させ、あわせて表文を奉り臣と称したことをあげて傍証とする。(23) けれども遥か中央を離れた令韜らでも既に臣と称しているからには、皇帝に侍従し禁中の内道場に出入する僧尼はもちろん、京師周辺に住持する者の間には、相当早くから生じた現象であるとみたいのである。

賛寧も同様な疑問を抱いたものらしく、先に引用した粛宗の詔勅「臣と稱し及び禮拜するを須いず」に注目し、「斯れ乃ち開元中に僧道をして拜せしむるに因り、時に皆な臣と稱せしも、是に至て方めて免れしものならん」（『大宋僧史略』巻下・『大正蔵』五四・二五二a）と推測を下している。皇帝拝礼と臣と称することの連継に着目した彼の烱眼に敬服せざるを得ない。天子に拝礼することには、少なくとも臣の称が附帯するはずであるが、ただ従来、玄宗朝でも拝礼の儀が成立しなかったと信ぜられてきたため、賛寧の卓見も見棄てられてきた。それが誤りでなかったのは論証ずみである。明らかに臣と称することが正式に決定するのは開元二十一年（七三三）であり、爾後それが通例となったとみられる。ただ賛寧は粛宗が禁止している点を重視するが、前節に述べたようにこれは特例であって、賛寧自身も『宋高僧傳』巻一五、義宣伝末（『大正蔵』五〇・八〇〇c）においては「系に曰く……中略……漢自り唐の粛宗朝に至り、始めて臣と稱するを見る。これに由り、沿うて革めず」と認めているとおり、彼の時代まで厳然と継承されているのである。

ところで、ここで再び開元二十一年の詔を俎上に載せるならば「近ごろ道士女冠は君子の禮に稱い、僧尼も企踵す云々」とある。道士、女冠らは「夷夏論」で名高い斉の顧歓の「獻治綱表」（『全齊文』巻二二）をはじめ、多くの資料によって明白なように臣と称しており、唐代でも同様であった[24]。佛教の影響を受けたとはいえ、もとより中国本来の宗教である。したがって君を拝し臣と称するについて僧尼ほどの違和感も抵抗もないはずである。ただ僧尼とともに拝不拝君親の問題に道士、女冠が併記される場合のあるのは、佛教の影響か、もしくは僧尼への対抗意識から時に不拝君親の者があったからに違いない。一方、玄宗開元二十一年の詔にあるとおり道士女冠の例にならい、僧尼が自発的に皇帝を拝する傾向が生まれていることは、皇室と密接に結びつき、佛教勢力を排除しようとする道教側に対抗し、自らもまた本然の殻をかなぐりすて脱皮をはかり、道教を克服しようとする教団の姿を示すものである。とまれ、私のみた限り臣と称する慣習は則天武后末か、中宗朝に淵源を求めることができる。李嶠の「爲魏國北寺西寺請迎寺額表」（『文苑英華』巻六〇五）と、宋之問の「爲東都僧等請留駕表」（同上、同巻）がそれである。

李嶠は則天武后から中宗朝にかけて文人宰相として高名をはせたが、睿宗の即位とともに懐州刺史に貶謫され、玄宗の初めに致仕した（『舊唐書』巻九四）。また宋之問も高宗の時に詩才一時に高く、五言詩ではその右に出ずる者なしと称せられ、沈佺期の詩とともに沈宋体と呼ばれる詩風をあみだした人として知られる。『三教珠英』の編纂にもたずさわり、中宗朝には修文館学士となったが、張易之兄弟、武三思などの党に組みしたために、睿宗の初め欽州に配流されたあげく死を賜った（『舊唐書』巻一九〇、文苑伝中）。したがって両作品が起稿されたのは、おそらく中宗朝を下限とするものとみて誤りないであろう。ただ、両文が臣と作っているからといって、そのまま鵜呑みにするにはいささか躊躇を覚える。なぜならば、まずふたつながら代作であること、次に起草された時には「僧某」とあったにもかかわらず、上表の途次か編纂の際に改められた可能性もあるからである。ところが、同じく宋之問の「爲洛下諸僧請法事迎（神）秀禪師表」（『文苑英華』巻六〇六）などには、明らかに「僧某等言」と書し、第二節で紹介した張説の「爲僧普潤辭公封表」にも「僧普潤」とあって（註〈11〉）、当時の書式が一定していない。これから判断すれば、如上の危惧はたんなる杞憂にすぎないと思われ、同一人物の作品でありながら臣某とし或は僧某とする書法のなかに、いまだ確立されていない過渡的な現象を認めることができ、李嶠、宋之問ら官僚の間にも、僧尼が臣と称して何ら抵抗を感じないムードが、醸しだされていた証左となるであろう。

ひるがえって当時の教団の状況に目を転ずれば、二節に論じたように慧範が銀青光祿大夫、上庸県公を賜わり、五品に列せられたのを筆頭に、官階を授けられる者が続出した。それに先だち、則天武后は薛懐義、法明、処一らを使い武周革命に佛教を利用したが、武后を弥勒佛の下生とみたてた彼らには、すでに武后への隷属化、官僚化の傾向が兆しはじめ、慧範などの官爵授受はつまりその傾向の結論であり、名実ともに僧徒が官僚となった姿でもあるといえる。[25] 出家の身を以って世俗の栄に浴すること自体、異常であるが、僧に官秩を与え、またそれを受けても何ら異常と感じない気風があったからにほかならない。教団の粛清に強硬な態度を示した玄宗すら官爵を与えており、後に不空が開府儀同三司、粛国公、食邑三千戸に列せられ「階爵の極み、ただ不空のみ」（『大宋僧史略』巻下・『大正蔵』五四・二五〇b）といわれる僧の官僚化は、則天武后から玄宗の時代に、ほぼ体制を整えてきたのである。[26]

したがって彼らが皇帝に向い臣と称し礼拝するのも不思議ではなく、たとえ、その慣例が妖僧や偽濫の僧によって先鞭がつけられようと、すでに教団全体に普遍化する性格のものであったと思われる。

要するに、玄宗朝前後は中国史上の転換期とみなされるが、如上の問題に限ってみれば、佛教教団も亦、変貌を余儀なくされた時代といえそうである。無論、教団といえども政治や社会と遊離するものでは決してなく、むしろその時代に深くねざし、生きた宗教、あるいは哲学として存在するかぎり、時代の変化を強く反映するはずである。ことに形而下の面においてその傾向は顕著である。中国佛教は治外法権的存在であったインド佛教のありかたを認められず、僧官制度、度僧制度及び僧尼籍、僧尼給田、官寺の設置など、幾多の政策を通じ拘束を受けなければならなかった。本章にあげた二、三の問題もその一環であるが、これらが名実ともに完成し佛教の質的転換をうながすのはほぼ唐の中期であることは否定できない。とすれば唐中期は社会変革の上でばかりか佛教史においても、きわめて重要な時代であるといえよう。

註

（1）　塚本俊孝「中国に於ける密教受容について――伝入期たる善無畏・金剛智・不空の時代――」（『佛教文化研究』二、一九五二年）。山崎宏「不空三蔵」（『隋唐佛教史の研究』第十三章、法藏館、一九六七年所収）、竹島淳夫「唐中期における密教興隆の社会的基盤」（『神戸山手女子短期大学紀要』七、一九六三年）。

（2）　『資治通鑑』（以下『通鑑』）巻二一一、『舊唐書』巻八、玄宗本紀、同巻九六、姚崇伝、尚『唐會要』巻四七は三万、本紀は二万、姚崇伝は一万二千という。今は『通鑑』に従う。

（3）　道端良秀「唐朝の佛教対策」（『唐代佛教史の研究』第一章四節、寺院僧尼の取締と沙汰、法藏館、一九五七年、又増訂版、法藏館、一九六七年）。藤井清「唐の玄宗朝に於ける佛教政策」（『福井大学学芸学部紀要』一、一九五二年）。

（4）藤井清前掲註（3）論文。
（5）『唐六典』巻四、『唐會要』巻四九。なお三島一「唐宋時代に於ける貴族対寺院の経済的交渉に関する一考察」（『市村博士古稀記念東洋史論叢』冨山房、一九三三年）参照。
（6）谷川道雄「武后朝末年より玄宗朝初年にいたる政争について――唐代貴族制研究への一視角――」（『東洋史研究』一四―四、一九五六年）。竹島淳夫前掲註（1）論文。
（7）薛登は本名薛謙光、尚『通鑑』巻二一〇、景雲二年五月にこのことにふれているが、すでに同年二月に「前右率府鎧曹參軍柳澤、上疏以爲……中略……議者咸稱、太平公主令胡僧慧範、曲引此曹、誑誤陛下、臣恐積小成大、爲禍不細、上弗聽」とあり、『新唐書』巻一一二の本伝にも同様に記している。
（8）『歴世眞仙體道通鑑』巻三九、葉法善の伝には「叔祖靖能有道術」という。同一人物である。
（9）『舊唐書』巻九一、桓彦範伝及び崔玄暐伝参照。
（10）『通鑑』巻二〇九に依れば宝昌寺僧であったらしく、また『冊府元龜』巻二〇、帝王部、功業二には「時京師有王崇曄者、爲尚衣奉御」とみえる。王曄と同一人物と思われる。
（11）張説の手になる「爲僧普潤辭公封表」（『文苑英華』巻五七八、『張説之文集』巻二四）及び李嶠の「爲道士馮道力讓官封表」（『文苑英華』巻五七八）、なお普潤の表に「僧普潤言、伏奉甲寅（開元二年）制書云々」とある。
（12）『廣弘明集』巻七、辯惑篇（『大正蔵』五二・一三二a～b）。なお北魏、北周の廃佛については、塚本善隆「北周の廃佛」（『魏書釈老志の研究』佛教文化研究所出版部、一九六一年、『塚本善隆著作集』第二巻、第八、大東出版社、一九七四年）及び「北周の宗教廃毀政策の崩壊」（同上、『著作集』第二巻、第九）、同「北魏太武帝の廃佛毀釈」（『支那佛教史学』一―四、一九三七年、『支那佛教史研究』北魏篇、弘文堂書房、一九四二年、『著作集』第二巻、第二）、益永為美「二武の破佛考（支那に於ける道佛抗争）」（『宗教行政』八、一九三四年）。野村耀昌「北周武帝破佛の原因について」（『印度学佛教学研究』三―二、一九五五年）。
（13）塚本前掲註（12）「北周の廃佛」論文参照。
（14）『廣弘明集』巻一〇（『大正蔵』五二・一五二c～一六〇a）、なお註（12）の諸論参照。
（15）塚本前掲註（12）「北周の廃佛」。
（16）太田悌蔵「支那六朝時代の沙門不敬問題」（『宗教研究』新九―五、一九三二年）、板野長八「東晋に於ける佛徒の礼敬問題」（『東方学報』東京一一—二、一九四〇年）、常盤大定『支那に於ける佛教と儒教道教』（東洋文庫、一九三〇年）、島田虔次「桓玄—慧遠の礼敬問題」（木村英一編『慧遠研究』研究篇、創文社、一九六二年、『中国思想史の研究』第Ⅲ部、京都大学学術出版会、二〇〇二年再録）。

(17) 彦琮「沙門不應拜俗總論」（『廣弘明集』巻二五〈『大正蔵』五二・二九一b〜c〉）、道端良秀「僧尼の君親に対する拝不拝の論争」（『唐代佛教史の研究』第三章、佛教と実践倫理第五節、『全集』第二巻、第三章第五節）に詳しく紹介されてある。なお高宗の時の群議について『全唐文』巻一二は「令僧道致拜父母詔」とするのに、佛教側の史料には「停沙門拜君詔」（『集沙門不應拜俗等事』巻六〈『大正蔵』五二・四七二b〜c〉）としているのは考慮する余地があろう。

(18) 『通典』巻六八、『舊唐書』巻八、玄宗本紀、『冊府元龜』巻六〇、立制度。『大宋僧史略』巻下（『大正蔵』五四・二五二a）参照。尚『冊府元龜』巻六三、発号令は二月とする。

(19) 『冊府元龜』の刊本については宇都宮清吉「明板冊府元亀に就いて」（『東洋史研究』二—二、一九三六年、『中国古代中世史研究』第一四章、創文社、一九七七年）、菊池英夫「冊府元亀の刊行によせて」（『大安』七—一〇・一一、一九六一年）。このフィルムなどは人文科学研究所資料編纂室のものを閲覧させていただいた。

(20) 『全唐文』巻一二、高宗の「僧尼不得受父母及尊者禮拜詔」、及び『佛祖統紀』巻三九（『大正蔵』四九・三六七a）参照。

(21) 北周の任道林が武帝に臣と称し（『廣弘明集』巻一〇、周高祖巡鄴除殄佛法有前僧任道林上表請開法事〈『大正蔵』五二・一五四a〜一五七a〉）たが、これは賛寧が指摘する通り廃佛によって任道林は還俗していた（『大宋僧史略』巻下〈『大正蔵』五四・二五一c〉）。又賛寧は法琳が上奏に臣と称した事をあげているが、賛寧がよったとみられる『唐護法沙門法琳別傳』巻中（『大正蔵』五〇・二〇三c）には「琳云云」となっている。たとえ編纂の途時に改められたとしても、法琳の場合、高祖の廃佛事件の時であり、きわめて特殊な状況におかれていたからと、みなければならない。元皎の事は『宋高僧傳』巻二四、元皎伝（『大正蔵』五〇・八六四b）にあり、その答批が『全唐文』巻四四におさめられている。『不空表制集』巻六（『大正蔵』五二・八五六b〜c）に大暦十三年の元皎の「請度僧表」があり、これには「沙門元皎」と名を記している。恐らく代宗朝も粛宗からひきつづいて臣と称することを罷めていたとみるより、編纂の時に改められたとみた方がよいと思われる。

(22)『大宋僧史略』巻下(『大正蔵』五四・二五二a)。

(23)この事件は『大宋僧史略』巻下(『大正蔵』五四・二五一c)、『宋高僧傳』巻八、慧能伝(『大正蔵』五〇・七五五c)、『景徳傳燈録』巻五(『大正蔵』五一・二四四a)にみえる。

(24)葉法善「乞歸鄉上表」、「乞歸鄉修祖塋表」(『全唐文』巻九二三)や、呉筠「進元綱論表」(『全唐文』巻九二五)など参照。

(25)賛寧は『大宋僧史略』巻下(『大正蔵』五四・二五〇a～b)に「官秩を封授す」の一項を設け、北魏の道人統法果が官品をうけ遂に安城公に昇ったことを僧尼の封官の初めとし、南朝梁の慧超、北斉の陸法和、隋の彦琮などをあげている。僧尼の官僚化という点では所謂僧官が重視されるが、俗人と異ならなかった陸法和(『北斉書』巻三二、『北史』巻八九)、北周の通道観学士であった彦琮を除き、唐以前で官秩に浴したのは僧官法和だけにすぎないのである。六朝時代の僧官が設置されたのは僧団の自治自衛の目的からであり、その権限も絶大で俗官と対等の地位にあったのにくらべ、唐代の僧官は俗官の補佐にすぎず、権限もなかったのであり、いわば六朝系の僧官は衰退するのであるから、私の考える僧尼の官僚化と意味が違うのである。又称臣の問題についても彼等は官秩を受けたとはいえ、明らかに臣と称していないのであるから、今のところ論外である。

(26)『宋高僧傳』巻二、善無畏伝(『大正蔵』五〇・七一四b～七一六a)、同巻三、菩提流志伝(七二〇b～c)など参照。

(編者註)

ここに記されている「同一記事」とは、前段に引用される開元二十一年十月「僧尼拜父母敕」(『唐大詔令集』巻一一三)を指すが、『册府元龜』巻六三「発号令」の項には開元二十一年の条がない。また「前者は七月に、後者は十月にかけている」という部分は、後述される『册府元龜』巻六〇「立制度」の通行本系統にいう「無拜父母」と、宋刊本系統の明鈔本にいう「兼拜父母」とを指すと思われる。なお「『册府元龜』巻六三「発号令」の項には開元二十一年の条がない」ことについては、礪波護「唐代における僧尼拝君親の断行と撤回」(初出は『東洋史研究』四〇―二、一九八一年、『唐代政治社会史研究』同朋舎出版、一九八六年所収、のち『隋唐の仏教と国家』中公文庫、一九九九年に再録)の註(11)に指摘がある。

第五章　官吏登用における道挙とその意義

はじめに

唐代における官吏登用の中枢を占める科挙について、清の顧炎武は秀才、明経、進士、俊士、明法、明字、明算、一史、三史、開元礼、道挙、童子の十二科があると指摘している（『日知録』巻一六）。いうまでもなく、歳挙常選と呼ばれるこれらの科がみな同時に置かれ、唐を通じて行なわれたのでは必ずしもない。隋以来、重んぜられてきた秀才科は、高宗の永徽年間に廃止され、開元礼などは安史の乱後に成立し、また挙人には学校出身と郷貢があり、礼部で行なわれるいわゆる科挙の試を経て吏部選、つまり吏部で行なう身、言、書、判の試験に及第してはじめて官僚となる資格が与えられることなど周知のとおりである(1)。

従来の研究では十二科の一つに数えられながら道挙はほとんど注目されず、王鳴盛のように「道擧の若きは僅かに玄宗一朝のみ、これを行なう」（『十七史商榷』巻八一）、と安易に片付け去っている。その原因は科挙に関する資料が開元時代の制度に集中され、秀才さらに明経、進士が主役を演じたのと、それを除く諸科が、宋以後の完成された制度に至る前期的副産物にすぎないとする意識が、強く働いているためと思われる。これは前代の官吏登用法との比較から科挙そのものを政治史的に把握し、また宋代の制度との関連においてその意義を考えるかぎり問題はない。けれども、かくも多くの科目を、完成途上における前期的現象だと等閑に付して妥当であろうか。詩賦を中心とする進士科には、それを生むべき文学流行の社会が背後にある。と同様に道教に基づく唐特有の制度である道挙は道教流布の事実がなければならない。科挙が複雑多岐にわたらなければならない必然性は、とりもなおさず唐代社会の複雑さにあり、したがって唐独特の道挙はそれだけ唐代の文化や社会思潮をきわだたせる性格のものといえるのである。

私は拙論に[2]、僧尼の君親礼敬の儀が成立し、皇帝に対する沙門の自称が貧道や僧某より臣某と変わる時代を唐中期に求め、沙門の官僚化、つまり封爵に浴し官位に列せられる傾向が歴然となる事実を指摘した。この現象の生ずる所以を説明するには、律令制の完成にともない出家者といえども逸民的存在は否定され、律令体制に組込まれたためと、外圧論を展開するのが最も無難である。けれども外圧論を振りかざすには律令制の浸透度、支配力の強弱が問題となるばかりか、如上の慣例が教団の自発的な動きによって成立する理由を説明できない。では教団を震《ゆ》り動かし官僚化を促した直接の動機は何か。前述の拙論では護法のためという以外に、皇室と密接な関係を持つに至った道教との対立、あるいはその克服をもくろんだ点にあると推測したが、本章はその推測を傍証しようとする意図もある。また私の目的は唐代の精神文化を考察することにあり、これはいわば、その目的の外廓を築く一望楼のつもりである。テーマの「その意義」とは精神文化に視点を置く意味であることを預めおことわりし、大方のご叱正を仰ぐ次第である。

一

道挙の設置をめぐる資料は豊富なわりに、相互に出入が多く認められ、いささか整理の必要を感ずるので、まず根本史料である杜佑の『通典』を軸に検討を加えておくことにする。

元宗方弘㆓道化㆒、至㆓（開元）二十九年㆒、始於㆓京師㆒、置㆓崇元館㆒、諸州置㆓道學㆒、生徒有㆑差、謂㆓之道擧㆒、擧送課試、與㆓明經㆒同（巻一五、選挙）

いうまでもなく、おおむね簡潔な記述をモットーとする『通典』の性格から、この前後の経緯を同時的に網羅している。『冊府元龜』巻五三、尚黄老の条によると、その前年五月、玄宗は洛陽の積善坊東南角に残る臨淄王時代の旧宅に、玄元皇帝つまり老子の廟と崇玄（＝元）学とを併設する意向を宰臣に漏らしており、実施にうつされたのが開元二十九年（七四一）正月であるらしい[3]。ただ当初、洛陽一所の計画であったものが「兩京及び諸州に各々玄元皇帝廟一所を置き、毎年道法に依り齋醮し、兼ねて崇玄學を置く云々」（『冊府元龜』巻五三）と西京長安、さらに諸州に拡大されたわけである。ちなみに長安のものは大寧坊西南隅に置かれ、廟には玄元皇帝の真容と玄宗、粛宗、ついで権勢を恣にした李林甫と陳希烈の像が脇侍に安置されていたという（『唐會要』巻五〇、『新唐書』巻二二三上、李林甫伝）。すでに『冊府元龜』の文で気付かれるように、『通典』における崇元館、道学は全国一律に崇玄学と呼ばれたものであって、天宝二年（七四三）正月、玄元皇帝に大聖祖を追号するとき「兩京の崇玄學は改めて崇玄館と爲し」（『冊府元龜』巻五四）、「天下諸郡の崇元學は改めて通道學と爲し」（『唐會要』巻六四）たものである[4]。

杜佑はさきの記事に次の注を施す。

京都各百人、諸州無二常員一、習二老荘文列一、謂二之四子一、蔭第與二國子監一同

つまり両都の崇玄学は同規模の内容を持ち、『老子道徳經』をはじめ荘子、文子、列子と道教系の四書を習得せしめ、明経科と同形式の試験を行ない官吏に登用する、これがいわゆる道挙なのである。四書は翌天宝元年二月、荘子、文子、列子および庚桑子に真人の資格を与え、それぞれの書を南華、通玄、冲虚、洞霊真経に改名すると(5)(『舊唐書』本紀九)、同年五月中書門下の奏請に基づき、『道徳經』を含むこれら五経を教科目と定めたのである(『唐會要』巻六四、同巻七七)。杜佑は諸州の道学生に常員なしといい、『新唐書』百官志崇玄署の項にも同様に述べているが、このときの詔勅の全文をみるに生徒は「當州縣學生の數内に於いて、均融量置する」(『册府元龜』巻五三、『全唐文』巻三一「命兩京諸路各置元元皇帝廟詔」)、すなわち当時の学生数「六萬七百一十員」(『通典』巻一五)の枠内で各州県の員数に応じ量置するのであるから、おのずと常員はあったことになろう(6)。

杜佑はなんら触れていないが、両京の崇玄学には博士、助教各一員が任ぜられ、諸州では所轄の刺史に委ねて人材を精択し、助教一員を補授するとともに、優奨を加えるよう命じている(7)(『册府元龜』巻五三、『舊唐書』本紀九)。これら学官は天宝二年正月に及んで崇玄学が改称されると、博士を学士、助教を直学士に改め、新たに大学士一員を増し、宰相の一人がこれを兼ねることになった(『新唐書』百官志)。かくて新設の初代崇玄館大学士に、門下侍郎の地位にあった陳希烈が就任した。大学士はともかく、学士は『舊唐書』職官志、弘文館の条に「故事に五品已上を學士と稱し、六品已上を直學士と爲す」とみえ、品階からすれば国子博士とともに学官の最高位を占めるのである。

ここで唐代における学制に目を転じなければならない。唐では通常六学二館と呼ばれる学校があり、中央には国子監に隷属する国子学、太学、四門学、律学、書学、算学の六学と、門下省に直属する弘文、東宮に置かれた崇文

の二館があり（『唐六典』巻二一、国子監、『新唐書』選挙志）、地方にも府・州・県学が設けられていたことは周知のとおりである。時代とともに増減はあるが、国子学生三百、太学五百、四門千三百、律五十、書・算・弘文各三十、崇文二十人が標準であって、館に昇格したとはいえ、東・西両京のみで二百の学生を擁する崇玄館は、やはり国子学に近い規模と内容を持つもので、杜佑が「蔭第は國子監に同じ」と処理し去っているのも当然である。

学館には入学資格の制限がある。二館は皇室の緦麻以上の親、大功以上の外戚、散官一品、同平章事、六部尚書などの子孫より性識聡敏なる者を選び、国子学は文武三品已上、国公の子孫、従二品已上の曾孫、勲官二品の子、県公、京官四品已上の子がそれであった（『新唐書』百官志）。また仕官、選挙には漢の任子に類する蔭第の制があって、一品の子は正七品上、順次逓減し五品の子を従八品下より起家せしめ、かつ三品以上は曾孫を五品以上は孫までを補蔭できる仕組みである。科挙においても例えば弘・崇生は明経・進士と同じではあるが、その資蔭が高いために明経・進士などの例に拘わらないとする優遇措置が講ぜられていた（『唐六典』巻二、吏部考功員外郎）。杜佑が崇玄館に「蔭第は國子監に同じ」と注し『新唐書』選挙志が「官秩蔭第は國子に同じ」とするのも、崇玄館生の資格が国子学に等しく、官品高き者の子弟に限られたことを示すものであって正史中にただ一人、崇玄生として名をとどめる陳少遊（游）は「祖儼、安西副都護。父慶、右武衛兵曹參軍」（『舊唐書』巻一二六）とみえ、「大都護府副都護舊正四品上、開元令加入從三品」（『舊唐書』職官志）の祖父儼の蔭による入学と思われる。

崇玄館の内容について特別な記載はない。おそらく叙述の煩を避けたためであろうから、国子学のそれを知れば充分事足りるわけである。六学二館はすでに先学が紹介されているので[8]、参照しつつ概略を述べると、入学年齢は十四歳以上、十九歳以下。教科は大経（礼記―鄭玄注、左伝―服虔・杜預注）、中経（毛詩・周礼・儀礼―鄭玄注）、小経（周易―鄭玄・王弼注、公羊―何休注、尚書―孔安国・鄭玄注、穀梁―范寗注）に分類し「二經に通ずる者は一大一小、若しくは兩中經。三經に通ずる者は大小中各一、五經に通ずる者は大經並びに通ず。それ孝經、論語は並びに須らく兼ね通ずべし」（『唐六典』巻二、『唐令拾遺』学令）といい、後述するように高宗のとき、『老子』が必修科目に加えられているのである。科外に隷書、『國語』、『説文』、『字林』、『爾雅』などが習得され、教授法は専攻に応じて学級を編成し、経文暗誦ついで経義にうつり、毎経、両者につき旬試と歳試（年末試験）が行なわれた。ただ崇玄生は天宝元年五月にかかる中書門下の奏に「伏して舊制に准ずるに、合に五經に通ずべし云々」（『唐會要』巻六四）とみえ、『老子』より『庚桑子』に及ぶ五経兼習が課せられている。

かくて終業者は国子監で行なわれる卒業試験に臨み、国子祭酒は合格者を礼部に推薦し任官試験に応ぜしめる。これを挙送と称し出身者を国子監明経と呼ぶ。蔭による者はこの時点で仕官の道がひらけ、さらに科挙に従う者は合格していわゆる明経、進士となるわけである。如上の課程に鑑みれば崇玄館にあっては大学士による試験と挙送があり、崇玄館明経の呼称が用いられて不思議はない。学館出身と科挙との関係は別表のようであるが[9]、国子監系の例に照して崇玄館系をあながち道挙のみに制限するいわれはなく、少なくとも進士に応ずる可能性を残し、また明経の例に照らせば道挙にも郷貢があったと考えられる。

次に『通典』のいう「舉送課試は明經に同じ」はもちろん道挙をも意味するが、玄宗朝における明経は帖経、口問大義、時務策の三場に分かれ、開元二十五年二月の制によって、毎経帖十条、五条を基準とし、口問大義十条のうち六已上、時務策三道はほぼ文理あれば及第とする。これがつまり道挙にも適応できるわけである。なお明経には五経、三経、二経、学究一経の別があり、いずれにも『孝經』、『論語』、『老子』が必修とされるのであるから、道挙にも『孝經』、『論語』が課せられたと考えたいが、なんら知る術はない。ちなみに進士は大経十帖、老子帖経、時務策五道、それに詩・賦各一篇であり、明経と同様、精粗によって及第をつける（『通典』巻一五）。いずれの場合にも資蔭が適用され、「本蔭高き者の若きは秀才、明經に上第すれば、本蔭に四階を加え、已下遞いに一等を降す」（『唐六典』巻二、吏部郎中）。明経は上上第が従八品下より起家するから道挙も従八品下が初任官ではなかったかと思う。陳少游は道挙に「擢第し、渝州南平令に補せらる」という。南平県は戸数二千に満たぬ下県であり（『新唐書』巻四二、地理志、剣南西道）、「下縣令一人、従七品下」（『新唐書』巻四九下、百官志下）、とすれば上上第とみて従八品下より四階が加算されている勘定となり推測を裏付けるものである。

いうまでもなく律・書・算など実務の学を除き、他の学館の教材は儒教古典であり、科挙においても同様であった。老荘の学が一世を風靡した南朝社会で、宋の元嘉十五年、丹陽尹の何尚之に玄学を建て老荘を教授せしめたことがある（『宋書』雷次宗伝）。北周の武帝にも道教を主体に三教斉一の理想実現のために置いた通道観があった(10)。前者は「時に學未だ立たず、上、心を藝術に留め」た特殊な状況の下にあり、玄学、儒学（雷次宗）、史学（何承天）、文学（謝元）の設置は、四学を士大夫必修の教養とする南朝社会の傾向をそのまま反映するものではあるが、それもあくまで儒学優先であり玄学が政治に直接導入されたとはいい難い。また後者も大廃佛事件後の収拾策という意図が強いのであって、政治に直結し学生に広く教授されたものではない。ところが唐に及んで、ここに道教古典を教材とする学館の創設をみ、老荘の学を中心とする官吏登用の法が登場したわけである。確かに内容的にみれば儒教系学館および明経科との間に、かなりの差違があることは否定できないが、その設立の意図は明らかに両者を対応せしめ、文教政策においてはもちろん官僚機構の中で道教ないし玄学に儒教と比肩する、否、後述するように厳然と儒教以上の地位を与えようとするものである。換言すれば、実情はともかく従来独壇場に等しかった儒教の領域が道教に割譲され、儒教の果たしてきた役割が道教にも賦与されたことを意味するであろう。では崇玄学及び道挙成立の背景は一体いかなるものなのか、玄宗の道教偏重によるとの説があるが、私は唐の創業期に遡ってその淵源を考えてみることにする。

二

唐の歴代皇帝は折にふれ、老子を国祖と喧伝してやまない。老子の姓が唐と同じであるための仮託であるが、玄宗のごときは、「元元皇帝は仙聖の宗師、國家の本系なり。昔、草昧の始め、受命の期を告げらる。高祖これに應じ、遂に神降るるの所に於いて廟を置き、縣を改めて神山と曰う」（『全唐文』巻二二、崇祀元元皇帝制）など老子と唐の関係を繰返し述べている。玄宗のいう高祖符命の事実は『舊唐書』巻一に、隋の大業十三年七月、隋の武牙郎将であった宋老生と対陣中、霖雨に見舞われ進退ここに窮まったとき、霍山神の使者と名乗る白衣の老父が軍門をおとない、「八月雨止まん。路は霍邑の東南に出でよ。吾當に師を濟くべし」との神託を告げ、霊験あらたかに大捷することができた経緯を指し、温大雅の『大唐創業起居注』に基づくとみられる。ただこの時、高祖自身は山神の名を知らず、山神自らが老子であり唐の祖だと告げているのは、要するに高祖といえども老子を本系とは認めていなかった証左である。

武徳四年（六二一）、太史令であった道士傅奕は有名な佛教弾圧の狼煙をあげ、その是非をめぐる佛・道二教の論戦は、武徳末年に廃毀の断が下されるまで続けられた。幸いにも玄武門の変によって沙汰やみとなったが、『廣弘明集』巻一一から一四（『大正蔵』巻五二・一六〇a～一九五a）に収録する諸論争はもちろん、同書巻二五（『大正蔵』巻五二・二八三b～c）の「出沙汰佛道詔」にも老子国祖について、一言も触れるところはない。廃佛直前つまり論難応酬されている最中の八年、高祖は国学に幸し優劣を定める三教談論の会を催したが、佛教を誹謗するに、また道教優位を強調するには格好の口実と題材を与えるはずの老子国祖の説が、なんら姿を見せていない。管見の及ぶところ、この付会の説を明確に唱揚するのは太宗の貞観十一年、道・佛の順位を裁定した時を嚆矢とする（『唐大詔令集』巻一一三、「道士女冠在僧尼之上詔」）。これを頑強に抵排する沙門智実の論にも「伏して詔書を見るに、國家の本系は柱下《ちゅうか》より出ず云々」と認めているから（『集古今佛道論衡』巻丙〈『大正蔵』巻五二・三八二c〉）、老子への仮託が正式に採用されたのは、恐らく太宗朝であるとみられ、唐と道教との本格的な結合も、この頃に始まると考えて差支えないであろう。

宮川尚志氏は老子と唐の関係を創業の過程で積極的に協力を惜まなかった茅山派道士の演出、ことに隋の冷遇を受けた茅山派十一代の王遠知が、周隋革命の期に隋と佛教を提携させた王劭の手口を真似たものと洞察されている(11)。また唐が茅山派を傘下に収めたのは哲理研究を重んずる南朝道教の主流を占め、北上すると国家本位をたてまえとする北朝系寇天師派のエッセンスを吸収し、「金丹服用の無意味さを説き、老子中心の考えと神仙術的要素の醇化を特色」とする茅山派は、優勢な佛教に充分対抗できるものであったからとみ、文教政策の上では「旧来の儒教の単なる接受ではいかず、外国の教たる佛教ではいかず、中国古来の思想である道家に導かれた所の、ことに庶民的及び貴族的な迷信たる三張の術、金丹の説とはかかわりない知識人向きの、かつ国家主義の道教を第一におく必要があったのではないか」と推測されている。

王遠知は潜龍時代の高祖に符命を伝え、太宗にはのち太平の天子たらんと自重を促した（『舊唐書』巻一九二、隠逸伝）人として知られる。瑯琊の王氏一族であることも見逃せないが、宮川尚志氏のご指摘どおり、のち茅山派が優遇され主流を占める事実と併せ考えれば、王遠知の策謀も充分肯定できるのである。さらに彼らが老子中心の学説を堅持するのは、王遠知の孫弟子にあたる呉筠の伝（『新唐書』巻一九六）に、玄宗が道を問うたのに答え「道に深き者は老子五千文に如くは無し」といい、神仙の錬法を治めるのは「此れ野人の事、歳月を積みてこれを求むるものにして、人主の宜しく意を留むべきものに非ず」と諫めているのは、明快にそれを裏付けている。

当時にあっても荒唐無稽とみられたに違いない老子国祖説は、最も常識的な解釈をすれば、たしかに隋が漢の楊震を祖と仰いだのと同様、家系の権威づけをはからねばならぬ北族系出身の、ことに支配者に荷わされた宿命に帰せられよう。とはいえ姓が共通するとの理由のみで道教の祖たる老子を敢て指定させたとは考えられない。また圧倒的な勢を誇り、これまた国家主義的色彩を深めている佛教をさしおいて、茅山派道教を優位に置いた原因を、ただ茅山派の性格と、佛教が外国の宗教である点より論ずるには、いささか意に満たぬ感を免れがたい。現に前朝隋は茅山派を冷遇し佛教を第一とする方針を貫いているのである。ではいかに考えるべきなのか。

先述のごとく貞観十一年に「國家は本系の柱下《ろうし》より出ず」れば、老子の後裔たる道士女冠は僧尼の上にあるべしとの詔勅が発せられた（『廣弘明集』巻二五、「令道士在僧前詔」〈『大正蔵』五二・二八三c～二八四a〉）。『歴代崇道記』（『正統道藏』洞玄部記伝類）は「道士は宜しく宗正寺に隷し、乃ち立位は親王の次に在るべし」と道士を宗族の一員と認め道・儒・佛の班位を定めたという。六朝後半から三教の調和融合がはかられ、隋の文帝による佛教中心の調和がその一応の解答であるとみられる[12]。時あたかも北周廃佛の直後、周隋革命、陳の併合と続く混乱期にあり、南北の対立を氷解し中央集権の実をあげねばならぬ隋にとって、いずれにも熾んであった佛教に共通の場を求め、人心収攬を企てるのも無理はない。かく重責を荷わされた隋の佛教は、北朝佛教にも益して国家的色彩を濃厚にしたが、それは儒・道両教と近接調和できる体勢を準備する反面、政策によって佛教に包摂せられ後塵を拝せしめられた両教、ことに道教の忿懣と憎悪をかりたて三教調和の実をあげるには障礙ともなった。これは周隋革命に協賛を惜まなかった道教が隋の冷遇に失望し、唐の創業に期待せざるをえなかったこと、また唐の建国直後におこった傅奕の佛教排撃が端的にそれを物語っている。この実情を知る太宗であるから両教の処遇に充分の配慮を払うのが当然である。著しい道教の進出は認められるにしても、佛教に比較すれば雲泥の相違があるにもかかわらず、また高祖の廃佛毀釈の衝撃いまだ醒めやらぬとき、両教の班位を転換するのであるから、佛教側の烈しい抵抗に遭遇することは火を見るより明らかである。

果して道先佛後を不服とする佛教側の護法運動は俄然と高まり、遂に名君太宗にあるまじき沙門智実を朝堂に杖うち、嶺南に配流するという振舞いに駆りたてた（『集古今佛道論衡』巻丙〈『大正蔵』巻五二・三八六ａ〉）。それでもなお抗いは続けられたとみえ、貞観十五年に母太穆皇后の追福のため自ら弘福寺に願文を捧げ[13]、法事を終わった太宗は、寺主の道懿らに向かい「比《ちか》ごろ老君は是れ朕が先宗にして祖を尊び親を重んずるは有生の本なるを以って、故に前に在らしめり」と弁明し、僧徒に忿懣あるやいなやを打診する。さらに建国以来、各地に道観は造営したが、功徳のことは皆佛教に求め、戦乱の巷にあっては一心に佛に帰命し、天下静謐のあと群雄と死闘を演じた古戦場に寺院を建立した朕が本懐を、知って欲しいと慰撫し、ふたたび、

彼道士者、止是師㆓習先宗㆒、故位在㆑前、今李家據㆑國、李老在㆑前、若㆓釋家治化㆒、則釋門居㆑上、可㆑不㆑平也

（『集古今佛道論衡』巻丙〈『大正蔵』巻五二・三八六ａ〉）

と諄々に説得する。額面通りに理解すれば政治には儒教を祖先崇拝には道教を、修功徳には佛教とフルに使い分けるとする説も成りたつ。けれども「合三帰一」との言葉がしばしば用いられるが、それは六朝以来の趨勢であると同時に唐の国是でもあり、道・儒・佛の順位を定めるのは、とりもなおさず宗教や思想におけるリーダーシップを道教に与え、道教による三教融合ないし合一をもくろむものであるから[14]、その説は否定的となる。では太宗は何故かくも老子国祖説とか祖先崇拝を反芻強調するのであろうか。太宗の宗教政策の鍵はこの点に潜んでいると思われ

る。

一体、隋は佛教に厚く道教に薄い態度で三教調和を標榜したが、その佛教も保護の域を出るものではなかった。貴族社会の残滓を多分にとどめる隋唐社会では、佛教をいかに保護し治国策の一環に加えようとも、国教と明文化しないかぎり、皇室の私的宗教に堕す危険なしとせず、一歩を誤まれば宗教界の離反を招くことにもなる。唐が老子を祖と仰ぐことは隋の佛教尊重とは次元を異にし、道教という皇室の私的宗教を明文化せずして公的なもの、国教の地位に引上げる意味である。なぜなら道教の否定は老子ひいては唐の否定につながるからである。唐は、祖先崇拝に仮託し老子を皇室と密接不可分の関係に置けば、ただ信仰のみを基調とする消極的な民情掌握にとどまらず、佛教に劣るとはいえ相当な地盤を築く道教とか、幅広く膾炙されている老荘思想を士庶の区別なく、精神面における皇室の紐帯に一元化し、有形無形の支持に還元できるからである。かの安史の乱に際し、忠義列伝に名を残す張巡は、佛教信者でもあるが、

譙郡太守楊萬石降レ賊、逼レ巡爲二長史一、使三西迎二賊軍一、巡率レ吏、哭二玄元皇帝祠一、遂起レ兵討レ賊、従者千餘

（『新唐書』巻一九二）

とみえ、老君→天子に哭する彼の姿こそ、まさに唐が期待する理想像にほかならない。

さらに儒・佛ことに佛教にとって、道教の後塵を拝するのは事実上の圧迫に等しく、前述のごとき反対運動が展開されるのは当然であった。この必至とみられる佛教側の鋭鋒をかわす手段もまた老子国祖、祖先崇拝という理由づけである。中国社会への受容過程において祖先崇拝を加味した[15]佛教にとって、この理由づけは最大の弱点である。太宗の意向打診に対し、寺主の道懿が、

陛下、尊二重祖宗一、使三天下成レ式、僧等荷二國重恩一、安レ心行レ道、詔旨行下、咸大歡喜

（『集古今佛道論衡』巻丙〈『大正蔵』巻五四・三八六ａ〉）

と、かなりオーバーな阿諛を含みはするが、道先佛後を諒とする応答の中に、老子付会の効果と観念しきった佛徒の姿を彷彿させている。国教たる道教に遜色ない保護を与えれば、佛徒の不満を柔らげるだけでなく、皇室に対する満幅の支持という一石二鳥の効果を期待できるのである。また、従来、道教側の挑戦はあっても佛教側から仕掛ける攻撃は絶えて認められなかったが、太極年間に金仙、玉真両公主が女冠となったとき、鴻臚卿に拝せられ道観造営の監護を命ぜられた道士史崇玄に、

羣浮屠疾レ之、以二錢數十萬一、賂二狂人段謙一、冒二入承天門一升二太極殿一、自稱二天子一、有司執レ之、辭曰、崇玄使二我來一、詔流二嶺南一、且敕、浮屠方士、無二兩競一（『新唐書』巻八三、金仙公主伝）

とみえ、「天子（玄宗）これ（道士呉筠）を重んず。羣沙門はその遇せらるるを嫉む」（『新唐書』巻一九六、呉筠伝）というなど逆な現象を生むに至っている。道佛二教の確執は支配者にとって苦慮のきわみではあるが、この現象は唐の念願する好ましい結果に違いない。なぜなら唐との関係をバックに道教が佛教と伯仲し、宗教、思想界におけるバランスが保てる状態に成長した証左だからである。そのバランスもまた三教融合にチャンスを与えるものといわねばならない。

道教は本質的に儒教とは相当乖離する。けれども中国土着の思想であり宗教であるからには、融合もさほど至難ではない。また佛教の影響を受けて大成された道教、佛教思想と類似する老荘思想である。この三教調和において佛教を媒介とする以上に、道教は好都合なはずである[16]。唐が宗教と哲理において最も儒・佛両教に近接しうる要素を持つ茅山派道教を重視する原因の一つは、ここにあると思われる。逆に茅山派とすれば、皇室のたんなる保護では満足しえない。皇室の保護とは皇帝とそのブレーンの愛憎いかんに左右され、瞬時に廃毀の運命に晒される危懼

をも内包する。殷鑑遠からざるどころか、茅山派自身が隋にあって苦汁を味わったばかりである。再び失敗を繰返さず佛教を克服し勢力の扶植をはかるためには、唐との不可分の関係を樹立せねばならない。この唐と茅山派の緻密な配慮が奇しくも一致し、あげくにデッチあげられたのが老子国祖の説であり道先佛後の方策であろう。

最後に拙論（註〈2〉参照）と道挙との関連からみれば、僧尼は臣と称さず君親に対する拝礼もなさず、頑強に拒絶しつづけてきた。この僧尼の不遜な態度は君主にとり心穏やかならず、教団との間に激論が闘わされている。排佛論者傅奕が「衆僧は髮を剃り衣を染め、帝王に謁せず、父母に違離し、忠に非ざる者」（『廣弘明集』巻一二〈『大正蔵』巻五四・一六九b〉）と喝破するように、道教側の佛教排斥に格好の口実を与えている。これにひきかえ道教は、宮川氏が信仰の本尊である老子さえ権力者の下に置いて恥としない、世俗に迎合する態度だと指摘された資料――いまだ晋陽にあった高祖李淵が、突厥人と城東の老子を祀る興国玄壇で馬市を開いたとき、道士賈昴が先に老子を拝礼した突厥人を酷評し、「唐公をさしおいて老君に謁するのは尊卑の序を失った、礼儀を知らない輩だ」といった事実（『大唐創業起居注』巻二）――に示されるとおり、臣下の礼をとるに、さほど違和感もなかったはずである。この道士の世俗的な態度は道教側が「不忠」と攻撃するのに対し、佛教側が逆に出家者の純一性、次元の違いをもって反攻する常套手段となったが、老子国祖説はその佛教側の反駁にふたたび一矢を報い、世俗的なあり方を可とする主張に大きな援護となる。なぜなら老子の流れを汲むがゆえに老子に仕えることと、唐に仕えることは観念的にも、なんらの矛盾はない。佛徒が「皇帝即如来」[17]と無理な妥協案を持ち出すのにひきかえ、皇帝の徴召に応じ官途を歩み、皎然と臣下の礼を尽して不思議はなく、むしろ積極的に振舞い官界に道教色を導入し道士的官僚を育成するのが理にかなった態度といえる。また唐とすれば、かかる道教を佛教の上におけば、必然的に佛教は唐に隷属する形となる。道教に敵意を燃やす佛徒の意識からも道教の克服を目指すためには、皇室に接近し積極的に臣礼を尽さねばならぬ破目となる。さしも難渋した礼敬問題が佛徒の屈膝によって解決し、僧徒の官僚化が促されているのも、このためと思われる。道教を国教化した唐にとって、官僚が道教を遵奉し道教的官僚が養成されるのは好ましいかぎりである。かく考えれば崇玄学という国学を創設し道挙という登龍門を開くにいたったのは、老子国祖を捏造して以来、決定づけられた方向であり、必然的に帰着する道教側の勝利であったといえるのである。

三

道挙の淵源が唐の創業期にあることを累々述べてきたが、そこに至る前期的な制度はすでに高宗の時に成立している。上元元年（六七四）十二月、天后つまり則天武后が突如つぎの奏請を行なった。

伏以、聖緒出レ自二元元一、五千之文、實惟聖敎、望請、王公以下、内外百官、皆習二老子道徳經一、其明經、咸令二習讀一、一准二孝經論語一、所司臨レ時策試、請施二行之一（『唐會要』巻七五）

ここに老子を国祖とする一つの解答が示されている。『新唐書』巻七六の武皇后伝によれば、これは建言十二事の第八であったという。明けて二年正月、

加二試貢士老子策一、明經二條、進士三條（『新唐書』選挙志）

が本決まりとなった。おそらく武后のいう王公以下百官の必読も要求されたであろうが、『唐會要』巻七五、『冊府元龜』巻六三九などは「明經に老子策二條を加え、進士に帖三條を加試す」るとし、『文獻通考』（以下『通考』と略）は『新唐書』を踏襲するなど出入がある。いずれが妥当か検討せねばならない。

この頃の明経、進士の試験内容は時務策があり、明経に経義策問が行なわれた以外は、あまり明確ではなく、常

に開元時代の制度で説明されるのが普通である。『舊唐書』巻一九〇、文苑中、劉憲の伝に父劉思立のことにふれ「始め奏請し明經に帖を加え、進士に雜文を試するは思立より始まるなり」という。これも『通典』、『新唐書』選挙志に徴すれば調露二年（六八〇）に奏請され、翌永隆二年（六八一）に「明經は帖十に六を得、進士は文兩篇を試し、文律に通ずる者は、然る後に策を試す」と定めたとするが、王定保の『摭言』巻一には、進士科は答策のみであったところ貞観八年、経・史各一部を加え、調露二年に劉思立が始めて二科に帖経を加えたのだと述べ、『通典』のいう「二科並びに帖經を加う」の説を補うようである。『唐六典』巻二の「それ進士は一小經及び老子を帖し、雜文兩首を試し、時務を策すること五條」の完成されたスタイルと、貞観八年に「詔して進士に加えて經史一部を試讀せしむ」からみれば、劉思立の時までは明経に帖経がなく進士に帖（一経または一史）があったとも考えられるが、根本資料である『通典』の二科帖経は動かせない。とすれば永隆二年は上元二年（六七五）に遅れること六年であるから、『新唐書』や『通考』などが二科いずれも老子策とするものを妥当とせねばならない。思うに上元二年には両科に帖経が実施されていなかったために、武后が「所司時に臨んで策試」すべきを奏し、劉思立による帖経の開始に伴い老子も帖経に加えられたのであろう。『通典』が二科帖経の開始に続けて「その後、又老子孝經を加う」と前後矛盾したような記載を残すのも、上元二年のことを指すのでなく、帖経開始後ふたたび老子策ばかりでなく老子帖経を加えたと解すれば、うまく説明がつくのである。

さて上元元年（六七四）といえばその八月、則天武后は高宗と同格である天后の地位につき、所謂二聖が出現した歳である。政権簒奪への準備おさおさ怠らない武后は、天后となっていよいよ権勢を不動のものとした。けれども宿願達成のためには、かなりの確かさで予想される唐の宗室と反武后派官僚の勢をそぎ、不穏な動きを封じなければならない。その九月に唐の元勲でありながら、かつて反武后派の領袖として武后自らが奸計をめぐらし、非業の死を遂げさせた長孫無忌らの官爵が復され、昭陵への陪葬が許されたのは（『資治通鑑』巻二〇二）、武后一派に生じた余裕のしからしむるものであろう。と同時に、功を一簣に欠いてはならぬ武后が、唐への忠誠を失わず、旧敵に報いるに恩恵をもってするポーズをひけらかす細心さでもある。折しも提唱された『老子道德經』を王公以下、百官ことごとく習読させ、科挙試にも採用せられたしとの案は、やはり反対派の動向を畏れる武后派が、革命に万全を期すべく編み出した苦肉の策とみられる。恐らく腹案は武后の下に集まった道士達によるものであろうが、武周革命に武后が用いた佛教の役割と同様に、当時における老子の持つ意義、ひいては道教の信仰がいかに大きな比重を占めていたかが窺われよう。武后の独裁体制がほぼ確立する儀鳳三年（六七八）五月、『論語』などの経典をさしおき、

道經孝經、竝爲㆓上經㆒、貢擧人、竝須㆓兼通㆒（『册府元龜』巻六三九、なお『唐會要』巻七五は三月とす）

と定めたのも、その理由からであろう。

高宗は病弱の所為かきわめて道教に腐心した人である。乾封元年（六六六）、泰山に昊天上帝を祀ったあと、兗州に紫雲観をはじめとする三観三寺を造営し、諸州に一観一寺を建立したのは官寺官観の創設として知られる。さらに同年二月、亳州の老君廟に行幸し、はじめて老子に皇帝号すなわち太上玄元皇帝の号を捧げ、その廟に令・丞各一員を置き、老子ゆかりの谷陽県を真源県に改め県内の李姓には給復一年の恩典を与え（『舊唐書』本紀五）、調露二年にはかの故玉清観主の王遠知に昇真先生を追謚し（『舊唐書』巻一九二、王遠知伝）、あるいは各地の廟堂、道士の処を訪なうなど枚挙に遑がない。このような高宗を籠絡し唐室推戴派の動きに楔を打ち込むには、国祖たる老子、国教たる道教を利用するのが有効と判断したからに違いない。また道士もこの機に乗じ官界への道教導入を明文化すべく努めたと思われる。

この制度はしかし、革命前夜の不純な動機に基づくだけに、革命成立の暁には武后政権にとって無用の長物どころか、マイナスの面が強い。したがって廃毀の運命にあるのは当然である。果たせるかな長寿二年（六九三）正月、

罷㆔擧人習㆓老子㆒、更習㆓太后所㆑造臣軌㆒（『資治通鑑』巻二〇五）

と改められるに至った。『臣軌』[18]とは高宗の存命中に、武后が高宗を動かして禁中に集めた名だたる文学の士（元万頃、劉禕之、范履氷、苗神客ら宰相の権をも侵害するばかりに重用された）、俗に北門学士と呼ばれる人々によって『列女傳』『百僚新誡』とともに編纂された上下二巻の書である（『舊唐書』巻一四〇中、『資治通鑑』巻二〇二）。すでに亡佚し内容を知るをえないが、官僚の軌範であったことは察しがつく。馬端臨は「武后は聖緒の説に假りて、その君に狐媚す。その位を竊むに及んでは、則ち復その自ら著わす所の、所謂臣範《ママ》なる者を以って、これを六籍に同《ひと》しうし、以って老子に易う。それ麀聚の醜、牝晨の禍、豈以って世に垂れ範を立つるに足らんや」（『通考』巻二九）と老子より臣軌への交代を皮肉まじりに論評する。是非はともかく、佛教を革命に用い太宗以来の道先佛後の方針を覆した事実とともに、武后の新王朝樹立への意欲からみて、『老子道德經』を罷め『臣軌』に切り替えるのはやむをえないであろう。

革命の手段にすぎず、発案者武后の手によって廃棄されても、一度口火が切られ、しかも唐の政策に適合する制度であるからには、武周政権の消滅に伴い復活し逆に『臣軌』が除かれるのもまた必至である。神龍二年（七〇六）つまり武后が殂《たお》れた翌年に再び、

貢擧人、停㆓臣軌㆒、依㆑舊習㆓老子㆒（『通典』巻一五）

が発せられている。明記されてはいないが、「旧に依」って王公以下の老子必修も要求されたに違いなく、睿宗、玄宗両朝も同様であると考えたい。ところが科挙試をめぐって玄宗の開元二十一年（七三三）に及び、

元宗新注老子成、詔二天下一、毎歳貢士、減二尙書論語策一、而加二老子一焉（『通典』巻一五）

春正月庚子朔制、令三士庶家藏二老子一本一、毎年貢擧人、量二減尙書論語兩策一、加二老子策一（『舊唐書』本紀八）

の記載がある。[19] この二系統の資料によって玄宗朝における科挙に『老子』が用いられたのは、開元二十一年とする説、および『新唐書』選挙志に基づき開元七年とする説もある。後者は明らかに誤りで、その依拠する「七年、又令二弘文崇文國子生、季一朝參一、及二注老子道德經成一、詔二天下一、家藏二其書一云々」の読み不足による。生員に一季一朝参を義務づけたのは明らかに七年（『唐令拾遺』学令）であるが、それと「及注老子」以下とは別項に属し、ただ年月を省略したにすぎない。

玄宗は開元十年に『孝經』の注を完成して全国に頒布し（『唐會要』巻三六、修撰）、二十四年に『金剛般若經』の注および義訣を天下に頒って、あまねく宣講させている。[20] ここに『老子親注』を作ったのは三教に対する玄宗の配慮を示し、道教を偏重したとの説に否定的態度だという。親注の『老子』が撰せられた年月について、道端良秀氏[21]が異説紛々とされる資料の多くは、御注完成と無関係のようである。その一つ『冊府元龜』巻五三にある、

二十三年三月癸未、親注老子幷修疏義八巻、及至二開元文字音義三十巻一、頒二示公卿士庶及道釋二門一、聽レ直二言可否一

は、頒示の年月でなければならない。これは当時、宰相の座にあった張九齢の奏請に応ずるもので、玄宗は彼に向かい不才の身を以って道徳経を注したが、老子の本旨に違うを畏れると「此の情を循環し、未だ適く所を知らず。廣く朝廷に示し、能く朕の失を正す者有らば、具さに條件と爲し、姓名を錄して以聞すべし」との答批を与えている（『曲江集』巻一三、「請御注道德經及疏施行狀幷御批」）。おのずと御注はそれ以前の撰とみねばならず、やはり『金石萃編』巻八三「元宗御注道德經」末尾に、「開元廿年十二月十四日、經文附刻」とみえるのに従い、これを記念

に翌年正月、士庶の家ごとに『老子』一本を蔵するよう命じ、そして老子策を加えたと考えたい。

さて先の条文によれば、確かに開元二十一年に老子策が開始されたと解される。けれども直ちに玄宗朝において科挙に『老子』が用いられた始めとするには、不安が伴のう。中宗の返咲きによって復活した老子策ないし帖経が、睿宗、玄宗と代を重ねたため中止されていたとは考えられない。この疑問に曙光を与えるのは第一節にも引用した開元七年の学令である。すなわち「孝經論語老子、學者兼習レ之」といい、さらに諸経典の注釈書に制限を設け「論語鄭玄何晏注、孝經孔安國鄭玄注、老子河上公注」とする。これら注釈書の決定には激しい論議が交えられ、劉子玄つまり劉知幾が河上公注に反対する動議を提起したが、押し切られた経緯を彼の本伝（『舊唐書』巻一〇二）、『冊府元龜』巻六三九などに伝えている。すでに仁井田陞氏が指摘されたように、開元二十五年令においては恐らく孝経と老子の注は「御注」と改められたであろう（『唐令拾遺』学令）。

とまれ『老子』は厳然と学館の必修科目に存在し、孝経、論語は科挙に用いられているのであるから、同じ必修の『老子』も当然義務づけられたに違いない。また『唐六典』巻二、吏部員外郎の条にいう「其進士帖一小經及老子」は、後述するように明経、進士の「老子科目」は天宝元年をもって罷められ、小経は開元二十五年二月に大経と改められているので（『通典』巻一五）、『唐六典』が編纂されたといわれる二十七年か少なくとも二十五年以前の制度でなければならない。老子帖経について何ら触れるところはないとすれば、少なくとも両科に老子帖経が行なわれた傍証となる。「減二尚書論語策一」とか、「量二減尚書論語兩條策一」の意味は二つの方向が考えられる。一つは両科の帖経が開始されるに当り、従来の老子策に代えて老子帖経となり開元二十一年に帖経に加えて明経のみ老子策が付課せられたとみ、他は従来も明経には老子策があったが、開元二十一年に量減せられた両経の計四条分を老子策に加算したとの解釈である。ただ老子策を加えるをもって国史に編入せよとの奏請[22]があることからみて、劃期的な事件であったと受け取れるので、今のところ前説を妥当としておく。

要するに『尚書』『論語』など儒教の経典を減じてまで『老子』が加えられ、学館においても『孝經』『論語』ともに必修となっているのは、明確に官僚へ道教色を導入し、老子を通じて唐への結束を求めた意図にほかならない。それは老子国祖の説を採用し採用させた唐と道士の遠謀に帰せられ、遡っては朝野にわたる道教ないし老荘思想の隆盛と儒教の後退に裏付けされている。と同時に国教に指定され制度化されることは、社会の趨勢を益々促すことにもなり、この道教色の官界進出が極まるところ、崇玄学と道挙の設置があると思われる。

四

開元二十九年（七四一）に創設された崇玄学と道挙は、その後いかなる変遷をたどったであろうか。翌天宝元年（七四二）五月、老・荘・列・文子に庚桑子を加えた五経が科目となり、二年正月に両京の崇玄学を崇玄館に昇格させ、大学士一員を任じ博士、助教を学士、直学士にそれぞれ改めたことはすでに述べた。その年三月、

崇元生試及二帖策一、各減二一條一、三年業成、始依二常式一（『唐會要』巻七七）

と崇玄館、通道学の卒業試験、つまり崇玄館明経の試験における帖経、策問の一条ずつを減ずるとした。当時の明経は「帖十取レ通二五以上一」のであり、「按二問大義十條一、取二六以上一」ものであったから（『通典』巻一五）、いかに破格の恩典であったかがわかる。天宝七載には崇玄生出身者は常選よりも一選を減じて留放すると定めた（『冊府元龜』巻六四〇）。このような優遇措置は崇玄生や道挙応募者の少ないためとの疑問も生ずるが、玄宗は貢挙を学館出身に限定しいわゆる郷試を廃止する方針をとり、天宝十三載にはこれを実施している。とすれば学館の充実を背

景に考えなければならない。その学館の中でも崇玄生を筆頭に据える意向を持ち、

道教之設、淳化之源、必在弘闡以敦風俗、頃列四經之科、將冠九流之首（『册府元龜』巻六四〇）

と顕揚する。道教を頂点とする唐の方針を如実に示すものであり崇玄生、道挙の優遇もこの点から理解されるべきものである。

ここで儒教経典を遵奉する明経科と比肩する道挙科が開置されたいま、従来の諸科に『老子』を課すという制度に、なんらかの改革が加えられそうである。天宝元年四月戊寅に、

自今已後、天下應舉、除崇玄學士外、自餘所試道德經、宜並停、仍令所司更詳擇一小經代之、其道經爲上經、德（經）爲下經、庶乎道尊德貴、是崇是奉、凡在遐邇、知朕意焉（『册府元龜』巻五四）

と明経、進士などの『道德經』試がすべて撤廃されることになった。かくて新たに『爾雅』が採択されるのである（『唐會要』巻六四）。ただ天宝十四載にも御注『老子』を天下に頒布し、万民の聖典たらしめている玄宗の立場からすれば、実情はともかく挙試の科目から除外しても『老子』を習読させることに変わりはなく、学館の規定にも記載はないが、『老子』必修は不変の方針であったに違いない。道挙については、天宝十三載十月に及んで『道德經』を罷め、『周易』が扱われることになったが（『册府元龜』巻六四〇）、天宝初年にあらゆる制令、表疏、簿書および「所試制策文章」などに、道教のこと天地乾坤を指す字があれば一切平闕にせよとの宣示があり（『唐會要』巻五〇）、おそらく玄元皇帝の微言を科試に用いるのは不敬とする考えに基づくと思われる。また『周易』に代えたのは儒・道両教に兼通する『周易』の性格からみて当然であろう。

天宝末年に勃発した安史の乱は貢挙に打撃を与えたばかりか、玄宗が「天下の舉人は鄉貢するを得ず、須らく國子學生に補し、然る後に貢舉すべし」（『舊唐書』巻九、本紀）とまで誇った学館制度をも紊乱におとした。まさに

尚書左丞賈至が「兵革一たび動きて生徒は流離し、儒臣・師氏は祿廩に由し無」き有様であった（『舊唐書』巻一九〇中）。崇玄館も例外ではない。「寶應・永泰の閒、學生の存する者幾ばくも亡し」（『新唐書』巻四八、百官志崇玄署条）という。ようやく両京の奪回がなり戦火が衰えると、学制の立て直しや貢挙の改革などに着手した。なかでも宝応二年（七六三）、礼部侍郎楊綰は古制にのっとり郷挙里選を行ない、秀才、孝廉の法に復帰すべきを論じた。その上疏はつぎのごとく、

幷近有二道擧一、亦非二理國之體一、望請、與二明經進士一、並停、其國子監擧人、亦請レ準レ此（『舊唐書』巻一一九）

道挙も明経、進士ともども停廃せよとの強硬な意見である。彼の論拠は、経典の暗誦や形式的な口問大義に偏り奥旨微言は顧みられない明経と、詩賦に浮身をやつす進士科、さらに理国の体をなさない道挙のあり方に対する痛烈な批判と反省にねざすものであった。ことに前朝の失敗は衆目の一致するところ、不安と動揺を招いた責任は重大であるとあっては、玄宗朝の産物である崇玄館・道挙が俎上に載せられるのも、やむをえない。参議の者はこの楊綰の説を支持したが、賈至は学制の改革が先決とみ、中央に通儒碩学を集めて博士の増員をはかり、その禄秩を厚くし十道大郡に太学館を量置した上で、これら博士に学官と郡官を兼領させ、「桑梓を保つ者は郷里これを擧げ、流寓に在る者は庠序これを推す」との折中案を提起した（『舊唐書』巻一九〇中、『新唐書』選挙志）。ときに今歳の貢挙までは旧制どおりに実施されたしとの宰臣の要請で、賈至の献策は翌広徳二年（七六四）をもって認可されたという。はたしてどの程度行なわれたか疑問であるが、道挙はこの煽りを受けて、遂に、

至二寶應二年（廣德二年）六月二十日一、道擧宜レ停、七月二十六日勅、禮部奏、道擧既停、其崇元生、望付二中書門下一、商量處分（『唐會要』巻七七）

の破目に至ったのである。

王鳴盛などが「道擧の若きは僅かに玄宗一朝のみ、これを行なう」（『十七史商榷』巻八一）と道挙を安易に片付けているのは恐らく、この広徳二年の廃止を道挙の終末とみたためであろう。けれども楊綰、賈至いずれの案も理想は諒とされるが、たとえば開元中に復活された秀才科でさえ三十年の間に一人の及第者も出ず、再び廃絶せねばならなかった社会のありかたに鑑みて、あまりに時代錯誤の感が深い。道挙・崇玄館などは唐の国是であり社会の動向に根ざす制度である。大乱後の反動から一時廃絶しても完全に消滅するとは考えられない。事実大暦三年（七六八）七月、道挙は復活し崇玄館の再組織がはかられている。

增置崇玄生員、滿百員（『冊府元龜』巻五四）

『舊唐書』巻一一、代宗本紀によれば、

大暦三年八月辛未、以門下侍郎同中書門下平章事、山（南西道）劍（南東川）副元帥、太清宮使崇玄館大學士、杜鴻漸、兼東都留守

と杜鴻漸が大学士職を兼ねたことが判明する。この太清宮とは開元二十九年に崇玄学と併設された玄元皇帝廟であって、天宝元年九月に太上玄元皇帝宮、ついで二年三月、西京のものを太清宮、東京を太微宮、州郡のそれを紫極宮と改称したものである（『長安志』巻八、『舊唐書』本紀九）。

『陔餘叢考』巻二六には唐書に載せずとことわり、『春明退朝錄』上に「唐制は宰相四人。首相は太清宮使と爲り、次、三相は皆館職の洪《ママ》（弘）文館大學士、……集賢殿大學士を帶び、此を以って次序と爲す」とあるを指摘するが、すでに崇玄館大学士が任ぜられたとき「兩京の玄元宮及び道院を領す」（『新唐書』百官志）とあれば、大学士のほかに太清宮使という使職が置かれ、宰相の一人が両者を帯びたと思われる。このことは初代崇玄学士の陳希烈が天宝五載に老子の生誕日を休暇とするよう奏請したのに「太清宮使門下侍郎」（『唐會要』巻五〇）の肩書きであるの

によって裏付けられよう。ただ集賢殿大学士は銭大昕も注目するように（『十駕齋養新録』巻一〇）、至徳二載（七五七）の崔円からであって、それ以前は開元初期の張説をはじめとし、ただ学士の号を用い、また宰相の筆頭格がこれを帯びているようである。もし『春明退朝録』の説を認めるとすれば、安史の乱以後のことに違いない。ちなみに『舊唐書』巻一一九、常袞の伝によれば、常袞は代宗朝の奸臣元載の鞫獄にあたり、「竟に袞を門下侍郎同平章事太清太微宮使崇文弘文館大學士に拜す」と、また会昌中に衡山道士の劉玄靖に崇玄館大学士を与えるなど（『舊唐書』本紀一八上、『歴世眞仙體道通鑑』巻四〇）、この制が崩れ、道士の進出さえも認められる。

　要するに道挙・崇玄館は復活され、その体裁もほぼ旧に復した。館生の半減は他の学館においても同様なのであるから、大乱後また中絶の直後にあっては無理もなく、規模の縮少をもって云々するいわれはない。むしろ代宗は佛教信者であり、かつ熱烈な道教信者であれば、この制度に対し、玄宗に劣らず力を注いだと想像される。

　大暦十一年五月勅、禮部送進士、明經、明法、宏（弘）文生及崇賢（文）生、道擧等、准レ式、據二書判資蔭一量定、冬集授レ散……自今以後、（三）禮人及道擧、明法等、有下試二書判一稍優、幷蔭高及身是勳官三衛者上、准二往例一注二冬集一、餘並授レ散（『唐會要』巻七五）

つまり道挙の継続と、吏部選における書判の試に道挙出身の者が応じている具体的な資料であり、玄宗朝と同じく崇玄生に入学資格があったことを推測させるものである。

　徳宗は代宗朝の熱狂的な宗教事業の弊を改めるべく、即位とともに寺観、僧道の整理淘汰に努め（『新唐書』巻一四七、李叔明伝）、宮中での于蘭盆会を廃し内道場を撤去せしめたが、妃の父王景先が金銅の佛像を献上すると「何の功徳ありや、吾の爲す所に非ず」と退けたエピソードを残す（『舊唐書』本紀一二）。この徳宗でさえ建中二年二月の中書門下の奏によれば、

准レ制、崇玄館學生、試日減二策一道一者、其崇玄館、附二學官見任者一、既同行レ事、例合レ霑レ恩、惟策一道不レ可、更減二大義兩條一、從レ之（『冊府元龜』巻六四〇）

と崇玄生に恩典を与えているのである。当時の明経は毎経十帖、口問大義十条、時務策三道であって、徳宗がまず時務策二道とし中書の請によって更に口問大義八条に減じたものが道挙の試ということになる。なお同年十月に権知礼部貢挙の趙賛が、口問大義は文字に形《あら》われず、落第の後に喧競する者が多いので「問う所を以って紙上に錄し、其の義を直書せしめる」、所謂墨義が採択されている（『唐會要』巻七五）。したがって趙賛は「既に策と殊なる有り」といってはいるが、ほぼ論文形式に近いものが行なわれたことになり、その点からみても大義両条の減少は、かなりの比重を持つといえる。徳宗朝は貞元二年（七八六）に開元礼科、同九年に三礼科が創設されるなど、科挙に新機軸をとり入れた時代である。この中にあって道挙はすでに明経、進士、明法などと歴史を誇る科として定着し、なかんずく他に比べて相当の優遇措置が講ぜられているのである。それはたんなる科挙の一科とする扱いではなく、やはり皇室に密邇し、宗教、政治両面に荷わされた役割から把握せねば、楊綰の批判にもうかがわれるように「理国の体」をなさぬ道挙が、かくも長期にわたって存続し優遇せられる理由は説明できない。

注意すべきは、貞元五年四月、宰臣の議に基づき明経、進士に再び『老子』が加えられていることである。『爾雅』は天宝元年（七四二）に『老子』と入替わったが、草木鳥獣に関する書であり、治道に直接裨益するものではない、それが宰臣の論拠である（『冊府元龜』巻六〇四・六四〇）。かくて『老子』が実施されたが、同十二年三月、国子司業であった裴粛が『爾雅』は詁訓に博通し六経に綱維するもの、文字の楷範であり詩人の興詠に寄与するばかりか、六親九族の礼を詳らかにし多く鳥獣草木の名を識る、今古習い伝えた儒林の遵範だと述べ、

其老子、是聖人元微之言、非二經典通明之旨一、爲二擧人所レ習之書一、伏恐稍乖二本義一、伏請依レ前、加二爾雅一

（『唐會要』巻七五）

と国祖老子に正面から批判を浴びせられないためか、婉曲に拒否する。この裴肅の懇望によって旧に復したが、『爾雅』および『老子』のいずれが治道に益あるか、をめぐる宰臣と裴肅の議は、真っ向から対立するものではないとはいえ、相当な乖離を示す。それは個人の見解の相違とみるよりは、唐代における儒・道両経典の評価そのものの昏迷に通ずるといえそうである。

これ以後の変遷を示す資料はあまり現れない。だが唐末まで依然継続されたのは明らかであって、徳宗末から憲宗初めの作とみられる権徳輿の道挙策問が数道残っている（『權載之文集』巻四〇）。さらに宣宗の大中十年（八五六）三月、中書門下の奏には、

據㆓禮部貢院㆒、見置㆓科目㆒、開元禮三禮三傳三史學究道學明算童子等九科、近年取㆑人頗濫、曾無㆓實藝可㆑採、徒添㆓入仕之門㆒、須㆑議㆔條疏俾㆑精㆓事業㆒、……（『舊唐書』本紀一八下）

と道挙を含めた九科が、近年とみに濫採され入仕の門を紊乱させていると指摘し、学業に精通せしめるよう求めている。科挙全体が形式に流れ弊害その極に達していたことは『北夢瑣言』巻四の有名な「唐末の舉人は士行文藝を問わず、但請謁に勤む、號して精切と曰う」とか、『摭言』巻一の「權要のもとに造り請う。これを關節と謂う」などの文に示され、『通考』巻二九に具体的な例もみえ、また先学がしばしば論ぜられるところである。道挙も創立の精神を失い、ただ入仕の道具と化しているが、五代後唐の長興元年（九三〇）五月に終焉を迎えるに至る（『冊府元龜』巻六四二）。

五

これまで崇玄館・道挙の成立と沿革を、やみくもに論じてきた。その理由は両者がほとんど紹介されず、また道挙を玄宗一朝の制度とする説さえあるためである。[23] 目的をまがりなりにも果たした今、道挙をいかに位置づけるかを一応論じておかねばならない。冒頭に述べたように、科挙を政治、社会史あるいは官僚制などから把握するかぎり、道挙そのものは科挙の一科目としての存在価値しか与えられない。従来この科が等閑に付せられた最大の原因は、ここに帰せられよう。たしかに科挙を発展的にみれば、宋以後の完成された制度の前期的現象を、諸科目の成立に求めて妥当であるが、道挙を通じて宗教、思想などの面から眺めれば、いささか違った理解も可能である。

魏晋に勃興した玄学は、やがて儒、文、史とともに士人の修むべき教養とされたが、この玄学と勢力を伸張してきた道教とが、茅山派道教によって近接され、[24] 唐の宗教、思想対策と巧みに結びつき政治組織の一環として座を占めたのが崇玄学・道挙であって、道教、玄学の隆盛を決定的に意義づけたものといわねばならない。六朝人の教養とみなされる四学とは、四学にとどまらず、あらゆる学問教養への関心とその摂取につらなる。それは士人の自主性に基づく教養の感が深いが、道挙はいわばその六朝人の趣向を個別に制度化したものであろう。けれども、貢士がいかなる科でも応ぜられる、具体的にいえば崇玄生出身であっても明経、進士に応ぜられる可能性を残すのは、唐人に幅広い知識、教養を求める六朝人の気風が継承されていることを推測せしめる。事実、個人の内面構造にもはっきり看取できるのである。さらに道教を国教化し、学館生および科挙に『老子』を課したのはもちろん、百官士庶ことごとく必修を命じたことに伺われるとおり、六朝人の自主的教養から義務的なものへ、私的なものから公的なものへの上昇が行なわれている。これらを総合すれば、道挙は科挙制度の完成に至る過程の副産物とみるより、前代からの集大成と認めるべき性格のものといえよう。

ところで義務的教養、公的地位への上昇は、そのまま世俗への下降でもある。なぜなら自由な思索から束縛へ、宗教的権威から権威の失墜への過程でもあるからで道挙はその表象とみられる。このことは佛教にも適用できる。老子を国祖と定めた時、その流れを汲む道教はたとえ国教の美名が冠せられようと、唐に隷属し唐を支えるものとして存在することになった。道先佛後の方策は必然的に佛教の隷属化をもうながし、また、道・佛二教がこの次元に置かれて、始めて国是である三教斉一の実現が可能となる。そこには三者択一ではなく併存が、いな混在が許されるが、極論すれば三教の相違はあたかも明経と進士、道挙が異なる程度にすぎず、皇帝の下では同等なのである。このような観点に立てば、僧侶の官僚化が合法化され、結果していないとはいえ佛挙とも称すべき官吏登用の法が生まれて不思議ではない。その意味で度僧制度に試経得度、恩得度があり[25]、厳密に同じではないが主旨、形式いずれも選挙に類似し、さらに後唐末帝の清泰二年（九三五）三月、両街功徳使の雍王重美が、諸州府の薦挙する僧尼などの紫衣、師号授与に関し、

　今欲、量二立條式一僧講論講經表白各三科、文章應制十二科、持念一科、禪聲贊科、竝於二本伎能中一、條貫、道士經法科、試二義十道一、講論科試二經論一、文章應制科試レ詩、表白科試二聲喉一、聲贊科試二步虛三啓一、焚脩科試二齋醮儀一（『冊府元龜』巻六一）

と上疏しているのは、道挙廃止の直前であるが、佛挙に発展する可能性をはらみながら実現に至らなかったと考えるにふさわしい資料である。

かくの如き唐の宗教政策を個人の宗教観ないし思惟方法に振替えるとき、唐人の宗教信仰が此岸的、悪くいえば

即物的であり、自己に都合よき理由づけを施し、宗教も仕官の方便とみる傾向が強かったのではないか。さらに一歩を進めると、三教の枠を自分なりに除去し、彼らの内面において理解の深浅を問わず三教が混沌たる様相を呈するに至っていたのではないかと推測される。この推測を裏付けるには士大夫の内面深く立ち入らねばならぬが今はあくまでも道教的官僚の増加する現象と、そこに現れる士大夫の言行から外形的に眺めるにとどめておく。

まず道挙および崇玄生出身の官僚は具体的資料に乏しく、徐松の『登科記考』さえ両唐書から一名を剔出するにとどまる。道挙が他に比較してすこぶる優遇され、「人を取ること頗る濫る」との記述が存在するのであるから、進士二十名前後、明経二百名程度の及第者に鑑み[26]、かなりの数に達したと思われるが列伝にその名を留めていない。恐らく高宗が「儒術に薄くし、尤も文吏を重んじ」（『舊唐書』儒学伝序）てより圧倒的な賞讃を浴びた進士出身の蔭に隠れ、さほど名を成さなかったためであろうか。

二名の中の一人が、つとに紹介した陳少遊である。新・旧唐書の本伝によれば、彼は幼くして老、荘、列子の書を習い、崇玄館にあげられるや、都講に推挙せられたが、音韻朗朗と群籍を博引傍証したため、大学士陳希烈の絶賛を受けたとみえる。のち同平章事を加え宰相に列せられた。

十餘年間、三總㆓大藩㆒、皆天下殷厚處也、以㆑故、徵求貿易、且無㆓虚日㆒、斂㆓積財寶㆒、累巨億萬、多賂㆓遺權貴㆒、視㆓文雅清流之士㆒、蔑如也（『舊唐書』巻一二六）

とその醜行は耳目を覆わしめるものがあった。李希烈の乱に及び、款符を賊に納れたあげく、李希烈の起居注に「陳少遊上表歸順」の文があるのを知り、慙懼に耐えず憂死したといい、『新唐書』は彼を叛臣伝に列しているのである。唐が期待した老子―唐への忠誠や清浄をもって徳となし、無為自然を道の極とする老荘の本旨とは乖離する行跡といわねばならない。都講を拝するほど老荘に通暁した彼がこの有様とあっては、他もおおむね想像がつく。

陳少遊はまた佛教信者としても知られ、給事中竇紹、中書舎人苑咸らが鑽仰した越州焦山の神邕と親交を結んでいる。

先レ是、中嶽道士呉筠、造二邪論數篇一、斥二毀釋敎一、昏蒙者惑レ之、本道觀察使陳少遊請レ邕決二釋老二敎一、孰爲二至道一（『宋高僧傳』巻一七、神邕伝〈『大正蔵』巻五〇・八一八a〉）

『佛祖統紀』巻四〇（『大正蔵』四九・三七五b）はこの事件を天宝四載にかけるが、明らかに誤りで本伝によれば「大暦五年、越州刺史に改められ、御史大夫浙東観察使を兼ね」たのである。呉筠の伝（『新唐書』巻一九六）には沙門に荷担した高力士の憎悪を買ったため、呉筠は「文章もて深く釋氏を詆」ったという。ともあれ陳少遊のように、老荘に熟達した者は必ず道教を崇拝し佛教を排除せねばならぬいわれはないが、彼らの宗教観が両教に好意を示しながら、なおかつ両教の優劣に関心を抱くという相反するポーズと、それになんらの矛盾を認めず、責任をも感じない程度の理解であることは注意を要する。彼にとって両教いずれが勝利を博しても問題はなく、優劣の論争のみが関心事であったといっても過言ではない。

道挙出身の他の一人は、文人としても著名な独孤及である。

天寶末、以二道擧一高第、補二華陰尉一（『新唐書』巻一六二）

彼は幼少のみぎり孝経を読み、父親が試みに志をただすと「身を立て道を行ない、名を後世に揚げん」と応えたと伝える。代宗朝に左拾遺より太常博士、濠・舒二州刺史を経、司封郎中に終わった。『文苑英華』巻四七七に彼の「洞暁玄經策」が収録されているが、これは道挙ではなく制挙であるらしく、天宝十三載（七五四）十月に、

玄宗御二勤政樓一、試二博通墳典、洞曉玄經、辭藻宏麗、軍謀出衆等擧人一（『舊唐書』巻六九、楊綰伝）

とみえ、洞暁玄経科を含む所謂諸科つまり制挙であることが分る。天宝七載にも行なわれ、爾後しばしば実施され

ているから独孤及は道挙及第ののち、洞暁玄経の制科に合格したことになろう。それが天宝十三載であると思われる。

周知のように、唐の官吏登用の法は科挙と蔭子のほか制挙と呼ばれるものがあり、『封氏聞見記』巻三に「國朝は常擧もて人を取るの外、又制科あり。捜揚拔擢、名目甚だ衆し……玄宗極に御し、特に精選を加え、下に才を滞むること無からしむ」というように、「唐登科記總目」（『通考』巻二九、選挙二）によれば玄宗時代は連年のごとく行なわれている。元来は野に賢才を滞めずとの主旨に基づき、臨時の詔勅によって選抜する性格のものであった。ところが科挙の合格者も、一度任官してのち諸種の制挙に応じ昇進を速める傾向を生じた。したがって制科の挙人は二系統に色分けされ独孤及は後者に属するということになる。

天寶初、玄宗崇二奉道教一、下レ詔、求下明二莊老文列四子之學一者上、載策入二高科一、授二邠州新平尉一

（『舊唐書』巻一一八、元載伝）

これは後の引用文によって明らかなように、道挙開始直前の開元二十九年（七四一）に行なわれた制挙で[27]、おそらく洞暁玄経科と名付けられたと思われる。元載は王縉、杜鴻漸らと代宗朝の政治を壟断し、あまつさえ帰依した密教の大家不空金剛を中心に、代宗を熾んな佛教事業にかりたて、安史の乱後の佛教ブームを演出した一人である。彼は幼少から属文を好み子・史も博覧したが道経を最も熱心に学んだといい、『新唐書』芸文志には『南華通微』一〇巻の著作があったと記す。再三にわたって科挙に及第せず、やむなく四子の制挙に応じたわけである。今改めて紹介するまでもなく、彼の無道ぶりは獄に下され死を賜る結末を招いたほど、悪名天下に鳴り響いた。

元載と同時及第の姚子彦の墓誌銘は奇しくも独孤及の撰になるが、その墓誌銘には、

初擧二進士一、又擧二詞藻（宏麗科）一、皆升二甲科一、尉二清苑獲嘉永寧三縣一、開元二十九年、詔立二黄老學一、親問二奧

義一、對策者五百餘人、公與二今相國河南元公載、及廣平宋少貞等十人一、以三條奏精辯、才冠二等列一、授二右拾遺內供奉一、歷二左補闕一（「唐故祕書監贈禮部尚書姚公墓誌銘」・『全唐文』巻三九一）

といい『冊府元龜』巻五三には靳能の名もみえる。この姚子彦はまさに制挙によって昇進を速める官僚の具体例で、数科を経過した一人である。墓誌銘は合格者十名と記すが、福島繁次郎氏が制挙と断定された[28]「唐登科記總目」の諸科には「開元二十九年、進士十三人、諸科四人」とする。思うに根本資料たる独孤及のいう十名を妥当とすべく、「唐登科記總目」は『冊府元龜』巻五三と同じ系統の資料に準拠し、そこに四人の名がみえるため四人と書いたのであろうか。

　ところで、姚子彦の墓誌銘を通じ、さまざまな推測を試みることができる。まず「對策者五百餘人」は他の制科対策者の実数不明のため、比較検討はできないが、道挙成立前夜における道教の科としては相当な数字である。開元二十九年の制挙がこの科だけであった関係からかもしれないが、「唐登科記總目」によれば二十一年より制挙は連年実施されている。したがって私は唐の道教政策、ことに玄宗が道教を重んじ「九流の冠」たらしめた、いわば時代の寵児となりおおせた道教系の科が、最も昇進の軽舸とみなされたためと理解したい。また進士及第者の姚子彦の応挙は、道教系の制科にかなりの進士、明経出身者の存在を想定せしめる。とすれば、明経、進士の別なく老荘の素養を持ち、「玄經に洞曉」すると自負する徒輩の層の厚さを示すであろう。それはまた明経、進士を畢生の業とする者でも、内容のいかんを問わず矛盾も感じないという士大夫の無節操さと、信仰や哲理が優先するはずの道教経典が仕官の道具と化し、官僚社会の狂躁に踏みしだかれている姿をも証する。

六

洞暁玄経の科は玄宗以後、しばしば史料に現れるほか、楽道安貧科、草沢（巌藪）幽素科、懐才隠逸科、隠淪屠釣科、あるいは通三教宗旨究其精微科などが行なわれている。『玉海』巻一一五は唐の制科を七十六目とし、『困學紀聞』巻一四は八十八と数えるが[29]、いずれにしろ「唐世の制擧、科目は猥多なるも、徒らにその名を異にするのみ。その實は諸科と等し」（『容齋續筆』巻一二）いのである。もちろん如上の諸科が必ずしも道教系に専一だというのではない。漢代の処士の如く、儒教的理想を抱いて野に隠れ、推挙を待つ者であってもよく、むしろそれが正統ではある。けれども一例をあげると『新唐書』巻二〇四、厳善思が図讖に該暁し、方伎伝に列せられながら「高宗の太山を封ぜしとき、銷聲幽藪科に擧げられ及第し、襄陽尉に調さる」というように、道士を含むのであり、これらの制科の名称から敢えていえば沙門すら応挙しても不思議ではない。その点は更に検討を必要とするが、隠逸、処士、居士、方士、道士、沙門など諸色人を総合し甄別し難いような制挙の題が付されるところに、唐代の特色がうかがわれると思われる[30]。

『新唐書』芸文志に、開元二十年『老子』、『莊子』の両疏を上呈した陳庭玉は校書郎を授けられ、師夜光は『三玄異義』三十巻をもって校書郎直国子監を拝したのをはじめ、上書拝官の四名がみえる。彼らは道士であったとみられ師夜光は善く鬼神を視たといい、初め僧であったが玄宗の娘九仙公主の知遇をえて道士に転向し、仕官ののち四門博士に終わっている（『舊唐書』巻一九一、『新唐書』巻二〇四、張果伝付）。道士は直接皇帝の徵召に応ずるのが普通であるが、如上のルートもまた開かれていたのである。

開元初、詔二中書令張説一、擧下能治二易老莊一者上、集賢直學士侯行果、薦二子元及平陽敬會眞於説一、説藉以聞、並賜二衣幣一得二侍讀一、子元擢二累祕書少監一、會眞四門博士、俄皆兼二集賢侍講學士一（『新唐書』巻二〇〇、康子元伝）

侯行果、敬会真は純然たる道士ではない。しかしのち国子博士となった道士馮朝隠らとともに、「老荘の秘義を推索」した老荘の大家と目されている。さらに開元二十五年、令名著しい道士尹愔が諫議大夫集賢院学士兼脩国史に抜擢されている（『舊唐書』本紀九）。彼の父尹思貞は国子大成となり、釈奠のたびに三教を講じ「聽く者、皆未だ聞かざる所を得た」といい、四門助教から工部尚書に拝せられた。尹愔は玄宗の懇望もだしがたく、道士の服のまま仕えた（『新唐書』巻二〇〇、『文苑英華』巻三八一、授尹愔諫議大夫制）といわれ儒・佛両教にも堪能で、開元末年に卒すると左散騎常侍を贈られている。彼のように道士の服のまま、しかも道士の生活を捨てて仕えた者が他にあったかどうか疑わしいが、このように純然たる道士、ないし道家的素養に彩られた、いわば潜在的な道教勢力が官界に輻輳していたことは否定できない。

多賀秋五郎氏はつとに唐代における国子祭酒以下の学官を歴任した人物には、老荘的色彩がきわめて濃厚なことに注目されている。[31] 如上の例でも気付くように、道士などは学官ないしその系統に属する者が多く、多賀氏の所説を裏付けている。その傾向はとくに玄宗以降に著しい。敬会真、馮朝隠はいわずもがな、開元十四年（七二六）、国子博士に任ぜられた王希夷は嵩山に隠棲し、道士黄頤に師事してその閉気道養の術を伝え、『易』および『老子』を善くした道士である。国子・四門各博士、集賢院学士を経た賀知章は血縁につながる大儒陸象先さえ「季眞（知章）の清譚風流は、吾一日見わざれば鄙吝生ず」（『新唐書』巻一九六）と嘆息するように老荘的であり、遂に越州千秋観の道士として官を辞した。四門助教から、のち道士となった范仙厦（『新唐書』巻二〇〇、趙冬曦伝）、あるいは集賢院学士兼侍講学士さらに崇玄館大学士を歴任したかの陳希烈も、この部類に属する。

また国子博士尹知章は范行恭、趙玄默らと「皆名儒」と称せられている（『舊唐書』巻一八五下、陽嶠伝）が、その名儒とは、

知章雖レ居二吏職一、歸レ家則講授不レ輟、尤明二易及莊老玄言之學一、遠近咸來、受レ業（『舊唐書』巻一八九下）

というはなはだ老荘学に通暁する者の意味である。彼の著した孝経をはじめ老・荘・韓・管・鬼谷などの注が世に喧伝されたことといい、速断はさけるが「名儒」の概念は純粋な儒者というより、大学者、博学、博識などの意味に用いられていると思われる。

このような道士の官僚化と学官にまで波及している道教色から、一般の傾向がおおむね想像できる。一例をあげれば、かの道挙廃止論者の楊綰でさえ、「往哲の微言、五經の奥義の如きに至っては、先儒の未だ悟らざるもの、綰一たび覽れば、その精理を究」めながら「雅《はなは》だ玄言を尚び、釋道二教を宗ぶ。嘗って王開先生傳を著わし以って意を見わす……凡《あらゆ》る知友は皆一時の名流。或はこれに造る者は清談もて日を終《すご》し、未だ嘗って名利に及ばず……雅の俗《ともがら》、時にこれを楊震、邴吉、山濤、謝安の儔に比《なぞ》らう」（『舊唐書』巻一一九）に象徴的に示されるように、三教を駆使して論ずることを得意とし矛盾も躊躇も覚えないばかりか、社会の絶讃をも博しているのである。この傾向が極まるところ、三教の枠を消滅させ、区別がつかなくなる必然性を備えているといえる。[32]

『宋高僧傳』巻九（『大正藏』巻五〇・七六〇b）に、義寂とともに開元時代における北宗禅の総師であり、玄宗はじめ士庶の帰依をうけた義福が、臨終にあたって、中書侍郎厳挺之、太尉房琯、礼部侍郎韋陟らと弟子の礼をとった兵部侍郎張均、つまり開元初期の宰相張説の子であるが、義福の訣別の語を聞いたあと、

張謂レ房曰、某夙歲餌二金丹一、未二嘗臨レ喪、言訖、張遂潛去

という。張均の論法からいえば、金丹を餌するが故に父母の喪にも臨まずということになる。この甚だしい矛盾も、

彼らにとっては矛盾でない、むしろ当然のこととして行なわれる。それは三教に差別を設けるのではなく、同一の三面であるにすぎない。鈴木虎雄氏はつとに科挙の失敗者が道士となり僧となる事実を指摘されたが、(33)

韋渠牟、京兆萬年人、工部侍郎述従子也、少警悟、工レ爲レ詩、李白異レ之、授以二古樂府一、去爲二道士一、不レ終、更爲二浮屠一、已而復冠、……進至二四門博士一（『新唐書』巻一六七）

の徒輩を生み出す。詩人賈島が僧より還俗し進士に及第し（『新唐書』巻一七六）また、許淹が浮屠より儒家となり（『新唐書』巻一九八）、師夜光のごとく僧から道士、さらに四門博士となった（『舊唐書』巻一九一、張果伝付）ような例は多く散見するが、彼らの行動は三教を同一次元に把え、相互の間に幢を仕切らず、自由に往来するものといわねばならない。このことは、科挙における進士、明経、道挙といずれでもよい無節操さと軌を一にするものであり、宗教や思想と実践との乖離につながるものと思われる。

むすび

李白の「送于十八應四子擧落第還嵩山」（『李太白全集』巻一七）は、道挙に蹉跌した于某に、老子の説く「萬物は芸芸《うんうん》たるもまた各々その根（寂）に帰す」がごとく嵩岳に還り、自然の静寂に安心立命の境地を求めるべく勧めた詩である。隠棲に道ありとする李白の老子理解を是とすれば、仕官を志す于某の行為は否定され、さらに隠棲を説くとみる老子などの道経をもって仕を望むのは、いよいよ矛盾の度を深めるといえる。常識的に考えれば、官僚道徳や政治理念などに直接触れることのない、むしろ社会という桎梏からの逃避を讃美する道経が、束縛の最たる科挙に登場するばかりか、百数十年の命脈を保ちえたのである。この矛盾を矛盾と思わず、むしろ現実を現実で割り、政治や社会に己の理想実現の場を追い求めてやまぬ儒教の経典を減じてまで老子を加え、さらに九流の冠たる地位が道挙に譲渡されても、唯々諾々と遵奉する官僚層の姿しかそこにはない。

懿宗の咸通中に進士及第した皮日休の文集に、テーマを無視したと思われる道挙撤廃をめぐる論が、わずかに残されている。彼は「今、有司は茂才より明經に至るを除くの外、その次に莊周列子の書を熟《そら》んずる者有れば亦科に登す」（『皮日休文集』巻一〇「請孟子爲學科書」）と、道挙が唐末まで継続されたことを傍証し、これら道経は「それ善を誘なうや深きと雖も、而れども科に懸るや未だ正しからず」（同前）、つまり教養の書や人生哲学の書としては評価するが、官途の科に懸けることには背を向ける。なぜなら「それ莊列の文は荒唐の文なり。これを讀むものは以って方外の士と爲すべく、これを習うものは以って洪荒の民と爲す」（同前）べき、吏道に関わるなき逸民の書であるから、それを修めて「安んぞ能く汲汲として時を救い、教えを補くるを以って志と爲すもの有らん哉」（同前）と、道挙を否定し孟子科を創設するよう建白する。少なくとも老荘には世俗を超克し、方外への飛翔を果たしたあと、反転して積極的な現実への参加が表彰されている。この点を拠に隠遁と仕官、超越的世界への憧憬と現世の束縛という矛盾を自己の内面深く凝視し、その一致を理論づけた王維の例もある。(34) けれども道挙を生み、それを維持存続させた唐代社会が王維ほどの深みを持ち、老荘的世界と官僚社会、道教と儒教の矛盾解決に雄々しく立ち向かい、執拗な内省のあげくに達した調和融合によるとは考えられない。

皮日休にみられる老荘の評価が唐人一般のそれを代弁するとすれば、彼の言に類する道挙排斥の論が鼎沸しても当然である。けれども儒学の衰微を哀惜し復興を叫び、あるいは宗教教団の蕪雑さを誹謗はするが、道挙廃止をめぐる議は絶無に近い。この結果を招いた因由は、これまでに述べた幅広い道教ないし老荘思想の流布などを根底とし、直截には老子国祖と道教の国教化に帰せられよう。先にふれた李白の詩に「吾祖《ろうし》は嚢籥《ふいご》を吹く」との句があるのは、荒唐無稽とはいえ老子国祖説がすでに社会の通念と化した姿を如実に示しているのである。

註

（1）唐の科挙については、宮崎市定『科挙』〈秋田屋、一九四六年、後『宮崎市定全集』第一五〈岩波書店、一九九三年〉所収）、陳東原『中国科挙時代之教育』〈上海　商務印書館、一九三四年）、鄧嗣禹『中国考試制度史』〈台湾學生書局、一九六七年）、多賀秋五郎『唐代教育史の研究——日本学校教育の源流』〈不昧堂書店、一九五三年）、東川徳治「科挙の制」（『東洋文化』一二、一九二五年）、鈴木虎雄「唐の進士」（『支那学』四―三、一九二七年）同「唐の試験制度と詩賦」（『支那学』二―一〇、一九二二年、後に『支那文学研究』〈弘文堂書房、一九二五年、復刊、弘文堂、一九六二年・一九六七年〉）、前田充明「学校教育と科挙」（『世界歴史大系』五、平凡社、一九三四～一九三五年）、竹田龍児「唐代選挙の一側面」（『史学』二〇―二、慶応義塾大学、一九四一年）、那波利貞「隋唐初の官吏登庸法の一般社会に与へたる影響」（『支那地理歴史大系』七巻〈白楊社、一九四一年〉）、羅能康「科挙制度与唐代士風」（『東南論衡』三〇、南京　東南大学、一九二七年）、勝又憲次郎「秀才の弁」（『東方学報』東京六冊、一九三六年）、福沢宗吉「唐代の科挙に就いて㈠」（『西日本史学』七、九州大学西日本史学会、一九五一年）、同「同㈡」（『世界史研究』四・五・六号、熊本大学法文学部内世界史研究会、一九五四年）、福島繁次郎「唐代の貢挙制」（『中国南北朝史研究』第二章、〈教育書籍、一九六七年〉）、築山治三郎「科挙と官僚」（『唐代政治制度の研究』第二章〈大阪　創元社、一九六七年〉）、などがある。

（2）拙稿「唐中期佛教史序説」（『南都佛教』一二）本書第一篇第四章所収。

（3）『冊府元龜』巻五三、同巻六三九に類似の記載がみえる。ただ前者は開元十年正月にかけるが、条文の配列から誤りと思われる。なお、『舊唐書』礼儀志は二十年、同職官志は天宝三載、『新唐書』百官志、『資治通鑑』は二十五年に置く。新・旧唐書本紀、『新唐書』選挙志は二十九年、『通典』巻五三、『通志』巻四三、同巻五八、『唐會要』巻六四、同巻七七も二十九年とする。この説が正しいことは後に明らかとなろう。

（4）『新唐書』百官志は「天寶二載、改崇玄學、曰崇賢館」とし、銭大昕もこれを踏襲したのか「崇元卽崇賢也」とわざわざ注を付している（『十駕齋養新録』巻一〇）。崇賢館とは長安二年正月、「沛王爲皇太子時、改崇賢館爲崇文館」（『唐會要』巻三〇）、つまり崇文館のことなのである。

（5）『舊唐書』本紀は文子を文中子と作るが、誤りであるのは『十七史商榷』巻七二、文中子の項に指摘されている。また『洞靈眞經』を『舊唐書』本紀は『洞虚眞經』と作るが誤りである。また『通典』のいう四子は、やがて老子を省き、庚桑子を加えた四子となる。

（6）史料に出入はあるが、『新唐書』選挙志は上州六十、中州五十、下州四十、県学は京県五十、畿県、上県各四十、中県三十五、下県二十である。

（7）『唐會要』巻六四には「天下諸郡崇玄學、改爲通道學、博士爲學士」と博士のように記す。当時の州県学は上州の博士一人、助教二人を例外とすれば、いずれも博士、助教各一人である。私は道学も同数と考えるが、今のところ裏付けるものがない。

（8）陳東原、多賀秋五郎註（1）前掲書、および前田充明註（1）前掲論文。なお多賀氏の学校系統図を借用させていただくと、左の通り。（　）内は筆者付。崇玄館の所属は祠部には違いないが、道士、女冠の所隷と関係がある。滋野井恬「唐代前半期の僧道所隷について」（『東方宗教』一九、一九六二年、後に『唐代佛教史論』〈平楽寺書店、一九七三年〉に所収）。

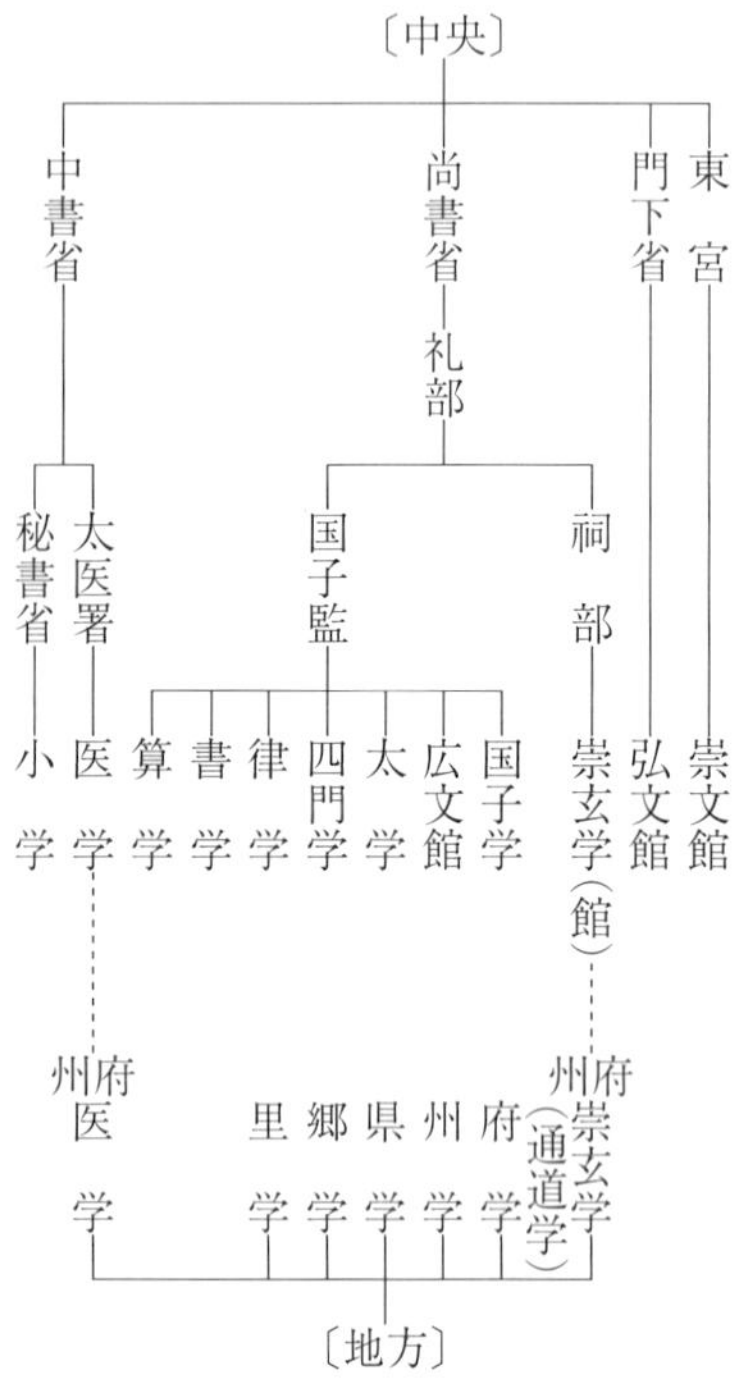

（9）
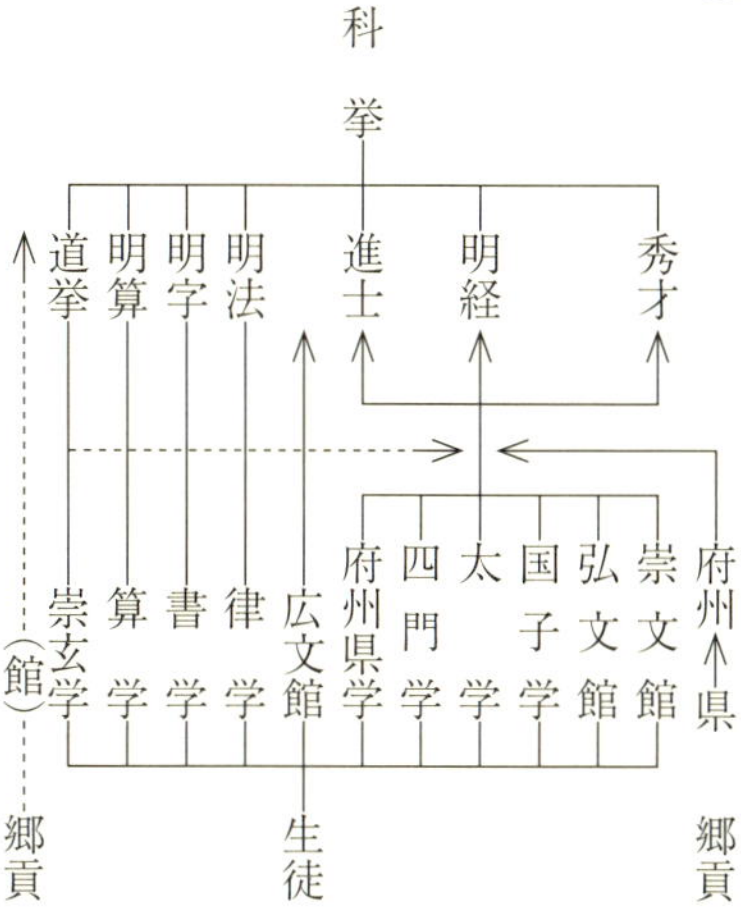

多賀秋五郎氏上掲書より参借。
←---は筆者加入

（10）通道観については山崎宏『隋唐佛教史の研究』第二章、および第四章、（法藏館、一九六七年）、塚本善隆「北周の廃佛」（『魏書釈老志の研究』佛教文化研究所出版部、一九六一年、後に『塚本善隆著作集』第一巻所収、大東出版社、一九七四年）附篇、五節参照。なお『南史』巻二二、王倹伝に「宋明帝泰始六年、置總明觀、以集學士、或謂之東觀、置東觀祭酒一人、總明訪擧郎二人、儒玄文史四科、科置學士十人、其餘令史以下、各有差」とみえる。

（11）宮川尚志「唐室の創業と茅山派道教」（『支那佛教史学』一―三、一九三七年）。なお王劭の手口とは「案隋著作王劭述隋祖起居注云、帝以後魏大統七年六月十三日、生于同州般若尼寺」（『集古今佛道論衡』巻乙、〈『大正蔵』五二・三七九a〉）を指す。

（12）山崎宏註（10）上掲書、第一章「隋朝の文教政策」参照。

（13）「爲太穆皇后追福願文」（『廣弘明集』巻二八〈『大正蔵』五二・三二九c〉）。

（14）太宗の弁明どおりでないことは、新・旧唐書の公主伝に、公主の入道はすべて女冠で尼が一人もみえないこと、また「敕有司具儀、告太清宮太廟七陵」（『新唐書』巻二二四上、周智光伝）と戦捷報告に、玄元皇帝宮が大廟に先んじていることなど、やはり老子国祖ばかりでなく国教と定めた結果を如実に示す。

(15) 道端良秀「中国佛教と祖先崇拝」(『佛教史学』九―一、一九六〇年)。
(16) 拙稿「王維と佛教」(『東洋史研究』二四―一、本書第一篇第八章に所収)に個人の思惟にもその傾向が強いことを論じた。
(17) 鈴木啓造「皇帝即菩薩即如来について」(『佛教史学』一〇―一、一九六二年)。
(18) 『唐會要』『通考』は臣範とする。また『冊府元龜』巻六三九は二月、『唐會要』巻七五は三月とする。
(19) 『封氏聞見記』巻一、『通志』巻五八、『冊府元龜』巻五三にもみえる。なお通行本『冊府元龜』は二十年正月とするが、その前に二十年四月の条があり、静嘉堂本は二十一年であるから、二十一年とすべきであろう。『全唐文』巻二三に「命貢擧加老子策制」、同巻二九九に裴光庭の「請以加老子策詔編入國史奏」がある。
(20) 『冊府元龜』巻五一、『全唐文』巻三〇の「答張九齢等賀御注金剛經手詔」、『宋高僧傳』巻一四(『大正蔵』五〇・七九五a以下)玄儼伝など。なお『現代佛学』一九五八年に林元白が房山よりこの石経が発見されたと伝える。
(21) 道端良秀「唐朝に於ける道教対策」(『支那佛教史学』四―二、一九四〇年)。
(22) 註(19)参照。
(23) 窪徳忠氏は『アジア歴史辞典』の道挙の項に唐末まで行なわれ、宋代にも一時行なわれたと指摘される。
(24) ここで注意しておきたいのは、道教と老荘思想の異同である。道教が老子を神仙太上老君として祭礼し消災延寿をこととする宗教であることは勿論であるが、南北朝以来の玄学は『老子』『易』などの書を中心とする形而上学的なもので、おのずから両者にはニュアンスの違いがある。三教融合といい、三教斉一という士大夫の方向は、宗教性より思想面において、つまり玄学の延長上で把握する傾向が強いのが南北朝以来の姿であろうが、唐における茅山派が、その玄学的道教であるとすれば、道教＝老荘といっても、さほど違いはないと思う。また唐の道教と老荘、仏教哲学が混乱していること、老荘の書が純然たる宗教経典とみなされることは否定できない。
(25) 道端良秀「度僧制度の問題」(『唐代佛教史の研究』法藏館、一九五七年所収)、拙稿「唐五代の童行制度」(『東洋史研究』二一―一、本書第一篇第七章所収)。
(26) 『唐會要』巻七五に開元十七年三月、国子祭酒の上言に、「臣竊見入仕諸色出身、毎歳向二千餘人、方於明經進士、多十餘倍」とみえ『通典』巻一五および『冊府元龜』巻六四〇に「其進士大抵千人、得第者十一二、明經倍之、得第者十一二」という。道挙は少なくとも明経に近い数が出たのではないかと思われる。

（27）『冊府元龜』巻五三に開元二十九年九月とみえる。
（28）福島繁次郎註（1）前掲書、第二章。
（29）鄧嗣禹註（1）前掲書『中国考試制度史』は百を超ゆといい、制挙の例を標示している。
（30）新・旧唐書は隠逸伝、方伎伝、儒学伝に出入があり、また唐代を代表する道士の王遠知、司馬承禎、呉筠らを隠逸伝にかけ、同じ道士の孫思邈、尚献甫、葉法善などを方伎伝に、道士尹愔、尹知章さらに浮屠より還俗した許淹などを儒学伝に列する。その基準が何であるか。学官を歴任したか否かが、基準であると思われるが、両書の杜撰とみるよりも、それらが区別できないほど、唐代が混乱していたためと考えられないであろうか。
（31）多賀註（1）前掲書、第三章。
（32）代宗朝にあって、劉晏は「三教不斉論」を著しているが、これは逆に当時の三教斉一化の風潮を証すると思われる。牧田諦亮「劉晏の三教不斉論について」（『塚本博士頌寿記念佛教史学論集』〈塚本頌寿記念会、一九六一年〉所収）。
（33）鈴木虎雄註（1）前掲論文「唐の進士」。
（34）拙稿註（16）前掲論文。

第六章　唐代の内供奉制
――内供奉十禅師にことよせて――

一

わが国には「内供奉十禅師」なる僧制がある。『日本後紀』弘仁三年（八一二）十二月丙戌条にみえるものを初見とするが、(1)浄行者あるいは深山幽谷に苦行する徳名高い僧を択んで補任するものであったという。もともと内供奉と十禅師なるまったく別の職制がドッキングし成立発展したものとされるが、その実態や職掌については史料上の制約もあり、創設された時期についてさえ見解が分れている状況にあるなど、充分に解明されたとはいい難い。

十禅師制の成立については、『續日本紀』宝亀三年（七七二）三月丁亥条に秀南以下の十禅師をあげ、「當時稱して十禪師と爲す」とあるのをもって嚆矢とする点では一致している。ところが内供奉制は天平宝字元年（七五七）より以前に成立したという小山田和夫氏と、十禅師設置以前に僧職としての内供奉は存在しないという本郷真紹氏の説が鋭く対立している。(2)門外漢の身で意見を差挟むのは痴《おこ》がましいけれども、前者が十禅師より前に内供奉の存在した史料とされる『續日本紀』の記事は、(3)内供奉僧ではなく俗人を指すとする後者の主張に軍配をあげたい。その理由は、本郷氏の論拠とされた『正倉院文書』中にみえる俗人の内供奉はもちろん、(4)後述するとおり内供奉とは本来、俗官であったことを知ればなおさら、両者の前後関係さらに成立事情が、より明確になると思うからである。

では内供奉僧の創設は、どの時代まで遡られるのか。本郷説に従えば『平安遺文』一―一九、「顯戒論縁起」に収載する唐徳宗の貞元二十年（延暦二十三年〈八〇四〉）九月十二日、最澄あてに発行された過書、「明州牒」に、

供奉僧最澄、沙彌僧義眞、從者丹福成、文書鈔疏及隨身衣物等、惣計弐佰餘斤

と記されたのが最も古いという。また供奉僧と内供奉僧の相違いかんにも問題はあるが、既に十禅師の身分にあった最澄が「十禅師の職掌に唐の内供奉僧と共通する要素のあることを、予め承知していたことから供奉僧と称した」とみなされている。要するに、内供奉僧の存在が入唐するまでに伝えられていたにもせよ、実感として沸かなかった最澄が、現実に唐の内供奉僧順暁に師事することなどを通じて強烈に印象づけられることになったとし、帰国ののち内供奉十禅師の創設になんらかの影響を与えたとみなせば、この制度の成立は、最澄の帰朝からこの職称が史乗に現われる弘仁三年（八一二）二月までの間となるのである。もちろん十禅師と内供奉十禅師の共通点や略称問題、『七大寺年表』のように両者を同一視して論じた史料が多いことなどから、十禅師と内供奉十禅師を区別して扱うことに疑問を抱くむきもある。いずれにもせよ供奉僧の初見が明州発行の過書にある事実は、少なくとも内供奉制を考察する場合、唐のそれを無視しては語れないことを示すものにほかならないのである。

唐朝には武徳二年（六一九）に創置された十大徳という僧官制度がある。僧尼を統摂し法務を網羅する職責をまかされたが、三論の吉蔵や四分律の海蔵、十地・地持の法侃などの錚々たる逸材が名を連ね、彼らを束ねたのもまた隋末・唐初に大禅定寺（大荘厳寺）主をつとめ成実・十地の学匠として知られる保恭であった。この十大徳制の内容と運営については山崎宏・諸戸立雄両氏の研究があり、[5] わずか数年間にて姿を消したものとされている。ところが『金石萃編』巻七七、「唐大薦福寺故大徳思恆律師誌文幷序」に、次のようなくだりがある。

初め和帝（中宗）の代に、召して内道場に入れ、命じて菩薩戒師と爲し、十大徳に充て天下の佛法僧事を統知

せしむ

編者の王昶は十大徳を諸書にみえずとし受戒における十名の臨壇大徳であるか、はたまた裴漼撰の「少林寺碑」(同書同巻)に景龍中(七〇七〜七一〇)、少林寺に大徳十人を置き、欠員が出れば寺内より抽補する方法をとったいずれかの制度と同じではないかと述べている。けれども王昶説は「天下の佛法僧事」という文章の内容からみて否定せざるを得ない。現在のところ他に類例はなく、また存続の時期を特定することの出来ない怨みはあるが、中宗期にもかかる僧制の存在が確認できるのである。この十大徳が十禅師のモデルになったとは先学の指摘するところであり(6)、当然のことながら内供奉制のルーツも唐制に求めなければならないわけである。

先ほど『續日本紀』や『正倉院文書』中にみえる内供奉が、沙門ではなく俗人であることに注目した。つまりわが国ではまず俗官としての内供奉が存在し、やがて僧の内供奉職が設けられるに至ったことは明白である。内供奉という職名は同じでも両者の職掌はまったく異なるものであるが、実はモデルとなった唐制においてすでに俗官の内供奉があり、のち僧官のそれが成立した経緯を認めることができる。そこで本章はまず唐制の実態を明らかにしながら内供奉僧の創設問題に迫り、それらの解明を通じて僧官制度を考えてみたい。あわよくば、わが国の内供奉十禅師制へひとつの視座を提供できればとの懐いもある。兄事する薗田教授には「わが国における内道場の起源」なる玉稿があり(7)、これとも深くリンクすることでもあるのだから。

二

供奉官は文字どおり宮中に仕え天子の側近にあって衣食をはじめ、もろもろの側御用をつとめる侍従の官であった。『隋書』巻一二、礼儀志を例にとれば、千牛備身や左右備身などが天子の左右、あるいは玉座の後を固め「夾侍供奉」する役目を帯びていたように、動詞として用いられた供奉の語が、次第に名詞化し特別な官名に変ったものである。その過渡的な姿を『舊唐書』巻七七、楊元亨伝にみることができる。

則天時代に司府少卿となった楊元亨の弟元禧は、尚食奉御をつとめ医術にもすぐれていたため則天の信頼が篤かった。ところが武后の寵童張易之の機嫌をそこね、易之の密奏により資州長史に貶され、兄の元亨も睦州刺史、弟の緱氏令元禧までも梓州司馬に左遷されてしまった。張易之の誣奏の口実は兄弟達の伯父楊弘礼が隋の尚書令楊素の弟の子[8]、煬帝時代の反逆者楊玄感の従弟にあたれば「〔楊〕素父子は隋に在りて逆節有り、子孫は合に供奉とすべからず」というものであった。母が隋の宗室とつながる則天は早速「其れ楊素及び兄弟の子孫は並びに京官及び侍衛に任ぜしむるを得ざれ」と命じた。これによる楊兄弟への処置なのである。

楊元亨の司府少卿は則天の光宅元年（六八四）九月に行なわれた官名の大改変にともなう、従来の太府寺少卿のこと。元禧の尚食奉御は殿中省に属する尚食局の長にあたる。張易之の讒言よりすれば殿中省はもちろん九寺も供奉官に該当することになるが、則天の制勅からすれば内官の語と同様、京官及び侍衛すべてを指すことになる。張易之らが誅されてのち楊兄弟はみな「復び京職に任ぜらる」というのが、その間の事情を的確に物語っているようであり、あるいは広義では京官を、狭義では侍衛や近侍を供奉官という認識が一般にあったのではないかと思われる。

管見の及ぶところ『隋書』以前には「掌供奉弓箭」「掌諸供奉」あるいは「善於供奉」の如き用法は散見しても、供奉官ないしはそれに類する用語は見出し得ない。

唐代では中書令・門下侍中より以下、両省の官人を広く供奉官と呼んだ。今『唐六典』巻二、吏部郎中・供奉官条をみると、原注に侍中、中書令、左・右両散騎常侍、黄門侍郎、中書侍郎、諫議大夫、給事中、中書舎人、起居郎、起居舎人、通事舎人、左・右補闕、左・右拾遺、御史大夫、御史中丞、侍御史、殿中侍御史をあげている(9)。高宗の龍朔二年（六六二）、大明宮が改修されて以来、これまで政務がとられてきた宮城を西内、大明宮を東内といい、それぞれの侍従を西頭供奉官、東頭供奉官と呼びならわしたのも同然である(10)。このように広義に用いられてきた供奉官が、やがて内供奉などの狭義の職名までをも派生し、それが特殊な地位を占めるようになる。

『資治通鑑』巻二一五、天宝四載（七四五）八月条の胡三省注に唐制の供奉官を説明し、

中書・門下省の官は皆供奉官なり。外官の朝士に随いて入見するを得る者は、之れを仗内供奉と謂い、翰林院の官班に随う者は、之れを翰林供奉と謂い、宦官は之れを内供奉と謂う。又、朝士の禁中に供奉する者有り

と述べているが、必ずしも充分な説明とはいい難い。胡三省のいう仗内供奉とは高宗の儀鳳中（六七六～六七九）、吐蕃の侵攻しきりのとき洛陽に赴いて命将用兵の巧拙を論じた魏元忠の封奏に高宗が感服して、元忠を秘書省正字に拝し(11)「直中書省・仗内供奉」たらしめたとあるもの。翰林院は玄宗已降のものであるから割愛するが、内供奉の説明に至っては供奉官との違いが明確でなく、また宦官のみならず正官なみの、しかも中書・門下両省のいわゆる供奉官に対応する形で配置された事実を見逃している。

そもそも唐代でいう供奉とは入内供奉のことである。蘇頲の「誡百寮與供奉人交通制」にいう。

聞くが如くんば供奉近侍の輩、比日、因循し廣く招攜する有り。未だ周く愼むこと能わず、爰に朝列と頗ぶる相い闒茸す。……宜しく朕が懷いを體し、深く自ら戒勵すべし。自今已後、百官は輒ち入內供奉と往還することを得ず（『全唐文』巻二五三）

入内の内とは内廷である。内廷に出入し皇帝に近侍供奉する官であり、明らかに外廷の供奉官とは異なる宦官・

宮人を含む面々を指している。おそらく内供奉とは内廷に出入を許され、皇帝の私的ブレーンとして仕える者に与えられた職称であろう。今、内供奉僧の由来を知る上で重要と思われる唐前半期の内供奉について具体的な例証を拾いながら若干の整理と考察を加えておくことにする。

『唐六典』巻八、門下省・左補闕の条に、

又、内供奉を置く。員數無く、才識相當すれば闕を待たずして授く。その資望は亦た正官と同じく、祿俸等は竝びに全て給す。右補闕も亦同じ

とある。左・右補闕が置かれたのは左・右拾遺と同じく武則天の垂拱年間（六八五～六八八）であり、闕庭における供奉・諷諫を掌る各二員を任じたのが最初である。天授中（六九〇～六九二）にそれぞれ三名が加えられ十員となったが、中宗の神龍（七〇五～七〇七）初めには二員の旧に復している。

内供奉は左・右補闕および左・右拾遺のもとに配されたわけであるが、『通典』によれば玄宗時代に入り、補闕・拾遺ともに内供奉各一員、計四名と改められている。しかし則天時代の初めには「員數無く、才識相當すれば闕を待たずして授く」、つまり一芸に秀でた人物を選んで任用したものであった。蛇足ながら左補闕・左拾遺は門下省に、右補闕・右拾遺が中書省に属するのはいうまでもなく、内供奉の職掌もまた同様であった[12]。

内供奉は御史台にも置かれていた。『唐六典』巻一三、御史台・侍御史条に、

皇朝は四人を置く。品を加え従六品下。又、内供奉を置く。員は本數を過ぎず。其の遷改は正官と〔同じく〕資望も亦齊し

とある。つまり侍御史内供奉は侍御史より人数を減じて置かれ待遇は同じであったという。ただし『通典』巻二四によれば御史中丞下に「亦、時に内供奉有り」とし「本、一人有り、聖暦中（六九八～七〇〇）に一人を加う。尋

いで省かれ、先天中に復た置く」の原注が付してある。[13] これは『册府元龜』巻五一二、憲官部・総序の「又、内供奉・裏行・裏使・推官の名有り」の原注に、貞観（六二七〜六四九）末に監察御史裏行を置き馬周を任じたのが始まりで、御史中丞裏行も一人あったとした上、

武后の文明元年（六八四）、殿中裏行を置き三員を以て定と爲す。其の殿中第一人は監倉、第二人は監庫たり。聖暦中〔御史〕中丞内供奉一人を加う。尋いで省かる。長安二年（七〇二）、始めて侍御史内供奉を置くも正員の數を過ぐるを得ざらしむ。先天中（七一二〜七一三）、復た御史中丞内供奉一人を増す

という文に相応する。御史中丞は高宗のとき、治書侍御史を改めたものであるが、別に内供奉が置かれ聖暦中には二員となり、中宗・睿宗朝には姿を消したものの、玄宗即位とともに復活したことを知るのである。

周知のとおり唐の御史台は台院・殿院・察院に分かれ、おのおの侍御史・殿中侍御史・監察御史に統括されている。[14] これを『通典』巻二四、職官六・御史台・侍御史条にみれば、

侍御史、凡そ四員、内供奉二員

であり、殿中侍御史条にはまた、

大唐、六員を置く。内供奉三員（『文献通考』巻五三同じ）

といい、察院のみは内供奉のかわりに裏行が配されている。侍御史条の原注には台院・殿院の両供奉が監察御史裏行と同様の制だとし、

凡そ諸内供奉および裏行、其の員數は各おの正官の半ばに居り、唯だ俸祿に差有り、職事は正と同じ（監察侍御史条、『文献通考』同じ）

と『唐六典』などとは記述に若干の喰い違いをみせている。『通典』のものは殿中侍御史六員制をしいた開元年間

（七一三～七四二）の制度をもとにしており、創設当初は補闕・拾遺の内供奉と同様に不特定の員外官ではなかったかと思われる。

ところで侍御史が太宗朝の二員から四員に増したのは高宗の顕慶中（六五六～六六一）である。したがって侍御史内供奉の設置はそれ已降でなければならない。『新唐書』巻四八、百官志三・侍御史条には長安二年に内供奉を置いたとあり、『唐會要』巻六〇、同条では「長安二年、始めて内供奉を置く。正員の外に在れば仍って本の數を過ぐるを得ず」とまで明言している。『册府元龜』の記載といい、侍御史内供奉の長安二年説は動かし難い。

前にみた『通典』の御史中丞内供奉は聖暦以前に遡るが、左・右補闕、左・右拾遺のそれと同じく則天の垂拱を越えるものではあるまい。『事物紀原』巻六、横行武列部・供奉官条には『則天實錄』なるものを引き「如意元年（六九二）内供奉を置く」とするが、この正体不明の資料までも含めて、武周政権期に濫觴を求めたものが多い。

ところが『金石萃編』巻五五の「大唐贈泰師魯國孔宣公碑」に、

　祕書少監通事舍人内供奉臣崔行功奉敕撰文

とあり『舊唐書』巻一九〇上の崔行功伝にも高宗の時に吏部郎中となり「敷奏を善くするを以て、嘗て通事舍人内供奉を兼ねしむ」と記している。通事舍人内供奉は則天のとき姜簡の弟姜柔遠が、容姿に優れ敷奏を善くすることから左鷹揚衛将軍・通事舍人内供奉となったというように[15]、存在は知られていたが、それがすでに高宗朝に認められることは注目に価する。崔行功は上元元年（六七四）に卒しており秘書少監が蘭台少監より旧名に復したのが咸亨元年（六七〇）のことであるから、通事舍人内供奉は少なくとも咸亨年間（六七〇～六七四）に成立していたことになる。けだし則天の権勢が固まった時代であることはいうまでもない。

『文物』一九七二年第一期に掲載された「吐魯番県阿斯塔那——哈拉和卓古墓群清理簡報」中の「氾徳達告身」

は則天の延載元年（六九四）九月二十日付のものであるが、それには、

給事郎守鳳閣舎人内供奉臣孫行奉行

とある。鳳閣舎人は中書舎人の変更名であり、孫行は道士として名高い孫思邈の子で天授中に鳳閣侍郎となった孫行（『舊唐書』巻一九一、孫思邈伝）であろうか。いずれにしても中書舎人内供奉の存在を知る貴重な史料の一つである。

聖暦二年（六九九）、崔融は著作郎に叙せられ「仍って右史内供奉を兼ぬ」（『舊唐書』巻九四、崔融伝）という。右史は起居舎人の改まったものであり、嵩岳を封じた際に崔融の撰文になる「啓母廟碑」を見て則天がいたく嘆美し抜擢したものである。

則天時代の内供奉関係資料は、むすびに扱う控鶴府内供奉を除き、ほぼ以上のものに尽きるようである。のちに諫議大夫内供奉、詹事府司直内供奉などの名も生まれるが、(16) ここでは紹介するにとどめておきたい。

三

ではわが国の内供奉十禅師制に直結する唐の供奉僧、内供奉の制は、いつ頃まで起源を遡らせることができるのか。賛寧の『大宋僧史略』巻下、内供奉并引駕の条には「內供奉、僧に授くるは唐よりす」として、安史の乱の最中、霊武に兵を聚めた粛宗が、至徳元載（七五六）、鳳翔に進出し反攻の機をうかがっていたとき、元皎に口勅を授け開元寺に薬師道場を設け、僧二十一人に六時行道を営ませたことを例にあげ、

又、李讓國の宣敕して云うならく、「内供奉僧元皎に敕す」と。此の官を置くは元皎が始めなり

（『大正蔵』五四・一二五〇ａ）

と結論づけている。これは『舊唐書』巻一一一、張鎬伝に、蜀へ蒙塵した玄宗の命を受け張鎬が鳳翔に赴き、中書侍郎・同中書門下平章事に拜せられた次第を述べたのち、

　時に供奉僧ら、内道場に在りて晨夜念佛す。動もすれば數百人、聲は禁外に聞ゆ

とあるのに符合する。[17] したがって学界では賛寧の説に従い内供奉僧の開始を粛宗朝に求めるのが常識化している。なお内供奉僧と内道場の関係にあらかじめ注意を喚起しておきたい。

佛教史関係の史料によると賛寧の説を是認するかのように、内供奉の文字が現われるのは粛宗已降のものばかりである。元皎に最も近い例として『貞元新定釋教目錄』などで名高い西明寺円照がいる。彼のおびただしい編纂物の数々については贅言を必要とすまいが、「粛〔宗〕代〔宗〕二朝、尤も傑立すと爲す」名僧として紫衣を賜い、本伝には、

　臨壇兩街十望大德・内供奉・檢校鴻臚少卿、食封一百戸（『宋高僧傳』巻一五〈『大正蔵』五〇・八〇五ｃ〉）

とある。また大安国寺の子隣は、

　名僧の選を以て恆に粛宗の内殿に入りて應奉す。其の舌端に高《すぐ》れ捷對に精しく、御前の口占、皇道を敍述すること時輩の及ぶもの靡し。敕して紫方袍を賜い供奉僧に充てらる

（『宋高僧傳』巻三、子隣伝〈『大正蔵』五〇・七二二ａ〉）

といい、「内殿に入りて應奉する」皇帝の私的な宗教顧問として、粛宗が供奉の僧を任じ内殿に迎え入れていたことが分る。おそらく安史の乱による精神的ショックを和らげ、信仰を通じての政治や社会の再構成をはかろうと祈念して設けられたものに相違あるまい。

最澄の「大唐泰嶽靈巖寺順曉阿闍梨付法文一首」に、よく知られた、

大唐貞元二十一年（八〇五）四月十八日、泰嶽靈巖寺鎮國道場大德・內供奉・沙門順曉、於越府峰山頂道場、付三部三昧耶、牒弟子最澄（『顯戒論緣起』）

があり、最澄受法の師順曉が内供奉であったことを知る手懸かりとなっている。また空海の師恵果も同様であったのは、

幸遇中天竺國般若三藏及內供奉惠果大阿闍梨、膝歩接足、仰彼甘露、遂乃入大悲胎藏金剛界大部之大曼荼羅、沐五部瑜伽之灌頂法（『性靈集』巻五「與本國使請共歸啓一首」）

とみえる。同時代のものとして特筆されるのは円仁が書き残した、

日本國內供奉翻經大德靈仙（『入唐求法巡禮行記』巻二）

であろう。これは渤海国僧の貞素が霊仙の意を受けて日本に渡り、嵯峨天皇から金百両を預託され再び五臺山に赴いて霊仙の死を知り、七佛教誡院の壁上に題した、

哭日本國內供奉大德靈仙和尙詩幷序（同上、巻三）

によるが、その内供奉は日本より贈られたものか唐のものか判断に迷うところである。前者なれば〔翻経〕大徳も同様でなければならず、さりとて日本のものとするには無理がある。しかし後者にも外国僧に授けた例証ありや否や、の問いに応じられないウィークポイントを抱えている。

円仁の旅行記によって会昌の廃佛当時、都長安では左右両街に四十名以上の内供奉僧を数えたことが判明する。[18]持念、講経、講論、律などその道のエキスパートが選ばれた模様であり、霊仙の如き勅命によって訳経事業に参劃したいわゆる翻経三蔵達にも贈られていたのではないかと思われる。入唐還学僧円行の承和六年（八三九）、すな

わち開成四年（八三九）十二月十九日付『靈巖寺和尙請來法門道具等目錄』の末尾には、右街僧録の体虚により上呈の大徳六人から円仁に贈られた「語論教門策目竝録申問」（『大正蔵』五五・一〇七三c～一〇七四a）なるものがみえる。

保壽寺內供奉臨壇大德沙門常辨
章敬寺內供奉禪宗大德沙門弘辨
招福寺內供奉講論大德沙門齊高
興唐寺內供奉講論大德沙門光顒
雲花寺內供奉講論大德沙門海岸
青龍寺內供奉講論大德沙門圓鏡

内供奉の科目と広がりを物語っているようである。[19]

ところで内供奉僧の開始を粛宗朝とする賛寧の説を覆すに足る興味深い記事がある。『金石萃編』巻五三に収録する「岱嶽観碑」は泰山の東南麓にある道観、通称老君堂に建てられたもので（『金石文字記』巻三）、唐宋の碑刻中、朝散郎行参軍であった張淩なる者の文ならびに揮毫のものがある。原文に従えば、

大周長安肆𠡦（年）歲次甲辰玖𠥱（月）甲申朔捌乙⃝（日）辛卯、敕使內供奉襄州神武縣雲表觀主廟諱都大洞參景、弟子中嶽先生周廟諱度幷將弟子貳生（人）、金州西城縣廟諱宮觀道士梁悟廟諱奉參𠥱貳拾玖乙⃝、敕令、自於名山大川投龍璧、𠋯无上高元金廟諱玉淸九轉金房度命齋、參乙⃝參夜行道、陳設醮禮、用能𠀑（天）埊（地）淸和、風雲靜默、神靈効祉表、𨲢（聖）壽之無窮者也

と則天文字を混えて刻まれている。これも同年の次の碑文に限って則天文字が用いられていることを勘案すれば、

原形を生かした碑刻とみてよかろう。

道士に沙門と同様、上座あり大徳そして内供奉があったことは、この「岱嶽觀碑」だけで充分な資料となり得るが、さらに大暦七年（七七二）のものでは内供奉のほかに翰林供奉の肩書を帯びた道士さえ見える。[20] したがって、上の碑刻が誤りなく長安四年（七〇四）のものとすれば、内供奉制の成立を長安四年以前に遡らせることができるわけである。残念ながら他に同様のものを見出せないものの、官制上からも注目される武周政権前後において、かかる職制が成立していたという事実は俗官の内供奉が置かれたことと併せ、充分納得できる好条件が整っていると思う。具体的かつ積極的な証拠は今後に期待するとして、則天時代に佛・道両教団の才徳秀れた人物を皇帝のブレーンとして内殿に迎えるべく、内供奉の設置があったと断定しておきたい。

むすび

内供奉僧の出現は則天による急激な官制改変と決して無関係ではない。[21] 俗官の内供奉に左・右が配されたのも、御史台を左粛政台と改めた上で右粛政台を増設し、左・右補闕、左・右拾遺などを分置したのと軌を一にするものといえよう。佛・道両教団の内供奉も、こうした動向に触発され、宗教的なムード漂う武周政権の一翼を担って生まれたと思われる。

内供奉の創設に重要なヒントを与えるのは則天が聖暦二年正月に発足させた控鶴府である。則天の寵童張易之・張昌宗兄弟のために設立したものと評判の官衙であり、控鶴監の張易之より以下、張昌宗・吉頊・田帰道・李迥秀・薛稷・員半千・閻朝隠等が控鶴内供奉に任じられている。時に吉頊は天官侍郎・同鳳閣鸞台平章事の要職にあり、彼が張兄弟の意を受けて人選にあたったようである。[22] この控鶴府は、白鶴に乗って昇天した周霊王の太子晋、いわゆる王子晋にちなむものである。

則天は天冊万歳元年（六九五）嵩岳に登封の礼を行ない、万歳登封と改元する。この時、王子晋廟をよぎり王子晋を昇仙太子に冊立し別廟を造営しているが、控鶴府設立の翌月、再び嵩岳に行幸する途中、緱氏山上にある昇仙太子廟に詣で得意の飛白書で「昇仙太子碑」を揮毫したのも密接なかかわりがある。ちなみに行幸のみぎり病に伏した武后が、平愈を少室山に祈願させた使者こそ控鶴内供奉に就任したばかりの閻朝隠であった。彼は沐浴したのち俎上に身を伏せ、自らを犠牲として捧げるかわりに武后の命を救いたまえと祈り、小康を得た武后が彼の忠誠に厚く報いたと伝えられる。内供奉のありようを伺うに足るエピソードであり、彼らがいかに武后と深く結びついていたかを物語っている。[23]『全唐詩』巻六九に残る閻朝隠の詩十三首には見えないが、宋之問、沈佺期らと同様、昇仙太子に題する応制詩もあったはずである。[24]

ところで聖暦二年六月、偃師県緱氏山上の王子晋廟に建てられた「昇仙太子碑」（『金石萃編』巻六三）には、春官尚書の武三思以下、多くの朝臣が名を連ねており、その中に、

朝請大夫守𠈌（天）官侍郎同鳳閣鸞臺平章事左控鶴内供奉𢘑（臣）吉頊

勅検校勒碑使守鳳閣舎𡈽（人）右控鶴内供奉騎都尉𢘑□□

の両名が見える。後者が薛稷であることは明らかであるが、なぜか両唐書の薛稷伝には内供奉に言及せず、吉頊伝によってわずかに知られるだけである。

『金石萃編』の編者王昶が右碑文について注目しているように内供奉と同様、この控鶴府内供奉にも左・右があったことを知る。それは『舊唐書』巻一九〇中の員半千伝に、

長安中、五たびして正諫大夫に遷り、右控鶴府内供奉を兼ぬ

とあり、同じく宋之問伝にも、

俄にして洛州參軍を授けられ、尚方監丞、左奉宸内供奉を纍轉す

とある。ここにいう奉宸内供奉とは久視元年（七〇〇）六月、それまでの控鶴府を奉宸府と改めたことに伴うものであり、内供奉にはもともと左・右の別があったと断定してよかろう。

控鶴府より奉宸府へ、この模様替えには司馬光の表現を借りるならば「太后、その迹を掩わんと欲し」た背景がある。[25] 王子晋を意識した張易之の要請によって設けられた控鶴府は、銜名そのものが張兄弟を生々しく連想させ、兄弟好みの人選とあいまって淫靡軽薄の空気が濃厚に感じられる。右控鶴府内供奉に拝された前記の員半千が、

控鶴の職は古に其の事無く、また、斯の任を授けらるる者は率ね輕薄なるもの多くして朝廷の進徳の選に非ざるを以て、上疏し之れを罷めんことを請う。是れに由り旨に忤り、水部郎中に左遷さる

（『舊唐書』巻一九〇中、員半千伝）

といった不協和音が奏でられていたのである。事実、文人達だけでなく武后は美少年を選び左・右奉宸内供奉にあてており、尚舎奉御の柳模は息子の白皙にして眉目秀麗なることを、左監門衛長史の侯祥にいたっては自ら薛懐義にまさる陽道荘偉をいいたて、奉宸内供奉たらんと猟官運動に狂奔するなど「禮無く儀無きこと朝聽に溢る」るさまを、鋭く指摘した右補闕朱敬則の諫言もある。[26]

奉宸府へ衣替えした伏魔殿では、張昌宗の発案とされる『三教珠英』の編纂が始まる。「三教珠英　一千三百巻、目十三巻」（『新唐書』巻五九、芸文志三・丙部子録）というのは北斉朝に編纂された百科全書『修文殿御覧』と太宗の貞観中、高士廉らによって編集された『文思博要』千二百巻に素材を求めるかたわら、佛・道の両教に親属・姓

名・方域等の諸部門を加えたものである。翌大足元年（長安元年・七〇一）十一月に完成し上呈されているが[27]、本書は文宗の開成年間（八三六〜八四〇）に『海内珠英』と名を改められ、のちに宋の『太平御覧』に大きな影響を及ぼすことになる。張昌宗伝によれば「文學の士、李嶠・閻朝隱・徐彦伯・張説・宋之問・崔湜・富嘉謨等二十六人を引き、門を分ち撰集す」（『舊唐書』巻七八）というが、彼らスタッフすべてに奉宸府内供奉の肩書が準備されたか否かについては定かでない。張説伝をみるに「長安の初め、三教珠英を修し畢る。右史内供奉に遷り知考功貢擧事を兼ぬ」（『舊唐書』巻九七）とあり、宋之問伝には左奉宸内供奉として編修に預かっている。

ところで『三教珠英』の編纂事業には一年有余の間に千三百巻の修撰、しかも佛・道両教を新たに加えたとなれば、両教団の学匠に協力を求め一大プロジェクトを組織したことも想定されるが、よしんば協力があったにしろ彼らに内供奉が贈られた保証はない。ただ一方で則天時代に内供奉道士が存在したという厳然たる事実があり、内供奉僧の存在も充分予想される以上、その濫觴を控鶴府（奉宸府）もしくは内道場に求めるのが最も穏当であろう。

内道場の規定にも難かしい問題があり『釋門事始考』の指摘する東晋太元元（三七六・正しくは六〈三八一〉）年、武帝が建てた殿中精舎にはじまるとするか、後漢の襄楷が奏した浮屠の祠を宮中に建てたものを嚆矢とするか異説もあるが[28]、それらは一切割愛し則天時代に的を絞れば、この頃に内道場の存在が確認され名僧を招いて供養した記事も散見する。また義浄が『孔雀王經』を東都洛陽の内道場において訳出しているように、宮中で訳経事業が行なわれる時など内道場が利用されている。

則天が男妾の薛懐義を「其の迹を隠し禁中に出入するに便ならしめんと欲し、乃ち度して僧と爲し」たというのは有名であるが、この事実からも沙門の入内にはかなり便宜がはかられていたことを思わせる。直海氏が「内道場への出勤がどのような形で行なわれたのかは明瞭ではない」としながら訳経など特別な場合を除き日常的に出入りしても内道場に常住していたのではないとされるのに(29)、けだし賛成である。その場合、薛懐義が「内道場僧」ではなく白馬寺僧と称しているように内道場に出入する沙門たちには所住の寺院があり当然その僧尼籍のかかる本住寺を名乗らねばならない。とすれば内道場に出入しうるパスポートこそ、この内供奉という肩書ではなかったかと推測する。それは当初、文字通り入内し供奉する僧であったものが、やがて一つの肩書となり、俗官における内供奉制の成立にともない、佛・道両教の職称としても定められるに至ったのではないか。時に粟田真人が入唐し則天に拝謁しているのは興味を引く。

註

(1) 『日本後紀』「調綿一萬五百屯、施七大寺常住僧幷内供奉十禪師」とある。

(2) 小山田和夫「内供奉十禅師考」(『立正史学』五一、一九八二年、のち『智証大師円珍の研究』〈吉川弘文館、一九九〇年所収〉第二部第一章)、本郷真紹「内供奉十禅師の成立と天台宗」(『佛教史学研究』二八—一、一九八五年)。なお他に専論として舟ヶ崎正孝「奈良時代の禅師について」(『大阪教育大学紀要』二〇—二、一九七二年)、根井浄「日本古代の禅師について」(『佛教史学研究』二二—二、一九八〇年)、堀内和孝「宮中供奉僧に関する覚書」(『中央大学大学院論究』二三—一、一九九一年)、同「内供奉十禅師の再検討」(『古代文化』四五—五、一九九三年)、船岡誠『日本禅宗の成立』(吉川弘文館、一九八七年)などを参照。

(3) 「其僧綱及京内僧尼復位已上、施物有差、内供奉竪子、授刀舎人、及預周忌御齋種々作物、而奉造諸司男女等……」(天平宝字元年〈七五七〉四月辛巳)。

(4) 『大日本古文書』二四の断簡に「内供奉、无位土師宿禰馬人、朝明史人君、弓削宿禰清明、餘茀嶋」の四名がみえる。本郷氏は『大日本古文書』の天平十年(七三八)ごろのものとする説に従っている。

(5) 山崎宏「唐代の僧官」(『支那中世佛教の展開』〈清水書店、一九四二年、法藏館、一九七一年復刻〉第二部五章)、諸戸立雄「唐高祖朝の佛教政策」(『中国佛教制度史の研究』〈平河出版社、一九九〇年〉第四章第二節)。

（6）田村円澄「古代僧官考」（『史林』四七―一、一九六四年）、坂本太郎『大化改新の研究』（至文堂、一九三八年）第三編第一章、井上光貞『日本古代国家の研究』（岩波書店、一九六五年）第Ⅱ部第一章。
（7）薗田香融「わが国における内道場の起源」（『佛教の歴史と文化』佛教史学会編、同朋舎出版、一九八〇年）。
（8）楊素の弟楊岳の子弘礼は従兄の楊玄感が反乱することを予言したといわれ、唐に入り栄達にあずかった、が弟の楊弘武すなわち元亨兄弟の父も則天の母栄国夫人が同宗ということで乾封二年（六六七）には東西台（中書門下）三品に任ぜられている。同書同巻、楊弘武伝。
（9）『舊唐書』巻四三、職官二・吏部郎中条に「供奉官、兩省自侍中・中書令已下、盡名供奉官」とある。
（10）『夢溪筆談』巻一、故事に「東西頭供奉官本唐從官之名、自永徽（六五〇～六五六）以後、人主多居大明宮、別置從官、謂之東頭供奉官、西內具員不癈（廢）、則謂之西頭供奉官」とある。ただし永徽以後というのは誤りで龍朔二年（六六二）以後である（『夢溪筆談』Ⅰ・梅原郁訳注〔6〕の注参看）。
（11）『舊唐書』巻九二・『新唐書』巻一二二、魏元忠伝。
（12）『通典』巻二一、職官三・門下省「自開元以來、尤爲清選、左右補闕各二人、內供奉者各一人、左右拾遺亦然、兩省補闕拾遺凡十二人、左屬門下、右屬中書」。なお『文獻通考』巻五〇、職官四・拾遺補闕を参照。例として『舊唐書』巻一九一、厳善思伝に「則天時爲監察御史兼右拾遺內供奉」があげられる。
（13）『唐會要』巻六〇、侍御史条には「四員、長安二年始置內供奉、在正員之外、仍不得過本數、其遷改與正官、資望亦齊」とある。
（14）御史台については最近に胡宝華氏の「武周時期の御史台について」（『史林』七九―六、一九九六年）がある。ただ狙いが異なるため内供奉についての言及はない。なお『雲麓漫鈔』巻七に「唐有三院、御史・侍御史、謂之臺院、殿中侍御史、謂之殿院、監察御史、謂之察院」とある。
（15）『舊唐書』巻五九、姜謩伝付。なお『舊唐書』巻一八五上、田帰道伝に「長壽中（六九二～六九四）纍補司賓丞、仍通事舍人內供奉」とある。また『道藏』太平部「一切道經音義妙門由起序編纂列傳」に「朝散大夫中書舍人內供奉崇文舍官學士柱國臣蘇晉」とある。ただし『舊唐書』巻一〇〇、『新唐書』巻一二八の蘇晋伝には内供奉のことがみえない。
（16）『舊唐書』巻九六、宋璟伝に中宗のとき諫議大夫内供奉を兼ねたことがみえる（『新唐書』巻一二四同じ）。ただし『舊唐書』巻四三、職官志二「諫議大夫四員」に「龍朔七年（六六七）三月敕、其諫議〈大夫〉四員、内供奉不得爲正員」とあるのは大暦七年の誤りである。また『舊唐書』巻一〇六、『新唐書』巻一二一の王琚伝に睿宗時代のこととして詹事府司直・内供奉兼崇文学士となり、さらに太子舎人、諫議大夫内供奉を兼ねたことをいう。

(17)『宋高僧傳』巻二四、元皎伝には「加署内供奉」と記す（『大正蔵』五〇・八六四c）。なお『册府元龜』巻五二・帝王部・崇釈氏二、『資治通鑑』巻二一九、至徳二載（七五七）五月丁巳条参照。

(18)巻三、会昌二年（八四二）五月二十九日条に、「有敕、停内供奉大德、兩街各二十員」とあり、内供奉の中、両街から四十名を停廃したという見方も可能である。同四年（八四四）三月条には長生殿の内道場にふれ、昔から佛像や経蔵を安置して「兩街諸寺の持念を解する僧三七（二一）人を抽び、番次に差入し日毎に持念し日夜絶えざらしむ」とある。これも全体の員数二十一名か両街各二十一名か判断に迷うが、相当数の内供奉僧が任ぜられ輪番制にて内道場につめていたことを知る。

(19)『日本國承和五年入唐求法目錄』に円仁の識語があり「又逢大唐内供奉譚弘阿闍梨付法弟子全雅阿闍梨、諮稟祕法」（『大正蔵』五五・一〇七六b）という。譚弘は弁弘で海雲の『兩部大法相承師資附法記』および造玄の「胎金兩界血脈」によれば恵果の弟子すなわち空海の法兄弟にあたる。

(20)大暦七年太歳壬子正月癸未朔二十三日乙巳の題記に「使内供奉道士申昇〈廟諱〉」「使翰林供奉道士王端静」の名がある。又時代は降るが『入唐求法巡禮行記』巻三、会昌元年（八四一）正月九日条に大清宮内供奉矩令費なる道士に玄真観で『南華眞經』を講義させたことがみえる。

(21)則天の官制については何汝泉「武則天時期的使職与唐代官制的変化」（『中国唐史学会論文集』一九八九年）が新しく発表されている。

(22)『舊唐書』巻一八六上、吉頊伝。『新唐書』巻一一七、同伝。

(23)『舊唐書』巻一九〇中、閻朝隠伝、『新唐書』巻二〇二、同伝、『通鑑』巻二〇六。拙稿「『華嚴經傳記』の彼方――法蔵と太原寺――」（本書第二篇第八章所収）。

(24)『全唐詩』巻五二には宋之問の「幸少林寺應制」「幸嶽寺應制」が、巻九六には沈佺期の「嵩山石淙侍宴應制」がある。

(25)『通鑑』巻二〇六、久視元年六月条。

(26)『舊唐書』巻七八、張行成伝付・張昌宗伝。
(27)『唐會要』巻三六、修撰に「大足元年（七〇一）十一月十二日、麟臺監張昌宗、撰三教珠英一千三百巻成、上之」とあり、同撰二十六人の名を記し「于舊書外、更加佛道二教、及親屬姓名方域等部」という。なお吉川幸次郎「張説の伝記と文学」（『吉川幸次郎全集』第一一巻、筑摩書房、一九六八年）に言及がある。
(28)『晉書』巻九、孝武帝本紀、太元六年（三八一）正月条に「帝初奉佛法、立精舎於殿內、引諸沙門以居之」とあり、高雄義堅「支那内道場考」（『龍谷史壇』一八、一九三六年）もこれに従うが、山崎宏「煬帝（晋王広）の四道場」（『隋唐佛教史の研究』法藏館、一九六七年所収）は後者の見解をとる。
(29)直海玄哲「則天武后と内道場」（『佛教史学研究』三四―二、一九九一年）。

第七章　唐五代の童行制度

はじめに

中国史を研究する者に対する『資治通鑑』と、ほぼ同じ役割を佛教史研究者に果してくれるのが、『佛祖統紀』である。その著者南宋の志磐が、開元十七年（七二九）僧尼籍令に就いての条（『大正蔵』四九・三七四b）に、大略次のような論評を書き残している。「出家學道の要は師に従い受戒するにある。ところが則天の延載はじめ僧尼を祠部に隷屬せしめ、玄宗の開元中に僧尼の三載一造籍を命じ、肅宗朝には度牒を鬻ぎ、これを香水錢と謂った。宋の南渡するに及び、又僧尼に對し免丁の賦を創め、清閒錢と呼ぶ。佛は『我制するところに非ざるも、餘方清淨のためなれば、行わざるを得ざれ』と申されているが、佛眼を以て末世を洞察され、佛徒に勉めて國法に従わしめようとされたものであろうか」と。彼の史観には一種の宿命観の臭みがする。しかし異質の佛教が中国社会に受容されるには内部に中国思想との軋轢をひかえ、外部には強大な君主権力の圧迫を経験せねばならなかったのであり、実にこれこそ伝来当初より佛教に背負わされた宿命にほかならず、政治、思想両面との抗争の歴史がそのまま僧団の歴史と言っても過言ではないのである。

志磐が論ずる通り、国家による僧団支配は唐宋の間に急激に強化され、それは丁度崩壊する貴族社会より君主独裁社会への過渡期に当たることは一応注目に値いする。それは又ひとえに、幾多抵抗を展開しながら遂に俗権の前に身を屈するに至った僧団の姿であったことは、志磐の嘆息とも絶望ともつかぬ文面にも如実に表示されている。本章はこの唐末五代の混乱を経て、宋代に及ぶ変動期に於いて、最終的に国家機構の下に再編成されて行く僧団の変革過程を、童行制度の問題を中心に先学の驥尾に附して眺めてみようとするものである(1)。

一

行文の便宜上からと、一つにはまた拙論の特殊性もあって、はじめに童行とその僧団に於ける地位とに就いて、概説しておくことにする。

童行とは童子・行者の略称で、普通の児童とか修道者の意味を離れ、僧団に於ける特殊な階級を指す呼称にほかならない。唐の張謂の詩に「童子學びて道を脩め、誦經して出家を求む」(『文苑英華』巻二一九「送僧」)と吟じ、『枕草子』の種本と目されている李商隠の『義山雜纂』に、「悪不久」と題して「姦汙の僧尼、行童を罵る」と皮肉られている童子・行者などがこれである。童・山童・童侍・侍人といった別称も有する両者を、『釋氏要覽』巻上には寄歸傳と善見律を引用し、俗衣を着て寺院に詣り、佛典を誦しながら落髪を求むる者とし、両者の区別は年齢によるのみで十六已上を行者とするにすぎないとある(『大正蔵』五四・二六六c)。

この童行はインド教団には存在せず、中国佛教に至ってはじめて出現した。道端良秀氏はインドでは比丘・比丘尼のみ僧と認められたのに対し、中国僧団ではその前行の地位にあった沙弥・沙弥尼までが公に僧と認められ、免租、免徭役の特典が附与せられた。かくして僧尼の前段階としての沙弥・沙弥尼に代るべきものが必要となり、それが童子・行者となって出現したと説明されている。[2] しかし童行が僧団独自のものかといえば、必ずしもそうではなく、道教々団にも早くから存在しており、南朝梁の人宝彖の伝（『唐高僧傳』巻八〈『大正蔵』五〇・四八六c〉、以下『唐傳』と略）に彼が佛門に入る前は道士の童子であったとの記載が見える。従って中国に於いては古くから童子の科が行われた実情から合せ考えて、佛教東漸後僧団の中にはじめて成立したものと軽々しく断定することはできない。しかしインド教団に存在しない童行の出現には、国家経済の基盤となる賦役問題が介入しており、それだけに佛教の中国化、ひいては国家権力に依る僧団の支配化を占う一メルクマールとして、重要な意義が与えられることは確である。参考までに申し添えると、中国の童行は落髪を求むとの語が示す通り蓄髪していたことは、吾国の道忠がその著『禪林象器箋』の中で、「舊説に曰く、中華の行者は日本の所謂行者とは別なり、日本の行者は鬢髪を剪除し、行事は俗と同じうす。中華はすなわち凡そ剃髪したるは唯僧及び沙彌あるのみ。行者の如きは剃落せず云々」と述べており、この旧説が正しいことは入宋僧成尋の『參天台五臺山記』に、頂髪を双に束ねたとみられる双頂童子の記事が散見することにより窺われる。

さて童行は出家し寺院に投ずると先輩諸僧と院内に止住し、あらゆる雑役に従い或は寺田・僧田の耕作に駆使された。しばしば例に引かれる北朝佛教の祖、道安の伝（『梁高僧傳』巻五〈『大正蔵』五〇・三五一c〉）には彼の容貌が極めて醜いために疎まれ、常に田圃の耕作に追い出された逸話が残されている。また唐代南方禅宗の祖、韶州南華寺慧能が禅宗五祖弘忍に師の礼を執った際、弘忍が何の功徳をなすやと問うたのに答え「願わくば力を竭し石を抱きて舂き、衆僧に供（養）せんのみ」（『宋高僧傳』巻八〈『大正蔵』五〇・七五四c〉、以下『宋傳』と略）といい、かくの如き井臼の労は率先して行なうことを誓っている。また慧能と同門であり北方禅の祖となる荊州度門寺神秀は、同じく弘忍に師事し「樵汲を以て自ら役し、その道を求めり」（『宋傳』巻八〈『大正蔵』五〇・七五六a〉）とあり、京師西明寺慧琳の伝（『宋傳』巻五〈『大正蔵』五〇・七三八a〉）には「始め不空三藏に事え室灑となる」と伝えている。このように樵汲・室灑、或は僮役・力生などの語が童行の代名詞となるには、それ相当の苛酷な試練が課せられていたからに相違ないし、この諸雑役の間には剃髪得度への準備のため、暇をみては師主および先輩に誦経とか義解の手解きを受けなければならなかったのである。「初め蜀郡の康禪師に事う。……質を僮役に委ね服勤すること星歳、旁に奥旨を窺い、密に眞乗を悟る」（『呂衡州文集』巻六、「南嶽大師遠公塔銘記」）とか、天台山禅月禅師貫休の山居詩（『禪月集』巻二三）に「水碓（碾磑）人なく、浩々たる風、童子は念經す、深竹の裏」という流麗な句の中に、身心を刻する童行の生活を彷彿させるものがある。こうして剃髪得度し沙弥（僧）となり、具足戒を納めて比丘（大僧）となるのであるが、童子より直接沙弥となり、その年に具足戒を受けて比丘に昇格した者もある通り[3]、童子・行者・沙弥に一定年限はなく各人の努力如何に左右されていた。この点、後述する年齢の制限を設けた宋代とは異なり、インド僧団の要素を多分に残存していたと言える[4]。

ここで一つ注意を喚起しておく必要がある。それはこれまでに紹介した童行より比丘への過程が、インド教団制度に準ずるいわばオーソドックスな推移であり、中国特に唐代の制度に必ずしも合致するとは限らないことである。一体得度とは具足戒を経て沙弥より比丘となる段階、換言すれば悟りをうる意味である。しかし唐代では先述のように沙弥にまで僧の資格を与え、賦役免除の特権を附与し、その代償として官による得度制度を設けた。官度を経なければ僧と認めず、恣ままに剃髪得度すれば私入道もしくは私度として弾劾され、主僧ともども還俗と杖一百の厳刑に処せられたのである（『唐律疏議』巻一二、戸婚）。ゆえに官の認可が得度となり本来の意味は失われたことになる。為政者は課丁の寺院流入とこれら私度僧の横行をおそれ、官得度者には身分証ともいうべき度牒を給付する一方、各僧在住の寺院に僧尼籍を設備し弾圧に意を注いだのである[5]。この政策の下で法的ないし社会的に僧であるためには、公に度牒をえ僧尼籍に名を連ねることが何より急務である。だが臨時の詔勅（特に大赦令）に師主の推挙を蒙むるか（勅恩得度）、年々施行される試経得度以外に官度の機会はなく、それも僅に闕数を補う程度にすぎないから、仲々に困難であった。(6) かくして如何に専心修道しても機会に恵まれなければいつまでも童行の地位に停まらねばならず、得度への道が峻しい反面には童行の増加がある、とすれば、この矛盾に立つ童行の運命は自ら定まったも同然で、ここに私度僧と童行とが不可分離の関係にあり、童行の実態を把握しなければ私度僧に関する充分な究明も不可能となるおそれが生じてくるのである。

一般に私度僧の生じてくる背景は、僧尼の免租、免徭役の特典に着目した避徭役の棍徒に求められる。それは一応正しい。しかし道端良秀氏が偽濫妖僧の私度僧のみでなく、真実求道の私度僧にも言及されたのは以上の点から当然豫測される事情にある。私は官得度者とみなされがちな高僧伝中に一時的にもせよ私度僧であった人を見出すのはその証左であると考えるので、二、三例をあげてみたい。

（隋）文帝十七年、勅條括天下私度僧尼、勘（慧）安云、本無名姓、亡入山谷

（『宋傳』巻一八、慧安伝〈『大正蔵』五〇・八二三b〉）

僧尼籍の創設年代は玄宗の開元七年（七一九）に置かれるが、私度の僧尼を条括し慧安の姓名がなかったことは、すでに隋代には僧尼籍らしきものが作成されていた具体的な資料となる。慧安は当時私度僧であったがために還俗を畏れ山谷に逃亡したのであろう。

年十九、郷薫所崇、爲州助敎、而情厭煩梗、懷慕出世、年二十三、方預剪落……年三十四、方隷官名、住秦州梁父甑山存道寺（『唐傳』巻二〇、慧斌伝〈『大正蔵』五〇・五九一b〉）

「方預剪落」とは出家得度、「方隷官名」とは官度をえて僧籍に名を録したとの謂である。類例をあげる。杭州霊

隠寺守直の伝（『宋傳』巻一四〈『大正蔵』五〇・七九七c〉）によれば、彼は蘇州支硎寺に於いて具足戒を受け更に無畏三蔵に菩薩戒を受けたが、「開元二十六年に至り制ありて高行の俗道を擧げしむ。正名を請い大林寺に隷す」とあり正名の文字を用いている。慧斌は出家得度しはじめ私度僧となり、十一年を経過して官度を与えられたもので、「方隷官名」の表現に意味があり守直も同様に私度僧であったと考えられる。

裴休の撰になる「大達法師玄祕塔碑銘」（『唐文粋』巻六二）には、

始十歳、依崇福寺道悟禪師爲沙彌、十七正度爲比丘、隷安國寺、具威儀於西明寺（圓）照律師

とあるが、右文と完全に一致する文が『宋傳』巻六、端甫の伝にあり、大達法師とは端甫その人である（『大正蔵』五〇・七四一b）。文中の沙弥とは先の論法で行けば童行でなければならず、十七正度を官度と見、比丘を沙弥と考えねば妥当ではない。しかし唐代では沙弥と比丘との混用はいざ知らず童行と誤用される例はまずないから、正度を受戒とする誤謬もそこに当然生じてくる。端甫の卒年は開成元年（八三六）六月のことで春秋六十七、僧臘四十八とある。前の誤謬を正す鍵は「僧臘」の語にあり、これは法臘とも夏臘とも称し具足戒を受け比丘大僧となった以後の年載を計算する。(7) 俗寿より逆算すると四十八年前は十九歳であり十七歳受戒説とは相容れない。故に正度とは正しく官度で十〜十七の七年を私度僧（沙弥）として終り、十七に官度、十九に円照律師の下で受戒したものなのである。

ともあれ、これにより中国僧団にはじめて出現し、四回に及ぶ大廃佛事件を筆頭に国家と僧団の抗争の動因となった私度僧の裏面に、新生の童行集団が介在していた事情を説明しえたであろう。次に、この僧団の下部を構成する童行集団の発展と、それに対処する歴朝の施策に就いて論ずることにする。

二

高僧伝を繙くにまず気の付くことは、各僧の出家年齢が極めて幼弱である点である。数例をあげると『法苑珠林』の著者京師西明寺道世は十二歳で青龍寺に投じ（『宋傳』巻四〈『大正蔵』五〇・七二六c〉）、空門の奇童と讃えられた京師大慈恩寺の義忠は十三（『宋傳』巻四〈『大正蔵』五〇・七二九c〉）、徳宗より順宗にかけて皇室の寵を蒙った五臺山清涼寺澄観は十一歳出家、十四に恩得度（『宋傳』巻五〈『大正蔵』五〇・七三七a〉）であり、ふるくは道安十二、その弟子廬山の開祖慧遠は十三、訳経の父と仰がれる玄奘は十一となっている。無論中には例外もあり三峯山道樹の如く不惑の歳近く入道した者もあるが（『宋傳』巻九〈『大正蔵』五〇・七六五a〉）、ほぼ童子出家と見なして差支えない。現在のところ童行の発生はどこまで遡られるか詳ではない。しかし早くより童子出家が普遍化していたようで、『唐傳』巻一〇、隋の西京宝刹道場浄願は壮室（三十）入道であったために同侶の侮蔑を買ったという（『大正蔵』五〇・五〇四b）。深遠な教理体得の必要から長期に亘る研鑽が是非とも要請せられていたからでもあろうか。このように童子出家が社会常識となっていたとすれば、当時の僧団には相当多数の童行が存在していたと豫想される。しかし後に論ずる通り唐代では童行制度は法的に認められておらず、具体的な数は資料に現われてこない関係上、種々の資料を照合して概略推定する以外に方法はないようである。

隋の文帝の熱烈な帰依を蒙った曇延の伝（『唐傳』巻八）に、

延以寺宇未廣、敎法方隆、奏請度僧、以應千二百五十比丘、五百童子之數、勅遂總度一千餘人、以副延請（『大正蔵』五〇・四八九a）

と見える。このたびの度僧は北周廃佛のあとをうけて隋朝に於ける佛教復興の基礎となったものであり、又文中の「千二百五十比丘、五百童子」とは経典に由来する数字である。仮にこの比率が唐代に継承されたとすれば、開元年間に於ける正規の僧尼十二万六千百人（『唐會要』巻四九、僧籍）に対し童行は五万余人となり、この程度ならばさほど大きな社会問題とするには当らない。しかし実は唐中期以後如上の比率を遥に上まわり、宋代では童行数が僧尼数を凌駕し国家の頭痛の種と化すことになるのである。

玄宗から代宗朝にかけて皇室の師と仰がれ、開府儀同三司、粛国公、食邑三千戸を贈られた大広智不空の奏状を集録した『代宗朝贈司空大辨正廣智三藏和上表制集』（以下『表制集』と略）巻三に不空の遺書一首があり、その中に次のような記述がある。

汝等幼稚者多、故先遺囑當院僧弟子慧勝等、少小事吾、恭謹無怠、勤勞歳久、實可矜憐、雖五部未霑、並一尊精熟、修持成佛、是可有餘、各自策勵、如吾在日、必須和睦、同共住持、若有害群、吾不祐汝

（『大正蔵』五二・八四四b）

又言う、

院内行者童子、上從賢德、下至汝奴、汝仕大夫、爲奏與度、其蘇但那野奢、並放爲良、任從所適、樂在院中、亦任本意（『大正蔵』五二・八四四c）

すなわち、不空が後事を託し童行への訓戒と奴婢の前後措置とを遺した文である。(8) 不空は天宝十五載より大暦六年六月臨終に至るまで京師大興善寺に住し、その間訳経のかたわら密教の隆盛を齎すことに尽力する一方、僧団の重鎮として国家的佛教への推進者たるに相応しい八面六臂の活躍をなしたのである。彼の『表制集』及び列伝には朝野の尊崇を裏書きするように布施によるおびただしい銭帛・荘園・碾磑についての記事がみえ、遺文中の奴婢も

恐らく布施によるものと思われる。この一種の権勢者であり、経済的にも豊かな不空の下に幾多童行の集中するのは必然の趨勢で、右文はそれをたんてきに物語っている。更に具体的な資料をあげれば、同じく『表制集』巻二「請降誕日度僧五人制」に、

行者畢數延　年五十五　無州貫、誦梵本賢護三昧經一部幷誦諸陀羅尼、請法名惠達、住莊嚴寺
行者康守忠　年四十三　無州貫、誦經一百二十帋、幷誦諸陀羅尼、請法名惠觀、住東京廣福寺大弘敎三藏毘盧舍那院
行者畢越延　年四十三　無州貫、誦梵本楞伽經一部、誦金剛般若經幷諸陀羅尼、請法名慧日、住莊嚴寺
童子石惠璨　年　十三　無州貫、誦梵本大吼雀王經一部、誦隨求陀羅尼幷經、請法名惠光、住西明寺
童子羅詮　年　十五　無州貫、誦梵本出生無邊門經、誦隨求陀羅尼呪幷經、請法名惠俊、住西明寺

右特進試鴻臚卿大興善寺三藏沙門、大廣智不空奏、前件行者童子等、並素稟調柔、器性淳確、服勤經戒、諷誦眞言、志期出家、精修報國、今因降誕之日、請度爲僧、各配住前件寺、冀福資聖壽、地久天長

（大暦二年十月十三日牒〈『大正蔵』五二・八三五c〉）

とみえる。この資料はすでに道端氏に依り紹介ずみのものである。右の行者・童子は降誕の日を機会に不空の奏請で官度を蒙るわけであるが、相当年配の輩があり、恐らく官度の機会に恵まれず童行として永らく院中に住していた者であろう。この官度は前に触れた所謂恩得度で国忌、祝日等にとり行なわれていた。

（行者）羅文成　年三十　貫土火羅國、誦金剛般若經、誦起信論、誦菩薩戒經、法名惠弘、請住西明寺
（行者）羅伏磨　年四十五　寶應功臣武校尉守右羽林軍大將軍員試大常卿上柱國賜紫金魚袋、貫涼州天寶縣高亭鄉、法名惠成、請住化度寺
童子　曹摩訶　年　貫京兆萬年縣安寧鄉永安里、父爲戶、誦法花經一部、法名惠順、誦（請）住千福寺

（大暦三年十月十三日牒〈『大正蔵』五二・八三六c～八三七a〉）

前文と同じく不空の「請降誕日度三僧制」と題する一文である。前二者は童子曹摩訶の例に照らして行者の二字を加えたが曹摩訶の年齢は十五以下としか判らない。いずれも大興善寺の童行である。又同書「請度掃灑先師龍門塔所僧制」一首には、

無名僧恵恆　年四十六　俗姓張名景芒、貫鄭州滎陽縣檀山郷安信里、父壞道爲戶、身無籍、……
當院行者趙元及　年三十五　貫京兆府雲陽縣龍雲郷修德里、父貞觀爲戶、身無籍、……
行者田榮國　年三十三　貫京兆府萬年縣積福郷積德里、父壞常爲戶、身無籍、……
童子李寶達　年　十三　貫京兆府照應縣故疊郷修文里、父守信爲戶、……

右特進試鴻臚卿大興善寺三藏沙門、大廣智不空奏、前件無名僧等、先嘗奉事故大和上、服勤香火、積有歳年、志性柔和、堅固無懈、請與正名、便送塔額、住彼掃灑、冀終罔極、獲展師資、行者童子等、並久習眞言、兼誦經典、不離本院、業已成就、伏乞與度、俾勵修持、

（大暦三年六月十三日牒〈『大正蔵』五二・八三六ａ〉）

とある。先師或は故大和上とは中国密教の先達として有名な洛陽弘福寺僧金剛智のことで、『宋傳』巻一、金剛智の伝によれば、彼は開元二十年（七三二）八月に卒し、その年十一月に龍門の南、伊川の右に葬られている（『大正蔵』五〇・七一一ａ）。又無名僧とはいわゆる私度僧のことにほかならない。右の奏文は二段にわけることができる。まず無名僧恵恒は金剛智に師事した者で、すくなくとも三十六年を童行か私度僧のまま留住し、ここに龍門塔の掃灑に当たることを機縁に官度を請うもの、他の童行三名は恵恒の官度と一併して度を請うものである。以上の資料は幾多の問題を残してはいるが、それらは一切割愛し、ともあれ不空の文状により院中の童行がほぼ推定できる。それは彼等請度の順序としては年齢によらず、志性或は修道実績の如何によるものに相違ないし、この他にいまだ不空の意にかなわぬ幾多童行の在住が当然豫想されるからである。

不空『表制集』巻二、「請臺山五寺度人抽僧制」には天宝の乱後五臺山の僧徒が流散し減少したから、久しく精苦した山中の童行を毎寺十四人を得度せしめんと請うており、しかも毎寺三七人即ち二十一人に満たすことを目的としている（『大正蔵』五二・八三六b）。とすれば、童行と僧の比率は二対一の割合となる。又円仁の『入唐求法巡禮行記』巻三、開成五年七月二日条には、五臺山大花厳寺の斎会の模様を伝え、丈夫・女人・童子・沙弥尼衆が各々一列となり、食堂中に於いて供養を受けていたという。これによっても院内童行の多いことを肯定するに足ろう。唐代の寺院は広大な荘園を領し、碾磑・無尽の営利事業を行ない、民と利を競ったことは頻に論ぜられるところで、それを運営するに当り寺戸・奴婢と共に童行は不可欠の労働資源であったものに相違ない。(9)『敕修百丈清規』には、行者の職名に、執局・参頭・副参・堂司・客頭・方丈・庫司・方丈客頭・庫司客頭・喝食・供頭・供過・直殿・衆寮・門頭・監作・浄人等、実におびただしい数目を上げており、彼等の住する童行堂、行者房の名も見えている。

さて童子出家が一般的風潮である反面に彼等を蓄わえる傾向も看過されない事実である。童行の性格そのものが僧尼に附随するものであり、逆に僧尼の立場としては己の衣鉢を託し、法門を伸長しつつ往生という最終目的達成のためには童行の育成が後生大事となる。『唐傳』巻二〇、慧熙の如く「一身獨立して侍人を畜わえず」（『大正蔵』五〇・五九四c）といい、同じく曇韻も「名利を希わず、侍人を畜わえず、公籍に隷せず」（『大正蔵』五〇・五九三b）とあり、又『宋傳』巻一八、慧昭も「關を閉じて自ら處し、左右侍童なし」（『大正蔵』五〇・八二五c）とて侍人を蓄わえぬことが高僧たるべき一条件とすら思わせる類例が散見する。彼等に門弟のいた限り、侍人とはいわゆる身辺に侍り樵汲にたずさわる童行のことであり、裏返すと法門のための門弟育成という大道を離れ、一般僧徒が童行を蓄わえ駆使に当てる傾向にあった相を映じた筆致であると思われる。

段成式の『諾皐記』に、鄭余慶が梁州に鎮撫した折、龍興寺僧智円と称する者のために城東に隙地を選び蘭若を造営したところ、此処には智円の他に沙弥、行者各一人が住したという。余慶の伝（『舊唐書』巻一五八）によれば彼が梁州に任官したのは徳宗の貞元九年（七九三）、山南西道節度観察使に任ぜられたときで、同十二年には太子少師になっている。『諾皐記』には荒唐無稽の記述が多いから俄に信憑すべきではないかもしれぬ。しかし唐代以後、功徳墳寺と称する官吏・貴紳の私寺建立が一世を風靡し、家僧・門師となり、その傘下に属する者が増大した[10]当時の蘭若生活としては、何の躊躇も要しないのである。

開元の初期、資州の山北に蘭若を結び、刺史王曄の僧徒追放の運命に遭遇した処寂が、離別せんとする弟子に「汝出家すと雖も猶未だ業を識らず」（『宋傳』巻二〇〈『大正蔵』五〇・八三六b〉）と謂ったのは童行であったと思われ、大和七年（八三三）に天台山石橋の近辺に丈室を営構した普岸は、唯一童侍を携え薪水を給せしめるのみで、この童侍こそ後に彼の法灯を伝えた全亮であった（『宋傳』巻二七〈『大正蔵』五〇・八八〇b〉）[11]。また『禪月集』巻三、「冬末病中作」詩には、貫休が病床に伏し、その傍に童侍が附添っていたらしく「山童は頑にして且小なれば、これを用いるも復何の益あらん。教えて茶鐺を洗煮せしむるのみ」と吟じている。

以上で明らかなように、大寺院に限らず招提・蘭若或は草茅の類まで童行は配住されており、この種のものは戦乱時は申すまでもなく太平無事の時代でも仮住として結構され、加えて亡命偽濫の徒がこれを足場に朋党を組み、社会悪の藪沢として常に注目を浴びていた。孫元の「大唐銅山禪師信行和尚蘭若記」（『全唐文』巻八三九）に、貞元十三年観察使の幕郎官判官李氏某なる者が戸口巡察を兼ねて諸山の蘭若を封閉していた話がある通り、絶えず廃毀の命が下っている[12]。そうした努力にも拘らず、会昌の廃佛の対象となったものは四万余所にも上り（『唐會要』巻四七、議釈教上）、『入唐求法巡禮行記』巻四（会昌五年十一月三日条）に、円仁が河北四節度使の毀釈に応じなかったとの見聞記を残しているので、信を置くならば官憲の追壊を逃れた草堂、蘭若を加えてさらに増大する。従って一所一童行として換算すれば蘭若のみで約五万、一僧一童行で総数三十万近く計上できる。(13) しかも『大唐青龍寺三朝供奉大徳（恵果和尚）行狀』の大暦八年（七七三）三月付の牒文に、「微僧に二童子あり年二十に滿つ云々」（『大正蔵』五〇・二九四c）と奏する様に、単に一僧一童行にとどまらず数人の童行を抱える懼も多分にあり、かくあってこそ童行を蓄わえるの句が活きてこよう。さらに会昌の頃には正規の僧にとどまらず、私度僧に至るまで童行を蓄わえていたことは円仁が「李（徳裕）宰相聞奏僧尼條流」中に「無名僧の童子沙彌を置くを許さず」（『入唐求法巡禮行記』巻三、会昌二年三月三日条）と記録していることにより判明する。

ちなみに宋初の童行数をみると、後に引用する太宗至道元年（九九五）の条には、泉州に於いて四千人と見え、真宗の景徳二年（一〇〇五）知興化軍文鈞の言に、興化軍の係帳童行の数は五千七百八十八人であると述べており（『宋會要輯稿』道釈、披度普度度牒）、『宋史』巻八九、地理志によれば、興化軍の管轄は莆田・仙遊・興化の三県にすぎず、かくて一県あたり約二千人にのぼる。更に証すると同書の仁宗の天聖三年（一〇二五）四月の条に開封府は乾元節を以て寺観の童行千三百六十二人を度さんと請うており道観の童行と合併した数ながらすでに咸平四年（一〇〇一）に童行の資格が十歳以上、尼年十五、僧十八を以て剃髪得度と定めているだけに、これが遵守されるなら開封府の童行は実に一万前後に達する。なおこれ等は係帳に基づく者のみで、この他にも景徳四年十一月の条に承天節には特に「不拘係帳」の童行一人を寺院毎に得度せしめる旨許可している如く、もぐりの童行もいたわけである。

三

前節にみた通り、童行は時とともに増加の一途を辿った。それではこのような現実を為政者はどのように把え、どのような処置を講じたであろうか。唐・五代・宋と童行集団の変遷推移を制度上から浮彫にし、問題解決の緒を模索してみたい。まずさきに結論を述べておこう。これまで筆者の論法では唐代には童行制度（僧団内の一部として法的な裏付けのある）が存在したかのような印象を与えたかと思うが、実は諸種の資料を綜合した結果、唐以前を含めて五代中期頃までの童行には法的な裏付けがあったわけではなく、むしろ単に慣習により地位を与えられた集団にすぎなかったと断じたいのである。このことは得度制度のあり方と比較して一見矛盾するようにも聞えようが、以下論証することによって明らかになろう。

唐初、度僧の口火をきった太宗貞観九年（六三五）の「度僧於天下詔」（『廣弘明集』巻二八〈『大正蔵』五二・三二九b〉）に、天下諸州有寺の処で僧三千人を得度せしめる旨を述べ、その資格は「務めて精誠徳業あるものを取り、年の幼長を問うなし」といい、さきに還俗した者、私度白首の徒も良善なる者は取限にあると命じている。ここに年の幼長を問うなしとあるのは童行を対象とした叙述であることは論をまたない。ではなぜ端的な童行の文字を使用せずまわりくどい表現形式をとるのか。開元二十六年制に至っては「灼然として經業戒行あり、鄕閭の推す所となるもの」（『冊府元龜』巻五一、崇釈氏一）と抽象的な表現をなしている。もっとも高宗顕慶三年（六五八）、玄奘三蔵のために行われた度僧の勅には「童子一百五十人を詮試す」（『大唐大慈恩寺三藏法師傳』巻一〇〈『大正蔵』五〇・二七五c〉）と童子の語を用い、中宗神龍二年（七〇六）の試経制度創設の勅文にも「天下童行の經義を試し、挑通して滞るなき者はこれを度して僧となす」（『釋氏稽古略』巻三〈『大正蔵』四九・八二一c〉）とあり、文字の相違等さして意味はないかもしれない。しかし『宋傳』巻九、慧忠伝には「天下名山僧中」（『大正蔵』五〇・七六三a）、同巻一六、神湊伝には「天下出家者」（『大正蔵』五〇・八〇七a）とあるなど統一されておらない。我田引水のそしりは免れずとも、宋代の資料と比較しさらには不思議に佛徒の著述以外に童行の文字が見当らぬことを、唐代に於ける童行の制度化を否定する一根拠と考えたいのである。

では童行集団の存在を認めながら、その制度化を否定する主な論拠は何か。僧尼である為には僧尼籍に隷し度牒を得てはじめて法的ないし社会的に認められることはすでに述べた。私度僧は僧であろうとも法的には保証もなく、籍は本貫にあり免租免徭役の特権もない。と同様な見地から童行の帳籍が寺院に置かれたか或は郷里本貫に残されたかを検討することにより問題解決の鍵がえられるものと思う。

唐代の僧尼籍は開元七年（七一九）に設置せられ、一般戸籍と同じく三年に一造籍され、祠部・鴻臚寺・州県に各一本が配せられたが（『唐六典』巻四、祠部郎中員外郎、『唐令拾遺』雑令二七条）、これには童行籍に就いては何ら触れておらず、天宝八年（七四九）の十年一造籍を五年一造籍の制に改めた大和四年（八三〇）の祠部奏にも、

起今已後、諸州府僧尼、已得度者、勒本州府、具法名・俗姓・郷貫・戸頭・所習經業、及配住寺人數、開項分析、籍帳送本司、以明眞僞（『全唐文』巻九六六）

とあり、已得度の者に就いてのみである。恐らく右文の書式が官度をパスした者の手続であろう。ここで想起されるのは『表制集』にあった童行請度の脚注で、童子曹摩訶を例に再度引用すると、

童子曹摩訶　貫京兆萬年縣安寧鄕永安里、父爲戸、誦法花經一部、法名惠順、請住千福寺（『大正蔵』五二・八三七a）

とあって、前文に言う「具法名俗姓云々」と一致しており、童行籍が存在したのではないかとの疑問を抱かせる。

しかしこれは請度の書式で童行籍があったことにはならず、仮に童行籍設置を想定すれば、法名と俗姓が倒置されねばならないはずであるから、明らかに曹摩訶の貫は永安里に残され父が戸主なのである。かくて唐代では童行の籍は郷里に置かれたことが判明するが、最も決定的な資料を『唐律疏議』巻二八、捕亡律に求めることができる。即ち「若營求資財、及學宦者、各勿論、闕賦役者、各依亡法」の条に就いて『疏議』に次のように説明されている。

謂貿遷有無、遠求利潤、及學宦者、或負笈從師、或棄繻求仕、各遂其業、故並勿論、闕賦役者、各依亡法、謂因此不歸致闕賦役、各準逃亡之法

即ち商賈及び就学の離郷は許し、逃亡の法は適用しないとする。「笈（書籍）を負い師に従う」とは『史記』蘇秦伝に典拠を持つ言葉らしい。童行もこの枠内に含まれることは『宋傳』巻一七、元崇伝に「時に年十五、道を奉じ家を辞し笈を洞天に負う」（『大正蔵』五〇・八一四b）とみえるから、彼等がたとえ寺院に投じようとも、あくまで郷貫を持ち、成丁には賦役の義務が附帯せられていたのである。

つぎに五代の制度に移る。後唐末帝の清泰二年四月、功徳使の奏文に、

左右街僧錄、可肇報在京諸寺院童子行者、於千春節考錄、及限各給得文、許令披剃、及僧尼沙彌、年滿二十、受具戒（『冊府元龜』巻五二、崇釈氏二）

とみえる。これは千春節の祝賀行事の一つとして行われたもので内容は二種に区別される。即ち恩得度の童行考録と沙弥の官壇受戒の制に就いてである。右文と八年前の天成二年（九二七）六月の勅に、私度・私受戒を禁じ「若し童子の出家あれば亦すべからく顯に分據あるべし」（『五代會要』巻一二、雑録）とあるのを総合すれば、すでに後唐のころには童行制度が確立していたのではないかと疑われる。だが両文共に得度のための考録であり分拠であるし、また以下五代の資料を通覧した結果では否定せざるを得ない。とまれここで重視すべきは右文に僧尼沙弥の受

戒年齢を二十歳と定めた点で、冒頭に紹介した如く唐代では老弱を問わず自在であった。それが後唐に至り一応の枠を設定したのは得度制度に於ける変革として把握されよう。

確に唐一代を通じ得度及び僧尼受戒の年限はない。しかし玄宗朝を界に僧尼の年齢を引上げようとする動きのあることは見逃せない事実である。玄宗の「南郊推恩制」（『全唐文』巻二五）に「並びに三十已上の灼然として道行經業ある者を取る」とあり、開元十九年に私度僧の弊害を論じ（『唐大詔令集』巻一一三、「不許私度僧尼及住蘭若敕」）、即位後二十年の間度僧を禁じたにも拘らず、三十已下の小僧尼の在住を聞得したから州県に括責処分するよう命じている。これは年齢引上げに対する施策であるとともに、三十已下の小僧尼と限ったところに、私度僧の源泉に童行集団の存在を認めたものと考えることができる。(14) ともかくこの動きは爾後屢々表面に現われ、『舊唐書』巻一二七、彭偃の伝には、彼が大暦末年僧尼の課税を建議し、孔子の五十にして天命を知る、列子の斑白ならざれば道を知らずの句を拠として、五十以上の免租を打出している。彼は僧尼に課税すれば大半は還俗するであろうとの豫測に立つものであるから一種の年齢制限である。さらに『新唐書』巻一四七、李叔明伝には刑部員外郎裴伯言の見解を載せ、女子は十四に母となり四十九に生育の理を断ち、男子は十六に父となり六十四にて陽化の理を断つから、尼は四十九、僧は六十四を以て限度とし他は悉く還俗して編戸とすべしという。これらの主張は時宜にそぐわず嘉納されなかったとはいえ唐後半期に提出された動向として無視できない。私はこの動きが次第に変化し、結果して後唐末帝の受戒年限という施策となって現われたと考えるものである。

後晉天福二年（九三七）、得度制度に関し祠部より次の如き奏請が行われている。

便比試學業、勘詳事行、不虚則容剃度、及取本鄉里五人已上耆宿保明文狀、具言已前實是良善、兼須結罪、如爲僧之後、別行惡事、卽罪甘連坐、如是外來百姓、不得輒有容許（『五代會要』巻一二、雜録）

得度の際に郷里五人已上の耆宿による保明を要求し、加うるに連坐制を採択するなど従来にみられぬ制度である。理論と実際との懸隔に目を覆うならば、唐代に於いては道僧格・僧尼籍・度牒・試経得度など已得度者を対象とする諸種の僧団規定が順次整備され、後唐に二十歳官壇受戒、今また保明連坐の法がとられるに至ったのである。しかも次節に述べるとおり後周世宗の時には僧尼の資格はそれぞれ十五、十三を以て限度とすることになり、かくして僧団の自主性は次第に失われ、標榜する逸脱・逸民なる両手足を奪われ、俗権による強固な統御の網で身動きもできぬ様相を呈してきたのである。しかし熟考するに後晋の保明連坐は従来の得度制度を集大成した白眉のものには違いないが、それが得度制度の範囲を出ない限り劃期的なものとは言えない。なぜならばそれはあくまで僧尼の統御でしかありえず、唐朝の政策方針の延長に過ぎないからである。このいわば消極的な政策が次の後周世宗による廃佛事件を契機に積極的な方向へと転換する。それこそ外ならぬ童行制度の創設であった。

四

史上四度目の、そして最後の廃佛毀釈は顕徳二年（九五五）五月に断行され、名君と称される世宗に相応しい感覚で僧団の再編成が行われた。これについては詳細な研究があるから(15)ここで説明する必要はあるまいが、過去三回の毀釈とは異なり廃佛事件の終末であると同時に佛教が純粋に中国化する暁鐘であったのであり、諸改革の中に童行制度を発見するのもその一つの現われであると思われる。すなわち五月六日付で発布せられた詔勅に僧尼を条流すること画一後の如しとし、第一項に僧尼の私剃度を禁じている。便宜上重要な個所のみ二項に分けて引用する。

㈠　應有人志願出家者、並許父母祖父母處分、已孤者取同居伯叔兄處分、候聽許得出家、其師主須得本人家長聽

許文字、方得容受

(二) 男年十五已上、念得經文一百紙、或讀得經文五百紙者、女年十三已上、念得經文七十紙、或讀得經文三百紙者、方得經本州陳狀乞剃頭（『五代會要』巻一二、雑録）

従来この条文は同一内容で、しかも連続した扱いを受けて「方得容受男年十五已上」と句読は施されていない。今二項に分け傍点を付すことにより、前者は出家（童行）の手続であり後者は剃髪得度（試経）の規定内容を示したものであることが判明しよう。出家を志願する者は家長の聴許を得、その師主は家長の一書を受けて寺院に入れるとする。「方得容受」と末尾の「方得經本州陳狀乞剃頭」を対比すれば、どうしても二段に区切る以外に読みようがない。文面には具体的に表示されてはいないが、制度史の特色として前代の制度を踏襲し発展せしめつつそれをより簡略な表現に託するものであるから、家長の聴許及び師主の容受には、前の後晋の保明連坐制が含まれるに相違ない。現に宋代では童行に保明の制度があり、更に右文に続く四項には父母祖父母に侍養なき者及び棄背の子・亡命の徒・逃避軍人等の出家を禁じ、容受の師主、三綱以下の科断を命じているのはすでに唐代にも見られるものである。とすれば前に述べた後晋の得度制度が、後周では童行制度に置き換えられたとみなければならない。常識的に考えても出家の際に保明する以上、得度の時再度保明する必要はなく、後周が出家童行の折にその手段を講じたことは僧尼の年齢制限をはじめて条文化した結果、それに附随する童行を新たに規制する必要が生じたことに原因があるとみられ、それはとりも直さず国家が童行を法的に認め僧団内に明確な位置を与えた証左であると思われる。ただ残念なことに現在のところ童行籍の有無を知る手懸りを持たない。しかし次に述べる宋の制度と対応したところ殆んど軌を同じくしており、亦何らそれを否定する資料もないので童行籍の創設を後周に求めて差支えないのではあるまいか。

後周の制度が宋代に引継がれたのは何も政治面に限ったことではなく、童行制度も御多分に洩れず、真宗の天禧二年（一〇一八）三月、

其志願出家者、並取祖父母父母處分、已孤者、取問同居尊長處分、其師主須得聽許文字、方得容受（『宋會要輯稿』道釈、披度普度度牒）

とあり、先に引用した後周の制とは僅に二、三字を異にするのみである。ともあれ公然と童行を認めたとみられるから、彼等の帳籍も自ら寺院に鞍替された筈である。果して僧尼、道士の造籍と同じく

凡僧道童行、毎三年一造帳（『宋會要輯稿』道釈、披度普度度牒）

とその史実を物語っている。ではこの宋代童行籍の開始をどこ迄溯らせ得るであろうか。太宗の太平興国七年（九八二）九月の詔に

沙彌長髮、未剃度者、並特於剃度、祠部卽給牒、今後不得爲例、不得將不係帳人、夾帶充數（『宋會要輯稿』道釈、披度普度度牒）

とある。これは『宋史』巻四に九月己丑朔のこととして、「西京諸道、係籍の沙彌は祠部をして給牒せしむ」とある。文に言う沙弥とは普通僧の意味であるから童行とするのにはいささか躊躇するが、幸にも『續資治通鑑長編』巻二三に同一記事が納められ、「應先係籍童行長髮、並特許剃度」とあり、又咸平四年（一〇〇一）四月の勅にも「僧尼道士女冠下行者童子長髪等」と長髪（道士童行）と列記されてある童行の用例を参照すれば、ここに言う沙弥とは童行であることが知られる。この文と三年後の雍熙二年（九八五）試経制度に触れた詔に「天下應係二年、所供帳有名者、並許剃度僧尼云々」とある記載から太宗の時にはすでに童行籍が開始されていたことが判明する。曾我部静雄氏は宋代試経制度の起原を開宝六年（九七三）に置かれるから、童行籍も後周の制を承けてこれと前後して

設置されたと考えてよいであろう。

ところで宋初に於いても童行の年限は行われなかったとみえて、真宗の咸平四年四月に及んで初めて、

在京幷府路外縣、僧尼道士女冠下行者童子長髪等、今後實年十歳、取逐處綱維寺主結罪委保、委是正身、方得係帳（『宋會要輯稿』道釈、披度普度度牒）

と十歳以上と定められた。それのみか法名を定めて申報し、小名を以て供報してはならず、得度の年齢も尼十五、僧十八と後周の時より二年乃至三年の引上げを行なっている。童行を法名で申報するとは唐代に於いては夢想だに及ばず、先に紹介した不空の『表制集』にも俗名のままであった。従って俗名を禁じたことは名実共に国家が童行を俗人から分離せしめたことにほかならないのである。降って仁宗の天聖八年（一〇三〇）に再度年齢の引上げが断行され、

應男子願出家爲僧道者、限年二十已上、方得爲童行（『宋會要輯稿』道釈、披度普度度牒）

とある。真宗の代に十歳と定め、今又二十歳に改めた原因は童行の増加に帰することができる。一応かかる年齢の制限は僧尼の素質を向上せしめ、併せて僧団の粛清を企てるものには相違なかろうとも、直接の動機はやはり童行の著しい増加現象の結果とみるほかはない。二十歳の男子を童と呼ぶのは奇妙な用語ながら、既に童子の語が本来の意味を失って単に行者一般を指すものに変質してしまったものと考えられる。

五

私度僧が富戸強丁の避徭役者、逃散百姓の寺院に投じた者であり、官吏、寺院僧尼と結託して法網を逃れえたと

する説には賛成するに吝でない。だが富戸強丁が私度僧となり賦役忌避の初志を貫徹できたにしろ、彼等の子弟が幼弱の身を以て寺院に逋匿する必要があったとは考えられぬ。童行の駆使される姿は初頭に紹介したところで、仮に官吏との手蔓を持ち賄賂その他で官吏の黙認がえられたものならば、在家のまま運動して賦役を避けるなり、年々歳々実施される官度に潜入するもよし、当時濫発の兆を見せた売度牒（空名度牒）に乗ずるもよし、それも成丁以後で事足りる訳である。国家の私剃度禁止も一応課丁保充を主眼とするものであったし賦役に何らかかわりを持たない幼弱を殊更酷使される童行の身分に堕しこむとは考えられない。僧徒の地位が高く評価された唐前期なら未だしも、唐後半以後出家に立身の夢を託すはずもない。後唐の文士牛希済が「治論」の中で豪右兼幷の家はその身の栄達を願い、子弟を黄門に納れて侍となしている点を指摘する通り（『全唐文』巻八四五）、世俗の恃勢を求めるのが彼等一般の常識である。故に唐、五代の童行の源泉は窮迫の下層農民であったと思うので、この推測を裏付けるために若干の紙数を割くことにする。

高僧伝にみえる高僧の出家の因をみると、はなはだ興味深い記述が多い。ふるいところでは浄影寺慧遠の伝に、彼は三歳に出家を願求し十三に目的を果したとあり（『唐傳』巻八〈『大正蔵』五〇・四八九c〉）、霊裕は出俗を志し七歳に許を請うたが納れられず、十五歳に父の死に遭遇して入道したといわれる（『唐傳』巻九〈『大正蔵』五〇・四九五b〉）。『唐高僧傳』には望族出身の者が大半を占め、それが一特色でもあり、それは又貴族社会に於ける貴族的佛教に由来するのであろう。従って官界の基盤を形成する門閥群に参加出来ない豪族が富貴への道を出家により遂げんとする野心も否定されない。それにしても慧遠・霊裕の出家は我々の想像だに及ばない年齢であり動機である。惟うに慧遠が幼くして父の艱難に遭い叔父に養育され、霊裕も亦所恃を失っている事実を考慮すれば、彼等の積極的な出俗というよりは富貴への野心を含めた家庭事情、特に経済面での問題に左右された結果と考える方が穏当であろう。他も多少なり両人と略書式を同じくしているのも、佛家の手に成る書だけに各人の活躍に基づき出家の動機までが修飾されたものに相違なく、いずれも信憑するに足らない。

さて時代は溯る。北斉鄴の天平寺に住した真玉は生来の盲目であった。母は吾子の宿業を憐み琵琶を修得して窮乏の計をなさしめた。後郷邑で大斎会が催され、真玉も母に伴われて参斎したところ、彼は法師とならば匱餒に憂うることはないであろうと悟り家業を棄てたという（『唐傳』巻六〈『大正蔵』五〇・四七五b〉）。『唐高僧傳』中ユニークな話であるが、伝中に集録するに値いしない名もなく業績もない凡庸の僧徒には同様の出家動機の者が多かったに相違ないのである。

『宋傳』巻二九、澄心の伝に、父は安史の乱に殺され、澄心は母氏に随って河内に逃れたが貧極まり母は再嫁することになった。彼は母の婚家に詣くことを肯ぜず遂に応福寺の智明法師に投じ出家したとある（『大正蔵』五〇・八九三b）。安史の乱は国家社会の機構を変革したにとどまらず、僧団にも相当な影響を及ぼしているが、ともあれ百姓の離散した例は枚挙に遑がなく、澄心もその運命に弄ばれた一人である。

洛陽龍興寺僧崇珪は、郟城の人で、世々儒学を奉ずる家に生れた。しかし安史の乱によって家族は遷蕩し、遂に父は商賈となり利に趨った。やがて父は鞏洛の間にある一逆旅で他界し、崇珪は「少くして不造に遭い、孑遺は哀煢するのみ」と慨責し出家を議することになったという（『宋傳』巻九〈『大正蔵』五〇・七六五c〉）。戦乱に於ける惨状を窺うに格好の資料でもある。もう一つ潭州翠微院僧恒月の伝を紹介しよう。姓は韓氏、上党の人、父は西江と往来する塩商であったが、俄に剽略に遇い溺死した。時に恒月は幼稚であったにもかかわらず、父の魚腹に葬られたことを念い、又母も再嫁する苦境に立たされ出家を決意したという（『宋傳』巻一〇〈『大正蔵』五〇・七七一a〉）。

このように一家の支柱を失い或は貧困の家庭に育った幼弱が食を求めて寺院ないし富豪の下に集中するのは自然の

成行であり、禅宗六祖慧能も若くして父を失い、寡居の母と共に腴産なき家業を補うために、薪を負い金に換える生活であったという（『宋傳』巻八〈『大正蔵』五〇・七五四ｃ〉）。郡望出身者の多い『唐高僧傳』に比べ、氏姓も知らず生地も定かならぬ者の多い『宋高僧傳』の特色は、唐末五代の混乱期を経て宋代に編纂された関係上、参考とすべき資料不足にも因るであろう。しかし単にそれだけではない。六朝時代をピークとする貴族佛教から唐代の庶民佛教への脱皮、即ち佛教の下層階級への浸透とそれに伴う下層からの出家者増加が根底に大きく横たわっていると考えられる。童行の増加現象もその一つの現われであり、『李元賓文集』巻四「代彝上蘇州韋使君書」に彝氏の児女幼弱は皆小寺中に僑寓していると述べている。これこそ童行といわぬ迄も童行に発展する前段階を伺い知るに足ると思う。

もっともこれとは別に真影の童行と称する一群があった。真影の童行とは科挙と共に任官の主体をなした所謂「蔭」と同じく、肉親、宗族の中から出家した者があれば、それを師主と仰ぎ出俗することである。訳経の父と讃えられる玄奘も兄の東都浄土寺長捷法師に私養された童行であり、『宋傳』巻六の惟慤も九歳に出家したがその師は母氏の昆弟であった（『大正蔵』五〇・七三八ｂ）。又『唐傳』巻二五の普明は、外兄の道愻法師に投じ（『大正蔵』五〇・五九八ｃ）、『宋傳』巻九、慧空付伝の元観も母兄に師事している（『大正蔵』五〇・七六五ｂ）。特殊な例に梓州慧義寺神清がある。彼は綿州昌明の人で大安山下に生れ、昆季相次いで出家し三人共に名望があったという（『宋傳』巻六〈『大正蔵』五〇・七四〇ｃ〉）。本来ならば全子弟の出家は許されるはずのものではない。宋代に及んでこの傾向は益々助長され、景徳二年（一〇〇五）九月知興化軍文鈞の言によれば、興化軍係帳の童行五千七百八十八人の二割にあたる一千三百五人が真影の童行であると奏している（『宋會要輯稿』道釈、披度普度度牒）。

ここで童行集団発展のバックボーンとしての唐代の世相に目を転じてみるに、百姓に関する詔勅なり上奏文なりには逃散と攤配に触れぬものはない。確に流民の発生には租庸調というよりはむしろ州長官の裁量で左右される兵役、力役その他の差科であったには違いなかろう。(17) しかしより切実な問題は生産機構そのものに欠陥があるのではないか。門外漢である私は詳しくは判らない。が燉煌文書戸籍残簡により知られるとおり当時応給の五割以下の給田状態であり、均田自体に無理のあることは誰しも認めるところである。『舊唐書』巻七四、馬周の伝に指摘する豊作飢饉、玄宗の勅に「稍常年より勝ると雖も百姓の収むる所は纔に自給し得るのみ」（『全唐文』巻三〇、緩逋賦詔）の農民、いずれも生活苦以外の何ものでもない。百姓の惨状を記す詞文は至るところに散見するから、ただ次の一詞のみ引用するにとどめることにする。

誰知苦貧夫、家有愁怨妻、請君聽其詞、能不爲酸嘶、所憐抱中兒、不如山下麑、空念庭前地、化爲人吏蹊、出門望山澤、回顧心復迷、何時見府主、長跪向之啼（『唐元次山文集』巻三「貧婦詞」）

賦税人吏の誅求に怯える窮迫の家を表現して余すところがない。相次ぐ賦税・差科・差役と戦乱・天災が、平年豊年を問わず襲いくる窮乏と共に彼等を塗炭に追い込み、やがて逃散流亡へと駆立てることは申すまでもないことである。かくて彼等は浮戸となるが、土戸より客戸への推移は困苦の果とのみ軽く片付ける訳にはいかない。農民は生れながらにして土地に対する異常な迄の執着を持つ。それは今日吾国の農民にも伺われるし殊に家族倫理に育まれた中国中世社会の農民層にとり、土地こそ家族の生命であり、さらには祖先の祭りを維持するという孝道の義務を負わされた彼等には不可缺の財宝であり、無智蒙昧な農民であればなおさらのこと、祖先伝来の田宅を棄て他郷に流寓する決断は容易ではなかろう。そのうえに故郷を離れる悲哀と未来への不安も伴うなど彼等なりの葛藤があったことは否定できない。故にあらゆる犠牲を払っても土地の維持に腐心したであろうことは容易に想像がつく。
そのことは玄宗の開元四年（七一六）五月の勅に、

仍勒百姓、私出脚銭、卽幷正租一年、兩度打脚、雇男鬻女、折舍賣田、力極計窮、遂卽逃竄、勢不獲已、情實可矜（『冊府元龜』巻五〇二）

とあり、百姓の死力を尽して土地の維持に狂奔する姿を画いている。たとえ最終的には流亡の手段に訴えるとも、それに至るまでには雇用され、富豪の門を叩き、及ばなければ男女を鬻ぎ家屋を売り田地を手放し、力尽きて流浪するという複雑な経過を辿るのが平時に於ける一般的な姿であったと考えられる。

仁井田陞氏の『唐宋法律文書の研究』には、良人が生活のため労務に服した賃・僦・傭質等の語を紹介し、それには傭耕・牧羊・賃舂・写書の類が熾んであったと説かれている。高僧伝にも家が貧しく傭力した例が見え、『宋傳』巻一六の希覚は唐末の喪乱に剽略を被り貧窶となった。かくて給事中羅隠の家に傭書し、羅隠は彼を憐み多額の「顧直」を与えて帰家せしめたという（『大正蔵』五〇・八一〇b）。だがかくの如き傭保、傭力の段階は困窮の前期的現象であって、次第に随身・部曲・客女・奴婢の私賤民となることは周知の通りである[18]。

以上、唐代社会の世相を概観することにより、生活の維持、土地保持の為に代償となり犠牲となるのは常に中男以下の子女である点が伺える。平年に於いてもわずかに自資するのみの農民が、困窮の打開策とし土地、家屋の維持のためとして求めるのは扶養家族、それも婦女幼少の口食を減ずる道であり、吾国に於いても間引等の悲劇的な歴史がくり返されたのも実にこれに由来するのである。池田温氏がスタイン将来燉煌文書の大暦四年手実を紹介され、手実中に現われた死亡者、逃亡者に就いて次の如く結論されているのは[19]、その具体例として注目に値する。「死者十三人の中、男子が十一人を占め、その過半数が十五歳以下の小男で、中年以上はわずか一人含まれているに過ぎない。即ち男口、特に中小男は戸籍から逃れる傾向がみえる」とし、「かくて本手実に現われる戸口激減の主要因をなす逃亡と死亡による集団的除籍の対象は、僅かの丁男を含みはするが過半は女子で、男子も多くは老少である」と。性別を詐り、年齢の上下を行なった当時の戸籍としては色々問題もあろう。しかし成丁ならいざ知らず、賦役の枠に入らない幼弱の除籍は成丁の除籍と同一範疇で律することは出来ないから、一応妥当な見解といわねばならない。恐らく右の死亡、逃亡による除籍者は傭力か、鬻売されて私賤民となったか、そして寺院に投じ童行となったかのいずれかであろう。私は唐中期以後に童行の増加する裏面に、こうした社会問題が大きく横たわり、しかも安史の乱以後、唐末の喪乱より五代にかけての社会不安が更に拍車を加えたと考えるものである。

むすび

僧団の下部を構成する童行集団は、唐中期以後の社会混乱と百姓の困苦とを背景として、しだいに増加の一途を辿った。しかるに唐朝は童行に対する統御方針をとらず、あくまでも僧尼中心の取締りに終始し、童行は俗人の延長に過ぎず法的に認められた存在ではなかった。しかしいずれの資料をとりあげても童行の中で得度すべき者には経業戒行を要求し、法門に通じた道性ある者との但書が付されている。これは偽濫妖僧の横行する僧団の腐敗堕落を未然に防ぐ一方、俗権による僧団支配を強固にせんとする国家の意図としては妥当な策であるといえる。だが試経得度をはじめとする唐朝の方針を裏返すと、官度への前提条件として長期に亘る研鑽を要求する結果が自ら生じ、国家が僧団を認める限り童行集団は不可欠な存在となってくる。かくて唐朝は童行が僧団に当然あるべきものとして慣習的に認めたと解釈される。だが寺院止住は許可しても彼等を俗人とみなす態度は変えず、彼等の帳籍は郷里本貫に留め置き、純粋に出家者たる地位は与えなかった。すなわち就学者の離郷は認める寛容を許しはしたが、代償として賦役は闕かないとの条件がつけられる。それも国家の基盤を賦役に置く唐朝としてはやむを得ないであろう。現に吾国の僧尼令の童行制度では近親者を童子とし、年十七に至ると本色に還す規定を設けている（僧尼令六条）のは賦役を重視し、十八已上の童行を禁じたものに相違ない。もしこの政策が私度僧の取締りを厳にさえすれば僧団の粛清とそれに応ずる課丁の逃亡防止が可能と考えた結果なら、国家権力の自負心に患いされた法制上のきれいごとに過ぎない。不空の『表制集』にあった戒行の童行すら久しく本院を離れず、賦役の義務はきれいさっぱり忘れている。況や虎視眈々としている棍徒が法の間隙に乗じないはずはあり得ない。しかも僧形と異なり在俗のままの童行は官憲の目を逃れるに容易である。当時僧尼の村落投宿、百姓の寺院止住の禁令が度々発せられたことからも窺われるように、僧俗の往来がはげしい上に寺院の雑役、寺田の耕作にたずさわった寺戸、奴婢や檀信徒とみまがわれる懼れもある。故に私は度牒、僧尼籍設置等私度僧の取締りを厳にし、相当の効果を上げたとみられる玄宗朝を境に、唐後半期に於いては私度僧よりはむしろ童行のままで寺院に住する者が増加したと考えている[20]。

一方生活に喘ぐ下層農民は口食を減ずるため幼弱を寺院に託する。国家の戸口充実策は課丁の析出が目的であることは、『唐律疏議』の条文に成丁と小中男の漏口科罪に大きな差異のあることからも肯定されよう。故に小中男の逃亡は大して注目されず、童行は容易に寺院に入ることが出来たと思われる。すなわち成丁保充に駆策する国家と窮乏する百姓との拮抗が、寺院に於ける童行集団の膨張となって展開したと理解したい。この傾向は時と共に助長され、後晋天福二年（九三七）、得度に於ける保明連坐の制を経て、後周の廃佛を契機に得度の年齢制限と童行制度が成立し、そのまま宋代に継承されることになった。それは童行の増加に着目し社会の動きに逆うことなく、反ってそれを巧みに利用し、童行制度を設けることにより童行を確実に把握し、課丁の逃避防止と寺院の粛清、僧団の再編成等一石三鳥を狙った改革であったと考える。かくして宋代では唐朝の私度僧を中心とする僧団との争いでなく、童行の年齢問題など逆に童行をめぐることになるのは、諸種の資料が示すところである。

註

（1）宋代の童行制度に関しては、塚本善隆「宋時代の童行試経得度の制度」（『支那佛教史学』五―一、一九四一年。後に『塚本善隆著作集』〈大東出版社、一九七五年〉第五巻「中国近世佛教史の諸問題」所収）、高雄義堅「度牒考」（『六条学報』二二六、一九二〇年）、曾我部静雄「宋代の度牒雑考」（『史学雑誌』四一―六、一九三〇年）等があり、唐代の制度には、道端良秀「度僧制度の問題」（『唐代佛教史の研究』〈法藏館、一九五七年、又増訂版、法藏館、一九六七年〉所収）が少々触れておられるにすぎない。

（2）道端前掲註（1）論文。

（3）『宋傳』巻六、圭峯草堂寺宗密伝参照。

（4）得度制度には種々複雑な問題があり、しかも唐宋の制度に大きな差がある。例えば『宋傳』巻二六、東陽清泰寺玄朗伝に著者賛寧が「観其唐世已上求戒者、得自選名德爲師、近代官度、以引次排之、立司存主之、不由己也」と述べ（『大正藏』五〇・八七六a）、宋代には国家の指示した師主以外により受戒することは禁ぜられていたと記している。

（5）道端良秀氏の研究によれば、正式の僧尼籍の開始は開元七年（七一九）であるが、その以前にも各寺院毎に略式のものがあったとされている（「僧籍に就て」道端良秀前掲書、第一章第三節）。

（6）この他に売度牒も行われたが、童行として残る者は銭を進納することのできぬ者と考えられるから、直接童行に関係あるものではない。

（7）この僧臘は近世の徒弟制度で年歳の長短が、地位の前後を決定したのに類似し、『敕修百丈清規』巻七には「僧は歯を序せず臘を序し、以て俗と別つ」と説明している（『大正藏』四八・一一五〇a）。高僧の伝にはおおむね春秋と僧臘を記す。『宋傳』巻七、可止に範例をとれば、彼は十二に惘忠寺に出家、年十五に息慈（沙弥）となり、十九に受戒している。俗寿七十五、僧臘五十六で、応順元年卒であるから逆算して丁度十九歳となる（『大正藏』五〇・七四八a）。

（8）文中の大夫とは塚本善隆「唐中期以来の長安の功徳使」（『東方学報』京都四、一九三三年。後に『塚本善隆著作集』〈大東出版社、一九七五年〉第三巻「中国中世佛教史論攷」所収）によれば、功徳使であった中官李憲誠とされている。

(9) 那波利貞「中晩唐時代に於ける燉煌地方佛教寺院の碾磑経営に就きて（上）（中）（下）」（『東亜経済論叢』一―三・四、二―二、一九四一～四二年）、同「燉煌発見文書に拠る中晩唐時代の佛教寺院の銭穀布帛類貸附営利事業運営の実況」（『支那学』一〇―三、一九四一年）、道端良秀「佛教寺院と経済問題」（道端良秀註〈1〉前掲書、第五章）、三島一「唐代寺庫の機能の一二について」（『池内博士還暦記念東洋史論叢』〈座右宝刊行会、一九四〇年〉所収）、尚、竺沙雅章「敦煌の寺戸について」（『史林』四四―五、一九六一年。後に訂正加筆のうえ『中国佛教社会史研究』〈同朋社出版、一九八二年、又増訂版、朋友書店、二〇〇二年〉所収）に寺戸と童行が寺田の耕作に従事した点を指摘せられている。

(10) 三島一「唐宋寺院の特権化への一瞥」（『歴史学研究』一―四、一九三四年）、同「唐宋時代に於ける貴族対寺院の経済的交渉に関する一考察」（『市村博士古稀記念東洋史論叢』〈冨山房、一九三三年〉所収）、山崎宏「支那佛教盛時に於ける家僧・門師」（『支那中世佛教の展開』〈清水書店、一九四二年、又法藏館、一九七一年〉第三部第五章）。

(11) 『白氏長慶集』巻六〇にも「東都十律大徳長聖善寺鉢塔院主智如和尚茶毗幢記」に「初師之將遷化也、無病無惱、晏坐齋心、領一童詣諸寺、遇像致敬」とある。

(12) 太極元年毀撤の命（『宋傳』巻二六、慧雲伝〈『大正蔵』五〇・八七四c〉）、開元二年建立の禁（『唐會要』巻四九、雑録、『冊府元龜』巻六三、発号令二）、同十五年拆除の令（『佛祖統紀』巻四〇〈『大正蔵』四九・三七四a〉）、玄宗の「禁僧俗往還詔」（『全唐文』巻三〇）には「聞くが如くんば、遠く山林に就きて、別に蘭若を爲り、兼て亦衆を聚め公然と往來す」とある。

(13) 会昌廃佛の還俗僧は二十六万余にのぼる（『唐會要』巻四九、僧籍）。

(14) 『唐會要』巻四九、雑録には二十已下とあり、『全唐文』巻三〇「澄清佛寺詔」には三十已下と記す。文中「不度人來向二十載」の句から三十已下とするのが正しいと思われる。

(15) 牧田諦亮「後周世宗の佛教政策」（『東洋史研究』一一―三、一九五一年、『中国近世佛教史研究』平楽寺書店、一九五七年所収）、畑中浄園「「後周世宗の廃佛」考」（『大谷学報』二三―四、一九四二年）。

(16) 那波利貞「中晩唐時代に於ける偽濫僧に関する一根本史料の研究」（『龍谷大学佛教史学論叢』〈冨山房、一九三九年〉第一部）、真泉光隆「唐代に於ける流民と佛教々団」（『鴨臺史報』四、一九三六年）、滋野井恬「唐代佛教教団の考察――特に僧尼増加の原因を中心として――」(『大谷史学』五、一九五六年、後に改稿改題して『唐代佛教史論』〈平楽寺書店、一九七三年〉所収)。

(17) 松永雅生「大唐・玄宗の戸口充実と課丁析出」(『史淵』七三、一九五七年)。

(18) 玉井是博「唐の賤民制度とその由来」(『支那社会経済史研究』〈岩波書店、一九四二年〉所収)、濱口重國「唐の賤民、部曲の成立過程」(『山梨大学学芸学部研究報告』三、一九五二年。後に『唐王朝の賤人制度』東洋史研究叢刊、一九六六年所収)、草野靖「唐律にみえる私賤民奴婢・部曲に就いての一考察」(『重松先生古稀記念九州大学東洋史論叢』〈九州大学東洋史研究室、一九五七年〉所収)。

(19) 池田温「燉煌発見唐大暦四年手実残巻について(上)」(『東洋学報』四〇―二、一九五七年)。

(20) 玄宗は開元二年(七一四)正月、姚崇の言を納れて、私度僧二万余を還俗せしめ(『舊唐書』巻八、玄宗本紀上)、同十二年には僧尼沙汰のため誦経二百紙の試験を六十已下に命じ(『唐會要』巻四九、雑録)、その他、種々な政策を行っている。これらの施策により、私度僧が減少したことは、開元二十八年七月の詔に「頃縁諸州寺觀、僧道闕人、所以數選行業、用塡其數、如聞因此之際、私度者多接脚冒名、觸類非一、遂使是非齊例、眞僞難分、若不澄其源流、何以革茲頽弊」(『册府元龜』巻六三)とあり、接脚冒名とは他人に名を借り僧となり、貸主も僧のまま留まることで、死亡、還俗僧の闕を塡補するときに生ずる。このことは、私度が困難となり、私度をめぐる争いが張籍附記に移されてきたことを物語っている。尚、玄宗の佛教対策に就いては、藤井清「唐の玄宗朝に於ける佛教対策」(『福井大学学芸学部紀要』一、一九五二年)がある。

第八章　王維と佛教

——唐代士大夫崇佛への一瞥——

はじめに

唐代の思想界は佛教一色に塗りつぶされ、生粋の中国思想は、道教が朝廷の庇護の下に、佛教からの剽窃と衣替えとによって命脈を保ち、儒教は僅かに国家の支配意識に、あるいは社会の倫理道徳に、安息の場を見出したにすぎない。少くとも外観上は、儒教が他の二教に比べ気息奄々として、思想界の底辺に甘んじた格好である。けれどもあれほど威容を誇った佛教からイニシャチーブを奪回し、きたるべき宋代の思想界を牛耳る気運が、この底辺の中に醸成されるのである。もちろん宋代儒学の勃興には、国家権力の御用哲学という儒教の持つ本質が、宋代独裁君主制の確立に伴なって要求される、歴史的必然性を認めることはできるが、それよりもまず、佛教が皇帝より下層階級に至るまで密接に結びつきながらも、儒教を中国人士の意識から完全に排除し去り、社会の道徳律となり得なかった佛教のあり方、換言すると人士の佛教受容に問題があったと思われる。

中国に於ける佛教の歴史は儒・道二教との抗争、融合、調和にあけくれた。道教はともかく、政治思想となり社会規範とはなりおおせても、必ずしも宗教の称号は冠せられないはずの儒教が、佛教と頡頏しえたことにはそれなりの理由があろう。私はそうした三教関係を、佛教に比重を置きながら王維という一個人の生活の中で考察してみたい。著名な思想家よりも凡人に、卓越した理論よりも日常の文章や詩の中に、真実があると信ずるからである。

　俎上にのせた王維は、もしダビンチやミケランジェロ等にみられる博学多芸さを、ルネサンス人の塑像だとすれば、まさしくルネサンス的と称されてよい人物である。詩にあっては、よし宮廷詩人最後の人と烙印をおされようとも、自然詩に牙城を築き、幽玄な老荘思想や佛教教理を宣揚する場を詩に求め、音律にも詳しく、筆墨にも秀いでていた。しかも絵画については宋の蘇軾が「詩中に畫あり、畫中に詩あり」と絶讃してやまない、山水画の巨匠でもあった。この蘇軾が詩画渾然一体という王維の芸術は、単に技巧のみによって齎されたものではなく、そこに思想の円熟と安心立命の境地が当然予測されるのである。玄宗朝という、唐代のみならず中国史上でも重要な変革期に、また道君皇帝として名だかい玄宗治下に、一官僚（儒家）として、他面においては稀にみる佛教信者として生きた彼が、三教の関係即ち実生活と理想世界との矛盾を、どのように克服し調和させていったのであろうか。それはただ王維一人の内面的葛藤にとどまるのではなく、当時の人々、特に官僚層のそれを代表するものがあると思うのである。

一

　王維の作品を通読するかぎり、また彼の平生の言動を観察するとき、作品に盛られる救いようのない厭世思想、隠遁生活への讃美歌がつづられていることと、それほどまでに嫌悪した官界に、ひたすら呻吟し続けた態度との矛盾に、いいしれぬ疑惑を感ずるのである。けれども作品の製作年代を、可能な限り比定区分しなおすと、一見して起伏の烈しいとみられる彼の思考遍歴も、それなりの理由があり、一貫性を持っていることが判明する。先学が済州時代、涼州時代、安禄山の乱と王維の生涯における三つの波瀾を界にして、相互の間にまったく異質なものを認めようと試みられているのは、方法論的にも正しい。確かに各時代の思想とか人生観には著しい差違があり、断層を認めないわけにはいかない。ただこの三つの時期が彼の内面的飛翔の契機となったという点は肯定できても、この断層をどのように把握するかは必ずしも先学とは同調できない。したがって重複の煩は免れないが、敢て済州時代から説き起そうと思う。

河東蒲州に生れた王維は、開元五・六年（七一七・七一八）頃、長安府試に応じ解頭の席次でパスし、七年には進士及第して太楽丞より起家した。しかし翌八年十月に、はからずも累に坐して山東の済州へ左遷されることになる。ことのおこりは玄宗の弟岐王範をとりまくサロン・グループが宗室を惑わす不逞の輩だと弾劾されたからである。岐王は睿宗の第四子で側室の崔孺人に生れ、先天二年（七一三）には内訌の首魁であった太平公主等を誅殺し、玄宗の即位実現に尽力した人物である。彼自身が博学多芸である上に、文筆の士をこよなく愛し、才覚さえあれば「貴賤なく皆禮を盡して接待す」る洒脱な性格の持主であったから、周囲はおのずと蹊をなした。時の文士閻朝隠、劉庭琦、張諤等は常にその第に出入して、詩を賦したといわれ（『舊唐書』巻九五、恵文太子範伝）、王維もその一人である。これが禍根となった。

すでに指摘されるとおり[1]、この事件は変則的な帝位継承によって即位した玄宗が、地位の保持と内紛を慮って、絶えず諸王の動勢に気を配っており、いわば王維もかかる政情の犠牲者であったことは否定できない。藩邸時代から政権への野望を燃し、布右おさおさ怠らなかった（『舊唐書』巻一〇六、王毛仲伝）玄宗が、中興の功によって兄の成器をさしおいて帝位に登ると、諸王を表面上では優遇しながらも、兄弟の第宅を勝業坊、安興坊等の宮側に集め、監視の目を光らせており、一方、諸王も奏楽、酒宴、撃毬に日月を費し、玄宗の目を逃れたのである（『舊唐書』巻九五）。玄宗は先朝の失敗にかんがみて、初めから諸王・公主・外戚と官僚との交結を禁じ、僧尼と百官との交通を杜絶している(2)。現に兄の寧王（成器）ですら「未だ曾て時政に干議し、及び人と交結せず」（『舊唐書』巻九五、讓皇帝憲伝）といわれる。岐王範の弾劾も偶然の出来事ではなく、禁令があるにもかかわらず、往々文士にありがちな奇行と、法令からの逸脱が度重なったからで、岐王の伝に罪状を数え、「時に上は王公を禁約し、外人と交結せしめず」といい、「駙馬都尉裴虚己は範と遊讌し、兼ねて私に讖緯の書を挾むるに坐す」と述べているのは、よくその間の事情を説明していると思う(3)。かくて裴虚己は嶺外に配流され、劉庭琦は雅州司戸参軍に張諤は山茌丞に、そして王維は済州司倉参軍に左遷された。彼にとって任官後間もなく、長安という檜舞台から辺鄙な地方への流謫は、かなりのショックを与えたようである。

これ以後の作品には、己を逆境に追いやった政治のしくみに、少なからぬ憎悪を秘めている。河東の蒲州という田舎育ちの若者が都に上り、いち早く天賦の才を称せられ、長安サロン界の寵児となったばかりでなく、府試の解頭から進士及第と、官界への登龍門を無難に切抜けたのである。青春期の詩には順調に出世していたならば、単なる通俗詩人に終ったかもしれない危険性をはらんでいる、と指摘されているとおり(4)、彼は富貴栄達が無限のひろがりを以て眼前に展開するかと錯覚したようである。しかし社会は彼の甘さを冷酷に拒絶した。自信過剰が一度挫折に遭うと、反転して外部に対する呪咀に変化するものである。王維のケースがまさしくそれで、「被出濟州」（巻九）の詩にいう。

微官は罪を得易く、謫せられて去る濟川の陰《みなみ》。執政方に法を持するも、明君此の心無けん。閭閻に河潤上り、井邑に海雲深し。縱《たと》い歸來の日あらんも、多く愁うるは年鬢の侵さんことを、

己の才能を信じて、華やかにデビューした青年官吏が、任官後いくばくもなく蹉跌した、やるかたない忿懣を文字

にたたきつけた感じの詩である。そこには自分の過誤を反省する余地は微塵もない。あるのはただ非情かつ不合理な政界への怒りだけである。愁に沈む後半は、前半の語気鋭い表現と、美事なコントラストを描き、なお一層、彼の慟哭する姿を印象づけている。

王維の生家は、名族太原王氏の分脈が河東に定着した中でも、嫡系にあたる猗氏県の王氏である。一応、郡望の部類に属するとはいえ、南北朝以後、たえて枢要の地位に登った人物はなく、『新唐書』宰相世系表に記載するものでも、

王儒賢（趙州司馬）―知節（揚州司馬）―冑（協律郎）―処廉（汾州司馬）―維、縉、繟、紘、紞

とあって、たかだか従五品下あたりが最高位である。[5] いわば隋代以来の科挙制度によって、衰退の一途を辿らされた六朝以来の門閥貴族群の例に漏れない。ただ王維の母は博陵の崔氏で、氏族譜を誇った山東貴族ほどではないにしても、名族間の通婚という不文律を守っており[6]、このことは王維に太原の王氏一族という意識が強く窺えることに相通ずるのである。王維の名族意識は、つまり官僚社会に於いて斜陽化する貴族層の足掻きであると共に、捲返しを狙う王氏一族の期待が、王維の双肩にかかっていたと推測せしめるのである。[7] さらに王維が上京した十四、五歳にはすでに父処廉を喪い、寡婦の母、四人の弟の他に妹も数人を数え（「別弟妹二首」巻四）、一家は貧苦の底にあえいでいた。十七歳の秋に故郷の家族を慕って作った「九月九日憶山東兄弟」（巻一四）に、弟王縉が一家の苦境をのべて激励しており[8]、王維も後に「家貧しく祿既に薄し」（「偶然作六首」巻五）と告白しているのである。こうした事情の下に一家の嘱望する嫡男の王維が、たとえ品秩には太楽丞と済州司倉参軍と差違はなくとも[9]、出世の道を妨げられては痛痒を感ぜずにはいられない。

翩々たる繁華子、多く金張の門より出ず。幸いに先人の業あれば、早くより明主の恩を蒙むる。童年にして且

つ未だ學ばざるに、肉食して華軒を驚《さざめ》きはす。豈中林の士に乏しからんや、人の至尊に獻ずる無きのみ
（「濟上四賢詠三首鄭霍二山人」巻五）

「微官は罪を得易」しと詠ったつうふんを、今度は外に向ける。唐代の官僚は主として秀才、明経、進士等の科挙出身者と、貴族、門閥による任子出身者とに分類できる。ただ唐代に於ける任子制度は、六朝以来の名族というよりは、前代の功臣、高官の子弟を優遇し、官位を与えるもので、寒門出身者であって子、孫ともつづく間に貴族化していく。その代表的な例が、張説の一族であった(10)。

王維はやがて任子すら瞬時に浮沈するのが官界の実情だと、身近に体験するのであるが、この頃にはそれに気付く余裕はない。ただ蹉跌の暁に胸中を去来するものは、獅子身中の虫ともいうべき任子出身者が、政界を闊歩する姿への憎悪である。バックボーンとなるべき祖・父の功業もなく、誰一人自分の才能や清廉な生き方を理解し、中央に推挙してくれる者もない。そうした深刻な人間社会の矛盾を鄭・霍二山人に託して、徹底的にえぐり出そうとするのである。任子官僚と科挙官僚の対立はやがて牛李の朋党となって現われるが、王維の憎悪はただ科挙出身者の任子出身者に対する反撥感情だけで片付けられるものではない。根底に名族たる誇りと才識兼美の自信を含みながらも、既にそれだけでは如何ともし難い時代の到来、つまり貴族社会の崩壊という歴史的認識をひけらかすといえよう。

人境と接すと雖も、門を閉ざして隱居を成す。道言するは莊叟の事、儒行するは魯人の餘。深巷に斜暉は靜かに、閑門に高柳踈らなり。鋤を荷いて藥圃を修め、帙を散じて農書を曝らす……（「濟州過趙叟家宴」巻一一）

趙某の宴に招かれた主人の生活を叙したものである。以前の王維の詩にみられない閑寂の魅惑と、離世の希望が繰返し表現されているとする説もあるが、実は趙氏の悠々自適の生活に、王維自身の鬱塞した姿を投影していると考

えられる。門を閉ざした隠居然たるポーズは、内心のカムフラージュとみられ、さらりとした表現に借りてやり場のない鬱憤をこめ、素朴な田夫にまでも背を向ける王維のことだと理解したいのである。

五年に亘る済州生活から開元二十三年（七三五）に至る、約十年の消息はさだかでない。小林氏は京師に還り、有名な宋之問の藍田輞川荘を購入して隠居したとし、入谷氏は地方の小官吏を転々としたとされる。いずれにも一長一短があって俄に断定することはできない。私は現在のところ地方官として流浪したあげく、開元二十年前後に嵩山あたりに一時隠遁か、あるいはそれに近い生活をおくったと考えている[11]。それはさておき、済州時代に隠士崇拝の傾向が現われ、隠遁への思慕が次第に培われたことは否定されない。多感な青年の自信喪失や政治、社会に対する失望は、ともすれば、それにあらがって過激となるか、あるいはそれと隔絶しようとする。両者は積極と消極の差はあっても心理的には軌を一つにするといえよう。王維は後の立場をとったのである。

　千門萬戸を出入し、北里南鄰を經過す。蹀躞と珂を鳴らす底《なに》か有らん、崆峒に髪を散ずるは何人か
（「田園樂七首」巻一四）

　再見して侯に萬戸に封ぜられ、立談して璧一雙を賜わる。詎《いずくん》ぞ勝らん南畝に耦耕するに、何ぞ如かん東臯に高臥するに（同上）

あくまでも政治に痛烈な批判を浴びせ、黄帝が道を問うたと伝える仙人の広成子を讃え、孔子が楚に行く途上、子路に、渡場を問わせたところ、孔子の理想主義を笑い、隠遁の至上を以て答えた長沮と桀溺の生きかたに賛同する（「皇甫岳雲谿雑題五首上平田」巻一三）。これは孔子（儒教）への反逆といえるが、つきつめると玉珂を鳴らす高官や、皇帝に数回謁見しただけで万戸侯に封ぜられる幸運児も、幸運が廻りくれば己自身のことである。その可能性を切に期待しながら反撥するところに、不運をめぐる世をすねた反射的ポーズを充分認めうるのである。

この詩を『詩林廣記』は輞川六言と作りあるいは中年期とする説もあるが、果してどうであろうか。中年期の作品には静かな内省とか、人間の惑溺を忌み哀しむ語調はあっても、これほどの強い響はない。政治や社会に対する罵倒が激しければ、とりもなおさず、それに深い執着を抱いているというパラドックスが成立つのである。したがってこれは何かを契機とした場合、反動的に情熱をより強く再燃させる性格のものであり、やがて王維もそれを経験するのであるから、矢張りこの頃の作に入れるべきだと考える。

日夕太行を見、沉吟して未だ去る能わず。君に問う何を以て然るや、世網の我を嬰《つな》ぐの故に

（「偶然作六首」巻五）

反射的ポーズだとはいえ、王維はあずかり知らず、ただひたすら自由な世界を渇望してやまない。にもかかわらず世俗の絆は桎梏よりも固く彼を束縛する。この絆こそ、

小妹日々に成長し、兄弟未だ娶る有らず。家貧しく祿既に薄く、儲蓄素有るに非らず（同上）

という現実の非情さである。一家の長である王維に担わされた責務と、個人の理想とは完全に相容れるはずもなく、「幾迴《いくたび》か奮飛せんと欲し、踟躕と復た相い顧みる」と、両端をじして苦悩しているのである。

二

開元二十三年に、王維は右拾遺に抜擢されて中央官界へ復帰する。時あたかも玄宗朝は転換期を迎えつつあり、二十一年（七三三）に不仲の裴光庭が卒すると、宰相蕭嵩は優柔不断とみた右丞の韓休を同平章事に推挙した。しかし韓休の背後には李林甫の策謀がひかえており、事ごとに対立したあげく双方とも執政の座を去った（『舊唐書』

巻九九、蕭嵩伝）。かくて玄宗朝最後の賢相と称される張九齢と裴耀卿とが登場する。[12] 王維は九齢に自己の政治理想を披瀝しつつ、中央官界への返咲きを懇望する詩を贈り（「獻始興公」巻五、「上張令公」巻一二）、それがいれられたのである。だが不運にも彼の復活した理想や情熱は、またもや無残に踏みにじられ、僅か一年有半で遥か流沙の地、涼州に旅立たねばならなかった。

度重なる内訌を処理し、鋭意国家の建直しに努めた玄宗は、初め辛替否、宋璟、張説等の能吏を任用するかたわら、経済面ではよしんば「或は括戸にて媚を取り、或は漕運にて恩を承く」と、後世の史官から手酷い悪評を蒙ったとはいえ（『舊唐書』巻一〇五）、宇文融、韋堅をはじめ竦腕家のみるべき業績があり、社会は安定したのである。それが一時的夕日の輝きであったにせよ。けれどもようやく政治に飽き享楽にうつつをぬかしはじめると、その間隙に乗じて李林甫、牛仙客派が擡頭し、清流の士は次第に側近から遠ざけられた。張九齢は身命を賭して玄宗の翻意を求め、これと対抗したが、牛仙客に封爵を加えるか否かの問題に敗れ、遂に裴耀卿と執政を辞した。このあとを李林甫、牛仙客が襲い彼等による壟断時代が始まるのである。翌二十五年（七三七）四月に監察御史周子諒が牛仙客を誹謗したことから、玄宗の怒を買って殺された。李林甫はすかさず周子諒が、張九齢の推挙になる者だと誣奏し、閑職にあるとはいえ、油断のならない九齢を荊州刺史に貶すことに成功した（『舊唐書』巻九九、張九齢伝）。王維が涼州に向ったのはこの直後であり、張九齢派とみなされ、事実そうであった彼が、李林甫派の目を逃れて都落したと考えて、妥当であろう。

涼州に於いては、河西節度使崔希逸[13]の幕中に約二年をすごし、開元二十七年（七三九）、三たび都の土を踏んだ。殿中侍御史としてである。この後左補闕、庫部員外郎、庫部郎中と歴任し、まず李林甫より楊国忠へと続く悪政下に、無難な時代をすごすのであるが、恐らく涼州から帰ってのち輞川荘を手に入れ、弟王縉、詩友の裴迪、崔興宗、王昌齢等と琴を弾じ詩を賦す、逍遥の游にあけくれたのである。安禄山の乱に至る間、天宝九載（七五〇）頃に、母を喪って致仕した以外は、大した事件も史料に現われない。

ところで再度の失脚は年齢も事情も、前回とは大いに異なるためか、人生観に最も大きな転換が認められる。右拾遺時代、李林甫派の専政の下にあって、ようやく復活した政治に対する情熱を惜むかのように、忍耐強く生きるべく努力している。「君恩は漢帝よりも深く、しばらく空虚に上る莫れ」（「和尹諫議史館山池」巻七）と、僚友尹愔に向け彼が道士でありながら、道服のまま集賢院学士兼修国史に任用した玄宗の恩顧深きをさとし、官界の塵埃に耐えるよう忠告している[14]。さりとて忍耐にも限界がある。張九齢が閑職に追われた直後の詩（「晦日游大理韋卿城南別業四首」巻四）に、『莊子』刻意篇の「江海の士、世を避けるの人、閒暇者の好む所なり」を踏まえ、「世と澹にして事無し、自然たり江海の人」と、世俗の煩わしさから逃避する傾向を再燃させはじめる。他の一首に「帰ると微官に絀《くつ》すると、惆悵して心自ら咎む」と、帰任したくない気持を率直に詠う。しかしまだ深刻ではなかった。玄宗が以前の名君に復しさえすれば禍根は断たれる。「幸に撃壌の樂びを同にし、心荷う堯の君と爲らんことを」と、ひたすら念願するのである。

王維の願いも空しく、玄宗は益々政治を忘れ、張九齢は荊州へと去った。政治に対する情熱の復活が、何を契機として行なわれたか判明しないが、復活に要した苦悩と歳月の長さに較べ、余りにも儚い挫折の訪れは、彼の人生観を根底から覆えすものであったと思われる。済州貶謫とは異なり涼州への旅立ちは、どす黒い朋党の渦に捲込まれ、醜い人間関係から導き出された衍《（冤）》罪である。殺害された周子諒、左遷された張九齢等、いくた知己の不幸が、いつ自分に襲いかかるかわからない。「寄荊州張丞相」（巻七）に農圃に老いんと述べるのも、そうしたぎりぎりの線に追いこまれた危機感を、背景として考えねばならないのである。

三

涼州時代を界として明確に現われる特色は、佛教信仰の高まりである。もっともこれ以前に「過香積寺」（巻七）とか「謁璿上人并序」（巻三）の如き佛教色豊な作品もみえ、特に璿上人（道璿）とは親しく交わっている。(15)また後述するように母崔氏は禅宗の普寂に帰依した、熱烈な佛教信者であったから、王維も弟王縉とともに早くから母の感化を受けた筈である。しかしそれらの内容からすれば知識や教養はともかく、信仰の高まりという点では、やはり涼州時代に求めるべきだと思う。まさしく彼自身が「中歳頗る（佛）道を好み、晩に家す南山の陲《ほと》り」（「終南別業」巻三）と述懐しているのである。結論的に云えば佛教に関する作品は、おおむね涼州時代以後のものとして差支えないのである。

すでに指摘されるとおり、涼州にあって佛教信仰を吐露する「讃佛文」（巻二〇）をものした。これは河西節度使崔希逸の第十五女が、出家剃髪のみぎり贈ったもので、「眞如は妙宰、十方に具して成す無し」に始まる文章は、佛教語を駆使した含蓄のある一文で、彼の永年に亘る佛典研鑽を彷彿させている。それにしても、従来のひたむきな政治に対する情熱と、うらはらな讃佛文が草稿されたことは、つまり朋党による失脚が宗教的体験として、重大な意味を持ったからだと思われる。済州時代とは異なり、涼州時代には外部への呪咀というよりも、逆に内面に深く沈潜して行く危機意識と慟哭とがみられる。讃佛文というテーマには、世俗の煩わしさ、悲しい人間の微弱さを悟り、佛陀の絶対性に帰依するということを、言外に含むものであるから、荒漠たる涼州の自然が、魂の故郷を呼びさましたとする、直截的入信の動機解明よりも、如何ともし難い人間社会への失望が、涼州の沙漠を通して、超越的世界への憧憬へと導いていったとみる方が穏当であろう。

京師に帰還してから輞川の別荘を営み、仕官のかたわら逍遥の遊を楽しみ、賦詩にうきみをやつす。また高僧と交わり、寺院を徘徊しあるいは経典を読みふけり、禅坐焚香する生活にあけくれるのである。

好んで高僧傳を讀み、時に辟穀の方を看る。鳩形將って杖に刻み、龜殼用って牀を支う。柳色は春山に映え、梨花に夕鳥藏る。北牕桃李の下、閑坐して但だ香を焚く（「春日上方即事」巻九）

これは上方、つまり山中の寺院に、日がな一日をすごした春の詩である。梁の慧皎や唐の道宣の『高僧傳』を読み、穀食を避ける神仙の書を繙く。鳩杖も亀牀も老人を意味する語で、晩年の作品であることを暗示している。『舊唐書』本伝に「居りては常に蔬食し葷血を茹わず、晩年には長齋し文綵を衣けず」といい、「朝より退きて後は、香を焚き獨坐して禪誦を以て事とす」とあるが、要するに輞川谷をとりまく自然の美しさと、そこに溶込んだ王維の閑寂な生活が、巧みに表現されている。

そうした生活を味わえば味わうほど、世俗が疎ましい。

酒を酌みて君に與う、君自ら寛《ゆる》うせよ。人情の翻覆は波瀾に似たり。白首の相知も猶劍を按じ、朱門の先達は彈冠を笑う。……世事は浮雲、何ぞ問うに足らん。如かず高臥し、且つ餐を加えんには（「酌酒與裴迪」巻一〇）

黒髪の頃から親しい友人も、利害によって豹変する。先達は威儀を正して、推挙を待つ後進をあざけり笑う。翻覆きわまりない浮世のこと、一切に拘泥せず、自由な生活をおくるにこしたことはない、と誠に表面の観察にとどまらず、人間の機微に深くタッチするのである。

王維の観るように李林甫の時代は利害によって、いつ衔《(冤)》罪に問われるかわからなかった。かつて張九齢は厳挺之を推挙した際に、「李尚書は深く聖恩を承く。足下宜しく一たび門に造りて款狎すべし」と忠告を与えている（『舊唐書』巻九九、厳挺之伝）。清流の士を以て自他ともに許した張九齢にしてこの有様である。不幸に予言は的中し、厳挺之は李林甫を忌んで膝を屈せず、ついに洺州に貶されたのである。また崇佛家で知られる裴寛は玄宗の重用を受けながら、彼の入相を懼れた李林甫は楊貴妃の姉楊三娘と策謀し、睢陽太守から更に安陸別駕員外に遷した。暗殺を恐れた裴寛は上表し、出家を願ったが許されなかった（『舊唐書』巻一〇〇、裴寛伝）。王維と親しい韋堅の場合は最も悲惨である。彼は先朝の功臣韋元珪を父に、楚国公姜皎を舅に持つ貴権の出身である。姉二人は恵宣太子妃、皇太子妃となり、宇文融、楊愼矜等さえ競って親狎したといわれる。初め李林甫は韋堅に接近したが、権勢の高まりを危惧し、腹臣と一計を按じ、江夏員外別駕におとすとともに、部下の羅希奭に暗殺せしめた。累坐する者一族一党数十人であった（『舊唐書』巻一〇五、韋堅伝）。このような例は枚挙に遑がない。申すまでもなく玄宗朝に於ける政争は、貴族官僚と科挙官僚の対立、あるいは庶族（新興地主階級）と門閥官僚群との争として、把握分析されてはいるが[16]、少なくとも王維をめぐる人間関係から判断した場合、その分析は疑問点が多く、もう少し門閥で科挙出身という、二面性を持つ一群の動向を、追求する必要があると思う。しかし本章では範囲を越えるので割愛しておく。

さて王維は貴権の出身者も、僅な油断から破滅を招く現実を経験して、ますます厭世的傾向を加えていった。厳しい社会に善処するには、余りにも弱かったようである。また同時に崔日用の如く「事を見ること敏速、朝廷事あるごとに禍を轉じて福となし、以て富貴を取る」才能もなく、狡猾でもなかった（『舊唐書』巻九九、崔日用伝）。「自ら顧みて長策なく、空しく舊林に返るを知る」（「酬張少府」巻七）と、才能の限界を悟ったつぶやきを漏らすのである。

それはさておき注目すべき問題は、済州時代に一旦培われた隠遁生活への希望がふたたび頭をもたげたことで、輞川荘の経営はつまりその一応の実践であり、彼が世俗と帷で仕切ったエデンの園であった。けれども先述した済州時代の激しい棄鉢ともみえるポーズとは異なり、己の行動を思想的に裏付け、内面凝視を深めようとする態度がみられる。

楚の國に狂夫あり、茫然と心想する無し。髪を散じ冠帯せず、行きて歌う南陌の上。孔丘の之と與に言うも、仁義能く奬むる莫し。未だ嘗て問天を肯ぜず、何事ぞ擊壌を須いんや。復採薇する人を笑う、胡爲《なんすれ》ぞ乃ち長往するや（「偶然作六首」[17] 巻五）

晋の皇甫謐の『高士傳』に載せる楚の陸通、字は接輿の狂人ぶりを己に譬え、徹底した自由生活を嘆美するのである。孔子の説く仁義も、屈原の「天問」のような敬天主義も否定し、堯の仁徳を讃えた民の擊壌の歌、伯夷、叔斉が意地を通して山中に餓死した態度も冷笑する。人は衣冠束帯をかなぐり棄て、自由奔放に振舞う陸通を狂人とあざけるが、彼こそ赤裸々な人間像であって、自らの手で創造した礼教にがんじがらめにされ、窮屈な生活に嘆息する輩こそ、狂った者だという。この陸通は『論語』微子篇、『莊子』人間世篇にもみえ、前者は彼に利己主義者の烙印をおし、後者は孤高の、何ものにもとらわれなき至人として描く。王維の彼に対する礼讃は、竹林の七賢以上に儒教的価値や権威一切を破壊し、莊子の説く無用の中に真の用をみとめる教えに、アタックするものといえよう。

輞川に於ける王維は、佛教信仰の高まりがあったにもかかわらず、佛教的というよりむしろ老莊的である。「春日上方即事」（巻九）が端的に示す如く、一方に禅坐焚香の求道生活を営みながら、他方では老莊（道教）のエッセンスをも棄てない。[18]「古人は傲吏に非ず、自ら經世の務を闕く」（「輞川集二十首漆園」巻一三）とか「墨は點ず三千界、丹は飛ぶ六一泥」（「和宋中丞夏日遊福賢観天長寺之作」巻一一）と、単に語句のみでなく老莊（道教）に佛教と同じ比重を置いている。彼においては佛教と老莊、佛教と道教とは、二者択一ではなく併存であって、そこに何の矛盾も認めてはいない。それはひとえに彼が帰依した（後述）禅と老莊の、あるいは佛教と道教の類似性のしからしむるところではなかったかと思われる。

「青雀歌」（巻六）は自分を青雀に、出世欲に翻弄される徒輩を黄雀に譬え、まだ道という玉山の禾を食うあたわずとも、道を求めてやまぬ青雀が、人間の生き方として数段勝ると誇る。まさしく「ソクラテスの弁明」に於ける無知の自覚、『莊子』天地篇の「その愚を知る者は大愚に非ず」と同様に、彼もまた一段高処に登って他を睥睨するのである。また六舅なる人物が、漢代の能吏を代表する卓茂や魯恭に比すべき治績をあげながら、官界の果しない欲望の渦に沈溺する無意味さを悟って、田園に帰農するいさぎよさを讃え、「醴を酌みて歸去を賦す、共に知る陶令の賢なるを」（「送六舅歸陸渾」巻三）と、陶淵明が帰去来の辞を賦して、官を辞去した度量を讃えてやまない。この頃の作品には陶淵明の生きかたに同調するものが多いのも一つの特色である。「無才なれば敢て明時を累せず、思うは東溪に向いて故籬を守らんこと。厭わず尚平の婚嫁早く、却って嫌う陶令の官を去ること遅きを」（「早秋山中作」巻一〇）もその一つである。『高士傳』に記載する尚平は男女の嫁娶を畢り、北海の禽慶と五岳に遊び足跡を消した。王維が弟妹との絆に束縛され、忌むべき官界と訣別しえなかったことはすでに述べたが、ここに尚平を引合いに出す限り、家族に後顧の憂を払う必要のなくなったことを暗示する。さらに「草堂の蛩響は秋に臨んで急《しげ》く、山裏の蟬聲は暮に薄《せま》って悲し」と秋の気配を叙する中に、晩年近きをにおわせ、「空林獨り白雲と期す」と結ぶ。このように彼は隠棲を至上命題とし、直線的に世俗から遠離することが、修道だと理解している。かの張九齢に贈った自薦の詩に、嗽流枕石の士を「鄙しい哉、匹夫の節」（「獻始興公」巻五）と唾棄し去ったのとは雲泥の相違である。

では隠遁は何故至上命題なのか。王維は「卑棲すれば却って性を得」（「留別錢起」巻八）と答え、従弟王紞に与えた詩には、名利に惑った己の半生を告白して、「既に性を遂ぐるの歡寡く、恐らくは時に負くの累を招かん」といい、名位に偓促せず毀誉褒貶に一喜一憂することなく、宋代の謝霊運、恵連兄弟[19]の如く、性を達する唯一の方法を、遺世に求めるべきだと教えている（「贈従弟司庫員外絿」巻二）。この言葉は彼の経験に根ざした自答であり悔恨の叫びであろう。

達性、遂性はまた得意にも通ずる。

五帝と三王と、古來天子と稱せらる。干戈と將た揖讓と、畢竟何者《いずれ》が是なる。得意苟しくも樂《よろこび》と爲さば、野田
安んぞ鄙とするに足らん（「偶然作六首」巻五）

是非《ぜひ》、善悪の分別には何のメルクマールもなく、畢竟各自の得意によって決定される。意に適いあるがままの性を磨滅させないことが、自己の真の価値に通じ、天衣無縫の生を歓喜することができるとみる。「世に希《おもね》るに高節無く、跡を絶つに卑棲有り」（「座上走筆贈薛璩慕容損」巻二）というのも、その意味からである。この達性、得意とか遂性が『莊子』の全篇に盛るものであることは、いまさら論ずる必要もないであろう。佛教では「諸法は和合因縁の生にして、法中自らの性なし」（『摩訶般若波羅蜜經』巻二二〈『大正蔵』八・三七八a〉）と述べるように、自性とか本性を認めないのである。かく一応老荘思想の実践者とみられる接輿、および陶淵明等を引合いに出している限り、王維の隠遁思想が佛教に基づくというより、老荘思想の影響を多分に受けて成立していると断定できるのである。

四

あくまでも厭世を披瀝しつづけた王維が、官吏生活に終止符をうつこともなく、安史の乱に賊の偽官を受け、誹謗と中傷の中に慚愧しながら生涯を閉じたことは、意地悪い見方をすると優柔不断だとか、安定した官僚の座に執

着したからだとみることもできる。事実、中国の学者でも朱熹の「その人既に言うに足らず」（『楚辞後語』巻四）とか、顧炎武の「古来文辞を以て人を欺く者、謝霊運を第一とし、王維を次となす」（『日知録集釋』第一九）と酷評しているのである。朱熹の如く春秋の筆法をふりかざし、杜甫や韓愈などから受ける、強烈な人間臭さに引かれると、王維にある種の不満を覚えずにはいられない。だがたとえば終生を不満と煩悶にすごし、己を悲劇のヒーローに仕立て、酒池に沈溺する毎日に、僅かの救済を求めた杜甫を人間的だとすると、[20]刻々と変化する境遇に、前後矛盾した悲喜こもごもの感情を、率直に表現する王維にも、豊な人間味があるといえる。杜甫とは違って酒に苦悩を払拭することもなく、官吏生活と隠遁という、全く相容れぬ問題解決に雄々しく立向い、それを克服しようと努力したのである。一面の妥協性を含みはするが、天宝中期に至って、彼はこの内面的葛藤に、一応の理論づけを施している。

王維のまとまった人生観を知るのに、嚆矢とみられる散文がある。巻一八に収める「與魏居士書」がそれで、入谷氏の考証に依れば[21]天宝七、八載の作であり、心身ともに円熟の期に完成した思想といえる。この書簡は太宗朝の名宰相魏徴の子孫、魏居士が山林叢沢に隠れ、玄宗が右史の官を以て招聘したにもかかわらず、かたくなに俗塵を避けたのに対し、王維が己の所信を述べて翻意を求めた一文である。したがって先学の誰もが手を染め、それぞれ示唆に富む説をたてられている。中でも入谷氏の「思想の二重構造説」は方法論的にも最も同調できるが、全面的に肯定はできない。

本書の内容を分析すると、第一に、儒教の立場から説明しようとするものである。つまり仁を体得し道を履み、清節は世に冠絶した魏居士が山野に歌い薇を採る絶跡の生活をいとなむのは、「寶を懐き邦に迷い、身を愛して物《ひと》を賤む」利己的態度である。仕官という行為は「祿その室に及び、昆弟を養い負薪より免れしむ」るのみか、究極的には「上は致君の盛有り、下は厚俗の化有り」と個人の枠を超え、国家・社会を支える政治理念に合一する、またそうあるべきなのである。なぜなら、「君子は仁を布き義を施し、國を活し人を濟くことを以て適意とす」るからである。

仕官と隠遁との可否を、儒教経典に解決を求めると、『論語』微子篇に依拠するのが都合がよい。

子路（隠士の両子に）曰く、仕えざるは（君臣の）義を無《なみ》す。長幼の節は廢《す》つ可からず。君臣の義も之を如何にしてか其れ之を廢《す》つべけん。（汝父）其身を潔くせんと欲して大倫を亂る。君子の仕うるは其義を行わんとすればなり。道の行われざる已に之を知れり（『論語』微子篇）

要するに、とかく避世の士は、卑棲の中に絶対の自由が存在すると考えがちだが、親子の関係を存続する限り、親子の情愛は逃れ得ぬ必然である。たとえ佛教の出家者の如く肉親の情を断ち、五欲煩悩を排除したかにみえても、既に僧団の束縛の内に住み、厳格な戒律という掣肘を受ける。人間が人間として生きる以上、完全な自由はあり得ない。同じ必然でありながら父子の親は可、君臣の義は不可とする立場は、自己撞著も甚だしいものである。逸民と称される伯夷・叔斉も志を屈げず餓死という悲劇的最後を遂げた。彼等は所謂清節の士ではあっても、清節に拘泥しすぎる。孔子は「可も無く不可も無き」中庸の道を重んじ、進退去止を天命にゆだねたのであり、自己の理想が社会に受けいれられるか否かは論外であった。王維も同様に道を布くという信念は、君に仕え禄に徇う外部条件によって左右されないとし、「心身相い離るれば、理事倶に如なり」と結論づける。これはまさしく思想の二重構造であろう。

第二は、堯代の高士許由、晋の嵆康・陶淵明を槍玉に上げ、隠遁の不可を述べるのである。まず庭の樹にかけた瓢に鳴る風の音を悪むあまり、その瓢を捨て、堯から譲位を懇望されると、潁水で耳を洗ったという許由の行為には「耳は聲を駐むるの地には非ず、聲に耳を染むるの跡無し」と言下に却ける。この寓話から『莊子』斉物篇に、南郭子綦の説く天籟、地籟、人籟の筆致を想起するように、ひとまず儒教に解決を求めた彼は、さらに老荘に根拠を求め、自説の妥当性を強調するのである。「外を悪む者は内を垢し、物を病む者は我自りす」とは、万象と心知は別々に存在するものではなく、外はつまり内、我はつまり物とする莊子の万物斉同の思想である。是非・善悪の対立は、我々の雑念妄想に基づく偽りの価値観によって生れる。その価値的偏見に呻吟し、或は窒息する因果を繰返すのが愚な人間であるが、この相対的価値を絶対的価値なる一——真の認識——に帰結すると、矛盾と対立は克服され、あらゆる現象に自由無礙な順応が展開されるとするものである。『莊子』人間世篇に「夫れ耳目に徇い内に通じ、心知を外にすれば、鬼神も將に來り舍らんとす」というのと同じく、外部条件に左右されないとする消極的な思想の二重構造ではなく、積極的に外部と心知の一致を述べるものなのである。

同じ観点から嵇康が友人の山濤に与えた「絶交書」に、馬はつながれると狂いたち、奔放に疾駆できる果しなき山野を想い、豈に茂る草を憶うと、己を馬に譬えて隠遁を論ずるくだりがある。王維は「頓纓狂顧すること、豈に俛《すなお》に維縶を受けると異なること有らん乎」と一笑に付す。世俗の栄誉を汚濁とみ、山川叢沢を清浄な世界だと慕うのも、とらわれの迷妄であり、慕うという欲望の次元に立つものでしかない。絶対の認識からみれば「異見起りて正性隠れ、色事礙えて慧用微なり」といえる。陶淵明が督郵に見ゆる恥に耐えられず、官を辞し、貧苦のあまり一生を乞食する愧に耐えねばならなかったのも、「一慚これ忍びず、終身慚ず」ことで、「大を忘れて小を守る」ことだというのである。

『莊子』は許由を超越者の権化として描き、堯舜を至人の塵垢や粃糠に比すべき人物に仕立てるのに対し（逍遥遊篇）、王維は莊子の思想に立ちながら、堯舜を賞揚して、老荘の実践者ともみられる許由や嵇康、果は従来賛同してやまなかった陶淵明をも、愚者扱いしている点は興味深い。これは王維の思想的成長を物語ると同時に、荘子が孔子の説いた聖人を俎上に載せた諧謔を、逆に利用した感じを抱かせられるのである。

第三に、「方丈前に盈つと雖も蔬食菜羹なり。高門甲第と雖も畢竟空寂なり。人相いに愛せざる莫きも、身を観ずること聚沫の如し。人自ら厚うせざる莫きも、財を視ること浮雲の若し」と、一切を空とみ、万象悉く寂滅なりとする佛教の哲理を展開し、これによって隠遁を不可とするのである。これが経典の中でも、特に『維摩經』によることは申す迄もない。「聖人は身の有とするに足らざるを知る」「名の着する所無きを知る」と、現象界は聚沫と等しく夢幻だとみる。とすれば人間の存在を如何に位置づけ、生きるという意義を一体何処に求めるのかと疑問を生ずるが、王維は「身を離れて返って其身に屈し、名の空なるを知って返って其名を避けず」と、佛教で所謂「実相肯定」の思想を引いて答えるのである。この思想は同時期の作品にしばしば詠われており、如何に彼の人生観に、重大な影響を及ぼしたかが知られるのである。

龍鍾たる一老翁、徐歩して禪宮に謁す。問わんと欲す義心の義、遙に知る空病の空なるを

（「夏日過青龍寺謁操禪師」巻七）

寺院を徘徊しては、高僧に佛理を問う生活を叙した詩である。義心の義とは、過去、現在、未来に亘る世間・出世間の上法とされ、迷妄を断ち、真の知見を求める根本の義である。また「空病の空」とは、『維摩經』文殊師利問疾品に我および涅槃は皆空なりとし、「何を以てか空となすや。ただ名字を以ての故に空なり。かくの如き二法は決定の性なし。この平等を得れば餘病あることなく、ただ空病のみあり。空病も亦空なり」（『大正蔵』一四・五四五a）とあるのに基づく。我々は政界の不合理さを歎き、立腹する。そこでは賄賂の多寡によって地位は上下し、人々は貴権の門に遅れまいと狂奔する。赤裸々に展開される貪欲や愛情の醜い人間関係は、少くとも清廉な生涯に

甘んじようとする者にとっては、耐え難い世界である。また白髪に老いのわびしさを嘆じ、肉親知己を喪なっては孤独の悲哀をかこつ。これら、心の病から逃れる為に、感覚の世界はすべて空だ虚だとする空の理を求めるが、一歩を進めてみると、清浄な境地を慕い、悟りの道を求めようとすること自体が、また欲望の世界なのである。空ということも存在しない、空も亦空であり、悟道も亦空であって、これを絶対空というのである。

四大の因を了観するに、根性何の有とする所ぞ。妄計苟《かりそ》めにも生ぜざれば、是の身孰か休咎とせん。色聲何ぞ客と謂わん、陰界復た誰か守らん。徒らに言う蓮花の目、豈に惡まん楊枝の肘。既に香積の飯に飽き、聲聞の酒に醉わず。有無斷常の見あり、生滅幻夢の受あり。卽ち病卽實相なれば、空に趨《いそ》ぎ定んで狂走せんや。一法の眞有る無く、一法の垢有る無し（「胡居士臥病遺米因贈」巻三）。

王維の全作品中、最も難解の詩である。これは友人の胡某を維摩居士にみたて、維摩が仮病をつかい佛弟子と佛法に就いて対論した故事を再現したもので、他に二首ある。万物は原子の結合によって生成されるが、その実分解すると何の存在もない。このシェーマに立てば五欲煩悩も生ぜず、肉体の吉凶にこだわり、色や声など感覚の世界である世俗に妄執する必要もない。かといって蓮花にも似た菩薩の目のような清浄さ、『莊子』に伝える支離叔と滑介叔が、瘍の生じた自分の肘を嫌悪した清節にこだわることもない。小乗佛教では有とか無はこの世だけで断絶するとか、常住不滅だとかいい、現世の生滅は夢や幻だとするが、彼等は一切が空だとする、その空に惑っているのであり、大乗佛教の法は「病即実相」「煩悩即菩提」が正しいのである。

他の一首にも我々は老病死にいつ見舞われるかわからぬ、朝露にも似た肉体を拘えているという。とすると一体どこに我の存在する場があるのかと自問し、形あり知覚し得るものに執着するのが実情で、一切が空だ虚だとするのを真理とみなして、賓たる肉体（世俗）を捨てることはできないと自答する。かくて「洗心詎ぞ懸解たる、悟道まさに迷律なり」（「與胡居士皆病寄此詩兼示學人二首」巻三）と、清浄を追い道を悟ることに執着する者は、つまり迷いの世界にあるのだと喝破する。「（有無、色空＝差別対立の世界）皆幻なり。離も亦幻なり、至れる人は幻を捨てず、色空有無の際を過ぐ」（「薦福寺光師房花藥詩序」巻一九）と表現は異なるが、空も亦空とする二重否定によって、現実を現実としてあるがままに認め[22]、世俗の苦悩がそのまま悟道であり、彼岸だとする実相肯定に達するのである。

このように佛教は生も滅もなく我もなく、無我もない（不二）立場、差別対立を超越するものであるから、世間と出世間、隠遁と仕官という差別があり得るはずがない。世俗に生きる人間生活が、そのまま浄土であり涅槃であるとみ、より生の歓喜と意義を見出そうとするのである。かくて王維は「行作を以て大依と爲す無く、守默を以て絕塵と爲す無く、不動を以て出世と爲す」と論を結ぶのである。

五

これまで検討したように、王維は儒・道（老荘）・佛三教に論拠を尋ね、隠遁を否定し去った。いわば三教相互の間に質の違い、次元の差を認めつつ、世俗に生きる点で三教を一致し、融合せしめたものといえる。ただ私は老荘の思想を独立させたが、実は王維の文中に、儒教とその聖人、佛教と如来はあげても、老荘に就いては一言も触れず、許由や嵇康等の譬喩も、佛教思想を敷衍するための、具体例にしかすぎない。私が敢て老荘思想を独立して扱ったのは、次の理由からである。許由等の人物は老荘の一応の実践者とみられるから、王維のこの輩に対する冷笑は、老荘否定につながると考えられるかもしれない。だが老荘に通じ禅理に精しと称される彼が、真の老荘哲学がこの徒の言動に集約されていると考えたとは信じられないのである。

山林に吾れ我を喪ない、冠帯に爾《なんじ》人と成る。學ぶこと莫れ嵆康が懶、且《そ》も安んぜよ原憲が貧

（「山中示弟等」巻一二）

南郭子綦の天籟問答に借りて、荘子のいう自身をさえ忘れた忘我の解脱（坐忘）を己に譬え、嵆康と明確に袖を分かち、反って儒教の体得者たる原憲を是とするのも、その証左だと思われる。

『荘子』は全篇を通じて、人間社会の虚僞や不信を凝視し、逍遥の游という超越的世界への脱出をすすめてはいても、必ずしも具体的隠遁を説くものではない。先に触れた達性とか得意も、社会に生きる上に、惑溺や苦悩等によって己が傷つかないための方便であって、世俗を否定するのでは決してない。人間世篇に「迹を絶つは易きも、地を行くこと無きは難し」と塵網に耐える困難さを認め、故に流れに棹ささず、虚無恬淡に身をゆだね、無為自然を媒介にして世俗に徹底的に順応する。そこから人生に意義を認めて、「爲さざる無き」積極的な参加を示すものなのである。

王維が儒教側の論拠とした『論語』微子篇も、『荘子』人間世篇に、孔子が顔回に与えた言葉に改造されて見出すことができる。すなわち、人には運命づけられた命（親子の情）と義（君臣の義）を担わされ、逃避する術のない「已むを得ざる所」のものであるから、この運命を運命と観じ随順しなければならない。人間の存在は偶然によって支えられる。そこに階級的必然性も生れるが、偶然を偶然とし、必然を必然とみ一切を肯定して無心に随順する中に、完全な自己を発見する。それがまさしく「大隠は朝市に隠れる」真の隠遁であるという。王維が「不動を以て出世と爲す」と述べるのもその意味に他ならない。このように理解すれば、老荘思想を別箇に扱っても無理はないであろう。

さて三教の融合とはいっても、同一だとするものではない。端的にいえば儒教を老荘が、老荘を佛教が包摂した理論の展開であって、佛教が思想界の頂点に立つという、唐代の歴史的背景と一致すると思われる。儒教は仁義礼智信の五常を設定し、その徹底した実践に現世の調和を期待する。つまり、人間の相互関係に比重を置き、あくまでも現実を現実で割る、形而下の問題に終始したといえよう。老荘は逆に形而上の世界を求め、一度現実を離れ、そこから再び現実に下降する。老荘が儒教を包摂するというのも、飛翔より下降に転ずる時、一切を肯定し、世俗への積極的参加を示すことによってはじめて可能となるのである。

また佛教は現実を否定し尽し、否定を媒介に現実に帰着するものであるが、老荘と佛教の明確な区別は、哲学と宗教との違いであろう。しかし佛教の持つ哲学が、老荘のそれとすこぶる類似することは衆目の一致するところである[23]。王維に於いても両者の混同が随所に認められ、佛教に関しては佛語を、老荘に関しては老荘の語を使い分けるとする説は成立たない。「至人なる者は幻を捨てず」とあるように、『荘子』の至人が佛教の聖者に、『荘子』の思想が佛教思想に換骨奪胎されているのである。例えば荘子が東郭子に道は「稊稗に在り、瓦甓に在り……」と答えた有名な言（『荘子』知北遊篇）と、『法華經』薬草喩品と対比して、いずれも道の万物遍在を説くものとし（「薦福寺光師房花薬詩序」巻一九）、老子が万物は一より生ずとする玄道と、佛教の八識を同一視するのである（「奉勅詳帝皇龜鏡圖狀帝皇龜鏡圖兩卷令簡擇訖進狀」巻一八[24]）。

佛教経典の漢訳に当って、訳語は無論のこと、教理も類似性を持つ老荘を媒体とした（格義）。それは佛教の中国化を促す反面、インド的性格は失われる結果となった。魏晋サロン界を風靡した格義佛教は、佛教の真髄を曲げるものとして、弊害が叫ばれ、道安によって改革の狼煙はあげられた。しかし、道安の孫弟子僧肇すら、「天は一を得て以て清く、地は一を得て以て寧く、君王は一を得て以て天下を治む」（『肇論』涅槃無名論〈『大正蔵』四五・

一五七a〉）、「天地と我と同根、萬物と我と一體」（『肇論』九折十演者〈『大正蔵』四五・一五九b〉）と、老荘に借りて佛教を説く格義の風潮は、依然と跡を絶たなかったのである。唐代に於いても、インドから帰朝した玄奘によって改革が唱えられ、老荘的表現の空・無を、佛教本来の菩提に統一する策が創められた(25)。とはいえ玄奘の宗派が、ほぼ彼の一代でついえ去った事実は、佛教の中国化という、滔々たる歴史の流れを阻むことが、不可能であったことを知るよすがとなろう。士大夫の佛典、僧尼の外典研尋が普遍化の一途を辿った唐代(26)、この時代相の下に、老荘と佛教が益々渾然となるのは必至といえる。最も中国化された佛教といわれ、最も老荘の影響を受けて成立した(27)禅宗が、他の宗派の追随を許さず、士大夫の間に勝利を博したのも、老荘に育まれた士大夫層の、好みと欲求を見逃すことはできないのである。

さても老荘思想の身体に、佛教の首をすげかえた、それが王維の思想構造である。このような老荘思想より佛教教理へのアプローチは、六朝以来の幾多先達が通った轍であったが、王維も同じ轍を踏んだ。それはひとえに、老荘に基づく漢訳経典を離れえなかった知識人の、佛教受容に於ける、必然の帰結であると同時に、越えるに越えられない、限界でもあったと思われる。

六

儒教否定にはじまり、老荘より佛教に開眼されて、再び儒教を肯定するに至った王維の思想遍歴は、つまるところ、儒教を再認識するための紆余曲折であって、結果からみれば、終始儒教（官僚）の立場を離れえなかったことになる。彼の佛教信仰は深い社会への憤りや人間不信の中に培われ、涼州という異常な自然条件を通じて高まった。

しかしその直後に迎えたものは李林甫の悪政下にあったとはいえ、生涯を通じて最も安定した時代であった。不遇と絶望の最中には、それを契機に宗教的素因が醸成されても、平穏無事となるに従って、宗教よりはむしろ哲学とか思索中心となり易い。天宝期の王維を「禪理に詳し」と評しているように、佛教の持つ哲理に、より比重を置いていたのであり、これはまた後述するように、思弁主義的傾向を多分に持つ禅宗に、近接したことにも通ずるのである。また佛教哲学の表面化することは、とりもなおさず、中国佛教の基盤を形成する、老荘的ニュアンスを濃厚にし、ひいては儒教の復活を可能にするのである。

儒教に育まれ、官僚制の枠に生きる運命を負った王維が、その枠を断切ることなく、本質的にきわめて乖離する佛教を導入するためには、意識すると否とを問わず、佛教の含む実相肯定の思想に、融合調和を求めねばならない。たとえ一度は儒教を破壊しても、この教理に達し、世俗を肯定することになると、必然的に儒教がクローズアップされてくる。ことに安定期に於いて、更に貴族社会の崩壊に伴って、官僚層の朝廷に対する依存度が、深まる時代であるから、一応、佛教の三世因果とか、輪廻転生の幽玄な教を悟り、あるいは佛教に儒教を包摂する、次元の高さを認めたとしても、思索上の遊戯にふけった天宝期にあっては、佛教を求めたことが、つまり儒教世界に生きる口実と、思想的根拠を与える結果となった。換言すれば、天宝期の佛教は儒教の意義を再認識するための、思弁的役割を果したと思われるのである。

「與魏居士書」に端的に示されるとおり、王維は世俗に生きる価値を再確認した。死の前年にあたる乾元二年(七五九)に、友人の礼部尚書韋陟が東京留守となった別離の詩には、「人外に世慮を遺《わす》れ、空端に遐心を結ぶ。曽《すなわ》ち是れ巣許の淺く、始めて堯舜の深きを知る」(「送韋大夫東京留守」巻四)と、改めて儒教実践の意義を讃え、さらに代宗朝に弟王縉と暴政をしいた元載が、江淮の転運に当る際に、「税を薄くするは天府に歸し、徭を輕くするは使臣に頼る」（「送元中丞轉運江淮」巻八）と、政治の功用を叙しているのもその表われである。これらの点は、入谷氏が極めて詳細に論求されているので[28]累説は避けたいが、要するに彼の復活した儒教は従来のそれとは質的に違い、背後に佛教思想の裏づけがあるが故に、今までにない強い官僚意識と、君主権力支持への、積極的参加が表明されている。乾元二年の「請廻前任司職田粟施貧人粥狀」（巻一八）の凍餒者救済にしろ、亡母の永却追福のため、輞川荘の一部を寺とした「請施荘爲寺表」（巻一七）[29]にしろ、彼の場合はすべて儒教の理念たる治民、孝道の実践が、同時に佛教の布施とか追善供養に通ずるのである。それも儒教と佛教が現実の次元で一致するというのではなく、儒教が佛教の一面であると積極的に認めたと理解しなければならない[30]。

このように、王維は己の生き方に一応の解決を与えた。それだけに詩友苑咸と応酬した詩（巻一〇）や、「苦熱」（巻四）等には悟りすましたポーズがみえる。ことに「苦熱」は吾国の快川が「心頭を滅却すれば、火も亦自ら涼し」と悟道の境地を叙べた言葉を、彷彿させるほどである。恐らくこのまま平穏に余生を終えたならば、青年期の詩と同様に、通俗的な思想家のまま埋没したであろう。しかし、晩年をしめくくる二つの蹉跌が彼を待ちうけていた。一は安禄山の乱に於ける虜囚の恥辱であり、他は逼りくる老いの寂しさと、死への恐怖感であるといえる。この両者を作品に於いて、それぞれに特色づけるのが、すでに指摘される自責とあがないの文学であり[31]、悲哀の文学であろう。

天宝十五載（七五六）六月、潼関破るとの悲報に接した長安では、物情騒然とする中を、玄宗は僅かの側近と将兵に護られ蜀に奔り、大多数の百官は逃げおくれた。王維も市中に隠れているところを捕えられ、洛陽に護送されたのである。至徳二年（七五七）十月、長安につづいて洛陽が奪回され、十二月に賊の侍中を受けた陳希烈以下、三百余人の処罪が決した。達奚珣等十八人は斬、陳希烈等七人は自尽を賜り、張説の子張均以下は流罪に処せられた。にもかかわらず、王維は太原少尹として李光弼と共に太原を死守した弟王縉が、自分の憲部侍郎の職を以て兄の罪を贖わんとしたため、ただ一階を下し太子中允を授けられた。この破格の恩典に浴し、やがて集賢学士、中書舎人、給事中をへ、乾元三年（七六〇）に尚書右丞に昇進するのである。この間に幾分か周囲の誹謗と中傷の目を意識したであろう王維が[32]、隠遁も出家もせず、それに耐え抜いたことは、彼が世俗的偏見であるとする、毀誉褒貶に左右されないとする立場からすれば当然であろう。しかし安禄山の乱を界に、自責とあがないの美事な文学を開華させているからには、懊悩の毎日にあけくれた王維の姿を認めないわけにいかないのである。それは亦、確固不動ともみえた悟りすましたポーズが、矢張り平穏な時代に於ける産物であり、思索に基づく一面の理論づけでしかなかったことを裏書きする。しかしそうした精神的動揺が、逆に彼の人間性の豊さを表明するものともいえるであろう。

自責の文学が安禄山の乱を媒体として生れたのに比べ、悲哀の文学は吉川幸次郎氏のいわれる[33]、第三の推移の悲哀によって生まれる。王維は既に開元二十七年孟浩然の死に接してよんだ「哭孟浩然」（巻一三）をはじめ、天宝初期の「哭殷遙」（巻一四）等、多くの挽歌に精一杯悲哀の情をうたいあげてはいるものの、それは挽歌であることを一応割引いて考えねばならない。しかし肉親知己の悲劇が、吾身にふりかえられることによって、人間の逃れ得ぬ運命を痛切に自覚し、危機と恐怖を感ずるに至るのである。そこに真の悲哀が生れる。そうした時期を王維は迎えていたのである[34]。

宿昔の朱顏暮齒と成り、須臾にして白髮垂髫を變ず。一生幾許ぞ心を傷ましむる事、空門《ぶつのおしえ》に向わずして何處にか銷《け》さん（「歎白髮」巻一四）

輞川荘をエデンの園にみたて、世俗と帷で仕切っても、帷で仕切れない何物かが存在する。それは思索を容れず、一点の妥協も許さない冷酷な老死の影である。我々はたとえ世上は浮雲と知り夢幻だと見ても、矢張り現実を現実で割切ろうとするが、一瞬たりと静寂に身を置けば、

白髪は終に變じ難く、黄金も成す可からず。老病を除くを知らんと欲すれば、惟だ無生《ぶつきよう》を學ぶ有るのみ

（「秋夜獨坐」巻九）

と知らされるのである。人力を究め尽し、自力では如何んともし難いと悟った時、全てを佛のうてなに託そうとする、没我の境地をほのめかすのである。

自責の文学も、私は佛教の懺悔滅罪に通ずるとみるのであるが(35)、王維の佛教信仰は天宝末期に至り、没我の性格を持ってはじめて真実性を得たと思う。加えて自分のみか、君主をすら破滅に追込んだ安禄山の乱が、拍車をかけたとみるべきで、かく把握してこそ、従来一度だに現われなかった「出家」の語が現われること、本伝に、死に臨み弟王縉をはじめ、友人の一人一人に、佛教信仰を薦める手紙をしたため息たえた、という記事が生きてくるのである。

七

王維の字である「摩詰」が、名の「維」と併せ「維摩詰」となるのは、すでに『唐國史補』で、李肇が『維摩經』にちなんだものだと指摘している。周知の如く、『維摩經』は大乗佛教の居士維摩詰が仮病をつかい、小乗佛教に終始している佛弟子達を誘ない、大乗の融通無礙の教えに覚悟させる一大ドラマで、古来在家佛教の根本経典として、盛んに誦持されてきたものである。在家の佛弟子と自任した王維が、名字を維摩居士になぞらえたのも、

故なしとしない。この経が愛読された理由は文学、芸術上極めて優れた作品で、まとまったドラマと思想を持ち、その不可思議な世界を説く内容が、当時の趣向に合致したからである。[36] 確かに王維の作品に於いても、主な引用語は『維摩經』を第一に、『華嚴』、『法華』、『楞伽』、『仁王』等、いずれも格調の高い作品であるのは、これ等の佛典を、宗教としてよりも、まず知識や教養を目的に摂取した、知識人の態度を示すものと思われる。[37]

さらに『維摩經』の流布した原因の一つは、内容が実相肯定を標榜する点である。在家経典と目されるだけに、煩悩即菩提、生死即涅槃の思想が盛込まれ、世俗にあって、そのまま救済されると説くものである。大乗経典の多くはこの思想を持つが、特に強調するのは『維摩經』で、佛国品に「衆生の類、これ菩薩の佛土」（『大正蔵』一四・五三八a）、弟子品に「煩悩を斷たずして涅槃に入る」（『大正蔵』一四・五三九c）など、俗世と浄土との一致を説いているのである。王維の思想と『維摩經』が、不可分の関係にあることは当然であろう。しかも一面に於いては不老長生の術を求め、人力を超える、マジカルなものに憧れた社会であるから、己と同じ在俗の維摩居士が、須弥山を芥子の中に容れ、四海の水を一毛孔に注ぎ、或は方丈の室に、三万二千の宝座を納れるほどの神通力を持ち、文殊と対等に大乗教の妙味を展開するところに、痛快さを感じて、経典の譬喩が譬喩のわくを越え、やがて己も維摩居士にあやかろうと、見果ぬ夢を追ったであろうと想像される。[38]

『維摩經』を根本経典とする宗派は南宗禅である。禅宗は五祖弘忍の高足、神秀と慧能に至って、長安・洛陽を中心とする北宗禅、嶺南曹渓に根拠を置く南宗禅に分派した。しかし両派の対立が自覚されはじめたのは、玄宗朝に於いてである。開元二十二年（七三四）、時あたかも王維が右拾遺となる前年に、神秀・慧能いずれにも師事した荷沢寺神会が、大雲寺に無遮大会を催し、その席上神秀系の排斥を狙い、爆弾宣言を発した。[39] 当時北宗禅は普寂・義福等、神秀門下が朝野の帰依を聚め、朝廷の厚い保護の下に置かれていた。神会の倨慢ともみえる北宗攻撃は、久しく南宗派内部に燻りつづけた反感を圧縮し、乾坤一擲の勝負をいどむものであったと考えられる。後開元末年（七四二）を分水嶺に、義福・普寂を相次いで失なった北宗と、王維と交渉のあった馬祖道一を擁する南宗とは、完全に地位を交替する。それはほぼ王維の前・後半生にそれぞれ一致するのである。

北宗と南宗禅の根本的相違は、前者が『楞伽經』を、後者が『維摩』・『金剛經』を所由経典とすることである。慧能が『維摩經』を所依経典としたのは、明らかに従来の禅宗の枠を断ち切る大英断であり、そのことが遂に士大夫との間を密接ならしめ、居士佛教隆盛を招くのであったと考えられる。ともかくこの相違が教義にも現われ、北宗禅は漸悟、つまり衆生は初禅より練禅、薫禅、修禅と修道することによって悟りに入るとし、南宗禅は悟りに直入する頓悟説を立てる。また南宗は如来蔵——差別対立を無くするのでなく、差別のまま解脱する無心、無住——を主張するが、北宗はこの如来蔵を認めながらも、修道によって妄念を払拭せよと教え、凝然守心を第一とするのである。[40]

王維の詩には夕日の描写が多い。これをもとに『観無量壽經』の日想観の影響を考え、彼の佛教が浄土教であったとされる説が圧倒的である。[41]これは「西方變畫讃幷序」（巻二〇）や、「給事中竇紹爲亡弟故駙馬都尉于孝義寺浮圖畫西方阿彌陀變讃幷序」（巻二〇）の如き作品が存在することからも否定はされない。けれども彼の思想は『維摩經』を中心に展開され、禅宗の色彩が濃厚なのである。詩や文中の断片的な語句を剔出しても、「法は言說を離る。言說卽ち解脱と了する者は終日言うべし」（「爲幹和尚進註仁王經表」巻一七）と、『楞伽經』七空の第五、一切法離言説空、不立文字をはじめ、[42]「見聞自在にして、宗說皆通ずる者」（同上）等、禅独特の言葉と知られる楞伽の「宗通説通」を唱え、「身は因縁の法を逐い、心は次第の禪を過ぐ」（「過盧員外宅看飯僧共題」巻一一）と、北宗の漸教を叙べるなど、禅の思想が至るところに散見するのであり、禅が主流を占めていたと思えるのである。ただ隋唐時代の佛教は、智顗の天台以下、三論・華厳・法華・浄土・律・禅・密教等、各宗派の形成期に当り、各派の教理乃至所依経典の固定化が進行した。とはいえ、後世の宗派概念とはおおよそ趣を異にするものであって、他の宗派や経典とは全く無関係だというものではない。華厳の高僧、五臺山清涼寺の澄観を例にとれば、彼は十一歳に南山律の宝林寺洪霈に法華を受け、ついで潤州棲霞寺醴律師に相部律〈南山律の一派〉を学び、金陵の玄璧に三論を修め、「三論の江表に盛んなるは〔澄〕観の力なり」と称されている。加うるに、法蔵に華厳を学び有名な瓦官寺に伝法するかたわら、蘇州の湛然に従い天台の止観・法華・維摩を、牛頭山の惟忠、径山の道欽に南宗禅を、慧雲に北宗禅を伝受したのである〈『宋高僧傳』巻五〈『大正蔵』五〇・七三七ａ〉〉。実に後世の佛教史家を悩ませる師承、血脈の混乱は、この風潮が招いた結果なのである。

八

このような佛教界の情況を背後に持っては、王維の佛教が、自ずと複雑多岐に亘るのも、已むを得ないし、その系譜を辿ることは至難の業というほかはない。だから主流は禅宗系といっても、他に何らかの傍証となるべき手掛りを探る必要があろう。私は彼が交際し崇拝した高僧達に、解決の鍵をあずけたいのであるが、ただこの策は彼の文集以外にほとんど求められないという、方法論上の缺陥を免れ難い。しかし文集に現われぬ幾多僧徒の存在を仮定しても、各宗派の確率に増減はなく、作品中の僧は、その最大公約数とみて差支えないであろう。

王維が最も早く接し、思想形成の上に重大な役割を与えたと推測される人物は、大照禅師普寂である。既述のとおり、王維の母は普寂に師事した篤信の女性で、王維と王縉の佛教信仰も、母の感化によるとみられる所以である。

普寂は王維と同じ河東の出身であり、先師神秀の示寂した後、中宗の命をうけて法衆を統べ、さらに玄宗の寵愛するところとなった。開元十三年（七二五）に洛陽敬愛寺に住してから、長安興唐寺をへ、二十七年、八十九歳を以て同寺に卒するまで、北宗禅の総帥として弘法に尽力したのである（『宋高僧傳』巻九）。母の薫陶とか同郷のよしみもさることながら、京師に於けるパトロンであった岐王範、張説等がいたく神秀、普寂を信奉した関係もあり（『舊唐書』巻一九一、方伎伝）、普寂の教に親しく接したと思われ、「爲舜闍黎謝御題大通大照和尚塔額表」（巻一七）を残しているのも、両者の関係の深いことを示すものである。

「謁璿上人幷序」（巻三）の璿上人とは、『宋高僧傳』巻一七、元崇の附伝にみえる、瓦棺寺道璿である（『大正蔵』五〇・八一四b〜八一五a）。彼は「註菩薩戒經序」を著した人で、大衍暦の著作者、嵩陽の一行や弋陽の法融と共に普寂の門下となり、禅のみならず、華厳・律にも通じた（『釋氏稽古略』巻三〈『大正蔵』四九・八一二b以下〉）。彼は吾国の普照と栄叡の招聘に応じ、天平八年（開元二十四年〈七三六〉）七月に来朝、禅を行表に伝え、行表は伝教大師に伝えて、天台に北宗禅を導入する礎を築いた。また華厳、律の祖とも称せられている。元崇は道璿の弟子で、王維の作品以外に求めうる唯一の人物である。本伝によれば天宝中終南山に入り、輞川荘にあった王維と神交中断したという。彼も亦北宗禅に属する。

「大唐大安國寺故大德淨覺禪師碑銘」（巻二四）の浄覚は、俗姓韋氏、中宗の妃韋庶人の弟である[43]。彼は従来王維の碑銘によってしか知る術がなかったが、近年敦煌より発掘された『楞伽師資血脈記』（以下『血脈記』と略）の撰者である[44]。禅宗五祖弘忍の弟子玄賾に学び、師の著した『楞伽人法志』に続けて、北宗禅を正統づける意図のもとに、『血脈記』を著した。

「過福禪師蘭若」（巻七）。福禅師に相当する人物が二人いる。即ち普寂と同門の義福と恵福で、義福は開元十三年勅命により洛陽福先寺に住して以来、同二十四年長安龍興寺に終るまで、山中に隠れ住んだ形跡はない（『宋高僧傳』巻九〈『大正蔵』五〇・七六〇b〉）。恵福は浄覚の『楞伽師資記』によれば、法灯明と讃えられ、藍田玉山に居住したという（『大正蔵』八五・一二九〇c）。生卒年は定かでないが、王維の輞川荘にほど遠からぬ、玉山の恵福をあててよいであろう。

「留別山中溫古上人兄幷示舍弟縉」（巻四）。「宿昔游止を同にし、身を雲霞の末に致す」という温古は、王維と終南に住した。彼は密教の善無畏に従い、後に『大日經義釋』を撰した人として知られ、また不空の訳場に参劃し、『瑜伽念誦法』等の密教経典に、「嵩岳沙門溫古筆受」と名をとどめている（『開元釋教目錄』巻九〈『大正蔵』五五・五七一c〉）。

「投道一師蘭若宿」（巻一一）。道一は馬祖とも呼ばれ、慧能なきあと、青原の行思と共に、南宗禅の双璧とうたわれた南岳懐譲に学び、やがて百丈懐海をはじめ、門弟数百を輩出し、南宗禅は彼に至って完成したといわれる傑僧である(45)（『宋高僧傳』巻一〇〈『大正蔵』五〇・七六六a～c〉）。

「過乘如禪師蕭居士嵩邱蘭若」（巻一〇）。乗如は大暦中、西明・安国両寺の上座を兼ね、不空の訳経事業にたずさわった人である（『宋高僧傳』巻一五〈『大正蔵』五〇・八〇一c〉、『代宗朝贈司空大辨正廣智三藏和上表制集』巻五）。文辞の才に恵まれ、『貞元釋敎目錄』の編者として名高い、後輩の安国寺円照が、彼の卒後に遺文を編纂した『兩寺上座乘如集』三巻があったが、今は佚して伝わらない。彼は律部の人であった(46)。

「大薦福寺大德道光禪師塔銘」（巻二五）。道光は他の史料に見当らないが、塔銘に依れば、五臺山宝鑑禅師に頓教を授けられ、普寂と同年にこの寺に卒したという。塔銘の他に「薦福寺光師房花藥詩序」（巻一九）があり、王維の最もなずんだ南宗禅の一人と思われる。

以上とは別に感化寺曇興、青龍寺操禅師および曇壁、瑗公、舜闍黎、恵幹の名がみえる。舜闍黎が恐らく普寂の一門とみられる（「爲舜闍黎謝御題大通大照和尚塔額表」巻一七）のを除き、今のところ詳かにし得ない。ただ「一に傳心法を施し」（「同崔興宗送瑗公」巻八）、「遙かに知る空病の空」（「夏日過青龍寺謁操禪師」巻七）、「心空安んぞ迷うべけん」と、弟王縉の詩に「無心にして世界閑なり」（「青龍寺曇壁上人兄院集幷序」巻一一）などにより、禅系の人と推測するものである。

かく王維の佛教は、禅と浄土教、殊に禅の影響が表面に押出されている。一概に論断できることではないが、時代を区分すると、危機をめぐる自己放てきには所謂宗教的ふん囲気の強い浄土教、天宝期の如き割合い恵まれた時代には、内面凝視の傾向を持つ禅と、それぞれの特性が時と場合に応じて発揮されたのではないか。とするならば御都合主義といった感もなくはない。それは多くの宗派に接したであろう王維が、当然辿るべき道といえるかもしれない。

ただ興味深い点は、禅に於いて彼自身の中にも南北両禅の対立があることである。思想はもちろん、交遊関係にあっても両派に気脈を通じており、北宗禅排撃の首かい荷沢寺神会と、彼と真正面から対立したと思われる、北宗禅の安国寺浄覚の碑文があることは注目してよい。神会は「（慧）能禪師碑」（巻二五）に慧能の唯一の弟子として見出される。文中慧能に「祖宗六葉」、つまり禅宗六祖の称号を捧げているのは当然ながら、同時に神会と対立する意図の下に、北宗禅の正統性を守るべく『血脈記』を著わした、安国寺浄覚の碑銘を書いたことは、つまり王維にとって南北両禅の交争が、宗門に於けるほど問題とならなかったか、あるいは宗派よりも人的結びつきに比重を置く、唐代士大夫の佛教信仰を特色づけるもののようである。

要するに、文学史的には、盛唐という中国史上の大転換期である時代の性格と、その中に含まれる矛盾とを、文学に於いて象徴しているように[47]、安史の乱に至る貴族制の崩壊過程に生き、佛教にあっては南北両禅対立の時代——まさに北宗禅より南宗禅へと勢力の交替する谷間——にあった佛教の矛盾を、満身にうけたといえるのである。

※　王維に関しては目加田誠「王維——安史の乱と詩人たち——」（『文学研究』四三、一九五二年）、李長之『中国文学史略稿』（五十年代出版社、一九五四年）、陳貽焮「王維的政治生活和他的思想」（『文学遺産』増刊二、一九五七年、後に『陳貽焮文選』〈北京大学出版社、二〇一〇年〉所収）、同「王維生平事蹟初探」（『文学遺産』増刊六、一九五八年）、都留春雄『王維』（中国詩人選集六、岩波書店、一九五八年）、入谷仙介「王維の前半生」（『中国文学報』一一、一九五九年）、同「中年期の王維」（『中国文学報』一五、一九六一年）、同「晩年の王維—上—」（『中国文学報』一八、一九六三年）、同「晩年の王維—下—」（『中国文学報』一九、一九六四年）、小林太市郎『王維の生涯と芸術』（全国書房、一九四四年、後に『小林太市郎著作集』第四巻〈淡交社、一九七四年〉所収）、小林太市郎・原田憲雄共著『王維』（漢詩大系一〇、集英社、一九六四年）、橋本循「王維の研究」（『中国文学思想論考』秋田屋、一九四八年所収）などがあり、テキストには、最も信用のおけるといわれる趙松谷本を利用した。論文中の巻数はそれに従うものである。尚作品の時代区分は、おおむね入谷氏の研究成果に負うことを付記し、謝意を表しておく次第である。

註

（1）入谷仙介「王維の前半生」（『中国文学報』一一、一九五九年）。

（2）『舊唐書』巻八、玄宗本紀上、開元二年の条、『唐會要』巻四、雑録、『全唐文』巻三〇「禁僧俗往還詔」。

（3）このグループには張説が加わっており、また、この頃に所謂科挙官僚層と、貴族出身官僚との対立が表面化しているから、その点から考察すべきだと思うが、今のところ明確にしえない。

（4）入谷仙介前掲註（1）論文。

（5）『舊唐書』職官志に「上州司馬従五品下」とある。汾州は「地理志」に依れば「舊領戸三萬四千九」とあり、開元十八年までは上州戸二万以上であった（『唐會要』巻七〇）。なお太原の王氏に関する、守屋美都雄『六朝門閥の一研究　太原王氏系譜考』（日本出版協同、一九五一年）参照。

（6）布目潮渢「唐初の貴族」（『東洋史研究』一〇―三、一九四七年）、竹田龍児「貞観氏族志の編纂に関する一考察」（『史学』二五、一九五二年）、池田温「唐代の郡望表――9・10世紀の敦煌写本を中心として――上」（『東洋学報』四二―三、一九五九年）。

（7）氏族志の盛行については統一的見解はない。ただ国家の編纂の意図はともかく、家門を誇り、滅びゆく家門を支えようとする意識は否定出来ないのである。守屋氏も指摘されるように、河東王氏が琅邪王氏と通譜した事実があるのも、それを裏づけるであろう。しかし王維は太原王氏との交わりが深く、彼の手に成る碑銘等、ほとんど太原王氏一族のものであり、通譜の犯人は弟王縉あたりと考えられる。

（8）『唐詩紀事』王縉の「九月九日作」、小林・原田前掲※『王維』参照。

（9）太楽丞、司倉参軍いずれも従八品下（『舊唐書』職官志）。禄は二五五〇文（『通典』巻三五、禄秩）。この他に職田があったが、地方官が優遇されていた。大崎正次「唐代京官職田攷」（『史潮』一二―三・四、一九四三年）、谷川道雄「唐代の職田制とその克服」（『東洋史研究』一二―五、一九五三年）、築山治三郎「唐代官僚の俸禄と生活について」（『人文』一四、一九六三年、後に『唐代政治制度の研究』第五章第三節〈創元社、一九六七年〉所収）。

（10）布目前掲註（6）「唐初の貴族」、宇都宮清吉「唐代貴人に就いての一考察」（『史林』一九―三、一九三四年）、プーリィブランク「安禄山の叛乱の政治的背景」（『東洋学報』三五―二、一九五二年）など、唐代貴族に関して意見が分かれるが、任子制が六朝以来の門閥に関係がないことは確かである。

（11）小林氏の論拠とされる「酬諸公見過」（巻一）に「時に官より出で輞川莊に在り」との原註がみえ、「歳晏《く》れて税。を輸す」と詠う税は、官僚とは無関係とし、妻を失ない輞川に隠遁したという。しかし吾国の不輸不入と異なり、唐代官僚には租庸調の義務はなかったが、私有地に対する税＝地税はあったのである。私はこの詩は母を失った天宝中期の致仕した時の作とみる。ただ開元二十二年の作「京兆尹張公徳政碑」（巻二一）に、「且つ維は人と與に戸、を編み、人と與に伍を爲す」と記しているから、編戸、つまり官を離れていたと解される。そうしてこそ「獻始興公」（巻五）に、隠遁を「鄙なる哉、匹夫の節」という痛烈な言葉が生きてくると思う。又入谷氏は「偶然作六首」（巻五）を中年期とされるが、とすれば「小妹は日々に成長し、兄弟は未だ娶有らず」ということは理屈に合わない。王維十五歳で父を失ったとして、末の子と最高十五年の差がある。中年期の作とすれば末の子が少くとも二十一、二となるから、この詩は前半生に置くのが正しい。内容からいっても、各々異質のものが含まれているから、恐らくこの偶然作は、小林氏のいわれるように　王縉が代宗の命で兄の詩を編纂する際、いくつかの偶然作を一つにまとめたと考えるべきであろう。

(12) 入谷氏は王維に「裴僕射濟州遺愛碑」（巻二一）があり、済州時代の上官であった裴耀卿の手引きで、王維と張九齢の関係が成立したとみられる（前掲註〈1〉「王維の前半生」）。裴耀卿は王維と同じ河東出身であり、出仕も貴族で科挙出身と、王維に似た人物であるから恐らく妥当であろう。しかしプーリィブランク氏はこの内閣成立を「関中貴族と科挙官僚との、財政面に於ける協力を意図した最後の策」とし、裴耀卿は貴族的財政家で、科挙官僚を敵とするものであったとされる（前掲註〈10〉「安禄山の叛乱の政治的背景」）。築山治三郎氏もこれに同意されているが（築山治三郎「盛唐の宰相と吏部官僚」『史潮』五三、一九五四年、後に『唐代政治制度の研究』第一章第二節所収）、蕭嵩、裴光庭、宇文融の南北朝以来の門閥貴族出身と、張説、韓休、裴耀卿（築山氏は出身地不明とされるが、王維の碑文にて河東聞喜の人と判明す）、張九齢の科挙出身者の対立と、一律に論ずることは無理である。王維の「同盧拾遺韋(恒)給事東山別業二十韻」（巻二）は開元二十五年春、韋安石の子韋恒の東山別業に、蕭嵩、張九齢、韓休、裴耀卿等と招かれ歌詠の宴を催している。韋氏は門閥貴族として最も勢力を有した一族であり（『舊唐書』巻九二、韋安石伝）、韓休、裴耀卿は貴族であり科挙官僚という二面性を持つ人物である。玄宗朝の朋党についてはもう少し、このような二面性を有する人々の動き、あるいは宰相だけでなく、閣僚の出身なり交友関係を、こうした詩や文によって検討しなおす必要がある。

(13) 節度判官より監察御史に転じた（「送岐州源長史歸」巻八、原註）、（「雙黄鵠歌送」別巻一、原註）。入谷氏はこの原註にいう崔常侍を、「爲崔常侍祭牙門姜將軍文」（巻二七）の「河西節度副大使崔常侍」、つまり『資治通鑑』開元二十五年二月の条にみえる、河西節度使崔希逸だと指摘されている。この指摘は正しい。ただ職に出入があるが、副大使と大使とは実質上同じで、『唐會要』巻七八、親王遥領節度使の項に、「其在軍節度、即稱節度副大使知節度事」とある。また小林氏は崔希逸が王維の母崔氏の一族とみられるが、今のところ裏づける史料はない。ただ王維が涼州へ行ったのは、恐らく崔希逸の辟召によると考えられる。

(14) 尹愔については『舊唐書』巻九、玄宗本紀下、開元二十五年正月癸卯条、『新唐書』巻二〇〇、尹愔伝参照。彼の父尹思貞は賢良方正の士で、武三思一派と争い、張説等と交結した。その関係を以てすれば、本伝に尹愔を推薦した者があったというものも、張九齢派と考えられる。

(15) 道璿については八節参照。

(16) 註(12)参照。

(17) 註(11)参照。

(18) 「座上走筆贈薛璩慕容損」(巻二)に「君徒視人文、吾固和天倪、緬然萬物始、及與萬物齋」と、人文(詩書礼楽)を否定し、万物斉同を説くのもその一つ。

(19) 王維には陶淵明の影響が大きいとする説もあるが、謝霊運に近いとみるべきであろう。

(20) 杜甫に関しては吉川幸次郎『杜甫私記』(筑摩書房、一九四〇年、後に『吉川幸次郎全集』第一二巻〈筑摩書房、一九六八年〉所収)、同『人間詩話』(岩波書店、一九五七年、後に『吉川幸次郎全集』第一巻〈筑摩書房、一九六八年〉)、竹島淳夫「唐代文人の佛教観——杜甫の場合——」(『中国史研究』三、一九六三年)。

(21) 入谷仙介「中年期の王維」(『中国文学報』一五、一九六一年)。

(22) 南宗禅の慧能は「吾空を説くを聞きて、空に著する莫れ」(『六祖大師法寶壇經』〈『大正蔵』四八・三五〇a〉)といい、道信は、「初地の菩薩は初め一切空を證り、後に一切不空を證って無分別智を得る云々」(『楞伽師資記』〈『大正蔵』八五・一二八七c〉)と述べている。

(23) 禅宗の馬祖道一が、許由の例とまったく同じ比喩を述べていることは興味ぶかい(『祖堂集』巻一六)。

(24) 津田左右吉氏は唐の士人が「道士、道観と、僧、寺院とを全く同一視していた」とされる(「唐詩にあらわれている佛教と道教」『東洋思想研究』四、一九五〇年、後に『津田左右吉全集』第一九巻第七篇〈岩波書店、一九六五年〉所収)。王維にもその傾向が多分にある。

(25) 常盤大定『支那に於ける佛教と儒教道教』(東洋文庫、一九三〇年)参照。

(26) 例えば崔希逸、王昌齢、綦毋潜など、王維の知人が帰依した揚州龍興寺法慎(『宋高僧傳』巻一四)参照。

(27) 胡適『神会和尚遺集』(東亜図書、一九三〇年)の総論「荷沢大師神会伝」。

(28) 入谷仙介「晩年の王維—下—」(『中国文学報』一九、一九六四年)。

(29) 長安志に依れば清源寺と号したらしい。唐代以降に盛行した功徳墳寺(三島一「唐宋時代に於ける貴族対寺院の経済的交渉に関する一考察」『市村博士古稀記念　東洋史論叢』冨山房、一九三三年）である。こうした儒教と佛教の孝道一致は『父母恩重經』の受容されたことと同様であろう（道端良秀『唐代佛教の研究』法藏館、一九五七年参照）。

（30）「爲幹和尚進註仁王經表」（巻一七）に、皇帝は「釋門の六度を廣め、儒行の五常を包む」と、王法と佛法の一致を説いているが、入谷氏は「佛教的立場から君主権力の思想的基礎を与え、佛教を個人救済の宗教から鎮護国家の宗教に改造した」（入谷前掲註〈28〉「晩年の王維―下―」）とされる。妥当であるが、ただ中国佛教には、本来国家佛教的性格を持つのである（横超慧日「支那佛教に於ける国家意識」『東方学報』東京一一―三、一九四〇年、後に『中国佛教の研究』第一、法藏館、一九五八年所収）。

（31）入谷前掲註（28）「晩年の王維―下―」。

（32）杜甫はこうした王維を慰める詩を贈っている。

（33）吉川幸次郎「推移の悲哀――古詩十九首の首題―上―」（『中国文学報』一〇、一九五九年）、同「推移の悲哀――古詩十九首の首題―中―」（『中国文学報』一二、一九六〇年）、同「推移の悲哀――古詩十九首の首題―下―」（『中国文学報』一四、一九六一年）、以上の論文は後に『吉川幸次郎全集』第六巻（筑摩書房、一九六八年）所収。

（34）「歎白髪」は巻五にも一首ある。なお「酬諸公見過」（巻一）に「嗟、余未だ喪せず、此の孤生を哀しむ」というのは、悲哀の詩の最たるものであるが、これは母の死んだときの作であろう（註〈11〉参照）。また「酬張少府」（巻七）に「晩年惟だ靜を好み、萬事心を關らず。自ら顧みて長策無く、空しく舊林に返るを知る」という諦観にもそれが窺われる。

（35）入谷氏は虜囚の苦悩をやはり政治的な次元のものとされる。それは正しいのであるが、佛教の懺悔について少しく誤解されているようである。

（36）深浦正文「維摩経解題」（『国訳一切経』経集部六、大東出版社、一九三二年）。

（37）『維摩經』が最も読まれた一つであったことは、敦煌出土残簡からも窺われるが、唐代には試経得度の課題経典とされていた（『宋高僧傳』巻六、神清伝、同巻八、巨方伝）。わが国でも同様であったことは牧田諦亮氏が紹介されている（牧田諦亮「肇論の流伝について」『肇論研究』法藏館、一九五五年）。

（38）『歴代名畫記』巻三「寺塔記」に、西方変、涅槃変と共に維摩変相図が多く画かれたと記す。
（39）高雄義堅「禅の南北両宗に就て」（『龍大論叢』二八三、一九二八年）山崎宏「荷沢神会禅師考」（『東洋史学論集』二、一九五四年、後に『隋唐佛教史の研究』第一一章〈法藏館、一九六七年〉所収）、胡適前掲註（27）『神会和尚遺集』参照。
（40）宇井伯寿『禅宗史研究　二』（岩波書店、一九三九年）、伊藤英三『禅思想史体系』（鳳舎、一九六三年）。
（41）都留前掲註（※）『王維』解説及び小川環樹序。
（42）不立文字は天台の止観等にも広く現われるが、禅宗にて特に強調される。
（43）『新唐書』宰相世系表に依れば、韋庶人の父玄貞に洵、浩、洞、泚の四子あり、この中の一人である。
（44）篠原寿雄「楞伽師資記について」（『駒澤大学研究紀要』一三、一九五五年）。
（45）この詩に「一公は太白に棲み」というが、太白は『資治通鑑』巻八六の胡三省註に終南、太白を南山と云うと記している。道一の本伝、『景德傳燈錄』、権徳輿の撰になる塔銘（『全唐文』巻五〇一）、『祖堂集』にも太白に住した記事はない。一考すべき王維の詩である。
（46）彼は僧尼の私有財産について戒律をたてに、代宗とわたりあった人として有名である。
（47）入谷前掲註（21）「中年期の王維」。

付記　荘子については福永光司『荘子』（中国古典選、朝日新聞社、一九五六年）に多くよった。尚紙数の関係で王維の系譜、その他意を尽くさないままでおわったが、弟王縉をとりあげるつもりであるので、その機会にゆずる。

第九章　唐代文人の宗教観

一

抒情詩に代表される唐の文学作品の基調をなすものは悲哀の情、とりわけ酒と夕日をふんだんに盛込む、暗く陰鬱な悲愁の調べであるという(1)。この哀愁の情がよって来たる所以を具体的に解明するのは至難であるが、少なくとも隋唐時代の佛教に崛起した末法思想を流布せしめる社会的基盤と、あながち無関係ではあるまい。六朝貴族階級の没落という深刻な不安と動揺に包まれた時代に身を置き、貞観の治に踵を接する武周革命、開元・天宝より安史の乱、さらに帝国を蝕む藩鎮・宦官の興亡など大唐の繁栄という名の下に、さまざまに織り成される栄枯盛衰を経験せねばならぬ文人達にとって、常住の一物もなしと説く佛教の根本真理が、いかに感受せられたであろうか。

また唐の文人に等しく認められる性格は、誇り高き自負の念と政治や社会に向けられた並々ならぬ情熱であるといわれる。斜陽化の貴族にかわる新興階級の息吹ともみられる、これら文人の性格形成に、大きな役割を果たしたのは、賢才主義を高揚する科挙制度、なかんずく文学的才能を重んずる進士の科であったことは否定すべくもない。けれども能力本位を建前とする科挙が、その主旨とはうらはらに情実に流され、応挙の者も手蔓を求めて高官貴権の門に遅れまいと狂奔する有様である(2)。己の才能をたのみ無限の可能性を求める彼らが、才能とは無関係なものにより早くも登龍門で挫折する。さらに官界にあっては権勢利欲をめぐる醜い人間関係に翻弄され、あげくには文人にありがちな奇行と直情とが、しばしば悲劇をさえ生みだす。盛唐の孟浩然、杜甫などを前者とすれば張九齢、王維、李白などは後者に属し、白居易、柳宗元、韓愈などもまたその儔である。これらは、杜甫が特に憐憫の情を注ぎ憤りをもって詠いあげた農民の悲惨な生活とともに、佛教のいう末法の時代相さながらであり、五濁悪世の姿そのものである。

永年にわたり培われてきた彼らの情熱が注ぐべき対象を失い、自我の発露する場を閉ざされた時、いかんともし難い政治のしくみ、社会のあり方を認識するにつれ、それらは反転して次第に内面深く沈潜する。そこに現われるものこそ赤裸々な悲哀の情であろうが、自然をさえ美しい自然、喜ぶべき自然とはみず、己の悲哀とさえ観がちだという唐人の傾向は、(3)常識的にいって宗教に対する格好の機根となる可能性を胎む。だが真に彼らが宗教を体得し魂の救済を求めたかといえばあながちそうではない。篤信の士にふさわしい人物が意外に少ないのもまた事実である。今、唐を代表する佛教信者王維、白居易、柳宗元を中心に、(4)文人の宗教観を眺めてみよう。ただし事内面の問題であり、作品に前後があるため、一概に論ぜられないが、二、三のパターンに分かって論ずることにする。またそれらの型は相互に関連があることも注意しておかねばならない。

二

唐代文人の宗教観を特色づけるのは、知識・教養の宗教である。劉勰は「情は物を以って遷り、辭は情を以って發す」（『文心雕龍』物色篇）と物に触れ事に応じて動く本然の情、その情の極まるところに文学的価値を置き、真善美一体の文学観を提唱したが、彼の重んずるとらわれなき自己の追求は、対句法や駢文体に表象される六朝文学の弊害に与えた警鐘でもある。けれども彼が矯正すべきものと考えた美文化、形式化は止まるところを知らず、隋の李諤が痛憤するように「唯だ吟詠に務め、遂に復た理を遺《わす》れ異を存し、虚を尋ね微を逐い、一韻の奇を競い一字の巧を争う」（『隋書』巻六六、李諤伝）有様。これが唐代にも継承され一面に豊かな人間性を強調すべしとされながら弊害も多く内蔵していたのである。

対句などの修辞法は、おおむね古典の語句に借りて旨意を表わすから、広博な古典教養の蓄積が文人たる資格を決する。声誉を得るためには佛典さえも渉猟せねばならず、ことに宗教界に君臨する佛教・道教が科挙の問題に取上げられるとあっては知識人たる者、否応なく研鑽を積まねばならず、そこに扱われる経典はテキストとしての性格が濃厚となり宗教性が稀薄となるのもやむを得ない(5)。王維は禅宗七祖の普寂に師事した母崔氏の薫陶を受けながら前半生にあっては名僧との交遊や寺院を徘徊する気配は示しても、信仰の高まりを感ずる作品は皆無である。柳宗元もつとに妻楊氏一族の佛教信仰に接し、詩友劉禹錫の紹介で僧徒の知遇を得ながら、信仰を媒体とせず文学を通じ社交の佛教にとどまっている(6)。

当時、詩文に秀でた僧が文人から文人に紹介されているが(7)、それは柳宗元と同様、宗教的雰囲気は認められても、詩文の副次的な地位しか与えられていない。禅定の中に己の宿命を悟りながらなお、幾度生まれかわろうとも詩という借財を担っている（「自解」）と白居易を嘆ぜしめた文学、また王維の佛教、杜甫の儒教と並び最高峰にあるとされる李白の遊仙訪道も(8)、名士との交遊により声望を得んとする意図の下に行なわれたとさえいわれる文学の優位性(9)、詩文への執着は彼らの宗教におのずと限界を与えることになる。したがって作品に佛教用語が駆使されようと、信仰の発露ではなく、筆のすさびとして語られる場合が多いのである。かの排佛論者の韓愈さえ『樂邦文類』に収載される作品をものにしていることは、文学の優位、知識教養に隷属する宗教の現われと思われる。

このような文人の態度は必然的に真摯な求道者を少なくするばかりか、劉勰が退ける偽わりの文学を提げ、名利追求に汲々たる者さえ生みだす。文才を称せられながら世上の悪評を蒙むった李邕などは、欺瞞と弊害を満身に備えた人物といえる。彼の伝にいう。

初め邕、早《つと》に才名を擅まにし、尤も碑頌に長ず。職を貶され外に在ると雖も、中朝の衣冠及び天下の寺観は多く金帛を齎持し、往きて其の文を求む。前後に製する所、凡そ數百首、受納せる饋遺も亦鉅萬に至る。時に議するもの以爲《いえ》らく、古より文を鬻ぎ財を獲るもの、未だ邕の如き者有らずと[10]

まことに李邕の作品を通読すれば佛教にも道教にも造詣が深く、篤信の人であったかと錯覚するほどである。だが、中宗の神龍元年（七〇五）、両教を弾劾する上疏に、

若し神仙有りて能く人を死せざらしむれば則ち秦の始皇、漢の武帝もこれを得たらん。佛能く人に福利を爲さば則ち梁の武帝もこれを得たらん。堯、舜が帝王の首たる所以の者は、亦た人事を脩すればなり。此の屬（両教）を尊寵するも、何ぞ國を補《すく》わんや（『資治通鑑』巻二〇八、神龍元年四月庚戌）

という。奸僧らの跳梁する特殊な時代という事実を割引いても己の乖離する言行に何らの罪悪感も持たず矛盾をも認めない無責任さは目を覆うばかりである。作品に盛る高度の哲理とはうらはらに、宗教の本質を現世利益に置き、福利あるや否やが宗教の存在価値を決定する、とする単純明快な論理である。李邕に象徴される文学優位の宗教は、また名利追求のための宗教、実なき形骸の宗教であることを知るようすがとなろう。

三

白居易は詩友元稹に詩作の使命を、民の苦悩を救済し政治の闕を稗補するものだと書きおくり、花鳥風月の戯れに終わってはならぬと誡めている。彼が天子を諫める翰林院に身を置いた頃に詠まれた新楽府などの所謂諷諭詩は、自らが最も高く評価するように元稹に与えた詩論の具体的な表現とみてよい。そこには政治や社会のあり方に向けられた批判、民衆の生活に注がれる温かい詩人の眼差しがある。彼だけではない。宮廷詩人、自然詩人と呼ばれ、一切にアウトサイダーであったといわれる王維さえ例外でなく、それを最大限に発揮したのが杜甫である。けれども理想や情熱が外部条件によって無残にも蹈拉かれたとき、挫折感と忿懣こもごもの情とともに沛然と沸きおこってくるのは、清浄閑雅な自然への憧憬、隠遁生活への思慕である。またそこにほのかな宗教に対する関心さえも頭をもたげるが、その時点における宗教を隠遁的宗教と名付けてもよいであろう。

孟浩然は科挙に応ずるため三十年あまりを鹿門山に隠れ住んだが、隠遁は終始不可とする立場であった（「久滞越中贈謝南池會稽賀少府」）。だが事志と違い不合格の悲運に見舞われた暁には「世途、皆自ら媚び、流俗、相い知るもの寡」き世を呪い、己の不遇を嘆き（「晩春臥疾寄張八子容」）、あげくには「平生、眞隱を慕い、累日、靈異を探る」（「尋香山湛上人」）と隠棲をはかり、郷里の襄陽に隠者同然の余生を終わったのである。[11] 農民の苦境を己の悩みとみ、政治の腐敗に憤り社会の改革さえ意図した杜甫にも、早くから隠逸を是とする傾向が認められ[12]、白居易も元稹にあて「或は公より退き獨り處り、或は病に移《よ》せて閑居するのとき、足るを知り和を保ち、情性を吟翫する」隠者流の生活に楽《よろこ》びを語っている（「與元九書」）。かくて生まれた閑適詩が諷諭詩同様に白居易の誇るものであったのは、周知の事実である。(13)また王維は済州に左遷されてのち、勃然と隠居の念を詠い、一度は官を辞して田園生活を経験したが、再度の貶謫地の涼州から帰ったあと、仕官のかたわら藍田に輞川荘を営み、詩友と逍遥の遊びにあけくれている。

かかる卑棲、閑雅な生活への慕情は疎ましい世俗の束縛や、権勢利欲にうごめく醜い官界からの逃避の念である。王維が「人情の翻覆は波瀾に似たり」(「酌酒與裴迪」)と浮世の機微をえぐり「世事は浮雲、何ぞ問うに足らん。如かず高臥し、且つ餐を加えんには」(同前)と自由な生活を讃えるのも、白居易が山僧に託して「力小にして梵溺を救うに因《よし》なく、清涼山下、且つ安禪す」(「寓言題僧」)と自力の限界を悟ったつぶやきを漏らすのも軌を等しくする。冷酷無情な翻覆きわまりない人間関係に吐息するとき、ふと眼前に迫ってくる自由な天地、静寂を湛え幽玄な美しさをもつ自然の姿は、惑溺より己を救い磨滅した情性を蘇えらせてくれる心の故郷であるが、その自然の内懐に抱かれ山谷をわけ入り清流に臨んで建つ寺院のたたずまいにも同様な感懐を持つのである。(14)

また岑参が「雲門獨り坐臥し、祇《た》だ是れ杉松に對す」(「題雲際南峯演上人讀經堂」)という、松籟の音に耳を傾け鳥獣を友とする僧の姿は、俗界の塵埃に患う己と対比し、こよなく平安で清浄なものと映ずるがそれはまた悠々自適する隠者もあてはまる。辛替否が唐代の佛教観を代弁して「臣聞くならく、出家修道者は人事に預らず、専ら其の身心を清くし、虚泊を以って高きと爲し、無爲を以って妙と爲す」(『舊唐書』巻一〇一、辛替否伝)という出家修道者の人事に預らず清浄にして無為なるあり方をつきとめて行けば文人が隠遁を至上とする場合、隠者も、そして道士をも同一視することになる。つまり世俗を汚濁とみ、そこからの脱出をひたすら念ずる限り、自然や寺院・道観、隠士や僧・道士などは世俗ないし自己と相対的な価値を持つもの、いずれも相対的な存在であるが故に、同質にみることになるのである。(15)白居易が幽寂な寺院を住むにふさわしいところとみ、酒宴を設け酒と佛教の一致を詠い（「和知非」）、失意の最中に日々の酒に憂をまぎらわせた杜甫が、僧と遊び寺院をめぐる時、それらに求めたのは佛教の哲理ではなく、酒や詩作に求めたと同様、閑寂な雰囲気に身をひたし不平煩悶を払拭する境地であった[16]ように、酒とさえ同次元に把握する佛教なのである。

かかる隠逸と出家を同視する文人の態度は、必然的に隠逸を是とする老荘ことに荘子の思想をきわだたせ、それと佛教を一致させる傾向を生みだす。王維が謝霊運の影響をうけ、また「醴を酌みて歸去を賦す。共に知る陶令の賢なるを」（「送六舅歸陸渾」）と讃え、白居易が謫地江州で陶淵明の旧宅を訪れ、陶氏の人となりを慕い（「訪陶公舊宅幷序」）、柳宗元も陶淵明や謝霊運に深い憧れを抱いた[17]ように、老荘思想の実践者とみられる竹林の七賢の嵆康や、帰去来の辞を賦して官を去った陶淵明などを尊崇するが、その思想的根拠は、衣冠束帯を無上の桎梏とみ、礼教に束縛されず天衣無縫の生き方を勧める老荘思想なのである。王維が「卑棲すれば却って性を得」（「留別錢起」）といい、「得意苟しくも樂と爲さば、野田安んぞ鄙とするに足らん」（「偶然作六首」）と断ずるのもそうであるが、柳宗元が永州の地でものした「種樹郭橐駝傳」をはじめとする一連の作品に盛る、人の冷笑を買いあるいは無視せられるせむし、大工の棟梁、犯人などの輩に意義を見出そうとする偶話[18]は、荘子の説く無用の中に用を求める姿を彷彿させている。したがってそこにみられる佛教は、きわめて老荘的な色彩を持つことになるのである。

たとえば白居易が「此の身何ぞ戀うるに足らん、萬劫煩悩の根なれば、此の身何ぞ厭うに足らん、一聚虚空の塵なれば、戀うる無く亦厭う無き、始めて是れ逍遙の人」（「逍遙詠」）という死生観は、まさに、荘子の死生を斎《いさぎよ》しとする思想に立脚しながら、そのまま佛教の説く無生無死の境地だと理解するものなのである。羅隠の「死門生路、兩つながら相い忘る」（『甲乙集』巻七、「贈無相禪師」）も荘子の坐忘の境地であり、「寂滅應に樂と爲さば、塵心徒らに自ら傷む」（『錢考功集』巻四、「哭空寂寺玄上人」）も佛教にいう生死の界を凝視するものではなく、王維の「得意苟しくも樂と爲さば野田安んぞ鄙とするに足らん」と内容を共にし、佛語の寂滅を荘子の得意と同然にみ、死を扱いながらその死さえも此岸の延長上に眺めているのである。それは結果的に道教も佛教も、さらに儒教さえ同一視することに通じ、彼らが人生を解脱するものとして佛教を捉えていなかった証左なのである。

四

夫れ佛は本より夷狄の人、中國と言語通ぜず、衣服は製を殊にす。口に先王の法言を言わず、身に先王の法服を服《つ》けず、君臣の義、父子の情を知らず云々

この有名な韓愈の「論佛骨表」は佛教徒の憎怨をあおり、あげくには憲宗の激怒を買って刑部侍郎の地位を解かれ潮州刺史へ左遷という悲運を招くに至った。彼をかくも過激な佛教排斥に駆立てた直接の動機は、滅亡の一途を辿る国家の前途に想いを致し塗炭の生活にあえぐ民衆の苦悩を憂うるにつけ、堕落した佛教界、朝野をあげて営む奉佛事業に深い憤りを感じたからである。その論拠となったものは従来もしばしば用いられ新味はなく、単純かつはなはだ即物的である。しかしかの「原道」以下の論にも盛られる儒教一尊の叫びは「佛如《も》し靈有りて能く禍祟を作さば、凡有《あらゆる》殃咎は宜しく臣が身に加うべし」と、あたかも大廃佛を敢行した北周武帝の口調にも似た語気鋭い佛陀への挑戦とあわせ、多くの賛同者を得ているのである。

道教、佛教あるいは老荘思想の蔓延する時代に投ぜられた、復古主義に基づく儒学の鼓吹は、確にきわだっている。中国思想史の上で魏晋から一跳びに韓愈へ直接されるほど、高い評価を受けるのも無理はない。けれども彼によって点ぜられた爆薬の火種は、また六朝・隋唐を通じ、知識人の間に脈々と持続されてきた事実も忘れてはなら

ない。換言すれば一見華やかさはないが儒家思想は常に思想界の底流を形づくる普遍的な存在であった。確に隠遁を慕う時、王維のように孔子の礼教主義を笑い儒教世界に背を向ける場合もしばしば認められる。けれども彼らの隠遁は飽迄も反射的ポーズが多いのであって、完全に儒教世界と決別するものではない。前述のごとく相対的な価値観に基づくかぎり、彼らの求める脱俗の境地とは儒教世界の裏返し、むしろ延長上にすぎないのであるから、環境の変化にともない、再び儒教肯定の立場に舞いもどることになる。今それを論証するために佛教信者と目される人物を俎上にあげ、もって他に推及することにする。

柳宗元は「送僧浩初序」に、かつて友人韓愈から、僧と交遊し佛教に帰依していると毀る手紙を再三にわたって受取った事実を述べ、韓愈が佛教を排斥するのは儒学を尊ぶことに端を発するが、それは佛教の何たるかを考えず、ただ夷狄の教であるとか僧徒が「髡にして緇、夫婦・父子無く、耕農蠶桑を爲さずして人に活《やしな》わる」という理由からにすぎない。韓愈の態度は「其の外に忿りて其の中を遺《わす》れる」もの、あたかも「是れ石と知れども玉を韞《つつ》むと知らざる」のと同然だと反駁を加え、さらに私が佛教に帰信するのは「浮圖は誠に斥く可からざる者有る」からだと釈明している。では佛教あるいは僧を排斥できない理由は何かといえば、「往々、易・論語に合し」「孔子と道を異にせざる」教であり、僧は「官を愛《この》まず能を争わず、山水を樂《よろこ》び閑安を嗜む者多きが爲」「(世の)逐々然と唯だ印組を務めと爲し、以って相い軋るを病む」私に最もふさわしいからである。韓愈が指摘する佛教の弊害は「吾と雖も亦樂ばざる」ところだが、形跡より内面に重きを置く私にとって「易・論語に合す」る佛教は、「聖人《こうし》の復た生まるると雖も得て斥く可からざる」教であると断定している。繰返し強調する儒教との一致は注目せねばならない。

白居易も「議釋教僧尼」を著し寺院・僧尼の弊害を徹底的に批判している。それは碩徳と交わり高遠な佛教哲理には強く関心を払うが、あくまでも官僚としての自覚において、政治の障礙となり社会を混乱に導くものは拒否する、つまり宗教より政治理念が優先する官僚意識であるといわねばならない。柳宗元は浄土門に帰依し絶対他力の信仰を勧め(19)、その深い佛教理解は『樂邦文類』の撰者が「誠に樂邦文類の冠」と絶讃してやまない「東海若(20)」に見事に示されている。前文の末尾にも浩初の人となりを「其の（佛）書を讀み易・論語に通ず」る者と評し、「送文郁師序」にも「孔氏の書を讀み詩歌を爲《つく》る」ことに名僧の条件を見つけている。この段階における彼の佛教は「金僊《しゃ》氏《か》の道は蓋し孝敬に本づき、而る後、積むに衆徳を以ってして空無に歸す」（「送濬上人歸淮南觀省序」）のだというように、儒教を越えた次元にあるものではなく、儒教から派生し孔子の道を是認するものなのである。彼の意識をもってすれば、名利に拘泥せず山水に安心する僧の生活は、そのまま儒教実践の極地に達したもの、同時に「其の性を閑にし、其の情に安んず」（「送僧浩初序」）る老荘思想の実践者でもある。だからこそ「余、老子を観るに亦孔氏の異流なり」（「送元十八山人南遊序」）とする発想が生まれる。このような精神構造は幼時から培われてきた儒教の素養に立ち、学問・思想の領域を老荘佛教へと拡大していく知識人一般のありかたに帰因しよう。白居易が儒教を尊びながらも『莊子』の逍遥遊篇に説く脱俗の旨意を汲み、近年は南宗禅の教理に心を向けている（「贈杓直」）と告白し、またいみじくも平野顕照氏が白居易の佛教を儒教的佛教と洞察されるごとく(21)彼らは儒教を離れえないのである。儒教の持つ普遍性にも問題はあろうが知識、教養に出発する宗教は、おのずと信仰よりも哲理が主体となり、思索を媒体とするが故に既成の儒教思想に基づく理解を生みやすく、儒教に合一し、もしくは儒教を擁護する範囲において佛教を摂取し解釈を施すことになると思われる。

　出世間を標榜する佛教が徹底して世俗に遵応することを理想とする儒教社会、ことに儒教の理念を体し、それを他に敷衍せねばならぬ官僚層に導入され、さまざまな葛藤・妥協を惹起してきた。官僚社会に生きねばならぬ宿命と佛教信仰のギャップをいかに埋め、矛盾なく理論づけられるかに苦慮が払われている。その嚆矢とみられるのは王維の「與魏居士書」である。これは、柳宗元の「東海若」と異なり直接信仰の問題に関わるものではなく、太宗朝の名相魏徴の子孫である魏居士が玄宗の招聘をかたくなに退け、逸民の生活に甘んじているのに対し、翻意を求めるべく所信を披瀝した書簡である。したがって偽りなき王維の人生観・宗教観を知る格好の文である。ただこれについては触れたことがあるので[22]結論だけを述べて筆を止めたい。

王維は汚濁や煩悶から逃れようとする者は、とかく世俗と隔絶するところに絶対の自由があると考え隠遁を望むが、完全な自由は存在しえず伯夷、叔斉をはじめ従来、讃同していた嵆康や陶淵明など逸民と称される人々を清節に拘泥しすぎた輩であると非難し、孔子の説く「可も無く不可も無き」中庸の道に違うばかりか、老荘あるいは佛教の本旨にももとるとする。なぜなら彼らの行為は相対的価値に基づくもので、荘子の是非・善悪を超えた万物斉同の立場に至れば、隠遁と仕官という対立矛盾は絶対的価値なる真の認識により合一せしめられ、むしろ積極的に世俗に順応できる。また大乗佛教の真髄である実相肯定を悟れば、この現象世界を空だとか虚だとする小乗的な空観は、まだ清浄な世界を慕うという欲望にとらわれており、現実を現実としてあるがままに認め、世俗の煩悩がそのまま悟りだと知れば隠遁とか仕官とかの差別はなくなるといい、現世に生きる意義を三教によって論証するものである。王維は柳宗元が派生ないし段階的に三教の一致を考えるのと違い、佛教が頂点に立つことを認め、佛教が他の二教を内包するものとして三教の一致を論じているが、方向は相違しても究極的に儒教を是認する点では共通するのである。私は六朝における顔之推、唐における王維を真の佛教信者と推賞するが、例外ともみられる居士の王維すら儒教世界を再認識する方便として佛教を扱う面があるのであるから一般が儒教を離れず、儒教に基づく佛教理解を施すのも無理はない。それは官僚社会に生きる者の宿命であり、限界でもあるといえよう。

註

（1）吉川幸次郎『宋詩概説』〈中国詩人選集二集、岩波書店、一九六二年。後に『吉川幸次郎全集』第一三巻〈筑摩書房、一九六九年〉所収〉。

（2）竹田龍児「唐代選挙の一側面」（『史学』二〇―二、一九四一年）。

（3）吉川註（1）前掲書。

（4）宋の宗暁撰『樂邦文類』は佛教信仰に関する遺文二百二十篇余りを収録するが、唐代では李白、杜甫、韓愈、柳宗元、白居易の作品を数えるにすぎない。道教を信奉した李白、佛教排斥論を展開した韓愈を含むのは、信仰より文体に重きを置いた結果とみられる。また親鸞の『教行信證』の信巻（末）に、「業儒の才有る、孰か劉（程子）雷（次宗）、柳子厚、白樂天に如《し》かんや。然るに皆筆を秉《と》り誠を書し、彼の土（西方浄土）に生まれんことを願えり」という。浄土門を掲げる親鸞の立場上もっともであるが、柳、白が唐代における著名な佛教信者であることは間違いない。また清の彭際清の『居士傳』は佛教伝来より乾隆に至る居士三百名をあげるが、唐代では柳・白に王維を加えた三名にすぎない。佛教の全盛期と目される唐代佛教の裏面を知る手掛りとなろう。

（5）華嚴、法華、維摩、楞伽、観無量壽經などが最も読まれているのは、内容より文学・芸術上きわめて格調の高い作品だからである。

（6）河内昭圓「柳宗元における佛教受容の一齣」（『大谷学報』四七―一、一九六七年）。

（7）市原亨吉「中唐初期における江左の詩僧について」（『東方学報　京都』二八、一九五八年）。

（8）李長之『中国文学史略稿』五十年代出版社、一九五四年。

（9）李継唐「談談李白的求仙学道」（『文学遺産』増刊一三、一九六三年）。

（10）元和七年李素が死んだとき、韓愈に送金してその碑銘を依頼している（「河南少尹李公墓誌銘」）。なお、李邕の文は、友人張廷珪の書だという（『舊唐書』巻一〇一）。

（11）陳貽焮「談孟浩然的隠逸」（『唐詩研究論文集』四六―五二、一九五九年、後に『陳貽焮文選』〈北京大学出版社、二〇一〇年〉所収）。

（12）竹島淳夫「唐代文人の佛教観――杜甫の場合――」（『中国史研究』三、一九六三年）。

（13）清の趙翼は、これを韋応物の影響という。高木正一『白居易　下』（中国詩人選集一三、岩波書店、一九五八年）。

(14) 篠原寿雄「白居易の文学と佛教」(『東洋学論文集　内野博士還暦記念』漢魏文化研究会、一九六四年)。なお氏は、「唐代文人の佛教理解」(『印度学佛教学研究』一〇—二、一九六二年)で、心の静は身を置くところの静にしたがうとする文人の傾向だといわれる。
(15) 津田左右吉「唐詩にあらわれている佛教と道教」(『津田左右吉全集』第一九巻第七篇〈岩波書店、一九六五年〉所収)に詩人は人生よりの解脱という佛教の本質とその根本思想とにおいて佛教をみたのではなく、官禄名利の世界を離れ、その意義で人間を離れ世間を離れた境地を人に示し人に与えるものとみたとされる。
(16) 竹島註(12)前掲論文。
(17) 筧文生「柳宗元詩考」(『中国文学報』一六、一九六二年)。
(18) 清水茂「柳宗元の生活体験とその山水記」(『中国文学報』二、一九五五年)に紹介されている。
(19) 水上早苗「柳宗元と佛教」(『漢文学』一二、一九六五年)。
(20) 清の実賢が『東海若解』を作り、その哲理を敷衍している。
(21) 平野顕照「白居易の文学と佛教」(『大谷大学研究年報』一六、一九六四年)。
(22) 拙稿「王維と佛教——唐代士大夫崇佛への一瞥——」(『東洋史研究』二四—一)、本書第一篇第八章。

第二篇

第一章　曇鸞大師生卒年新考

――道宣律師の遊方を手がかりに――

はじめに

わが国の浄土教に直接する中国浄土初祖、石壁玄中寺曇鸞大師の伝歴については、多くの研究が発表されており、もはや再考すべき余地はないかの感を与える。けれども使用された諸史料の洗い直し、論証の吟味を重ねる間に誤解や矛盾の上に立論されていることを知り、愕然とする場合が一切ならずある。曇鸞伝についても同然であり、可能な限りの史料が集められたにもかかわらず、綿密なテキスト・クリティークが施されなかったため、大きな誤りを犯したまま定説化しているように思われる。そこで従来の主要な見解を整理し、併せて批判を加えながら別途の視座を設け、先学が指摘された史料上の諸矛盾を、その由来するところに遡って考察してみたい。

昨夏（一九九〇年か―編者註）、再び石壁山を訪れ、寺主明達法師と面談の栄に浴した。その折、法師より「曇鸞大師の墓らしきものが存在する」との言を得た。これは昨春（一九九〇年―編者註）上梓された、宋沙薩撰『浄土古刹玄中寺』（滋野井恬・桂華淳祥共訳）にいう介休県綿山中の「曇鸞和尚墓」に相当するものと思い、詳細を訊ねたが、今後の発掘調査に期待するとの返事に終った。もし綿山のものとすれば別人の墓である可能性も強いが、今は熟知された従来の史料をもとに論証を試みておきたい。なお文中、敬語や尊称等、一切はぶかせていただいたことを付記しておく。

一　生卒年をめぐる史料・学説

曇鸞にかんする史料として、道宣の『續高僧傳』巻六、義解篇中の曇鸞伝以下、迦才撰『淨土論』巻下、往生人相貌章、文諗・少康共輯『往生西方淨土瑞應刪傳』（以下『瑞應刪傳』と略）の唐代史料、宋の戒珠撰『淨土往生傳』巻上、王古撰『新脩往生傳』巻上、王日休『龍舒增廣淨土文』巻五、宗鑑『釋門正統』巻八、宗曉『樂邦文類』巻三、志磐『佛祖統紀』巻二七、浄土立教志、本覚『釋氏通鑑』巻五にあり、元代已降のものを含め、二十種になんなんとする。これらの中、生卒年を明記するのは道宣のものだけであり、他は編纂の目的が浄土往生に限定されてか、それに言及するものはない。

（a）『續高僧傳』巻六に曇鸞入滅の状況につき、

以㆓魏興和四年㆒、因㆑疾卒㆓于平遙山寺㆒、春秋六十有七。臨㆓至㆑終日㆒、幡花幢蓋、高映㆓院宇㆒、香氣熢勃、音聲繁鬧、預㆑登㆑寺者、竝同矚㆑之、以㆑事上聞、勅乃葬㆓于汾西泰陵文谷㆒、營㆓建塼塔㆒、幷爲立㆑碑、今竝存焉

（『大正蔵』五〇・四七〇c）

と記している。曇鸞伝としては最も早く、かつ俗寿までも明記する該書を一等史料として扱い、右文に従って北魏孝文帝の承明元年（四七六）に生れ、東魏孝静帝の興和四年（五四二）に示寂、とするのが常識である。ところが問題を紛糾させる別途史料があり、また『續高僧傳』自体にも（c）のごとき大きな矛盾を抱えている。

（b）唐・迦才の『淨土論』巻下にいう、

沙門曇鸞法師者、幷洲《ママ》汶水人也、魏末高齊之初猶在、神智高遠、三國知聞（『大正蔵』四七・九七c）

の記載である。『淨土論』が『續高僧傳』とほぼ同年代に編纂されたものとすれば(1)、興和四年卒に疑問が生じても不思議ではない。

（c）『續高僧傳』巻二〇、道綽伝にある、

恆在㆓汶水石壁谷玄中寺㆒、寺卽齊時曇鸞法師之所立也、中有㆓鸞碑㆒、具陳㆓嘉瑞㆒、事如㆓別傳㆒

（『大正蔵』五〇・五九三c）

の記述は、道宣の、しかも同書中のものだけに杜撰の譏りは免れまいし、迦才の説に加担したくなるのも尤もである。

（d）唐の少康等撰『瑞應刪傳』の、

齊朝曇鸞法師、家近㆓五臺㆒（『大正蔵』五一・一〇四a）

（e）遼の非濁撰『三寶感應要略錄』巻中の、

齊朝曇鸞法師、得㆓此土仙經十巻㆒、欲㆘訪㆓陶隱居㆒學㆗仙術㆖（『大正蔵』五一・八四〇c）

まで迦才説を踏襲しており、北斉初存命説の有力な傍証史料とされている。これに後述の、

（f）大斉天保五年二月「敬造太子像銘」

を加え、道宣説は完膚無きまでに傷みつけられ、北斉僧曇鸞の定着した感が深い。

佐々木月樵の古典的な研究『支那浄土教史』（無我山房、一九一三年。のち『佐々木月樵全集』二、国書刊行会、一九七三年に収録）の第四章「曇鸞の浄土教」が『續高僧傳』の本伝を踏襲するように、おおよそ曇鸞伝に手を染める者は、若干の疑いを残しながらも興和四年、六十七歳説を採用してきた。塚本善隆(2)の如く、その疑問の故にか消極

的な見解も認められる中で、波紋を投げかけたのは佐々木功成である。(3) それは年代考において、「一面に於いて斉朝の代まで生存してゐられたと考ふべき史実の二三を存するのである」として（e）を除いた四史料を提出したものである。これを受けた藤野立然はしかし、天保五年の「敬造太子像銘」によって、「更に高斉入滅の説が有力となって未だに確定の論がない(4)」としている。道宣が曇鸞碑をみて記述したとみる立場からすれば、「数字の誤謬は比較的尠くなかろう」と道宣寄りの説であるのは間違いない。

明確に道宣説を否定したのは多屋弘である。(5) 迦才の『淨土論』は「曇鸞に関する記事全体が漠然とした書き振り」ながら、北斉初期存命を裏づける如上の資料があること、興和四年入寂説は『續高僧傳』の本伝だけであること、「曇鸞の名は中国佛教史上で他に類例の殆んどない珍しい名前」であり「敬造太子像銘」の比丘曇鸞とは同一人と推測されること、の三点から道宣説は誤りと断定するものである。そして曇鸞が北斉天保の初期に生存していたのは確実であるから、入寂は「恐らく天保五年以後であろう」と推定する。

如上の研究史で興味深いのは、佐々木功成が提供した新史料「敬造太子像銘」が、多屋弘に至って玄中寺曇鸞に関する疑いもない傍証史料、というよりも北斉初生存説の第一史料の地位を占めるに至っていることである。そこには曇鸞の名が珍しいとの一事を強調するのみで、格別の論証はない。ところが肝心の佐々木は新史料の発現を喜びながらも、「果して鸞師を指すや否や明瞭ではない」と正直に告白し、疑いかつ危ぶんだあげく、

私は已上の文献（前出『淨土論』など。筆者注）には、相当史的価値の存するものもあるが、而も猶続高僧伝の如く明瞭に興和四年六十七歳にて平遙山寺に寂すといふ年時と年齢と場所とを示すものを打ち破るだけの力なきものであり、且つ僧伝の曇鸞伝が道宣当時存在した碑文によつたと考へらるゝ点より、依然として興和四年説が有力なものであらうと思ふ。

と結んでいる。多分「敬造太子像銘」に明瞭ならざるものを感じた慎重な言であるが、まさに疑惑の生ずる所以を考慮せず「敬造太子像銘」だけの独り歩きを促したのが多屋説である。それは道端良秀の「勿論、曇鸞大師の卒した年に対しては、近年金石文によって北斉迄存して居られたことを証するもので、この点斉の曇鸞と言っても間違ではない」にはっきり表われている。ここに至って大勢が決ったといってよいであろう。

ところで同じ興和四年説を否定するにしても道端の論拠はユニークである。第二次大戦前に玄中寺を訪ずれた道端は、自ら寺中に残る金石文を拓して持ち帰り、これらを資料に従来の諸説を再検討すべく玄中寺の創建問題より分析を試みた。その結果、年次には若干の疑問が残るとしながらも、玄中寺を北魏の延興二年（四七二）、曇鸞の創建にかかるとの見解に達した(6)。必然的に道宣の興和四年六十七歳示寂説は誤りということになる。「敬造太子像銘」に加えて創建問題よりするアプローチには説得力がある。では使用された金石文に信憑性があるのかどうか。

論拠とする金石文は唐長慶三年（八二三）の「特賜寺荘山林地土四至記碑」（以下「四至記碑」と略）であり、

　峕大魏第六主・孝文皇帝、延興二年、石壁峪曇鸞祖師、初建寺、至承明元年、寺方就

の縁起がみえている。延興二年（四七二）の曇鸞創建説を採用するならば、道宣の興和四年卒より逆算する曇鸞の承明元年（四七六）誕生説は否定されざるを得ない。すでに早く当碑に注目しながら延興二年創建を否定した常盤大定に対し(7)、道端は歴史学の常識では道宣より百八十八年も後に書かれた「四至記碑」より『續高僧傳』の説を採用すべきだが、いつの場合でも常識が正しいとは限らず「年代の遅れたものが必ずしも価値が少いと言う事は出来ない」とし、全然別系統の根本資料によった場合も多いから、碑文を価値が少いと断定するわけにいかないと、「四至記碑」に高い評価を与えるのである。そして『續高僧傳』の説を否定する理由としては、やはり道宣が犯した曇鸞撰『淨土論（註）』と道綽撰『安樂集』の誤記、あるいは同書の道綽伝にいう「寺は卽ち齊の時、曇鸞法師の

立つる所なり」（『大正蔵』五〇・五九三c）の厳然たる記述よりして、道宣の資料扱いに問題があることを指弾するわけである。

玄中寺千佛閣の外壁に嵌入された「四至記碑」は、北魏の孝文帝、唐の徳宗・憲宗の三帝により下賜された寺荘百五十華里有余の四至を明記したものであり、すでに『金石文字記』巻三に採録されている。[編者註] また『交城縣志』巻五、礼制も、この「四至記碑」にもとづき延興二年創建説をとっているが、[8] 不思議なことに「四至記碑」に先立つ八十二年前、玄宗の開元二十九年（七四一）に建てられた林諤撰「石壁寺鐵彌勒像頌幷序」には、

石壁寺者、晉之西山、舊號二石壁谷一、隋隷二西壽陽縣一、唐改二壽陽一爲二文水一、先朝分二置交城一、而立レ寺焉[9]

とあって、延興二年創建に言及せぬばかりか、晉代の西山寺にルーツを求め、もと石壁谷寺と号したとある。先学ことごとく等閑に付されたのは西山、石壁谷を地名とみなしたためであろう。しかし地名に読むには無理があり、ここは「晉の西山〔寺〕にして、舊《も》と石壁谷〔寺〕と號す」の訓み以外に方法が無い。林諤は明らかに寺基の創建を晉に遡らせ、西山寺より石壁谷寺、そして石壁寺へ改額されたことを伝えているのである。

『續高僧傳』巻六には「魏西河石壁谷玄中寺釈曇鸞伝」と題し、本伝内には「汾州北山石壁玄中寺」と記すが、玄中寺の額はむしろ道綽伝の「石壁谷玄中寺」を含め、『續高僧傳』『淨土論』道綽伝によってのみ伝えられたことを銘記せねばならない。林諤の時代はおろか道宣の時代においても、石壁寺が一般的に用いられていたことは『法苑珠林』巻五〇、報恩篇感応縁に『冥報拾遺』を引く冥報譚として、

唐幷州石壁寺、有二一老僧一、禪誦爲レ業、精進練行（『大正蔵』五三・六六五c）

とみえるのが[10]傍証となる。周知のように『法苑珠林』は道宣の同門、道世の撰であり、道宣の著述とは密接な連関がある。したがって彼らの時代も石壁寺、石壁谷寺が普通に用いられていたに違いなく、その限りにおいて晉の西

山寺址に建立された石壁〔谷〕寺を延興二年の創建とみなすのは、必ずしも不当ではない。もし道端説の如く「四至記碑」に全幅の信頼を置くとすれば、同時に存在する林諤の碑文を無視した理由が問われなければならないであろう。

道端説の致命的な弱点は、かたや天保五年生存説にくみしながら、曇鸞の延興二年、石壁寺創建説を支持するところにある。なんとなれば、この間、実に八十三年であり、百歳の長寿を保ったとして十七歳時の創建という矛盾がある。むしろ延興二年の創建と曇鸞とは切り離して考えるべきことは歴然としている。「四至記碑」がなにに依拠したかわからないが、完成を承明元年[11]（四七六）つまり道宣の記す曇鸞の生年とするあたりに、両者の結びついた謎があるように思われてならない。

二　敬造太子像銘

多屋弘につづく道端良秀の研究は、学界に大きなインパクトを与えた。藤原凌雪の如く「其の何れが事実なるかを決すべく、何等適切なる史料も他に存せざることなれば、此等は異説のままに存伝せしむるの外なきなり[12]」と依然として消極的態度を示すものもあったが、曇鸞に関する研究のほとんどが、北斉生存説によって立論していることに、その影響のほどが伺われる。そして決定版ともいうべき野上俊静の『続高僧伝私考――浄土三祖伝――[13]』が出され、今日に至っている。野上の結論は、曇鸞の生卒年について明快なことはいえないとしながらも、北斉まで存命であったとみなすのが妥当とし、従来の史料そして「敬造太子像銘」を俎上にあげるのである。では、かくも先学により特筆大書される「敬造太子像銘」とは、一体どのような内容のものなのか、それほど信憑性があるのか、ようやく検討すべき時が来たようである。

この造像銘が紹介されたのは大村西崖『支那美術史彫塑篇』においてであり、その「高斉・佛教像」中、龍門、鞏県、石門等の摩崖石窟を叙したのち、窟龕摩崖以外の石像として諸種の拓本より転載したものを列挙する。件の造像銘は二十八番目にあり、論述の必要上、煩をいとわず書写すれば左の通りである。

大齊天保五年　太歳在甲戌二　月十五日諸　維那等卌人　敬造太子一軀　上爲國王帝主(14)　師僧父母居家　眷屬一切衆生

比丘僧曇隆　比丘僧靜　比丘僧法就　比丘僧曇寧（以上一面濶一尺八分）

比丘僧廣　比丘僧曇暉　比丘僧曇鳳　比丘僧明筠　比丘僧曇世　比丘僧曇鸞　比丘僧智忝　比丘僧法陃　比丘僧曇超　比丘僧何　比丘僧曇象?　比丘僧曇嚮（以上一面濶一尺一寸二分）

比丘僧曇洪　比丘僧廻　比丘僧藥師　佛弟子成文渊　佛弟子成詳　比丘尼靜艶　比丘尼惠興　比丘尼靜銀　比丘尼靜悅　佛弟子優婆夷杜外　佛弟子夏瓌（以上一面濶一尺五寸石高四寸三分、像座なり。羅君拓本。校碑随筆に「五面刻歸登州張氏」とあり）

すなわち僧尼・優婆塞・優婆夷あわせて四十名が北斉天保五年（五五四）二月十五日、釈迦牟尼佛像を造り、皇帝已下、師僧、父母、眷属、一切衆生の供養にあてたわけであるが、比丘十九名中の十番目にみえる「比丘僧曇鸞」が玄中寺曇鸞に違いないという。しかし前節に述べたとおり、右史料に着目した佐々木功成さえ「果して鸞師を指すや否や明瞭ではない」と危ぶむ代物である。それが充分な検討も加えられず、玄中寺曇鸞のもの、興和四年卒説を否定する有力な史料として闊歩する、この不思議さに嘆息を禁じ得ない。今二つの点から曇鸞二人説を論証したい。

まず当造像銘がどの地で拓されたものか問題にされていない。銘文末尾の付記にみえる「校碑隨筆」とは、方若撰の同書巻四、北斉に、

諸維那等卌人造太子像、正書・五面刻

とあるもので、方若も「未見著録」と記すように他の金石録目には採録されていない。方若は「歸登州張氏」と、造像銘を刻する像座が登州の張某所有のものであることを紹介するが、それを羅振玉が拓し[15]、さらに大村西崖の転載となったわけである。この登州は、いわずとしれた山東省登州であり、常識として山東登州に建立された太子像の座銘を地元の張某が所有していたと考えるべきであろう。山西と山東、この幾山河を隔てた両地に、しかも「濶一尺五寸、石高四寸三分」の台座しかない太子像と、皇帝より神鸞と讃えられ勅命の碑塔が建てられたかの玄中寺曇鸞が結びつくなど、とうてい考えられないことである。

つぎに、造像銘中「諸維那等卌人」とあるが、本来、衆僧と雑事を統轄する役名に始まる維那（悦衆）は上座・寺主とあわせ三綱と呼ばれた。北朝における中央僧官では都統に次ぐ都維那もあれば[16]州郡都維那、寺職さらに信者団体の役職にすら維那・都維那が用いられるにいたっている[17]。したがって「諸維那」が誰を指すか不明であるが、一応は比丘の役名として「都維那曇隆、維那僧静、維那法就、維那曇寧」と一面を割り振ったとみても、この序列自体が奇妙なものとなる。

周知のように佛教教団では年臘を重んじており、夏臘、法臘、臘あるいは戒臘、坐臘とも称するように具足戒を受けて已降の法歳をいい、坐席次第もこれに準ずるのである。『釋氏要覽』巻上、称謂の上座条によれば無夏より九夏を下座、十夏より十九夏を中座、二十夏より四十夏を上座といい、五十夏以上は耆宿として敬まわれる。また同巻下、入衆の夏臘条にあるように「凡そ長幼を序するには必ず夏臘を問い、多き者を長と爲す」[18]（『大正蔵』五

四・二九八c～二九九a）のであり、ある意味では世俗における長幼の序より厳しいものがあった。『續高僧傳』巻二四、智実伝に唐の太宗が秦王時代、長安の能弁二十余僧を弘義宮に招き講会を催した折、「〔智〕實、年十三にして最も下座に居れり。上（秦王）命じて對論せしむるに、發言は清卓にして前聞を驚絶す」（『大正蔵』五〇・六三四c）とあるのは、まさに発言の序次までも年臘によったことを知るよすがとなる。それは南北朝時代も同然であり、梁武帝が家僧として車牛・人力・衣服・飲食まで支給した法寵を「上（武帝）、義集する毎に禮を以って之れを致し、其の年臘を略し、勅して常に坐首に居らしめ、其の名を呼ばず、號して上座法師と爲す」（『續高僧傳』巻五、法寵伝〈『大正蔵』五〇・四六一b〉）という。勅命によらねば如何んともし難い法臘なのである。

この年臘・法歳をもって「敬造太子像銘」の比丘僧列位に当てはめれば、如何なることになるであろうか。曇鸞の北斉初期生存を認める場合、道宣説の興和四年、六十七歳に従って天保五年は七十九歳。「時に未だ志學ならず」して五臺山に入り、普通の二十歳具足としても法臘五十九の大長老である。飽迄も道宣の年歳を疑うとしよう。「魏主、之れを重んじ、號して神鸞と爲す」ばかりか、「勅して乃ち汾西の泰陵《ママ》文谷に葬る」ほど孝静帝の崇信を蒙り（以上『續高僧傳』本伝〈『大正蔵』五〇・四七〇a～c〉）、梁武帝より「北方の鸞法師、〔僧〕達禪師は肉親菩薩なり」（『續高僧傳』巻一六、僧達伝〈『大正蔵』五〇・五五三b〉）とつねに遥拝を受けたことを認めるからには、前出の智実、法寵の例によっても伺われる如く、曇鸞の教団内における序列は法臘にからずとも相当高かった、とみなければならない。その曇鸞が造像銘の十九比丘僧、しかも一人として僧伝類に現れない無名の僧中、第十位に列せられるなど絶対にあり得ないのである。造像銘は明らかに比丘僧、佛弟子＝優婆塞、比丘尼、佛弟子＝優婆夷の順にならんでおり、したがって比丘僧の序次も都維那、維那を含むにしろ、他は法臘をもって配されていることは疑いようがないのである。

以上、二つの点より「敬造太子像銘」が玄中寺曇鸞とは縁もゆかりも無い代物であることを論証したつもりである。北周武帝の廃佛以前、いささかオーバーな数字ではあるが僧尼あわせて二百万とさえいわれた時代[19]に、同名異人が存在して当然であり、珍らしい法名の一事をもって玄中寺曇鸞に比定するなどは、あまりにも現実を無視した見解である。今やこの史料も白紙にもどし、改めて『續高僧傳』の記載を洗いなおし、『淨土論』の記述との相違あるいは『續高僧傳』が犯している矛盾などを検討することが許されるであろう。

三　道宣の遊方と玄中寺

道宣の興和四年（五四二）、春秋六十有七卒の説が疑われた最大の理由は、曇鸞・道綽両伝に前者の『淨土論（註）』と後者の『安樂集』とをとり違え、道綽伝中にはまた玄中寺を「齊時曇鸞法師之所立也」（『大正蔵』五〇・五九三c）と断定したことにある。これは道宣にとって弁解しようもない杜撰の証であり、菩提流支の授けた『觀經』の問題、あるいは曇鸞の南渡までも疑問視されかねぬ雰囲気を醸す原因となった。道宣にとりせめてもの救いは、興和四年卒を否定し、彼の杜撰を指弾する論者達が卒年・撰述以外はおおむね依拠してくれる点ではあるまいか。

管見の及ぶところ、曇鸞・道綽両伝がどのようにして撰せられ、かかる矛盾や誤記が生じたかを正面から見据えた論稿はない。佐々木功成のごとく「曇鸞伝の記載はその碑文に依つたものであつて決して疑ふべきではない」とし、塚本善隆の「当時まだ現存してゐた曇鸞の碑記によつたと思はれる続高僧伝」とするものから、藤野立然の「史実の諮詢と博覧を厭ふ事なく、資料の蒐集と検討を怠る事がなかつたと（続高僧伝自序参照）豪語して居る道宣が、当時尚ほ玄中寺にあつた大師の石碑を目撃して、曇鸞条下を記載したのである（続高僧伝巻二十道綽条下参照）」

という積極的な立場まである。しかし、一方において多屋弘の「道宣は泰陵文谷に曇鸞の伝碑があるといふ話を聞いてみても、実際にその伝碑を見てはをらぬのではあるまいか[20]」といった批判さえ出たのは、とどのつまり道宣が玄中寺を訪れ曇鸞碑を直接目にしたか否か、あるいは玄中寺を尋ねた可能性があるか否かなど追跡調査を等閑に付した結果である。

野上俊静が『浄土三祖伝』に「道宣略伝」を加え『続高僧伝私考』と題して世に問うたのは、おそらく浄土三祖伝が道宣の伝歴および『續高僧傳』の編纂様式、撰述目的などを別にしては語れないことを暗に表明したものと思量する。にもかかわらず、道宣の遊方や資料蒐集の方法等に関心が払われなかったため、肝心の問題について新たな展開をみせることなく終ったのは惜しまれる。「貞観の初め数年間は、四方に名師を尋ね、文献の蒐集につとめたものゝごとく」と遊方の事実を示唆しながら、「貞観四年（六三〇）、道宣三十五歳以後になって終南山に入ったものと思はれる」など、むしろ問題の解決より遠ざかる結論が導き出され、いよいよ道宣の興和四年説は劣勢に立たされることになった。そこで改めて道宣の足跡を辿り、彼が「今、竝びに存す」と記す曇鸞の塼塔および碑文との関係を考えてみたい。

かつて論証したように、道宣は唐の武徳末に終南山の苧麻蘭若へ移り、「講肆を周遊し名師を若しくは山、若しくは世《まち》に尋《たず》ね逐《もと》め」ながら『四分律刪繁補闕行事鈔』三巻をまとめあげたのち、太宗の貞観四年（六三〇）、「遠く化表を観んものと、北は幷晉に遊び東は魏土に達す[21]」る遊方の途に上っている。その期間は貞観十四年か遅くとも十五年までの十年を優に超えるものであった。恐らく『續高僧傳』序に彼自らが語る「或は博く先達に諮《き》き、或は訊《とい》を行人に取り、或は目に卽《つ》きて之を紓《の》べ、或は集傳を討讎す。南北の國史に徽音を附見する、郊郭の碑碣に其の懿徳を旌わせるもの、皆て其の志行を撮り、其の器略を擧ぐ」（『大正蔵』五〇・四二五b）という僧伝の資料蒐集もあわせ行われたに違いないのである。

彼の足跡は関中から山西・河北・河南さらに長江を渡って会稽の地、現在の浙江をめぐり湖北・四川にまで及んでいる。多少の瑕瑾はあるにせよ、己の耳目と足を頼りに資料を蒐集した点、この種のものでは他に比類をみない価値を有すること、喋々するまでもないであろう。

では彼の遊方が曇鸞・道綽両伝にどのような係りを持つのであろうか、それを論ずるまでに道宣の山西における歴訪の地を検討しておく必要がある。まず『續高僧傳』巻二四、法通伝にいう。

余は貞觀初年を以て其の素迹を承け、遂に往きて之れを尋ぬ。〔法通の〕息、名は僧綱、隰州の寺に住し、親しく往行を説く。高聞、観る可し。其の餘論を欣び、試みに後に披敍せん（『大正蔵』五〇・六四一a）

法通は龍泉石楼、現在の山西省石楼県の出身であり、隋の開皇末年（六〇〇）に妻と二男二女ことごとく髪をおろし法衣を着せて隰州に至り出家させたという変り種である。自らは通化寺の明法師に師事したが、南は龍門より北は勝部つまり陝西省楡林県一帯にわたる嵐・石・汾・隰各州、現在の山西省嵐県から離石県・汾陽県・隰県に及ぶ汾水中流域西岸一帯を教化し、信仰団体組織である邑義を各地に置いて法会を月ごとに行った、いわゆる遊行僧として知られ、のち故郷の龍泉に没した。道宣は行脚の途次、法通の二男二女の一人である僧綱を訪れ、親しく生前の功業を聴いたのであった。律学研鑽が目的の旅にもかかわらず遊行僧法通の事跡を訊ねたのは、明らかに高僧伝の資料を蒐集せんがためである。

道宣が隰州に足跡を残したことは『集神州三寶感通録』巻下、曇韻伝でも語っている。

余、曾て隰州に於りしとき、曇韻禪師有り。定州の人にして行年七十なり。隋末の喪亂に離石の比干山に隠れ、常に法花經を誦す（『大正蔵』五二・四二八b）

に始まり、『法華經』の写経を志した経緯と奇瑞を述べたあと、

余、貞観十〔一〕年を以て[23]、親自《したし》く之れを見たり（同前）

と結んでおり、『量處輕重儀』批文にもまた、

大唐貞観十一年、歳在二丁酉一春末、於二隰州益詞谷中一撰次（『大正蔵』四五・八五二c）

と書き留めたのでも裏づけられる。

『集神州三寶感通録』巻上の「晋州北・霍山南原大堆塔縁」に「遠近の道俗、咸《ことごと》く是れ（阿）育王塔なりと稱す。余、曾て焉《ここ》を遊《おとな》えり」（『大正蔵』五二・四〇八a）と記しているが、その時期は以下と前後すると思われる。すなわち同書巻中の「唐沁州像現光明常照林谷縁」の末尾に付す、

余、昔、貞観九年、曾て沁部を遊《おとな》えり。綿上の界《あたり》に在りて[24]周歴すること三年、山林の勝地に石龕・佛像など大いに古迹有るも、其の初めを委《つまびら》かにする莫し。然るに瑞も覩ざるは、故より是れ〔罪〕障の厚ければなり[25]。今、三輔に在りて乃ち斯の異を聞く。口《くちづて》に依りて之れを録す、と爾《しか》云う（『大正蔵』五二・四二一c）

のくだりである。道宣の資料蒐集の一端を垣間みる想いのする文であるが、伝聞を書きとめながら、かつて周遊した汾州の生活と重ねあわせている。これは道宣の『四分律刪補隨機羯磨疏』に記す、

曾以二貞観九年春一、因二遊方次一、於二沁《ママ》部綿上縣鸞巣村僧坊一、出二〔羯磨〕疏兩巻一

の批と相応している。ただし周遊三年の間には、かつて論証したように『羯磨疏』を完成したのち、太行山脈を東へ旅し八月頃には相州日光寺を訪れた。しかし教導を仰いだ相部律の開祖・法礪は一箇月ごに物故し、傷心を抱いて再び沁州へとって返している。『四分律含注戒本疏』後批に「心を撫するの痛み、何ぞ之れを言う可けんや。乃ち沁部山中に返り、擇律師の爲に又〔行事〕鈔三巻を出せり[26]」という。

右の沁部といい綿上界というのは、現在の山西省沁源県の東北に位置する。『通典』巻一七九、州郡九の沁州条に、

隋初置㆓沁州㆒、煬帝初州廢、復爲㆓沁源縣㆒、屬㆓上黨郡㆒、大唐復置㆓沁州㆒、或爲㆓陽城郡㆒

とあり、『舊唐書』巻三九、地理志によれば隋末の義寧元年（六一七）、沁源の地に義寧郡が置かれ沁源・銅鞮、綿上と沁源より分割された和川の四県を領したが、唐の武徳元年に沁州と改められ、貞観時代には沁源・和川・綿上の三県を領したという。[27]ここには沁水が流れており、水は覆甑山、一名麓台山に源を発する。『水經注』に謁戻山とあるもので、覆甑山の東山をいい、西山が介山と連峰の綿山である。[28]水は東谷より流れ出し、郭道をへて沁源へ達する中頃に綿上故城があり、[29]道宣の住した鸞巣村は故城の近郊にあったと思われる。その位置は綿山を間に介休県と接し、曇鸞ゆかりの平遙とは目と鼻の先であり、平遙県城まで直線距離にして五二キロである。[30]もし後述するように『續高僧傳』本伝にいうところの、

時往㆓介山之陰㆒、聚㆑徒蒸㆑業、今號㆓鸞公巖㆒、是也（『大正蔵』五〇・四七〇c）

の「介山之陰」が介山北麓とすれば、その道程は遥かに接近するわけである。ただし無理な推測を働かせずとも、道宣が介山の陰に赴いた確かな証拠が別にある。

傳者《われ》、昔《かつ》て末筵に預り、諸の恵誥を蒙むれり。既に親しく、其の績を承くるが故に、即きて敍べり

（『續高僧傳』巻二〇、志超伝〈『大正蔵』五〇・五九二c〉）

志超は幷州楡次（山西省楡次県）に生れ、二十七歳にて幷州開化寺の慧瓚に投じた。[31]時に太原留守であった唐高祖李淵と親交があったらしく唐朝建国のとき弟子二十余人を率いて長安にかけつけ奉賀したという。一時、藍田山化感寺の霊閏らに迎えられたが、やがて故地に帰って武徳五年（六二二）介山の抱腹巌に入り、さらに汾州介休県

に光厳寺を創建、盛んに教導を行い、貞観十五年（六四一）三月、七十一歳で没した。道宣が「末筵に預り、諸の恵誥を蒙む」ったのは、時期的にみて光厳寺でのことであろう。百歩譲り長安において、あるいは化感寺に住した時のことにせよ、隣接する綿上県にあった道宣が、かつての師を訪問しない筈は決してあり得ないのである。

以上、道宣は綿上県界隈に住み、介山を越えて介休県へ赴いたことを明かにしたが、彼の姿はさらに北上し并州すなわち太原に現われる。その証は『續高僧傳』巻二四、并州大興国寺曇選伝にある。曇選は隋文帝の勅建にかかる大興国寺に住したが、漢王楊諒の謀逆事件（六〇四）[32]のとき楊諒軍の武器庫となったことから大興国寺の責任が問われ、寺僧が処罰されようとしたが、指揮官の楊素を敢然として諫め、ことなきを得たという。道宣が「合衆の安きを獲たるは、誠に其の功なり」と讃える護法の僧であると同時に、かの道綽と交渉のあった人としても知られている。それは暫く置き、武徳八年（六二五）、九十五歳で大興国寺に没した彼の伝末に、道宣は書き添えて、

傳者《われ》、親しく其の寺に往くも、其の人に及ばず。其の行事・遺績を觀るに、形心を澡雪し、鄙悋を頓袪《すつ》る可きに庶《ちか》し。叔緒《まつぼう》の護法の開士とは、抑《そ》も斯の人なる乎。（『大正蔵』五〇・六四一ｃ）

と結んでいる。道宣は曇選の人となりを聞き并州太原の大興国寺を訪れたが、すでに遷化した後のこととて行事、遺績を尋ねるほかはなかったのである。

并州歴訪についてはまた、次節にふれる智満伝のほか『三寶感通錄』巻上、「隋并州浄明寺塔縁」にもある。

本と〔阿〕育王〔塔〕と號す。是れ僧の住する所なるも、唐初より已來、僧散じ寺空《あ》れ、尼之れに居《すま》いせんことを請えり。余、往きて塔を問《おとな》うも、全く蹤跡無し。但だ空名のみ有りて遂に其の本を失う。

（『大正蔵』五二・四〇九ａ）

浄明寺の始末は『雍正山西通志』巻一六八、寺観条に太原県北二里（約一キロ）にあり、隋の仁寿二年の創建で

「恵明」の寺額を賜わったといい、寺内に阿育王舎利塔があることを伝えている。

要するに、道宣の遊方は山西省南部はいわずもがな、幷州太原にも確実に及んでおり、あるいは代州五臺山にまで足跡を印した可能性もあるが、それは推測するに留めておく。では最大の関心事である玄中寺に、道宣が果して参詣したか否か、残念ながら一つとして報告はない。しかし彼が介休そして太原を周遊したとすれば、介休より四五キロの平遙はもちろん、介休―太原の間にある文水・交城を経由し(33)次節に述べるとおり石壁玄中寺に教化を垂れている高名な禅師道綽を訪い(34)、曇鸞にかんする伝記資料を蒐集する機会は大いにあった、とみてよかろう。なによりも留意すべきは、唐代の幷州治所が、現在の太原市より遥か西南、汾水を西に渡った晋源県寄りにあったことであり(35)、また長安―幷州ルートの陽関道が、介休の西南一〇キロの冷泉関を分岐点に東西へ分れ、汾水北岸をいく北道が、玄中寺の東方約十キロにある交城県を通過することも忘れてはなるまい(36)。幷州と綿上県と、いずれを先に訪れたか断定はできないが、道宣の歴遊地域よりみれば、両地より指呼の間に位置する玄中寺なのである。

道宣は『續高僧傳』序に『名僧傳』と『梁高僧傳』を批判したのち「余、青襟の歳、斯文を顧みること有り」(『大正蔵』五〇・四二五b)と早くから僧伝に関心を抱き、先人の著作が「未だ高観を馳せず、長太息を為す可き」(同前)ものと断じ、自ら撰述するに至った動機を仄めかせている。先ほど道宣の遊方は律学の研鑽を第一としながらも、僧伝編纂の資料蒐集もあわせて行われたに違いないと述べた所以である。とすれば必ずしも絶対的ではなかった曇鸞伝末に付す、

勅乃葬㆓于汾西泰陵《ママ》文谷㆒、營㆓建塼塔㆒、幷爲立㆑碑、今竝存焉（『大正蔵』五〇・四七〇c）

の文がここに生きてくるのである。

四　誤記の意味するもの

『續高僧傳』の曇鸞伝を考える上で役立つのは、先学達が指摘された道綽伝および智満・曇選両伝である。ただ従来これに言及されたものはみな、道綽と彼の交友関係や業績に関心が集まり、道宣とその編纂事業に注目したものではない(37)。

前節に引用した同書幷州大興国寺曇選伝によれば、武徳八年（六二五）疾い篤くなったとき、あふれる見舞い客に向い「吾が命、將に盡きんとす。何處に生れんや」と告げた話がある。

名行の僧道綽曰く、阿闍黎よ、西方の樂土を名づけて安養と爲す。彼《かし》こに生るるを願う可し、と。選曰く、咄《チェッ》、身の爲に樂を求むとは。吾は爾が儔には非ず、と。綽曰く、若し爾らば、生《おうじょう》する無かるべき耶、と。〔選〕答えて曰く、我に見《あらわ》るる者を須《ま》って生《おうじょう》を爲さん乎、と。乃ち息を潛め之れを久しうす。已に逝くを覺《さと》らず。時に年九十有五なり(38)（『大正蔵』五〇・六四一c）

ことさら述べるまでもなく、浄土願生をめぐる有名な応答である。ここでは道綽が叱られ役となり、むしろ曇選の『涅槃經』的立場の堅持が喧伝されているかにみえる。

幷州義興寺の智満もまた唐高祖李淵と旧知の間柄で武徳元年（六一八）、別勅によって建立された義興寺に住し、「四事の供養は、一に國家より出ず」（『大正蔵』五〇・五八三b）といわれ、政情が不安な太原一帯の民心慰撫を托された北地佛教界の大立者であった。熟知された話であるが、智満と道綽両人は、まだ幷州開化寺を中心に活躍していた頃の慧瓚門下であり、慧瓚が隋文帝の招きを受けて長安の大禅定寺に移ったのちも親しく交わっていた。貞観二年（六二八）、不予を覚えた智満のもとに門人が集る。

沙門道綽なる者有り。夙に弘誓有り、友にして而も敬奉す。因りて満に喩して曰く、法に生滅有り、道は機縁に在り。相を観ずれば其の門に入り易く、空に渉れば頗る其の位を限る。願くば説く所に随い、道を進むるに期する有らんことを、と。（『大正蔵』五〇・五八三b～c）

道綽はまた曇選のときと同様に浄土願生を勧めたが、智満もまた固辞し「幸わくば早く相い辞し、妄識《われ》を塵《まどわ》すこと勿れ」と体良く追われている。まさしく道綽からみれば『安樂集』第二大門「破異見邪執」にいわゆる大乗無相の偏執者智満ということになろうが、この段では旗色悪く描写され「綽乃ち退く」と結ばれている。(39)

如上の記載は道宣が并州において智満あるいは曇選の周辺より蒐集したものと考えられ、「名行の僧道綽」と称し、かつ存命中にかかわらず立伝し、その末尾に「西行の廣く流るるは、斯れ其の人なり」とまで讃美する道宣が、故意に特筆大書したものではあるまい。彼が曇選・智満の業績を尋ねる間にも「名行の僧道綽」の活躍を知ったのは疑いもない事実である。さらに銘記すべきは、その道宣が介休県に教えを請うた光厳寺志超が、前出慧瓚の高足つまり智満、道綽両人とは同門の間柄という事実であろう。(40)介休とは隣接する文水地域で教化に勤める道綽のことを同門の志超より、道宣が耳にしない筈はなかろう。智満・曇選の例でも伺えるように浄土願生者ならざる徒輩とも交わりを持ち、足繁く押掛けては西方行を説きつづけた道綽のことである。あるいは同門の誼を利用して志超のもとへ出向したとみても不思議ではない。かく眺めてくれれば、道宣が并州太原を周遊する途次、石壁玄中寺を訪ねて身親しく道綽の謦咳に接し、併せて曇鸞に関する資料蒐集にあたった、とみなして差支えないであろう。

それでもなお隔靴搔痒の感を拭いきれない論証に、決定的な傍証となるのは『續高僧傳』の道綽伝そのものである。道宣は道綽の行業、教化を述べ、かのいわゆる『淨土論』を著わしたことを紹介したのち、

傳者、重下其陶二鍪風神一、研中精學觀上、故又述二其行相一（『大正蔵』五〇・五九四ａ）

と記している。前節に引用した同書同巻の志超伝にいう「傳者《われ》、昔《かつ》て末筵に預り、諸の恵誥を蒙むれり云云」の例でもわかるように、「余云云」の形とならんで、道宣が自らとの関係を語る数少い叙述様式なのである。(41) 残念ながら『唐高僧伝索引』にも採録しないままであるが、存命中の高僧を立伝した稀な例として評価されてきた以上に、「風神を陶鍪し、學觀を研精」する道綽の謦咳に接した道宣であればこそ「故に又、其の行相を述」べたという、貴重な資料となる。道宣の遊方と相いまって彼の玄中寺訪問、道綽との邂逅そして曇鸞碑文の採録は、動かし難い事実となろう。

漢代以来の墓闕、墓碑は、三国魏の武帝が厚葬や立碑を禁止したのをはじめ、たびたび実施された薄葬の奨励等により衰退し、墓中に埋める墓誌の流行となった。(42) しかし墓闕、墓碑が完全に姿を消したわけではなく、墓道つまり神行の道に門の如く両石碑を建てる墓闕や廟前の石闕は神道闕、神道碑として伝わり、隋唐に及ぶのである。今、いわゆる曇鸞碑を考えるに、立碑であり、道綽伝に「〔寺〕中に鸞碑有り、具に嘉瑞を陳《の》ぶ」とあれば、明らかに墓誌ではなく、さりとて遷化直後に曇鸞の「爲めに碑を立て」たのであるから寺碑でも行状記でもなく、神道碑、塔銘の類でなければならない。

墓誌は周知の如く韻文の銘を加えて墓誌銘とも称され、時には序を備えるものもある。現存例の少い南朝に比べ、北朝の墓誌はおびただしく、その形式を詳細に知ることが出来る。大体において明の王行が『墓誌擧例』の冒頭に書法例大要の十三事をあげるとおり、諱、字、姓氏、郷邑、族出、行治、履歴、卒日、寿年、妻、子、葬日、葬地が序記された。この体例にそって地上に置かれ、若干詳しくなったものが神道碑であり、妻子などを除き曇鸞碑も同工異曲であったと思われる。(43) 曇鸞伝が、

釋曇鸞、或為巒、未詳其氏、雁門人、家近五臺山（『大正蔵』五〇・四七〇ａ）

に始まり、出家、修学、行業を述べ、

以二魏興和四年一、因レ疾卒二于平遙山寺一、春秋六十有七（同四七〇ｃ）

と記し、勅命により文谷に葬り塼塔と碑が建てられたという次第は、伝記の体例である以前に墓誌、神道碑のそれにほかならないことが分る。道宣が卒年、俗寿、卒地、葬地等を明記し、あまつさえ塔碑の現存を伝えているのは、彼がこの碑に基づいたことの積極的な証左になろう。

この限りなく事実に近い推測が可能であればあるほど、曇鸞碑をみたはずの道宣が、

又撰二禮淨土十二偈一、續二龍樹偈後一、又撰二安樂集兩巻等一、廣流二於世一（同前）

としたばかりか、道綽伝にも御丁寧に、

著二淨土論兩巻一、統談二龍樹天親一、邇及二僧鸞慧遠一、竝遵二崇淨土一、明二示昌言一（『大正蔵』五〇・五九四ａ）

など、著作をとり違える誤りを犯したのか、いよいよ理解に苦しむことになるが、では曇鸞碑に果して『淨土十二偈』はもちろん『淨土論註』などに言及されていたのであろうか。この疑問を解くには同時代の墓誌、神道碑、塔銘類に生前の著作が掲載されていたか否かを検討する以外に方法はない。

唐代にあっては、かの墓誌、碑銘を多くものした柳宗元の『柳河東集』巻六「龍安海禪師碑」に『安禪通明論』を著したことを記し、同巻九「唐故給事中皇太子侍讀陸文通先生墓表」は陸実の『春秋集注』十篇、『辯疑』七篇、『微指』二篇を紹介するなど、例がないわけではない。けれども時代を遡れば管見の及ぶところ、ほとんど例をみないのである。最も著名な天台大師智顗を俎上にあげれば、隋の柳晉（字は顧言）撰、「天台國清寺智者禪師碑文」（『國清百錄』巻四〈『大正蔵』四六・八一七ａ～八一九ｂ〉）は、智顗の死後八年、煬帝の大業元年に勅命を奉じて草した

ものであるが、門人灌頂の筆受によるものが多いとはいえ、天台三大部ほか三十余部が残る智顗にして、ただ『淨名經義疏』一部だけである。しかも死に臨み偈を述べ遺書を口授筆記し「〔煬帝の〕ために『淨名義疏』一部を撰し、倶時《どうじ》に送り來たっ」た筆致のしからしむるところであり、必ずしも格別に掲載したものではない。それは頌ともに三千二百字になんなんとする文中、三大部はおろか最後の大作である『観心論』にさえ触れてはいないことでも明らかである。これは今後のより綿密な調査を必要とするが、現在の段階では南北朝時代の墓誌、神道碑などに著作類を記入する慣例は無かった、つまり曇鸞碑には『禮淨土十二偈』『調氣論』そして『安樂集』も記されてはいなかった、と考えざるをえないのである。

今、本伝末に付す、

因出二調氣論一、又著作王邵《ママ》、隨レ文注レ之、又撰二禮淨土十二偈一、續二龍樹偈後一、又撰二安樂集兩卷等一、廣流二於世一、仍自號爲二有魏玄簡大士一云（『大正蔵』五〇・四七〇c）

と見るも無惨な切れ切れの文章に、曇鸞碑とは別な要素を汲みとることができる。最も合理的な見方をすれば、道宣が訪れた玄中寺で道綽にあい、碑文以外にいろいろ聴聞してこれをメモにしたが、この時『淨土論註』と『安樂集』を誤記し、そのままを本伝に移した、ということになる。誤記が他の者でなくなぜ曇鸞と道綽のセットであり『淨土論註』と『安樂集』の間に起ったのか、偶然の一語では片付けられない因縁がある。それは道宣が資料蒐集にあたって両者を同時に扱ったことに原因があり、起るべくして起ったミスであると考えられる。

むすびにかえて

上来、曇鸞の生卒年をめぐる諸説を紹介し、道宣の曇鸞伝に記す西魏の興和四年説を否定する史料とみなされてきたものが、実は依拠するに足らないことを論証すると同時に、道宣自身の足跡を辿り、彼が玄中寺を訪れ曇鸞碑を実見し、道綽より聴聞した可能性を追究してみた。その結果、太原・介休一帯を周遊している事実を突きとめ、玄中寺訪問がほぼ間違いなく行われたことを傍証できたと確信する。先学のいわれる如く道宣は伝聞によって曇鸞伝を書いたのでは決してない。したがって往時の墓闕、神道碑の文構成や内容などを考慮して卒年、俗寿、卒地、葬地を美事なまでに備え、曇鸞碑のありし姿を髣髴させる曇鸞伝の記載、とりわけ出身、卒年等は信頼するに足ると断定するものである。

また『淨土論註』を道綽の『安樂集』と誤記した点については、確たる証拠はないものの、道宣が道綽の口述を筆録中に犯した資料蒐集ミスを唱えたが、あるいは両書を読まなかったのかもしれない。もう一つ言及しておかねばならない問題は、道綽伝の「齊時曇鸞法師」と迦才『淨土論』にいう「魏末高齊之初猶在」の一文である。

まず迦才説が重視されてきた所以は道綽伝と「敬造太子像銘」の出現にほかならないが、後者が無縁のものと判明した以上、迦才説の信憑性も薄らいだわけである。かつ迦才は曇鸞を幷州汶水の人とするばかりか道綽伝にも、

沙門道綽法師者、亦是幷洲晉陽人也（『大正蔵』四七・九八b）

としている。汶（文）水と晋陽の違いどころか、道宣はじめ同時代の慧祥が『古清涼傳』に曇鸞を雁門の出身とし、五臺山に入山出家した経緯を伝えるにもかかわらず、汶水を本貫にするなど問題が多いのである。この点には敢え

て緘黙し「魏末高齊之初猶在」だけを信憑するに足るという論法は成り立たない。そもそも「魏末高齊之初」などという表現は、時期を確定し得ない、おおよそ漠然としている場合の用法であり[44]、本来ならば「高齊之初猶在」で充分なところを、不確実なるが故に、「魏末」を加えたにすぎないのである。

また道綽伝の「齊時曇鸞法師」は、曇鸞の本伝に「魏興和」とあり「有魏玄簡大士」と号したことは記しても、高斉については一言半句も述べていない以上、道宣の杜撰として処理してよいが、東魏孝静帝の治世、実権は擁立者高歓の手中にあり、元魏とはいい条、ほとんど高斉政権の様相を呈した、興和四年よりわずか八年後に滅亡する東魏を北斉朝と同一視して、あながち不都合なことはなかったのも事実である。東・西両魏さらに北斉・北周と展開する混乱時代に、しかも錯綜する元号の下での誤記は、それほど咎めるには及ばない。

最後に、道宣は玄中寺を曇鸞の創建と伝えている問題が残されている。すでに道端良秀が延興二年（四七二）の曇鸞創建をもとに生年を遡らせた説を批判し、かつての西山寺ないし石壁谷寺趾に再建された石壁寺であることを指摘した。ただし玄中寺の寺額があったのは疑いもない事実であり、道宣の時代には石壁寺のほかに石壁（谷）玄中寺とも呼ばれたわけである。玄中寺の寺額がいつ始まったか断定できないが、現在の石壁永寧禅寺にいたる沿革が語るように火災や兵乱、さらに廃佛などのために毀損を蒙むり、再建、重修だけでなく政治的事情によってさえ寺額が改められたのである。玄中寺額が玄中法師、すなわち老子と無縁ではなく、『老子』第一章の「玄之又玄、衆妙之門」にちなむであろうことは歴然としているが[45]、自らを「有魏玄簡大師」と号し、道教徒から佛図澄とともに道家者流とみなされた曇鸞に似つかわしい寺額といえよう[46]。推論の域を出ないが、おそらく西山寺趾に建てられた延興二年の石壁（谷）寺が「晩《の》ち復《ま》た汾州北山の石壁（玄中）寺に移住し」た曇鸞の止住によって玄中寺と改額され、この寺額をもって石壁寺の創建とみたのが「四至記碑」であろう。住持僧として辿れる最も知名度の高い曇鸞に開基の功が賦与された、とみるのが合理的である。同様の誤解が道宣にもあったため道綽伝の曇鸞創建説となったのではなかろうか。

註

（1）名畑応順『迦才浄土論の研究』（法藏館、一九五五年）。

（2）塚本善隆「曇鸞大師の時代と社会」（『専修学報』一一、一九四二年）。また加藤智学「曇鸞大師の行蹟と著作」（『宗学研究』二七、一九四四年）も同様である。

（3）佐々木功成「曇鸞伝の研究」一・二・三（『真宗研究』一〇・一一・一三、一九六五〜一九六七年）。

（4）藤野立然「曇鸞大師管見」（『支那佛教史学』一—二、一九三七年）。ただし「大師入滅の年時は実に不明であるが、此の興和四年より逆算した……大師の生年は、その卒年に比しては遥かに確実であると言ふ事が出来る。云云」は理解に苦しむ論述である。なお傍点筆者。

（5）多屋弘「曇鸞大師伝之研究」（『大谷学報』二一—二、一九四〇年）。

（6）道端良秀『中国の浄土教と玄中寺』（永田文昌堂、一九五〇年）第二章「玄中寺の創建問題」。

（7）常盤大定・関野貞共編『支那佛教史蹟評解』（佛教史蹟研究会、一九二七年）第三輯に紹介され、常盤大定『支那文化史蹟解説』（法藏館、一九四〇年）巻八にも否定的見解が述べられている。

（8）『雍正山西通志』巻一六八、寺観には「永寧寺在〈交城〉縣西北二十里石壁山、地最幽勝、元魏延興二年建、名石壁元中寺、太和間修有甘露之應、雁門僧曇鸞、魏主號爲神鸞、晩移住寺中」と延興二年創建説をとりながら、曇鸞創建説は棄て去っている。

（9）『金石萃編』巻八四「大唐太原府交城縣石壁寺鐵彌勒像頌幷序」および『交城縣志』巻二にもみえる。ただし『隋書』巻三〇、地理志によれば交城県は隋開皇十六年に置かれ、『元和郡縣圖志』巻一三には唐も隋制にならったとある。

（10）『弘贊法華傳』巻九、『法華傳記』巻九も同様に一老僧とするが、『宋高僧傳』巻二五、明度伝には明度の事蹟として語られている。

（11）宋沙蔭『浄土古刹玄中寺』（東本願寺出版部、一九八九年）第六章「玄中寺の歴史」は「四至記碑」が創建以来すでに二百五十一年を経由したこと、玄中寺に現存する北魏延昌四年（五一五）残碑に、曇鸞建寺のことに言及していないことなどをあげ、記事に信憑性が薄いことを述べている。ただし延興二年創建は疑いないものとみる。

（12）藤原凌雪「曇鸞の事蹟と思想的背景——特に抱朴子との交渉について——」（『顕真学苑論集』四八、一九五六年）。

（13）野上俊静『続高僧伝私考——浄土三祖伝——』（法藏館、一九五九年）第三章「曇鸞伝」。これにより生卒年に関する論説は終息した感がある。

（14）原文には「國王帶主」とあるが、同書所収「天保四年比丘道常造像銘」に、「敬造太子像一軀、普為一切衆生國王帝主師僧父母、普同斯福」とあるように用例多く、この時代の造像銘に現れる慣用句である。なお『金石萃編』巻三六、北周保定四年（五六四）の「王瓮生造像記」には「下爲人王帝主七世父母……」ともある。

（15）羅君、大村西崖自序に「既にして前清の碩学羅君叔言京都に寓し、金石の鑒蔵に富むことを聞き、内藤〔湖南〕博士及藤田剣峰君を介して客臘これを訪ふこと両回。羅君一見平生、片言夙約。その隆誼に頼りて造像拓本類を借覧すること無慮二千余種」とある。いうまでもなく辛亥革命に日本亡命中の羅振玉である。

（16）『大宋僧史略』巻中、僧主副員および雑任職員。なお北朝の僧官制度については、服部俊崖「支那僧官の沿革」（『佛教史学』二—五・六号、一九一二年）、高雄義堅「北魏に於ける佛教教団の発達に就て」（『龍谷大学論叢』二九七、一九二一年）、小笠原宣秀「支那南北朝時代佛教々団の統制——特に僧官・僧曹について——」（『龍谷史壇』一四、一九三四年）、山崎宏「南北朝時代に於ける僧官の検討」（『支那中世佛教の展開』〈清水書店、一九四二年、のち復刊、法藏館、一九七一年〉第二部第一章）、同「北斉の僧官昭玄十統」（同書、第二部第二章）、賀光中「歴代僧官制度考（一）」（『東方学報』馬来亞一—一、一九五七年）を参照。

（17）同時代史料をあげれば、『金石萃編』巻三三、北斉河清三年（五六四）四月の「在孫寺造象記」に都邑主、都邑忠に加えて「都邑唯那仇周悦、都邑唯那嚴曠善……」が並んでいる。また同書巻三四の「宋買造像碑」（北斉天統三年〈五六七〉四月）には「都維那宋繼叔、維那宋仕昂、維那宋元嵩……」とあり、こうした例は枚挙に遑がないほどである。

（18）長幼、大正大蔵経本は「長幻」に作るが誤植であろう。

（19）魏収撰『魏書』は、この造像銘の年、北斉天保五年に成就したものであるが、その釈老志に「正光已後、天下多虞、王役尤甚、於是所在編民、相與入道、假慕沙門、實避調役、猥濫之極、自中國之有佛法、未之有也、略而計之、僧尼大衆二百萬矣、其寺三萬有餘、流弊不歸、一至於此、識者所以歎息也」とあり、孝明帝の頃つまり曇鸞時代には国家多難により避調役のため偽濫の徒が僧尼となって、教団はにわかに膨張したことを述べている。

(20) 佐々木註（3）前掲論文、塚本註（2）前掲論文、藤野註（4）前掲論文、多屋註（5）前掲論文。

(21) 拙稿「道宣の遊方と二・三の著作について」（『三蔵』一八九、『国訳一切経』和漢撰述部史伝部第六巻、月報、大東出版社、一九七九年。のち『道宣伝の研究』京都大学学術出版会、二〇〇二年に所収）。なお引用文は『四分律含注戒本疏』後批に「貞觀初年、周遊講肆、尋逐名師若山若世、逐以所解、造〔四分律刪繁補闕行事〕鈔三巻、未及覆治、人逐抄寫、貞觀四年、遠觀化表、北遊幷晉、東達魏土」による。

(22) 『隋書』巻二九、地理志上、楡林郡条に「開皇二十年置勝州」とあり、『元和郡縣圖志』巻四「勝州条」にも雲州より楡林・富昌・金河三県を割き勝州を立てたという。なお道宣は州を部で表すこと多く、例えば『續高僧傳』巻七、慧嵩伝に「以天保年、卒於徐部」（『大正蔵』五〇・四八三a）とある。これを三本系は徐州としているが必ずしも改める必要はなく、同巻五、僧旻伝に「因避地徐部」（『大正蔵』五〇・四六二c）とある如く、道宣の習いである。以下に述べる綿部・沁部も同様とみてよい。

(23) 十一年、大正大蔵経は十年とあるが、三本系の十一年に従うべきである。『法苑珠林』巻一八に同文がみえ、割注に「京師西明寺道宣律師、以貞觀十一年、曾至彼州、目覩說之也」（『大正蔵』五三・四二一b）とある。

(24) 在、大正大蔵経は「左」に作るが校勘なく、他本すべて「在」となっている。

(25) 厚、大正大蔵経は「源」に作るが意味がとれず、三本に従い、「厚」に解した。

(26) 『續高僧傳』巻二〇、曇栄伝に「余因訪道藝、行達潞城、奉謁清儀、具知明略、故不敢墜其芳緒云」（『大正蔵』五〇・五八九c～五九〇a）とあり晋州・潞州あたりを周遊したのは同巻二一、慧進伝付・明瓚（蔵本「道瓚」）伝や『集神州三寶感通録』巻上、「晋州北霍山南原大堆塔縁」などによって証される。

(27) 『元和郡縣圖志』巻一三「沁州条」は「開皇十六年、於此置沁州、因州東沁水爲名、大業二年省沁州、武德元年重置」とし、「緜上県条」に「開皇十六年置緜上縣、屬沁州、以縣西界有緜上地、因以爲名」とある。

(28) 『水經注』巻九、「沁水、出上黨涅縣謁戾山」の注文に「沁水卽涅水也、或言出穀遠縣羊頭山世靡谷」とある。また『沁源縣志』巻二、山川略によれば「綿山在〔沁源〕縣北一百二十里、綿延百里、與介山抱腹岩相連、澗壑深杳、峯巒層叠、上有介子推祠」とある。

(29)『沁源縣志』巻六、古蹟考に「綿上故城、在縣北七十里綿上鎮」とみえる。

(30)『全国公路営運線路里程示意図』(人民交通出版社、一九八五年)による。

(31)大村西崖『支那美術史彫塑篇』(佛書刊行会図像部、一九一五年、のち国書刊行会、一九七二年)高斉篇に「太原県四十五里に法華寺あり。天保中建つる所。額を開化と賜ふ」と紹介するが、まさしく『雍正山西通志』巻一六八、寺観に「法華寺在〔太原〕縣西十五里蒙山、北齊天保二年建、賜額開化……隋仁壽元年建佛閣、改淨明、時唐高祖在藩邸、至寺瞻禮、夜夢滿空毫光數丈、及即位、復改開化」というものに違いない。

(32)『隋書』巻三、煬帝紀上に「〔仁壽四年〕八月……、幷州總管漢王諒擧兵反、詔尚書左僕射楊素討平之」とある。

(33)一つのルートは沁源より東観に出て太谷、楡次を経由し太原へ。一つは東観より徐溝、北格、小店経由であり、これが最短距離である。玄中寺に行くとすれば平遙より祁県—文水—交城—清徐—太原か、平遙—汾陽—文水—交城—清徐—太原のルートである。

(34)『雍正山西通志』巻一六八、寺観の永寧寺条には「唐太宗幸北京、文徳皇后不豫、臨寺見僧綽公、詔名山形勝、皆表梵刹」とある。これは前出の林謌撰「石壁寺鐵彌勒像頌幷序」に「太宗昔幸北京、文徳皇后不豫、輦過蘭若、禮謁禪師綽公、便解衆寶名珍、供養云云」の文による。史実か否かはさておき、かかる話の存在して不思議ではないほど石壁玄中寺が長安—太原ルート沿いにあること、道綽の名声があった証左となり得よう。

(35)愛宕元「唐代太原城の規模と構造」(唐代史研究会編『中国都市の歴史的研究』刀水書房、一九八八年)参看。

(36)厳耕望『唐代交通図考』(中央研究院歴史語言研究所、一九八五年)第一巻、京都関内区参篇「長安太原駅道」九一～一二八頁に詳しい。

(37)例えば高雄義堅「道綽禅師とその時代」(『宗学院論集』三一、一九三九年)、小笠原宣秀『中国浄土教家の研究』(平楽寺書店、一九五一年)第三章「道綽禅師伝に於ける二・三の問題」四一～五一頁、野上前掲註(13)『続高僧伝私考』第三章「浄土三祖伝」道綽伝、三六～四七頁。

(38)『續高僧傳』巻二四「武徳八年、遘疾淹積、問疾者充牣房宇、乃戸臥引衣申腳曰、吾命將盡、何處生乎、名行僧道綽曰、阿闍黎、西方樂土名爲安養、可願生彼、選曰、咄爲身求樂、吾非爾儔、綽曰、若爾可無生耶、答曰、須見我者而爲生乎、乃潛息久之、不覺已逝、時年九十有五」。

(39)『續高僧傳』巻一九「有沙門道綽者、夙有弘誓、友而敬奉、因喩滿曰、法有生滅、道在機縁、観相易入其門、渉空頗限其位、願隨所説、進道有期、滿乃盱衡而告曰、積年誠業、冀此弘持、縁虚無相、可縁引實、有何所引、豈以一期要法、累劫埋乎、幸早相辭、勿塵妄識、綽乃退焉、其堅自（大正藏經白。三本自）持微、爲若此也」。

(40)『續高僧傳』巻一八、慧瓚伝に「弟子志超、追崇先範、立像晉川」（『大正藏』五〇・五七五b）とある。

(41) 道宣は『廣弘明集』巻二「魏書釈老志」条に、自らのことを「集論者」とも称している。

(42)『宋書』巻一五、礼志二に「建安十年、魏武帝以天下雕弊、下令不得厚葬、又禁立碑……晉武帝咸寧四年、又詔曰、此石獸碑表、既私褒美、興長虚僞、傷財害人、莫大於此、一禁斷之、其犯者雖會赦令、皆當毀壞……義熙中、尚書祠部郎中裴松之、又議禁斷、於是至今」とある。

なお、水野清一「墓誌について」（下中直也編『書道全集』六〈平凡社、一九五八年〉三一～三八頁）、中田勇次郎『中国書道史論考』（二玄社、一九八四年）「中国の墓誌」（四七三～五〇四頁）、中村圭爾「東晋南朝の碑・墓誌について」（『比較史の観点による史科学の総合的研究』大阪市立大学、一九八八年報告）を参照。

(43) 同時史料として『八瓊室金石補正』巻一五所収の北魏正光二年（五二一）建「馬鳴寺根法師碑」、『安陽縣金石錄』巻二、北斉太寧二年（五六二）の「法懃禪師塔銘」をあげれば充分であろう。

(44) 例えば道宣は『集神州三寶感通錄』巻上、「扶風岐山南古塔縁」中に「遂依開發深一丈餘、獲二古碑、竝周魏之所樹也、文不足觀、故不載錄」（『大正藏』五二・四〇六c）という。この「周魏」の表現は西魏と北周の交（かわりめ）を意味するが、それはまさしく迦才の「魏末高齊之初」と同様の用法であって、不確実さを表わす常套語である。

(45) 道端良秀「曇鸞と道教との関係」（『福井博士頌寿記念論集』のち『中国浄土教史の研究』書苑、一九八五年所収）、同「曇鸞の長寿法について」（『東方宗教』一八、一九六一年、のち『中国浄土教史の研究』所収）。

(46) 飛鶴山真一子撰「還丹内象金鑰匙幷序」（『雲笈七籤』巻七〇）に「又僧曇鸞師作氣術論、行於世、皆同道家……其二子（佛圖澄・曇鸞）皆内修陽法、外修僧形法、豈分外貌乎、僧玄皆人也、同天地間一物耳」とある。

（本論は、平成二年度龍谷大学真宗学会大会講演に手を加えたものである）

（編者註）

指摘された『金石文字記』巻三の中に「四至記碑」は見当たらず、ほかの巻にも採録されていない。なお後に引用される林謂撰「石壁寺鐵彌勒像頌幷序」は『金石文字記』巻三に採録されている。

第二章　曇鸞教団
――地域・構成――

はじめに

『往生論註』（以下『論註』と略）巻上、観察門・器世間・二乗種不生に、『往生論』では「二乗（声聞・縁覚）の種は〔安楽国に〕生えない」とだけいわれているのだから、二乗が生れて来ることまで妨む必要はないのだ、という説明があり、これの譬喩として橘と鸜鵒がとり上げられている。

譬如橘栽不生江北、河洛菓肆、亦見有橘、又言鸜鵒不渡壟西、趙魏架桁、亦有鸜鵒

譬うれば〔江南の〕橘の栽《なえぎ》は江北に生えざるに、河・洛の菓肆《くだものや》にもまた橘有るを見、又、鸜鵒は壟（＝隴）西を渡らざるに、趙・魏の架桁《とりかご》にもまた鸜鵒有り、と言うが如し（『大正蔵』四〇・八三一ａ）

橘は宋の韓彦直が『橘録』の中で、蘇州・台州・荊州など長江以南に産するけれども、温州産が最上のものだと記すように、遥かのちの宋代でさえ江南の特産品とされるものであった。曇鸞が南朝に陶弘景を訪ねて帰国した直後、賈思勰の有名な農書『齊民要術』が編纂されている。だが、そこには桃・梨・柿などの栽培は記されていても、橘に言及するところはない。

もともと、

橘は淮〔水〕を踰《こ》えて北すれば枳《からたち》と爲る。（中略）此れ、地氣の然らしむるなり（『周禮』考工記）

といわれてきた。あるいは『淮南子』原道訓に、

橘は、これを江北に樹《う》ゆれば、則ち化して枳と爲り、鴝鵒《くろつぐみ》は濟〔水〕を過《よぎ》らず、貉《むじな》は汶〔文水〕を渡れば死す

ともみえている。この中、人間の言葉を話す鴝鵒を『論註』の鸜鵒に替え、また山西省の南部地域を東へと流れ出る済水を、陝西省から甘粛省にまたがる隴山山脈と置き換えれば、まさしく曇鸞の言説に近いものとなるのである。

ちなみに『文選』巻一三、禰正平の「鸚鵡賦」にある、

其辭曰、惟西域之靈鳥兮、挺自然之奇姿

其の辭に曰く、惟れ　西域の靈鳥、挺たり　自然の奇姿

の李善註に「西域とは隴坻を謂う。此の鳥を出す」とあるのをみても、当時は鸚鵡を隴西の産とするのが常識であったことが分る。したがって曇鸞の用いた譬喩が「二乗の種子云云」にぴったりするか否かはともかく、河洛や趙魏の地域つまり山西や河南など、華北の人びとには理解されやすいものであったことは間違いない。

『論註』の随所にみえる譬喩には、未聞の教説を弘めんとする創意と工夫が凝らされている。時に採用される問答形式の手法といい、知識人を対象に説きおこすものであったとはいえ、きわめて大衆的な雰囲気で庶民相手に語りかける味わいを持つのも確かである。曇鸞が四論に通じ『大集經』の註釈を志すほどの義解の学匠であったことは、道宣が『續高僧傳』義解篇の本伝に認めるところである。けれども、先学が指摘されているように、教化者としても卓越したものを併せ持ち、七言偈の『讃阿彌陀佛偈』を作って内外の門弟や信者達とともに唱讃礼拝する、「自行化他」の導師でもあった。『論註』に、当時さかんとなりつつあった講経や斎会での説法に使用するテキスト、講経録・法話録らしきニュアンスを感じるのは、そのことと必ずしも無関係ではなかろう。『論註』を説法のテキ

ストなどと処理するつもりは毛頭ないが、曇鸞は義解篇にではなく習禅篇、もしくは興福篇に列伝してもおかしくない、遊行僧あるいは化俗法師的な性格を併せ持つ、実践の人であったことは確かである。

曇鸞は生涯のほとんどを山西省中部地域ですごした。その後半期は激動に激動のつづく時代である。『論註』というより曇鸞教学に、彼の生いたちをはじめ山西中部の風土、あるいは北朝末期の種々相が大きな影を投げかけているとみて差支えない。曇鸞教学を立体的に把握するためには、曇鸞の生涯をたどり、実践的な側面を明らかにしなければならないが、そのためには地域性、信者層よりする、いわゆる曇鸞教団の位置づけを試みておく必要がある。彼の発する庶民的な体臭がなにに起因するのか、なぜ北朝を代表する義学僧でありながら東魏における鄴都あるいは幷州太原などの学府を避け、僻鄙な石壁玄中寺に住したのか等々、解決すべき問題は多く残されている。

一　出自と五臺山

曇鸞の出身については両説がある。道宣は『續高僧傳』巻六の本伝にいう。

釋曇鸞、或爲巒、未詳其氏、雁門人、家近五臺山、神迹靈怪、逸于民聽

釋曇鸞、或は巒に爲《つく》る。未だ其の氏を詳かにせず。雁門の人にして、家は五臺山に近く、〔山の〕神迹・靈怪は民聽《うわさ》に逸《しげ》し（『大正蔵』五〇・四七〇a）

また、迦才の『淨土論』巻下には、

沙門曇鸞法師者、幷洲《ママ》汶《ママ》水人也、魏末高齊之初猶在

沙門曇鸞法師は、幷州汶水の人なり。魏の末、高齊の初めに猶お在《いま》せり（『大正蔵』四七・九七c）

と汶（文）水出身説を採用している。この文水は『續高僧傳』巻二〇の道綽伝にもみえる。

道綽が幷州文水の人であり、「恆に汶水石壁谷玄中寺に在《いま》せり。（中略）中に〔曇〕鸞碑有り、具さに嘉瑞を陳《の》ぶ」（『大正藏』五〇・五九三c）というもので、『淨土論』巻下に道綽を幷州晋陽の人とする説とは、また大きな隔りをみせている。常識的には往生浄土業に焦点をあわせた特殊な内容と構成をもつ『淨土論』よりは、伝記本来のスタイルと目的を備えた『續高僧傳』の記述に従うのが本筋であろう。しかも本書第二篇第一章で論証したように、道宣が自ら玄中寺に詣で、彼のいわゆる「鸞碑」を実見し、道綽に親しく聴問した可能性が限りなく高いとなれば、曇鸞・道綽両伝の記事は、いよいよ棄てがたいものとなる。また道宣の雁門説には慧祥の『古清涼傳』という同時代史料が有力な傍証としてある。少年時代に家からほど近い五臺山に登って、つぶさに聖蹟をみめぐり心神歓悦して出家入道したという『淨土論』にみえない記載内容も、雁門生れであってこそ矛盾なく説明できる。なぜなら文水から望見できるところに五臺山はないからである。

曇鸞時代の雁門郡は、現在の山西省代県の地である。西北二〇キロメートルに、滹沱河の北を東西に並行して走る勾注山、別名雁門山があり、その中腹を抜ける隘路には寧武関、偏関とともに三関と称された雁門関がひかえる。すでに『爾雅』や『山海經』など古典に表われる雁門関の歴史的意義については改めて喋々するまでもない。ただ注目すべきは、勾注山を西陘山とか陘山といい、雁門以北を陘北、以南を陘南と呼びならわし、地理的区分が設けられてきたことである。その背景には秦漢時代よりこのかた雁門関を境界として北方民族との対立、いわゆる胡漢の争いがくり返されてきた長い歴史がある。政治上ではもちろん、社会そのほか種々の問題を抱えた地域であり、陘北の地を完全に放棄してきた後漢でも、南匈奴が帰属すると雲中・五原・朔方・雁門・定襄・上谷・代などの諸郡に割り振って彼らの占住を許すことになり、居住民の構成に複雑な事態を招いてしまったのである[(1)]。

匈奴の力が衰えると、これに替って鮮卑族が勢力を得て南進を開始する。後年、北魏王朝をたてる拓跋部は三十六部族の中核となり、匈奴の一部を取り込みながら三国時代の末頃には陘北を制圧し、やがて雁門関を越えて陘南地域になだれ込む。たびたび行われる漢族の北帰策に加えて匈奴・烏桓・鮮卑といった諸族の波状的な南下が認められる地域、それが雁門郡にほかならない。この歴史事実が語るように雁門関以北すなわち陘北の地はもちろんのこと、長城を南に越えたいわゆる陘南諸地域にも、多くの胡族や雑胡が永続的に移り住み、漢族との雑居化が進んでいくのである。おおよそ三世紀後半には、遥か南の并州太原の地が胡漢両族の交易都市となり、この地域における晋王朝の最北端に位置していたことを思えば(2)、雁門一帯の住民構成がどのような状況に立ち至っていたか推測するに難くない。五胡の争乱から北魏時代にかけては、いよいよ胡族の進出に拍車がかかったとみてよかろう。

時は西晋の永嘉四年（三一〇）にとぶ。并州刺史劉琨は馬邑・楼煩・繁峙・崞・陰館五県の漢人をことごとく勾注陘山以南に移し、それぞれの地域で新たに城邑を築き、これを拓跋猗盧に献上した。というのも前并州刺史の司馬騰が晋陽にあって匈奴の劉淵に囲まれたとき、猗盧の兄猗㐌が求めに応じて援軍をさし向け、司馬騰の危難を救ったことがある。また白部大人が晋に叛き西河一帯へ侵攻したとき、鉄弗劉虎も呼応して雁門に兵を挙げ、劉琨治下の雁門・新興二郡を攻めたため、劉琨は猗盧に救援を要請した。猗盧の送った兵二万は白部鮮卑を破り劉虎の牙幕をほふる勲功をあげており、晋の懐帝は猗盧を大単于に進め代公に封じたが、劉琨の意見に従って五県の地を割譲するに至ったのである(3)。かくして猗盧は鮮卑拓跋部の十万家を率いて雲中から雁門に入り五県の地に徙り住むことになる。この滹沱河と桑乾河の上流にはさまれた地域における居住民の入れ換え事件は、一種の民族移動に等しい画期的な人口移動であった(4)。これ以後、陘北にとどまらず陘南地域への胡族入住が公然と、しかも断続的に行なわれており、その結果、五臺山の南側および太原附近の線より南が漢人と五部匈奴・雑胡などの居住地域、これより北の桑乾河、滹沱河上流域までが拓跋部族という図式ができ上ったといわれる。[5] のち拓跋部は内乱に加えて後趙の攻撃を受け、大同一帯から撤退するが、上記の五県に徙った部民らの動向は詳かでない。ただ後趙のあと慕容燕（前燕）や前秦苻堅など胡族政権の傘下に組み込まれ、北魏の道武帝時代へ引き継がれていったことは間違いないのである。

遊牧民族は中国の内地に移住すると、初めは雑居つまり漢族の都邑と都邑の間に移動的な部落を造って居住するのが普通であったが、五胡十六国時代になると城邑生活を営み、漢人原住民との大々的な入れ換えが行われた。[6] とりわけ軍事的要衝の地には、自己の勢力を配住させており、胡族主体の住民構造が普通であったと思われる。平城（現在の大同）を都とする北魏は、首都防衛のために、また征服した中国内地に睨みをきかせる目的からも畿内の外郭線を形成する内長城地域、ことに平城へ通ずる軍事上の要衝雁門などの地には鮮卑系住民を配することが、是非とも必要であったのである。

曇鸞の家系を慧祥の『古清涼傳』巻上には「本、雁門の高族」（『大正蔵』五一・一〇九六b）とする。けれども玄中寺の曇鸞碑をみたと思われる道宣の「其の氏は詳かならず」とするのが妥当であり、曇鸞自身が家系を語らなかったのか、碑文になんらの記載がなかったためと考えられる。彼の時代、征服王朝とはいえ貴族社会にふさわしい譜学が盛行している。これは家柄がもてはやされ、家系についての関心が強かったことの表われで、僧尼といえども埒外ではあり得なかったのである。

曇鸞二十歳の太和十九年（四九五）には、有名な姓族分定が実施され漢・胡両族の郡姓・虜姓の枠を設け、それぞれ家格の上下が決められている。このような世情や時代背景を持ちながら勅建の碑文に「其の氏は詳かならず」というのは、郡姓・虜姓にも入れない家柄の出身であったとみなければならない。しかも先ほど紹介した雁門地域の特殊な住民構成を勘案すれば、おそらく純粋な漢族ではなく、稽胡などの先住胡族もしくは胡漢の混血した家系であり、雁門の高族などではなく、むしろ身分の低い家庭に生まれた確率が高い。

曇鸞は後年、江南に陶隠居弘景をたずね養生術を学ぶわけであるが、梁の都建康に達して、所司に身分を明かし来意を告げたとき、

　北國虜僧曇鸞、故來奉謁

　北國の虜僧曇鸞、故《こと》さらに來りて奉謁す（『大正蔵』五〇・四七〇a）

と述べている。このため曇鸞は北朝のスパイと間違われ推勘を受けたのち、梁武帝の命により重雲殿に導かれ人物識見を試されるわけであるが[7]、この「北国の虜僧」という自己紹介には北朝の僧――「北狄である鮮卑族の建てた北魏の僧」――を卑下した表現と信じて疑われていない。

南北朝時代には北朝が南朝を島夷、南朝が北朝を索虜、索頭虜と呼び、互いに軽侮しあったのであるから、虜僧を索虜の僧と解して無理はない。けれども「北国の虜僧」という表現には「北朝の虜出身の僧」のニュアンスが強い上に、北朝のため索虜伝を立てる『宋書』、魏虜伝を付す『南齊書』でさえ、北地の漢人を虜某と記した例はみえず、いわんや自己紹介に漢人がわざわざ虜を名乗るはずは決してない。曇鸞伝のこの部分がどの史料によったのか不明であるが、道宣が不必要な改作を施したとも思えず、上段に検討した諸般の事情から察するに、曇鸞が漢人にあらざることを素直に表現した箇処としか思われなくなる。漢人にあらず虜姓に入れない稽胡などの胡族出身と仮定すれば、鄴都に入って皇帝の帰依を受けながら都を離れ、勅命によって幷州の大寺に住まわしめられても安住せず、次節に述べるような山岳地帯の酷しい環境の下にある玄中寺に移った背景が、そこはかとなく見えてくるのである。それはまた山西佛教には馴染のない曇鸞教学の置かれた立場を暗示するものでもある。

さて『續高僧傳』の伝える志学の年近く神迹・霊怪の評判高い五臺山に登り、そのまま出家したというのも、あるいは家庭環境のしからしめるところであったかも知れない。紫府・神仙の都と呼ばれ、五臺の巍然として並びたつ五臺山(8)と曇鸞の関係は、この地に長らく逗留して調査を試みた慧祥が、

在俗之日、曾止其寺、結草爲庵、心祈眞境、旣而備覩聖賢、因卽出家、其地卽鸞公所止之處也。後人廣其遺址、重立寺焉、今房屋十間、像設嚴整

在俗の日、曾って其(佛光)の寺に止まり、草を結んで庵を爲り、心に眞境を祈る。既にして備さに聖賢を覩、因卽《よ》りて出家す。其の地は卽ち鸞公の止まる所の處なり。後人、其の遺址を廣くし、重ねて寺を立てり。今、房屋十間、像設は嚴整たり(『古清涼傳』巻上〈『大正蔵』五一・一〇九六b〉)

と記している。南臺の西南山麓に現存する佛光寺を、曇鸞出家の地に比定するが、このことは道宣も語らず、慧祥の調査に功をきせねばなるまい。

佛光寺は「先に佛光寺ありて後に五臺山あり」とまで称された北魏孝文帝時代の創建になる名刹である。慧祥の伝えるところでは、隋のとき五臺県昭果寺の解脱禅師(『續高僧傳』巻二〇)によって重修され佛堂三間、僧室十余間が残るとある。曇鸞の「遺址を廣くした」後人とは、この解脱のことらしい。

古来、神仙の住む山と信じられてきた五臺山に出家修道した曇鸞が、神仙方術的な信仰をあわせ持ち、道教的な素養を身につけていたことは先学達が一致して認めるところである。それが伏線となって遠く不老長生の方を求め、江南に陶弘景を訪ね、仙経十巻を得て帰ったことや、『調氣論』(9)『療百病雜丸方』『論氣治療方』『服氣要訣』といった著作(仮託説もある)のあることからも推測できるが、当時における五臺山佛教については、ほとんど分っていないのである。曇鸞と同時代の酈道元が、わずかに、

其北臺之山、冬夏常氷雪、不可居、卽文殊師利、常鎭毒龍之所、今多佛寺、四方僧徒善信之士、多往禮焉

其れ北臺の山は冬・夏も常に氷雪ありて居《す》む可からず。卽ち文殊師利の常に毒龍を鎭めるの所なり。今佛寺多く、四方の僧徒、善信の士、多く往きて焉《こ》れを禮す（『太平御覽』巻四五、「水經注」）

と紹介するものに依って、すでに文殊菩薩の住する清涼山として注目されていたことがわかる程度にすぎない。あえて道宣の記述によれば孝文帝治下の北魏佛教を席捲した鳩摩羅什―僧肇学派による龍樹・提婆系の影響下にあったのか「四論・佛性に於いて、彌《あまね》く窮研する所」（『大正藏』五〇・四七〇ａ）であった。

周知のように『大智度論』『中論』『十二門論』『百論』のいわゆる四論は、龍樹・提婆師弟の中観佛教を形づくるものであり、佛性とは『涅槃經』に展開される一切衆生悉有佛性の教説にほかならない。曇鸞がやがて『涅槃經』と同じく曇無讖の訳になる『大集經』の注釈に取り組むところより曇無讖系の佛教が取り沙汰されている。(10)ただ『大集經』については曇鸞ほどの学匠さえ「其の詞義は深密にして、以て開悟し難きを恨み」（『大正藏』五〇・四七〇ａ）、よって注解を思い立ったとすれば、五臺山あたりの佛教界には、まだ馴染の薄い経典ではなかったかと考えたい。この『大集經』注解も病魔のため中断、療養生活ののち江南の陶弘景を訪ねての旅、洛陽における菩提流支との出合い、廻心、そして幷州太原および玄中寺での布教へと展開する次第は、あまりにも有名である。

二　曇鸞教団

『論註』がどこで、いつ著わされたのか、玄中寺入住がいつ行われたのかを特定することは出来ないけれども、おおよそ北魏が東・西に分裂する頃、東魏では孝静帝の天平年間（五三四～五三七）よりのちに比定するのが妥当

であろう。この『論註』執筆と浄土業の舞台が玄中寺を中心とする地域であったとすれば、曇鸞を支えた教団の性格は玄中寺周辺の生活環境を分析することにより、かなりの程度まで浮き彫りにできると思われる。従来の研究でも玄中寺界隈の自然環境に言及し、曇鸞の教化活動にスポットをあてた作品は多い。けれども管見の及ぶところ、玄中寺周辺の歴史的かつ地理的条件をもとに曇鸞教団の構成を論じたものは皆無であったように見受けられる。

まず玄中寺に保存されている石碑の中、最も古いものに「造像殘碑」がある。それには、

大代延昌四年歳次乙未、十月庚午朔七日丙子、却波村邑師比丘法歡、合邑七十人、上爲皇帝陛下、造石佛像兩軀、願天下太平、人民和順、所願從心[11]

の銘を伝えている。その内容は北魏延昌四年（五一五）、却波村の邑師である法歓が却波村の信者七十人と合力し皇帝のために石佛二体を造り、天下太平、人民和順を祈願したてまつる、というものである。延昌四年といえば北魏宣武帝の末年であり、その年の一月に宣武帝が崩じ孝明帝が即位しているから皇帝陛下とは孝明帝でなければならない。また却波村とは現在の交城県城にあった村で、交山の南麓に位置しており、唐の天授年間いらい交城県の治所となったところである[12]。この残碑が玄中寺本来のものとすれば、曇鸞入住より早く却波村の、場所的にみて漢人農民層とおぼしい信仰団体が組織され、法歓なる教化僧を介して玄中寺教団を形成していたことになる。

すでに熟知されたことではあるが、北魏の初めから義邑ないし邑義、法義と称する在家を中心とした信仰団体が結ばれ造像、造塔、写経、設斎など法事にかんする幅広い活動を組織的に行い、佛教のさらなる流布、大衆化を促し、村落共同体の再生にも大きく貢献したとみられる[13]。却波村のものは七十人の会員であるが、大規模なものは邑義数千人にも達し[14]、大都邑主・大邑主・都邑主・邑主・邑長などと称する指導者・役員、あるいは世話人に相当するもの、事務を掌どる（大・都・副・左廂・右廂等）維那を備え、法歓のような（大・都）邑師・師僧なる比丘僧・

比丘尼の指導教化のもと、定期的に斎会を設け、説法や礼拝の場を共有したのである。『續高僧傳』曇鸞伝にいう「時に介山の陰《きた》に往き、徒を聚めて業を蒸《すす》む」（『大正蔵』五〇・四七〇c）とは、まさしく曇鸞教団を構成する邑義の姿であり、『高僧和讃』の「淨業さかりにすゝめつゝ、玄忠寺にぞおはしける」曇鸞の教化活動の場にほかならない。迦才が曇鸞の臨終を描写し「使者を發遣し、遍く諸村の白衣の弟子、及び寺内の出家の弟子に告ぐるに、三百餘人ばかり、一時に雲集す」（『淨土論』巻下、本伝、『大正蔵』四七・九七c。「一時雲集」は甲本による）と述べているように、曇鸞こそ村々に組織された邑義を指導、教化する偉大なる邑師の一人であったわけである。

玄中寺のある交城県を地形的に眺めると、境域の八〇パーセントは山嶽、残りが河川と平地にあたり、しかも平地の大部分は県城周辺に集中している。現在でも交城県城より玄中寺に向えば、県城の南約四キロメートルの安定村を過ぎると、文水峡谷ぞいに、ほとんど集落をみない一〇キロメートルほどの山道がつづく。玄中寺に残る唐長慶三年（八二三）建立の「特賜寺莊山林地土四至記」に記載する北魏孝文帝、唐徳宗、同憲宗の三回にわたる特賜寺莊が、すべて山林によって占められていた事実は、同寺の置かれた立地条件を問わずして自ら語ってくれる。呂梁山系の山々が畳々として重なりあう中部地域に石壁山はあり、「疊巘周環し、拱列すること壁の如し」（『光緒山西通志』巻三七、山川）と称されてきた。この辺鄙な、人跡もままならない幽絶の場所に玄中寺が建てられたのは、いうまでもなく五臺山などと同様に山嶽信仰と密接な関係があり、それだけに神仙との結びつきが生じやすかったと思われる。

ところで山嶽、岳陵地帯を生活の場とするのは主に牧畜の民である。耕地を持たない石壁山周辺に農民の姿を求められるはずはなく、せいぜい林業にたずさわる者達の出入がある程度にすぎない。牧畜民、それは漢代このかたこれらの地域へ波状的に強制配住され、あるいは漸次移り住んできた胡族であり、北斉時代には今の交城県に牧官が置かれ、軍馬供給の地であったことにも注目する必要がある。つまり玄中寺界隈の自然条件を前提にすれば、曇鸞教団は農民層というよりも牧畜民、漢人よりも胡族出身者を主たる信者として構成されていたとみるのが穏当である。

さらに、もう一つの信者グループを求めることが出来る。『續高僧傳』本伝によれば興和四年、平遙山寺に没した曇鸞の往生にまつわる瑞象の数かずが叡聞に達したことから、

勅乃葬于汾西泰陵文谷、營建塼塔、并爲立碑、今竝存焉

勅して乃ち汾西泰陵文谷に葬り、塼塔を營建し、并びに爲に碑を立つ。今竝びに存す

（『大正蔵』五〇・四七〇c）

という。埋葬された汾西泰陵文谷とは寡聞にして知らない地名である。『魏書』地形志に汾西の名はなく『隋書』地理志に至って臨汾郡条下に汾西県を見出すが、これは北魏時代の臨汾県であり現在の汾西にあたるから[15]、曇鸞には縁もゆかりもなく、西南方遥かなこの地に墓塔を造営されるいわれはない。したがって道宣が記す汾西はいわゆる汾西県ではなく、ただ汾水の西を意味するにすぎまい。

一方、文谷が文谷水を、具体的には文水石壁谷を指すことは間違いないとしても、泰陵なる地名を文谷水流域に見出すことは出来ない。これは恐らく同伝の初めにみえる、

行至汾川秦陵故墟、入城東門、上望青宵、忽見天門洞開[16]

行きて汾川《ママ》秦陵の故墟に至る。城の東門を入り、青霄を上望するに、忽ち天門洞開するを見る

（『大正蔵』五〇・四七〇a）

の秦陵と同じ場所を指すもので、秦↕泰の誤写であると考えられる。その理由として汾川は三本系統に従って汾州に改めるべきであり、唐初の文水県が汾州所属であったように行政上、并・汾両州の間を振れ動いた地域だからである。汾州の、しかも城門を備えるほどの故墟といえば秦陵でも泰陵でもなく、文水県東北にある大陵のほかには見当らない。現在のところ避諱その他、文字改変の理由は判明しないが、玄中寺を玄仲寺、玄忠寺と表わすように当時の音通による大陵→泰陵(17)の互用、そして字体による泰陵→秦陵の誤写を想定することが最も妥当ではないかと思われる。

『魏書』巻一〇六上、地形志・太原郡受陽県条に「大陵城、文谷水有り」と記す大陵城は、文水県東北一〇キロ余り、玄中寺にほど近いところにある。漢代いらい大陵県の治所となったが、春秋時代すでに大陸もしくは大陵として史乗に現われる「故墟」でもあった(18)。『水經注』巻六、汾水条の経文にいう「又南し、大陵縣の東を過ぐ」の大陵、また文水条の経文に、

文水出大陵縣西山文谷、東到其縣、屈南到平陶縣東北、東入于汾

文水は大陵縣の西山文谷より出で、東して其の縣に到り、南に屈《お》れ、平陶縣の東北に到り、東して汾〔水〕に入る

と記される大陵にほかならない。後漢では匈奴の南単于の居住地となり、彼の子孫にあたる劉淵が西晋の軍をここに破り、五胡十六国時代への幕引きを演じた記念すべき土地柄である。北魏では太武帝の時、大陵の西南に住民を徙して受陽県を置いたが、隋の開皇十年（五九〇）に文水と改められた。今の文水県北五キロのところである(19)。ちなみに玄中寺の属する交城も開皇十六年（五九六）に現在の県治よりやや東北寄りに置かれている。

ながなが大陵―泰陵の地名比定に紙数を費したのは、曇鸞の頃に受陽と称した大陵が古来、鉄の産地として著名

であったことを指摘したいがためである。『雍正山西通志』巻四七、物産・鉄の条に、山西では産鉄の府・州が十に八、九あると豪語するとおり、昔から鉄鉱業に恵まれてきた。今、『漢書』地理志をみると、前漢の武帝が民間の裁料にゆだねてきた製鉄・製塩を国家に移管する方針を打出すにあたって、四十九箇所の鉄の産地をあげている。(20) 山西地域では絳（曲沃西南）、安邑（夏県北）、皮氏（河津西）、平陽（臨汾西南）とともに大陵があり「鐵官有り、〔王〕莽の大寧」と記され、大陵が鉱山とともに発展したことを物語っている。『後漢書』郡国志も同様であるが、時はすぎて唐の『元和郡縣志』巻一三、交城県条になると赤銀を産する少陽山、銀鉱の煉銀山、鉄鉱を出す狐突山をひかえており、太原牢山の金鉱、晋陽県甕山の銅などとあわせて、幷州地方の豊かな資源を髣髴とさせるものがある。

杜甫の「戯領王宰畫山水圖歌」に、

焉得幷州快剪刀　焉《ここ》に幷州の快剪刀を得て

剪取吳松半江水　吳松半江の水を剪取せん

と詠われるほど、幷州は刃物に代表される製鉄業で知られた。その原動力となったのがほかならぬ大陵の鉄である。塩鉄使に直属する鉄冶が置かれ、幷州の鉄とは大陵のそれを指すほどで、五代の後唐・後晋・後漢の三代が幷州より興ったのも、この製鉄業、鉱山業によるところが大きいとさえいわれる。宋代においても、産鉄四監の一つ、大通鉄冶監が置かれたほどで、今に残る西冶村は鉄冶にちなむ村名なのである。(21)

古代における製鉄は、ほとんど木材をエネルギー源としていた。大陵周辺は産鉄の地であるばかりか、豊かな木材資源をあわせ持っていたことが鉄冶の置かれた原因でもある。『雍正山西通志』巻四七、物産・山木条に、

交城多山、而樹藝甚艱、民蓄木以代耕

交城は山多くして樹藝は甚だ艱し、民は蓄木して以て耕に代《か》うとあるのは、必ずしも近世・近代のみの現象ではなく、むしろ時代を遡れば遡るほど、その比重を増したとみてよい。唐の則天武后の父武士彠が郷里の文水で木材業を営み、蓄えた富で隋の官職を得たことから太原留守であった唐の高祖李淵と昵懇になり、李淵の挙兵に協力した話は有名である。このように交城、文水のあたりは耕地に乏しい反面、木材・束薪に恵まれた土地柄であり、近世になって石炭にとって替られるまで大陵鉄冶を支えるエネルギー源となってきた。余談になるが三国魏の曹操は鉄不足に苦しみ、刑具の釱《アシカセ》を木製に替えたことがある。曇鸞の時代も六鎮の反乱このかた、寧息する暇のない戦火つづきであり、幷州の大軍閥、爾朱栄そして高歓らによる武具調達のため、大陵鉄冶はフル操業を余儀なくされていたと思われる。

要するに、曇鸞と玄中寺をとりまく状況は、汾水流域の豊かな農耕社会のそれではなく、呂梁山系の酷しい自然環境のもとで牧畜や林業、あるいは大陵鉱山の労働者、鉄冶を中心とする製鉄業者などによって成り立つ世界であったといえよう。「造像残碑」の邑義は確かに交城県の農民による信仰団体であり、この邑義の残碑は同様の組織の存在を想定する有力な証拠にもなる。けれども造像しうる邑義の少さが幸いして「造像残碑」を今に伝える原因になったとも考えられ、自然条件や生活環境そして住民構成よりすれば依然として前者の見方が有力なのである。必然的に曇鸞教団の構成員を牧畜民や林業従事者、鉱山労働者など、農民より蔑視され、一段も二段も低く扱われた階層に多く求めることが許されてよいはずである。

三　平遙山寺

玄中寺における曇鸞教団の構成を、寺をとりまく自然環境や生活状況から分析し検討を加えてきた。その結果は曇鸞の出自と相まって従来の通説に微妙な調整を促さざるを得ないものとなった。それは時に往く介山の陰、いわゆる鸞公巌そして平遙山寺においても、ほぼ同然であったと思われる。

『續高僧傳』本伝によると、曇鸞は東魏の興和四年（五四二）に疾を病み平遙山寺で六十七歳の生涯をとじたとある。[22] また往生のとき「幡花・幢蓋は高く院宇に映え、香氣は蓬勃《ふくいく》として音聲は繁鬧《どよも》せり」（『大正蔵』五〇・四七〇c）といい、寺に参詣する老若男女の体験した奇瑞のかずかずが叡聞に達し、勅命によって「汾西泰陵文谷《ママ》」に葬られ、塔碑が建てられた次第が記されている。『淨土論』には住寺はもちろん往生の寺も明言しないものの、ひとまず平遙山寺と解すれば、その界隈にも西方業を修する白衣・出家の弟子があまたおり、おそらく定期的にであろう平遙山寺へ出かけては教化を行なっていた最中、疾に罹り、玄中寺に帰還することなく往生を遂げた、ということになる。では一体、この平遙山寺とは現在の何処にあった寺であろうか。

曇鸞伝を手がけられた先学の論稿は、おおむね平遙の山寺で一致している。今、春日礼智氏に登場していただければ、[23]

平遙山寺は平遙の山寺の謂であろう。親鸞聖人が「淨業さかりにすゝめつゝ、玄忠寺にぞおはしける。魏の興和四年に、遙山寺にこそうつりしか」と言う遙山寺は、平遙山寺なること疑いない。平遙県は山西省太原の南、汾陽に至る道の岐れる所で、後魏の世に平陶県を置いたが、後改めて平遙と言った土地である。

と述べられる。この説は平遙をなんの疑いもなく現在の平遙県とする他の論稿よりは、一歩を進めたもの。とはいえ現在の平遙を北魏の平陶に比定するなど、春日氏自身に混乱があるように見受けられる。また和讃の「遙山寺」は平遙山の寺を略したもので、平遙の山寺では決してない。

現在の平遙県は、明の洪武三年（一三七〇）に築かれた城牆と、いわゆる山西商人の舞台にふさわしい市街、店家を今に伝える城邑として脚光を浴びつつある。近郊には北魏時代の創建と伝える双林寺（旧額は中都寺）、五代の鎮国寺、宋の慈相寺（旧額は聖倶寺）などを残す歴史の町である。附近一帯は東より西へと汾水に流れ込む中都水（北魏の嬰侯水）に沿った平野部の直中にあり、東北より西南へ走る太行山脈に至る四〇キロメートルの間には、平遙山はおろか丘陵らしきものさえ望見できない。もし「平遙山寺」をこの地に求めようとすれば、春日氏のごとく平遙の山寺と読むほかはないのである。

平遙という地名の初出は『魏書』地形志である。

　平遙、二漢晉爲平陶屬、後改、有京陵城平遙城過山

右文には補足説明が必要で、「（前漢・後漢の）二漢と晉とは平陶爲りて、（太原郡に）屬す。後に（平遙と）改む。京陵城、平遙城、過山有り」となる。同時代史料でありながら、撰者はすでに京陵城以下のある平遙と、平陶を改めた平遙との混同という誤りを犯しており、春日氏の錯誤も多分、この地形志を利用されたことに起因していよう(24)。なぜなら漢・晋時代の平陶は文水の西岸、すなわち汾水の西にあり、京陵城、過山などのある平遙は汾水の東岸、現在の平遙にあたるからである。

曇鸞より十五年早く没した北魏末の酈道元（～五二七）が撰述した『水經注』巻六、汾水条には、

　汾水又南、過大陵縣東、又南過平陶縣東、文水從西來流、注之

　汾水また南し、大陵縣の東を過ぎる。また南し平陶縣の東を過ぎる。文水、西從り來流して、之れに注ぐ

に対応する文水注の中で、

　文水又南、逕平陶縣之故城東、西逕其城內、南流出郭、王莽更曰多穰也

文水また南し、平陶縣の故城の東を逕《す》ぎ、西してその（平陶県故）城内を逕ぎ、南流して郭を出る。王莽、更《あらた》めて多穰と曰う

と説いている。明らかに酈道元の頃には平陶県と平陶県故城とがあり、故城は汾水の西、文水の西南に位置した。漢以来の平陶県城とはこの故城なのである。そして右文につづく、

文水又南、逕縣、右會隱泉口水

文水また南し〔平陶〕縣を逕ぎる。右より隱泉口水を會《あわ》せる

が北魏時代の平陶県城である。やはり汾水の西岸、故城の南にあったことは自明の理であろう。

今、唐の『元和郡縣志』巻一三、文水県条をみるに、次のような記述がある。

平陶城、漢平陶縣城也、在縣西南二十五里、屬太原郡、後魏改爲平遙縣、後西胡内侵、遷居京陵塞、在今汾州界

平陶城、漢の平陶縣城なり。〔文水〕縣の西南二十五里に在り、太原郡に屬す。後魏改めて平遙縣と爲す。後、西胡の內侵もて、居《ちしょ》を京陵塞に遷す。今の汾州界に在り

文水県は開皇十年（五九〇）、受陽県が改めて置かれてより、宋の元豊中（一〇七八〜一〇八五）、水患を避けて現在の県治に移るまで、五キロほど東北に寄った低地にあった。その西南一四キロといえば、まさしく文水・汾陽両県界にあたり、『水經注』に従えば、北魏の平陶県はさらに南ということになり、註末に付した楊守敬の『水經注圖』にも、ほぼそのあたりに平陶県が記入されている（地図参照）。この平陶県が北魏の時、平遙と改名されたについては、廃佛で名高い太武帝の名「燾」が平陶の「陶」と音通であるため、避諱して遙に改めたとするのが通説になっている。(25) けれども温曰鑑や楊守敬が指摘するように、(26)『魏書』地形志にも廮陶、館陶、定陶といった地名が改

められず放置されるなど疑問点が多く、現に『水經注』でさえ平陶のまま避諱していないのであるから、通説には従い難い。

さて、北魏延昌四年（五一五）から正光五年（五二四）にかけて著された『水經注』にはみえず、北斉の天保五年（五五四）に編纂された『魏書』に初めて現われる平遙は、この両書成立の間に平陶から平遙に改められ、さらに文水西南の地から汾水を東に渡った現在の平遙へ移されたものと断定してよかろう。それについては『水經注』巻六の平遙近郊を流れる嬰侯水（中都水）条で、『魏書』地形志の平遙に「京陵城、平遙城、過山有り」とある京陵城のほか、中都県の名も掲げながら平遙を記さない事実が、なによりの証拠となる。要するに『水經注』の「文水また南して（平陶）縣を逕ぎる」に付した董祐誠の、

此後魏平遙縣也、元和郡縣志、後魏改平遙縣、後西胡內侵、遷居京陵塞、酈氏時、尚未徙治京陵、故縣在汾水之西、漢平陶城之南也

此れ（平陶県）は後魏の平遙縣なり。『元和郡縣志』に、「後魏は平遙縣と改む。後、西胡の內侵もて、居《ちしょ》を京陵塞に遷す」とあり。酈氏《れきどうげん》の時、尚お未だ治を京陵に徙さざるなり。故縣は汾水の西、漢の平陶城の南に在り

の解釈どおり、『水經注』成立時には漢の平陶県故城の南にあった。それが現在の平遙に移治したのは酈道元より後のこと、しかも酈道元の頃は依然として平陶の名が用いられ、彼の死後に平遙と名を改め、『魏書』撰述までのある時期に汾水を東へ渡り、当時京陵と呼ばれていた現在の地に移されたものなのである。

では平遙が京陵に移されたのは一体いつのことであろうか。なにに基づいたのか不明ながら、『元和郡縣志』の記述に従うとすれば、「西胡の内侵」を具体的に調べる必要がある。この頃、平陶一帯に圧迫を加えた異民族としては『水經注』成立の翌年、北魏孝昌元年（五二五）に勃発した山胡の反乱をおいて、他にない[27]。

山胡とは山西省西部の山岳地帯、とりわけ離石・石楼・隰県などを中心に居住した稽胡、別名を歩落稽という匈奴系の民族である。曇鸞が江南より帰った頃、六鎮の乱に功をたて、孝明帝が毒殺されると洛陽にせまって霊太后および霊太后が立てた幼帝以下、数多の宗室・官僚を虐殺した（河陰の変）幷州晋陽の大軍閥、爾朱栄もまた稽胡の酋長として実力を蓄えてきた家に生れている。彼らは主として牧畜を営み、あるいは爾朱栄軍のように北魏王朝の傭兵となったが、独立をはかり反乱を企てることも度たびであった。孝昌元年の反乱は吐京郡（石楼）の薛羽、五城郡（吉県）の馮宜都・賀悦回成らに率いられたものであり、これを引き継いだ聖術と称する劉蠡升が位につき、年号を神嘉と定めるにいたった。天平二年（五三五）、東魏の実力者である高歓の術策にはまり討平されるまでの十年間は、胡荒の語を生み出すほどの猛威を汾・晋地域にふるった、といわれる(28)。汾州の治所が西河郡すなわち今の汾陽に移されたのはこの時であり、平遙が遷された原因を胡荒に求めるのが最も妥当であろう。

「西胡の内侵」を語る唯一の史乗が、事件より三百年後の『元和郡縣志』とあっては、如上の結論もいささか躊躇せざるを得ないが、同時史料である『水經注』から『魏書』に至る三十年間に、平陶より平遙へ改名され、さらに治所が京陵の地に移されたという動かし難い事実がある。曇鸞往生の興和四年（五四二）はその直中にあり、したがって往生の地が平陶の故平遙か京陵の新平遙か俄に断定することはむつかしく、別の面から検討を加える必要がある。

道宣が『續高僧傳』の曇鸞伝を執筆するにあたって、玄中寺を訪ずれ、いわゆる鸞碑を実見したのはもちろん、道綽と面談したであろう次第についても、本書第二篇第一章に論証しておいた。再三にわたる引用になるが、少なくとも碑文の体例から終焉の年や場所にかんする、

以魏興和四年、因疾、卒于平遙山寺、春秋六十有七（『大正蔵』五〇・四七〇c）

のくだりは、現存していた鸞碑からの写しと考えられる。勅建の碑であるからには名のある文人の起草、能書家の揮毫であり、「平遙山寺」なる名も興和四年当時のままに記載されたとみてよかろう。

道宣の『續高僧傳』編纂と構成、体例などについては稿を改めて論じる予定であるが、おおよそ高僧の生卒年代にあわせて叙述するよう心がけている。したがって平遙（平遙山）も曇鸞時代を基準に書いたものと思われるが、道宣自身が遊方した地域だけに唐初の平遙と錯覚しなかった保証はない。そこで他に平遙なる地名を探せば、『續高僧傳』巻二〇、曇韻伝に、

以貞観十六年、端坐終於西河之平遙山、春秋八十餘矣

貞観十六年（六四二）を以て、端坐し、西河の平遙山に終わる。春秋八十餘なり（『大正蔵』五〇・五九二b）

とみえる。[29] 曇韻は高陽（河北省安州）の人で、北嶽恒山の支峰、蒲吾山に出家している。のち五臺山に登って北臺木瓜寺に二十年をすごし、また隋代における山西佛教界の指導者慧瓚・志超に師事した。慧瓚が隋文帝に招かれ都長安に去ってからは、比干山そして離石・龍泉（今の隰県）・文城[30]（今の吉県）など山西省中部地域で教化にあたった。その往生の地西河とは、現在の汾陽に治所を置いた北魏〜隋の西河郡を指すと思われる。なぜなら唐初には西河という行政区画はなく、道宣没後の上元元年（六七四）に初めて西河県が置かれ、やはり汾陽に治所を置く汾州に属したからである。唐初でも北魏以来の西河が一般に用いられていた結果であろうが、道宣の時代には厳然として平遙山なる山が存在した事実を示している。「西河之平遙山」という限定用法から大胆な説をたてれば、汾陽と文水の境界をなす陶山（謁泉山・子夏山）のあたりに唐初まで平陶より平遙へ改められた名残りの平遙山があった、ということになる。

要するに、曇鸞が没した「平遙山寺」は、平遙の山寺ではなく平遙山の寺なのであり、和讃に詠まれた「遙山寺

――遙山の寺」なる解釈が正しかったわけである。ただし平遙は現在の平遙にあらず、文水県の西南寄りに位置した旧平陶の平遙、と結論するものである。この地域もまた玄中寺周辺と、生活・自然環境にさほどの違いは認められず、曇鸞教団を支える信者層も、玄中寺のそれと大同小異であったと推測してよかろう。

むすびにかえて

曇鸞研究にあたって、これまで関心が払われず、資料不足もあって曖昧に扱われ、あるいは誤解されたままであった幾つかの問題をとり上げ、主として歴史地理の面から私なりに分析し検討してみた。それらは曇鸞教団の性格や位置づけにかんし試みなくてはならぬ基礎作業なのであり、避けて通れない重要案件でもある。例えば曇鸞教学が山西の一地域に限られたのはなぜか、梁の武帝が北に向い曇鸞菩薩とあがめ（『淨土論』）、孝静帝と思われる東魏皇帝から神鸞と仰がれ、幷州太原の大寺に住する勅命を受けたほどの曇鸞でありながら（『續高僧傳』）、衣鉢をつぎ教団を維持し発展させる指導者にもこと欠き、道綽の出現を待たねばならなかったのはなぜか。教学・教団の凋落ぶりは道綽の事蹟を通じてうかがわれるが、その道綽教団さえ山西中部に限られ、しかも山西佛教界において彼の修する西方業が異端扱いをされているのはなぜか。これらの疑問は『大唐内典錄』を編纂した典籍通の道宣さえ、曇鸞の『論註』を道綽の『安樂集』と相互に誤り記すほど、後世に知られず読まれていなかった事情とあわせ、是非とも解明していかなければならない課題となっている。

『安樂集』巻下には、曇鸞と東魏皇帝との間でかわされた浄土業をめぐる応酬がみえ、曇鸞の当意即妙ぶり、教化の巧みさを語るエピソードとして知られている。すなわち、かねて曇鸞の修する浄土業について孝静帝とおぼしい時の天子がクレームをつけた。「十方の佛国はすべて浄土であるのに、あなたはなぜひたすら西方浄土にだけ想いを凝らされるのか。それは偏見によっての往生業ではないのか」と。これに対し、曇鸞は「まだ初地の位にも入れぬ智慧浅短の凡夫たるわが身。わが念力もしかりとなれば、専念するには一処に凝らす必要がある。譬うれば、ちょうど牛を索くときには草を前にぶらさげるようなもの。牛はいつも槽櫪《かいば》だけに心を奪われ夢中で歩こうとするが、浄土往生を願うわれら凡夫も、やたら十方の佛国土を、あれこれ念じてみても、往生できようはずはない。この牛のように、西方浄土という槽櫪に一途な想いを凝らして、導かれていくほかはないのだ」と応じている。(31)

索牛の譬は「復た難ずる者、紛紜たりと雖も、而れども法師、獨り決す」るというほどスマートな譬喩とは思えないが、龍樹に傾斜し世親の無量寿佛信仰をひたすら慕った曇鸞らしく、卑近な例を引き合いに出しながら、わかりやすく説明教化しようとする心構えを浮かび上がらせているようで面白い。『論註』中にも同様の姿勢や雰囲気を偲ばせる譬喩が随所に認められているが、東魏佛教界の一隈に独歩した学匠としての側面と、ユニークな西方浄土願生の教えをもって導いた化俗法師、説法師、邑師としての側面を、見事に混在せしめている。それは彼の出自や自然環境に加えて、教団を構成する信者層の性格にも原因があろう。

註

（1）　内田吟風「南匈奴に関する研究」（『北アジア史研究』匈奴篇、同朋舍、一九七五年）。

（2）　前田正名「北魏時代桑乾河流域の自然地理と住民構造に関する論考」（『立正大学教養部紀要』三、一九六九年）は胡族移民を五十万人と計上する。

（3）　前田註（2）前掲論文参照。

（4）　『宋書』巻九五、索虜伝「惠帝末、幷州刺史東嬴公司馬騰、於晉陽爲匈奴所圍、索頭單于猗㐌、遣軍助騰、懷帝

永嘉三年、駞弟盧率部落、自雲中入雁門、就幷州刺史劉琨、求樓煩等五縣、琨不能制、且欲倚盧爲援、乃上言、盧兄駞有救騰之功、舊勳宜錄、請移五縣民於新興、以其地處之、琨又表封盧爲代郡公」。『魏書』巻一、序紀、穆皇帝三年条にも同様のことがみえる。なお『資治通鑑考異』第四には『劉琨集』を引き、三万余家が入住したとする。ちなみに中国浄土教の父といわれる盧山慧遠・慧持兄弟が雁門楼煩の人である。

(5) 前田註（2）前掲論文。

(6) 宮崎市定「六朝時代華北の都市」（『東洋史研究』二〇―二、一九六一年。のち『宮崎市定全集』七、岩波書店、一九九七年、Ⅰ所収）

(7) この前後については本書第一篇第三章所収「六朝佛教教団の一側面――間諜・家僧門師・講経斎会――」に詳述した。

(8) 『太平御覽』巻四五所引『水經注』佚文に「仙經云、此山名爲紫府、仙人居之」とある。

(9) 『續高僧傳』の本伝に依るが、あるいは『調氣方』が正しいかもしれない。『隋書』巻三四、経籍志。

(10) 例えば塚本善隆「中国浄土教の発展」（『著作集』四巻、大東出版社、一九七六年、第二章）の第二節「長生術を求めた曇鸞の回心」を参照。この佛性を真諦の所訳である『佛性論』とするのは疑わしく佛性義と解すべきであろう。ただし『大集經』については内容・構成に問題が残り、かつ南北朝時代にどの程度流布していたか明らかでなく、僧伝類にも現われるところは少ない。

(11) 道端良秀『中国の浄土教と玄中寺』（永田文昌堂、一九五〇年）第三章「曇鸞大師と玄中寺」は却波村を指示するほか「法歡」「所願從心」いずれも欠字のままであるが、宋沙蔭（滋野井恬・桂華淳祥共訳）『浄土古刹玄中寺』（東本願寺出版部、一九八九年）第七章「古碑」条は脱字はあるものの、道端氏の欠字を補っている。

(12) 『元和郡縣志』巻一三に「開皇十六年、分晉陽縣、置交城縣、取古交城爲名、屬幷州、皇朝因之、天授二年、長史王及善、自山北故交城縣移、就卻波村置」といい、『舊唐書』巻三九、地理志には「交城……初治交山、天授元年、移治郤波村」とある。『讀史方輿紀要』巻四〇、交城県条にも「却波邨、即今縣治也」と述べている。

(13) 高雄義堅「北魏に於ける佛教々団の発達に就て」（『龍谷大学論叢』二九七、一九三一年）。小笠原宣秀「支那南北朝佛教と社会教化」（『龍谷史壇』一〇、一九三二年）、山崎宏「隋唐時代に於ける義邑及び法社に就て」（『史潮』三―二、一九三三年）、同「在家佛教団体の一型式としての邑義」（『佛教』三―四、一九三七年）、同「隋唐時代に於ける義邑及び法社」（『支那中世佛教の展開』〈清水書店、一九四二年、のち法藏館、一九七一年〉第三部第四章）。拙稿「六朝時代における佛教と共同体」（『中国史上における宗教行政と地域社会』昭和五十五年度科研費補助金総合研究報告）。なお、弊害も多く国家はたびたび民間遊行を禁止し、僧制にまで規定を設けている。諸戸立雄『中国佛教制度史の研究』（平河出版社、一九九〇年）第一章第三節。竺沙雅章「内律と俗法――中国佛教法制史の一考察――」（梅原郁編『中国近世の法制と社会』京都大学人文科学研究所、一九九三年）。

(14) 『金石續編』巻二、東魏元象二年（五三九）の「凝禪寺三級浮圖碑」には邑義二千とある。

(15) 『隋書』巻三〇、地理志、臨汾郡「汾西、後魏曰臨汾、幷置汾西郡、開皇初郡廢、十八年縣改爲汾西」。

(16) 高麗本系統は「青宵」に作るが三本・宮本に従うのが正しい。

(17) 音通による地名の変更の例は、文水県そのものにある。文水は以下に述べるとおり寿陽県を改めたものであるが、寿陽を受陽とも書いたことは楊守敬の『隋書地理志考證』に「古書、壽受錯出、音同通用耳」と指摘するとおりである。

(18) 『史記』巻四三、趙世家に「十六年肅侯、游大陵、出於鹿門」、また「〔武靈王十六年〕遊大陵」などとあり、正義には「括地志云、大陵城在幷州文水縣北十三里」とする。『史記地名考』巻一五は大陵を春秋晋の平陵邑としながらも邯鄲に都した趙王が、たびたびこの僻遠の地に遊ぶはずはなく、邯鄲城西の大陵と誤り注したものではないかという。この説に軍配をあげたいが、『水經注』巻六、汾水条にも明記されているとおり、長らく武霊王の大陵を幷州の大陵とみなしてきたことは間違いないのである。正しくは『史記』巻一〇三、万石張叔伝にみえる「建陵侯衛綰者、代大陵人」というのが、この地であろう。

(19) 唐の林諤撰「石壁寺鐵彌勒像頌幷序」（『金石萃編』巻八四）に「石壁寺者、晉之西山、舊號石壁谷、隋隷西壽陽縣、唐改壽陽爲文水」とあるが、文水の初出は隋の開皇十年である。

(20) 宇都宮清吉『漢代社会経済史研究』（弘文堂、一九五五年）、佐藤武敏「漢代における鉄の生産――とくに製鉄遺蹟を中心に――」（大阪市立大学『人文研究』一五―五、一九六四年）、宮崎市定「シナの鉄について」（『史林』四〇―六、一九五七年。のち『宮崎市定全集』九、岩波書店、一九九二年）。

(21) 『交城縣志』巻九に元の昔里改牙撰「大通冶辯」がみえる。

(22) 本書第二篇第一章「曇鸞大師生卒年新考――道宣律師の遊方を手がかりに――」。

(23) 春日礼智「汾州石壁の曇鸞大師」(『日華佛教研究会年報』五・山岳と支那佛教特輯号、一九四二年)。
(24)『魏書』地形志の混乱については、勝村哲也「魏書地形志州郡県名索引」附論の「魏書地形志について」(『鷹陵史学』一、一九七五年)を参看。
(25)『元和郡縣志』巻一三、および『舊唐書』巻三九、地理志二。銭大昕『二十二史考異』巻五八、胡三省『資治通鑑』巻一八七、武徳二年五月丙戌注、および巻二一二、開元十一年二月乙卯注。
(26) 温曰鑑『魏書地形志校録』巻上、楊守敬『隋書地理志考證附補遺』巻五(ならびに『二十五史補編』巻四所収)。
(27) 当時の漠北を制した柔然をはじめ諸部族は孝文帝時代の対決姿勢を改め和親を結び、あるいは内紛のため来奔するものが、相次いでいる。孝昌元年(五二五)には阿那瓌が沃野鎮の叛民破落汗抜陵を討つなど協力的であり、連年のごとく朝貢している。東・西両魏に分裂するや柔然は東魏とよく、頻りに侵寇を受けたのは西魏である(『周書』巻三三、厙狄峙伝、巻一八、王羆伝)。苦しみ抜いた西魏の文帝は元翌の娘を化政公主となし、阿那瓌の兄弟塔寨に嫁がせたり、皇后乙弗氏を廃して阿那瓌の娘を娶るなど、必死に通婚をはかっている。東魏と柔然の関係が悪化したのは西魏の通婚成功直後の元象元年(五三八)五月から興和元年(五三九)冬までの一年半であるが、柔然の侵寇は幽州一帯を中心に山西ではせいぜい肆州すなわち雁門地方までであった。のちまた契丹の入寇(天保四年〈五五三〉、九月)突厥との戦(同年十二月)、天保五年三月・四月の柔然侵寇などが数えられるが、いずれも北斉文宣帝の積極策により大捷している。なお如上のことについては、内田吟風「柔然時代蒙古史年表」(『北アジア史研究』鮮卑柔然突厥篇、同朋舎、一九七五年)参看。したがって敢て平遙を徙すほどの事件を求めるとすれば、汾州の稽胡劉升蠡が天子を称し独立をはかった孝昌元年(五二五)已降のことであろう。
(28)『魏書』巻六九、裴良伝、『北史』巻三八、同伝。また『北史』巻九六、稽胡、『北齊書』巻二、本紀・天平元年九月条。
(29) 道宣と同時代の慧祥撰『古清涼傳』巻下の曇韻伝にもみえる。なお道宣は貞観十年頃、曇韻の遺香を直接目にしている(『集神州三寶感通録』巻下)。
(30) 文城郡、曇韻伝は文成に作るが文成郡というのは隋代にない。
(31) 答曰、皆有不虚、如曇鸞法師、康存之日、常修淨土、亦毎有世俗君子、來呵法師曰、十方佛國、皆爲淨土、法師何乃獨意注西、豈非偏見生也、法師對曰、吾既凡夫、智慧淺短、未入地位、念力須均、如似置草引牛、恆須繫心槽

櫪、豈得縦放全無所歸。（『大正蔵』四七・一四b）

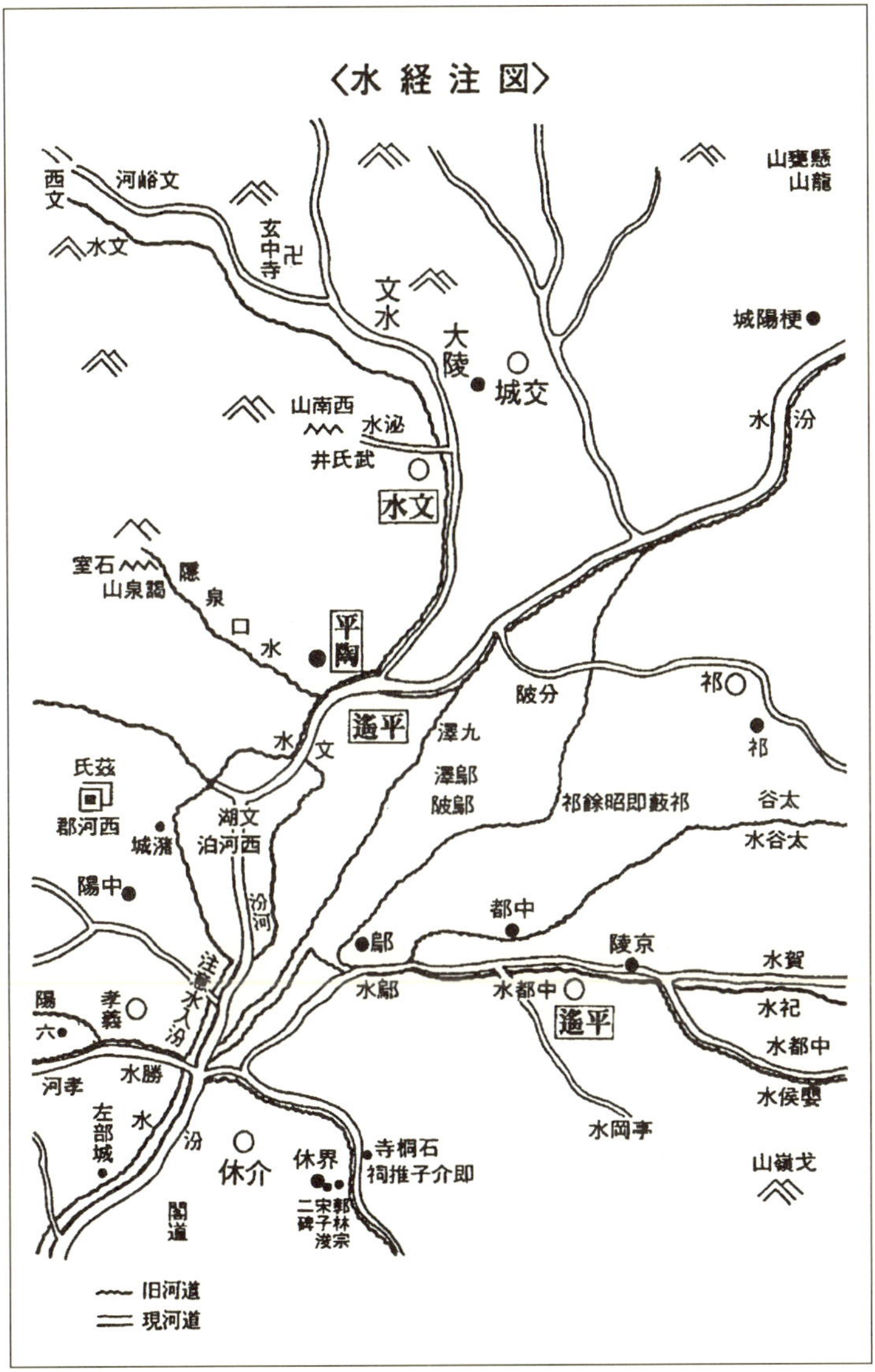

第三章　曇鸞と『往生論註』の彼方

一

曇鸞の伝歴については多くの研究があり、すでに論じ尽くされた感はいなめない。筆者もこれまで二・三の論考を公にし、曇鸞の生卒年や玄中寺周辺の地理的環境から教団の構成を論じるなど、従来の学説に若干の補訂を試みてきた。[1] しかし新史料の発掘は期待薄としても同一史料ながら扱いの違いや視点の移動、アプローチの仕方を変えることによって、新しい発見を可能にすることは歴史学の常道であり、常識にもなっている。本章も曇鸞と『往生論註』（『浄土論註』、以下『論註』と略）そして時代背景を三位一体として扱うのはもちろん、『論註』の記述内容を通じて曇鸞の生きた時代を考え、さらに時代史を介して逆に『論註』を解読し、曇鸞の実像あるいは彼を含めた時代意識を考察しようと試みるものである。論題を曇鸞より『論註』中心に設定したのもそのためである。こうした時代を意識して読めば『論註』自体がまた貴重な時代史料ともなっていることに驚かされるが、その一証例を巻上の題号に求めてみよう。

世親のいわゆる『無量壽經優婆提舎願生偈』の優婆提舎という語義は『無量壽經』の教法を、あらゆる人々に了解されるよう、その時代に「接近して示される Upadeśa」の意だという。[2]

梵に優婆提舍と言うは此の閒《くに》に正名の相い譯せるもの無し。若し一隅を擧ぐれば、名づけて論と爲すべし（『大正蔵』四〇・八二六b）

「一隅を擧ぐ」という『論語』述而篇の言葉を転用した『論註』冒頭のよく知られたくだりである。的確な訳語がないゆえんは、中国に本来佛がましまさなかったからであり、敢て一義に約せば論と訳さざるを得ないとし、此の閒の書の如きは孔子に就きては經と稱し、餘人の製作は皆、名づけて子と爲し、國史・國紀の徒《たぐい》は、各おの體例を別《こと》にす（『大正蔵』四〇・八二六b）

と述べる。優婆提舍にあたる体例の書が、中国にない証として力説する右文には、直接の意図とは別の、きわめて重要な時代性が問わずして語られているようである。

「孔子に就きては經と稱す」るのは、必ずしも孔子が書いたものではないが先王の道を記す聖典の義にもとづき、漢代このかた成立した六経ないし五経を指している。また孔子につぐ賢人達の書を「子」、体例を別にするという国史・国紀の類を「史」と位置づければ、これら経・子・史の赴くところ「集」を意識していることは間違いなかろう。

中国における典籍の分類法は劉歆の『七略』と、それにもとづく『漢書』芸文志の六略（六芸略・諸子略・詩賦略・兵書略・術数略・方技略）から、劉宋の王倹撰『七志』（経典志・諸子志・文翰志・軍書志・陰陽志・術芸志・図譜志）、梁の阮孝緒撰『七録』（経典録・記伝録・子兵録・文集録・術技録・佛法録・仙道録）をへて、隋の大業年間に編纂された許善心の『七林』へとつながる。この七目の分類法とは別に、確実なところ晋の荀勖が創始した甲（六芸・小学等書）・乙（古諸子家・近世子家・兵書・兵家・術数）・丙（史記・旧事・皇覧簿・雑事）・丁（詩・賦・図讃・汲冢書）四部の分類法があり、のちの四部書目の濫觴となったのは清の考証史家趙翼が指摘するところである。(3)

趙翼は「経史子集」の呼称が始まったのは『隋書』経籍志に現われるとおり唐代に入ってからなのであり、それ以前は南斉の竟陵王蕭子良の『四部要略』から隋煬帝の観文殿東廂・西廂の分類まで、すべて甲・乙・丙・丁の方式を採用していたことを明らかにする。たしかに梁代までは四部と七部の分類法が混在し、唐初に編纂された『隋書』経籍志になって四部分類法に一定するというのが通説である。そして四部では乙が子部、丙が史部となり、後世の乙が史部、丙が子部とするのとは逆になっている。

ところで南朝梁において経・史・子・集の四部分類法が生れていた厳然たる事実がある。それは武帝の太清二年（五四八）に勃発した侯景の乱が平定され、建康の鎮撫にあたっていた王僧弁が建康宮の秘閣に収蔵してあった八万巻の書を湘東王蕭繹、すなわち即位した元帝の新都江陵に搬送してきた。その始末については、当事者の一人であり『顔氏家訓』の著者として知られる顔之推が、自分の生涯を顧みて書きとめた「観我生賦」（『北齊書』巻四五、顔之推伝）の自注に、

> 王司徒（僧辯）表して祕閣の舊事《ぞうしょ》八萬巻を送る。乃ち詔すらく、部分を比校して正御・副御・重雜の三本と爲せ、と。左民尚書周弘正、黄門侍郎彭僧朗、直省學士王珪・戴陵は經部を校し、左僕射王褒、吏部尚書宗懷正、員外郎顏之推、直學士劉仁英は史部を校し、廷尉卿殷不害、御史中丞王孝紀、中書郎鄧藎、金部郎中徐報は子部を校し、右衛將軍庾信、中書郎王固、晉安王文學宗善業、直省學士周確は集部を校せり

と述べている。隋朝になってからの賦注ではあるが『隋書』の経籍志に先行するもの、梁代それも元帝の時に創始されたのである。すでに武帝の建康宮で行われ或いは華北にも普及した分類法であった懸念もなくはない。しかし曇鸞が経・子・史・（集）の排列を採用していることは、従来の四部分類に従ったもので、彼が江南に赴いた頃にはまだ新分類に移行していなかったことを物語る。曇鸞時代は新・旧四部分類法の交替期にあたっていたと考えら

れる貴重な資料となろう。曇鸞はそれを念頭に置きながら、優婆提舎の優婆提舎たるゆえんを強調するわけであり、まさしく時代に接近して示そうとする試みにほかならない。

かつて山口益氏は世親が瑜伽・唯識の盛行した時代に生き、彼自らもその大論師として活躍した事実を踏まえ、次のように述べられたのは示唆に富む。

瑜伽唯識思想が、その（世親・筆者注）時代の人々の思想的素地であるとすれば、それらの素地によって無量寿経の意味を、その時代の人々にウパデーシャすることが、浄土論の本領である。瑜伽唯識時代には瑜伽唯識的に浄土を説明すればよいのであって、それが、その歴史的な段階にある思想家の歴史的な役割であろうと思う。[4]

要するに、世親は自ら得意とする瑜伽・唯識にもとづき彼の時代、彼の生きた地域の人々に理解されやすい『無量壽經』の優婆提舎を著わした。同様に「その歴史的な段階にある思想家の歴史的な役割」として著わされたものが、中国流の、南北朝時代の人々に理解されやすい注疏、すなわち曇鸞の『論註』であった、ということになる。曇鸞が時としてみせる訳者への不満、例えば迦旃隣陀について「譯者、何に緣りてか、彼の寶を目《な》づけて草と爲すや」と自問し、「余もし譯に參ずれば、當に別に途有るべし」（『大正蔵』四〇・八二九b）と慨嘆するあたり、時と場所に接して示し、分かり易さを追求する彼の並なみならぬ意欲と情熱を汲みとることが出来る。したがって『論註』の随所に散見する曇鸞一流の用語や譬喩も決して特別なものではなく、彼が生きた時代の人々にとっては普通の、理解されやすい内容であった筈である。[5]とすれば『論註』を扱うにあたって曇鸞の時代に立ちかえり、彼らの生活の場に限りなく近づき、彼らに溶解しながら味読することが肝要であろう。

二

雁門に生れた曇鸞は志学の年頃に五臺山へ登り出家する。そして四論をきわめ『大集經』の注釈に着手するが、時に北魏王朝は逼迫の度を加えつつあった。孝文帝後の北魏王朝は宣武帝とそれにつづく孝明帝の約三十年間に衰退の一途をたどった。とりわけ延昌四年（五一五）に即位した孝明帝の治世は、奉佛家としても知られる霊太后胡氏の摂政時代にあたり、隆盛の極に向う佛教界とはうらはらに、王朝の命運は終焉を迎えつつあったのである。胡太后が建立した永寧寺の九層塔に象徴される壮麗な寺院のたたずまいと急激な教団の膨脹ぶりは、かの楊衒之の『洛陽伽藍記』などに伺えるが、「京師の寺一千三百六十七所」と数えられた寺院の櫛比するさまは、異常の一語につきる景観であったろう(6)。

菩提達磨が「南無」と誦えつつ幾日も合掌した永寧寺塔は、やがて馬蹄に蹂躙され、永熙三年（五三四）二月にはあたかも北魏王朝の滅亡を予告するかのように、火災にあい焼け落ちることになる。ことの起こりは霊太后が孝昌四年（五二八）二月、十九歳の孝明帝を毒殺し、三歳の幼帝元釗を擁立したことにある。この悲劇は専横をきわめる霊太后から実権を奪取しようと、孝明帝が軍閥の爾朱栄に外援をたのんだ事情が背景にあり、謀計が事前にもれて逆に先手を打たれ、母親に毒を盛られたというのが真相である。

北魏には一種の封建制を認められ、代々地位を継承し世襲的に部民を領有する領民酋長なる存在があった。その最強の酋長が山西省朔県出身の爾朱栄である。彼は契胡、稽胡あるいは山胡、歩落稽とも称される匈奴の羯種族に生まれ、曇鸞の故郷である雁門の西隣、秀容川一帯で「部落八千餘家、馬數萬匹有り」という大軍閥となり、折しも、勃発した六鎮の反乱鎮圧に勲功をたてた[7]。北魏の漢化政策に不満を抱く北族達は次第に彼の傘下に集まり、自他ともに認める実力第一の領民酋長となっていた。そこに到来した孝明帝からの外援要請につづく皇帝毒殺の報である。一触即発の空気が醸されていると知り洛陽政権の顚覆には絶好の機会とみた爾朱栄は、晋陽（太原）に兵を募り、洛陽を目指して南下を開始する。黄河のほとりで洛陽を脱出してきた孝文帝の甥にあたる元子攸を天子の位につけ（孝荘帝）、洛陽へ入城すると、謝罪の意を込めて剃髪した霊太后を許さず幼帝ともども黄河に沈め、皇族や丞相以下の二千余人を虐殺したのであった。いわゆる河陰の変である。時に武泰元年（五二八）四月、後述するとおり、まさに曇鸞が遠く南朝の都建康へ陶弘景をたずねんとした唯中のことである。

太原王に封ぜられた爾朱栄は、娘を孝荘帝に輿入れさせ、自らは根拠地の晋陽に腰をすえながら大丞相として国政を動かし、皇帝をリモート・コントロールする腹づもりであった。ところが翌永安二年（五二九）五月、孝荘帝の従兄であり爾朱栄が洛陽に入ったのを嫌い南朝へ亡命していた北海王元顥が、梁武帝の援助を受けて北伐を開始し、孝荘帝を蒙塵させたあとの洛陽に入城する。長子県へ逃れてきた孝荘帝と落合うや、爾朱栄は北海王の軍を各地に撃破し、北海王はわずか数百騎を率いて梁武帝のもとへ還ろうとしたが果さず、臨潁県（河南省漯河市臨潁県西北）において斬られた。永安三年（五三〇）七月、三十六歳であった[8]。

再び皇位についたとはいえ、爾朱栄の横暴に耐え切れなくなった孝荘帝は同年九月、入朝してきた爾朱栄と彼の長子爾朱菩提、太宰の元天穆ら三十人もろともに殺害する。しかし事はこれで結着を見なかった。爾朱栄の従弟で尚書左僕射につくかたわら、爾朱栄の密命を受けて洛陽宮廷の監視役をつとめてきた爾朱世隆は、洛陽から逃れて北へ向かい、長子県で爾朱栄の従子にあたる爾朱兆らと合流し、時に太原太守であった長広王元曄を帝位につけ、洛陽攻撃に成功して孝荘帝を捕らえると、今度は帝の従弟にあたる広陵王元恭を立てた。節閔帝である。その年

（五三一）十二月、爾朱兆は孝荘帝を晋陽に移したあげく、城内の三級佛寺で殺害に及んだ。その凄惨な地獄絵図の一端を『魏書』巻七五、爾朱兆伝には次のように描写している。

帝は歩して雲龍門の外に出ずるに、〔爾朱〕兆の騎の縶《へい》うる所と爲り、永寧佛寺に幽《おしこ》めらる。兆は皇子らを撲殺し妃嬪らを汙辱し、兵を縱《はな》ち虜掠す。洛に停まること旬餘、先に〔孝〕莊帝を晉陽に衞送せしむ。兆は後、河梁に於いて財貨を監閲し、遂に帝を三級寺に害す

孝荘帝は時に二十四歳であった。有為転変の世とはいえ、わずか四年の間に孝明帝、幼帝、孝荘帝、廃帝元曄、節閔帝（前廃帝）があいついで立ち、ことごとく非業の最期を遂げている。この交替劇一つを取り上げても洛陽政権の混乱がいかに激しかったかが伺える。

『續高僧傳』の本伝によれば曇鸞は梁都に陶弘景あると聞き、遥か建康（南京）の地を訪れ教えを仰いだといい、「旣に梁朝に達す。時に大通中（五二七年三月～五二九年十月）なり」としている。『大集經』の注解を試みて気疾に苦しみ、まずは本草を学び長生の術を修得するのが肝要と、業半ばにして江南に向かった話が伝えられ、その目的や真偽をめぐる数かずの論議を喚び起こしてきた。道宣の記述を覆すに足る史料が存在しない以上、曇鸞の行脚は事実として認めねばならず、その南征を梁の大通年間とすることもまた採用するほかはない。

曇鸞が故地を出立したのが大通年間のいつか特定はできないけれども、大通二年三月には孝明帝の毒殺事件が出来し、洛陽は混乱の坩堝と化すことになる。当時の交通路は隋・唐時代とほとんど変わらず、曇鸞が住していたと思われる汾水地域から建康に向かうには汾水に沿って西南に下り、絳州から解県そして東南に転じて茅津より黄河を渡り、陝県、澠池、新安をへて洛陽に達する。あるいは文水県から祁県、沁県、潞城（現在の長治市）さらに天井関を通り河陽にて黄河を渡り河陰に至るルートか、せいぜい本書第二篇第二章に論証したとおり曇鸞後に汾水東

方へ移された現在の平遙より間道を伝い、沁水上流の沁州（現在の沁源県）に下り、東へ進んで屯留か沁県へ抜け天井関に至る道でしかない。いずれも洛陽かその近郊を経由して江南へ向かわねばならない。勢い、都城での悲劇は江南へ向かう彼の耳にとどいていたであろうし、それに続くめまぐるしい政権交替と流血の惨劇も、江南滞在中に仄聞したか、少なくとも帰郷の途上で洛陽に立ち寄り、かの菩提流支と邂逅した際に実見し、あるいは生々しい話として聴かされたに違いないのである。

『論註』総説分・観察門・器世間・無諸難功徳条に、

此の二句は荘嚴無諸難功徳成就と名づく。佛、もと何が故に此の願いを興したまう。有る國土を見るに、或は朝に袞寵に預りて、夕には斧鉞に惶《おのの》く（『大正蔵』四〇・八三〇b）

恩寵にあずかって欣喜したのも柄の間、夕方には処刑の恐怖に惶くさまは、まさに恩寵の世界、君臣の間にはしばしば起り得る姿であり、なんら変哲もない譬喩である。しかし、曇鸞いな華北の民が前後して目にし耳にした政変の嵐は、皇帝の身でありながら相継いで兇刃に斃れるという地獄絵図である。用例の珍しい袞寵よりも普通に使われる袞龍の誤植とみて、まさに「朝に袞龍（天子の位）に預りて、夕には斧鉞に惶く(9)」と訓みたくなる舞台を演出しつづけたのである。惨劇を経験し見聞した人びとに説く者、聴く者ひとしなみに、この世の無常をひしと痛感させたと思われる。

或は幼くして蓬藜に捨てらるるも、長じては方丈を列ね、或は笳を鳴らして道《みちび》き出ずるも麻経〔歴經〕して還りを催《うなが》さる(10)（『大正蔵』四〇・八三〇b）

間引きされて草叢に捨てられたみどり児が、運よく命ながらえて成長した暁には一丈四方の食卓に山海の珍味をならべ、侍妾数百人をはべらす富貴人になり上がる。従者が葦笛を鳴らし威風堂々と門出した者が不幸の報に接して急ぎ帰還せねばならぬ羽目となる。それもまた世間によくある話に違いないが、六鎮の反乱このかた、朝野の別なく見舞われつづけた浮沈のはげしさにこそ最も似つかわしい姿なのである。こうした華北の地を後に曇鸞は南へ向かった。

三

政争にあけくれ血生臭い事件の絶え間ない北魏王朝にくらべ、翳りもみえ始めたとはいえ、武帝治世の梁王朝は政治や社会も安定し南朝文化とりわけ佛教文化の爛熟期を迎えていた。武帝は天監三年（五〇四）四月八日の釈迦降誕会にあたり老子を奉じ道教を信ずるのをやめ、佛教に帰依することを宣言した。[11]また天監十二年（五一三）には「斷酒肉文」を発し[12]、再三にわたって大徳僧尼・義学沙門達を集めて酒肉の是非を講論させた。そして天監十六年（五一七）には古来の礼法である宗廟の祭祀に犠牲を去り、戒律に従い代替するに蔬果をもってするとの詔を下し[13]、いよいよ佛法に傾斜していく兆をみせ、侃侃諤諤の議論を誘発することになる。

エスカレートしていく武帝の奉佛事業については、先学達の詳細な論述があるので[14]、曇鸞が南渡した直後、中大通元年（五二九）九月に催された同泰寺における五万人にも及ぶ四部の無遮大会と、武帝の捨身供養に一切を語らせることにしよう。

「都下の佛寺は五百餘所、宏麗を窮極《きわ》め、僧尼は十餘萬、資産は豊沃なり」と称され、あるいは「都邑の大寺七百餘所、僧尼講衆は常に萬人有り」といわれる盛況ぶりであった[15]。それら著名な大寺の中でも、ひときわ荘厳華麗さを誇ったものが同泰寺である。

天監十八年（五一九）、菩薩戒を受け法名冠達を授けられた梁武帝は「三宝の奴」と呼ばれるにふさわしい奉佛事業を展開する。普通八年（大通元・五二七）には台城の北に隣接して造営された同泰寺が落慶する。「樓閣・臺殿は擬して宸宮に則り、九級の浮圖《ぶつとう》は雲表に迴張し、山樹・園池は沃蕩煩積す」（『續高僧傳』巻一、宝唱伝〈『大正蔵』五〇・四二七b〉）と宏麗きわまりない同泰寺の建立は、梁朝佛教いな南朝佛教の爛熟と完結を意味している。台城の北壁には寺の南門に通ずる大通門が開かれ、寺と門を記念して改められた元号が大通である。

今『南史』巻七、梁本紀中、大通元年の条によれば（『資治通鑑』巻一五一参照）、

初め〔武〕帝、同泰寺を創る。是に至り大通門を開きて以て寺の南門に對し、反語を取りて以て同泰に協《あわ》す。是れより晨夕の講義には多く此の門由りす。三月辛未、寺に幸して捨身す。甲戌、宮に還る。大赦して大通と改元し、以て寺及び門の名に符せり

反語とは tong-tai 同泰と tai-tong 大通の文字遊びを指すが、寺名の遊戯に梁朝の退廃をすでに感じとることができる。この供養を初めとして計四回行った捨身の中、最大規模のものが中大通元年（五二九）というわけである。武帝は法衣に身を包み、講堂の法座に上り四部の大衆のために『涅槃經』の開題を行う。同泰寺に身柄を喜捨し、佛に奉仕する武帝を贖うべく、群臣は一億万銭を寺に布施する。前後して催された四部の無遮大会には、文字どおり道俗・士庶・貴賤の別なく五万余の人々が参集する未曾有の斎会であったという。[16]同泰寺の落慶につづき武帝の捨身、無遮大会で沸きかえる建康のさまに、曇鸞はどのような感懐を覚えたであろうか。彼が北国の細作《スパイ》と疑われ、武帝の命により宮中の佛事などが行われる華林園の重雲殿に招き入れられ、屈曲重沓する二十余門の千迷道を、迷うことなく一気に通り抜け武帝を嘆服させたエピソードが生れたのも、おおよそこの頃のことである。[17]

ところで、前節に言及したとおり曇鸞の南渡は茅山に隠居して後も武帝の信任をえ、山中宰相とまで崇められた

陶弘景に仙方を学び、長生の法を求めんがためであったと伝えられている。

江南の陶隠居なる者は方術の歸する所、廣博弘贍にして海内に宗重さるると承《き》き、遂に往きて之れに從わんとす。既に梁朝に達す。時に大通中なり（『續高僧傳』巻六、曇鸞伝〈『大正蔵』五〇・四七〇ａ〉）

右文より以下、曇鸞の南渡をめぐる道宣の記述は曇鸞伝のおおよそ三分の二を占め、武帝との接見、陶弘景の仙経十巻授受、鮑郎子神物語、そして菩提留（流）支による帰浄へと起・承・転・結する。文章の流れから、陶弘景の仙経授与が特筆大書され、江南遠征のすべてが長生法を求めての旅であったかの如く読み取られて無理からぬものがある。けれども撰者の立場から見直すと必ずしもそうとは限らない。

『續高僧傳』を撰述した太宗の貞観十九年頃における道宣には、唐初の道士傅奕の廃佛論と、つづく高祖による佛法沙汰事件を経験した危機感から頑なまでの護法意識を抱き、今や国教化して圧力を増しはじめた道教への対決姿勢が強く認められる。それが高宗の顕慶年間に入り玄奘ゆかりの西明寺に上座として迎えられてからは、『集古今佛道論衡』『廣弘明集』『後集續高僧傳』と編纂を重ねるにともない鋭鋒を鈍らせて行く。その次第は、北周廃佛事件の元兇衛元嵩の本伝をもとに論じたことがある[18]。ただし曇鸞伝は貞観十九年当時の執筆にかかり、道教勢力へ激しい敵意を燃していた最中であった。

陶弘景は確かに佛教教学に通じ陸修静が創唱した洞神・洞玄・洞真の三洞法門を佛義にかりて組織化し大系づけた。また鄮県の阿育王塔に詣でて五戒を受け、夢中にて佛より「菩提記」と勝力菩薩の号を賜わった話を伝えるほど、佛教に親しんだ人なのも事実である[19]。曇鸞もまた六朝人にポピュラーな多元的態度で、令名ならびなき道士陶弘景の門を叩くのに、なんら矛盾も痛痒も感じなかったに違いなく、曇鸞に道教的な要素と雰囲気が求められるのも故なしとしない[20]。けれども道宣の立場よりすれば唐代に勢力を扶植する茅山派、いわゆる上清派道教の大成者である陶弘景の功業を宣揚するいわれは微塵もない。南征の主目的様に描かれた陶弘景訪問のくだりは、飽くまでも菩提流支による回心帰浄＝道教の否定を強調し虚仮にさえする筆のすさびなのであり、そこに導くための布石あるいは棄石の役を賦与したにすぎない、というのが道宣の本意であろう。

道教・道士に対し護法に腐心する道宣の筆法は、曇鸞伝と同工異曲の説話を北斉の鄴西、龍山雲門寺の僧稠伝にもみせる。僧稠は後年、北斉文宣帝の菩薩戒師となり、勅建の龍山雲門寺と石窟大寺の両寺主を兼任した名僧であるが、懐州王屋山に入って修法中、死闘を演じている両虎を錫杖をもって解き分けた。虎が去ったあと床上に残されている仙経両巻を見つけた。

我れ本より佛道を修す。豈、域中の長生に拘わる者ならんや、と。言い已るや〔仙經は〕須臾にして自ら失《き》ゆ（『續高僧傳』巻一六、僧稠伝〈『大正蔵』五〇・五五四a〉）

とある。これまた「其の幽現を感致する」僧稠の神通力を宣揚しながら、併せて現世の長生に終始する仙道を唾棄し去るのである。両ストーリーとも掲載した道宣の真のねらいは、まさにこの一点に尽きるであろう。

要するに江南を目指した曇鸞の旅は、長生術もさることながら、南朝佛教の実情を見聞し、これまで彼が研鑽を重ねてきた北朝佛教とは異なる教学にふれ、おそらくデッドロックにつき当たっていたであろう『大集經』の註釈に生かそうと試みるのが主目的であったと思われる。そのことは曇鸞とともに梁武帝をして「北方の鸞法師・達法師は肉身の菩薩なり」（『大正蔵』五〇・五五三b）といわしめた僧達が、「梁の武皇帝、亂を撥《おさ》め道を弘む。銜《つた》え聞き欣然として遂に即ち江を濟《わた》り宮に造りて見えんことを請う」（『續高僧傳』巻一六〈『大正蔵』五〇・五五三a〉）たのと同様であろう。では曇鸞の訪れた建康の佛教事情は、いかなる状況であったのか、教学を中心に若干眺めておこう。

まず武帝の天監年間は、武帝の菩薩戒師をつとめ、世を騒がせた白衣僧正事件に武帝批判の論陣を張った傑僧智蔵が、その武帝の勅命によって彭城寺に『成實論』を講じ「聽侶千餘、皆一時の翹秀」と称讃された。彼はまた慧輪殿に召され、別勅による大徳三十人の参席する中で『般若經』を講じている。晩年は鍾山の開善寺に住し曇鸞の南渡する六年前、普通三年（五二二）に入滅した。彼は光宅寺法雲、荘厳寺僧旻とともに定林寺の僧柔や謝寺の慧次の法席に連なり、梁の三大法師と呼ばれ、いずれ劣らぬ梁朝佛教界の大立者として一世を風靡した。梁朝三大法師の彼がつねに『大品般若經』『小品般若經』『涅槃經』『法華經』『十地經』『金光明經』『成實論』『百論』『阿毘曇心論』を講じ、各おの義疏を著したといえば建康佛教のありようを略窺うことができる。(21)

智蔵と同門でもある法雲は、また斉代における『法華經』の学匠として知られた中興寺僧印に学び、普通二年（五二一）、内殿において『法華經』の講筵を開き、彼の著した『法華義疏』が聖徳太子の『法華義疏』の所依典籍となったことは知られている。同六年には大僧正に任ぜられ教団の統轄をゆだねられており、細作《スパイ》と疑われ「北國の虜僧」と名乗る曇鸞の処遇について裁定を委ねられたのも僧官の彼ではなかったかと思われる。「講經の妙、當時に獨歩す」といわれ「一代の名貴竝びに莫逆の交りを投ず」と称された彼に武帝の信任は篤く、帝自ら同泰寺で『涅槃經』を開講したときなど、特別に乗輿昇殿を許し几に憑ったままの聽聞を許したほどである。大通三年（五二九）三月、所住の光宅寺に寂したが、墓碑の一つは湘東王蕭繹のちの元帝が文を撰している。(22)

三大法師のもう一人、荘厳寺の僧旻は「昔、仲尼は周に素王たり。今、旻公はまた梁に素王たり」と世情を嘆ぜしめ、天監末（五一九）の荘厳寺に立てられた勅命による八座法論には、取りを務めた名僧である。一旦は蘇州の虎丘山寺に退いたが、再び召されて都に上ったものの普通八年（大通元・五二七）二月、荘厳寺に病没した。曇鸞の南渡直前のことである。彼は斉の武帝時代から頭角を現し、二十六歳で興福寺に『成實論』を講じてより「名は日下に振るい聴衆千餘、孜々として善誘し、曾て倦むを告ぐること無し」と称された。晋安太守劉業が「法師は経論に博く通じていられるのに、なぜ立義に儒教の経典を多く用いられるのか」と問うたのに、

　宋の世には道生を貴び、頓悟を開きて以て經を通じ、齊の時は僧柔を重んじ、毘曇に影《か》りて以て論を講ぜり。貧道《われ》は謹んで經文に依り、文の玄なれば則ち玄、文の儒なれば則ち儒なるのみ（『大正蔵』五〇・四六二b）

と応じている。[23] 彼が経論のみならず外典一般に博く通じていたことを強調するくだりであるが、それはまた南北朝時代における知識や教養を重んじ、義解中心の貴族的佛教の特色を露わにしたものといえよう。

　盧山慧遠の高弟である道生（三五五～四三四）は鳩摩羅什が長安に迎えられると、同門の慧叡・慧厳・慧観らと羅什に師事し、『維摩經』『法華經』などの訳経事業にも加わった。のち建康の青園寺に住し、佛性義や頓悟成佛説などつぎつぎと新しい佛教の宣布につとめた。彼が義熙十四年（四一八）に訳出された法顕将来の『六巻泥洹經』に「断善根の賤悪なる人間も、善心・浄心が生ずれば、成佛できる」との真義があるという闡提佛教を創唱したことを守文の徒、滞文の沙門達に異端視されて、建康佛教界から追放されてしまう。[24] 呉蘇の虎丘山に移った道生の寺にはしかし、十日も経ずに数百の学徒が参集したといわれる。元嘉七年（四三〇）には廬山にもどったが、その間、北涼の曇無讖によって『大般涅槃經』四十巻が訳され、建康はもちろん廬山にも闡提に佛性ありと説く『四十巻涅槃經』がとどいた。道生は自説の誤りでなかったことを喜び、元嘉十一年（四三四）法座に上り『涅槃經』を講じおわって滅したという。建康では同門の慧厳と慧観が当代屈指の文人謝霊運らの協力を得て法顕将来の『六巻泥洹經』と『四十巻涅槃經』との校合改治を行ない、ここにいわゆる『南本涅槃經』三十六巻が完成し『涅槃經』研究さらに涅槃教学の確立へと進展していくのである。

　斉代を代表する僧柔（四三一～四九四）は剡県の霊鷲寺より斉の武帝に召されて建康の定林寺に住し、武帝の文

恵太子と次子の文宣王蕭子良らに重んじられた。文宣王は都の碩学五百余僧を集め僧柔と謝寺の慧次を招請し、交替で講筵を担当せしめた。この時、普弘寺に『成實論』の講筵を開き僧柔らが撰述したのが『略成實論』九巻である。延興元年（四九四）に没した彼のため碑を建てたのは『弘明集』『出三藏記集』などで名高い僧祐その人、碑文はまた『文心雕龍』の撰者として知られる劉勰（法名慧地）であった[25]。慧次も『成實論』の大家であり三論にもすぐれ都城の謝寺に講筵をしき「講席一たび鋪く毎に、輒ち道俗奔赴す」といわれた[26]。両者ともに数多の俊秀を輩出するが、前述のごとく智蔵・僧旻・法雲の梁朝三大法師いずれも両者の共通の弟子である。

忌憚のない僧旻の応答には、ある種の陋習ともいうべき義解優先、講論の優劣を競いあう南朝佛教の姿を浮彫にしている。守文の徒、滞文の学僧たちから排斥をくった道生にしろ、新義の開顕につとめ、また頓悟成佛や闡提佛教を創唱しても、実践性に乏しい貴族主導、知識人中心の佛教から逸脱するものでは決してなかった。僧柔に代表される斉の佛教界もしかり、博学が尊ばれ、内外の典籍より縦横無尽に博引傍証するとか談論風発を歓迎し賞讃する世界が依然として存続していたのである[27]。

僧旻が玄には玄、儒には儒と嘯いてはばからない背景には、中国社会が伝統的に具備する儒・道二教の素養があり、両教との競合、確執の流れがある。その現実を超克するためにも時には毒をもって毒を制し、両教の土俵にて角力する余裕や臨機応変に両教を自家薬籠中のものとなし得る包括的、総合的な学殖、識見の妙が発揮される必要があった。曇鸞が訪れた建康は、まさに唐の法琳が傅奕の廃佛論に対し、

東臺・西府、位に在ること八十餘年、都邑の大寺七百餘所、僧尼講衆は常に萬人有り。内典を討論して共に聖業に遵い、孜孜として倦む無く、各々世榮を厭う（『破邪論』巻下〈『大正蔵』五二・四八七b〉「在位」は三本、宮本による）

と『梁記』を引き、「孔老の化を垂るる、安んぞ能く以て競わんや」（同前、「以競」は三本、宮本による）と法運隆々たる梁武帝時代の佛教をもって論破するに足る佛教王国となっていた。そこはまた、思弁を重んじ佛教本来のものにとらわれぬ、経論の大意を主とした弁舌さわやかな中国風の談論がもてはやされていたのである。曇鸞はこれをどのように受けとめたであろうか。

四

曇鸞が建康に滞在した期間については不明であるが、『續高僧傳』にもとづき本節で明らかにするとおり、一旦あとにした建康にもどり、再び武帝に謁したのち北帰している。菩提流支との邂逅もその途上のことであるが、およそ中大通年間（五二九〜五三四）の前半頃であろうと思われる。この間の行歴を考えるにあたり重要な鍵を握るのは、僧伝としては不似合いなためか従来ほとんど関心が払われなかった曇鸞伝中の、土俗信仰に関する記載である。

『論註』に現れる海の喩えは多い。「清淨智海」「功徳大寶海」の用例が『往生論』にあり、大乗や大宝海を説き『大智度論』ほか海を喩えにする経論を博引した曇鸞としては当然とみるむきもあろう。しかし山西省の中心部、五臺山より汾水中流域に生まれ育った彼の著述としては、大いに興味をそそられる一事である。「此の無量壽經優婆提舎は、蓋し上衍の極致、不退の風航なる者なり」（『大正蔵』四〇・八二六b）と、冒頭より描き出す海をめぐる風景には、より卑近にして説得力のある譬喩をと心がける曇鸞の立場からすれば、是非とも海ないし海路の体験がなければならない。「海の性は一味にして衆流の入れば必ず一味と爲る。海の味は彼（衆流）に隨いて改《かわ》らざるなり」（観察門・器世間・性功徳〈『大正蔵』四〇・八二八c〉）、「海の流れを呑むが如く」「之を喩うれば海の如し」、あるいは大海、滄海など一切ならずある。

曇鸞の伝記中、道宣の『續高僧傳』だけに海との遭遇をほのめかす記述がある。陶弘景を茅山に訪ねたことにふれ、

山所に屆《いた》るに及び、接對すること欣然たり。便ち仙經（方）十巻を以て、用て遠意に酬ゆ。還た浙江に至る。鮑郎子神なる者有り。一たび鼓《う》ちて浪を涌《たた》せば、七日にして便ち止む。正に波の初に値《あた》れば、由りて度《わた》るを得る無し。鸞、便ち廟所へ往き、情を以て祈り告ぐらく、必ず請う所の如くさるれば、當に爲に廟を建つべし、と。……期に依りて帝に達し具さに由縁を述ぶ。敕有りて江神と爲して更めて靈廟を起つ。因りて即ち辭して魏境に還り、名山に往き〔仙〕方に依りて修治せんと欲す（『大正蔵』五〇・四七〇b）

従来「還至浙江」を「還《かえ》りて浙江に至る」と読み、あとの「辭して魏境に還る」につなげたため、浙江に至った事実が疑われ、あるいは等閑にふされてきた。つい最近、藤堂恭俊氏が、やはり「北に向かって帰路をいそぐはずの曇鸞が、建康よりはるか東南の浙江にいたったことを、いかに理解すればよいのだろうか」との疑いを抱きながら、「道宣の記載に誤りがないとすれば、何かの目的があって浙江を訪れたのであろう」と承認する態度を示され、陶弘景から寧波の阿育王塔に詣でた話などを聞かされた曇鸞は、自らも参詣しようとしたのではないかと推測されている[28]。結論を先にいえば、藤堂氏のごとく曇鸞の浙東に至る歴訪は容認すべきであり、「還」をまた、めぐりてと訓ずるのが正しく、従来の訓みは北に還るという先入観に災いされた誤解なのである。

さて本章の執筆中にとどいた吉田隆英氏「鮑郎子神考——曇鸞と神異——」は曇鸞の浙江行脚を積極的に認めた上での論説である[29]。氏は鮑郎子神を『晉書』にみえる鮑靚を神主とみなす説、あるいは鮑宮神（鮑君神）とする説

を否定し、東晋末に起こった孫恩の乱に戦死する海塩令の鮑陋の子の嗣之を祭った土地神とし、その場所を海塩県の鮑郎浦あたりに比定されている。

かつて指摘したように、道宣の父祖の故地は呉興であり、かれは貞観の中頃、山西より南下し呉興一円をへめぐり会稽の地にも足跡を残している。曇鸞と鮑郎子神の話も、玄中寺だけでなく、この浙江・会稽を訪れた折に蒐集したものに違いない(30)。曇鸞が約束どおり梁武帝のもとに至り鮑郎子神の縁由を奏聞すると、「敕有り」て浙江の江神とし霊廟を建てたとあれば、勅建の「神廟由來記」のような確かな史料があった可能性も想定してもよい。

ところで吉田氏が鮑郎子神の在所を海塩県の鮑郎浦あたりに同定されるのはもっともであるが、「還至浙江」の文章からすれば「(會稽をめぐり)還た浙江に至る」と読むべきであろうし、勢い銭塘江の東岸、会稽の地に求めたくなるのである。事実、海塩に鮑郎なる地名が現れた最初の文献『輿地紀勝』より二十年余りも前に編纂された『嘉泰會稽志』巻六、祠廟には、

鮑郎廟、在㆓府南二里二百四歩㆒

とあり、『會稽續志』巻三もこれに依拠しながら後漢鄮邑の人鮑郎、名は蓋とする『輿地志』説を採用し、かつ「梁の大通より以來、靈應益ます著わる」と述べている。いずれを是とすべきか、今のところ決しかねるが、吉田氏の指摘どおり航海の神として祭祀されていたことは曇鸞伝の記述からも察しがつく。

東晋の孫恩が会稽より建康を目指して北上する際に海塩を通過し、また劉牢之が討伐軍を率いて南下したとき海上に逃れた孫恩の動向よりみても古来、浙江を間に海塩と会稽を結ぶ海上ルートが開かれていたことは間違いない。いわば隋の江南河開鑿に至る以前の海上交通を傍証するものの一つが曇鸞伝なのである。鮑郎子神廟も守護神として浙江口の沿海地域に置かれていたのではなかったか。

ところで鮑郎子神に拘泥する理由の第一は、本節の冒頭で述べた曇鸞に海および航海の経験ありやいなやを明らかにするためである。それはまさに吉田氏も述べられているとおり、山猿同然の曇鸞にとって初めての体験である船旅の快適さ、渺渺たる大海の味わいが生涯忘れられない記憶として『論註』に生かされたと考えられる。四方を海に囲まれて育った者には想像もつかない驚愕と感動に発する譬喩であり、玄中寺につどう海を知らぬ門信徒へ体験をおりまぜて語りかける曇鸞の法話を彷彿させるものがある。

鮑郎子神に注目する理由の第二は、曇鸞の会稽地域へ行脚した事実の確認である。推測の域を出ないが、主たる目的は陶弘景にすすめられて鄮県の阿育王塔寺に参詣のためとする見方も一興であろう。ただし問題と関心は別のところにある。

曇鸞が訪れた会稽の地は、古くから神仙の集う郷であり、錬丹・辟穀の士が多く隠棲する処として知られていた。葛稚川の『神仙傳』にみえる地元出身の魏伯陽や三国呉の上虞令でもあった劉綱、陶弘景の『眞誥』に記す虞翁生や許謐など、羽化登仙の話題にはこと欠かないのである。したがって陶弘景に長生の仙方を学んだ曇鸞が、会稽を歴遊する目的の一つとして陶弘景らに薦められ、在地の道術者達と接触した可能性も否定するわけにはいかない。ただし最も肝要なことは東晋このかた会稽が建康や荊州、廬山とともに江南佛教の重鎮であった事実を見逃してはならないことである。

東晋時代に続々と開発されて以来、南朝における山陰地方すなわち会稽の佛教は興隆の一途を辿っていく。宋の法宗が法華台寺で『法華經』『維摩經』を講じたとき、士庶三千が帰戒を受けたと伝える(31)。斉の時代に入り、地元剡県の出身である僧護が、今に残る石城山の大石佛を雕造したのも教法の隆昌なくしては語れない。僧護より以下、三生石佛と称されるこの佛像の製作を完成したのが梁武帝の命を受けた定林寺僧祐である。彼は天監十二年（五一三）より三年の歳月をかけて仕上げた。[32] 曇鸞が会稽の地に向かった目的の一つに、途中におけるこの武帝自慢の大石佛巡拝を加えてもよかろう。

このように佛法隆昌の勢いは梁代でも同様であり、武帝の菩薩戒師で国師と仰がれ智者の号を贈られた草堂寺慧約が、幼い頃に出合った神僧から「（會稽の）佛事、甚だ盛んなり」と教えられ、剡に赴き上虞県の東山寺に出家したという一事に尽くされている。[33] これを伝えた『高僧傳』の撰者慧皎も会稽の嘉祥寺におり、曇鸞歴訪の頃には僧伝資料の蒐集にいそしんでいる最中であった。

五

有る國土を見るに優劣同じからず。同じからざるを以ての故に、高下以て形《あら》わる。高下既に形るれば是非以て起る。是非既に起れば、長く三有に淪《しず》む。是の故に〔佛は〕大悲心を興して平等の願を起せり（『論註』巻上、器世間・妙色功徳〈『大正蔵』四〇・八二九a〉）

三界に淪溺するそもそもの原因が人間世界における存在の優劣という違いにもとづき、やがて尊卑や貴賤を生じ是非、善悪などの差別へと展開する。虚仮にすぎない人間世界の愚な価値判断や尺度にとらわれ、さまざまな差別、不条理な生活環境を生み出し、あげくには三界に溺れてしまう。[34]『智度論』を意識しているとはいえ、曇鸞が妙色功徳すなわち浄土の荘厳妙なる光明と優劣不同の世界を対置させた背景には、生まれながらにして優劣を定め、家柄、身分の上下はては貴賤の別、胡漢の違いに至るまで、あらゆる差別局分を設けてやまない人間社会への痛烈な批判と超克の願いがある。事実、曇鸞自身が、彼の時代を動かし牢固として抜き難い桎梏となっていた身分制社会、人種的差別の渦中に身を置いていたのである。

六朝時代を彩る社会現象は、九品官人法に象徴される貴族制、胡漢両族を巻き込む身分制の存在である。後漢末の延康元年（建安二十五・魏黄初元・二二〇）つまり三国魏の成立前夜に制定された九品官人法は、地方の郡国に中正官を置き、各管内の人物について世間の評価を参酌しながら九等に分けた上で、中央に申達させ（郷品）、政府はこれを受け、あらかじめ官職を九等にランクづけしておき（官品）、郷品に従って相当ポストに任ずる（起家）仕組みであった。この官制は次第に門閥主導におち入り「上品に寒門なく、下品に勢族なし」（『晉書』巻四五、劉毅伝）といわれるまでに固定化し、貴族社会を制度上から支えることになった。(35)

梁武帝は天監七年（五〇八）、官制の改革に着手し、十八班九品制と称する新組織を創設する。その詳細は割愛するが、飽くまでも貴族官僚制と呼ばれるとおり、頑なまでに閉鎖的で独善的な貴族社会を擁護するものであった。留意すべきは士族が門地二品（流内十八班）とそれ以下のいわゆる寒微の士族＝寒門（流外七班）とに分かれ、さらに寒族の下に庶族が置かれていたことである。仕官の道は庶族に閉され、彼らにとって九品官人法の世界は一切無関係といっても過言ではなく、一般民衆は武勲によってしか仕官の術はなかった。

一方、北魏では天興元年（三九八）の平城遷都を契機に官制がしかれ、ほぼ晋にならって九品官制を採用したとみられている。その推進者が太武帝による廃佛事件の元凶崔浩の父、崔玄伯であって、この制度の見返りとして彼の一族は唐代に及ぶまで天下第一と自他ともに許す清河の名門貴族となるキップを得た。ただ南朝との大きな違いは、漢族達が中央から派遣されてくる胡族武官の刺史・郡守・県令などを軽んじ、むしろ属僚を独占し地方行政の実権を握ることにつとめたことである。やがて崔浩の誅殺事件に象徴される鮮卑系官僚と漢人官僚との対立抗争が激化しつつ孝文帝時代を迎えるが、それでも中央の顕官につく漢人官僚は皆無に等しかった。これもまた北族蔑視の風潮を醸成する一因につながるが、一方では孝文帝の積極的な漢化政策に呼応して、鮮卑族の名家が通婚その他により漢人貴族化し、新たな貴族、門閥の流れを起こしていく。

このような状況の下で孝文帝による新しい官制改革が推進される。すなわち孝文帝は百官を九品に分かち、これを正・従さらに正従をそれぞれ上中下の五十四階にランクづけした。そして南朝の制度を模倣しながら改訂を重ね、正従九品の中の正四品以下は正従をさらに上下に分かつ計三十階に仕立てている。これまた一般の庶民には無関係に等しいものであったのは言うまでもない。

漢化政策を推進する孝文帝の改革は官制からさらには姓族の詳定に及んだ。かの崔浩が族誅を蒙る原因の一つにもなったといわれる制度が、一転して皇帝の積極的支持をうけ北人と漢人の別、家格の高下が公然と問題に取り上げられるに至ったわけである。今その概要を紹介すれば漢族では清河の崔氏、范陽の盧氏、滎陽の鄭氏、太原の王氏を四姓とし、これに隴西と趙郡の李氏を加えた五姓が膏粱・華腴として頂点に立つ。さらに曾祖・祖父・父三代の官位により甲・乙・丙・丁の四姓による家格の序列を組み合せる。

これに対し北人は王室と宗族あわせた十姓に穆（丘穆陵）、陸（歩六孤）、賀（賀来）、劉（独孤）、楼（賀楼）、于（勿忸于）、嵆（紇奚）、尉（尉遅）の八姓を第一階級とし、王室と通婚できる名家と位置づけ漢人の四姓と同格と定めた。また第二階級を「族」とし、第三階級を姓族の五世以内の支親、第四階級を緦麻の服以内の中、一・二世の微官ある者と限定している。なお梁武帝の流外七班がそうであるように第四階級以上が士に属した。『魏書』官氏志に記載する百十八姓、姚薇元氏の『北朝胡姓考』が拾い上げた他民族、他種族の七十四姓など、姓族と門地がさまざまな形で振るい分けられランクづけされた。庶民の下にはまた農奴・賤民などの不自由民が従属していたのはもちろんである。祖先の官歴や婚姻関係、さらに姓族によって門地が定まり、任官の上下が決まるとなれば紛糾するのは当然であるが、胡漢名族の家格を序列化し、皇帝のもとに融合をはかる狙いから強力にことが運ばれた。太和十九年（四九五）、曇鸞二十歳の時のことである。

ところで本書第二篇第二章において曇鸞の出自は胡族か胡漢混血の家系である可能性の強いことを指摘したが、『論註』の中にもふと彼の生い立ちを意識させる表現がある。その一つ、巻下・解義文・利行満足章の自力・他力の相を示したくだりに、

又、劣夫は驢に跨るも上らず、轉輪王に從いて行かば便ち虚空に乘じて四天下に遊び障礙する所無きが如し。是の如き等を名づけて他力と爲す（『大正蔵』四〇・八四四a）

劣夫は後に見える「愚なる哉」と対応させ、愚者、何事にも劣れる者、そして下賤なる者の意味であり、右訓読に従えば彼ら劣夫はロバに跨ろうにも乗れない、乗ってはいけない、せいぜい乗ることはあっても虚空に乗じて四天下に遊ぶことは出来ないと解釈されよう。香月院深励氏が『題名抄』の「賤しき劣夫の驢に乗ることだにもなければ」の意を採用され、驢にも登らぬことと解されたのは首肯できるのである。

孝文帝が戎馬十万匹を「毎歳、河西より徙し、并州に牧した」（『魏書』巻一一〇、食貨志）という馬の豊かな并州の地にありながら、曇鸞が馬ではなく驢を例に上げたことは伝統の「挙重明軽」あるいは「挙軽明重」なる論法にも従うものであり、軍馬確保のための厳しい馬政下にあって庶民には無縁の馬ではなく驢を挙げ、その驢にも乗れない劣夫でさえ、転輪聖王の行幸に従っていけば、あらゆる世界に遊行できると説くものである。『智度論』巻九に「譬うるに、轉輪聖王の飛行すれば、一切の營從及び諸の象・馬・衆畜は皆、亦た隨いて去るが如し」[36]（『大正蔵』二五・一二三c）を踏まえていようが、衆畜の中でも駝でもなく騾でもなく乗るに最低の驢にあえて限定したところにこそ、曇鸞の面目躍如たるものがある。

ちなみに『論註』では巻下、解義分・観察体相章に一カ所、それも『智度論』巻六に基づく幻化の譬として「象馬」の用例がみえるが、上記の驢のような貴賤や品位と関係づけるものではない。曇鸞にとって馬などは問題ではなかったのである。

そもそも『論註』における救済の対象者は下品の凡夫である。曇鸞自身が徹底した凡夫の自覚に立ったことは『安樂集』巻下の有名な世俗君子との問答に伺われる。常に浄土業を修する曇鸞のもとに、ある君子が来て「十方の佛国すべて浄土であるのに、あなたは何故ひたすら意を西方浄土にそそぐのか。偏見のあらわれではないのか」と訶責した。これに対し曇鸞は答えた。

吾、既に凡夫にして智慧淺短なり。未だ地位に入らざれば、念力須らく均しかるべし。草を置きて牛を引かば、恆に須く心を槽櫪に繫ぐべきが如似《ごと》し。豈、縱放にして全く歸する所無きを得んや（『大正蔵』四七・一四b）

彼のいう凡夫とは、智慧浅短から三界転生の罪業深き凡夫へと深められる。(37)しかし、なによりも彼の意識の根底には智慧浅短と同様、いなそれに先立って現実ここにおいて厳然と存在する身分の上下、貴賤や民族等々ありとあらゆる差別が強く意識されていたかの如くである。草欲しさに脇目もふらずひたすら導かれてゆく牛の譬えは、ひたすら阿弥陀佛の他力増上縁を信じ浄土に導かれる劣夫のそれと同工異曲のものである。

三塗を畏れて戒律を受持し、その故に禅定を修し智慧としての神通力を得、この戒定慧三学を修めて四天下に遊ぶことができる自力の世界を九品官制ないし姓族詳定の階級に相応せしめれば、まさしく生れながらに具えた門地、それなりの努力によって官界に飛翔し得る士身分にあたる。これに対し、自らの力では如何ともなし難い政治や社会の仕組み、逃れようにも逃れられない現実世界の不合理さに泣き、苦悩し煩悶し、また貧困に迫られ絶望の淵に呻吟する下賤の民こそ阿弥陀佛によって救済されるべき人々であった。曇鸞はいう。

有る國土を見るに、或は胞血を以て身器と爲し、或は糞尿を以て生の元と爲す。或は槐棘の高き折より猜狂の子を出し、或は竪子の婢腹より卓犖の才を出す（巻上、器世間・眷属功徳〈『大正蔵』四〇・八三〇b〉）

血統や門地の上下・士庶や貴賤の別を問題にするが三公九卿の家柄から愚劣な子を出し、逆に下賤の家に優れた才智の持ち主が生れるではないかと、一品の家からは一品の子しか生れないとする貴族主義の非を鳴らし、とどのつまり門地・家系などという不条理な差別のない「眷属平等にして毀誉褒貶の路なき」国土こそ浄佛国土なのだというわけである。

曇鸞の徹底して身分制社会を否定する叫びは『観無量壽經』の九品往生にも結びつく。

それ諸天の共器には飯に随福の色有り、足の指、地に按じては乃ち金礫の旨を詳らかにす。而れども往生を願ずる者、本は則ち三三の品なれども、今は一・二の殊《ちがい》無し。亦淄〔水〕澠〔水〕の味を一にするが如し（巻下、解義分・観察体相章〈『大正蔵』四〇・八三八b〉）

『観經』や曇鸞のいう九品は士階級を九等に分ける官人法の九品とは異なり、むしろ上上品より下下品に至る『漢書』古今人表の九品に近く、飽までも門地や官品によらず、人物により機根による分類であった。そのことは曇鸞も総説分総結・八番問答中に『観經』の九品往生にふれ「下品下生」を説明し「下品の凡夫、ただ正法を誹謗せざれば、佛を信ずる因縁をして皆、往生を得せしむ」（『大正蔵』四〇・八三四a）と結んでいる。[38] 偶然か、意図的かはともかく身分制社会の根幹を形づくる九品官人法を九品往生をもって根底から覆し、その九品ですら「一・二の殊無し」とまで帰一せしめる口説は、十重二十重の差別に苦しみあえぐ民衆に快哉と共感を喚起し、絶対平等の世界を標榜する阿弥陀佛国土への憧憬をいや益させずにはおかなかったかと思われる。

『論註』巻上、観察門・器世間・性功徳に、

「正道大慈悲、出世善根生」とは平等の大道なり。平等の道なれば、所以《ゆえ》に名づけて正道と爲す者なり。平等は是れ諸法の體相なり。諸法の平等なるを以ての故に、發心等し。發心等しきが故に道等し。道等しきが故に大慈悲等し。大慈悲は是れ佛道の正因なるが故に「正道大慈悲」と言えり（『大正蔵』四〇・八二八c）

それら虐げられた者達を鼓舞し、念佛とともに法悦にひたらせたであろう曇鸞の贈る決定的な言葉であろう。

註

（1）本書第二篇第一章「曇鸞大師生卒年新考——道宣律師の遊方を手がかりに——」（『教学研究所紀要』一、一九九一年）、本書第二篇第二章「曇鸞教団——地域・構成——」（論註研究会編『曇鸞の世界』永田文昌堂、一九九六年、所収）。

（2）山口益訳註『月称造中論釈』（清水弘文堂書房、一九六八年）第二四章。

（3）趙翼『陔餘叢考』巻二二、経史子集。なお詳細は内藤湖南「支那目録学」（『内藤湖南全集』一二、筑摩書房、一九七〇年）。

（4）山口益『世親の浄土論——無量寿経優婆提舎願生偈の試解——』（法藏館、一九六三年）。

（5）近時、吉田隆英「禁呪と木瓜——『論註』所引外典考——」（前掲註〈1〉の『曇鸞の世界』所収）にも同様の指摘がある。

（6）北魏洛陽寺院については、服部克彦「北魏洛陽の佛教と文化」（『北魏洛陽の社会と文化』ミネルヴァ書房、一九六五年、第三編）。滋野井恬「北魏時代の洛陽寺院に関する若干の考察」（横超慧日編『北魏佛教の研究』平楽寺書店、一九七八年所収）などのほか、入矢義高訳注『洛陽伽藍記』（平凡社、中国古典文学大系二一、一九七四年）。

（7）『洛陽伽藍記』巻一。なお『魏書』巻七四・『北史』巻四八の爾朱栄伝、および周一良「領民酋長与六州都督」（『歴史語言研究所集刊』第二〇本上、一九四八年）、谷川道雄「北魏末の内乱と城民」（『隋唐帝国形成史論』筑摩書房、一九七一年、増補版一九九八年、第二編第三章）を参照。

（8）『魏書』巻二一上、北海王元顥伝。なお「北海王元顥墓誌」（『漢魏南北朝墓誌集釈』〈北京科学出版社、一九五六年〉巻四）。

（9）「或朝預袞龍」、袞は龍を画いた帝衣であり、袞寵は天子の恩寵ということになるが、袞龍、袞龍衣にくらべ袞寵の用例は管見のところ他に見出すことはできない。後攷を待ちたい。なお袞龍は『文選』巻一、班固の「東都賦」に「盛三雍之上儀、脩袞龍之法服」とみえる。

（10）この文章には混乱がある。蓬藜は蓬蔾にも作る。「方丈を列ぬ」は『孟子』尽心篇に「食前方丈、侍妾數百人」にもとづく。「鳴笳道出」は『文選』巻四二の魏文帝「與朝歌令呉質書一首」に「從者鳴笳以啓路」とあるのに依る。鳴笳は鳴葭にも作る。「歴經催還」は『義記』によれば「麻経催還」に作る一本あり。深励はこの説を採る。恐らく妥当であろう。『禮記』少儀にいう「爲喪主則不手拜、葛絰而麻帶」のことであろう。

（11）『集古今佛道論衡』巻甲「梁高祖先事黄老後歸信佛下敕捨奉老子事」、『廣弘明集』巻四「捨事李老道法詔」。

（12）『廣弘明集』巻二六、慈済篇「斷酒肉文」。

（13）『南史』巻六、天監十六年三月条に「於是祈告天地宗廟、以去殺之理、欲被之含識、郊廟牲牷、皆代以麪、其山川諸祀則否、時以宗廟去牲、則爲不復血食、雖公卿異議、朝野喧囂、竟不從、冬十月、宗廟薦羞、始用蔬果」とある。『梁書』巻二、天監十六年夏四月甲子および冬十月条。

（14）例えば山崎宏「梁武帝の佛教信仰」（『支那中世佛教の展開』清水書店、一九四二年〈のち復刊、法藏館、一九七一年〉第四章）、新田雅章「梁の武帝と佛教」（『松阪女子短期大学論叢』三、一九六六年）、太田悌蔵「梁武帝の捨道奉佛について疑う」（『佛教思想史論集　結城教授頌寿記念』（大蔵出版、一九六四年）、牧田諦亮「梁の武帝——その信佛と家庭——」（『佛教大学学報』一六、一九六七年、『中国佛教史研究　二』大東出版社、一九八一年）など。

（15）『南史』巻七〇、郭祖深伝および『破邪論』巻下（『廣弘明集』巻一一、弁惑篇〈『大正蔵』五二・一六八a〉）。

（16）『梁書』巻三、武帝本紀、中大通元年（五二九）九月条に「癸巳、輿駕幸同泰寺、設四部無遮大會、因捨身、公卿以下、以銭一億萬奉贖、冬十月己酉、輿駕還宮、大赦改元」とある。『南史』巻七、『出三藏記集』巻八、『歴代三寶紀』巻一一、『廣弘明集』巻一九、『通鑑』巻一五三参看。

（17）本書第一篇第三章「六朝佛教教団の一側面——間諜・家僧門師・講経斎会——」。

（18）拙稿「衛元嵩伝成立考」（『東洋史研究』五四—二、一九九五年、のち『道宣伝の研究』京都大学学術出版会、二〇〇二年）。

(19) 高雄義堅「陶隠居について——曇鸞大師との関係——」(『六条学報』二三七、一九二一年)、道端良秀「曇鸞と道教との関係」(『中国佛教史全集』書苑、一九八五年、六巻第五集)、宮川尚志「六朝時代の道教発達史」(『六朝史研究　宗教篇』平楽寺書店、一九六四年、第七章)、吉田隆英前掲註(5)論文、佐中壮「陶隠居小伝」(『東洋史論叢　和田博士古稀記念』講談社、一九六一年)、石井昌子『道教学の研究——陶弘景を中心に——』(国書刊行会、一九八〇年)。

(20) 吉田隆英「鮑郎子神考——曇鸞と神異——」(『中国学論集　古田敬一教授頌寿記念』汲古書院、一九九七年)。なお藤野立然「浄土論註と外典との交渉」(『宗学院論輯』三五、一九七六年)、宮川前掲註(19)『六朝史研究　宗教篇』、第十三章「六朝時代の巫俗」などを参照。

(21) 『續高僧傳』巻五、梁鍾山開善寺沙門釈智蔵伝(『大正蔵』五〇・四六五c~四六七b)。

(22) 『續高僧傳』巻五、梁楊都光宅寺沙門釈法雲伝(『大正蔵』五〇・四六三c~四六五a)。

(23) 『續高僧傳』巻五、梁楊都荘厳寺沙門釈僧旻伝(『大正蔵』五〇・四六一c~四六三c)。

(24) 板野長八「道生の頓悟説成立の事情」(『東方学報』東京七、一九三六年)。矢吹慶輝「頓悟義の首唱者、竺道生の思想」(『佛教学の諸問題』岩波書店、一九三五年)。湯用彤『漢魏両晋南北朝佛教史』(商務印書館、一九三八年)一六章「竺道生」。なお『高僧傳』巻七、宋京師龍光寺竺道生伝(『大正蔵』五〇・三六六b~三六七a)。

(25) 『高僧傳』巻八、斉上定林寺釈僧柔伝(『大正蔵』五〇・三七八c~三七九a)。塚本善隆「南朝(元嘉治世)の佛教興隆について」(『東洋史研究』二二—四、一九六四年、のち『塚本善隆著作集』三、大東出版社、一九七五年)。木村清孝「劉勰における『佛教』の役割」(『宗教研究』一九八、一九六九年)。

(26) 『高僧傳』巻八、斉京師謝寺釈慧次伝(『大正蔵』五〇・三七九b~c)。

(27) 横超慧日「中国南北朝時代の佛教学風」(『中国佛教の研究』第一、法藏館、一九五八年)はこうした南北の特色がよくまとめられている。

(28) 藤堂恭俊・牧田諦亮『浄土佛教の思想四　曇鸞・道綽』(講談社、一九九五年)。

(29) 吉田前掲註(20)論文。

(30) 拙稿「道宣の出自をめぐって——呉興の銭氏——」(『佛教史学研究』二八—二、一九八六年)、同「道宣の遊方と二・三の著作について」(『三蔵』一八九・一九〇、一九七九年)。いずれも『道宣伝の研究』(京都大学学術出版会、二〇〇二年）所収。

（31）『高僧傳』巻一二、宋剡法華台釈法宗伝（『大正蔵』五〇・四〇七ａ）、『弘賛法華傳』巻六。

（32）『高僧傳』巻一一、僧祐伝（『大正蔵』五〇・四〇二ｃ～四〇三ａ）。同巻一三、僧護伝（同上、四一一ａ～ｂ）、同巻一三、法悦伝（同上、四一二ｂ～四一三ａ）。『集神州三寶感通錄』巻中。小野勝年「浙江剡県の石城寺とその弥勒像」（『江上波夫教授古稀記念論集・歴史篇』山川出版社、一九七七年）。同「新昌・石城寺とその弥勒像――江南巨大石佛の史的遍歴――」（『佛教芸術』一六三、一九八五年）。宿白「南朝龕像遺迹初探」（『考古学報』一九八九―四、のち『中国南方佛教造像芸術』上海書画、二〇〇四年所収）。鎌田茂雄「剡県石佛と僧祐律師」（『愛知学院大学文学部紀要』二〇、一九九〇年）。

（33）『續高僧傳』巻六、慧約伝（『大正蔵』五〇・四六八ｂ～四七〇ａ）。慧約については、撫尾正信「梁国師慧約をめぐって」（前掲註〈19〉『東洋史論叢　和田博士古稀記念』）。

（34）『智度論』巻九。なお同巻一二にも同様の記述がある。

（35）この前後の叙述は、宮崎市定『九品官人法の研究』（東洋史研究会、一九五六年。のち『宮崎市定全集』六、岩波書店、一九九二年所収）によるところが大きい。

（36）中国では馬が重用されたことは周知の事実である。北魏の規定は残念ながら残っていないが『唐律疏議』職制律をみれば駅馬の使用にも官位による疋数の等差に加えて馬と驢の使い分けがあり、馬牛の殺傷と驢のそれとは処罰に大きな違いがあった。廐牧令（仁井田陞『唐令拾遺』東方文化学院東京研究所、一九三三年）によれば象一頭につき飼丁二人、細（上等の）馬一頭、中馬二頭、駑馬三頭、駝・牛・騾各四頭、純犢六頭、羊二十頭ごとに一人となって、扱いに格段の差があった。驢はおそらく騾なみであったと思われる。

（37）村上速水『続親鸞教義の研究』（永田文昌堂、一九八九年）、第一章第一節「曇鸞の人間観」。

（38）「下品の凡夫」の実体については、内藤知康「曇鸞の往生思想――『往生論註』を中心として――」（前掲註〈1〉『曇鸞の世界』所収）。

第四章　金剛智・不空渡天行釈疑

――中・印交渉を手懸りに――

一

『宋高僧傳』巻一、不空本伝にいう、

（金剛智の）影堂既に成り、追謚已に畢《おわ》る。嘗て遺旨を奉じたるに、五天幷びに師子國に往かしめらると。遂に遐征を議《はか》る（『大正蔵』五〇・七一二b）

不空が金剛智の遺命により五インド・師子国《スリランカ》に渡ったのは、長部和雄氏が金剛智の影堂完成を天宝二年（七四三）二月二十七日、渡天をこれ以後に比定されるのに誤りはなく[1]、金剛智は在唐二十一年をへて開元二十九年（七四一）七月二十六日、「天恩もて本國に放還」（『大正蔵』五五・八七六c）を許され、東京広福寺に到着ご疾に倒れ遺教を留めるよう不空らに付嘱して遷化したため[2]、師の遺言に遵い、天宝二年南海郡から乗船し、師子国・五インドに渡って各地を巡歴ご、天宝五載（七四六）に再び海路から帰朝したものであった。この金剛智にかわる不空の渡天行がなぜ実施されたか、どのような目的と意義を持つものであったかなど、中国密教史の展開に深くかかわる問題として先学の間にさまざまな見解が提出されており、本章もこれらの点に主たる関心を払うものである。

二

塚本俊孝氏[3]は不空の目的が明白でないとしながらも開元四年（七一六）、胡人が南海貿易の利を説き、師子国に赴き霊薬及び善医の嫗を求め宮掖に置くよう進言したため、玄宗が監察御史楊範臣に胡人と渡航するよう命じ、逆に楊範臣の諫めにあって中止した事実[4]をもとに、奢侈生活の進展や道教信仰による長生術に関心を抱いていた玄宗の嗜好にそう、貿易使節の役割を荷ったのではないかと推論された。不空の渡天行は帰朝後わずか三年足らずして、

天寶八載、本國（師子國）に迴ることを許され、驛騎五匹に乗り南海郡に至る。敕有りて再び留まる。

（『宋高僧傳』巻一、不空伝〈『大正蔵』五〇・七一二c〉）

の第二回目が企図されており、塚本説はこの場合も同じ観点から考えておられる。山崎宏氏[5]も塚本説を踏襲され、かつ雑密的印度医学の優秀性を認めていた宮廷貴族の要求に若干は応じなければならなかったためと述べられた。これに対し、竹島淳夫氏[6]は開元十五年（七二七）、密教流布に大きな貢献を果した一行がみまかり、金剛智・善無畏もあいついで歿すると、弟子を殆んど持たなかった密教勢力は急速に凋落せざるを得ず、金剛智が臨終に当って不空をさえも一旦都を去らせ、遺言して師子国へ往かせねばならなかったのも、かかる事情からであるとされた。また、松長有慶氏[7]は如上の諸説を踏まえながらも新しい密教経典の探索が主目的であって、金剛智は『金剛頂經』系の密教初の将来者・第一人者とはいえ、齎された梵本経典が質量ともに不充分であることを承知していたからだとされた。

各氏各様のアプローチ、推論のたてかたが伺われて興味深いが、結論に違いこそあれ、各氏の結論を導き出す前

提となるもの及び意識の中には、微妙に通じるものがある点を見逃すことはできない。それは善無畏・金剛智による新来の密教がいかなる状況の下に、どのように受容され、長安の宗教界にどの程度勢力を扶植し得たかとの問題意識であり、また後年、粛宗・代宗朝にあって、不空の密教が長安に君臨したまぎれもない歴史事実を、右の問題意識から導かれたそれぞれの結果に対置させ、その両極の間に敢行されている金剛智・不空の渡天をどのように理解するかということである。各説なべて不空佛教を善無畏・金剛智の密教からの発展として把えるか、或は中断とみるかの差こそあれ、不空が代宗朝に基盤を築いた原因を模索する一過程とするのも共通項である。では金剛智らを遐征に駆りたてた背景は一体なんであったか、この問題解決にあたって開元時代における宗教界及び皇室・官僚層の信仰形態や密教受容のありかたに重要な鍵があるとみる先学の説を略紹介すれば、左のとおりである。

竹島氏は、正純密教の伝入前夜における佛教界が華厳を最後に哲理を主体とする学派の没落時代を迎えていたとし、一方、皇室をはじめ支配者層の佛教受容にも程度の差こそあれ、おおむね現世利益、呪術的性格を濃厚に帯びていたとする。つまり佛教に呪術性や現世利益の面を容認する従来の傾向が、支配階級内部の相剋や政界の混乱(＝武周革命以来の)などによって、いよいよ拍車がかけられ、雑密さえ集大成される状況であったから、より体系化され高度に洗練された正純密教を受容し流布せしめるに足る基盤が充分に醸成されていたことになるというわけである。竹島氏は読まれなかったらしいが、同様の見方は既に塚本善隆氏『唐中期の浄土教』(法藏館、一九七五年)中に展開されており、塚本俊孝氏もそれを認めておられ、恐らく異論をさしはさむ余地はあるまい。さりとて善無畏・金剛智などの出現を即支配層への密教浸透と早計に見誤ってはならないことも竹島氏の指摘どおりであり、在来の佛教諸派のほか、道教など真言密教の伝布を阻む諸要因が多く存在した。ことに道教は老子を媒体に帝室との血脈関係をデッチあげ、皇室宗教としての地歩を築きあげていたのみならず、在来佛教をはるかに凌駕する現世利益・呪術的性格を持ち、それらを期待する支配者層の好みとあいまって、新来密教の流布に容易ならざる障害となったに違いないのである。竹島氏がいみじくも刑和璞・師夜光・司馬承禎など玄宗側近に多くの道士が仕えていたことを指摘し、官僚層にも後に道士となった賀知章はじめ道教に造詣の深い牛仙客・裴耀卿・房琯らに注目されたのは正しく、私も嘗て政界における道教色の進出ぶりを官制から論じたことがある。(8)

玄宗が廟号の示すとおり、いたく道教に傾斜し神仙・呪術を愛好したのは疑いもなく、したがって道教勢力が玄宗のかかる傾向に乗じて密教の駆逐を劃策したであろうことも想像にかたくない。「術者有り、鬼神の契を握り變化の功に參ず。詔を承け御前にその神異を効《いた》すも、和上は恬然として動ぜず、術者は手足の施すところ無し」(9)のエピソードや、また、

時に于いて帝は心を玄牝《どうきよう》に留め、未だ空門を重んぜず。所司の旨を希いて奏すらく、外國の蕃僧は遣《はな》ちて國に歸らせ、行くに日有《きげん》らしめよ、と。（『宋高僧傳』巻一、金剛智伝〈『大正蔵』五〇・七一一c〉）

の所司とはかかる道教的官僚であり、外国の蕃僧とは善無畏・金剛智らにほかならない。これでは好むと好まざるとに関らず、密教はその鋭鋒を避け定着の実をあげるためにも呪術的性格を顕揚する必要にせまられ、現世利益を弘法の手段とせねばならなかったわけである。塚本氏が天文・暦数・占星術・医学の知識を密教に認め、請雨・請晴の法、占卜の実践を強調され、山崎氏が巫祝道的性格を説かれるのも、はたまた除災の宗教から成佛へ、現世利益より出世間的な宗教体験へと変化した新密教の将来者たる善無畏らが、世俗的な呪術の能力によって中国社会に定着する端緒を得たのは皮肉なめぐりあわせだとする松長氏説、いずれも表現の違いはあっても意見の一致をみており、ここにこそ玄宗に国師と仰がれ道教側には聖人なりと慕われた異能の僧、一行の事蹟が特筆大書される所以がある。(10)

とはいえ、不思議なことに開元時代における新密教の定着・流布をめぐる評価は、前に紹介した竹島説のごとく或程度低く評価するものと、塚本・山崎両氏のように発展的に割合高く評価されるものとに分かれており、この違いが、とりもなおさず金剛智・不空の渡天行問題に大きな影を投げかけ、その動機及び目的の理解に喰い違いを惹き起す結果を招いているのである。松長氏の新密教経典探索の旅とする説は一応、諸種史料中に明記されており、ことに『代宗朝贈司空大辨正廣智三藏和上表制集』（以下『不空表制集』と略）所録の上奏文「三朝所翻經請入目錄流行表」に不空自らが、「後、五天に遊び、未だ受けざる所の者、幷びに諸經論を尋求す」（『大正蔵』五二・八四〇a）と述懐しているのであるから、各説共通の諒解事項となるであろう。ただ、この事実を逆に推せば当然、金剛智・不空が「将来された密教の梵本経典が質量ともに不充分であることを承知していた」ことが導き出され、松長氏は明言しないまでも、金剛智らをかく痛感させるなにかが玄宗朝にあり、老齢に笞打って帰国を決意させた、そのエトヴァスとは竹島氏のいわれる諸要因と推測せざるを得ない。つまり松長説はほぼ竹島説に近く、金剛智らの帰国をもって密教の中断と考えられたものと解されるのである。

では果して、これら先学のようにみるべきなのかどうか、私は別途資料を用いて、違った面からの考察を加えてみたい。

三

金剛智が南インド摩頼耶国 Malaya の婆羅門出身とする説は否定され[11]、中インド刹利 Kṣatriya 種の伊舎那靺摩 Īśānavarman 王の第三王子であって、南インドを主な舞台に活躍したためと、南インド国王が将軍の米准那

Madhyana を唐に遣わし、金剛智を南インド出身として薦めたことから誤り伝えられたとするのが定説化している。これは『貞元釋敎錄』所収、金剛智灌頂の弟子で集賢院学士であった呂向の『故金剛智三藏行記』（以下『行記』と略）及び混倫翁撰「塔銘幷序」によるものであって、今『行記』を引用すれば、

和上本中天竺國刹利王伊舍那靺摩第三子也。後因㆓南天國王將軍米准那薦聞㆒、遂稱㆓南天竺人㆒也

（『大正藏』五五・八七五b）

という。この米准那が唐に派遣されたについては、金剛智が中国伝導を発願するにいたった経緯を述べ、南天竺国王の援護のもとにインドを出発する次第を紹介したところに、次のように記されている。

王曰、必若去時、差㆑使相送、兼進㆓方物㆒。遂遣㆓將軍米准那㆒、奉㆓大般若波羅蜜多梵夾・七寶繩床・七寶金釧・寶鈿耳璫・雜物・衣甲・綵緤・沈水・龍腦・諸物香藥等㆒、奉進㆓唐國㆒、願㆓和上㆒撿校加持、得㆑達㆓彼國㆒

（『大正藏』五五・八七六a）

途上、風波のため師子国より陪従の波斯《ペルシャ》船三十五隻は流泛してしまい、金剛智らの一船のみが広州にたどりついた。時に開元七年（七一九）であり、翌年五月都に入ったもののようである。この航海は金剛智護送が主目的でなかったのは後で明らかになろうが、少くとも金剛智は南インドの遣唐使船に乗り、遣唐使とともに入京したというわけである。

ここで佛教史料を離れ一般史料を紐解いてみるなら、『舊唐書』本紀、開元八年（七二〇）五月丁卯の条に「南天竺國、使を遣わし五色の鸚鵡を献ず」の一文があり、『册府元龜』（巻九七一、外臣部朝貢）には「豹及び五色の鸚鵡・問日鳥を献ず」とて同年同月のところにみえ、『唐會要』（巻一〇〇、天竺国）及び『舊唐書』（巻一九八）天竺国伝にも略同じ記載がある。南インドの朝貢は開元七年六月にも行なわれた記録（『册府元龜』巻九七一、外臣部朝貢）

もあるにはあるが、他の史料にはみえない。かつ『新唐書』天竺国伝中に「開元時、中天竺遣二使者一三、至二南天竺一一云云」[12]の文にも合わず、恐らく八年時の遣使と錯綜したのではあるまいか。したがって如上の理由及び時期的にみて金剛智の入京が開元八年の遣使朝貢に相当すると断定してよく、佛教側の史料に使節米准那の名をとどめているのは正史類の欠を補う貴重なものである。この時、米准那は金剛智を玄宗に薦め南インド屈指の呪術僧と紹介したに違いない。なぜなら南インドでは三年も続いた旱天に苦しみ、王は中インドに帰国中の金剛智をわざわざ招請し雨を祈らせ、彼のために寺院を建立するなど奇瑞を現わす呪術者として誉れが高かったからである（『行記』）。かくて金剛智は南インドの人と誤られ、また開元朝の趣好にマッチする巫祝道的僧として歓迎せられたと思われる。

　さて、南インド遣使米准那は玄宗に対し三つの申し入れを行なった。

　其年、南天竺國王尸利那羅僧伽、請下以二戰象及兵馬一、討中大食及吐蕃等上、仍求レ有二名其軍一。玄宗甚嘉レ之、名レ軍爲二懷德軍一（『舊唐書』天竺国伝）

『新唐書』（天竺国伝）は「乞師討大食吐蕃」に作るが『唐會要』（巻一〇〇）・『册府元龜』（巻九七三、外臣部助国討伐）もほぼ『舊唐書』に等しく、前後の文章からみて『新唐書』の誤りと考えてよかろう。文中の尸利那羅僧伽は後引の資料にみえる尸利那羅僧伽宝多抜摩、もしくは尸利那羅僧伽宝多枝摩の略であって、Śránarasiṃhapotavarman と還梵され、金剛智の『行記』にいう捺羅僧伽補多靺摩 Narasiṃhapotavarman の同名異訳に違いあるまい。当時イスラムのウマイア朝は北アフリカからイベリア半島を攻撃し、スペイン全土を席捲するかたわら、東方にも侵略の手を伸ばし、アル・ハジャージュはアム川を渡ってトランスオキジァナを押え、バルク、ブカラ、サマルカンド、キヴァ諸都市はイスラムの東方経営の根拠地と化す勢いであった[13]。時あたかも金剛智入唐の直前であり開元八年四月、玄宗が烏長、骨咄、倶位の各王に冊命の使者を送ったのは「大食これらを誘い、唐に叛かしめんと欲するも、三國は從わず。故にこれを褒《め》ず」（『資治通鑑』巻二一二）るためで、大食の東方進出はここに及んで唐の西域経綸と真向から対立するわけである。インドも時を同じくムハンマッド・イブン・カーシムの率いる遠征軍によりインダス下流域を奪われ、プラティハラ朝、チャールクヤ朝など北・中インドの王朝がそのデカン高原への侵出をようやく防ぎとめたところであった。いわば大食は中国・インド共通の敵として存在していたのである。

一方、吐蕃はチデツクツェンの時代に入り唐から金城公主を迎えたとはいえ唐との間に争いは絶えなかった。開元二年（七一四）には河西九曲の領有をめぐり唐との盟約に失敗した結果、臨洮軍に対する吐蕃の侵冦は苛烈をきわめており、開元四年（七一六）以後、たびたび和平交渉が重ねられたため、或程度、戦闘状態は回避できたが、依然として唐の側には頭痛の種であったことは変りはなく、開元十四年（七二六）には再び激しい争いが展開されることになる。[14] ただ吐蕃はネパール等の北インドとは密接な関係があったにしても、南インドには直接かかわりがない筈であり、なぜ吐蕃への出兵を云云したのか疑問が残る。想うに大食討伐の企ても真偽のほどは分らないが、吐蕃を加えたあたりにたんなる外交辞礼の臭みが漂っており、唐の辺防に直截する問題提起で玄宗の関心をあおった即興的申し入れの感が深いのである。

第二には、九月の条に、

南天竺王尸利那羅僧伽寳多枝摩、爲レ國造レ寺、上表乞二寺額一。勅以二歸化一爲レ名、賜レ之（『舊唐書』天竺国伝）

といい、『唐會要』（巻一〇〇）および『冊府元龜』（巻九九九、外臣部請求）にも同様である。「爲國造寺」とは唐のための意味であろうが、中国に建立したのかインドにか不明ながらも、戦争と佛教の両面から両国の紐帯をはかった点は興味ぶかく、それだけに金剛智の占める役割がいかに重大であったかを証するものであろう。そして第三に、

又上表、乞二袍帶一曰、蕃人無レ識、惟將二衣帶一爲重、既不二賜及一、豈知二優寵一

（『册府元龜』巻九九九、外臣部請求）

である。『新唐書』にも同じことがみえ、かつ『册府元龜』には上文につづけていう。

勅二中書門下一、南天竺王遠遣朝貢、其使却還、竝須二周旋發遣滿レ望、乃以二錦袍金帯魚袋七事一、賜二其使一遣レ之

ここには年月を記さないが同書巻九七四の褒異には「八年八月丁丑」とし『唐會要』は九月にかけている。いずれも正しく、請求の奏が八月、下賜の勅が九月に発せられたと考えたい。

以上が金剛智随伴の遣唐使事蹟のあらましである。ただし開元中の南インド遣使はこの一回のみとする『新唐書』の記述とはうらはらに、『册府元龜』（巻九七一、外臣部朝貢）には「開元八年十一月、南天竺王遣使來朝」の一項を載せる。同じ年に二回の朝貢とは納得しかねるが、これは、

開元八年十一月、遣レ使册二利那羅伽寶多一、爲二南天竺國王一　遣レ使來朝

（『舊唐書』天竺国伝、『唐會要』天竺国項）

の文と対置する時、「遣使來朝」にひきずられ新たな使節派遣と誤解した懸念がある。今これに相当するものを『册府元龜』に求めると、同書巻九六四、封冊の項にある、

開元八年十一月、遣レ使册二南天竺國王尸利那羅僧伽寶多拔摩一、爲二南天竺國王一

の文がそれで、恐らく撰書の際に「爲南天竺國王遣使來朝」とすべきところを、朝貢と封冊の二項に振り分けるにあたり「爲南天竺國王」を封冊用のカードに付した結果、「遣使來朝」が独立してしまい、年月と「南天竺國王」をやむなく加えて朝貢の項に入れたのだと推測される。『舊唐書』など前述資料は確かに誤解を招きやすく、「使を遣わし（尸）利那羅伽寶多を册して南天竺國王と爲す。〔南天竺國王の〕使を遣わし來朝す〔るが爲なり〕」と解読すべきで、「爲南天竺國王」の一句を重繁とて削り去ったか「爲遣使朝貢」とあったものを誤って為の字を刪落し

たと思われる。つまり開元八年五月に入京の南インド遣唐使の派遣を嘉した玄宗が、返礼使節を伴わせ、尸利那羅僧伽宝多枝摩を伝統的な冊封体制そのままに南天竺国王に封じたというわけである。金剛智がかかる中国・インド両国の外交に介在する一員である事実を想起するならば、自ずと彼の帰国をめぐる疑惑解明の緒口がほぐれてこよう。それは次節に譲るとして、唐が南インドに返礼使節を派遣している点を、ここでは特に注意しておきたい。

四

前節で論証したように、金剛智は南インドの遣唐使に随行してきた。けれども彼の出身が中インドであり、国王伊舎那靺摩の第三子であるとすれば、南インドのみならず中インドと唐の交渉にも当然注意が払われる必要があろう。

中インドの遣使について『新唐書』は三回とするが、『册府元龜』（外臣部朝貢）では開元五年（七一七）五月、十三年（七二五）七月、十八年（七三〇）十一月、十九年（七三一）十月、二十九年（七四一）の五回を数える。『舊唐書』『唐會要』にも十九年・二十九年のことは記すが他のことはなんら触れておらず、いずれが正しいかにわかに決定し難い。またこれら中インドの使節がどの王国のものかも判別できず、同一王国の使節と処理し去るには危険が伴なうのである。ただ十九年の朝貢にかんしてのみは金剛智の母国と断定することが出来よう。

開元十九年十月、中天竺國王伊沙伏磨、遣二其臣大德僧勃達信一來朝、且獻二方物一

（『册府元龜』巻九七一、外臣部朝貢、『唐會要』『舊唐書』略同）

国王伊沙伏磨はĪśānavarman つまり金剛智の父伊舎那靺摩その人であって、勃達信はBadhacit と還梵される。

中インド国王に時を同じく同名の異人が君臨していたとは、まず考えられず、金剛智の父王とみてよいであろう。ただ金剛智は開元二十九年に七十一歳で不帰の客となったから、開元十九年は彼六十一歳となり、その年齢をもとに父王を逆算すれば、いささか躊躇せざるを得ない面もあるが、他に資料が見出せないかぎり、かく断定すべきであろう。

さて金剛智の母国と唐の間には厳然と交渉が行なわれ、彼の入唐後に使節が往来しているのである。そして彼が帰国を企てながら異国の土となった開元二十九年の三月には、

中天竺國王李承恩來朝、授二游撃將軍一、放還。天寶中累遣レ使來

（『舊唐書』天竺国伝、『唐會要』天竺国、『册府元龜』巻九七五、褒異（編者註））

の記録がみえる。中国風の李承恩はその李姓・名の承恩から判断して明らかに唐側の賜姓・賜名であり、玄宗の中インドに示した褒異のほどがしのばれ関心の高さを物語るよすがとなっている。惜むらくは賜姓・賜名のために原名がわからず、金剛智との関わりを知る手懸りを失っているが、もし母国の王であるとすれば、いよいよもって本章の主張に有利となる。それはともかく、遣使入朝が三月、金剛智が「天恩遊還本國」の勅命を受けたのが七月二十六日、帰国準備の途次みまかったのが八月十五日とすれば、この期日の一致はたんなる偶然では片付けられない意味を持っている。これは明らかに南インドの場合同様、中インド使節の帰国にともなう唐側の返礼使を兼ねて帰国させたものとみて誤りないのではあるまいか。よってこの点をもう少し、他の面から実証しておきたい。

天宝二年（七四三）、不空がスリランカ・インドに出発したのは疑いもなく先師金剛智の遺命を奉じたからであったが、門人含光・慧警以下の僧俗二十一名を率いて南海郡を船出する不空らを「採訪（使劉巨鱗）(15)以下、州を擧《こぞ》る士庶は大いに香花を陳設し海浦に遍くす。梵栝を天涯に蠡《わか》ち奉《つつし》んで大師を送る」（『大唐故大德贈司空大辨正廣智不空

三藏行狀』、以下『行狀』と略、〈『大正藏』五〇・二九二c〉）の状況は、劉巨鱗の懇望もだし難く、法性寺に道場をしつらえ南海郡の士庶に灌頂を授けた不空に対するありかたとして当然ではあろうが、僧俗の随行二十一名とは並の一行ではなく、その歓送ぶりにも他の原因があったのではないかとの疑いが生まれる。結論からいえば、不空の遐征は私的なものでは決してなく、公的なもの即ち唐の使節ではなかったかというものである。このことは『行狀』にはみえないが不空の本伝には乗船の時、

及レ將レ登レ舟、採訪使召二誡番禺界蕃客大首領伊習賓等一曰、今三藏往二南天竺師子國一、宜下約二束船主一、好將二三藏幷弟子含光慧䛒等三七人國信等一、達レ彼無上レ令二疎失一（『大正藏』五〇・七一二b）

の一文があり、不空が唐の国信を携えていたことを物語っており、弟子飛錫撰『大唐故大德開府儀同三司試鴻臚卿肅國公大興善寺大廣智三藏和上之碑』（『不空表制集』巻四）はなおはっきりと「詔有って國信を齎し師子國に使せしめらる」（『大正藏』五二・八四八c）と述べ、弘法大師の『秘密曼荼羅敎付法傳』（『弘法大師全集』、以下『付法傳』と略）も同様である。とはいえ国信を携えていたこと即遣印使と断ずるのも早計であることは論をまたない。そこで更に他の傍証を探せば弘法大師の『付法傳』[16]に次のように注目すべき記載がある。

開元二十九年秋、先師入塔之後、有レ詔爲レ請二大本金剛頂經及大本毗盧遮那經等冣上乘經一、差二和上及弟子僧含光惠辨幷俗弟子李元琮等一令レ齎二國信一、使二南天竺師子國一云云

李元琮は玄宗―代宗朝の宦官であり、高力士、李輔国のあとをうけ権勢を恣にした魚朝恩の腹臣として両街功德使に任ぜられ、爾来、大暦十一年（七七六）に没するまでこの任にとどまり、開府儀同三司兼右龍武将軍となった人物である。[17]彼が早く不空の弟子となり三十余年もの間、影の形にそうが如く協力を惜まなかったことはよく知られている。『付法傳』はなにに依拠したのか分らないが、随行二十一名中にいたとすれば、私的旅行に現職宦官の随

行が許されるとは思えず、李元琮の存在はとりもなおさず、公的な旅であったことの証左となろう。不空の「遺書」（『不空表制集』巻三）の一節にいう「俗弟子功徳使李開府は、吾に依りて法を受くること三十餘年。勤労にして精誠、孝心厚《うた》た深し。河西、南海と道を問うて往來し、淨影（寺）鴻臚（寺）と躬ら親しく供養す」（『大正蔵』五二・八四四b）とは、河西が天宝十二載（七五三）、河西節度使哥舒翰の招請に赴いたことを示すもの、そして南海とは南海郡を含めインドへの遠征随行を意味すると思われる。玄宗時代は宦官勢力がとみに伸張しはじめた時であることは周知の事実であるが、国老高力士の力をバックに節度使の動向をチェックする観軍容使をはじめ、各方面への進出がみられる。かかる事情を背景に考えれば、李元琮の不空随伴はさほど異とするに足らないし、或は李元琮が返礼使節の肩書を持っていたのかも知れないのである。

要するに金剛智・不空のインド渡航は塚本氏が推論された貿易使節(18)、松長氏の新経典探索の意図をも含めながら、中・印国交史の一環として把握し位置づけなければならないことを論証してきたわけである。かかる線に沿って眺めていけば不空の帰朝時にいう、

天寶五載正月、師子國王尸邏迷伽遣婆羅門僧灌頂三藏阿日伽跋折羅（＝不空）來朝、獻㆓鈿金寶瓔珞及貝葉梵寫大般若經一部、細白氎四十張㆒

（『冊府元龜』巻九七一、朝貢。『唐會要』師子国項、『新唐書』師子国伝、『舊唐書』本紀および師子国伝、略同）

の記述も関連して納得することが出来るのである。佛教側の史料では「至㆓天寶五載㆒、還㆑京」（『宋高僧傳』巻一、不空伝）とて師子国王の遺使とは明記しないが、後文を詳しく検討すれば尸羅《ママ》迷伽の表を宝物とともに進奉しており、かつ、

奉㆑敕、權止㆓鴻臚㆒（『大正蔵』五〇・七一二c）

とある。当時外国の使臣は鴻臚寺に仮寓させられるのが一般的であった。とすれば暗に師子国の使節として扱われたことをほのめかすなによりの資料となる。そしてまた三年後の第二回渡航にあたって「乗二驛騎五匹一、至二南海郡一」というについても、唐代の駅制では一品官が給馬八匹、嗣王・郡王および二品以上が六匹（『唐令拾遺』廐牧令）、職事三品官もしくは王が四匹、四品および国公以上が三匹（『唐律疏議』巻一〇、職制律）であり一般人ことに僧が駅馬を利用できるはずもなく、それが支給されている事実は、やはり特別の意味をもった渡天行、つまり天宝五載、師子国王の入朝に対する返礼使であったことは明白である。かくして金剛智・不空らの行動が密教勢力の敗北ないし伝法の中断とみる立場はおのずと崩れ去らねばならず、むしろ彼らが玄宗の寵任を蒙むっていた姿を知るよすがとさえなろう。また彼らの渡天が中・印交渉史の上に位置づけられるかぎり、安史の乱前後より隆昌に向かい長安宗教界のリーダーシップを握るに至った不空教団の発展についても、また違った視野が開けてくるのである。それに関してはまた稿を改めて論ずる機会もあろう。

註

（1）長部和雄「不空三蔵渡天年次時釈疑——特に『付法傳』の史料的価値に就いて——」（『密教研究』八三、一九四二年）。

（2）混倫翁撰「大唐東京廣福寺故金剛智三藏塔銘幷序」（『貞元新定釋敎目錄』巻一五所収、以下「塔銘幷序」と略）に「至二十九年七月二十六日天恩放還本國、至東京廣福寺、乃現疾、嗟有身之患、坐而遷化云云」（『大正蔵』五五・八七六c）とある。

（3）塚本俊孝「中国に於ける密教受容について——伝入期たる善無畏・金剛智・不空の時代——」（『佛教文化研究』二、一九五二年、後に『密教大系』第二巻、中国密教、法藏館、一九九四年所収）、以下の塚本説は該論文である。

（4）『資治通鑑』巻二一一、開元四年五月条に「有胡人上言、海南多珠翠奇寶、可往營致、因言市舶之利、又欲往師子國求靈藥及善醫之嫗、寘之宮掖、上命監察御史楊範臣、與胡人偕往求之、範臣從容奏曰……」という。

(5) 山崎宏「不空三蔵」（『隋唐佛教史の研究』〈法藏館、一九六七年〉第十三章）以下の山崎説は該論文である。

(6) 竹島淳夫「唐中期における密教興隆の社会的基盤」（『神戸山手女子短期大学紀要』七、一九六三年、後に『密教大系』第二巻、中国密教、法藏館、一九九四年所収）。以下の竹島説は該論文。

(7) 松長有慶『密教の相承者――その行動と思想』（「東洋人の行動と思想」三、評論社、一九七三年）一六九・一七〇頁。以下の松長説は該書。

(8) 拙稿「官吏登用における道挙とその意義」（『史林』五一―六、一九六八年）本書第一篇第五章所収。

(9) 李華撰「大唐東都大聖善寺故中天竺國善無畏三藏和尚碑銘幷序」（『大正蔵』五〇・二九一b）なお『宋高僧傳』巻二の本伝にもみえる。

(10) 一行に関する研究は多く、とくに春日礼智「一行伝の研究――支那古今人物略伝（四）――」（『東洋史研究』七―一、一九四二年）、長部和雄『一行禅師の研究』（神戸商科大学、一九六三年）などを参照。科学史からは藪内清『中国の天文暦法』（平凡社、一九六九年）がある。

(11) 『開元釋敎錄』巻九「南印度摩頼邪國人（此云光明國其國近觀音宮殿補陀落山）婆羅門種」（『大正蔵』五五・五七一b）および『宋高僧傳』の説である。

(12) 『文獻通考』巻三三八、四裔天竺の条もこの説を踏襲している。

(13) 足利惇氏「イスラム世界」（『人文書院版世界歴史』第三巻、一九六六年）参照。

(14) 佐藤長『古代チベット史研究』（東洋史研究会、一九五八年）上、各論四「金城公主の入蔵」参照。

(15) 劉巨鱗についてはChou Yi-Liang（周一良）"Tantrism in China", *Harvard Journal of Asiatic Studies*, Vol. 8, March. 1945. に劉巨隣か劉巨鱗かをめぐり考証があるが、氏のみていない資料として『舊唐書』本紀、天宝三載四月条に「南海太守劉巨鱗撃破海賊呉令光、永嘉郡平」の文をあげておく。

(16) 『付法傳』の史料的価値については、前掲註（1）の長部論文に紹介されている。

(17) 『不空表制集』巻五に不空の俗弟子趙遷の「故功德使涼國公李將軍挽歌」および恵朗の「請續置功德使表」がある。なお『舊唐書』巻一五七、郗士美伝に「魚朝恩署牙將李琮、爲兩街功德使。琮暴横、於銀臺門、毀辱京兆尹崔昭、純詣元載抗論、以爲國恥、請速論奏」とみえる。

（18）氏の説は的をあやまっていないと思う。「開元十七年六月、北天竺國三藏沙門僧密多、獻質汗等藥」「開元二十五年四月、東天竺國三藏大德僧達摩戰來、獻胡藥卑斯比支等、及新咒法梵本雜經論持國論占星記梵本諸方」（『冊府元龜』巻九七一、『唐會要』巻一〇〇）などあいついでみえている。

（編者註）

引用文は『舊唐書』巻一九八、天竺国伝による。ただし、『舊唐書』天竺国伝の原文には「中天竺王子李承恩來朝、授游撃将軍、放還。天寶中累遣使來。」とあって、「中天竺國王」ではなく「中天竺王子」とする。『冊府元龜』巻九七五、褒異も「天竺國王子承恩來朝、授游撃将軍、放還。」と記す。他方、『唐會要』巻一〇〇、天竺国は「中天竺國王李承恩來朝、授遊撃将軍、放還。天寶中累遣使朝貢。」として「中天竺國王」と記す。引用文には若干の混乱がみられるが、原掲誌の引用文通りとした。

第五章　不空教団の展開

はじめに

中国佛教とりわけ唐代の佛教を考察する場合、重要かつユニークな位置を占めるのが不空および彼を中心とする密教教団であろう。それはただに六朝以来の佛教とは異質なもの、あるいは純密教団の成立発展として重視するばかりではない。唐代いな中国史におけるターニング・ポイントとみなされてきた安史の乱の最中、その異常な政治的、社会的不安動揺をむしろ栄養源として開花させた不空教団である。その強靱さの秘密を解き明かすことは、とりもなおさず中唐以降の佛教を占い、わが国の佛教に展望を与えるとともに、転換期における佛教のありようはもちろん、中国史の時代区分にも、なにがしかの視座を提供することになる。

不空ないし彼の周辺をめぐる研究は多く、その意図するところも多様である。本章は先学の驥尾に付しながら、その政治的な部分にスポットを当てようと試みたものであるが、鎌田先生の退休記念にしては恥多き作品となってしまった。ただし、他に比類をみない貴重な史料『代宗朝贈司空大辨正廣智三藏和上表制集』(以下『不空表制集』と略)研究の一環であれば、この非礼を今後の研究によって、幾分なりと償うよう努めたいと思う。

不空佛教の特色については大村西崖氏をはじめ、多くの指摘がある[1]。就中、歴史的観点にしぼってみれば、大まかではあるが塚本善隆、山崎宏両氏の見解[2]に集約できそうである。塚本氏は㈠儀軌による建壇修法、㈡国家的色彩の濃厚なこと、㈢五臺山信仰・文殊信仰の宣揚、の三つを著しい特色とみなしている。これらは教理教学よりする論稿にも大なり小なり指摘されており、異論を唱える余地はなく、複合的に作用しあい、不空教団を長安佛教界の覇者たらしめたことは間違いなかろう。

一方、山崎氏は軍閥すなわち河西・隴右節度使哥舒翰、宦官李元琮・李憲誠らとの結びつき、さらに巫祝道的性格を、不空教団発展の原動力とみなされている。従前にも注目されなかったわけではないが[3]、有力な見解として定着しつつある。巨視的にはともかく、細部にわたれば補訂すべき点も多く、特に後述するように、不空の権勢獲得因由攷の序章と目される哥舒翰問題は、はたして高く評価すべきものかどうか大いに疑問が沸くところである。筆者はむしろ軍閥、宦官を含めた複雑怪奇な政争の所産として不空教団を考察したいのであるが、今回は導入部分に相当する哥舒翰と李元琮にしぼり、先学とは別の角度より検討を加えてみることにする。

一　哥舒翰の招聘

沙門不空、言す。中使の呉遊巖が至り、奉しく聖旨を宣せらるるに、不空の本院に今日齋を設くるを以て、特に名香を賜い兼ねて天使を降さると。鴻《おおい》なる私《おん》を曲げて被り、欣躍《よろこび》は名《あら》わし難し。不空、誠《ふか》く歡び誠く喜ぶ。不空、蔭を法流に託し密敎を弘めんと思い、孤《ひと》り萬里《いこく》に遊び遍ねく五天に學び、想いを十方に凝らして、華藏の諸佛に覲《まみ》え、専ら五部を精《もと》め、奈苑の眞言を窮め、布字觀心する毎に身を投じて請護せり。弘誓の力に乗じて輪王の出興に値うを得んと願いしに、潔誠すること十年にして曩《しき》りに明聖に會えり。前《すぐ》る載《とし》、函關《どうかん》の未だ啓《やぶ》られず、陛下の徳を春宮に養われしとき、早《つと》に徳音を奉じ、曲さに省問を垂《たま》い、兼ねて香藥を賚いて、密かに加持せ遣《し》めらる。（『大正蔵』五二・八二七c～八二八a）

不空が自らの伝歴を語ったものとして、『不空表制集』にはもっぱら僧俗の門弟子を対象とする「三藏和上遺書」（巻三）、あるいは代宗宛ての「三藏和上臨終陳情表」（巻四）を収録する。それぞれに教団発展の経緯をたどる手がかりを与えてくれるが、詳細かつ生臭い記述という点では、右の「謝恩賜香陳情表」（『不空表制集』巻一）に遠く及ばない。これが不空教団の勝利を決定づける直前、いまだ長安を奪回して間もない至徳三年（乾元元・七五八）正月二十三日に奉られていることを併せ考えれば、その刮目すべき権勢獲得の秘密が隠されているように思われる。

不空が恩師金剛智の遺命を奉じて、未請来の梵本および密教儀軌を求め、広州より海路スリランカ、さらにインドへと向かったのは玄宗の天宝二年（七四三）のこと。表文に「孤《ひと》り萬里《いこく》に遊び、遍ねく五天に學」ぶというものである。この渡航目的と意義については、かつて先学の説を整理しつつ自らも中・印交渉史の一環として位置づけるべく論じたことがある。(4) その際、密教勢力の敗北ないし伝法の中断とみなす危険を指摘したが、在来佛教や道教とりわけ皇室の宗教となりおおせた道教が、新来の密教流布に大きな障碍となったことは否めない。この牢固として抜きがたい道教勢力の間に楔を打ち込むべく秘密の法を求めての旅立ちであった、とみて差支えなかろう。また「専ら五部を精《もと》め、奈苑の眞言を窮め」た不空の努力は一応、報いられたかにみえる。(5) けれども帰朝後僅か三年にしてふたたびインドへ渡るため南下している事実は、よしんば使節の任務を帯びていたにしろ、確かな地歩を宮廷内に築き上げられなかったことの証左である。

円照撰『貞元新定釋敎目錄』（以下『貞元錄』と略）巻一五には、その間の事情を説明し「（天寶）九載己丑《ママ》（七五〇）、復たび恩旨有りて、劫（却）歸せしめらる。京都より發し、路次にて疾に染《かか》り、前進すること能わず。寄りて韶州に止ま」ったことを伝えたのち、

至㆓癸巳天寶十二載㆒、河西節度使・御史大夫・西平郡王哥舒翰奏、不空三藏行次染㆑患、養㆓疾韶州㆒、令㆔河西邊陲請㆓福疆場㆒、上依㆑所㆑請、敕下㆓韶州㆒、追㆓赴長安㆒、止㆓保壽寺㆒、制使勞問・錫賚重重、四事祇供、悉皆天賜、憩息踰㆑月、令㆑赴㆓河西㆒、至㆓武威城㆒、住㆓開元寺㆒（『大正藏』五五・八八一b）

とある。つまり出航地である南海郡へ向かう途次、韶州（広東省曲江県西）で病床に伏す身となった不空は、それから足掛け三年、この地に寄寓し日夜これ勤め、疾をおして翻訳にはげんでいるとき、河西節度使哥舒翰の奏請によって河西の地に迎えられることになったわけだが、これは不空教団にとってのエポック・メーキングとみなされる事件である。

河西節度使は涼州つまり武威に治所を置き天宝初年の数ではあるが范陽、隴右に次ぐ七万三千の兵を領している。[6]天宝六載（七四七）、王忠嗣に代わって安思順が朔方より転じ、十二載になって隴右節度使の哥舒翰が兼領することになる。この配置は、范陽・平盧・河東三節度使を兼ねた安禄山の脅威に備える宰相楊国忠の陰謀によるといわれ、安史の乱勃発に至る二年有半が哥舒翰の絶頂期であった。

哥舒翰は西突厥十姓の一つ、突騎施の酋帥哥舒道元の子であり、母の尉遅氏は于闐王の一族だという。景雲元年（七一〇）十月、大薦福寺で死んだ于闐の実叉難陀は、睿宗の命により西域の法で荼毘に付され、無言の帰国をすることになったが、このとき、門人の悲智とともに舎利護送の勅使に任ぜられたのが哥舒道元であるのも[7]、于闐王との縁故によるであろう。代々安西に居住し父の道元は安西副都護の任にあったようである。

後年、安禄山や安思順、哥舒翰ら非漢人ないし寒族出身者により節度使が占有される因由は、保身に汲々たる李

林甫が「出將入相」の源を杜絶せんと「其の文字を識らず、相に入るの由無きを利」としたことに帰せられる（『舊唐書』巻一〇六、李林甫伝）。その是非はともかく、(8) 哥舒翰は不惑を迎えて発憤し『左傳』『漢書』を読みあさり、河西節度使王倕ついで王忠嗣に仕え、天宝六載（七四七）には隴右節度使に擢んぜられた。(9) これは鄯州を治所とし、鄯・秦・河・謂・蘭・臨・武・洮・岷・郭・疊・宕の十二州を領するものであり、河西節度使ともども熾烈をきわめた吐蕃の侵攻に備える重鎮であった。

吐蕃に関しては佐藤長氏の研究に詳密である。(10) 当時の吐蕃はチデックツェン治世であったが、小勃律《ギルギット》王との通婚によって唐との関係は険悪さを加え、天宝六載には高仙芝による小勃律征討が敢行される。一方、隴右節度使となった哥舒翰も積極的に対吐蕃作戦を展開し、青海のほとりと海中の龍駒島に神威軍と応龍城を築いて反撃の足場を固め、天宝八載（七四九）(11) には六万余の軍をもって険要の地、石堡城を奪回した。そして河西節度使を兼ねた天宝十二載には再び大挙して吐蕃を伐ち、黄河九曲にある洪済城、大漠門城等を抜き、安史の乱前における対吐蕃戦を締めくくっている。(12)

生来「財を疏《かろ》んじ氣を重んじ、士の之れに歸するもの多き」（『舊唐書』巻一〇四、本伝）哥舒翰である。黄河九曲に吐蕃を破った翌年（七五四）三月、麾下の策勲を奏請したが、それには営州の高麗人出身の王思礼以下、明らかに非漢人と分る火抜帰仁、康承献といったいわゆる蕃将達が多く名を連ねており、これによって哥舒翰軍のみならず玄宗朝における辺境守備軍の人的構成が、あらかた推測できる。(13) 兵制の変化にともなう非漢人兵士の増大が周知の事実ならば、かかるが故に蕃将を有利とし、蕃将の下に非漢人将兵が多く集まるという悪循環によって、反乱の危険を増幅させたのもまた確かなのである。安禄山が麾下の漢将を蕃将に代えたことは特筆されるが、(14) 同様の現象は大なり小なり他の節帥にも認められるのである。

　不空が哥舒翰の招請に応じて河西に赴いたのは、前引『貞元録』の文のみならず、趙遷の『大唐故大徳贈司空大辨正廣智不空三藏行狀』（以下『不空行狀』と略）ならびに『不空行狀』に依ったとおぼしき『宋高僧傳』巻一の不空伝に基づき天宝十二載とされている。しかし哥舒翰が河西節度使を兼ね、西平郡王の爵を賜ったのは十二載九月のこと(15)、不空招聘の請はこれ以降とせねばならない。遥か韶州の地で加療中の不空に使者を送り、長安へ召喚し保寿寺での静養一月を算入すれば、「十三載、武威に到りて開元寺に住す」（『不空行狀』〈『大正藏』五〇・二九三b〉）とみるべく、かくてこそ飛錫撰『大唐故大德開府儀同三司試鴻臚卿肅國公大興善寺大廣智三藏和上之碑』（『不空表制集』巻四、以下『不空碑文』と略）中「十三載に至り、敕有りて武威に往かしめらる」（『大正藏』五二・八四八c）の文が生きてくるのである。おそらく早くとも天宝十三載の初めに武威へ赴き、開元寺に住して新来の秘密儀軌による灌頂道場を開き、あるいは翻経に着手したと思われる。『貞元録』には哥舒翰の請により瑜伽教を転じ曼荼羅を置いて幕僚ことごとく諮受せしめたといい、

　時、西平王爲レ國請レ譯二金剛頂一切如來眞實攝大乘現證大敎王經三卷一、行軍司馬禮部郎中李希言筆受。又譯二菩提場所說一字頂輪王經五卷、及一字頂輪王瑜伽經一卷、幷一字頂輪王念誦儀軌一卷一、並節度判官監察侍御史田良丘筆受。又承二餘隙一、兼譯二小經一(16)（『大正藏』五五・八八一b）

と、その精誠ぶりを伝えている。

　元来、酒色に耽る哥舒翰は入朝の途中「土門軍（甘粛省臨河県）に至り浴室に入る。風疾に遘り絶倒し」（『舊唐書』巻一〇四、本伝）、そのまま京師の私第に還り「門を闔して朝請せず」（『新唐書』巻一三五、本伝）、安史の乱を迎えることになる。『資治通鑑』はこれを天宝十四載二月の条に掛けており、したがって不空との関係は約一年程度で終わったとみてよい。なぜなら河西に留住した不空は翌年「五月に洎んで、敕もて河西に下し三藏を追《もと》め入朝

せしめ」（『貞元録』巻一五〈『大正蔵』五五・八八一c〉）られたが、その六月には潼関陥落の悲運が哥舒翰を襲ったからである。[17]如上の経緯をたどり、また舞台が都長安を遠く離れた河西の地であるばかりか、潼関敗績の罪を問われるに至った哥舒翰を併せ考えれば、不空にとって檀越《スポンサー》哥舒翰の存在は必ずしもエポック・メーキングではないように思われる。河西伝道の意義はともかく、少なくとも安史の乱後における不空教団の発展に直結させる見方には、とうてい賛成できないのである。

二　宦官李元琮

哥舒翰が不空を招聘したのは「河西の邊陲をして福を疆場に請わしめる」（『貞元録』巻一五〈『大正蔵』五五・八八一b〉）のはもちろん、不空の伝法を通じて自己の統帥権の強化をはかる狙いがあったと考えられる。また玄宗の側にも胡漢雑居する辺陲を教化し、風雲急を告げる政情に対処せんと試みたものであろうことは、不空に若干遅れ、朔方節度使安思順のもとに派遣された弁才によって傍証される。[18]不空に白羽の矢が立てられた背景には、河西の特殊事情にフィットする新来密教の魅力、不空の出身等が深い関わりを持っていようが、[19]不空教団の発展を前提とする場合、最も重視せねばならないのは宦官李元琮の存在である。旧知の間柄であったか否か確証のない哥舒翰にひきかえ、河西の地において「五部灌頂を授け、幷びに金剛界大曼荼羅を授け」（『不空行狀』〈『大正蔵』五〇・二九三b〉）られた李元琮こそ仲介者として、また教団発展の鍵を握る人物にふさわしいのである。

冒頭に述べたとおり李元琮ら宦官勢力と不空教団の結びつきについては、塚本善隆氏の「唐中期以来の長安の功徳使」などに指摘されているが、李元琮は『不空表制集』巻一の「請於興善寺置灌頂道場狀一首幷墨敕」に、

乾元三年閏四月十四日、宮苑都巡使・禦侮校尉・右內率府率・員外置同正員・賜紫金魚袋・內飛龍驅使臣史元琮、狀進（『大正蔵』五二・八二九c、『貞元録』巻一五、略同）

とみえる。該狀は史元琮が「度災・禦難の法としては秘密大乗に過ぐるものなく、大乗の門は灌頂を最とする」（『大正蔵』五二・八二九b）が故に、不空三蔵に命じて灌頂道場を設け国のために呪願し、息災増益・降伏歓喜の功徳をもって群兇を滅ぼし、聖寿無疆、兆庶清泰を招致されたい旨を奏請するものである。史元琮と李元琮、姓に違いはあれ、不空教団のスポークスマン的その言辞よりみて、同一人物であることはまず間違いなく、同書同巻「杜（冕）中丞請迴封入翻譯制一首」中の、

特望、天恩委二新龍武軍將軍李元琮一勾當云云（『大正蔵』五二・八三二a）

の記載から塚本氏が「史元琮が当時しばしば行なわれたように、朝廷より李姓を賜り李元琮となったもの」とされたのは、ほぼ首肯される。明確な資料はないが、乾元三年（七六〇）閏四月より宝応元年（七六二）五月までの間、新とあればおそらく宝応元年になって龍武軍将軍に転じたものと思われる。ところが姓名に関して、検討を要する奇妙な問題がある。

『不空表制集』巻六「敕大興善寺都維那法高依前句（勾）當制一首幷使牒」にいう。

奉レ敕語二李元琮一、興善寺都維那法高、宜レ令下即依レ前句《ママ》上當都維那事一。

大暦十年四月十七日

高品　李憲誠　宣

敕句《ママ》當京城諸寺觀修功德使、牒二興善寺都維那法高一、牒得レ舉稱、奉レ敕如レ右、未レ有下各牒二所由一施行處分上者、錄（緣）レ敕牒二僧法高一者。

故牒

大曆十年四月十七日　牒

使開府儀同三司兼右龍武軍持《ママ》　李琮（『大正蔵』五二・八五九b）[20]

塚本氏は末尾の李琮を、冒頭の李元琮と同一人と断じ「これによって李元琮が帝都の禁衛軍を統率する武将の権を持ちつつ、京城寺観修功徳使の任にあったことを知るのである」とされた。つまり李元琮は勾当京城諸寺観修功徳使であり、開府儀同三司兼右龍武軍将軍、したがって李琮は李元琮の誤植とするもののようである。これに対する私見は後に譲り、同様の形式文書がもう一つ存在することに注目したい。

同書巻五「敕於當院起靈塔制一首幷使牒」、

奉レ敕語二元琮一、故辨正三藏荼毘得舍利、令三當寺院造二舍利塔一。

大曆九年八月二十八日

內謁者監　李憲誠　宣

敕句《ママ》當京城諸寺觀修功德使、牒二興善寺一、牒得レ舉稱、奉レ敕如レ右、未レ有下各牒二所由一請中施行處分上者。錄（緣）レ敕牒二興善寺一、仍牒二故三藏和上院一者、故牒。

大曆九年九月八日　牒

判官前資州司馬　劉浩

使開府儀同三司兼右龍武軍將軍　李琮（『大正蔵』五二・八五〇c～八五一a）

大曆九年六月十五日、大興善寺に卒した不空の遺骸は七月六日、荼毘に付されたのち、その旧住院において霊塔建立が命ぜられた。その直後、他の好地を択ぶとの理由で一旦は中止されたものの[21]、この八月二十八日になって再び舎利塔建立の命が宣せられたというわけである。

　宣勅であるからには前例どおり冒頭の「勅を奉じ、元琮に語《つ》ぐ」は李元琮のフルネームでなければなるまいが、かかる編者円照の恣意的刪略や誤脱を割り引くとしても、一例にとどまらず同形式の署名が二通共に李琮と明記する以上、李元琮の誤説と簡単に片付けるわけにはいかない。しかも両例はただに李元琮の経歴に関するのみならず、京城寺観修功徳使より左右街功徳使へ展開する重要な問題なのである。今、両例を比較すれば、九年制の「使開府儀同三司」の使は功徳使、「判官」は功徳使判官であって、十年制には後者の部分が略されていると思われる。また両例とも宣勅に李元琮の官職を記さないことも刪略された可能性を窺わせるが、それは同編者になる『貞元續開元釋教録』（以下『貞元續録』と略）巻上に、

　至㆓十五日㆒、又勅㆓句《ママ》當京城諸寺觀修功徳使・開府儀同三司・右龍武軍大將軍知軍事・上柱國・涼國公李元琮㆒、故大辨正廣智不空三藏和上塔所㆓修造㆒、宜㆑令㆘且停、別擇㆓好地㆒起修㆖、洎㆓八月二十八日㆒、又勅語㆓元琮㆒……

（『大正蔵』五五・七五五b）[22]

とあるのが格好の傍証となろう。文中の龍武軍は左右に分かれ、左右羽林軍と北門四軍を形成した。『舊唐書』職官志によれば大将軍一員、将軍二員が将官である。

　さて、いみじくも『貞元續録』が語るように、李元琮は勾当京城諸寺観修功徳使の職を帯び、なおかつ開府儀同三司・右龍武軍大将軍知軍事の任にあった。そして不空なきあと法灯を継いだ大興善寺慧（恵）朗が、大暦十一年十二月に呈した「請續置功徳使表」で、

　一昨、元琮薨沒、帝京僧侶、相視黯然。（『不空表制集』巻五〈『大正蔵』五二・八五三b〉）

と述べ、また直前に同じく不空門下の俗弟子趙遷が「故功徳使涼國公李將軍挽歌詞」二首を録しているところから、李元琮が大暦十一年まで京城諸寺観修功徳使のまま、その十一・十二月の交に卒したことが判明している。功徳使は慧朗の奏請に「伏して乞うらくは、聖慈もて一賢臣を擇び、功徳を職司《つかさど》らしめんことを」（同上）と述べるように、のちの内・外功徳使あるいは徳宗時代の左・右街功徳使と違って、唯一のポストであったと思われる。

以上の事実を前提に、留保しておいた李元琮、李琮同一人説は、右龍武軍大将軍と右龍武軍将軍の相違など問題は残るにしろ、妥当であるといわざるをえない。[23] 結果的に塚本説の追認にはなったが、かかる論証をあえて行なった理由はほかでもなく、『舊唐書』巻一五七、郗士美の伝に、次のような記事がみえるからである。

魚朝恩署㆓牙將李琮㆒、爲㆓兩街功德使㆒。琮暴横、於㆓銀臺門㆒、毆㆓辱京兆尹崔昭㆒。純（郗士美の父）詣㆓元載㆒抗論、以爲㆓國恥㆒、請㆓速論奏㆒、載不㆑從。遂以㆑疾辭、退歸㆓東洛㆒、凡十年、自號㆓伊川田夫㆒、清名高節稱㆓於天下㆒

（『舊唐書』巻一五七、郗士美伝、略同）

郗純は進士、抜萃、制策各科とも高第し、張九齢、李邕ら玄宗朝の文人官僚に才学を称せられ、蕭穎士や顔真卿、柳芳と親交があったという。事件は中書舎人のときであるが、郗純は東都に還り伊川の田父と号したのち、徳宗立ち左庶子・集賢殿学士をもって召されるまで「十年不出」（『新唐書』巻一四三、郗士美伝）であった。とすれば大暦四、五年頃のことになる。『舊唐書』代宗紀に大暦三年（七六八）五月、左散騎常侍崔昭を京兆尹に任じたことがみえ、『代宗實録』には大暦四年十月より五年三月まで孟皥が京兆尹となっていたとあれば、任期は一年余りであった。[24]

論をもとにもどして両『唐書』の記事にある両街功徳使を、徳宗朝の左右街功徳使にひきずられた京城諸寺観修功徳使の誤記とみれば、魚朝恩がそれに署した牙将の李琮とは、明らかに李元琮でなければならない。

とかく両『唐書』の佛教ないし佛教教団に対する悪意には定評があり、とりわけ不空教団へは痛烈であるように思われる。その不空教団と密接不可分の関係にある功徳使李元琮の横暴な振る舞いをあばいたこの記事は、後世の史官が憎悪する宦官の一人であるからとの擁護論も無駄に聞こえるほど、李元琮ひいては不空教団に衝撃を与えずにはおかないのである。この崔昭とのトラブルが事実とすれば、不空が「俗弟子の功徳使李開府は、吾れに依りて法を受くること三十餘年、勤勞精誠にして孝心厚深なり」（『不空表制集』巻三「三藏和上遺書一首」〈『大正藏』五二・八四四b〉）と賞讃し、教団のニュー・リーダー慧朗が死を悼んで「帝京の僧侶、相い視て黯然たり。擧目しては悲しみを増し、中言しては涙を下す《なが》」（同書巻五「請續置功德使表一首」〈『大正藏』五二・八五三b〉）とまで表した李元琮の、裏の顔を覗き見たに等しい感がある。本章では尽せぬが、それは毀誉褒貶の域を越える、むしろ政界での存亡を賭けた権力闘争を前提とすることなしには理解できないのであり、さればこそ不空および不空教団の介在が重要な意味を持ってくるといわねばならない。

私は不空の渡天求法につき飛錫の『不空碑文』および弘法大師の『付法傳』に基づき、含光らとともに李元琮が同行し国信物を齎した事実を指摘したが(25)、その際、なんらの考証もなしに魚朝恩の腹臣と述べておいた。今それを改めて確認した上で、その李元琮がなぜ河西に赴いたかを次に考察してみたい。

三　監軍使

前節にも引用したが「三藏和上遺書」の中で、不空は李元琮につき「河西・南海と、道を問いて往來し、淨影（寺）・鴻臚（寺）と躬親ら供養す。瑜伽の五部は先に以て之れを授く」（『大正藏』五二・八四四b）と語っている。また『不空行狀』『不空碑文』とも李元琮が河西にあり、不空により五部灌頂、金剛界大曼荼羅を授けられたことを伝えている。哥舒翰の要請によるとはいえ、あくまでも勅命であるからには俗弟子李元琮を中使として不空に随行させた可能性もなくはないが、粛宗、代宗の時代ならばいざ知らず、そこまで玄宗が配慮したであろうかという疑問がわく。また前に述べたごとく哥舒翰が不空と旧知の間柄であり、韶州に病を愈していると知って河西に迎えたとも考えられるが、両者を最も合理的に結合させる方法は、李元琮がもともと河西におり、哥舒翰に説いて不空を招請させたとみることである。もちろん、この解決案には李元琮が河西にある蓋然性が問われなければなるまい。

唐朝における宦官擡頭の原因に監軍使制があることは、従来から指摘されてきたところである。(26)その概要を記せば隋末・唐初に復活した監軍は常置ではなく、また御史があてられていたが、玄宗のときに宦官を任命するようになった。その出現は開元二十年説（『通典』巻二九、『文献通考』巻五九、監軍）があるにもかかわらず、天宝の初めに求められており、その理由も府兵制の崩壊に伴う軍制の転換にあるとされる。(27)具体例として天宝六載（七四七）、小勃律を攻めた高仙芝の軍に宦官辺令誠が監軍使となっており（『新唐書』巻一三五、高仙芝伝）、両者のコンビは安史の乱時まで続き、やがて潼関攻防戦において悲劇的な結末を迎えたのは、あまりにも有名である。

また名将郭子儀には孫知古なる監軍が付いていた記録がある。至徳二載（七五七）五月、長安城西の香積寺北、清渠に布陣した禄山の牙将安守忠、李帰仁の陽動作戦にまんまとひっかかり、大敗北を喫した郭子儀軍では、判官韓液とともに監軍孫知古が賊軍に擒えられたという（『資治通鑑』巻二一九）。この孫知古は于邵撰「内侍省内常侍孫常楷神道碑」（『全唐文』巻四二九）によれば、

轉㆓朝議郎内給事上柱國㆒、特加㆓朝散大夫㆒、更㆓名常楷㆒、擢㆓受内常侍修功徳使㆒(28)夫積善之家、其後必大、故長兄嘉賓黄州別駕贈大理少卿、仲兄知古故開府儀同三司魏國公

とて孫庭玉の次子、粛宗・代宗朝に力を有した宦官孫常楷の仲兄にあたり、開府儀同三司魏国公に封ぜられたとし、

権徳輿の「孫公神道碑銘并序」（『全唐文』巻四九八、『權載之文集』巻一八）には、

祖庭玉、贈兗州刺史、父知吉《ママ》、皇開府儀同三司・行右領軍衞大將軍・知內侍省事・上柱國・魏國公

とも記される(29)。安禄山軍に擒えられた孫知古は、その後に解放されたものらしく、魏博節度使田承嗣が相州の将吏を扇惑して乱を謀った大暦十年（七七五）、宣慰のため魏州に派遣された中使に名前を残している(30)。中使といい知内侍省事とあれば彼が宦官であったことは間違いなく、いわゆる監軍使の好例とみなされよう。

不空を招聘した哥舒翰のもとにもまた監軍使が派遣されている。『舊唐書』巻一一〇、王思礼伝にいう。

天寶十三年《ママ》、吐蕃蘇毗王款ㇾ塞。詔ㇾ（哥舒）翰至二磨環川一應二接之一。思禮墜ㇾ馬損ㇾ脚。翰謂二中使李大宜一曰、思禮既損ㇾ脚、更欲二何之一(31)

李大宜は前出の辺令誠らと玄宗に重用された宦官であり（『舊唐書』巻一八四、高力士伝）、のち哥舒翰が高仙芝、封常清の敗北をうけて潼関を守ったときふたたび監軍使の任につき、あげくには「監軍李大宜は将士と約して香火を爲し、倡婦をして箜篌・琵琶を彈ぜしめ、以て相い娯樂し、樗蒱・飲酒して軍務を恤《かえり》みず」（『舊唐書』巻一一一、高適伝）、遂に潼関陥落の因をつくったと指弾されている。すでに脳溢血かとおぼしき風痺にかかり、廃疾の身を第宅に横たえ「門を闔して朝請せざる」哥舒翰を第一線に復帰させたことに無理があったが、もはや「財を輕んじ氣を重んじ」たかつての彼ではなく「人爲るや嚴にして恩に少《とぼ》しく、軍行には未だ嘗て士の飢寒を卹《あわ》れまず、民の椹を啗う者有らば、痛笞して之れを辱しむ」（『新唐書』巻一三五、哥舒翰伝）という変わりようであった。軍政を委ねた田良丘は教令一ならず、将軍王思礼と李承光の対立に加えて、監軍使のかかる放埒な振る舞いが罷り通っていたのである(32)。

『資治通鑑』巻二四〇、元和十三年四月戊辰の条に、監軍の説明がある。

舊制、以二宦官一爲二六軍辟仗使、如二方鎮之監軍一、無レ印

胡註には宋白を引き、この辟仗使が「監視刑賞、奏察違謬」の権を持つこと方鎮の監軍使に同じであるという。これ以外、監軍使の任務に関する記載はないが、おおむね矢野主税氏が「節度を主として、その他行営節度、或は重要出兵に配属されて、その軍政を監察するもの(33)」とされたことに尽きるようである。

代宗・徳宗以降のごとく、玄宗時代の監軍使が常置であった確証はない。しかし異民族出身の将兵激増に象徴される兵制の変化(34)、節鎮の増設等から判断して、常置かそれに近いものであった可能性が強く、宦官膨張の背景には宮女の問題のみならず、そうした軍制にも原因があると考えたい。なぜなら監軍使制は使一人だけで事足りるのではなく、かの高仙芝の監軍辺令誠に「中使判官王廷芳」がみえるように判官がつき、また時代は下るが副使、小使もあったことが知られているからである(35)。いずれも宦官であるのは言を俟たず、したがって、哥舒翰の監軍使李大宜に副使ないし判官李元琮を想定して不思議ではない。あるいは大胆な推測かもしれないが、節鎮ごとに監軍使が配され鄯州の隴右節度使のほか、天宝十二載に涼州の河西節度使という二枚看板を下げるに至った哥舒翰は、新たに李元琮を監軍使として迎えたとみなすこともできるのである。

監軍使の職掌は軍政の監察、軍部内の刑賞、違謬の奏察であるとはいえ、中央が最も彼らに期待したのは節度使の動向、わけても不穏な動きをチェックすることにある。安史の乱前夜、不安に駆られた玄宗が中使輔璆琳を范陽に遣わし、珍果を賜うと称して潜かに謀反の企てありや否やを探らせたが（『資治通鑑』巻二一七、天宝十四載二月条）、節帥の強大化に伴い、配属された監軍使のかかる任務は、いよいよ重要になったと思われる。高力士に代わって権勢を誇った李輔国が「察事聴兒數十人を置き、吏に秋豪の過ち有りと雖も得ざる無く、得れば輒ち推訊す(36)」るスパイ網を張りめぐらせたというが、それより先、霊武において判行軍司馬となるや、「潜かに官軍をして人間に

於いて是非を聴察せしめ」（『舊唐書』巻一一二、李峴伝）、これを察事と称したという。李輔国一人に帰せられる諜報活動ではなく、大なり小なり監軍使以下に課せられた裏稼業であったに違いない。

「監軍なれば則ち権は節度を過ぎ、出使すれば則ち列郡辟易する」（『舊唐書』巻一八四、高力士伝）背景には、矢野氏が指摘されるように、彼ら監軍使にはいわゆる直奏権が賦与されていたからである。さればこそ、反乱を覚悟したはずの安禄山ですら中使の輔璆琳に対して、厚く賂いしたわけであり、少なくとも天宝期における節度使達は、監軍使に相当の配慮を必要としたとみなければならない。不空が哥舒翰の招請を受けたことは動かしがたい事実である。「我が父は胡、母は突厥。公の父は突厥、母は胡。族類頗ぶる同じければ、何ぞ相い親しまざるを得んや」と和解の言を述べた安禄山に、「古人云うあり、『狐の窟に向いて嘷ゆるは不祥』と。その本を忘るるが爲の故なり」として応じなかった哥舒翰であるが（『資治通鑑』巻二一六、天宝十一載十二月丁酉）、その彼にしても異民族出身者に対する長安尉の無礼に発憤し、反抗の場を辺境軍に見出した者である。(37) 漢人への欝勃たる憤懣が底流としてあり、同じ康国出身の血を引く非漢人たる不空に親愛の情を寄せ、父母が居住したと思われる河西の地に迎えて胡族の多い軍民の教化を託し、自分に対する忠誠心の涵養を目論んだ哥舒翰の下心もまた、無しとしない。けれども不空を師と仰ぐ宦官李元琮の河西在任を知れば、不空招聘の張本人として彼を仕立てることが自然であろう。おのがじし含むところ優劣をつけがたい俗臭芬々たるものではあったが、李元琮の介在、哥舒翰の悲劇、急激な政情の変化等に重ね併せれば、河西一隅に局られた不空と哥舒翰との交わりを、過度に評価することは誤りとせざるをえないのである。

四　諜報活動

ここで第一節に紹介した不空の「謝恩賜香陳情表」に立ち戻りたい。潼関のいまだ破られぬ以前、東宮にあった粛宗の省問を受け、香薬を賚いて加持祈禱せしめられた因由を述べ、

陛下の北巡さるるに及び、不空は陪侍するを獲ざると雖も、弟子の僧含光等は、歸從西出して、(38)又親しく鑾輿に遇い、戎旅の間に崎嶇して定册の議に預聞《あずか》るを得たり。不空、身は胡境に陥ると雖も、常に心は闕庭に奉ず。頻りに密詔を承け、進奉咸く達せり。陛下の睿謀は獨運《いやめぐ》り法力は冥《ふか》く加わり、群兇は散亡し宸象は正に歸せり。(『大正蔵』五二・八二八a)

と、安史の乱における己の功勲を詠いあげている。いうなれば国家佛教へ傾斜していく不空教団の方向づけと長安佛教界を席捲する秘密とが、この文に凝縮されたかのようである。

周知のごとく、天宝十五載（至徳元・七五六）六月八日、潼関が陥落し、長安を逃れ蜀へ蒙塵した玄宗と別れ、霊武に向かった粛宗は群臣の懇望により帝位につき反攻の機会を窺うことになった。(39)そして翌年九月十七日、激戦の末に長安は奪回され、十月二十三日には粛宗が禁裏に入るわけであるが、粛宗帰還の翌日に早くも不空より「賀収復西京表」（『不空表制集』巻二）が上呈されている。一介の僧であるべきはずの不空に対して、旅装を解く間もない慌しい最中に「狡猾の流《やから》、久しく殘暴を爲すも、天その禍いを厭い、卒に以て敗亡せり。城闕を顧みれば依然たり、士庶に臨めば咸若たり。感慰の至、深く朕が懐に在り。賀する所、知せり」（『大正蔵』五二・八二七b）との批答を発している。そこには単なる儀礼では片付けられない響きがあり重みが感じられてならない。

「竊かに聞くならく、惟だ天のみ大なりと爲す。元聖に非ずんば、以て天に順い、誅を行う無し。惟だ王のみ天に法《のっと》る。興王に非ずんば、以て天に代り、物を育む無し」、『孟子』滕文公の語に始まる上記賀表の文言は、さほど見栄えのする代物ではなく、「自頃《ちかごろ》、元兇已に殄《ほろ》ぶも、残孽猶お迷う。陛下は義もて倒戈を待ち、恩もて善貸を先とされ、暫らく貔武を労らい、永えに犲狼を滅ぼさる」(『大正蔵』五二・八二七a～b)といった沙門に似つかわしくない激越な言辞を弄していることも、他に例がないわけでもない。問題は「謝恩賜香陳情表」に先行する一連の「賀收復西京表」「賀收復東京表」「賀上皇還京表」と読み併せるとき、得得然たる官僚の姿が浮かび上がってくることにある。

『大乗本生心地観經』に代表される父母、衆生、国王、三宝いわゆる般若の四恩説らしきものを、不空に認めることはできない。しかし国王守護を根本とする密厳国土の思想系譜は般若をこえて不空に遡るのであり、[40]『心地観經』に説く国王十大徳の逐一が、いみじくも前出の賀表にみたごとく『不空表制集』の至るところに顕揚されているのも、また事実である。かかる国王守護ないし鎮護国家の思想が涵養されたのはいつか明確ではないが、在来の佛教および道教勢力との競合が外部条件として考えられる。そして決定的な作用を及ぼしたのが安史の乱である。あたかも末法思想における北周武帝の廃佛毀釈に比すべきものといえるが、かたや法難、かたや国難である点に大きな相違があり、それだけに不空が鎮護国家、国王守護を標榜した所以も蓋然性も認めることができる。

不空自身が述懐するように、玄宗蒙塵後の一年三カ月、長安に踏みとどまったわけであるが、天竺、河西と常に影の形にそうがごとく、いまだかつて不空の身辺を離れたことのなかった含光を陪従せしめ、粛宗定冊の議に加わることができたのである。この含光は不空の門下中、第一の高足であり、『宋高僧傳』巻二七の本伝は出自不明とするけれども『不空碑文』の梵僧説に従いたい。後年、不空が情熱を注いだ五臺山金閣寺の造営を宰領したのも彼であり、完成の暁には金閣寺に住する人物であるが(41)、蒼惶として長安を逃れた玄宗一行に、筆頭格の含光を陪従せしめた不空の胸中には、彼なりの成算があったとみるべきである。その成算とは定難の功にあずかることの他、あえて身を胡境（長安）に置き「頻りに密詔を承け、進奉は咸く達する」（「謝恩賜香陳情表」〈『大正蔵』五二・八二八a〉）間諜の役割を果たすことである。露わな表現は控えた「潛使來往、具獻㆓丹誠㆒」（『貞元錄』巻一五〈『大正蔵』五五・八八一c〉）、「大師密進㆓不動尊八方神旗經㆒、幷定㆑收㆓京之日㆒、如㆓符印㆒焉」（『不空碑文』〈『大正蔵』五二・八四九a〉）、あるいは「大師常密使㆔人問㆑道、奉㆓表起居㆒。又頻論㆓剋復之策㆒」（『不空行狀』〈『大正蔵』五〇・二九三b〉）などさまざまな文言の間から、兇賊平定のため積極的に情報を提供しようと試みた不空の動向を窺い知ることができる。肅宗も「亦頻密諜㆓使者㆒、到㆓大師處㆒、求㆓秘密法㆒」（『不空行狀』〈『大正蔵』同〉）しめた結果、長安奪回に至る期日が符印のごとくピタリ的中したというわけであろう。おそらく霊武と長安を往来した不空の密使こそ、敵を欺くに便な僧形の含光ではなかったかと推測するのである(42)。

不空、微質なるに又朝恩を忝なくす。十月、宮を清めて以て辟魔の會を建て、正朝に號を薦め、仍って灌頂の壇に臨み、上宮を塗飾し別殿を熏修す。既に翻譯を許され、仍りに度僧を與《ゆる》さる。渥澤已に深く、報效何の日にかあらん。謹みて當に三時浴像し、半月護摩すべくんば、三十七尊は明王の國土を保し、一十六護は聖帝の威神を増し、壽は南山の如く、永永として極り無きに庶《ちか》からん。咸（感）戴欣荷の至りに勝えず。謹みて表を奉りて陳謝し、以て聞す。沙門不空、誠《ふか》く歡び誠く喜ぶ。謹みて言《もう》す（『大正蔵』五二・八二八a）

至德三年正月三日、大興善寺の斎会に恩賜の香が届けられたのに対し、正月二十三日付で奉った「謝表」の結びである。肅宗の還御が十月二十三日、玄宗入京が十二月四日。その間、安慶緒は鄴に奔ったとはいえ、蔡希德、田承嗣、武令珣らが所部を率いて合流し、河北諸郡より召募した新兵を加え、ふたたび勢威を振いつつあった。さらに陳希烈ら安禄山の官職を受けていた者の処断、葉護可汗の率いる回紇軍などへの莫大な報償、郭子儀以下に対する論功行賞といった難問山積のとき、翻経、度僧と矢継ぎ早に許可する粛宗の恩渥には、不空ならずとも驚かざるを得ない。あるいはかかる難局にあればこそ、不急の要とされがちな佛教行事に傾注したともいえるが、佛教界全体にというよりも、やはり不空個人ないし不空教団の終始変わらぬ国家護持に対する、粛宗の論功行賞とみなすべきであろう。それは哥舒翰はもちろんのこと、宦官李元琮とも無関係に、不空自らが教団の命運を賭けて奪いとった栄冠である。鎮護国家、国王守護の色彩をいよいよ鮮明にせざるをえなかった伏線が、早くもここに敷かれているのであり、一介の胡僧不空に対する粛宗の慇懃な応答ぶりは、このような背景を考慮してはじめて納得がいくのである。

むすび

不空ならびに不空教団の権勢獲得因由攷ともいうべき本章の狙いは未消化に終わり、結論は将来へ持ち越すことになった。ただ従来の見解に対する批判、補訂を通じて動乱を活力源に組みかえ、政界に確実な地歩を築き上げていく逞しい姿を浮き彫りにすることはできた。その捨身の戦術と波瀾に富んだ前半生とが、彼の教学に投影し、教団の運営、政界工作に必ずや生かされたであろうことも、ほぼ想像がつく。戦火いまだやまず、回紇・吐蕃との外交問題に青息吐息の情況下にありながら、熾烈な権力闘争が展開される粛宗、代宗朝に絶大な力を維持しつづけた不空教団の秘密は、当時の政治・社会・宗教等の分析なしには充分な理解は得られまい。と同時に不空教団の動向が、これらの問題解明に一筋の光を投げかけるはずである。

註

（1）大村西崖『密教発達志』（佛書刊行会、一九一八年、吉川弘文館、一九七二年）、松長有慶『密教の相承者』（「東洋人の行動と思想」三、評論社、一九七三年）、岩崎日出男「不空三蔵と哥舒翰」（『印度学佛教学研究』三四―二、一九八六年）、同「不空三蔵と粛宗皇帝」（『密教学研究』一八、一九八六年）に至るまで数多いが、直接関係するものを必要に応じて掲示する。また周一良氏の"Tantrism in China", *Harvard Journal of Asiatic Studies*, Vol. 8, March, 1945. は『宋高僧傳』巻一の本伝訳注として貴重である。

（2）塚本善隆「唐中期の浄土教――特に法照禅師の研究――」（『東方文化学院京都研究所研究報告』第四冊、一九三三年〈後に『塚本善隆著作集』第四巻、大東出版社、一九七六年〉）の第三章第三節「代宗・徳宗時代の佛教諸宗派」。山崎宏「不空三蔵」（『隋唐佛教史の研究』第十三章、法藏館、一九六七年）。

（3）例えば塚本善隆「唐中期以来の長安の功徳使」（『東方学報　京都』第四冊、一九三三年〈後に『塚本善隆著作集』第三巻第九章、大東出版社、一九七五年〉）参看。

（4）拙稿「金剛智・不空渡天行釈疑――中・印交渉を手懸りに――」（奥田慈応先生喜寿記念『佛教思想論集』平楽寺書店、一九七六年）、本書第二篇第四章。

（5）『貞元錄』巻一五には「天寶五年歳在庚《ママ》（景）戌、還至闕下、恩旨遂令居淨影寺、四事祇給、出自天心、宰輔近臣、往來接武、奉詔翻譯、開灌頂壇、士庶星馳、呈疑問道、九載己丑（庚寅）復有恩旨、放令劫（却）歸」（『大正藏』五五・八八一b）とある。また『不空行狀』『不空碑文』にも玄宗の具体的な恩渥ぶりを紹介し智蔵の号を賜い、かつ「八載、恩旨許歸本國、垂驛騎之五疋、到南海郡」（『不空行狀』〈『大正蔵』五〇・二九三a〉）という。

（6）『資治通鑑』巻二一五、天宝元年春正月壬子条に「河西節度斷隔吐蕃突厥……治涼州、兵七萬三千人」とある。なお同条の胡三省注を参照。

（7）『貞元錄』巻一三および『宋高僧傳』巻二の実叉難陀伝。なお向達氏の『唐代長安与西域文明』第一章第二節（生活・読書・新知三聯書店、一九五七年）、于闐尉遲氏条には、これを引かない。

（8）伊瀬仙太郎氏は「府兵制の変化と李林甫の政策」（『鎌田博士還暦記念歴史学論叢』鎌田先生還暦記念会、一九六九年）で府兵・彍騎に代表される兵制の崩壊などによる社会的所産として論じ、プーリィ・ブランク氏「安禄山の叛乱の政治的背景」（『東洋学報』三五―二・三・四合併号、一九五二年）を批判する。なお伊瀬氏「唐代における異民族系内徙民の起用について」（『山崎先生退官記念東洋史学論集』山崎先生退官記念会、一九六七年）参看。

（9）『冊府元龜』巻三九八、将師冥助には天宝七載に作るが、誤りである。

（10）佐藤長『古代チベット史研究』上・下（東洋史研究会、一九五八年〜一九五九年）、とりわけ下巻第五章。

（11）佐藤氏は天宝七載につなぐが、これは吐蕃伝に依拠されたものであろう。『舊唐書』本紀は八載七月、同書哥舒翰伝および『資治通鑑』巻二一七、『冊府元龜』巻三五八の将帥部立功、同巻九八六の外臣部征討、同巻九九二の同備禦すべて八載六月である。

（12）『資治通鑑』巻二一六、同年五月条による。『冊府元龜』巻一二八、帝王部明賞には「天寶十三年《ママ》三月　隴右節度使哥舒翰、破吐蕃洪濟大莫門等城、井（幷）牧（收）九曲……」とあるが、同書巻九九二、外臣部備禦には「十三載七月、隴右哥舒翰、以前年之役收黄河九曲之地、請分置郡縣及軍……」とする。『高常侍集』巻七「同李員外賀哥舒大夫破九曲之作」は、このときのものである。

（13）『陔餘叢考』巻一七、「唐初多用蕃將」以来、府兵の減少、民兵、長征健児の増大、蕃将の進出等を論じたものは多い。それを各地の辺防軍の軍糧田が減少していく次第から論じた、日野開三郎「天宝末以前に於ける唐の軍糧田——「天宝末以前に於ける唐の軍糧政策」の第二——」（『東洋史研究』二一—一、一九六二年、後に『日野開三郎東洋史学論集』第十一巻、第二部　軍糧と糴法第二章、〈三一書房、一九八八年〉所収）と重ね併すことができる。伊瀬前掲註（8）「唐代における異民族系内徙民の起用について」、陳寅恪「論唐代之蕃将与府兵」（『陳寅恪先生論文集』上冊、三人行出版社、一九七四年）等参照。

（14）『資治通鑑』巻二一七、「天寶十四載二月辛亥、安祿山使副將何千年入奏、請以蕃將三十二人代漢將」。

（15）『舊唐書』本紀には「天寶十二載九月己亥朔、隴右節度使涼國公哥舒翰進封西平郡王食實封五百戶」とするが、『冊府元龜』巻一二九、将帥部封建には八月、『唐大詔令集』巻六〇「隴右河西節度使哥舒翰西平郡王制」は七月とする。これらは『舊唐書』本伝に「十二載、進封涼國公、食實封三百戶、加河西節度使、尋封西平郡王」という二項目を先後誤解したためである。

（16）いわゆる『金剛頂經』以下の経典であるが『佛書解説大辞典』（大東出版社、初版一九三三年）ほか訳出年次を天宝十二載とするのは誤りである。また「不空奉詔譯」とするのも正確ではない。

（17）山崎宏氏は不空が安西副大都護封常清に招かれ安西城を巡り、翌年（十四載）二月に武威へ帰ったとされる。けれども肝心の『貞元錄』は誤脱のせいで意味の通らぬ部分もあるが、どうしても山崎氏のようには読めそうにない。封常清は哥舒翰の牙将であったこともあり、不空に帰依したことは間違いないが、もしそうだとすれば不空と哥舒翰との交わりは半年に短縮される。なお封常清も哥舒翰に先立って潼関を守り、敗軍の罪を問われ高仙芝ともども刑場の露と消えた。

(18) 山崎宏「唐の朔方管内教授大徳弁才」(『支那中世佛教の展開』第三部第八章、清水書店、一九四二年)。

(19) 不空の出自に関してはいまだ決着がついていない。師子国出身説は『貞元錄』の誤解によるとみられるが(栂尾祥雲『秘密佛教史』高野山大学出版部、一九三三年、高野山大学密教文化研究所、後に『栂尾祥雲全集』第一巻一九八二年)、最も信憑性の高いのは「大師本西良府、北天竺之波羅門族也」(『不空行狀』〈『大正蔵』五〇・二九二b〉)である。西良府を、西涼府すなわち河西武威に比定する周一良氏の見解(前掲註〈1〉訳注)には説得力がある。おそらく河西に来住したインド系の父とサマルカンド系の母を持った不空であろう。

(20) 大正大蔵経の原文は擡頭の部分が一字アケになっているにすぎず、恣意に配字を試みた。以下同じ。

(21) 『不空表制集』巻四「恩賜造靈塔絹制一首」および同巻五「停修舊塔地制一首」。

(22) 『貞元錄』巻一六にも、まったく同じ文がみえている。

(23) 絶対的ではないが、宝応元年(七六二)正月、靖徳太子李琮に皇帝号を追贈しているので、あるいは避諱のため李元琮が正しく、李琮では不都合があった可能性も考えられる。

(24) 崔昭の京兆尹就任につき、司馬光は『資治通鑑考異』の中で『代宗實錄』大暦五年三月癸酉(十六日)寒食節における魚朝恩縊殺に関し「元載遣㆔腹心京兆尹崔昭等候㆓朝恩出處㆒」と記され、『新唐書』魚朝恩伝にも元載が左散騎常侍崔昭を京兆尹に任じたとするけれども、『實錄』は孟皥の京兆尹就任を語るほかは「未嘗言崔昭爲京兆也」と疑っている。孟皥については常兗の「授孟皥京兆尹制」(『全唐文』巻四一二)があるが、同人の筆になる「授前京兆尹崔昭守右散騎常侍制」(『文苑英華』巻三八〇)、両『唐書』魚朝恩伝および代宗の「給復京兆府詔」(『全唐文』巻四七)等によって崔昭が京兆尹であったことが証せられる。張栄芳『唐代京兆尹研究』二六六〜二六七頁(台湾学生書局、一九八七年)参看。

(25) 註(4)前掲拙稿参看。

(26) 矢野主税「唐末監軍使制について」(『長崎大学学芸学部　社会科学論集』七、一九五七年)、同「唐代監軍使制の

確立について」(『西日本史学』一四、一九五三年)、張国剛「唐代監軍制度考論」(『中国史研究』一九八一―二、一九八一年)。

(27) 矢野前掲註(26)論文。張国剛氏は『通典』説をそのまま採用し、矢野氏の論稿を読んでいない。

(28) 塚本善隆氏も、さすがにこの「神道碑」には注目されていない。

(29) 宦官勢力の擡頭については、矢野主税「唐代宦官権勢獲得因由考」(『史学雑誌』六三―一〇、一九五四年)。傅楽成「唐代宦官与藩鎮之関係」(『大陸雑誌』二七―六、一九六三年)。なお王寿南『唐代宦官権勢之研究』(正中書局、一九七一年)第五章「唐代宦官権勢之維持」に概観されている。

(30) 『舊唐書』巻一四一、田承嗣伝。また『新唐書』巻二二五中、朱泚伝にも奉天定難の随行者中に孫知古が側近として名を連ねている。

(31) 『新唐書』巻一四七、王思礼伝によれば「吐谷渾蘇毗王款附」とある。なお標点本『舊唐書』校勘記㈢を参照。

(32) 高適の「陳潼関敗亡形勢疏」(『全唐文』巻三五七)に詳しい。

(33) 矢野前掲註(26)論文。

(34) 例えば濱口重國「府兵制より新兵制へ」(『秦漢隋唐史の研究』上巻第一部第一章〈東京大学出版会、一九六六年〉)、注(8)の各論参照。

(35) 張国剛前掲註(26)論文。

(36) 『新唐書』巻二〇八、李輔国伝。なお『舊唐書』巻一八四の同伝は「置察事庁子數十人」に作る。

(37) 伊瀬前掲註(8)「府兵制の変化と李林甫の政策」。

(38) 『貞元錄』巻五は「歸從西土」(『大正蔵』五五・八八一c)に作る。

(39) これらの概要は拙著『安禄山と楊貴妃――安史の乱始末記――』(清水新書22、清水書院、一九八四年)参看。

(40) 頼富本宏「般若の思想」(『中国密教の研究』第四章、大東出版社、一九七九年)。なお四恩については壬生台舜「佛教における恩の語義」(『佛教の倫理思想とその展開』大蔵出版、一九七五年所収)。勝又俊教「四恩思想の諸形態」(『豊山教学大会紀要』一、一九七三年)。内藤竜雄「佛教の報恩説について」(『印度学佛教学研究』四―一、一九五六年)同「再び四恩について」(『印度学佛教学研究』九―一、一九六一年)。

(41) 小野玄妙「五臺山金閣寺含光大徳と霊仙三蔵」(『密教研究』一一、一九二三年)。

(42)　佛教教団の諜報活動については、拙稿「六朝佛教教団の一側面――間諜・家僧門師・講経斎会――」（『中国貴族制社会の研究』京都大学人文科学研究所、一九八七年）。本書第一篇第三章所収。

第六章　密教と護国思想

一　護国思想の起源

中国佛教および日本佛教の特色とされるものの一つに、鎮護国家の概念に集約された護国思想がある。初期の佛教にはこのような発想はない。インドより伝来した佛教は中国社会に受容されるにあたって、さまざまな軋轢を生じ衝突をくり返しながら融合調和を重ねたが、護国の観念も現実生活に重きを置き、政治を優先させる中国社会の影響を受けつつ、国家優先の社会に即応するため衣替えをはかった、いわば佛教界の苦悩の所産とみるべきである。

元来、上は国家より下は民衆の日常生活まですべて佛法の絶対優位を前提とするインドにくらべ、廬山慧遠の「不敬王者論」に代弁される礼敬問題――僧尼は皇帝や父母に頭を下げるべきか否か――が三百年余にわたって論議されたほどの中国である。王法と佛法の関係が絶えず取り沙汰されてきた。この相克の過程から生まれ形を整えてきたものの一つが、国土を衛り国王を守る護国思想にほかならない。

ここに興味深い指摘がある。漢訳の護国経典の中、サンスクリット原典やチベット語訳の残るものについて当該個所を突き合わせてみると、ストレートに国王守護の論拠とすべき文言はみあたらず、また国王守護を説いてある経典にはサンスクリット原典もチベット語訳もなく、中国での偽作を思わせるものが多い(1)。つまり漢訳の護国経典には中国撰述のいわゆる疑偽経典、でなければ訳出の際に作為的につけ加えられたものが多い、というわけである。護国の観念が中国で形成されたと推測するのに十分なデータではある。

護国思想はしかし中国佛教に固有のものではないし、インドにおいて国王守護を鮮明にした経典が皆無であったわけでもない。今、護国思想を説く最古の漢訳経典として知られる『金光明經』を例に挙げよう。この経典は五世紀の初め北涼の曇無讖によって訳出されてから唐代まで五訳を重ね、チベット訳も加わるほど東アジア全域で広く受持された代表的な経典である。おおよそ全篇にわたって呪術的な内容を盛り込み、これを受持すれば災厄を免れ招福が期待できるとする現世利益が縷々説かれている。そして「四天王品」では四天王の正法護持を展開し、この経典を受持する国王・人民があれば、敵国が侵攻しても四天王があまたの鬼神を率いて護衛し、敵軍は退散、国土は安穏となり、人民はこの世のあらゆる悦楽を得ることができるという。まさに護国思想、四天王による国王守護の典拠とされるくだりである。

先に述べたように、本来正法による無条件の国王守護という発想は佛教になく、むしろ国王から民衆の日常までを貫く正法、それにもとづいて政治を行なうことが国王の務めであり、その功徳によって国土の安寧、人民の悦楽、換言すれば除厄招福の実が得られるというのが普通なのである。にもかかわらず、四世紀成立の『金光明經』にこのような国王守護説が展開されているのは、中央集権の確立につとめ国王の権力を神聖化するバラモン教を復興させるなど、国王の地位向上をはかったグプタ王朝の狙いと無関係ではない、ともいう(2)。

『金光明經』の護国思想は国土と人民を守護する本来の意味から脱けきってはいないが、訳出された五胡十六国、それに続く南北朝時代の動乱期に皇帝権力の強化、国土の安寧に腐心する為政者達に歓迎されたのは当然である。隋の翻経館学士であった費長房は、名著『歴代三寶紀』の大隋録序に『金光明經』の「正論品」を引用しながら、隋文帝の佛法による治国を絶賛している。また大興善寺の宝貴は、曇無讖以下の訳四種を校訂し、八巻二十四品の『合部金光明經』にまとめている。これに協力した費長房が筆受の任にあたり、翻経館学士のリーダー彦琮が序文を書いているところをみると、文帝の佛法興隆の事業が『金光明經』の理念にもとづいていることを暗示しているようなものである。

護国経典として『金光明經』と双璧をなす『仁王經』については後段にゆずり、ひとまず密教に関係する初期の経典にふれておこう。

密教的な色あいを備える経典の訳出は三国時代に遡るが、そこに現れる国王はおしなべて災難をもたらす加害者であり、経典の受持や陀羅尼の読誦によって災難を免れることができるとするプロットも、他の経典の発想とまったく同様である。当然、それらの密教的な経典類には佛法優位の立場こそあれ、王法に隷属して国王を守護する佛法の姿勢はない。五世紀初頭とみられる『七佛八菩薩所説大陀羅尼神咒經』にいたっては、放埒無道の国王に対する懲罰として気候は不順となり、穀物は稔らず、隣国の侵略を招き、大臣の謀反や疾疫の流行などに見舞われ、もし国王が慚愧の心を発し、己を責め、徳を修め、民をいつくしみ、佛法にもとづいて国を治め、この陀羅尼神呪を読誦するならば、すべての災禍を免れ国土に平穏が訪れる、と『金光明經』はおろか中国古来の天命思想を彷彿させるような論調さえみせている。

ところが五世紀後半、北魏の沙門統となり、雲崗の大石窟を成就させるなど佛教の復興につとめた曇曜の訳出になる『大吉義神咒經』には一転して、この神呪をもって「帝王を擁護すれば」災いすべて除かれ、無窮の国運がひらかれる、といった国王守護が披瀝されているのである。身をもって廃佛を体験し、佛法の復興と将来をひたすら皇帝に託さねばならなかった曇曜の作為によるものと考えられるが、皇帝を如来とみたて（皇帝即如来）あるいは佛法を国王に付嘱する説が沛然とわき起こった時代としては無理もなく、この経典だけに特有の思想とすべきではない。絶対的な国家権力や、独裁君主の好悪の情によって佛教の浮沈興廃が左右される事実を経験するにともない、やがては教団にこうした護国・護君の観念が生まれても不思議ではないのである。

二　不空の功績

密教を本格的な護国の教法へと変貌させた最大の功労者は唐中期の不空である。彼の出自や生い立ちについては不明な部分が多いけれども、幼くして中国に移住したインド・西域系の出身で十四、五歳ごろに金剛智の弟子となり、『金剛頂經』系の密教を伝授されている。道教に心を傾け神仙世界に憧れる玄宗の治世には、善無畏による『大日經』系も含めて新来のインド密教を歓迎する空気は希薄であり、二人の先達が灌頂の儀式をさかんにいとなみ都鳥の評判を得たと記されるわりには、満足すべき境遇に置かれていたとは思えない。善無畏が帰国を覚悟し、金剛智もまた故国インドへ向かう準備の最中に洛陽で病死した事実は、彼らの不遇な状況を端的に物語ってくれる。ただしかし佛教界が道教勢力に圧倒された結果とみるのは早計にすぎ、むしろ彼らがもたらした新来のインド密教が中国の佛教界には十分になじまなかったことに原因があるとせねばならない。

金剛智自身も将来した『金剛頂經』系の経典が不足していることを痛感していたらしく、不空にインドへの求法を遺言している。道教や佛教諸派がしのぎを削る中国社会で、後発の密教を伝布する困難さを知り、より成熟したインド密教の奥義を究めるという課題を与えたものと考えられる。不空の才覚や力量もさることながら、異文化圏の間で苦汁を味わった経験から梵漢の言語に通じ、中・印両世界の混血児とも称すべき国際性豊かな不空に、密教の中国化を期待し白羽の矢を向けたのかも知れない。

天宝五載（七四六）、経論五百余部をたずさえて長安にもどった不空であるが、朝野にわたる積極果敢な布教活動にもかかわらず状況はいっこう好転しなかった。帰国わずか三年後の天宝八載（七四九）、勅命を受けて再びインドに赴くため南海郡、いまの広州に向かう途中で病にかかり、韶州いまの広東省韶関市に逗留、保養のかたわら訳経を続けた。不空ないし新来密教を歓迎しない空気が依然として強く、確実な地歩を宮廷内に築き上げられなかった結果としか考えられない。

時代はしかし思わぬところから不空に味方しはじめる。天宝十二載（七五三）、長安から召還の勅命がとどいた。玄宗が隴右と河西の両節度使を兼ねる大軍閥、哥舒翰の願いを聴きいれ、不空を哥舒翰の根拠地である武威に派遣することを決めたからである。この西北辺境行きにはインドへも随行した俗弟子の宦官李元琮が哥舒翰つきの監軍使として武威におり、不空を招聘するための根まわしを行なったようである。おそらく哥舒翰をはじめ異民族出身者が大部分を占める辺境守備軍の宣撫には胡・漢の両俗に明るい人材が必要であり、幼少年期をこの地で過ごしたことのある不空などは、打ってつけの宣教師であったに違いない。また密教のかもし出す神秘的な雰囲気、霊験的な要素に加えて、除厄招福などストレートな現世利益が彼らの好みにフィットすることを見越しての招聘ではなかったかと思われる。この河西地域における布教活動は無駄ではなく、不空とその教団に今後を約束する貴重な経験と示唆を提供した。

天宝十四載（七五五）に勃発した安禄山・史思明のいわゆる安史の乱は、不空と彼の教団にとって千載一遇の機会を与えた。河西より長安に帰った不空と入れ違いに天宝十五載（七五六）六月、潼関が破られると玄宗は長安を脱出して成都へ落ちのび、霊武に向かった粛宗が位につき、至徳と改元する。そして翌年九月には激戦の末に長安を奪回し、翌月に粛宗は禁裏に入るが、その間、反乱軍占領下の都城長安に踏みとどまった不空は、ひそかに弟子たちを粛宗のもとへ送り、反乱軍の動向を逐一報告しつづけている。また彼の高弟の含光は不空の意を受け長安より落ちのびる玄宗、そして粛宗につき従い、粛宗の即位から長安奪回まで内供奉僧として身辺にあった。おそらく旧知の間柄であり灌頂の弟子でもある河西の将軍たちを、粛宗の反攻作戦に参加協力させるパイプ役もつとめたのではないかと思われる。

不空の作品には後に紹介する般若訳『大乗本生心地観經』の四恩すなわち父母・衆生・国王・三宝（佛・法・僧）の恩を説くところはない。しかし彼の上奏文ほか朝廷との関係文書を編輯した『代宗朝贈司空大辨正廣智三藏和上表制集』（以下『不空表制集』と略）には強烈な護国思想が開示されており、安史の乱を契機に、鎮護国家・国王守護を標榜し、国家佛教としての脱皮をはかった苦心の跡を認めることができる。これを考えると不空教団の諜報活動や辟魔の会を設けて朝敵退散の加持祈禱を行なうなど、まさしく護国思想の具体的な発露であったといえよう。

至徳三年（七五八）五月、不空が大興善寺に設けた斎会に粛宗からの恩賜の香がとどけられ、不空は「謝表」（謝恩賜香陳情表）を奉った。そこには国恩に報ゆるため三時の浴像、半月の護摩をいとなめば「三十七尊は明王《みかど》の國土を保《まも》り、一十六護は聖帝《てんし》の威神を増す」（『大正蔵』五二・八二八a）とし、国家の命運は終南山のように極まりないであろうと述べている。護国・国王守護の立場を披瀝するばかりではなく、加持・修法をもって皇帝に仕える教団の姿勢を鮮明にしているのである。密教苦難の日々を経験し国家存亡の危機に直面した彼が、密教教団の命運をかけてあみだした捨身の戦法が護国思想であったといえよう。

三　『仁王經』の護国思想

永泰元年（七六五）四月、不空は『仁王經』の再訳を願い出た。今に残る『仁王護國般若波羅蜜多經』二巻がそれである。不空以前の『仁王經』では鳩摩羅什訳の『佛說仁王般若波羅蜜經』が伝存するけれども『仁王經』自体が素姓の疑われている経典であり、内容やその他から羅什訳ではなく六世紀初めに成立した中国撰述経典、いわゆる疑偽経典とみられている。天台大師智顗から代表的な護国経典として珍重され、天台宗では『法華經』『金光明經』とあわせ護国三部経の一つに数えられている。智顗が陳の宣帝のためにこの経を講じているのも、当時すでにその護国思想が意識されていたからであろう。『仁王經』にもとづく仁王会が設けられたのも同様である。

『仁王經』の護国思想は「護国品」を中心に「受持品」「嘱累品」で説かれているが、内容は『金光明經』によく似たところがある。「護国品」によると、佛は国王を対告衆《たいごうしゅ》（聴聞者）に仕立て般若波羅蜜の威力、受持の功徳を讃嘆するが、「国土が乱れるとき破壊あり劫略や焼打ちがあり、賊が侵攻したときなどは佛像・菩薩像・羅漢像をあまた集めて供養し、百人の法師にこの経を講じてもらい、僧尼大衆を招いて聴聞せしめるがよい」と説く。これが仁王会の論拠である。さらに「国王よ、毎日二回、この経を講読せよ。国中に百部の鬼神がいるが、汝の講読する『仁王經』を聴き、喜んで汝の国土を護るであろう」といった調子である。明らかに正法優位であり、国王の経典受持を必須の条件とし、その功徳によって国王自らが国を護るのである。また、「受持品」では舎衛国《しゃえこく》の波斯匿《はしのく》王《おう》に向かい、「私が入滅したのち、法滅の時が訪れたなら、この経典を受持して大いに佛事をいとなめば、一切の国土は平安に、民百姓は快楽にすごせよう。それも皆、般若波羅蜜の威力によるものだ。だからこそ諸国王に付嘱し、比丘・比丘尼などには付嘱しないのだ」と告げるのである。国王の力なくして佛法の興隆は望めないとし、正法を国王に委ね（付嘱国王）佛教の弘通をはかるという発想は、まさに南北朝以後の過渡的な護国思想の色あいをもっている。

ところで「嘱累品」では五濁悪世には僧俗こぞって佛法を破滅させ、僧制を作って出家行道したり佛像や佛塔を造るのを禁止し、あるいは僧統などの僧官を立て僧尼籍・僧尼令を制定するといった、明らかに南北朝の中国撰述とわかる文言がみえる。この経典をサンスクリット原典もないまま、しかも皇帝に奏して重訳するということには問題がある。不空のそれは最終的に旧訳の手直しとみられているが、不空の手続きには密教経典ではなかった『仁王經』に重訳の手続きをとり、随所に密教的要素を加えることによって自陣に取り込み、密教経典として位置づけようとの意図が見えかくれする。

不空訳で護国思想に関する部分をみると、「護国品」は簡略になってはいるが、ほぼ旧訳を踏襲しているのにたいし、五大力菩薩が諸国土を守護すると説く「受持品」では「奉持品」に改め、かつ五大力菩薩を『金剛頂經』系の密教諸尊にすりかえている。また波羅蜜の威力や経典受持の功徳によって国土が護られるとする旧訳にたいし、陀羅尼を導入し陀羅尼を聴聞することで、あらゆる罪障は消滅し国内にはとこしえに災難がなくなる速効性を強調するなど、完全に密教経典に衣替えしてある。

『不空表制集』全編を彩るものは三朝の国師と称され、開府儀同三司・試鴻臚卿・粛国公の肩書きが語る官僚としての側面である。朝恩・天恩などの語彙はあふれ、「助國」「爲國」「奉爲國家」が常套語となるほど国家を意識し、護国・国王守護をくりかえし表明する。かたや『仁王經』を密教的に味つけし『金剛頂經』と結びつけ、やがて『仁王護國般若波羅蜜多陀羅尼念誦儀軌』のような護国・護家・護身のために修する仁王経法の儀則や修法次第を成立させていくのである。不空こそ密教に護国思想を持ち込み、自らそれを実践した最初の人物であり、わが国に仁王経曼荼羅を流行させるほど『仁王經』ブームを生み出した張本人でもあると断定してよかろう。

四　般若による護国思想の完成

純然たる密教僧ではないが、不空のあとを受け中唐から晩唐の長安佛教界で活躍した般若も、護国思想上、注目すべき人物である。彼は空海の師であり、日本僧霊仙の参加した唐代最後の訳出経典『大乘本生心地観經』の訳主としても知られている。

般若の紹介した密教経典は、不空のものと一味違うといわれるが、密教とは若干の距離を置いたことに起因していよう。ともあれ彼の訳出経典には必ず護国思想に言及するところがあるけれども、護国を主とするものは、『大乘理趣六波羅蜜多經』の「陀羅尼護持国界品」のほか、空海がはじめて将来した牟尼室利との共訳『守護國界主陀羅尼經』とであり、両者ともサンスクリット原典はおろかチベット語訳などもなく、『大集經』などを底本に改竄を加えた疑偽経典だという説が有力である。

両経の中、前者はかの景教（ネストリウス派キリスト教）の僧で『大秦景敎流行中國碑頌』の撰者として名高い景浄と、般若がかつて共訳を企てた前歴のある経典で、その唯一密教色の護国思想を盛るのが「陀羅尼護持国界品」というわけである。

強引に護国思想を挿入した感を免れない『六波羅蜜經』に比べ、『守護國界主陀羅尼經』は護国三部経につぐ扱いを受けてきた本格的な護国経典である。その「陀羅尼功徳軌儀品」では国界主＝国王を守護する陀羅尼のことが述べられ、そこには秘密王からの国王守護をめぐる厳しい質問までが寄せられている。

世尊よ、諸佛は衆生をあたかも一人の子供のように平等視されるというのに、今は諸々の貧者や困窮者・みなし子、寄る辺ない者たちを愍《あわれ》み救おうともせず、なぜ国王だけを守護されるのか。

これに対し、次のような譬喩で会通しようとする。

善男子よ、名医は幼子を診察して、病気にかかり投薬に耐えきれないとみれば、母親によく効く薬を飲ませ、服した薬効が乳を飲んだ子につたわって、病気を治癒させるのだ。諸佛如来も同じである。平等三昧にあるが故に国王を守護し、一切衆生を哀愍《あいみん》すればこそ国王を守護するのだ。国王を守護すれば太子・大臣・百姓の守護など七つのすぐれた利益があり、とどのつまり一切衆生が安らかになるのだ。

譬喩の巧拙はさておき、従来ややもすれば経典や陀羅尼の受持、正法の護持に偏り、一見して歯切れの悪かった国王守護が、ここでは明快になんの屈折もなく無条件に語られている。こうした典型的な護国や国王守護の説が皇帝にとって歓迎されぬはずはない。とりわけ安史の乱後、藩鎮勢力の台頭や異民族の侵攻に悩まされ、財政は危機にひんし、凋落の一途をたどる唐朝である。佛の加護・陀羅尼の功徳を期待するのは無理からぬものがあった。

経典には護国思想を説くものが多く、しかも中国撰述つまり般若が意図的に改作した可能性が強い。となれば結論はおのずと導き出されてくる。おそらく焦燥感にかられた皇帝の琴線にふれることを狙い、時代のニーズに応えながら正法の弘通を願い、国家と佛教の絆をより深めようとの思惑を込めて創意工夫をこらしたものに相違ない。その大胆な試みは成功し、『守護國界主陀羅尼經』は護国経典として不動の地位を占め、あげくには空海の将来によってわが国にも大きな影響を及ぼすことになったのである。

般若による護国思想の最終章は『心地觀經』である。父母・衆生・三宝にならんで国王の恩を加えた四恩説はこの経典独自のものとなっている。
国王の福徳はもっとも優れ、人間に生まれてはいても自在者であり、三十三天など諸天がつねに力をあたえ護持していると、国王を佛の位にすえ、また人民が善なる心を抱き仁王を敬いたすけ佛のように尊べば、この世で安穏豊楽を得るとも述べている。そこにはすでに経典受持の功徳によって災厄を除き福寿を招くといった発想は影をひそめ、「一切の人民は王を主となす」と明言して民百姓と国王との間に絶対的な格差を設け、諸天王・諸神による国王守護を強調するのである。般若の訳業によって護国思想は完成の域に達したといえよう。

註
(1) 松長有慶「密教の国家観の変遷」(『日本佛教学会年報』三七、一九七一年)。
(2) 金岡秀友「金光明経の帝王観とそのシナ・日本的受容」(『佛教史学』六―四、一九五七年)。

参考文献

松長有慶　一九六六「護国思想の起源」(『印度学佛教学研究』一五―一)
同　一九六六「シナ訳密教経典にみる国王観」(『密教文化』七七・七八、後に『密教大系』第二巻、中国密教〈法藏館、一九九四年〉に「漢訳密教経典にみる国王観」と改題して収録)
同　一九七一「密教の国家観の変遷」(『日本佛教学会年報』三七)
同　一九七三『密教の相承者――その行動と思想』(「東洋人の行動と思想」三)評論社
月輪賢隆　一九七一「般若三蔵の翻経に対する批議」『佛典の批判的研究』百華苑
栂尾祥雲　一九四〇「密教経典と護国思想」(『密教研究』七四)
頼富本宏　一九七九『中国密教の研究』大東出版社

横超慧日　一九五八「中国佛教に於ける国家意識」『中国佛教の研究』第一、法藏館
金岡秀友　一九五七「金光明経の帝王観とそのシナ・日本的受容」(『佛教史学』六―四)
小野塚幾澄　一九六一「守護国界主陀羅尼経について」(『印度学佛教学研究』九―一)

第七章　安史の乱前夜の佛教界と禅宗

はじめに

唐代だけでなく中国史の転換期とみなされている安史の乱は、宗教界にも大きな影響を及ぼさずにはおかなかった。異常な政治的、社会的な混乱や不安が高じる最中に、むしろ動乱を栄養源として成長し開花するに至った佛教教団が禅宗とりわけ南宗慧能の弟子、荷沢寺神会のいわゆる荷沢宗禅と不空の密教教団である。安史の乱によって打撃を受けた長安の佛教界にあって、朝野にわたる帰依を受けた彼らの教団は急激な成長を遂げた。この事実を証明する根本史料として不空教団については唐の円照が編纂した『代宗朝贈司空大辨正廣智三藏和上表制集』（以下『不空表制集』と略）六巻があり、粛宗・代宗朝における不空の活躍はもちろん、政界と不空教団の関係、さらに宮廷や長安の佛教界にわたる貴重な史料となっている。

論者はかつて本書を手懸かりに、不空教団が宮廷の内外に不動の地位を築いた原因として、軍閥や宦官を含めた複雑怪奇な政争が背景にあることを指摘し、河西節度使哥舒翰、宦官李元琮との関係を例証として、従来の説を批判しながら論じたことがある。(1)

一方、荷沢寺神会は南北両禅を学びながら開元二十二年（七三四）正月十五日、滑台（河南省滑県）の大雲寺で催された無遮大会において、禅師崇道と論戦を展開する中、長安や洛陽で重んじられている普寂・義福ら神秀一門の禅風を、「師承是傍、法門是漸」ときめつけた有名な爆弾発言を行ない、南頓北漸の両宗に決定的な訣別と対立をもたらした人として知られる。いわゆる六祖慧能の南宗禅こそ達磨の法灯をつぐ正統の禅、とする北宗禅排斥の激論をやめず、遂には謫遷の憂き目にさえ遭ったが、中央に牢固とした地歩を築くに至った機縁は、やはり安史の乱なのである。

神会の北宗禅に対する批判排斥に、教法の問題を考慮すべきことは当然のことながら、その背後に官界と佛教界、士大夫と佛僧との関係をめぐる、きわめて世俗的な部分が深く絡み合っていた事実を見逃すわけにいかない。開元十二年（七二四）に御史盧奕の譖奏とされる弾劾を蒙り、神会が弋陽（江西省弋陽県）に黜けられたのは象徴的な事件といえよう。本章ではそうした面に視点を置きながら、神会を中心に官僚間の対立や政界の動向を通じて南宗禅の興隆を考察してみたい。

一

荷沢寺神会については、すでに胡適氏の『神会和尚遺集』（上海亜東図書館、一九三〇年）をはじめとする諸研究(2)、宇井伯寿氏の『禅宗史研究』（岩波書店、一九三五年）第五章「荷沢宗の盛衰」、山崎宏氏の『隋唐佛教史の研究』（法藏館、一九六七年）第十一章「荷沢神会禅師」、さらに伊吹敦氏の「『頓悟真宗金剛般若修行達級岸法門票決』と荷沢神会」（三崎良周編『日本・中国佛教思想とその展開』山喜房佛書林、一九九二年所収）があり、ほぼ研究し尽くされた感がある。しかし課せられたテーマに沿って考察を加えれば、彼が脚光を浴びた玄宗の開元・天宝時代における佛教事情、ひいては彼を支えた信者層の動向、安史の乱に当たって唐朝の軍費補充のため香水銭を考案し実施した動機など、検討すべき問題は多いのである。

神会は襄陽（湖北省襄陽市）のいわゆる荊州玉泉寺で北宗禅の神秀に学び、さらに神秀と同じ弘忍門下の慧能に師事した。しかし玄宗の先天二年（七一三）八月三日に慧能が入寂すると、韶州（広東省曲江）の曹渓宝林寺を離れ、開元八年（七二〇）には勅命により南陽（河南省南陽市）の龍興寺に住し、のち洛陽の荷沢寺に入った。いわゆる荷沢寺神会の通称の由来である。彼がなぜ南陽龍興寺に勅命を受けたのか理由は不明であるが、その背後に官僚の推挙を想定して間違いはなかろうし、荷沢寺入住も同様に考えられる。

山崎宏氏は敦煌本の『神會語録』第一巻残巻をもとに官人と神会の交わりを浮彫りにされ、最も注目すべき人物として燕公張説以下、王琚・崔日用・蘇晋・王維・王怡・房琯らを上げられた。そして「則天武后の頃から、ようやく現われて来た新しい官僚が、当時の中国禅風擡頭の気運を促進したものと見られぬことはなかろう」とし、その先駆的表象を張説に認めようと試みられている。

張説は武則天の永昌元年（六八九）、学綜古今科なる制挙に及第し[3]、太子校書郎、右補闕となり[4]、のちに『海内珠英』と名を改める『三教珠英』千三百巻の編纂にたずさわった。しかし鳳閣舍人であった長安三年（七〇三）九月、魏元忠グループと張易之・張昌宗兄弟等との対立抗争に巻き込まれ嶺南に流され、二年後の神龍元年（七〇五）正月、張兄弟一味が誅せられ中宗の復辟がなるまで欽州（広西壮族自治区）で呻吟することになる。

張説が神会との交わりを持ったのは一体いつのことなのか。中宗に召されて兵部員外郎となり、工部・兵部両侍郎をへて、睿宗朝には中書侍郎兼雍州長史より同中書門下平章事にまで昇りつめた。一時、太平公主に睨まれて洛陽への転出を余儀なくされたが、玄宗の即位とともに、推戴の功をもって中書令に任ぜられ燕国公に封ぜられている。慧能の入寂そして神会が曹渓を去った頃のことである。神会が南陽龍興寺に入住した開元八年までの行脚遊方の次第は不明ながら、その間、張説がわずか半年で中書令の地位を追われ相州（河南省安陽市）刺史ついで岳州（湖南省岳陽県）刺史に転じ、さらに遥か北辺の幽州（北京）都督をへて、幷州（山西省太原市）都督に任ぜられているのを考慮すれば、神会との出会いは開元九年（七二一）九月、武功を賞でられ兵部尚書・同中書門下三品として中央にもどされて已降、とみるのが正鵠を射ていよう。なぜなら神会が南陽の龍興寺から洛陽の荷沢寺へ移ったのは、この前後と考えられるからである。

山崎氏によれば年次不明ながら神会は開元末年に再び南陽龍興寺へもどり、王維や王弼・張万頃などと交わりを持ったとされる。王維については開元二十四年（七三六）末より同二十七年（七三九）まで涼州は河西節度副使崔希逸の幕中に監察御史として赴任中であり、開元二十八年に殿中侍御史となって南選を担当した折、あるいは南陽にいた神会との交流があったのかも知れない。王維は維摩居士にちなんだ摩詰を字とするように信心深い家庭に生まれ、とりわけ北宗禅の普寂に帰依した母の影響が大きく、弟王縉らと一家をあげて佛教に帰依したことで知られる。[5]したがって禅風に慣れ親しんだことは当然のことであり、彼自身も普寂や義福そして神会との交渉を持ったのであろう。けだし王氏一家が普寂へ帰依した原因には、同郷のよしみもあったと考えられる。[6]

普寂は蒲州河東の馮氏に生まれ、荊州玉泉寺に赴いて神秀に仕え、神秀が則天武后に招聘されたのちも玉泉寺にとどまり法灯を守った。そして開元二十三年つまり神会が爆弾発言を行った翌年、勅命によって長安に入り、同二十七年に興唐寺に入寂するまで長安を離れることはなかった。

開元十三年、普寂に敕して都城に於て居止せしむ。時に王公士庶、競い來たり禮謁す。普寂は嚴重にして少言、來たる者は其の和悅の容を見ること難きも、遠近尤も此を以て之を重んず。二十七年、都城の興唐寺に終る。

年八十九。時に都城の士庶、曾て謁する者は皆、弟子の服を制す。制有りて號を賜いて大照禪師と爲す（『舊唐書』巻一九一）

普寂の高踏不羈の、悪くいえば唯我独尊的なありかたが、好感をもって遠近に迎えられたというのである。それは士庶の中でも、とりわけ貴族や知識人階層にありがちな嗜好にほかならず、王維らも例外ではなかった。

二

嘗て指摘したように王維・王縉兄弟らが最も早く親しみ、思想形成にも大きな影響を受けたのは、母が尊崇した普寂であるとみてよい。普寂は師の神秀が没したのち、中宗の命によって法徒をすべたが、玄宗朝にも帰依を受け、開元十三年（七二五）に洛陽の敬愛寺に住してからは中央政界との誼みも深まり、やがて長安の興唐寺に住し、開元二十七年（七三九）、八十九歳で入寂するまで北宗禅の総師として重きをなしたのである。京師における普寂の檀越に、玄宗の弟岐王範をはじめ前記の張説、張九齢ら開元時代の有力な文人官僚達の名を見出す。王維兄弟を含めて彼らには科挙出身者が多く、貴族出身で科挙官僚という者もある。単純に割り切るのは危険であるが、後述するとおり李林甫に代表される門閥や恩蔭によって入仕した官僚グループと激しい政争を展開した。このことを思えば、普寂の好むと好まざるとに関らず、官界の権力争いに巻き込まれていたことになり、普寂の一見して高踏不羈ともみえるありかたには、政争の具に供せられることへの反射的ポーズが、あるいは込められていたのかも知れない。

王維には普寂との関係を示す作品のほか、普寂の門弟にあたる道璿や舜闍黎(7)、普寂と同門の義福(8)、さらに北宗禅の正統性を主張するために、師の玄賾撰『楞伽人法志』につづけて『楞伽師資血脈記』を著した浄覚など、普寂と北宗禅にかかわる人物は多いのである。とはいえ王維が北宗禅に終始し北宗禅と運命を共にしたと処理し去ることも妥当ではなく、南宗禅そして浄土教関係者とも交渉を持ち、思想・信仰においても、その味わいを深めているのである。こうした宗派・教学より人的結びつきに比重を置いたか、の感を抱かせる王維のありかたこそ、実は当時の士大夫一般の傾向であったと思われる。[9]

胡適氏の紹介になる敦煌残巻『神會語錄』には、神会に質問を行った人物十八名、すなわち拓跋開府・戸部尚書王趙公・崔斉公・礼部侍郎蘇晋・張燕公・苗侍郎・鄭道王・鄭濬・嗣道王・常州司馬元忠直・潤州司馬王幼林・王侍御・蘇州長史唐法通・揚州長史王怡・相州別駕馬択・内郷県令張万頃・蔡鎬・洛陽県令徐鍔・南陽太守王弼が記されている。彼らを全て神会の帰依者とする見方には疑問があるとしても、すでに指摘されているとおり張燕公（張説）・苗晋卿・戸部尚書王趙公（王琚）・崔斉公（崔日用）・王侍御（王維）・蘇晋・王怡ら玄宗朝における有力官僚が含まれ、とりわけ張説・王琚・崔日用・王維など神会と深い関係を有したことは間違いないのである。

山崎氏は張説以下、王琚など伝歴の明らかな数人を選び神会との関係を明らかにしつつ、禅風興起の気運を促進したものが貴族階級ではなく、則天武后の頃から才略によって台頭してきた、寒門出身の新官僚群（科挙官僚）であったと分析されている。また阿部肇一氏は山崎氏にならい、かつ南北両宗禅の盛衰に視点を置き、武周革命にあたり宮廷内部に新しい佛教の出現が期待された結果、禅宗ことに神秀系の禅が歓迎されたという。そして王琚を俎上に上げ、彼が南陽慧忠の檀越であったことを確かめたのち、玄宗朝において慧忠・神会の南宗禅が進出し北宗禅が衰えたのは、官僚間の対立抗争や則天朝の息のかかっていない、新佛教の師が求められたことに起因するとされている。[10]

阿部氏が朝廷の保護を受けて勢力を伸張していった神秀と、曹渓にあって在野佛教に徹した慧能との違いは、「ただ禅を行う上の考え方の相異、性格の異りといったようなものであったにすぎない」とされたのは的を射ていよう。しかし北宗禅が衰えた理由として、則天朝とは無関係な新佛教が求められた結果とみなされたのには問題がある。この見方に賛同するには他の教学にも言及する必要があり、また前節にみたとおり神秀の法嗣である普寂・義福らが玄宗朝に迎えられている、動かしがたい事実の矛盾を解決しなければならない。むしろ中央政界に密邇しすぎた北宗禅のありかた、その割には普寂に認められる高踏的姿勢、国家佛教的性格の欠如や頓・漸と区別される教法の違い、官界の抗争などを重視する必要があろう。

今、肝要な檀越に焦点をしぼれば神秀・普寂・義福ら北宗禅のそれであった張説は、王維と同様に神会の檀越でもあったふしが認められる[11]。彼はまた有力な求法僧義浄、訳経僧菩提流志、律師曇一などとも親交があり、それは信仰というより、むしろ唐代の知識人、文人官僚に広く認められる帰依敬仰の範疇に属するものであろう。こうした時代相を満身に浴び、しかも普寂の弟子でありながら普寂とは対蹠的な姿勢をみせたのが一行である。

一行は天文暦数の大家、大衍暦の作者であるほか、屈指の密教僧として位置づけられるべき人物であるにも関わらず、わが国の東密、台密両派の偏見に災いされて正しい評価がなされていない、とは春日礼智・長部和雄両氏の言である[12]。確かに『釋門正統』巻八、密教思復載記、『佛祖統紀』巻二九、諸宗立教志を除き、『宋高僧傳』を筆頭に密教付法の祖師ではなく、おおむね異術、神異の傑僧として立伝されている。当然のこと禅師一行を禅と結びつけて論述したものも皆無に近い。さなきだに乏しい伝記資料が混乱しているとあっては、扱いが粗略になるのも止むを得まい。しかし空海撰『眞言付法傳』所引の玄宗御製碑銘には、

依嵩嶽僧寂、深究禪門、就常《ママ》（當）陽僧眞、纂成律藏……又於金剛〔智〕三藏、學陀羅尼祕印、登前佛壇、受

法王寶、又於〔善〕無畏三藏、譯盧遮那佛經……

とあり、嵩山の僧寂に師事して禅門を究め、当陽の僧真（六七三～七五一）に就き律蔵を修めたという。僧真が恵真であるとは塚本善隆氏の指摘であるが[13]、南山大師道宣の高足で天台教学を伝え、かの鑒眞受具の師でもある弘（恒）景（六三四～七一二）に就き、南山律と天台法門を学んだ人物で、大恵禅師と諡されている[14]。

一方、僧寂とは[15]、『宋高僧傳』巻五、一行本伝にいう出家剃髪の師普寂であろうし、『景德傳燈錄』巻四、嵩山普寂の法嗣四十六人中にみえる嵩陽寺一行がそれを傍証していよう。これを李華の『荊州南泉大雲寺故蘭若和尚碑』には看るを得ないが、『舊唐書』巻一九一、方伎伝では「尋いで出家し僧と爲る。嵩山に隠れ沙門普寂に師事す」という。李邕の『大照禪師塔銘』によれば[16]、普寂が師の大通禅師神秀に勧められて嵩山編岳寺に入住したのは則天の大足・長安の交（七〇〇～七〇一）であり、師の没するや中宗より「宜しく徒衆を統領し敎迹を宣揚せしむべし」との命を受けたのが、神龍二年（七〇六）のことである。したがって一行が普寂を師と仰ぎ、禅門に親しんだのは武周政権の末期、当陽へ赴き恵真に玉泉寺弘景流の南山律と天台教学を学んだのも、同じく神龍年間のことと考えられる。

ところで『眞言付法傳』が紹介するように、一行は金剛智に陀羅尼の秘印を、善無畏からは『毘盧遮那經』の講義を受けた動かし難い事実がある。彼が玄宗朝屈指の供奉僧として重んじられたからには、律・天台・禅・真言の各法門が、一行を自派の系譜に加えて扱いたがるのには、無理もない一面がある[17]。けだし先述した如く学派に拘わらず博く学び知識を修得する、それが当時における普遍的な傾向であり、檀越の士大夫層に至っては尚更であった。いわば一教学、一法門に偏らない一行風の修学こそ隋唐佛教のありかたを代弁するもの、それが各法門に新風を吹込む要因ともなった。このことを前提に一行の役割について再考すれば、彼こそ玄宗朝前半期における各法門の調整役となり、ややもすれば道教の風下に置かれがちな教団の浮上に力を尽くした人物、と評価すべきであろう。

周知の如く、善無畏が梵経を携えて長安入城を果たしたのは開元四年（七一六）、一行筆受の『大毘盧遮那成佛神變加持經』（以下『大毘盧遮那經』と略）を訳出したのが同七年[18]（七一九）、これに続き洛陽の福先寺に『大日經』の講義が行われ、年時は特定できないけれども一行により『大日經義釋』等が撰述されるわけである。また海路より来唐の金剛智が長安に入ったのは善無畏に遅れること三年、開元七年である。翌年には玄宗に随い東都洛陽を訪ずれており、一行や不空が弟子の礼をとったのも、この頃に相違ない。つまり一行は不空に先んじて大日経系と金剛頂経系の両部を学んだ最初の人とみてよく、時に前記の善無畏訳『大毘盧遮那經』の筆受を勤めあげた直後にあたる。

開元十五年（七二七）、一行が入滅すると玄宗は大慧禅師の号を贈り、親しく筆を執り碑銘を著わし、内蔵庫より五十万銭を下賜、銅人原に塔を建立したという。必ずしも佛僧というよりも易に通じ道教の素養があり、大衍暦の生みの親としての論功であり行賞であったに違いないが、前代未聞にも等しい懇篤な扱いは、玄宗朝における一行の重みを余すところなく伝えてくれる。彼が新来の密教に接近したとはいえ、嘗て身を寄せた嵩山の師普寂や長安の義福など朝野に帰仰者を広く持つ、いわゆる北宗禅の面々を疎外するはずはなかろう。天台色豊かな、政界との関係にはさほど重きを置かない普寂ら北宗禅と官界、そして密教との間をつなぐ大きな存在であり、教団内における北宗禅の外護者とも称すべき役割を荷ったといえよう。しかし彼は次に述べるような玄宗朝の宗教界を見ることなく、あまりにも早くみまかったのである。

三

周知のように玄宗は開元二十六年（七三八）六月一日、州ごとに形勝の観・寺各一を選び開元観・開元寺と改額した[19]。これ以降、地方の宗教業務は龍興・開元の両観・寺を中心に行われることになる。翌年五月、祠部の奏請によって発せられた勅命では、従来、龍興観・寺で営んできた国忌の行道・斎会について、京兆府と河南府だけはこれまで通り龍興観・寺とし、他州では開元観・寺において営むことに改める一方、開元十八年（七三〇）から実施してきた千秋節と三元の祝賀は、すべて開元観・寺で設斎行道するよう定めている。これによって開元寺の設置までは龍興寺において行われてきた官設の儀式を、京兆・河南府に限って国忌の追善法要と生誕祝寿を両分した上、後者を開元観・寺に振り当て、地方では開元観・寺に一本化したことが明らかになる。京兆・河南両府のみなぜ二分したか明確ではないが、少なくとも両府では龍興・開元両観・寺が並存していたことを物語っている。また十九年後に設置された日本の官寺、いわゆる国分寺を「金光明護国之寺」とし、国分尼寺を「法華滅罪之寺」とされたものと必ずしも一律には論ぜられないが、国忌の追善法要を龍興観・寺に託し、国家と現皇帝の祝寿を開元観・寺に委ねた意図は充分に汲み取ることができる。

この鎮護国家を基調とする開元観・寺の設置は、宗教を完全に国家的なものへ変容させた証といえるが、さらに注目すべき制勅がある。

〔開元〕二十七年二月制、天下観寺、毎于齋日、宜轉讀經典、懲悪観善、以闡文教（『冊府元龜』巻五一）

龍興・開元両観・寺だけでなく、天下の観・寺すべて如上の節斎日には、「悪を懲し善を勸め以て文教を闡く」ために経典を転読させよというのである。これは単に護国思想や追善供養だけでなく、人間生活の根幹にかかわる社会規範や倫理道徳の涵養に至るまで、宗教界に奉仕を要求するものにほかならない。

このような玄宗の宗教政策は天宝年間の初めにクライマックスを迎える。すでに開元末年七月、玄宗は自分の真容を作らせ開元観に安置させているが、さらに天宝二年正月には玄元皇帝廟に玄元皇帝、すなわち老子の右に並べて袞冕の服を着た玄宗の聖容が置かれ、そして、

天寶三載三月、兩京及天下諸郡、於開元觀・開元寺、以金銅、鑄玄宗等身天尊及佛各一軀（『唐會要』巻五〇）

という。混乱を招く難解な文であるが、評点本『唐會要』のように「玄宗の等身、天尊及び佛各一軀を鑄した」と読むのではなく、また観・寺両方に像二軀を置いたのでもなく、玄宗の等身大の天尊像および等身大の佛像一軀を鋳造して、開元観に天尊像を、開元寺には佛像をそれぞれ安置したか、一歩を譲り玄宗の等身像と天尊、佛像の三軀としても開元観には玄宗像と天尊像を、開元寺には玄宗像と佛像をそれぞれ安置したと解すべき内容だと思われる(20)。いずれにせよ玄宗は従来の「皇帝即如来」の理念どころか、天尊も如来も兼ね備えた絶対者であるという意志を具体的に表明したものであろう。

この玄宗の姿勢に加えて、老子を祀る玄元皇帝廟が全国規模で置かれたことに象徴されるとおり、道教への傾斜は不老長生への願望とともに深まる一方であった。かかる鎮護国家や皇帝権力のための御用宗教化を強制する玄宗の政策が進行し、前述の荷沢寺神会の如き禅僧が現れる最中、かかる厳しい現実を突きつけられたまま、師の遺命でインドへ旅立ったのが不空である。おのずと善無畏、金剛智に稀薄であった国家的性格、呪術性豊かな密教をと希求するのも当然である。

安史の乱の最中、長安にとどまった不空は、弟子の含光を連絡係にして情報を粛宗に提供するという積極的な諜

報活動までも行い、定難の功のため腐心したのである。粛宗の不空に対する処遇の数々は一種の論功行賞である。このような経過の中で不空が鎮護国家、皇帝守護の傾向を鮮明にしなければならない要因が生まれ、環境が整っていったと考えられる。

四

不空は先師金剛智の遺命を受けて、玄宗の天宝二年（七四三）に広州を出発し、海路よりスリランカをへてインドに渡り、未請来の梵本および密教儀軌を求めて中国に還った。この求法の旅は彼の伝えた密教について金剛智自身が満足のいくものではなかった事実を認めていた証拠ともなる。つまり善無畏や金剛智の中国渡来は高く評価されるが、両者ともインドへ帰ろうと試みているのをみれば、インド僧による、しかも新興の密教伝道が、どれほど困難であったかを物語っている。不空の生地をめぐっては異説もあるが、インド系の父とサマルカンド系の母を持つ混血児であり、少なくとも中国で生まれ育ったことは間違いない[21]。中国の言語に通じ風俗や習慣を知り、中国佛教にも親しんだ不空であったからこそ、短期間のインド求法にもかかわらず、後の伝道に充分な成果が期待できたとみたい。

とはいえ、帰朝してからわずか三年後の天宝九載（七五〇）、今度は玄宗の命により再びインドへ渡航するため広州へ向かっている。これはたとえ使節の任務を与えられたものにせよ、宮廷ないし長安佛教界ではまだ確かな地歩を築き上げていなかったことを意味する。幸か不幸か途中で病に伏し、韶州にとどまり訳経をつづけながら三年をすごしたあげく、河西節度使哥舒翰の奏請を受けた玄宗の裁可により武威へ赴くことになった。天宝十三載（七五四）の初めのことである。この推移も異常であり、玄宗の帰依が篤かったという見方を否定する要因となろう。

哥舒翰が不空を招請した理由については、彼の奏請「令河西邊陲請福疆場」にみえる目的のほか、不空の伝法を通じて自己の統帥権を強化しようとの狙いがあったと思われる。当然、玄宗の側でも胡人と漢人が雑居し、また異民族出身のいわゆる「蕃將」達に占有されつつあった河西一帯の辺境守備軍を教化し、風雲急を告げる情勢を打開しようとの思惑が働いていたことは間違いない。不空の河西派遣に若干遅れて、朔方節度使安思順のもとへ朔方管内教授大徳の律師弁才が送り込まれているのは、なによりの傍証となるであろう。不空に白羽の矢が立てられたのは、河西の特殊事情に対応するのにふさわしい新来の密教と、彼が涼州出身の胡人という好条件を備えていたからだと考えられる。とはいえ不空を河西に招いた張本人は哥舒翰というよりも宦官李元琮であったとみたい。

李元琮は『不空表制集』巻一の「請於興善寺置灌頂道場狀一首幷墨敕」に、

乾元三年（七六〇）閏四月十四日、宮苑都巡使・禦侮校尉・右內率府率員外置同正員・賜紫金魚袋・內飛龍驅使臣史元琮狀進（『大正蔵』五二・八二九c）

とみえ、また不空門下の俗弟子趙遷の「故功德使涼國公李將軍挽歌詞二首」（『不空表制集』巻五）の京城諸寺観修功徳使・涼国公李将軍と同一人物で、反逆者史思明・史朝義の故か、あるいは賜姓により李元琮と改められた人物と考えられる。彼は「三藏和上遺書」（以下「遺書」と略）（『不空表制集』巻三）の中で不空が、

俗弟子功德使李開府、依吾受法三十餘年、勤勞精誠、孝心厚深、河西南海、問道往來、淨影鴻臚、躬親供養（『大正蔵』五二・八四四b）

と述べているとおり、南海や河西に不空と行動を共にしていた事実がある。

李元琮が河西に赴いたのは、哥舒翰の監軍使に任命されたからと推測するが、不空との関係を前提にすれば招聘

者は李元琮とみるのが正鵠を射ていよう。不空の『大唐故大德贈司空大辨正廣智不空三藏行狀』（以下『行狀』と略）や『唐大興善寺故大德大辨正廣智三藏和尚碑銘幷序』には李元琮が河西において不空から五部灌頂を受けたと記している。李元琮が魚朝恩の腹心的存在であったことは、

魚朝恩署牙將李琮、爲兩街功德使（『舊唐書』巻一五七、郗士美伝）

とあることでも明白であり、彼が不空教団の発展に大きくかかわったのは疑う余地はない。

興味深いのは、「遺書」の中で不空が弟子達に向かい「行普賢行、住普賢心」（『大正蔵』五二・八四五a）と普賢行願の実践を求め、「修行如此、是契吾心」（同前）とまで断言していることである。不空には『普賢菩薩行願讃』の訳出もあるが、注目すべきは代宗を讃嘆する不空の言葉に、

伏惟、陛下承法王之付屬、滿人心之志願、持普賢之密印、行天子之正敎[22]（『大正蔵』五二・八四〇b）

とあり、如来の付嘱を受けた代宗が普賢の密印をもって国を治めることを強調したくだりである。同様のことは弟子慧勝の上奏にもみえ、代宗を普賢の密行をもって教化するためこの世に出現した皇帝とし、また代宗が「弘文殊事、行普賢願」ことを讃仰しているのである[23]。つまり普賢菩薩を代宗の結縁佛とするわけである。その由来は不明であるが、恐らく不空の発想考案になると思われる。

このように代宗の結縁佛は普賢菩薩であり、個人的には普賢行の実践を弟子に求めながら、不空はなぜ普賢菩薩ではなく文殊菩薩の宣揚弘布に心血を注ぐようになったのか。

不空を語る上で見逃すことの出来ないのは文殊菩薩と五臺山の金閣寺創建である。不空と文殊のかかわりは『不空表制集』や『行狀』『宋高僧傳』等によると、初期の段階では「文殊願」を暗誦したこと、印度へ渡航直前、広州の寺院で祈願したとき、文殊菩薩が現われたことの二点にすぎない[24]。最も直接的な関係は遥か代宗の永泰二年（大

暦元、七六六)、この五臺山金閣寺の建立を奏請したときである。爾来、五臺山文殊信仰をめぐる不空のかかわりは緊密の度を加え、天下の寺院に文殊の上座を置き、太原の至徳寺を皮切りに全国規模で文殊菩薩院を設けるなどの奏請を行なっている。また玄宗が『老子道徳經』『御注金剛經』を全国の観・寺に配置したように、『文殊師利佛刹功徳經』三巻を新設した大興善寺の文殊閣以下、天下の文殊院に奉納させている。このような文殊信仰への傾注には、さまざまな見方が行なわれ解釈がなされているが、唐朝発祥の地太原をとり巻く山西地域の意義、とくに安史の乱における荒廃や、降伏した叛軍の将を、そのまま節度使にとどめる必要があった河北各地の政治情況より考察する必要がある。

註

(1) 本書第二篇第五章「不空教団の展開」。

(2) 胡適「楞伽宗考」(『国立中央研究院歴史語言研究所集刊』五—三、一九三五年、後に『胡適文集』第五冊〈北京大学出版社、一九九八年〉所収)同「荷沢大師神会伝」(『神会和尚遺集』上海亜東図書館、一九三〇年、後に『胡適文集』五所収)同「『壇経』考之一」(『武漢大学文哲季刊』一—一、一九三〇年、後に『胡適文集』五所収)、同「『壇経』考之二」(『文史叢刊』一、山東大学、一九三四年、後に『胡適文集』五所収)。

(3) 徐松『登科記考』による。辛文房『唐才子傳』(布目潮渢・中村喬『唐才子伝之研究』大阪大学文学部内アジア史研究会、一九七二年参看)は垂拱四年(六八八)とする。なお吉川幸次郎「張説の伝記と文学」(『東方学』一、一九五一年、後に『吉川幸次郎全集』第一一巻〈筑摩書房、一九六八年〉所収)参照。

(4) 『舊唐書』巻九七の本伝。『新唐書』巻一二五は左補闕とする。

(5) 本書第一篇第八章「王維と佛教——唐代士大夫崇佛への一瞥——」。入谷仙介『王維研究』(創文社、一九七六年)十一章、小林太市郎『王維の生涯と芸術』(全国書房、一九四四年)。

(6) 王維一族と禅については陳允吉「王維与南北宗禅僧関係考略」(『文献』一九八一—八、一九八一年)、陳鉄民

「王維与僧人的交往」（『文献』一九八九—三、一九八九年）。

（7）『王摩詰文集』巻一七「爲舜闍黎謝御題大通大照和尚塔額表」。

（8）『王摩詰文集』巻三「謁璿上人并序」、同巻七「過福禪師蘭若」。

（9）『王摩詰文集』巻二四「大唐大安國寺故大徳淨覺禪師碑銘」。

（10）阿部肇一『中国禅宗史の研究』第一編第一章（研文出版、一九八六年）。

（11）『張說之文集』巻一九「唐玉泉寺大通禪師碑」（『全唐文』巻二三一）、『神會語録』第一巻残巻。

（12）春日礼智「一行伝の研究——支那人物略伝（四）——」（『東洋史研究』七—一、一九四二年）、長部和雄『一行禅師の研究』（神戸商科大学学術研究会、一九六三年）。

（13）塚本善隆「南嶽承遠伝とその浄土教」（『東方学報　京都』二、一九三一年、後に『塚本善隆著作集』第四巻〈大東出版社、一九七六年〉所収）。なお『舊唐書』巻一九一、方伎伝には悟真と記す。

（14）李華「故左谿大師碑銘」（『唐文粹』巻六一）に「弘景禪師、得天台法、居荊州當陽、傳眞禪師、俗謂蘭若和尚、是也」とある。

（15）上文を「嵩嶽の僧寂深に依り禪門を究む」と読む人もあるが、後段と対句にすべく、その読みは誤りである。

（16）『全唐文』巻二六二、『李北海集』。

（17）岡崎密乗「一行阿闍梨伝記考」（『密宗学報』二八、一九一五年）は真言宗の人とみ、山川智応「中唐に於ける天台宗と一行阿闍梨の法脈（上）（中）」（『現代佛教』七二、七三、一九三〇年）は天台に重きを置き、清水谷恭順「一行阿闍梨伝考」（『叡山学報』一六、一九三八年）は、禅門系の天台学者とみるなど枚挙に遑がない。

（18）長部註（12）前掲書、序章。『宋高僧傳』巻二、善無畏伝は十二年に作る。

（19）『唐會要』巻五〇「（開元）二十六年六月一日敕、毎州各以郭下定形勝観寺、改以開元爲額」とある。なお同巻四八には大雲寺を開元寺に改めたとするが、必ずしも正しくない。

（20）『舊唐書』巻九、玄宗本紀には「敕兩京、天下州郡、取官物、鑄金銅天尊及佛各一軀、送開元觀・開元寺」と玄宗の等身像にはふれていない。

（21）周一良 "Tantrism in China", *Harvard Journal of Asiatic Studies*, Vol. 8, March. 1945.

（22）『不空表制集』巻三「謝恩許新翻經論入目錄流行表」（『大正藏』五二・八四〇b）。

(23)『不空表制集』巻六「恩賜錦綵縑緗共四十匹謝表」(『大正蔵』五二・八五八a)、同「進興善寺文殊閣内外功徳數表」(『大正蔵』五二・八五七c)。

(24)岩崎日出男「不空三蔵の五臺山文殊信仰の宣布について」(『密教文化』一八一、一九九三年)。

第八章　『華嚴經傳記』の彼方

——法蔵と太原寺——

一

道宣は『集神州三寶感通錄』（以下『感通錄』と略）巻下に、彼が用いた資料の数かずを列挙している。高僧伝類のほか『宣験記』『幽明錄』『冥祥傳（記）』『徵應傳』から『捜神錄』『旌異記』『冥報記』、はては『內典博要』『法寶聯壁（璧）』『述異誌』に至る著名な説話集、応験記が姿をみせている。道宣の釈明を待つまでもなく、『感通錄』や道世の『法苑珠林』編纂にみられるとおり、六朝以来の集大成が試みられた時代、それが初唐における説話集、霊験記等の潮流であったのは間違いない。

もう一つ、この時代には慧祥の『弘贊法華傳』、蕭瑀撰『金剛般若經靈驗記』、孟献忠撰『金剛般若經集驗記』、そして法蔵の『華嚴經傳記』のような特定の佛典信仰を鼓吹するものが相継いで編纂され、佛教界のみならず小説界にも大きな影響を及ぼした。なぜかかる霊験記類が生まれたのか、特定の経典に偏向したのは何を物語るのか、どう利用されたのか等々、興趣つきない課題が多く残されている。とりわけ『華嚴經傳記』は華厳第三祖の執筆にかかり、八十『華嚴經』の訳出と前後して撰述された。華厳教学の大成者によって『華嚴經』の宣布と教化という実践の場で撰せられた意味は大きく、これまで度たび俎上に載せられたのも肯ける。けだし本章では『華嚴經傳記』

を直接扱うつもりはない。筆者の最大関心事は説話集、霊験記類の成立する社会や時代背景にあるが、そこにゴールを見据えながら、ひとまず『華嚴經傳記』執筆に至る法蔵の行歴を確認しつつ、その周辺を垣間みておくことにしたい。

二

賢首大師法蔵の伝記や著作活動については、近年とみに関心が払われ、詳細な年譜までも整理されるなど、研究成果には刮目すべきものがある。(1)新しい資料の発掘が期待薄の今日、よほどのことが無いかぎり、加えるとすれば若干の補足訂正の域以上には出られそうもない。

周知のように法蔵の伝記には閻朝隠の『大唐大薦福寺故大德康藏法師之碑』(2)（以下『康藏法師之碑』と略）がある。最も早く執筆された根本資料であるが、碑文なるが故の簡略さに加え、崔致遠の詳密な『唐大薦福寺故寺主翻經大德法藏和尚傳』（以下『法藏和尚傳』と略）の出現によって、とかく影が薄くなった感は否めない。けれども簡にして要を得たその文章には、先学が誰も問うことの無かった「なぜ閻朝隠なのか」を含めて、仇や疎かには出来ない内容を具えている。

崔致遠が『法藏和尚傳』をものした動機については、彼の跋文に大要を記している。最晩年に新羅華厳宗の始祖義湘ゆかりの迦耶山海印寺華厳院に隠棲したこと、義湘の伝記『浮石尊者傳』(3)をも執筆していることも併せ考え、おおよそ義湘に私淑し華厳教学に関心を抱いた結果、義湘の最も親しんだ法兄弟である法蔵に触手をのばしたものと納得がいく。彼にとって法蔵を内外に顕彰することは、とりも直さず義湘とその華厳教学を喧伝するに等しかったからである。では閻朝隠はどうなのか。

閻朝隠、字は友倩、趙州欒城（河北省蒿城県）の人。『舊唐書』巻一九〇、文苑伝巻中および『新唐書』巻二〇二、文芸伝巻中に本伝がある。両伝によれば進士及第してのち、制挙の孝悌廉譲科をへて陽武県尉に補せられている。中宗の東宮時代、太子舎人として信任を得たが、のち則天武后に重用され、給事中に転じ『三教珠英』編纂にもたずさわった。武周政権が終りを告げ寵臣張易之・張昌宗兄弟が殺されると、ブレーンの一人であった彼は崖州（海南島）に貶謫され、景龍初（七〇七）に召還後は著作郎、秘書少監を累遷、またも罪に坐し通州（四川省遠州）別駕となり、この地で没している。

『康藏法師之碑』(4)には、

秘書少監閻朝隠撰（『大正蔵』五〇・二八〇b）

と明記されており、碑文の性格上、これが間違いない肩書であろうことは、崔致遠の『法藏和尚傳』によっても確かめられる。したがって彼の秘書少監就任から通州別駕へ貶されるまでの間に執筆されたことになるが、本伝には先天中（七一二～七一三）、詳しくいえば七一二年八月甲辰（七日）より翌年十二月一日、元号が開元と改められるまでの間に秘書少監に任ぜられたことをいうのみで、卒年についても言及していない(5)。

劉粛の『大唐新語』にこのような話を載せている。玄宗朝の宰相張説が肝胆あい照らす徐堅から、周期の文人達の凋落ぶりに想いを致しつつ、各人の名をあげて、

諸公は昔年に皆、一時の美を擅にす。敢て問う、孰をか先後と爲すや。

と訊ねられた。これに対し、張説は李嶠・崔融・薛稷・宋之問などを良金・美玉に譬え、富嘉謩の文を孤峰、絶岸と評し、そして閻朝隠の文は、

麗色にして靚粧、之に綺繡を衣《き》せ、燕歌趙舞するが如く、観る者は憂いを忘る。

と述べている。(6) 全集が散佚した今となっては、『康藏法師之碑』などを介して味わうほかはないが、当時を代表する文人の張説による論評であるからには、ほぼ的を射たものとみてよかろう。事実、武后に賞でられたのは「屬辭奇詭」なる点であり、また文学の士をこよなく愛した恵文太子李範に重んじられ、劉庭琦・張諤・鄭繇らと「篇題唱和」したといわれる。(7) また張易之兄弟のブレーンとなり果てたのも、その卓抜した文才によるものであったことは間違いない。

『舊唐書』の本伝には、

張易之等の作る所の篇什は、多くは是れ〔閻〕朝隱及び宋之問らの潛《ひそ》かに代りて之れを爲りしものなり。

と暴露するかたわら、

朝隱の文章は風雅の體無しと雖も、構奇を善くし、甚だ時人の賞する所と爲る。

と、人の意表を突く筆のすさびを高く評価もしている。彼と法蔵とは武周時代の落子にも等しく、武周政権を離れては語れない関係にある。両者は片や翻経大徳として、片や北門学士として緊密な間柄であったろうし、『三教珠英』の編纂を通じても関わりを持った筈である。碑文こそ武周政権下に培われた友誼の証とみるのが、「なぜ閻朝隠なのか」に対する正しい解答である。それだけに法蔵教学の微妙な側面をのぞかせているように思われる。

周知のように武周革命前夜における佛教教団は、きわめて微妙な立場に置かれていた。太宗の貞観十一年（六三七）に発せられた道先佛後の詔勅に象徴される唐朝の宗教政策は、高宗の龍朔二年（六六二）四月十五日に出された「制沙門等致拜君親勅」(8) のいわゆる礼敬問題とあいまって、佛教教団に深刻な危機意識を喚起しつつあった。この件は貞観五年（六三一）に僧尼・道士らをして父母に致拜せしめることが定められながらも、二年後に撤回されたものであるが、顕慶二年（六五七）二月、僧尼が父母と尊長の拝礼を受けることを禁止する詔勅につづき、孝道と礼法を宣揚するためと称して議せられることになったのである。しかも対象が君親のみならず皇后・皇太子にまで枠が拡大されたところに意味がある。

筆者はかつて高宗の礼敬問題には則天武后の意志が強く働いていることを指摘しておいた。一応は大荘厳寺威秀らの反対運動や西明寺道宣らの陳情が成功して沙汰やみとなり、父母にのみ致拝することで妥協したが、いつ再燃してもおかしくない状況に置かれていたといってよい。則天は着々と実力を蓄え、二年後には高宗とならび「両聖」の尊号を奉られることになるが、礼敬の議にはしなくも自己顕示を試みる彼女のシルエットを浮び上らせて興味深い。問題は教団のみならず官僚の間からも激しい反対の烽火が上ったことであり、則天の教団に対する認識を新たにさせ、ひいては、武周革命における佛教利用への契機になったと断言して差支えなかろう。法蔵まさに二十歳、太白山より京師に入り、雲華寺に『華嚴經』を講ずる智儼をたずね、入門を果した頃のことである。新羅の義湘もほぼ時を同じくして智儼の門を叩いている。ただし法蔵の出家入道は咸亨元年（六七〇）のことであり[9]、その間には玄奘（六六四）についで道宣（六六七）、道世（六六八）そして師の智儼（六六八）もこの世を去って、長安佛教界は大きな転機を迎えつつあったのである。

三

法蔵と則天武后の関係は咸亨元年（六七〇）、則天が亡母栄国夫人楊氏のために太原寺を建立し、法蔵が二十八歳で落髪、この寺に住せしめられた時に始まる。楊氏は夫・武士彟が高祖から応国公に封ぜられたため、改めて応国夫人となったが、則天が皇后に立てられると代国夫人、顕慶五年（六六〇）冬十月には栄国夫人へ改封され、咸亨元年九月、[10]衛国夫人をもって卒し魯国夫人を贈られた。礼敬の議にあたって西明寺道宣らを中心とする長安の僧等が、撤回を求めて嘆願書を提出した、その相手である。[11]『長安志』巻一〇、休祥坊・崇福寺条に、

本侍中・觀國公楊恭仁宅、咸亨元年、以二武皇后外氏故宅一、立爲二太原寺一、垂拱三年改爲二魏國寺一、[12]載初元年、又改爲二崇福寺一、寺額、武太后飛白書

楊恭仁は隋の司空であった観徳王楊雄の長子にあたり、文帝・煬帝に重んじられ、楊玄感の乱には大功をたてたが、のち唐に仕え、太宗朝には雍州牧、洛州都督などを歴任、貞観十三年（六三九）に卒している。[13]彼の楊氏一族と唐室との密接な関係については陳寅恪氏の「記唐代李武韋楊婚姻集団」はじめ、いくつかの論稿に指摘があり贅言を必要としないが、[14]弟楊続・楊師道の家系とあわせて「武徳よりの後、恭仁兄弟、名位尤も盛んなり」と称され、

則天の時、又、外戚を以て崇寵さる。一家の內、駙馬三人、王妃五人、皇后を贈らるるもの一人、三品已上の官は二十餘人なり（『舊唐書』巻六二、楊師道伝）

という盛族であった。ちなみに則天の母は楊雄の姪、すなわち楊恭仁らの従妹にあたる。

則天は母楊氏が没すると洛陽の教義坊にあった母の邸宅を寺とし、並行して楊恭仁の故宅にも菩提寺を建立した。東西両寺ともに太原寺と号したのは父の武士彠が太尉を加贈され、太原王に追封されたからであり、太原王妃となった母ともども菩提を弔うのにふさわしい寺額を贈ったわけである。なお東太原寺は後に積徳坊へ移され、さらに次節に検討するとおり垂拱三年（六八七）には両寺とも魏国寺に改額され、さらに西魏国寺は大周西寺、そして〔西〕崇福寺となり、一方の東魏国寺は大周東寺から大福先寺へと改められたのである。[15]

屬下榮國夫人、奄二捐館舍一、未レ易二齊衰一、則天聖后、廣樹二福田一、大開中講座上、法師策二名宮禁一、落二髪道場一、住二

太原寺」（『大正蔵』五〇・二八〇b）

闍朝隠の右文を受けた崔致遠は「人を度しては則ち上達の僧を擇び、宅を捨てては乃ち太原寺を成《つく》る」（『大正蔵』五〇・二八一b）と述べている。けだし妥当な言辞であって、太原寺はこのように栄国（衛国）夫人の没後まもなく創建されたものなのである。このことにつき、宗密の『華嚴經行願品疏鈔』巻二には大崇福寺は古名を西太原寺といい、太原よりスタートした建国の地恩に報ゆるため五箇寺を造り、すべて太原寺と号したが、則天のとき重修し崇福寺に改めたと述べる。宗密には太原の義興寺や大唐興国大崇福寺との混同があるようで、両寺とも則天の太原寺とは全く無関係である。

法蔵の出家落髪は太原寺の開基にあわせて実施された勅恩度僧によるものであったらしく、崔致遠は「顧託を受くる者、狀を連ねて薦推す」（『大正蔵』五〇・二八一b）という。おそらく法蔵とともに東・西太原寺の名僧達にみあう、相当数の新度僧が生まれたはずである。

ここで、法蔵出家の翌年にあたる咸亨二年十月十日付の「『妙法蓮華經』巻第五、使虞昶等校經列位[16]」をみると、

装潢手　解善　集装
初校　經生　郭德
再校　西明寺僧　法顯
三校　西明寺僧　普定
詳閲　太原寺大德神符
詳閲　太原寺大德嘉尚
詳閲　太原奇（寺）主慧立

詳閲　太原寺上座道成
判官少府監掌治署令向義感
使大中大夫行少府少監兼検校將作少匠
永興縣開國公虞昶

とある。この形式の校経列位は他にもあり[17]、内容に若干の違いはあれ、当時の長安宮廷写経に詳閲として関わった太原寺僧の存在を伝えてくれる。

右の中、太原寺大德神符のことは不明であるが、嘉尚は『宋高僧傳』巻四にみえる京兆大慈恩寺嘉尚であろう。玄奘の訳場に加わり玉華宮で『大般若經』等の筆受の任にあたった人物で、その訳場列位には西明寺僧となっている[18]。また寺主慧立は『大慈恩寺三藏法師傳』の撰者として知られ、玄奘の訳経事業を支えた人物である。高宗の顕慶三年（六五八）に西明寺が完成すると、上座道宣の下で都維那をつとめたのち、太原寺の寺主に迎えられている[19]。道成は道宣なきあとの長安佛教界を代表する律匠であり、やはり道宣の協力者として持律の任にもあったが、慧立とともに太原寺に移り、さらに恒済寺へ転出したようである[20]。あるいは法蔵の授戒師いわゆる阿闍梨をつとめた人かとも思われる。

如上の校経列位は、時の実力者武后の威光そのままに、武氏の菩提寺にすぎないはずの東・西両太原寺に、名僧知識の多くが集められた事実のほどを窺わしめる。規模も寺域も不明ながら、各大德にみあう侍人として新度の僧があてられ[21]、法蔵もその一人に加えられたものと考えられる。時に法蔵二十八歳、当時としては遅い剃髪得度である。おそらく太白山を出て智儼の門にある間、童行のままか無名僧として修行を続けていたものとみたい。

崔致遠は第四科において具体的に、

既に出家す。未だ進具せざるに、旨を承けて配する所の寺に於いて百千經を講ず。時に端午に屬す。天后、使を遣わし衣を送ること五事。其の書に曰く、蕤賓、節に應じ、角黍、期に登る。景候、稍く炎きも、師の道體清適ならん。長糸の令節に屬し、命縷の嘉辰を承く。今、衣裳五事を送り、用て端午の數に符せん。願わくば師よ、茲の采艾の序を承け、更に如松の齡を茂くし、永えに傳燈を耀かし、常に導首と爲らんことを。

（『法藏和尙傳』〈『大正藏』五〇・二八一b〉）

なる則天の書啓を掲載する。その書式・内容からみて憑るべき資料と思われるが、出家直後のことであり格別の断りもないところをみれば、配住の寺とは西太原寺であるに違いなく、年臘高くしての出家とはいえ、具足戒に達せぬ新参者が、則天の崇信をこれほどまでに蒙るなど常識では考えられないことである。二十歳前後から続いた智儼のもとにおける研鑽のほどが偲ばれ、学徳の深さを物語るものである。見方を換えれば積極的に地歩固めを進めつつあった則天が、武氏の菩提寺の僧であり、一族のいわゆる家僧・門師に等しい俊英に、無言の期待と協力を要請するものであったろう。法蔵は太原寺に投じた時、すでに武周革命への軌道上を走りはじめていたのであり、意図すると否とにかかわらず、始終なんらかの形で則天の縁につながり、武周政権を翼賛せねばならない立場にあったといえる。

爾来、雲華寺における『華嚴經』講義を除き、法蔵の行歴はよくわからないが、武周政権が名実ともに完成する嗣聖元年（文明元年、光宅元年、六八四）に至って、中天竺三蔵地婆訶羅の訳経事業に参加した次第を、彼自らが言及する。

法藏、文明元年中に於いて、幸いに中天竺三藏法師地婆訶羅——唐には日照と言う——京の西太原寺に於いて經論を翻譯するに遇えり。余、親しく時に于いて乃ち問うならく、西域の諸德は一代の聖教に於いて、頗《ことごと》く權

と實とを分判すること有りや不や、と。云云〈『華嚴經探玄記』巻一〈『大正蔵』三五・一一一c〉〉

地婆訶羅の訳経は調露二年（永隆元年、六八〇）から洛陽の東太原寺で始まり、翌二年（開耀元年）正月には長安の弘福寺で『菩薩修行四法經』一巻を出し、永淳二年（弘道元年、六八三）九月には西太原寺の帰寧院において『方廣大莊嚴經』十二巻、『金剛般若波羅蜜經破取著不壞假名論』二巻などの訳を終えた〈『開元釋教錄』巻九〈『大正蔵』五五・五六三c〜五六四a〉〉。法蔵が地婆訶羅に親しく訊問したのは丁度この頃であり、それを可能にしたのも法蔵が依然として西太原寺にあったればこそである。[22]

四

改元につぐ改元を重ねた則天時代を象徴するかのように、東・西両太原寺は垂拱三年（六八七）二月、[23]魏国東寺・魏国西寺に改められた。寺額の由来は則天の父武士彠を魏定王に追尊し魏国先王と称したことによるが、それはさらに大周東・西寺に改額された模様である。『宋高僧傳』巻二、周洛京魏国東寺天智伝の原注に魏国東寺を「後改大周東寺」（『大正蔵』五〇・七一九b）とあれば、魏国西寺も当然「大周西寺」に改められたはずであり、その時期を天授元年（六九〇）九月九日、すなわち武周政権の成立直後とみて間違いはない。それにしても太原寺より魏国寺さらに大周寺へ、寺号の変遷がそのまま政権に至る則天の階梯を表し、時とともに私寺より官寺へ昇格していった次第を物語るかのようである。

魏国寺へ改額された年の十二月、地婆訶羅は神都洛陽の魏国東寺に没した。彼の訳経に法蔵の協力があったことは確かであるが、[24]垂拱元年に訳業を終え洛陽に赴いて帰国を願い出たばかりのことであった。『大方廣佛華嚴經感應傳』によれば法蔵はその四月、大慈恩寺の曇衍に請われて『華嚴經』を講じ、無遮大会を設けたのち崇福寺に向かい道成・薄塵両律師に面謁している。(25)両人とも地婆訶羅の訳業を支えた大徳である。また『法藏和尚傳』第八科には、

垂拱三載、雲漢の詩（＝旱）作《おこ》る。藏に詔して西明寺に於いて壇を立て之を祈らしむ。長安の邑尹張魯客、請主と爲り、毎夕齋戒す。未だ七日ならざるに雨沾洽たり。(26)（『大正藏』五〇・二八三c）

ともある。垂拱元年につづき、この年四月に旱の記録があり、『詩經』大雅雲漢序にちなむ右文の真憑性を高めている。同時に祈雨の請主、長安県令張魯客という人物こそ則天の男妾となり、武周政権の脇侍を演じた張易之・張昌宗兄弟の季父である事実に注目しておく必要がある。(27)張兄弟の擡頭には今しばらくの歳月を要するが、法蔵との縁由がすでに胚胎し準備されつつあったように見受けられる。

中宗が追われ睿宗が即位したとはいえ、万事は則天の意のままである。法蔵に降した雨乞いの勅命も同然であろうが、華厳の学匠に立壇祈雨を命ずるあたり、則天の、否、朝野の佛教に期待する何たるかが窺われ、逆にまた唯々として命に従う法蔵には則天のブレーンとして生き、宮廷佛教に教法の将来を託そうとの思いを汲み取ることができる。地婆訶羅が去った魏国西寺にあって、勅命による華厳高座八会道場を建て斎会を設けるなどの記事もみられる。(28)並行して薛懐義による武周革命翼賛の経典、『武后登極讖疏』（以下『登極讖疏』と略）の編纂が進められていたことを思えば、法蔵も完全に革命の一翼を荷わされていたことになる。それを確認する決定的な軌跡が、永昌元年（六八九）に始まった提雲般若の訳場参加であろう。

この年に到来した提雲般若は、勅命により魏国東寺に訳場を開いた。

以永昌元年己丑、至天授二年辛卯、總出經論六部、沙門戰陀・慧智等譯語、沙門處一等筆受、沙門復禮等綴文、

沙門徳感・慧儼・法明・弘景等證義（『開元釋敎錄』巻九〈『大正蔵』五五・五六五b〉）

協力者の中、処一・徳感・慧儼・法明が薛懐義のシンクタンクとなり『大雲經』『登極讖疏』の編纂にあたり、また戦陀・慧智を加えた六人が『寶雨經』の訳出にも参加している。ここには見えないが法蔵自身『大乘法界無差別論疏』第九に「余、不敏を以て猥りに徴召を蒙る。既に翻譯に預り、寶聚を観るを得たり」（『大正蔵』四四・六三c）と、十翻経大徳の一人として協力したことを伝えている。永昌元年より洛陽に移り、薛懐義一派との交りも生れたわけであるが、『登極讖疏』編纂メンバーを誰一人あげていないのは興味をそそられる。意識的に避けたとすれば薛懐義グループに加われない、あるいはグループ視されることを潔しとしない、ダーティな部分を嫌悪する気持があったとみるのは穿ちすぎであろうか。

則天は載初元年（六九〇）九月九日、周王朝を開き天授と改元する。翌月には洛陽・長安をはじめ天下諸州に大雲経寺を置く。これに伴い東西の魏国寺も大周東寺と大周西寺に改められたことは先に触れた。ところが東寺はさらに福先寺、西寺は崇福寺へと改額される。このことにつき『長安志』などが載初元年に崇福寺となったとし、『唐會要』巻四八に天授二年（六九一）、魏国東寺が福先寺に改められたとする説とするのは明らかな誤りである。一方、両大周寺の改号を武周政権の終焉、つまり神龍元年（七〇五）正月とみなす小野勝年氏の主張には、なるほど一応の説得力がある。[29] 事実、かの『寶雨經』巻二の末尾には、長寿二年（六九三）九月付の訳場列位があり、

大周東寺都維那清源縣開國公沙門處一
大周東寺都維〔那〕預《ママ》章縣開國公沙門惠儼
大周東寺上座江陵縣開國公沙門法明

の三名が認められ、同巻九の場合も同様である。[30]

ところが小野氏の予想に反して武周政権の終りを待たず、大周東寺の名が突然に消えてしまうのである。天冊万歳元年（六九五）十月二十六日の『大周刊定衆經目録』巻一五の編纂列位には、

翻經大徳大福光《ママ》（先）寺都維那豫章縣開國公惠儼（『大正蔵』五五・四七五c）

ほか、復礼、円測、義浄などの福先寺僧の名がみえている。[31]おそらく証聖より天冊万歳に改元した九月頃に大周東寺は福先寺に改められたのではないかと推測される。これに対し長安の大周西寺は何故か旧額のまま据えおかれたようである。

聖暦二年（六九九）十月八日の『大方廣佛華嚴經總目』（以下『華嚴經總目』と略）編纂列位に、[32]

翻經大徳　大福先寺僧復禮　撰録

より以下、審覆の翻経大徳十二名が並ぶ中、

翻經大徳　大福先寺〔都〕維那僧惠儼　審覆
翻經大徳　佛授記寺上座僧玄度　審覆
翻經大徳　大周西寺僧法藏　審覆
翻經大徳　佛授記寺主僧德感　審覆
翻經大徳　中大雲寺都維那僧玄軌　審覆
三藏沙門　于闐國僧實叉難陁　審覆
三藏沙門　大福先寺僧義淨　審覆
判官承奉郎守左玉鈴衞録事參軍于師逸
使朝請大夫守太子中舍人上柱國賈膺福

とあり、同月同日の『大方廣如來不思議境界經』訳場列位にも「大周西寺僧」として翻経大徳法蔵の名がある。[33]

法蔵が証聖元年（六九五）に始まった実叉難陀の訳場に加わり、『華嚴經』訳出に功があったのは『華嚴經傳記』をはじめ碑文等に明記されているところ。したがって法蔵はひきつづき洛陽に滞在し、聖暦二年の完訳を迎え『華嚴經總目』列位記に名をとどめたわけであるが、その間、依然として大周西寺僧であったことを伝えてくれる。『法藏和尙傳』第八科には神功元年（六九七）契丹への出兵があり、法蔵に命じて寇虐の折伏を行なわせた話を記し、[34]また『華嚴經』訳出直後の十月十五日より、諸大徳の請いに応え佛授記寺に新訳『華嚴經』の講座を開き、十二月十二日に霊応があった話を載せている。[35]かかる霊験譚をどのように扱うか問題ではあるが、法蔵が神都洛陽にあることを前提としてしか成立せぬ説話である。聖暦二年から始まる義浄の訳場に、翻経大徳として参加せねばならなかった法蔵は、長安にもどる余裕など、ほとんど無かったと思われる。

実叉難陀の訳場が大遍空寺、佛授記寺、嵩山の三陽宮などに置かれたのに対し、則天時代における義浄のそれは、主に大福先寺に設けられた。今、大足元年（七〇一）九月二十三日付、洛陽大福先寺翻経院において義浄が訳出した『根本薩婆多部律攝』巻一の訳場列位をみれば、[36]

翻經大徳　大福先寺婆羅門三藏寶思惟　證梵文
翻經大徳　大福先寺婆羅門沙門尸利末多　讀梵文
翻經大徳　大福先寺主沙門法藏
翻經大徳　崇先寺上座沙門法寶
翻經大徳　佛授記寺主沙門德感
翻經大徳　大福先寺上座沙門波崙

翻經大德　崇先寺沙門神英
翻經大德　大福先寺沙門勝莊
翻經大德　佛授記寺沙門慧表　筆受
翻經大德　大周西寺沙門仁亮
翻經大德　大福先寺沙門慈訓
翻經使成均大學助教上騎都尉通直郎許觀、典劉《ママ》

大福先寺と大周西寺が並記され、両寺が必ずしも同じ運命を辿ったわけではないことがはっきりする。

太原寺に発する東・西両寺の変遷を、とつおいつ眺めてきたのも、沙門法蔵のすべてが両寺に始まり両寺に終ったといっても過言ではないからである。先学によって網羅されたかにみえる法蔵の行歴にかんし、遺漏があるとすれば上来、整理を試みた寺号、そして前掲の訳場列位であろう。そこに記す、

翻經大德　大福先寺主沙門法藏

に誤りがないとすれば、ややオーバーな表現ながら法蔵伝を揺がしかねない新資料となるであろう。

義浄の訳場は久視元年（七〇〇）に始まり、大福先寺に置かれ同年五月五日には早くも『入定不定印經』一巻、十二月二十三日には『長爪梵志請問經』一巻、それに如上の『根本薩婆多部律攝』二十巻が訳出された。『開元釋教錄』が久視元年十二月二十日訳とするのは若干齟齬するけれども、着手と献呈の日付に違いがある程度にすぎず、列位記に影響はあるまい。その記名に従うかぎり法蔵は義浄の訳場にあったばかりか、大福先寺の寺主として協力していたとせねばならない。

ところで大福先寺主法蔵を賢首と即断することに躊躇を覚えるのは、同じ時期に福先寺僧であった同名異人が存

在し、しかも長い間にわたって混同されてきた前歴を持つからである。それは『金石萃編』巻七一、『全唐文』巻三二八に採録する田休光の『淨域寺故大德法藏禪師塔銘』、いわゆる浄域寺法藏（六三七〜七一四）その人である。彼は蘇州呉県の諸葛氏に生れ、祖父は隋の閬州刺史、父の諸葛礼は唐の少府監丞であったという。十二歳で浄域寺に出家、三階教を奉じたが、如意元年（六九二）に「解行の精最」なるを伝え聞いた則天が大福先寺に召し出し、「無盡藏を検校」せしめ、長安年中（七〇一〜七〇四）には化度寺の無尽蔵院に転じ、薦福寺大徳を加えている。彼は義浄に先立つ開元二年（七一四）、賢首より二年遅れて七十八歳の生涯を薦福寺に閉じ、教祖信行の塔側に葬られた。[37]まさに一時期、処を同じくして活躍した両者なのである。

すでに『全唐文』の撰者が二人の法蔵を混同している事実を明らかにし、遥かに遡って『佛祖統紀』、さらに『釋門正統』まで誤認している可能性があることを指摘されたのは、鎌田茂雄氏である。[38]とはいえ前記の訳場列位は大足元年、浄域寺法蔵が福先寺無尽蔵院に召された前年のものであり、また三階佛法を奉ずる実践業の浄域寺法蔵を、翻経大徳に任じたとも思えない。そもそも世間の好評に押されて無尽蔵院の存続は許されたといっても、証聖元年（六九五）には三階教籍を異端の書とみなす制勅が下り、聖暦二年（六九九）には三階教徒に乞食と長斎・辟穀・持戒・禅定のほかは一切禁止するなど圧力が加えられている。[39]そうした情況にありながら則天の菩提寺ともいえる福先寺の寺主に、三階教の指導者を据えるとは思われない。むしろ敢えて無尽蔵院を検校させたのは三階教徒の動きを封じ込める狙いがあったと考えたい。かかる諸事情を勘案すれば福先寺主の法蔵とは、やはり賢首法蔵であると断定してよいであろう。

五

聖暦二年（六九九）十月八日の『華嚴經總目』編纂列位、および『大方廣如來不思議境界經』の訳場列位に大周西寺僧であった法蔵が、大福先寺主に任じられた日時は分らない。最も可能性が高いのは義浄の訳場開始の久視年中（七〇〇）であろう。

時はすぎ、大福先寺主就任の事実を伝える『根本薩婆多部律攝』より三年後の、長安三年（七〇三）十月四日付『金光明最勝王經』第一・第五・第八・第十の各訳場列位に、

翻經沙門　大周西寺主法藏　證義

の位記がみえる。(40) それが誤りでないことは同月同日の『根本説一切有部毘奈耶』第五十の訳場列位が証明してくれる。(41) いずれも、

大周長安三年歳次癸卯、十月己未朔四日壬戌、三藏法師義淨、奉　制於長安西明寺、新譯幷綴文正字

とあるように、義浄が長安西明寺で訳出したものにほかならない。なお同列位には、

翻經沙門　大福先寺主法明　證義

の位記もあり、法蔵のあとを襲い法明が福先寺主の任にあったことがわかる。

義浄がいつ長安の西明寺に移ったか明確でないが、『彌勒下生成佛經』と『大乘流轉諸有經』『妙色王因縁經』『無常經』『八無暇有暇經』各一巻が、大足元年（七〇一）九月二十三日に訳出され、『金光明最勝王經』十巻のほか『能斷金剛般若波羅蜜多經』『曼殊室利菩薩咒藏中一字咒王經』『掌中論』『取因假設論』『六門教授習定論』各一

巻と『根本說一切有部毘奈耶』五十巻、『根本說一切有部尼陀那目得迦』『根本說一切有部百一羯磨』各十巻が長安三年十月四日、西明寺で一括上呈されている(42)。上の九十巻になんなんとする量よりみて、大足元年九月に大福先寺の訳場に区切りをつけて間もなく長安に移ったものと考えられる。かく推定するゆえんは、大足元年十月、則天が長安に行幸し、長安と改元したことにある。

則天は邵王重潤と永泰公主、公主の壻で武承嗣の息子にあたる武延基らを張易之の讒言によって自殺に追い込んだ（『資治通鑑』巻二〇七）。さすがに気がとがめたのか翌月には長安に向い大赦改元を行った。洛陽に遷都してこのかた最初で最後の長安行であるが、滞在はまる二年、長安三年十月までに及んでいる。したがって百官はもちろん僧道に至るまで、大挙して行幸に加わったわけであり、義浄をはじめ法蔵も随行して久方ぶりに大周西寺にもどり、法蔵は大福先寺主の任を解かれるかわりに、大周西寺主を拝命したものであろう。かく考えれば義浄の西明寺における訳経が、長安三年十月四日付をもって一括上呈されたのも肯ける。それは則天が神都洛陽へ帰還する三日前のことであり、西明寺訳経院もこの日に一応の幕を降したはずである。

長安元年から三年にかけての長安滞在を設定することにより、長安二年に再勘したという『大乘入楞伽經』（以下『入楞伽經』と略）などが生きてくる。本経は吐火羅国沙門の弥陀山が実叉難陀と共訳したものであって、法蔵自身が『入楞伽心玄義』第八に次のように記している。

〔實叉難陀〕尋奉レ敕、令レ再二譯楞伽一、文猶未レ畢、陀〔從〕レ駕入レ京、令三近レ朝安二置清禪寺一、麤譯畢、猶未二再勘一、三藏奉レ敕歸レ蕃、至二長安二年一、有二吐火羅三藏彌陀山一、其初曾歷二天竺一廿五年、備窮二三藏一、尤善二楞伽一、奉レ敕、令下共二翻經沙門復禮・法藏等一、再更勘譯上（『大正蔵』三九・四三〇b）

実叉難陀の西京清禅寺における訳業はつとに知られているが、則天の駕に随って長安に入ったことが明白となり、併せて法蔵も義浄の訳場に参入しながら『入楞伽經』七巻の再勘にも当ったことを知る。則天の経序に「長安四年正月十五日を以て、繕寫ここに畢る」といえば、洛陽へ帰還した直後の「御製經序」ということになり、再勘は長安滞在中としなければ間にあわない。なお『般若波羅蜜多心經略疏』（以下『略疏』と略）に法蔵は長安二年、長安の清禅寺における翻経の暇に、清信士の雍州長史鄭万鈞に請われるまま、この『略疏』を撰述したと告白している。[43]この文は、西明寺における義浄の訳場、清禅寺の実叉難陀につづく弥陀山の訳場をも兼担していた姿を彷彿させるものにほかならない。弥陀山が則天の末年に法蔵らと訳出したという『無垢淨光陀羅尼經』[44]も、おそらく清禅寺における成果に違いなかろう。

長安四年（七〇四）、法蔵の行歴にユニークな一頁が書き加えられる。近年、世界の耳目を集めた法門寺の舎利供養である。この釈迦指骨と法門寺については道宣の『集神州三寶感通錄』以来、多くの論及があり、とりわけ最近の発掘調査によって新たな発見があいつぎ、興味深い見解も出されている。[45]法蔵が長安四年、則天の命を受けて鳳閣侍郎の崔玄暐と佛舎利奉迎使となり応大徳・綱律師ら十人を伴い法門寺に七昼夜の行道を営んだのち、塔を開いて佛舎利を西京の崇福寺に迎え、翌年正月十一日に洛陽へ運び入れたことが『法藏和尚傳』第八科に紹介されている。

崔致遠の貴重な記載もしかし、これを傍証するものが無いため積極的に受け容れにくい情況があり、半信半疑のまま放置されてきた。ところが崔致遠の依拠したと思われる張彧撰『大唐聖朝無憂王寺大聖眞身寶塔碑銘幷序』（以下『寶塔碑銘幷序』と略）の再検討が行なわれた結果、陳景富氏の努力によって『全唐文』所収のものも含めた『寶塔碑銘幷序』の欠落した部分から、法蔵の名が浮び上ってきたのである。[46]

陳景富氏の成果をもとに一歩を進め、欠落部分を次のように復原されたのが鎌田茂雄氏である。

則天聖后長安四年、敕大周西崇福寺法藏鸞臺侍郎博陵崔玄公暐同往開之□□作□七日行道[47]

右文を崔致遠の文と比較すれば両者の関係は一目瞭然である。よって『法藏和尚傳』の「時藏爲大崇福寺主」(『大正藏』五〇・二八三c)から「大周西崇福寺法藏」とされたのも無理はない。

前節に検討したとおり、大周東寺が大福先寺に改額されたにもかかわらず、大周西寺は据置かれ、長安元年より法藏が寺主の任についた。そして大周の号は長安五年(七〇五)正月二十五日、中宗復辟に伴って消滅し、かわって崇福寺の号が誕生するわけである。張彧が現行の寺額にひきずられ、法藏が崇福寺であった事実を尊重した可能性も無くはない。しかし崇福寺は大周と無関係な名であり、かつ崇福寺主に先立って大周西寺の寺主であったことを知った今、正しくは「大周西寺寺主法藏」と復原すべきであろう。

以上、武周政権の終焉に至る法藏の行歴を、ひとまず崇福寺縁起をもとに洗い直してみた。則天によって創建された太原寺とともに始まる四十年の沙門生活は、その大部分を武周政権とともに歩み、則天の信任を得て一種の家僧・門師とみられるほど、常に積極的なかかわりを持ちつづけたといってよかろう。そのことが彼にとって如何なる意味を持つか、また華厳教学の展開にどう関わっていくのか等々、閻朝隠をはじめとする武周政権を支えた人士との交流を含め、主たる課題に踏み込めないまま紙数が尽きた。別の機会に期することを許されたい。

註

(1) 小林実玄「華厳法蔵の事伝について」(『南都佛教』三六、一九七六年)、吉津宜英「法蔵伝の研究」(『駒沢大学佛教学部研究紀要』三七、一九七九年)。

(2) 『大正大蔵経』(五〇、№二〇五四)二八〇頁。

(3) 義天『新編諸宗教藏總録』巻一。なおそこに「賢首傳一巻」とあるものが『法藏和尚傳』であろう。

（4）『全唐文』巻二〇二には採録していない。

（5）『アジア歴史事典』はなぜか卒年を七一二（三）年とする。

（6）『大唐新語』巻八。『舊唐書』巻九七・『新唐書』巻一二五の張説伝および『太平廣記』巻一九八にもみえる。『舊唐書』『新唐書』の経籍・芸文志によれば彼には『閻朝隱文集』五巻があったらしい。なお張説については吉川幸次郎「張説の伝記と文学」（『吉川幸次郎全集』第一一巻、筑摩書房、一九六八年）。

（7）『舊唐書』巻九五・『新唐書』巻八一の李範伝。

（8）『廣弘明集』巻二五。礪波護「唐代における僧尼拝君親の断行と撤回」（『唐代政治社会史研究』第四部第二章、同朋舎、一九八六年）、拙稿「道宣と礼敬問題」（『関西大学文学論集』四一―四、一九九二年、後に『道宣伝の研究』第一〇章〈京都大学学術出版会、二〇〇二年〉所収）。

（9）『康藏法師之碑』に「此後更遊太白、雅挹重玄、聞雲華寺儼法師講華嚴經、投爲上足」とあり、『法藏和尚傳』に「乃總章元年、儼將化去、藏猶居俗時年二十六」（『大正蔵』五〇・二八〇b）とするのは、けだし妥当であろう。

（10）『舊唐書』巻一八三、武承嗣伝には「咸亨二年、榮國夫人卒」とするが、誤りである。

（11）『廣弘明集』巻二五「西明寺僧道宣等上榮國夫人楊氏請論沙門不合拜俗啓一首」および彦悰の『集沙門不應拜俗等事』巻第三・巻第六を参照。

（12）魏国寺は「魏園寺」に作るが『唐兩京城坊攷』その他によって改む。

（13）『隋書』巻四三、楊雄伝。『舊唐書』巻六三、『新唐書』巻一〇〇の楊恭仁伝。

（14）陳寅恪「記唐代李武韋楊婚姻集団」（『歴史研究』一九五四―一、一九五四年、後に『陳寅恪先生論文集』上〈三人行出版社、一九七四年〉所収）。竹田龍児「門閥としての弘農楊氏についての一考察」（『史学』三一―一―四、慶應義塾創立百年記念論文集、一九五八年）、布目潮渢「唐朝初期の唐室婚姻集団」（『隋唐史研究』第四章、東洋史研究会、一九六八年）。

（15）小野勝年「休祥坊の三名刹（万善・昭成・崇福）――長安寺院史の歴史地理的考察――」（『佛教史学研究』二九―二、一九八六年）、同『中国隋唐長安寺院史料集成』解説篇・崇福寺条、法藏館、一九八九年を参看。なお小野氏は『唐會要』巻四八により咸亨二年九月二日創建説をとる。

（16）S八四『敦煌宝蔵』第一冊。池田温『中国古代写本識語集録』東京大学東洋文化研究所、一九九〇年、№五七七。

なお藤枝晃「敦煌出土の長安宮廷写経」（『塚本博士頌寿記念佛教史学論集』塚本博士頌寿記念会、一九六一年）に様式その他の詳しい解説がある。しかし藤枝氏には太原寺についての誤解があり、この太原寺を武徳元年に建国を記念して永興坊に建立したものとみなされている。なお、本章で用いるSはスタイン将来敦煌写本、Pはペリオ将来敦煌写本を表す。

(17) S五三一九『敦煌宝蔵』第四一冊、『妙法蓮華經』巻三（咸亨二年五月廿二日、書手程君度写）。S三〇七九『敦煌宝蔵』第二五冊、『妙法蓮華經』巻四（咸亨二年十月十二日、経生郭徳写）あるいは、北京図書館〇六五三『敦煌劫余録続編』一一五表、『金剛般若波羅蜜經』（咸亨五年四月五日、門下省群書手申待徴写）などがある。池田前掲註（16）『中国古代写本識語集録』二二一、二二二頁参看。

(18) 顕慶元年七月二十七日付の『大毘婆沙論』訳場列位には「弘法寺沙門嘉尚筆受」と「西明寺沙門嘉尚筆受」とが並記されており、太原寺嘉尚とにわかに断定することは困難である（養鸕徹定『訳場列位』）。

(19) 『宋高僧傳』巻一七の本伝は『開元錄』をそのまま採録している。『貞元錄』巻一二も同じく、最も古い本伝は『集古今佛道論衡』巻丁にあり、西明寺都維那就任までをいう。なお拙稿「晩年の道宣」（『関西大学文学論集』四一―二、一九九一年、後に『道宣伝の研究』第五章〈京都大学学術出版会、二〇〇二年〉所収）。

(20) 『宋高僧傳』巻一四、唐京兆恒済寺道成伝。なお拙稿前掲註（19）論文参照。

(21) 蘇頲撰『唐長安西明寺塔碑』（『文苑英華』巻八五五）によれば顕慶三年（六五八）創建の西明寺の場合、大徳五十人、侍者五十人が配住せしめられ、宰領の玄奘には新度十名が侍人として授けられている。

(22) 『華嚴經傳記』巻五、居士康阿禄山条に調露二年（六八〇）五月、死んで蘇生した話を伝え、「遂於西太原寺法藏師處、請華嚴經、令人書寫」（『大正蔵』五一・一七二a）とあり、これを傍証している。

(23) 『唐會要』巻四八、寺の崇福寺条では「垂拱三年十二月、改爲魏國寺、載初元年五月六日、改爲崇福寺」とあるが、福先寺条には「垂拱三年二月、改爲魏國寺、天授二年、改爲福先寺」とあり、十二月の十を脱したものと考えたい。

(24) 『華嚴經傳記』巻一、地婆訶羅伝に「賢首遂與三藏（＝地婆訶羅）對校、遂獲善財善知識天主光等十有餘人、遂請譯新文、以補舊闕云云」（『大正蔵』五一・五四c）とある。ただし西太原寺を魏国寺とするなど誤解もある。

(25) 「垂拱三年四月中、華嚴藏公、於大慈恩寺、講華嚴經、寺僧曇衍爲講主、散講、設無遮會、後藏公往崇福寺、巡

謁大徳成塵二律師」（『大正蔵』五一・一七五ｃ）とあり、後段にも恵英比丘が聴講し、法蔵に従い翻経院を経行したことを記している。なお小林実玄氏が崇福寺を魏国西寺とされるのは正しい。小林註（1）前掲論文参照。

(26)『舊唐書』巻六、垂拱元年条に「是夏大旱」とあり、『新唐書』巻四、垂拱三年条には「二月己亥、以旱、避正殿減膳……四月癸丑、以旱慮囚、命京官九品以上言事」とある。

(27)『新唐書』巻七二下。宰相世系表・中山張氏。

(28)『華嚴經傳記』巻三、智儼付伝に「永昌元年正月七日夜、敕僧等、於玄武北門、建立華嚴高座八會道場、闡揚方廣妙典八日、僧尼衆等數千餘人、共設齋會……」（『大正蔵』五一・一六四ａ）とあり、道場主が法蔵であったことは推測に難くない。また同巻四、般若弥伽薄伝に「永昌元年二月四日、于闐國三藏法師因陀羅波若、在神都魏國東寺、親向沙門賢首、說之云」（『大正蔵』五一・一六七ａ）とある。

(29)小野註（15）前掲論文。ただし前掲註（15）『中国隋唐長安寺院史料集成』の解説篇には、魏国寺―崇福寺―大周西寺としてあり、混乱が見られる。

(30)東大寺正倉院聖語蔵。Ｓ二二七八。なお池田前掲註（16）『中国古代写本識語集録』参照。

(31)『大正蔵』五五・四七五ｃ～四七六ａ。なおこの列位は、大福先寺にあたる大部分が大福光寺と書かれている。その誤りであることは石山寺一切経に恵儼が大福先寺都維那になっていること、大福光寺なる名刹がみあたらないことからも明らかである。

(32)Ｐ二三一四『敦煌宝蔵』一一九冊・一二六頁。池田前掲註（16）『中国古代写本識語集録』二四六・二四七頁参照。

(33)南禅寺蔵高麗初版。池田前掲註（16）『中国古代写本識語集録』二四七頁。

(34)「神功元年、契丹拒命、出師討之、特詔藏依經教遏寇虐……」（『大正蔵』五〇・二八三ｃ）とある。これはこの年四月より五月にかけて武懿宗に出撃を命じた契丹の乱を指している（『資治通鑑』巻二〇六）。武懿宗は失敗し契丹は趙州を攻陥した。

(35)『法藏和尚傳』第四科に「後於佛授記寺、譯新經畢、衆請藏敷演、云云」（『大正蔵』五〇・二八一ｃ）とあり、これは『續華嚴經略疏刋定記』巻一の「其年十月十五日開講、便卽入文、至十二月十二日晩上講、講至華藏世界海震動文、其講堂中及寺院内、忽然震動、云云」（『続蔵』二二一番・五九四ｂ）とあるのによっている。

(36) 南禅寺蔵高麗初版。池田前掲註（16）『中国古代写本識語集録』二五八・二五九頁。

(37) 矢吹慶輝『三階教之研究』第一部二の三、三階教三百年史（岩波書店、一九二七年）。

(38) 鎌田茂雄「賢首大師法蔵と法門寺」（『印度学佛教学研究』三八―一、一九八九年）。なお賛寧も『宋高僧傳』本伝中に混乱を起こしている。

(39) 『大周刊定衆經目錄』巻一五。なお矢吹註（37）前掲書参照。

(40) 『金光明最勝王經』巻一（根津美術館所蔵）、同巻五（龍谷大学図書館蔵、四五二六）、同巻八（S五二二三『敦煌宝蔵』四冊、二七〇頁）、同巻一〇（西大寺所蔵）、池田前掲註（16）『中国古代写本識語集録』二六〇～二六四頁参照。巻一〇のみ「寺主」なし。

(41) 『根本説一切有部毘奈耶』巻五〇（南禅寺蔵高麗初版）。なお『開元釋敎錄』巻九の本経原註には「長安三年十月四日於西明寺譯」（『大正蔵』五〇・五六八a）とあり、『貞元錄』巻一三もこれにならっている。

(42) 『開元釋敎錄』巻九、『貞元新定釋敎目錄』巻一三。なお知恩院蔵『佛說善夜經』一巻が同月同日の訳としてみえる。

(43) 小林前掲註（1）論文は、「長安二年云云」の文を「張説跋」とされているが、これは法蔵の跋である。張説の「般若心經贊序」（『張說之文集』巻一三、『全唐文』巻二二〇）がその後に続く。

(44) 『開元釋敎錄』巻九に「後於天后末年、共沙門法藏等、譯無垢淨光陀羅尼經一部、譯畢進內、辭帝歸邦、天后厚遺、任歸本國」（『大正蔵』五五・五六六c）とある。『貞元釋敎目錄』巻一三も同じである。

(45) 最近のものでは、周紹良「扶風法門寺佛骨舍利的来龍去脈」（『文史知識』一九八七―一一、一九八七年）、梁福義『法門寺紀事』（陝西旅游出版社、一九八八年）、陳景富「関于法門寺歴史的幾個問題」（『人文雑誌』一九八八―五、一九八八年）、同『法門寺』（三秦出版社、一九八八年）、同『法門寺史略』（陝西人民出版社、一九九〇年）、鎌田茂雄「法門寺出土佛指舍利考」（『藤田宏達博士還暦記念論集　インド哲学と佛教』平楽寺書店、一九八九年）、同前掲註（38）「賢首大師法蔵と法門寺」、氣賀澤保規「中国法門寺成立をめぐる一考察」（『富山大学教養部紀要』二三―一、一九九〇年）、同「唐代法門寺成立考」（『首届国際法門寺歴史文化学術研討会論文選集』陝西人民教育出版社、一九九二年）、同「法門寺出土の唐代文物とその背景――碑刻『衣物帳』の整理と分析から――」（『中国中世の文物』京都大学人文科学研究所、一九九三年）、李発良『法門寺志』（陝西人民出版社、一九九五年）。

（46）『金石萃編』巻一〇一「無憂王寺寶塔銘」なお『扶風縣金石志』などは節略されている。書者の楊播は楊炎の父である。陳景富氏の試みは前掲註（45）の『法門寺』および、「関于法門寺歴史的幾個問題」参照。

（47）鎌田前掲註（38）「賢首大師法蔵と法門寺」。なお鎌田氏は出家前の法蔵と法門寺とが深い縁につながれていた事実を指摘し、『釋門正統』巻八や『佛祖統紀』巻二九などの誤りを指弾される。

第九章　説話よりみた庶民佛教

はじめに

隋唐いごの佛教を庶民佛教とみる説がある。これはもちろん政治・社会をリードした六朝の貴族佛教に対応させる意図を持った概念であり、ただ庶民階級に受容された佛教もしくは佛教の様態を指すばかりではない。しかし、では果して隋・唐・五代を通じ佛教界の主役を演じたのは庶民階級の佛教であったか否か、もしそれが事実とすればこの時代を貴族社会と定義づける中国史上の時代区分に抵触することとなり、貴族社会における貴族佛教と考えるのとは矛盾する。その是非はともかく、ここでは身分制社会の複雑な影をやどすこの庶民という語を用いず、知識人、読書人のものに非ざる佛教と表現すべきかもしれないが、私のいう庶民佛教とは無知蒙昧な一般大衆の佛教、それは高遠な哲理中心の佛教ではなく、まず民俗的佛教（低俗な佛教という意味を含め）、であることを明記し、あえて庶民佛教の語を用いることにする。

伝来いご庶民の佛教が知識人のそれと質的にかなりの隔たりをみせ、格義を媒介とする教理・教学中心の後者にくらべ、中国固有の信仰と融合しながら発展し、神異・霊験を重んじ現世利益を願う、きわめて即物的ではあるが実践性に富む真摯なものであったことが明らかにされている。塚本善隆・牧田諦亮両博士によって紹介され研究せられた『提謂波利經』や「六朝古逸觀世音應驗記」などは、[1] 六朝時代における一般人の信仰形態を裏付けるものであって、この直截簡明な民衆の信仰は綿々と宗教界の底辺を形づくりながら根強く隋・唐・五代に継承されるのである。貴族的佛教は、必然的に貴族社会の没落と運命をともにし、唐末・五代における貴族社会の崩壊は宗教界にも影響を及ぼし底辺にあった庶民の宗教が庶民階級の擡頭とともに表面化する。私のいう庶民佛教とはその点において積極的な意味をも含んでいるのである。教団・寺院という現象面は北周武帝の廃佛により大打撃を受けたが、隋に及んで装も新たに登場した部派佛教の多くが、従来の空疎な義解や観念の遊戯をなげすて実践を重んじ民衆の教化に関心を払わなければならなかった。その最大の理由は、なによりも弾圧に耐えて生きつづける庶民佛教の根強さを認識せしめられた結果にほかならない。したがって教団の自覚と反省に基づく民衆への教化活動が積極的に展開されるのも当然であり、民衆と教団の近接がはかられ庶民佛教はいよいよ充足されたと考えられる。

ところで偽経と呼ばれる民俗経典や霊験記などとともに、庶民佛教の様態を動的に紹介してくれるのが説話である。民間に伝承されたおびただしいこれらの説話は民衆の息吹をそのままに伝え、信仰のみならず、さまざまな問題を喚起するが、話説に本来賦与されている効用に着目する時、民衆の教化に果した説話の役割は決して看過すことはできない。本章はこれら説話の内包する多種多様な効用の中で政治や社会面、ことに唐末・五代の動乱期につながる問題に焦点をあわせつつ説話と庶民の信仰を眺め、そこから叛乱との関わりあいを検討し、ひいては、喪乱の禍中から逞しく浮上する民衆のエネルギーが何に帰因するかを占おうとするものである。[2]

一

これまで黄巣の乱をめぐる研究は、それに先行する裘甫の乱、龐勛の乱などを綿密に検討しつつ、叛乱集団の分析を通じ、その性格を社会変革の流れにいかに位置づけるかについて努力が払われてきた。現在までのところ、叛乱は富商・地主・小農民層を母体とするが、帰省した兵士や不満を抱く知識分子の参加によって、大規模な叛乱へ拡大した経緯が明らかにされている(3)。このような政治・社会さらに経済史的な把握は、複雑な唐末・五代のありかたを有機的にとらえ、叛乱の持つ多面的な性格を浮彫りにするキーポイントであることは間違いない。しかし、それで事足りるとも思われない。たとえば武宗によって廃佛毀釈が断行されながらも、宣宗によってすぐさま復興されねばならなかった宗教の占める役割、つまり宗教が保護であれ廃毀であれ無視できない重みを持つ時代において、さまざまな階層を包括し広大な地域を糾合させずにはおかなかった叛乱の背後には、当然宗教的要因を考慮する必要がありはすまいか。この点、等閑にふされた感じがする。かつて侯外廬氏が陸游の『南唐書』にみえる黄梅県独木村の妖人諸佑の叛乱をあげ、「当時この種の闘争活動は、往々にして見逃されがちであるが、しかし忘れてはならない」と指摘された(4)。侯氏はこれを「宗教でカモフラージュした農民の小規模な反抗」と述べ、必ずしも宗教に比重を置いたわけではなく、また黄巣の乱に直接関係づけたものでもない。けれどもかかる具体的事実があり、かつ歴代の叛乱には認めようとする宗教性を唐末の喪乱になぜ見失われるのであろうか。侯氏のいう「宗教でカモフラージュした」との見解を認めるならば、逆に宗教でカモフラージュせねばならなかった必然性こそ問題なのである。今黄巣の乱そのものを取上げるつもりはない。その前段階として、叛乱に到達するまでの民衆は宗教に精神的な紐帯を見出し、内面における共通の場を求めたのではないかと検討することが、当面の課題である。

すでに開元初期から、足下の長安城内においてさえ、妖賊の叛乱がひんぱんに起り[5]、安史の乱をへていよいよその傾向は熾んとなっている。妖賊の実態は正史類によるかぎり明確ではないが、しばしば僧道の遊行を禁じ百官と僧道・卜祝の徒輩と交通来往を禁止している事情を併せ考えれば[6]、これら妖賊と僧道・卜祝との密接なつながりが推測されるのである。開元の比較的安定した時代に勃発する叛乱さえもがかかる妖賊に占められている事実は、民間に蔓延する宗教のありかた、および叛乱に果す宗教の役割がいかに大であったかを物語るものである。必ずしも佛教にこだわる必要はないが、北朝に熾んであった佛教匪は唐に及んでも猖獗をきわめ、かの武周革命さえも弥勒信仰などを利用した点からいえば、一種の佛教匪とみなすこともできるのである[7]。結果からいえば民間には常に叛乱へと誘う宗教的因子があり、社会・経済等の諸条件が整えられれば、それらが凝集され燃焼されるということになる[8]。ところで『婺州圖經』に載せる開元中に発生した洪貞の乱は、よくその間の事情を説明する。

鄱陽に洪水大いに發し、漂蕩すること數千家。(洪)貞もとより道を好み、常に香を焚き持念し、頗る方術有り。祁南の廻玉郷に居り、郷人遂にその變現神通を稱う。將に非望を圖らんとし、潛に百官を署《お》き、州中の豪傑は皆これに應ず。後、州は兵を發して就捕するに、數十人を獲たり。而れども貞は竟に所在を知らず

この鄱陽の洪水が何年のことか検索しえず、また歴史事実か否かも不明である。ただ鄱陽湖に臨むこの地域で水害による農民の経済的破綻、それによる叛乱が生じたとしても不思議はない。この場合、小農民や豪俠などを包み込み、なおかつ郷村を越えて勢力を結集する媒体となったものが、方術を持ち神通力を備え民衆が帰依した左道の徒であることに注目せられる。常識的にみて閉鎖性に富む郷村共同体のありかたからすれば、その閉鎖性を打破り叛乱が拡大されるにはそれなりの理由が考えられねばならない。洪貞の事件は水害が共同体を破壊する契機では

あっても、やはりそこに妖人の存在を必要としているわけで、政治や社会に混迷をつづけた唐末・五代にあっては、なおさらかかる色彩を濃厚にするものと思われる。

『王氏見聞錄[9]』にみえる妖僧功徳山の事跡は、黄巣の乱の最中に時代が設定され、中書令王鐸の劃策が功を奏して事なきをえたことになっている。伝奇的であるため正史類に採用されず、稗史、野史の間に埋もれたものであろうが、その内容はきわめてしさに富み黄巣の乱に一つの展望を与えるものとみられる。

唐巣寇將亂中原、汴中有妖僧功德山、遠近桑門皆歸之、至於士庶、無不降附者、能於紙上畫神寇、放入人家、令作禍祟、幻惑居人、通宵繼晝、不能安寢、或致人疾苦、及命功德山、贈金作法、則患立除之、又畫紙作甲兵、夜夜於街坊嘶鳴、騰踐城郭、天明卽無所見、又多畫其犬、焚祝之、夜則鳴吠、相咬囓於街衢、居人不得安眠、命而贈之、卽悄無影響、人旣異其術、趍術者愈衆、又滑州亦有一僧、頗善妖術、與功德山無異

ここに描かれる功徳山および滑州の僧は、僧とはいえあらゆる要素を備えた人物であり、唐代における偽濫僧の一面を伺うに足るものがある。まさに「因りて妖訛を爲し廣く徒侶を集め、禪觀を解くと稱して妄りに災祥を説く」徒輩にほかならず、「閭閻を眩惑し觸類實に繁き」(『唐大詔令集』巻一一三、禁断妖訛等勅)ありかたである。その妖術とはたんなる奇術、幻術の類であるが、このような妖術に異常なまでの関心を払い、かかる妖僧が横行するところに問題があろうし、またそれにふさわしい温床が準備されていたことも事実である。

『廣記』巻二八八より巻二九〇に収載する妖妄の諸項は、妖妄の妖妄たる所以を顕現するものである。『北夢瑣言』に典拠を持つ于世尊の項を例にあげると[10]、遂州の村民于某は世尊と号し娘とともに吉凶を占い数州の信奉を受け、施財は山積するありさまであり、莫大な費をついやし崖壁を鑿って佛像をならべ信者を集めていた。そこで節度使は府衙に招き射覆させたところ、一つとして適中せず、ためにこれを誅殺した。彼らは毎夜集まり阿弥陀佛を

造り、宮殿池沼を西方浄土にこらし、男女こもごも念佛するものであったという。「斯も亦、下愚の流なり。豈に術と神あらんや」と編者は唾棄するが、周知のとおりかくいう知識人の間にさえ志怪が信ぜられ伝奇が流布する時代である。ただでさえ書符禁呪、陰陽術数に弱く、吉凶禍福におもいまどう民衆が、唐末の不安定な生活環境と精神的な動揺から妖術や邪教に救済を求めるのも当然であろう。功徳山において「遠近の桑門は皆これに歸し、士庶に至るまで降附せざる者無く」参集し、その勢力が急激に拡大するところに民衆における宗教の占める比重が伺われるのである。

さて時に中書令の王鐸は滑台にあり、功徳山らの不穏な動きを探知するや、「南燕の地分に災有り。宜しく善くこれを禳うべし」と命を伝え、諸軍営にまで道場を啓き数千の僧を招いたあげく、一計を案じて僧数が足りないと詐わり、汴州に牒を発して功徳山の徒党をことごとく滑州へ赴かせた。なんの懸念もなく集まった僧らを諸営に分ち礼懺させ門を閉ざして逃亡を防ぎ、すべて坑にしたが、功徳山ら首魁だけを衙内に捕えて訊問したところ、

　　竝是巣賊之黨、將欲自二州相應而起

ものであったという。王鐸が中書令として滑台にあったのは僖宗の中和二年（八八二）正月より同四年（八八四）十月の間である。『資治通鑑』（以下『通鑑』と略）巻二五四、中和二年春正月の条に、

　　以王鐸兼中書令、充諸道行營都都統・權知義成節度使、俟罷兵、復還政府

とみえ、[11]また同四年冬十月、朱全忠との経緯から王鐸の要請により義昌節度使に徙したことがみえる。義成節度使は、滑・鄭・潁三州を領するもので滑台に鎮したのはこの時に間違いない。この頃、黄巣は蒙塵した僖宗のあとを追って長安にあり、唐側では河中の王重栄および義武軍節度使の王処存らを中心に、黄巣を長安に包囲する体勢をととのえ、今しも反攻作戦に転じようとする時であった。王鐸の諸道行営都統への就任も、いわば反攻のための一

環であって、黄巣の軍が軍餉を仰ぐ江淮地方との連絡を断ち、あわせて退路を塞ぐという戦略上、重要な意味をもつものであった。この結果、黄巣軍は深刻な食糧難におち入り、勢力はとみに衰えてくるのであるから、汴・滑という運餉の要地に功徳山らの一斉蜂起が企てられたのは、黄巣側が頽勢挽回のために打った窮余の策とみられ、その指導者がほかならぬ僧であり、その信者集団を主力とするものであったことは注目しなければならない。

一方、『三水小牘』の「侯元」の条には、上党郡山村の樵夫侯元が山神より神通力を授けられ、よく百物を変化し鬼魅をあやつり、草木土石をさえ歩騎甲兵に変ずることができると宣伝し、かくて集まった郷里の勇悍な少年らを将卒に仕立て、出入には旌旗・幢蓋をならべ鼓吹を鳴らすなど王侯にかたどり、ついに叛乱を企てるに到ったことがみえる。

自稱曰賢聖、官有三老・左右弼・左右將軍等號、毎朔聖、必盛飾往謁神君、神必戒無稱兵、若固欲擧事、宜待天應、至庚子歳、聚兵數千人、縣邑恐其變、乃列上、上黨帥高公尋命都將、以旅討之

急ぎ謁した侯元に神君は戦略を授けたが、己の術を過信する侯元は、勝手に作戦をたてたため大敗を喫し、はては神君の激怒を買い神通力を失なって殺されたという怪奇譚である。この事件は乾符己亥の歳つまり僖宗乾符六年（八七九）から庚子の歳、すなわち翌広明元年（八八〇）にかけてのことで、功徳山の事件とほとんどあい前後する。時に黄巣は広州より矛を転じて采石磯より揚子江を渡り、潁・宋・徐・兗などを席巻し、十一月には洛陽を十二月には長安を陥落させるのである。この頃、塩鉄転運使の高駢が「天下に盗賊の蜂起するは、皆飢寒より出ず。獨だ富戸・胡商未だのみ」という最中にもかかわらず、「上は政事に親まず、専ら遊戯に務め、賞賜は度《かぎ》り無く、田令孜は權を専らにして、上を無《なみ》する」ていたらくであり、心ある者ならずとも切歯扼腕する有様であった（『通鑑』巻二五三）。

さて、『王氏見聞錄』および『三水小牘』など伝奇類に属する史料を用い、歴史事象を云云することには、見識のなさを疑われるやもしれない。確にこれらが具体的な事実を伝えているか否か速断できない危険があるが、しかしあえて事実と認めたい理由は、後に述べるように伝奇類とはいえ、きわめて歴史性に富み、事実を踏まえ時代的背景をよく盛込んだ上に「奇」を展開するものが多いことと、侯元の乱と同年の五月には、新に西川節度使に任ぜられた陳敬瑄が、黄巣の北上を懼れた田令孜の内意をうけ、僖宗蒙塵の先導として蜀に赴むく際に、彼が微賤の出であるため蜀人と面識がないのを利用した青城の妖人が陳僕射と詐り衆を率いて乱入をはかった事件もあり（『通鑑』巻二五三）、このような例は多かったと考えられるからである。ことに唐末の皇甫枚が著わした『三水小牘』は、唐代における怪奇譚ではあるが、その時代相、歴史性を適確に反映している点では比類のないものといわれ[12]、これらを否定する材料はなにもなく、また時代の密邇した事件に題材をとり民衆に訴える作品である以上、事実にそくし社会の風潮をふまえて描くことが要求されたはずである。この点をもう少し強調する意味で、時代はややさかのぼるが『朝野僉載』にみえる白鉄余の乱をとりあげてみたい。

高宗の時代、延州の稽胡白鉄余は、山中に銅製の佛像をあらかじめ埋めておき、数年ののち上に草木が繁茂する頃をみはからい、佛の光明が現われたと郷村にふれ日を占い斎会を設ければ聖佛が出降すると予言した。その日に集まった数百の群衆を前に、まず別の処を掘り至誠もて布施せねば佛は現われないと詭き、群衆が争って施財すると徐ろに例の場所を掘り佛像を探しあてた。村人の「以って聖人と爲し、遠近あい傳えて見えんと欲せざるは莫き」有様に、白鉄余はさらに聖佛を見れば百病たちどころに癒ゆと説いた。その結果、

乃以紺紫紅緋黄綾、爲袋數十重、盛佛像、人來觀者去其一重、一回布施獲千萬、乃見其像、如此矯僞一二年、郷人歸伏、遂作亂、自稱光王、署置官屬、設長吏、爲患數年

であったという。このことは『舊唐書』巻五、高宗本紀、永淳二年（六八三）四月の条に収録しているのであり、

綏州部白鐵餘、據城平縣反、命將軍程務挺、將兵討之

とある。また『通鑑』および程務挺伝によれば、彼は歩落稽出身で光明聖皇帝と名乗り、百官を置き綏徳・大斌などの県を襲い、官吏を殺害し民居を焼き払ったという。時に右驍衛将軍であった程務挺は夏州都督の王方翼と鎮圧に向かい、白鉄余を生擒りにした功をもって左驍衛大将軍に改められている。『通鑑』は明らかに『朝野僉載』と実録を参照しているとみられるが、正史類を編纂する者の資料選択における見識や資料そのものの性格にもよるとはいえ、それらに記載がないという理由で前者を虚構とみ、後者だけを肯定するいわれはなく、同質の内容からみても当然ありうる叛乱の姿である。五代においても王蜀に発生した道士李嵩の叛乱があり、後梁貞明六年（九二〇）には陳州の毋乙、董乙による上乗賊の乱が起り陳・潁・蔡三州を荒らしまわっている。(13) 稗史・野史はまさに正史の裏面史であり、それにみられる歴史的事象には、あなどれないものが盛込まれているのである。

このような叛乱の背景はあらゆる点から検討が加えられなければならず、従来看過されてきた小共同体における寺観及び僧尼・道士らの役割――妖僧であるか否かを問わず――にも留意する必要があろう。それらは他日に究明を期すとしても、一言あえて私見をたばさめば、支配者による政治的・経済的な圧迫は、民衆を国家権力否定の方向へ導くものには違いないが、平時における彼らの行動はかなりの制約を蒙むるであろうし、叛乱集団に発展しにくいとみられる。その制約とは国家による治安維持の強化もさることながら、閉鎖性など小共同体が本来持つ体質によって生みだされるものが大きく、それだけに閉鎖的な共同体のワクをつき破り、他の共同体を広域にわたって吸収する媒体として寺院や僧道の存在価値があり、爆発的なエネルギーを集める役割を荷うということである。功徳山および滑州僧の提携は、この推測にとって重要な手懸りを与えるものといわざるをえない。それはまた、内藤

湖南博士が「概括的唐宋時代観」[14]に指摘された黄巣の乱の流賊的な性格を考える上に、一つの視点を提供するものでありはすまいか。

ところで白鉄余をめぐる『朝野僉載』の光王の号を、『資治通鑑考異』は月光王に作るが、恐らく『考異』が正しいとみられる。月光とは月光童子に仮託した号であり、童子は将来中国に生まれ佛教を興隆させ、あわせて天下の静謐を招く聖天子と信ぜられたものである。隋の那連提耶舎訳とされている『徳護長者經』に説かれるが、これは中国において成立した民俗経典であり、すでに北魏の熙平年間に、月光童子劉景暉の乱が起っていることから分るように[15]、淵源は北魏にまで遡ることができ、広く民間に流布されてきたものである。いわば現世の安寧と幸福を願い、ひたすら聖天子の出現を待ち望む民衆の期待に答えるべく偽作された、というより民衆の意に沿って成立した経典であり信仰であった。

一般に佛教信仰に基づく叛乱は、弥勒佛下生、つまり弥勒佛が兜率天に上生したあとふたたび下界に降り、安楽な世界を現出するとの説により弥勒の下生を願う信仰と、身に三十二相を持ち、即位の時に天より授けられた輪宝を転じて四方を降伏させる転輪聖王が現われ、その統治によって豊饒で太平なる御世が齎らされるという信仰などを母体に説かれる。いずれも天命思想にもとづく讖緯の説と結合し、民衆を巧みに誘って叛乱へと導くのであり、北魏における大乗賊の乱から趙宋の王則の乱へとさかんな弥勒教徒の活動が認められ、武周革命もその一つに数えられる。また転輪聖王は皇帝がしばしば自らをその化身とみなすように、現実に君臨する皇帝が支配を正当化する方便として用いざるをえなかったほど、民衆の間に強い信仰を受けているのである。さりとて両者に限定されるものではなく、白鉄余が仮託した月光童子、于世尊にみた阿弥陀佛信仰、さらに南宋の朱弁が『曲洧舊聞』に記すように、五代の時、佯狂の僧が「若し太平を要めんか、須らく定光佛の出世を待つべし」と予言したことが発端となり、やがて宋の太祖を定光佛の化身とする風説が生まれた。その定光佛でさえも叛乱の守護神にまつりあげられ革命の道具と化しているのである[16]。では本来、革命思想が存在するはずのない佛教信仰がこのように叛乱と結合する原因は一体どこにあるのであろうか。私はつぎのように考える。形象の世界を否定し去り現世を超えたところに悟りの境地を設ける佛教のありかたは、一歩を誤まれば一種のユートピアとして描きだされる危険がある。否定を媒介に成立する佛教的世界が、現世とは断絶しないばかりか、その延長上にあって真善美の極地を示すユートピアとは本来異なるにもかかわらず皮層的にみれば両者を同一範疇におきかねない性格を持ちあわせている。したがっていつとはなく超越的世界を現実社会に下降させ己をとりまく世界にそのまま具現しうると錯覚し信じる傾向をもつにいたる。明確にこの世に下生すると説く弥勒佛の信仰が熾んとなり、中国へ降臨する、と説く月光童子の出現はその間の事情を説明するものであろう。さらに現実をあるがままにとらえようとする大乗佛教の隆盛は、いよいよ両世界の接近に拍車をかけたに相違ないのである。そこにまた中国民衆における佛教受容の特色が存在し、佛教の中国的展開が認められるわけであるが、支配者の収奪にあえぎ国家・地主・大賈に搾取される幸い薄き民衆は佛教の持つ否定の論理を感覚的にとらえ、そのまま俗権の否定、叛乱へと誘う格好の理論的、精神的支柱としたと思われる。この点をより具体的に眺めるため、以下に説話をとりあげ検討を加えてみることにする。

二

文学史の上では六朝の小説を志怪といい、唐のそれを伝奇と呼んで区別するのが普通である。前者が怪異をモチーフとする短篇記録であるのにくらべ、後者は作者の創意・工夫が加えられ、やや長篇のものと規定されているが、客観的にみて両者の差異がはなはだ稀薄なことも確かである[17]。このあいまいさに説話という概念を持込んでくると、いよいよ混沌の度をます。説話の定義は一般に神話・伝説・民譚などを含み、いつとはなく民間に語り伝えられ、なんらかの形で訓戒、倫理性を盛り、個人の創作ではなく伝承的・叙事的なものと考えられている。とすれば志怪は説話文学であっても伝奇はそれに含まれないということになりかねない。けれども創意・工夫が深められているとはいえ、伝奇もやはり伝承・叙事・講史などの性格を失なってはいないのであるから[18]、ここでは志怪、伝奇もなべて説話というジャンルで統一することにしたい。

佛教が中国に伝わり民衆に最も影響を与えたのは輪廻転生の思想であり、因果応報の信仰であったのは誰しも認めるところである。カルマの思想から展開されたこの理は、過去における業（因）によって現在の生活、さらに来世のありかたが決定づけられる（果）という悠遠で、かつ深刻な人生観であるが、その宿業から逃れ、未来に幸福と安寧を得んがためには、現在に善業を積まねばならないとする倫理観が附帯されてくる。このような応報思想が中国固有の思想や雑信仰と融合されて独自の展開をみせることは諸種の文献にみえ、また先学が強調されているところでもある[19]。六朝いご現われたおびただしい志怪小説の中に、また僧徒によって著わされた感応伝、霊験記の類に収録された応報説話は、中国民間に滲透した応報信仰の影響がいかに甚大であったかを裏づけており、それらが単純明快な内容でありながら、多種多様にわたるところに民衆の複雑な信仰形態を示していると思われる[20]。

これら応報説話については従来に幾多の研究があり、さまざまな角度から検討が加えられている。しかしその多くは文学史、もしくは中国思想との交渉、社会倫理および応報信仰そのものの解明に費された感があり、政治史ことに民衆の叛乱と結びつけて考察されたものは寡聞にして無かったように思われる。私とても革命思想が説話に盛られ直接叛乱の契機となったと主張するのではない。前述のように説話の中には革命に利用される要素が多分に含まれ、論理的根拠となり精神的な支柱となったのではないかと推測するわけである。もしその点が実証されるならば、前節に述べた妖賊の叛乱につながり、妖人による民衆の煽動に格好の材料を提供する余地が生まれる。そこでまず、唐代説話の持つ叙事性、現実性の問題から論ずることにする。

中国の応報信仰をめぐって山崎宏博士は全体をいくつかのパターンに分類しながら、特色を次のように論ぜられている。(21)

総じて佛教に関係あるなしに拘らず、中国の報応信仰においては、インドにおけるような、来世に対する空想的な描写、極楽浄土などに関するドラマチックな表現、現実を超えた佛陀の素晴しい奇蹟といったものは、余りみられない。そして宿業に対するあきらめはあるが、同等返報的で数世代にわたるような雄大な業思想の展開はなく、現世の善因となるべき新業に対する果報は、多くは直接的な福禄寿主義から、さらに露骨な食貨思想によってさえ、解釈されるに至ったとみられる。（傍点筆者）

つまり同等返報的といい、直接的な福禄寿主義という表現は「現世に対するあきらめから未来への願望を、現実から離れた来世への逃避に変化させた」インドにくらべ、中国のそれは「未来への願望をむしろ逆に現実への打算に切換えたような一面」を持つという意味であって、一般に認められる現実主義的な傾向をいいえて妙である。この来世から現世へ切換えるほど現実生活にたいする執拗な願望は、説話の中にまで色濃く影をやどしているのである。ここで『廣異記』にみえる山人李洽の説話を、その傍証として引用しよう。

山人李洽、自都入京、行至覇上、逢吏持帖云、追洽、洽視帖、文字錯亂、不可復識、謂吏曰、帖書乃以狼籍、吏曰、此是閻羅王帖、洽聞之悲泣、請吏暫還與家人別、吏與偕行過市、見諸肆中饋饌、吏視之久、洽問、君欲食乎、曰然、乃將錢一千、隨其所欲、即買、止得一味、與吏食畢、(吏)甚悦、謂洽曰、今可速寫金光明經、或當得免、洽至家寫經畢、別家人與吏去、行數十里至城、壁宇峻嚴、因問此爲何城、吏云、安祿山作亂、所司恐賊越逸、故作此城、以遏之、又問城主爲誰、曰是鄔元昌、洽素與城主有故、請爲通之、元昌召入、相見悲喜、須臾有兵馬數十萬、至城而過、元昌留洽坐、出門迎候、久之乃回、洽問此兵云何、曰、閻羅王往西京大安國寺也、既至寺、登百尺高座、王將簿閱云、此人新造金光明經、遂得延算、故未合死、元昌歎羨良久、令人送回、因此得活[22]

プロットの妙味を知るため煩をいとわず全文を記したが、『廣異記』は『文苑英華』巻七三七におさめる中唐の詩人顧況撰「戴氏廣異記序」に伺われるように、顧況と同年（至徳二年〈七五七〉）の進士、戴孚が著わした作品である。この書の特色は、現在に残る作品のすべてが開元より大暦年間、つまり作者が生きた時代を舞台とすることである。作中の人物がほとんど実在した者である点よりすれば、現在のところ不明であるが、前記にみえる李洽、知人の鄔元昌も恐らく実在した人物ではないかと思われる。

さて冥界を現世風に描く傾向は早くから認められる。応報説話のパターンには、冥界を現世と同様に描き主人公をひとまず死後の世界に送りこみ、この世に積んだ善業、もしくは善業を積むとの条件つきで閻魔王の判決を受け、延命長寿を許されるとするものがある。李洽説話もこの形式に属するわけであるが、注意すべきは彼岸と此岸の間に厳然と一線を劃するこれまでの説話にくらべ、同じ形式を踏襲しながらも次第に一線をとり払い、両世界をほとんど重なりあわせていることである。閻羅王をもってそこはかとなく死を匂わせ、末尾の「此に因って活くるを得たり」に至ってはじめて冥土の出来事であったと悟らせる。これはただに叙述の美事さであるばかりではなく、彼此の世界を同一とみ、差違なきものであれかしと願う来世観の発露であると考える。かつて近藤春雄氏は唐代小説における仙境について論じられ、多くはふと迷込んだ山中に仙境を求め、しかも蓬莱山などではなく卑近な現実社会の中に設定する傾向が認められ、仙境を妓楼に仙女を遊女にみたてもすると指摘し、別世界を現実世界の延長とみがちな唐人の志向のあらわれだと説かれている。(23) それは士大夫が山水を仙境とみたて脱俗の境地を自然に求めようとする態度と軌を一つにするが、死後の世界をも彼らは現世同様にとらえるのであり、したがって暗さはなく明るい黄泉として描くのである。

李洽説話の主旨は『金光明經』(24) の功徳によって延命の果報が得られるという、通俗的な応報にすぎない。そこにおける死とは普段の旅立ちであり、飢ゆれば饒饌を欲し、李洽の賄賂を得て延命の秘策を授け汚職の罪を犯す鬼吏は、まさしく当時の社会に普遍的な胥吏の姿そのままである。安史の乱の余燼がくすぶりつづけ、千軍万馬が激しく往来する時代を背景に、冥界の所司を反乱軍の侵攻を恐れて城郭を築き、李洽の知人鄔元昌を長官にすえて防備にあたらせる唐朝の所司さながらに描く。また大安国寺は睿宗が景雲二年（七一一）、旧藩邸を寄進し、長安の長楽坊に置かれ皇室と最も密接な関係にあった寺院であるが、『南部新書』に「長安の名徳は多く安国寺に集まる」と伝えるように、唐中期いご名刹中の名刹といわれ、また長安における律学の根本道場でもあった。したがって冥界の主宰たる閻羅王が大安国寺に居を構え法廷を開くとする前提には、長安を都と定める世俗の皇帝に比定する意識が潜んでいるわけである。このような唐代説話のリアリスチックな構成や表現形式は、生の営みをすべてに優先させる中国人が、本来備えている特質と、それにつながる政治や社会への深い関心度、あるいは歴史に対する豊な感受性のしからしむるところであろうが、それだけに空想的で現実ばなれしたインド風の説話にくらべ、はるかに説得力を持ち感化力があるといわねばならない。(25)

ところで、李洽説話と類似のプロットを持つ竇徳玄説話が『報應記』にみえる。内容はこうである。麟徳中、揚州に赴任する竇徳玄が渡場の舟中で飢えた鬼使を救い食を与えた。恩義に感じた鬼使は徳玄にしばしの猶予を与え、

『金剛經』を一千遍念ずるよう忠告して去った。一月余りの後、再び訪れた鬼使に伴なわれて冥王の前にでると、鬼使は延命の秘密を漏らした科で杖三十の罰を受け、徳玄は『金剛經』の功徳により放還された。その途次に、退出してきた例の鬼使の請うがままに銭を与えると、鬼使は徳玄の余命と職歴を予言したという。徳玄は『新唐書』に伝記を残す実在の人物である。それはさておき『金光明經』と『金剛經』、時代・人物などに相違はあるにしろ両説話の発想は共通し、鬼使の汚職など構成上の類似は随処にみられるのであって、両者の関連が推測される。この推測はさらに『廣異記』の張御史説話(26)を引合いに出せばなおさら信憑性が深められよう。この説話も淮水の舟中を舞台とし、飢えた鬼使への供養、『金剛經』千遍の読誦による延命の功徳、鬼使の汚職に対する科罪、はては秘策を授けた鬼使の謝礼金請求など、竇徳玄説話は『廣異記』の両説話をミックスしたか、或は両説話が逆に竇徳玄に素材を求め二分した感さえある。このようなプロット上の類似は他のパターンにも多く認められ、例えば酷吏に対する痛憤を披瀝したとみられる『三水小牘』の温京兆説話(27)は、『酉陽雜俎』巻九の黎幹説話と完全に一致するのである。

説話が一応創意をたばさまないといっても、民間に伝承されたままとの保証はなく、伝承される過程にあってさまざまな変化をともなない内容・構成も拡大され、その伝承が文字に昇化される時にも編者の創意・工夫が加えられなかったとは限らない。志怪より伝奇への展開に認められるように(28)、伝奇は志怪に取材し或は幾種かの素材を複合し、或は他に題材を求めるにしろ、モデルチェンヂや時代の組替えに創意が加えられ、プロットに変化をもたせる工夫が施されたと同様のことが行なわれたとみるべきであろう。いなむしろ実在の人物をモデルに仕立て、積極的に語りかける説話の宿命からいえば、絶えず変化せねばならぬ必然性をおびている。漢訳経典を骨子としながら、中国固有の俗信や民間説話を折込み民俗経典へと変容せしめた、いわゆる偽経類のおびただしい出現はもちろんのこと、より民衆の生活に根ざし直截簡明に因果応報の理を展開する説話が伝承されるにあたって、時代性をおびつつ変化するのも当然であろう。これを佛教語に借りていえば、時機相応ということになろうが、その意味で説話には豊な時代性があり世相を色濃く反映するといわねばならない。

三

如上のように説話に豊なリアリズムを認めるとすれば、その中に盛られる訓戒や教化が現実味を帯び説得力をもち、聴く者にありうべきものと受止められやすくなる。またそこに説話を駆使する者の狙いがあり縦横に意図を盛込み内容を複合的に構成することができるわけである。その一例をあげれば、

韋氏子有服儒而任於唐元和朝者、自幼宗儒、非儒不言、故以、釋氏爲胡法、非中國宜興、有二女、長適相里氏、幼適胡氏、長夫執外舅之論、次夫則反之、常敬佛奉敎、功習其文字、其有不譯之字讀宜梵音者、則屈舌效之、久而益篤

『續玄怪録』(29)にみえる韋氏子説話である。複合的な内容をもつこの説話は、まず佛教を誹謗する儒者流の家庭と、かたや篤信の家庭とを設定し、家族関係、婚姻関係にも信仰をめぐる複雑な影を投げかけていることを暗示するが、儒佛に道教を加えた三教の間に魏晋いらいひんぱんに葛藤が演ぜられたのは、周知のとおりである。なかんずく本説話の背景となった元和年間は、かの韓退之が佛舎利供養にたくして佛教排斥の烽火をあげ、儒教一尊の檄文を草し古文運動への暁鐘を鳴らした時代である。韓愈は友人であり崇佛家の柳宗元と佛教の是非をめぐり論難を往復させているが、この説話において相反する家庭を設けた背後には、このような事情が考慮されているのかも知れない。

及韋氏子寢疾、命其子曰、我儒家之人、非先王之教不服、吾今死矣、愼忽爲俗態、鑄釋飯僧、祈祐於胡神、負吾平生之心、其子從之

唐代における厚葬の弊は一般家庭を窮乏に追込み、ひいては国家にとって担税戸の減少をきたす原因として政治問題にまで発展した。韋氏子のいう「俗態」とはまさにそのことを指し、開元の名臣姚崇が子孫に遺言して、切々と薄葬するよう訓誡した所以でもある。(30) 厚葬はあながち佛教に由来するのではなく、すでに後漢の王充が『論衡』の薄葬篇に論ずるとおり、佛教以前からみられたが、造寺・造像・斎会など佛教儀礼の盛行にともない厚葬の弊はことごとく佛教に帰せられ、いわゆる「祈祐於胡神」ものとして儒家の佛教排斥に格好の材料を提供したのである。このような社会問題をからませながら、韋氏子説話は次第にクライマックスを迎える。

既除服而胡氏妻死、凶問到相里氏、以其婦臥疾、未果訃之、俄而疾殆、其家泣而環之、且屬纊焉、欻若鬼神扶持、驟能起坐、呼其婦曰、妾季妹死已數月、何不相告、因泣下鳴咽、其夫紿之曰、安得此事、賢妹微恙、近聞平復、荒惑之見、未可憑也、勿遽惆悵、今疾甚、且須將息、又泣曰、妾妹在此、自言今年十月死、其有所見、命吾弟兄來、將傳示之、昨到地府西曹之中、聞高墉之內、寃楚叫悔之聲、若先君聲焉、觀其上則火光迸出、焰若風雷、求入禮覲、不可、因遙哭呼之、先君隨聲叫曰、吾以平生謗佛、受苦彌切、無曉無夜、略無憩時、此中刑名、言說不及、惟有罄家廻向、冥資撰福、可救萬一、輪刼而受、難希降滅、但百刻之中、一刻暫息、亦可略舒氣耳

来世を考えなかった中国の民衆にとって、佛典に説く地獄絵巻はショックを与え恐怖をあほるものであった。『幽明錄』の趙泰・康阿得、『冥報記』の李山龍にみられる地獄めぐりの説話や、張彦遠の『歴代名畫記』が紹介するように、張孝師の筆になる慈恩寺中門の地獄変相図、呉道玄えがく景公寺中門のそれなど、民衆の心胆を寒から

しめるものが陸続と現われ、やがて地獄変文・目連変文等の俗文学を生み、寺院における俗講で語られることになるのである。

　ところで韋氏子説話の第一目的が、なによりも縷々説かれる佛法誹謗の罪業にあることは自明の理であるが、結果的には、誹謗にとどまらず、儒家や道家に与える鉄槌でもあり、両教に優位する佛教標榜の狙いがこめられていると思われる。なお、「罄家廻向云云」は前引用の「愼勿爲俗態云云」の薄葬のすすめに対する文を伏線としており、むしろ厚葬もしくは財を尽して廻向することを要求することになり、皮肉な見方をすれば寺院僧尼の経済面につながるが故に、莫大な布施を得んがための作為であるとも考えられ、またかかる発想が可能な僧団の姿をかいまみることも至難ではない。また冥会はすでに六朝志怪にみえ、唐代の伝奇譚では普遍的となっており、あながち該説話だけの特色ではないが、ただそれが地獄の恐怖とコントラストをなすために、生気がみなぎりユニークさが感じられる。近藤春雄氏は唐代小説のうち地獄を描いたものは、杜子春伝に顕著にみえる程度だといわれている[31]。けれども地獄変相図の盛行や、変文への展開を併せ考えれば、説話に多く導入されても不思議ではないはずであり、現に『廣記』巻二一二、呉道玄の項には景公寺僧の話として、呉道玄の変相図を観た都人が積極的に善業を積むようになり、東西両市の魚肉が売れなくなったと伝えている。変相図の教化効果を伺いうるとともに、変相図自体が説話ともなり、韋氏子説話はもちろん、『報應記』にみえる宋義倫にも描きだされているほどなのである[32]。

　相里氏夫人の言葉はさらに第二の問題にふれる。

　　妹雖宿罪不輕、以夫家積善、不墮地獄、即當上生天宮也、妾以君心若先君、亦當受數百年之責、然委形之後、且當神化爲烏、再七飯僧之時、可以來此

つまり、家の善悪の業によって堕地獄、極楽往生の二途が決定するという家主体の信仰が強調され、一方には輪

廻転生の具体相を述べつつ、輪廻より逃れるための飯僧斎会をすすめるのである。

其夫泣曰、洪爐變化、物固有之、雀爲蛤、蛇爲雉、雉爲鴿、鳩爲鷹、田鼠爲鴽、腐草爲螢、人爲虎爲猨爲魚爲鼈之類、史傳不絶、爲烏之説、豈敢深訝、然烏群之來、數皆數十、何以認君之身、而加敬乎、曰、尾底毛白者妾也、爲妾謝世人、爲不善者、明則有人誅、暗則有鬼誅、絲毫不差、因其所迷、隨迷受化、不見天寶之人多而今人寡乎、蓋爲善者少、爲惡者多、是以一厠之内、蟲豸萬計、螻蟻千萬、而昔之名城大邑、曠蕩無人、美地平原、目斷草莽、得非其驗乎、多謝世人、勉植善業、言訖復臥、其夕遂卒

この説話の最大のクライマックスは此処にある。個人の罪業は個人の応報にとどまらず、個人より家族へ、さらに家族を越えて国家・社会へ結果すると説く。未曾有の戸口を数えた天宝年間と、安史の乱いごたび重なる乱裡に激減した元和年間の戸口数に附会して、それが善悪二業に帰せられるとするくだりは説話がいかなる現象にも順応できる証左となり、「明には則ち人誅有り、暗には則ち鬼誅有り、絲毫も差《たが》わず」、つまり老子流の「天網恢恢、疏にして失わざる」応報観や儒教的それを、「迷いに隨って化を受く」佛教の因果と融合するあたりに、佛教の中国的展開、中国における佛教説話の面目躍如たるものがある。

天宝より元和へ、歴然たる歴史事実[33]もさることながら、『禮記』月令の「季秋鴻雁來賓、雀入大水、化爲蛤」「驚蟄之日、鷹化爲鳩……七月鳩化爲鷹」、あるいは「季夏之月、腐草爲螢」より以下、『異苑』の「竹爲蛇、蛇爲雉」の説、(編者註1)『呉越春秋』『抱朴子』等を博引傍証し、あえて佛典によらず、「史傳に絶えざる」具体的な転生をかかげたところに、前節の論点とかかわりあう当説話の並々ならぬ配慮と巧妙さが伺われる。この緻密な演出の上にたち、愛別離苦という人間が避けることの出来ない冷酷な現実と悲相をひけらかし、昔日の名城大邑も曠蕩して人烟なく、美地平原も荒涼たる草莽におおわれる一つだに常住不変のものはないとする佛教の根本真理を説き、因果応報の摂

理をしかも死に臨む者に切々と語らせるのである。だがストーリーがここで終っては実感が薄れ、儒家のありかたを否定しながら遂には儒教的な倫理観、道徳観にとどまる危険がある。そこで一転して相里氏夫人の平生の人となりにふれる。

其爲婦也、奉上敬、事夫順、爲長慈、處下謙、故合門憐之、憫其芳年而變異物、無幼無長、泣以俟烏及期、烏來者數十、唯一止於庭樹低枝、窺其姑之戶、悲鳴屈曲、若有所訴者、少長觀之、莫不嗚咽、徐驗其尾、果有二毛、白如霜雪、姑引其手、而祝之曰、吾新婦之將亡也、言當化爲烏而尾白、若眞吾婦也、飛止吾手、言畢、其烏飛來、馴狎就食、若素養者、食畢而去、自是日來求食、人皆知之、數月之後、烏亦不來

そこにあるのは模範的夫人像である。世俗にあっては倫理道徳よりみて完全無闕な人であり、少長の区別なく惜みてあまりある女性でありながらも、佛法に照らせば罪深き悪人として応報は免れるべくもない。況んや悪人にしてかつ不信の徒をや。妹は宿業軽からずと雖も夫の篤信あるが故に、天宮に上生す。況んや己れ自らの帰依あるにおいてをや、という論法であると思われ、そこに夫の誹謗の罪業がいっそうきわだたせられることになる。

このように結末をつける。転生が決してそらごとではなかった明証を提示し、「少長となくこれを觀」「人皆、これを知る」実話であると強調するのである。さらに「數カ月の後、烏亦來たらず」とは、臨終に際して遺言した飯僧が営まれ、その功徳によって天宮に生まれかわったとの余韻を持たせた説明であり、心憎いまでの配慮といわねばならない。

さて構成といい内容といい、唐代説話中の白眉と思われるこの韋氏子物語は、前節にみた李洽説話と異なり、同じ応報譚でありながら現世的福禄寿主義にあてはまらず、夭折を夭折とし、冥界を冥界として描く。これは『宣室志』(34)の許文度の項に、夢中に現れた黄袍の聖者が、

夫壽之與夭、固有涯矣、雖聖人、安能逃其數

と語るものと同様であり、道教の不老不死に対する攻撃ともなるが、一見して李洽説話などの延命とは矛盾するかのように思われる。けれども延命の説話といえどもなんら死を否定するのではないし、冥界を認めないわけではない。ただ現世利益を骨子とする李洽説話にくらべ、転生の韋氏子説話は、より高度化されたといおうか、より佛教的、逆にいえば非中国的な性格をもち、儒教などに対する挑戦的な態度からみて恐らく僧徒によって生みだされたものであろう。

とまれ、この説話を縷々と述べてきた理由は、問題設定がきわめて卑近であり、具体性に富み、その社会に深く根差した内容を持つこと、リアリスチックな舞台構成を擁し豊な説得力を備えている点を指摘し、なおかつ、説話によりあるいは単一の説話の中にさえ多種多様な意図が盛込まれ複合的な問題意識を認めうるなどの点を強調したいがためである。

四

韋氏子説話には佛法誹謗の罪業をあげ不信の徒を誡める意図のあることを指摘した。これは佛教信仰を薦める僧徒の作為であろうが、ことほど左様に、説話には有形無形の作為が秘められている。『法苑珠林』[35]には隋開皇十一年（五九一）、太府寺丞の趙文昌が冥界に入り、平素より『金剛般若經』を専心読誦していたがために放還されたが、その途次、門側の房内で三重の鉗鎖につながれた北周武帝と邂逅し、武帝から、

今還家、爲吾向隋皇帝說、吾諸罪竝欲辯了、唯滅佛法罪重、未可得免、望與吾營少功德、冀玆福祐、得離地獄

とねんごろに依頼された。文昌の話を聴いた隋文帝は、全国から広く口銭を集め、武帝のために三日の間、『金剛般若經』を転じて供養したという[36]。佛法覆滅の罪業は『法苑珠林』をはじめ道宣の『集神州三寶感通録』などにもみえ、将来おこりうる破佛に対し、僧団が護法の目的をこめてあみ出した説話であろう。恐らく北周の廃佛にあたり浄影寺慧遠が、「陛下、今王力の自在なるを恃み、三寶を破滅す。是れ邪見の人なり。阿鼻地獄は貴賤を簡ばず。陛下何すれぞ怖れざるを得ん」と詰った時、勃然と色をなした武帝は、「但だ百姓をして樂を得せしめなば、朕も亦、地獄の諸苦をも辭せず[37]」と放言してはばからなかった事実にヒントを得ていると思われ、それだけに迫力と説得力がある。慧遠が阿鼻地獄は貴賤を簡ばずと極論するのは、佛教の平等思想に基づくものであるが、慧遠が強く意識すると否とにかかわらず、俗法の不平等に苦しむ者にとって、皇帝さえも差別なく訪れる死や応報を説く佛法に平等の喜びを見出し救いを求めるものとなる。それが前に論じたとおり信仰の世界を現実社会に転換することにより、身分制社会の否定、階級的差別の打破につながる可能性が生まれる。侯外廬氏が指摘した唐末いごの均産的な叛乱に、宗教色を認めるとすれば、このような佛教の底辺に存在する平等の精神が表面に押出される点を注目する必要があろう。

ところで趙文昌説話には僧団の護法に対する作為がみられるが、説話が政治性をおび社会の批判にも用いられ、またそのような作為が盛り込まれることも確かである。まず唐後半を彩った朋党の争いをめぐる資料を俎上に載せれば『異聞集[38]』の青衣上清説話がそれである。

貞元中、竇参と陸贄との間にくりひろげられた軋轢のため、竇参は陸贄の讒言にあって自尽を賜り籍没された。かねて竇参が寵愛した上清は掖庭に入ったが、応対ぶりや煎茶に秀れていたことも機縁となり徳宗の左右に侍べる好運に恵まれた。上清がこの機会を巧みに利用し竇参の冤罪を訴え陸贄の陰謀であると告げたため、徳宗がその言をもとに調査した結果、事実と分かり竇参は冤を雪ぐことができた。そればかりではない。徳宗の恩寵が衰えたのに乗じ裴延齢は陸贄を讒し、ついに陸贄を失脚させたという。これは上清が主人竇参のために行なった復讎が骨子ではあるが、裴延齢の謀略を導入したところに因果応報の理が示されているのである。

　両者の対立を新・旧『唐書』の各本伝について検討すれば、必ずしも竇参は善玉ではない。

> 參無學術、但多引用親黨、使居要職、以爲耳目、四方藩帥、皆畏懼之、李納既憚參、饋遺畢至、外示敬參、實陰間之（『舊唐書』巻一三六、竇参伝）

時に鄆州大都督府長史であった李納の奸策によるように記され[39]、むしろ竇参が「権を恃み利を貪ること紀極を知らず」、郴州別駕に貶され、湖南観察使李巽が竇参の贓をあばいたため[40]徳宗の激怒を買い殺されんとした時、陸贄の諫めで死を免がれたとさえ記す。また自尽についても「參、時に左右中官の深く怒り、謗沮已まざるがために、未だ驩州に至らずして死を邕州の武經鎮に賜う」と中官の謗沮によるという。『新唐書』竇参伝にも陸贄と不仲であることには触れるが、陸贄の讒言についてはなんの記載もない。ところが『舊唐書』陸贄伝に李巽の弾劾を述べたあと、

> 會右庶子姜公輔、於上前聞奏稱、竇參嘗語臣云、陛下怒臣未已、徳宗怒再貶參、竟殺之、時議云、公輔奏竇參語、得之於贄、元參之死、贄有力焉

といい、陸贄の謀略だとの風聞があったことを伝え、『新唐書』陸贄伝賛には明らかに「竇參の死するや、贄その言を漏らすは非なり」と指摘している。したがって上清説話のいう陸贄に科ありとするのは決して誤りではない。

　一方、陸贄は戸部侍郎の裴延齢[41]と隙があり、讒毀をうけて貞元十一年（七九五）に太子賓客に追われた。翌年春、辺軍の芻粟をめぐって延齢と真向うから対立し、またも誣告されて誅殺されようとしたが、諫議大夫陽城らの弁護

によって死一等を減ぜられ忠州別駕に遷されたのである。たとえ陸贄、竇参いずれが善玉であるか否かは論外としても、この上清説話が明らかに陸贄を誹謗し竇参をあげつらうことに間違いはなく、末尾に加えて、

世以陸贄門生、名位多顯達者、世不可傳說、故此事絕無人知

と述べていることに注目せねばならぬ。よしんば一歩を譲り、この事実が陸贄一門によって握りつぶされたとする説を虚構だとみても、この説話が陸贄を憎悪する者もしくは竇参に密接な関係を持つ者に帰せられるとみて誤りはないであろう。このように説話が政治や社会問題に導入され、その道具としての役割を荷わされる場合も多いのである。それを最も端的に示すものが、かの『周秦行紀』(42)および李娃伝である。

両者の内容はすでによく知られているため割愛するが、前者は牛李の朋党にあたって李徳裕派の門客韋瓘が牛僧孺を陥れるため僧孺の名を窃んで撰したといわれるいわく因縁つきの作品であり、それを裏付けるように李徳裕は「周秦行紀論」を草して非難した(『李衛公集』巻四)。その論点は牛姓が図讖に応じ、牛僧孺の撰した『玄怪録』に多くみられる隠語は民を惑わすものである。さらに『周秦行紀』に及んでは僧孺自ら后妃と冥通するなど己が臣の分際に非ずと主張するものにほかならない。徳宗を沈婆の子とざれ、代宗の皇后を沈婆と呼ぶなど君に対する無礼も甚だしい。彼が謀反せねば子孫が必らず謀反する証左であるから、牛氏は夷族すべきであると主張したのである。(43)

李娃伝は白行簡(白楽天の弟)の作といわれる。劉開栄氏は白氏が牛党指導者の一人楊虞卿と姻戚関係を結び李宗閔、牛僧孺とも親交があったため李党から怨まれ、白楽天は江州に左遷されたので、小説に託して李党が倡女の子であると暴露し憤懣をぶちまけたという。近藤春雄氏は、劉氏説を否定的にみられるが(44)、是非はともかく、劉氏の見解のようにみても不思議はない要素が多分にある。『周秦行紀』を韋瓘が牛僧孺に仮託したとする説を妥当とみるか、あるいは牛僧孺の真作だとする見解に従うかはともかく、牛派・李派ともども仇敵攻撃の手段に用いている

事実は否めないのである。恐らく説話にも他を誹謗し中傷する意図のもとに生まれたものが多く、上清説話もその部類に属するものと考えられる。もしこの作為が政治や社会に直接向けられたとすれば、いかがであろうか、節を改めて考察する。

五

『投荒雑録』(45)にみえる韋公幹は酷吏であり、領民より詐取した莫大な財を得替の際に両大船につみ、瓊山より帰京の途次、財貨の重みで船が沈み非業の死を遂げたという応報譚である。

公幹不道、殘人以得貨、竭夷獠之膏血以自厚、徒穢其名、曾不得少有其利、陰禍陰匿、苟脱人誅、將鬼得誅也

民衆が官僚層に痛憤を漏らし不満抵抗をみせる説話ははなはだ多い。『朝野僉載』(46)の弓嗣業説話も洛州司馬であった弓嗣業が、洛陽令の張嗣明とかたらい民を苦しめ、囚人用に大枷を造ったが、両人ともども逆賊徐真に加担したがため、

業等自著此枷、百姓快之也

の末路を迎えたとする。あるいは、

唐虔州參軍崔進思、恃郎中孫尚容之力、充綱入都、送五千貫、毎貫取三百文裹頭、百姓怨歎、號天哭地、至瓜歩江、遭風船沒、無有孑遺　家貲田園、貨賣竝盡、解官落職、求活無處、此所謂聚斂之怨

（『廣記』巻一二六）

とみえるとおりである。これら酷吏・貪吏の応報は史伝にも春秋の筆法で多く記されており、いわゆる中国固有の

陰徳・陰殃のジャンルに属し、とりたてて佛教説話と色別する必要はないが、「百姓これを快ぶ」といい「百姓怨み歎き、天に號《さけ》び地に哭《な》く」と支配者への憤りがこめられている。それはひとえにかかる説話をデッチあげ、支配者に対する牽制と誡めを吐露し、あわせて日頃の鬱憤をぶちまけ痛快がるところに、虐げられる者のせめてもの救いがあり、心の安らぎがあるからである。

天祐中、李継宗が秦州の郷兵を差点して蜀を捍禦する際、主管の劉自然は成紀県の百姓黄知感の妻が美髪を畜わえていることに目をつけ、髪にたくし髪を出せば差し点を免じようと告げた。黄の妻は夫が徴兵されたあげく永訣することになるよりは、再生のきく髪ならばと髪を切って差出したが、劉は約束を反古にし徴発された黄は金沙の陣中に歿れた。この歳、劉も死んだが黄家の牝驢が駒を育み、その右脇下に劉自然の字が浮出ていた。この怪奇を伝え知った長官が劉の妻子を招いて確認させると性癖などから劉の化身であることが分り、劉の子は十万銭をもって駒を贖おうと申入れたが、黄の妻は頑として納れず、日ごと鞭捶を加えて夫の復讐を行なったという。『儆戒録』(47)にでるこの劉自然説話は転生という佛教的要素が深められ陰鬱な感じさえする。

恐らく百千銭を欲しい貧農であろう。その貧苦にもめげず贖いを拒絶する怨念の姿や「日々鞭捶を加えて曰く、猶、以って吾夫に報いるに足らんや」との呪詛に、官僚層・支配者階級に対する凝集された百姓のすさまじくも哀れなあらがいを伺うことができる。彼らをあからさまに鞭韃することははばかられるが故に、その怨みを晴らすため転生のはからいが施こされ化身に仕立てる工夫が擬らされており、ぎりぎりまで耐え忍ぶ民衆の怒りをひとしお表明するかのようである。このスタイルを一歩進めたものが、『廣異記』(48)にみえる蘇頲説話と『三水小牘』の温京兆説話であろう。

唐尚書蘇頲、少時有人相之云、當至尚書、位終二品、後至尚書三品、病亟、呼巫覡視之、巫云、公命盡、不可復起、頲因復論相者之言、巫云、公初實然、由作桂府時殺二人、今此二人地下訴公、所司減二年壽、以此不至二品、頲夙蒞桂州、有二吏訴縣令、頲爲令殺吏、乃嗟歎久之而死

これは禄と寿をあわせた興味ぶかい説話であるが、二人の枉殺を両年の寿命と一品の階に相当させる。いわば士人の最大の関心事を餌に官僚の不道をならし訓誡を垂れようとするものである(49)。応報の因が庶民の代表たる胥吏に求められ、彼らによる県令の告訴、はたまた幽冥の世界に蘇頲を告訴するところに被支配者の正当性を容認する立場をのぞかせ、士人が蔑視する庶民にさえ不法、暴挙は許されないとし、その絶対的な審判を冥王に仰ぐものにほかならない。巫覡の言にたいして蘇頲が「乃ち嗟歎し、これを久うして死す」というのは、胥吏の告訴に完全な敗北を認め、前業が痛恨の一事につきるとする蘇頲の民衆に対する懺悔であり告白であって、士人をモデルとしながら完全に民衆の側にたち、民衆の擁護を意図する。かかる説話が民間に伝承される時、快哉と勇気を呼びおこさずにはおかなかったと思われる。

『三水小牘』の温京兆説話は咸通中に京兆尹であった温璋が、

性黷貨、敢殺、人亦畏其嚴殘不犯、由是治有能名

であったが、ある日、営衙より通衢にでた時、黄冠をかぶり杖にすがった傴の老翁が前を横切ったため捕えて笞二十の罰を課した。漂然と去る老翁に異常さを感じ吏に命じて尾行させたところ、ほかならぬ真君であった。吏の報告に驚き謝罪に訪ずれた温璋に向い真君は激昂し、

君忍殺立名、專利不厭、禍將行及、猶逞兇威

といった。免罪を哀願する温璋を、真君の側に侍していた黄冠が口添えして真君の怒りを柔らげ、禍の家族に及ぶことだけは許されて帰ったが、翌年同昌公主の死をめぐり医師の韓宗紹らの獄を鬻ぎ刑を寛め、莫大な賄賂をとり

込んだことがばれ、酖毒を仰いで死んだという応報物語である。
温璋の報は「貨を贖《むさぼ》り、殺を敢てする」人となりにあったが、直截の原因は真君を笞うったことにあった。しかし俗法に照らせば、

舊制、京兆尹之出、靜通衢、閉里門、有笑其前道者、立杖殺之

の官規に基づく合法的な行為であって、なんら温璋に非はないのである。前に厳酷にして貪贖な人物でありながら治績に能名があるとことわるが、それは政界や官僚のもつ不合理さを強調し、人間としてのありかたと官僚の治績との間に内在する矛盾を浮彫りにするものである。あたかも酷吏と良吏の評価が視点を国家に置くか民衆に置くかによって揺れ動くのと同様であろうが、この説話の意図するところは、俗法と絶対法としての応報とを対比さすべき伏線となすにある。俗法に従うことが真君の怒りを買い身に禍が及ぶとするならば、遵法や治績よりも人間としての善業に絶対的価値を認め、応報のもつ優越性が強調されることになり、この論理を敷演していけば官僚が法に従い国家の命にもとづき、合法的に民衆を搾取し厳刑をもって民衆に臨むことは否定されねばならない。換言すれば民衆が酷吏にあらがい無道の法にたてつき、叛乱を企て権力を否定するのも、不合理な酷法である因に対する当然の果であり応報の理にかなうものと考えて不思議はない。それは人誅であると同時に鬼誅、神佛の与えた罰として幽明いずれよりも妥当性が賦与されることになる。

ここで第一節に引用した同じ『三水小牘』の侯元説話を再び俎上に載せれば、侯元に神通力を授けた神君は「戒むるに兵を稱うること無きを以ってす」るが、必ずしも叛乱を否定するものではない。天命の時到れば挙兵を肯じ、また勝利への秘策を与える神君でもある。侯元に神通力を授けること自体が、侯元を使徒に仕立て神君の意志を具現させることにほかならず、このことは、命令に背き敗北を喫した際、激怒した神君が「吾が徒に非ず」と一顧だ

にしなかった態度にありありと伺われる。その神君の意志とは民衆の側に立ち、現体制を突き破り権力を打倒せんとする革命へのいざないである。諸井耕二氏がいみじくも指摘されるように、生活や戦乱に苦しむあまり超人的な英雄を期待してやまぬ民衆の願望が投映され、なおかつ敗れ死ぬというプロットに救いがたい当時の社会や政治に、そして挽回不可能な唐朝の崩壊という歴史的現実に対する諦観が背後に認められるが[50]、その超人的英雄の出現にはほかならぬ神の存在があり、悲劇的なフィナーレには神の命に従わなかった応報の思想がある。叛乱を神の摂理とし神人一体となった反体制の姿がみられ、最後の審判を神のうてなに託そうとする民衆の情が示され、またそのように民衆に味方する彼らの神であり佛がえがかれているのである。

六

及文宗嗣位、親閲萬機、思除其害於人者、嘗顧左右曰、自吾爲夫子、未能有補於人、今天下幸無兵革、吾將盡除害物者、使億兆之民、指今日爲堯舜之世、足矣、有不能補化而蠹於物者、但言之、左右或對曰、獨浮屠氏不能有補於大化、而蠹於物亦甚、可以斥去、於是文宗病之、始命有司、詔中外、罷緇徒說佛書義、又有請斥其不脩教者、詔命將行、會尚食廚吏脩御膳、以鼎烹雞卵、方燃火於其下、忽聞鼎中有聲、極徵如人言者、迫而聽之、乃群卵呼觀世音菩薩也、聲甚悽咽、似有所訴、尚食吏異之、具其事上聞、文宗命左右驗之、如尚食所奏、文帝《ママ》歎曰、吾不知、浮屠氏之力、乃如是耶、翌日敕尚食吏、無以雞卵爲膳、因頒詔郡國、各於精舍、塑觀世音菩薩像[51]

十悪業の一つとして人畜を殺生することを戒める佛教では、鶏卵をも有情のものとみ、食に供することを禁ずるのであって、鶏卵にまつわる応報説話は数多散見する。特にこの説話は天下の寺院に観音像が置かれ、やがて観音堂が伽藍配置の一角を占める縁起を語るものとして注目される資料である。

周知のように『法華經』普門品にもとづく観音信仰は、竺法護による『法華經』の漢訳いご、しだいに流布しはじめ、東晋末から観音像も造られ普門品が独立し『觀音經』として単独に用いられるようになった。これは北涼の曇無讖が沮渠蒙遜の病をなおすため、普門品の念誦を薦めたことに始まるが、観音信仰の普及は『觀音經』成立ばかりでなく、『法華經』が幅広く読誦されるのと相俟っているわけで、それにともない応報説話や霊験記の類が現われるのも当然である。霊験記については、冒頭にも述べたように塚本・牧田両博士によって紹介と研究がなされた京都青蓮院蔵「六朝古逸観世音應驗記」の類が陸続と撰せられ、『法苑珠林』巻二三等にもかずかずの応報譚が収録されているのである。[52]隋唐時代は天台大師智顗と高足の灌頂による『觀音玄義』や『觀音義疏』、吉蔵の『法華義疏』などの出現によって観音信仰の大勢は決定的となった。鶏卵説話は多くの訳出経典に基づき中国的に理解された民俗経典と、応験記などを直接の背景とするものであるが、ただ六朝の応験記が個人の救済や信仰を主とするのにくらべ、著るしい相違が認められる。[53]

ところで、鶏卵説話にいう文宗が除かんとした蠹政の原因とは、結果からみれば佛教であるが、当時の政界は宦官勢力に握られ、朋党の嵐が吹きあれていた実情にかんがみ、むしろ文宗がはじめ意図したものは、宦官・朋党の粛清ではなかったかと思われる。かの「定策国老、門生天子」の俚諺に集約されるとおり宦官劉克明らに暗殺された敬宗のあとをうけ、劉克明派と対立する宦官王守澄・梁守謙らに擁立された文宗ではあったが、政務を皇帝に帰属させ皇帝権確立のため努力を重ね、秘かに清流派官僚の宋申錫らと結び君側の姦を除こうと謀った。これと歩調をあわせて「浮屠の敎を廣む、是に由り長安中の緇徒は益々多」かった穆宗・敬宗朝をうけて、はじめは前朝の間に累積した私度僧七十万に公度を与えた（『大宋僧史略』巻中、以下『僧史略』と略）文宗が、太和四年（八三〇）に至って一転して教団粛清の烽火をあげている点に注目される。『冊府元龜』巻四七四に祠部の奏として収載されるその内容は「緇黄の衆は生人を蠹食し、王徭を規避し物力を凋耗する」が故に、別勅の処分でなければ度僧道、寺観造営を禁ずるとする項目をはじめ、五年一造籍、給牒、小寺併合、鋳鐘禁止におよび、さらに、

其僧尼有不依典敎、興販經紀、行船駕車、擅離本寺、於公衙論競、及在俗家、夜結戒壇、書符禁呪、陰陽術數、占相吉凶、妄陳禍福、旣虧釋敎、與俗無殊、自今已後、切加禁斷、如有此色、委所在長吏、量情科決、使勒還俗

とある。これは後に重要になるため注意を喚起したいが、教団の腐敗は申すに及ばず、民衆の信仰ぶりを端的に表明している。鶏卵説話にいう「始め有司に命じ、中外に詔して緇徒の佛書の義を説くことを罷めしめ」たとは、これを指すものである。同年七月、宋申錫を宰相に抜擢し宦官打倒の策を練ったことを併せ考えれば、佛教粛清策もそれに付随する政策の一環ではなかったか。本章では触れないが、教団と宦官との結びつきが充分考えられてしかるべきであろう。

文宗の計画は事前に王守澄に漏れ、太和五年二月、宋申錫は開州司馬に左遷されて失敗した。これいご、事あるごとに猜疑の目を向ける宦官の監視下にあって逼塞せざるをえなかった文宗は、太和九年に及んで再び宦官覆滅の計画をねった。すなわち宰相李訓と舒元輿らは河東、邠寧の節度使と提携し、左金吾衙に甘露が降ったと宣伝させ、宦官仇士良らに確認するよう命じて出てきたところを誅殺しようとはかった。甘露の変として知られるこの事件は不幸にも伏兵を隠した幕が風にあほられ危険を感じた仇士良らが文宗を擁して逃れたため、またも失敗に終った[54]。文宗による教団粛清の第二弾が、またもやこの事件と完全に並行して発せられている事実は、先の推測をかなり補

うことになろう。つまりこの年四月には、李訓の請によって長生殿の内道場を罷め（『僧史略』巻中、内道場）、偽濫僧の沙汰が行なわれ（『佛祖統紀』巻四二、『佛祖歴代通載』巻一六）、七月にはまたも李訓の献策により「条流僧尼勅」（『唐大詔令集』巻一一三）が出され、教団の弊害をつき戒律・法規に違う者は還俗、天下の僧道は五百紙の試経を課し、不合格者は還俗との厳命が出されている。甘露の変によって事なきをえたが、鶏卵説話に「又、その教を脩めざる者を斥けんと請うもの有り」というのは、この李訓の僧尼条流を指すのであり、前述したように説話とはいえ、歴史事実を適確に踏まえている具体例の一つでもある。

さてこの当説話は一見変てつもない霊験譚である。しかし、その根底には皇帝の政策に対する批判があり堯舜の政治に優越する宗教標榜の含みがある。なぜならば皇帝は政治を蠹し社会を毒するが故に偽濫僧の沙汰を敢行するとの大義名分論をふりかざすが、それは飽迄も俗法の領域においてのみ許容されるのであり、佛法に照らせば明らかに北周武帝と等しく堕地獄の罪業を犯す邪見の行為にすぎず観音の応験はその詰責の徴として表現されているからである。この佛教粛清について『佛祖統紀』及び『佛祖歴代通載』など僧徒の手になる編纂物はもちろんのこと『舊唐書』五行志にさえ大風による禁中の被害を述べ「李訓の言に取り僧尼を沙汰するの故なり」と明記することからも首肯できよう。これでは僧尼・寺院の沙汰中止も佛力に対する皇帝の屈服と宣伝され、佛法の前にあっては皇帝の権力は無に等しく尊厳は失われたと受取られてもやむを得ない。極論すれば偽濫の徒や愚昧の衆にとって信仰に仮託し佛法と詐わり公然と禁令に違い、皇帝をなみしてはばからぬ口実を与えるといわねばならず、またかかる姦徒の姿を具体的に示す資料は枚挙に遑がないほどである。

予州新息県令李虚の説話は(55)、開元十五年（七二七）、「天下の村坊の佛堂、小なる者は竝びに拆除し、功徳は側近の佛寺に移入し、堂の大なる者は、皆閉封せしむ」ることになったが、李虚は平生「酒を嗜みて倔強、事を行なうに違戻」ある人物で佛堂破却の州符がもたらされたときも酔いしれており、三日の内に報告せよとの通達に怒り、「胥正と約し、界内の毀拆する者は死」[56]と厳告したため新息県の佛堂は廃毀を免がれた。のち病没した李虛は冥界の典吏となっている旧輩下の入智慧によって地獄の責めを脱れ三十年の延命を許された物語りである。その典吏の授けた智慧とは去歳佛寺を毀拆より護った功徳を冥王に上聞することであったが、李虛は作者が「殺を好み愎戻にして、行い必らず道に違う」といい、典吏に「長官は平生ただ殺害を以って心と爲し、罪福を知らざる」と述懐せしめる不信の徒で、この功徳も「時に當たり佛宇を惜みたるに非ず。但だ限に忿るを以っての故に、これを全うし、これを全うするも亦以って意に介せざる」結果として齎らされたにすぎない。この背徳の士が国法に違戻し情の赴くままにとった行為が、はからずも三十年の延寿となって報われた、いわゆる数々の罪業を重ねながら一片の善根によって救われるとするクモの糸的性格をおび、これを、かの治に能名であった温京兆の説話と対比すれば完全に逆な立場から俗法の無力をとき、また鶏卵説話とは比較にならぬほど法令否定を顕唱するものといえる。

以上のように、説話が庶民の支配者層に対する不満憎悪を代弁し、佛法や因果応報の世界にあっては皇帝といえども平等であるとする階級否定の思想を披瀝し、間接的・抽象的にではあるが国家権力や官僚層に向けられた庶民の抵抗を擁護する態度から、ひいては叛乱を肯定し革命運動を是認する論理的根拠を潜めている点を指摘してきた。だが残念なことには公然と官憲を否定し民衆を叛乱へと誘う積極的な資料は見出し得ない。想うに、よしんば民間に伝承される際、反体制の言辞が弄されていても、文字に昇化され小説に改作される場合、意識的にはばかられる説話は揚棄され、不穏な部分が削除されたとも考えられ、確実にそれが存在しなかったと断定することはできない。私はその論拠として『廣記』巻一三六に『唐史』と『宣室志』に出ずるとする僖宗説話および迎光王説話をあげたい。前者は懿宗の咸通十二年（八七一）、泗州の尼二人が普光寺に至り風狂に罹ったかのように「後二年にして、國に變亂有り、此の寺の大聖和尙、當に寶位に履《つ》くべし」と叫んだ。後難を恐れた僧らが拘束しようとしたところ塔に登り身を投げ一は死んだが一は重傷を負った。時に広陵にあった隴西公李蔚は泗州の報告を受けるとその状を焚き泗州に牒して重傷の尼を杖殺せしめたが、果せるかな十四年に懿宗は晏駕し、普王儼つまり僖宗が即位した。これは普光寺と符合するというわけである。帝王の休徵とされるこの説話は懿宗の五男である僖宗の即位を佛の加護によるものとし、皇帝に接近しようとする僧団の暗躍とも解されよう。この普光寺は庶民の異常な信仰を集めた泗州僧伽大師ゆかりの寺であり、大聖和尚とは僧伽大師にほかならない[57]。つまり僖宗を僧伽の化身に仕立てあげたのであるが、李蔚が尼を杖殺したばかりでなく泗州よりの帖を焚却せしめたとするところに不穏な動きを感じたことを暗示する。これは皇帝の更迭にすぎないが、そのままを王朝の革命に転用することもできるわけである。

一方張読の『宣室志』にみえる迎光王説話は、

太子賓客盧眞有猶子、曾爲沙門、會昌中沙汰歸俗、廕補爲光王府參軍、一日夢、前師至其家、而問訊焉、盧則告、卑官屑屑然、非其願也、常思落髪、再披緇褐、師曰、汝誠有是志、像敎興復非晩也、語未竟、俄四面見日月旌旆、千乘萬騎、喧言迎光王卽皇帝位、未幾、武帝《ママ》崩、光王果卽皇帝位、至是竟符其事焉

という。僧団に生まれた説話であるに違いないが、武宗の廃佛に対する一種の非難であって、佛教復興の世の到来を切望する真摯な願いが通じたという発想である。この場合、武宗と光王つまり宣宗との交替は、武宗という悪天子を否定し佛法興隆の聖天子たる宣宗を即位させようとする天人感応的な符瑞を佛法に帰せしめており、佛は千乗万騎を遣わし武宗を伐ち月光王たる宣宗を推戴するが、それは必らずしも宣宗に限る必要はない。もしこの説話が叛乱を企てる妖人に利用されるならば、宣宗にかえ己を月光王の化身となし、また弥勒佛に仮託することは容易である。第一節に紹介した妖賊の乱はまさしくそれに当り、説話がリアリズムを重んずるとする第二節の論拠、およ

び第三節に述べた複合的な作為が含まれていること、さらに説話が換骨奪胎される傾向をみせるなどの諸点を併せ考えれば、説話が民衆の叛乱に論理的、精神的な根拠を与えたと推測することは、あながち無理ではないであろう。

むすびにかえて

がんらい階級や権力を含めて世俗の否定、人生の苦悩からの脱却に出発する佛教説話が苦悩の藪沢である政治や社会に鋭い批判の目を向け、人間をとりまく悪の根源を徹底的にえぐり出すのは当然である。その身分を越えあらゆる差別をなしくずしに訪ずれるとする因果応報の理が、厳然として抜きがたい身分制社会の桎梏に泣き、権力に虐げられる者に深い感動と共鳴とを呼びおこし、苦悩の生活に心の灯火を点じたことは疑いえない。ただそれは如何ともしがたい現実のありかたに煩悶と絶望を抱いて精神的逃避の場を求めるだけに終らせるのではなく、信仰に支えられ神佛の慈悲と加護を期待しつつ理想の世界を求めて実践に移したのが宗教的叛乱であった。彼らにとって高度の教理は無縁である。また文盲の者にはおびただしい経典は無用の長物にすぎない。いつとはなく民間に生まれ彼らの生活に密邇し、心にわだかまる不満と苦悩を投影した応験譚や説話が聴覚を通じ信仰を呼びおこすものであったと思われる。金岡照光氏が変文をめぐって、歴史上に素材を求めた講史風の説話さえ、講唱文学というジャンルの中では、語る者と聴く者との知識や感情・希望が動的に反映され、その社会、その時代人の現実的関心が、有形無形に反映する、(58)と述べられているが、講唱文学ならずとも一般説話が語られる場合、語る者と聴く者の感情や希望が反映し、意識的にさまざまな変化をともなったと考えられる。むしろ割合い定型化した講唱文学より自由な一般説話は語る者の作為が因縁や応報に託して披瀝され、民衆の切実な問題と触れあいながら、民衆を好む方向へと誘いやすい。もし語る者が不穏な野心を抱くとすれば事は容易ならざるものがあり、そこに説話に賦与された効用の危険性が存在する。さきにあげた『冊府元龜』巻四七四の祠部奏に「在俗家、夜結戒壇……」と民間に出入する僧徒の弊害と危険性に着目しているのも当然であり、これはすでに北魏太武帝が太平真君五年（四四四）、

詔曰、愚民無識、信惑妖邪、私養師巫、挾藏讖記陰陽圖緯方伎之書、又沙門之徒、假西戎虛誕、生致妖孽、非所以壹齊政化、布淳德於天下也（『魏書』巻四下、世祖紀下）

と指摘していご、歴代にわたり禁圧が繰返されてきたのもそのためである。ことに実践佛教、僧団の積極的な民衆教化が叫ばれてきた隋唐いごにあっては、いよいよその度合を増したとみられる。

黄巣の乱に活躍した人物を眺めても、李罕之は「少くして儒と爲りて成らず、又落髪して僧と爲る。その無頼なるを以って至る所、容れられず。曾って酸棗縣に乞食するに、旦より晡に至るまでこれに與うる者無く、乃ち鉢を地に擲げ僧衣を毀《やぶ》き棄て、亡命して盗と爲」ったといい、(59)成汭は「少年にして任俠、酔に乗じて人を殺し、讎家の捕うる所と爲る。因りて落髪し僧と爲った」人物である。また『舊唐書』巻一三二、諸葛爽伝に「屬縣に役せられて伍伯と爲り、令の笞うつ所と爲る。乃ち役を棄てて里謳を以って自ら給し」たとあるように、このような徒輩が横行し村落を遊行して生計をたてた時代であり、一方には唐末の功臣高駢が「魅道厭勝を以ってその心を蠱惑し、以って族滅に至る」（『舊唐書』巻一三二）といわれ、また『玉堂閑話』には、

王蜀將王宗儔、帥南梁日、聚糧屯師、日興工役、鑿山刋木、略不暫停、運粟泛舟、軍人告捲、岷峨之人、酷好釋氏、軍中皆右執凶器、左秉佛書、誦習之聲、混于刁斗

と軍中においてさえコーランと剣さながらに邪教や佛教信仰の蔓延した時代でもある。かかる妖人が説話を弄し民衆を煽動したとしても不思議はなく、その間に僧徒の介在を認めることも不可能ではない。

私は先に説話が語られることを前提に論じた。それは、われわれが目観する説話文学が文字に表わされた経典と同様、文盲の庶民には無価値であることを知っているからである。説話文学は知識人の占有物であり、視覚を通じて受容されるものである。これが庶民のものとなるためには聴覚による以外に道はないが、では説話が果して語られるもの、特に僧輩によって語られたものであったか否か、変文が俗講において講唱されたか否かは、いささか疑問の余地はあろうが(60)、低俗な教化活動に用いられ、民衆に語られたものであったことは疑いもない事実である。私は説話、因縁譚も講会や斎会において教化活動の一端として語られたものと考えたいのであるが、それを積極的に裏付ける資料がなければならない。

これについて説話の末尾に散見する某人説とするものが注目される。例えば『冥報記』の洛州景福寺の侍僮、伍五娘説話にいう「呉興沈玄法説」および「(洛州)淨土寺僧智整所説」とするのがそれであり、また同じ『冥報記』の冀州小児説話にいう(61)「道惠法師なる者有り。もと冀州の人。小兒と鄰邑にして親しくその事を見たり」というのは、説話が寺院や法席において僧らにより語られた姿を彷彿させると思われるが、一方には魯迅が実話らしくみせるための手段にすぎない(62)と指摘するような危険もある。しかし『唐高僧傳』巻一八、道舜伝を検するに、

開皇之初、忽遊聚落説法、化諸村民、皆盛衆受法、獨不爲一女人授戒、告云、汝當生牛中、其相已現、戒不救汝也……時有不信其言、以爲惑衆、咸有疑者、舜欲決於衆議、告衆曰、必不信者、試蹋汝牛尾業影、必當不起、即以足躡女裙後空地云、是尾影、其女依言趣起不得、時衆驚信……(『大正蔵』五〇・五七七a)

とある。これはまさしく説話縁起と称すべき資料で、それが村落における法会の席で語られていることに注目せねばならない。唐代に普遍化した化俗法師、遊行僧とは道舜の如き僧を指すものであり、必ずしも経典の念誦ではなく、因縁を交え応報説話を語り対機説法を行なったとみられる。今後の研究に待たねばならないが変文の講唱的な

形式はともかく、その内容の淵源は、むしろ村落における僧徒の説話を中心とした説法に求められると考えるべきではあるまいか。

『法苑珠林』(63)にみえる宜城民、皇甫遷説話は隋の大業八年（六一二）、身持の悪い遷が母の銭を偸み、それとは知らぬ母親が家中の良賤を鞭うったため、遷の死後報をうけて豘子に転生した。八月の社時に遠村の社家に売却が決定すると、遷は夢に託して妻と母に経緯を語り、兄に贖して貰ったという話であるが、それは長安の弘法寺静琳師が、

是遷之鄰里、親見其猪、嘗話其事焉

ものであったと記す。(編者註2)静琳の伝記は『唐高僧傳』巻二〇にあり、傑僧曇遷に師事し仁寿舎利塔の建立にもたずさわり石門山神徳寺に舎利を奉納し、大業三年には煬帝の招きを受けて東都内道場に入り、また同十三年には襄陽から南へと遊び、のち長安の大総持寺に住した。唐に及んでも長安弘法寺に住し、皇室の帰依をうけ蕭璟・張亮・杜正倫ら高官が弟子の礼をとったといい、貞観十四年（六四〇）に没した。その伝にいう、

時値儉歳、緣村投告、隨得隨施、安樂貧苦、嘗在講會、俗士三人謀害一怨、兩人往殺、其一中悔、從琳受戒、歲紀經久、竝從物故、而受戒者、忽死心煖、後從醒寤、備見昔怨及同謀者論告殺事、其受戒人、稱枉不伏、引琳爲證、王郎召追證……云々（『大正蔵』五〇・五九一a）

これは広く認められる冥界説話であるが、『法苑珠林』の皇甫遷説話と同様に撰者の道宣および道世自らが静琳と同世代に生きた人でもあり、静琳から直接耳にした話と考えられる。恐らく弘法寺における静琳の講会、もしくはなにかの折に語られたものであろう。皇甫遷説話について敢えていえば、当時普偏化した民間の社斎において静琳が社人に向って説法したものであるとの推測も成立つ。その是非および説話が虚譚であるか否かはともかく、以

上の例証から説話が僧らによって語られたことは間違いないのであり、魯迅のいう実話らしく云云の解釈はむしろ誤りで、内容については語る者の虚構があったとしても、それを編纂した者が記す某者説にはなんら作為はないといえはすまいか。

註

（1）　塚本善隆「庶民経典としての提謂経の撰述とその流布」（『支那佛教史研究』北魏篇、弘文堂書房、一九四二年所収、後に『塚本善隆著作集』第二巻、第六章〈大東出版社、一九七四年〉所収）、牧田諦亮「敦煌本提謂経の研究」上（『佛教大学大学院研究紀要』創刊号、一九六八年）、および塚本「古逸六朝観世音応験記の出現――晋・謝敷、宋・傅亮の光世音応験記――」（『創立廿五周年記念論文集』京都大学人文科学研究所、一九五四年）、牧田『六朝古逸観世音応験記の研究』（平楽寺書店、一九七〇年）。

（2）　道教信仰にも当然及ぼさねばならないが、私の立場は庶民の信仰を単一の宗教ではなく、複合的であるとみるのであり、庶民佛教といいながら、道教、民間信仰を包括し、それを佛教に代表させたにすぎない。

（3）　唐末の諸叛乱については、堀敏一「唐末諸叛乱の性格――中国における貴族政治の没落について――」（『東洋文化』七、一九五一年）、同「黄巣の叛乱」（『東洋文化研究所紀要』一三、一九五七年）、楊志玖「黄巣大起義」（『歴史教学』一九五四―二、一九五四年）、なおこれには、鄧広銘、王丹岑の論文もある。孫祚民『中国農民戦争問題探索』（新知識出版社、一九五六年）、善峰憲雄「黄巣の乱」（『東洋史研究』一四―四、一九五六年）、谷川道雄「龐勛の乱について」（『名古屋大学大学部研究論集』一一、一九五五年）、松井秀一「唐代後半期の江淮について――江賊及び康全泰・裘甫の叛乱を中心として――」（『史学雑誌』六六―二、一九五七年）、日野開三郎「唐末混乱史稿」（『東洋史学』一〇、一九五四年、後に『日野開三郎　東洋史学論集』第十九巻〈三一書房、一九九六年〉所収）など多い。

（4）　侯外廬、島田虔次訳「唐宋時代の農民戦争の歴史的特徴」（『東洋史研究』一三―一、一九六四年）。以下の引用もこれによる。

(5) 開元年間だけでも三年十一月には相州に崔子嵩の乱があり、十年九月、権梁山が光帝と称し左屯営の兵数百人を率い、宮城に闖入した。十三年五月には劉定高が通洛門を突破し、二十四年五月(『資治通鑑』(以下『通鑑』と略)は五月、『舊唐書』本紀は六月にかける)、醴泉の劉志誠が乱を起しているなど枚挙に遑がない。

(6) 『册府元龜』巻六〇、立制度および同巻六三、発号令、『唐大詔令集』巻一一三「禁断妖訛等勅」、同「誡励僧尼勅」。

(7) 塚本善隆「北魏の佛教匪」(註〈1〉前掲『支那佛教史研究』所収、後に『塚本善隆著作集』第二巻、第五章〈大東出版社、一九七四年〉所収)、重松俊章「唐宋時代の弥勒教匪――附更生佛教匪――」(『史淵』三、一九三一年)。

(8) 『太平廣記』(以下『廣記』と略)巻四二五。なお『述異記』に出ずというが、『述異記』は南斉の祖沖之と梁の任昉撰の二種があり(『四庫全書總目提要』巻一七に考証し祖沖之撰説を否定している。)『婺州圖經』とする清の陳鱣校本に従うべきであろう。『婺州圖經』は佚書で『舊唐書』経籍志、『宋史』芸文志などにはみえず『輿地紀勝』巻一二にこれを引いて呉越銭氏の会同の年号を用いた「義烏真如院碑」をあげているから、五代宋初の作品であることは間違いない。なお魯迅の「古小説鉤沈」に『述異記』九十条が収められている。森野繁夫「任昉述異記について」(『中国文学報』一三、一九六〇年)、同「祖沖之述異記について」(『支那学研究』二四・二五合併号、一九六〇年)。

(9) 『廣記』巻二八七。

(10) 『北夢瑣言逸文』巻三、『廣記』巻二八九。

(11) この年代については中和元年十二月、すでに任にあった如く説く『舊唐書』僖宗本紀、および黄巣伝があるが、呉延燮の方鎮年表が採用する『通鑑』『新唐書』僖宗本紀の説を妥当とする。なお『三水小牘』(『廣記』巻一二三)宋柔の項に、「中和辛丑歳、詔丞相晉國公王鐸爲諸道行營都統、……秋七月　鐸至滑」とあるのは参考すべきであろう。

(12) 諸井耕二「三水小牘について」(『目加田誠博士還暦記念　中国学論集』目加田誠博士還暦記念論文集刊行会、一九六四年)。なお、清・李慈銘の『越縵堂讀書記』には、「閱唐皇甫枚三水小牘、叙述濃至、傳義烈事、亦簡勁有法、雖卷帙甚寡、自稱名作也」と称賛している。

(13)『舊五代史』巻一〇、『新五代史』巻三、『僧史略』巻下、『佛祖統紀』巻四二、なお『五代宗教史研究』（平楽寺書店、一九七一年）年表の同年の資料参照。李嵩についていては『廣記』巻八〇にみえる。

(14) 内藤湖南「概括的唐宋時代観」（『歴史と地理』九―五、一九二二年、『東洋文化史研究』弘文堂、一九三六年、後に『内藤湖南全集』第八巻〈筑摩書房、一九六九年〉所収）。

(15) 塚本前掲註(7)論文参照。なお唐代に流布した放光菩薩の信仰の可能性もあるが、内容上、これには革命性が皆無である。

(16)『舊五代史』巻一二六、馮道伝に汴に入城した契丹王耶律徳光が馮道に対し「天下百姓、如何可救」と問うたのに答えて、「此時百姓、佛再出救不得、唯皇帝救得」といっているのは、逆に救世佛の再来を念じひたすらその出現を待ちわびる民衆の姿をよく物語っている。（『新五代史』巻五四参照）、観音が救苦・救世などさまざまに変化するのもそのためであろう。小林太市郎「唐代の救苦観音」（『神戸大学文学会研究』六、一九五五年）。

(17) 前野直彬「宋人伝奇について」（『集刊東洋学』一一、一九六四年）にその指摘がある。

(18) 竹田晃「六朝志怪から唐伝奇へ」（『人文科学紀要』三九、一九六六年）。

(19) 例えば道端良秀『佛教と儒教倫理』（『サーラ叢書』一七、平楽寺書店、一九六八年、後に『中国佛教史全集』第九巻〈書苑、一九八五年〉所収）、山崎宏「報応信仰」（『隋唐佛教史の研究』法藏館、一九六七年）。

(20) 道教にも三世因果の思想がとり入れられている。唐初の玄嶷の『甄正論』巻中に、宋の道士陸修静が佛典より剽窃したと論じているが、真偽はともかく六朝時代に佛教の影響をうけ形成されたことは間違いない。その形成過程については秋月観暎「六朝道教における応報説の発展」（『弘前大学人文社会』三三、一九六四年）に詳しい。

(21) 山崎前掲註(19)論文、二六六・二七三頁。

(22)『廣記』巻一一五、なお『廣記』が最も原形をとどめているという見解から、ほとんどの資料は『廣記』にとった。

(23) 近藤春雄「唐代小説の別世界」（『愛知県立大学文学部論集』一七、一九六六年）。なお魯迅は「中国小説史略」第五篇に、幽と明とは別な世界であるが、しかし当時人も鬼も実在するものと考えており、冥界を叙述するものと世間一般の叙述とは、真実・虚構の区別はないと考えていたというが、けだし妥当であろう。

(24)『廣記』巻一〇四にみえる同書の盧氏説話も主人公が悟りえないほどであった風に書いている。

（25）小川環樹博士は「中国小説におけるリアリズム」（『中国小説史の研究』八章、岩波書店、一九六八年）は八世紀頃までほとんど問題にならないのではないかといわれる。小川博士のリアリズムとは空想的、幻想的世界を描こうとした志怪、伝奇そのことを指しておられるのであり、私のいう現実的描写という意味とは内と外との違いがある。

（26）『廣記』巻一一二。

（27）『廣記』巻四九。

（28）竹田前掲註（18）論文。

（29）『廣記』巻一〇一、なお李復玄の『續玄怪錄』は十巻あり牛僧孺の『玄怪錄』に範をとったもので、仙術と感応の二門に分けられた。宋の晁公武の『郡齋讀書志』巻一三参照。

（30）『舊唐書』列伝四六、『新唐書』列伝四九姚崇伝。

（31）近藤前掲註（23）「唐代小説の別世界」。

（32）『廣記』巻一〇三。

（33）天宝の戸口については、日野開三郎「天宝以前に於ける唐の戸口統計に就いて」（『重松先生古稀記念　九州大学東洋史論叢』九州大学文学部東洋史研究室、一九五七年、後に『日野開三郎　東洋史学論集』第十一巻、第一部第一章〈三一書房、一九八八年〉所収）。

（34）『廣記』巻一〇一。『宣室志』十巻は唐の張読撰で、彼は遊仙窟の作者張鷟の子孫であり牛僧孺の外孫である。

（35）『廣記』巻一〇二、『法苑珠林』巻七九、『佛祖統紀』巻三九。なお『唐高僧傳』巻二五、衛元嵩伝では趙文昌を京兆の杜祈とつくり、プロットもいささか違っている。これは時と場所に応じて変化していく説話のありかたを示し、二節の論拠ともなる。また『宋高僧傳』巻一七、道丕伝末に賛寧は趙文昌の話と後周世宗が佛法澄汰の悪報をうけた話を記して「略同周武、未知是乎」（『大正蔵』五〇・八一九b）といっているが、このような説話は多く世に伝えられていたと思われる。周世宗のものは『五代宗教史研究』年表一三〇・一三七頁参照。

（36）この事件を隋史に編入したというが、恐らく『册府元龜』巻五一にみえる開皇十二年、徐孝克に命じ尚書都堂に講ぜしめた金剛般若のことを指すのであろう。なお『傳神錄』（『廣記』巻一一六――明鈔本は伝記補録に作る）には唐武宗の廢佛毀釈にふれ、聖教を滅ぼした罪により武宗の一紀算を減じた話を載せる。これは延命説話と護法説話が複合されたものとみるべきであろう。

(37)『集古今佛道論衡』巻乙。
(38)『廣記』巻二七五。この異聞集は唐末の陳翰の『異聞集』十巻であろう（『新唐書』芸文志）。
(39)『舊唐書』巻一二四、『新唐書』巻二一三の李納伝にはなんらこのことについては記さない。
(40)『舊唐書』巻一二三、李巽伝に「乗徳宗之怒、謀殺竇參、物論寃之」といい、『新唐書』巻一四九、同伝も同様である。
(41)裴延齢は竇参と親しく、いわば延齢による陸贄の讒言は、竇参派による報ふくとみられる。
(42)『廣記』巻四八九。
(43)鄭振鐸『中国短篇小説集』第一集（商務印書館、一九二六年）、魯迅『支那小説史』上（岩波書店、一九四一年）などが韋瓘作とするのは、五代の張洎が『賈氏談録』に記して以来の説に従ったからであるが、近藤春雄氏は、当時牛僧孺作として流布した事実を指摘し、むしろ韋瓘作とする説が牛僧孺擁護のために生まれたと述べられる。近藤春雄「唐代小説について――周秦行紀・虬髯客伝――」（『愛知県立女子大学・愛知県立女子短期大学紀要』一六、一九六六年）参照。
(44)劉開栄『唐代小説研究』（台湾商務印書館、一九六六年）および近藤氏の「唐の才子佳人小説――李娃・鶯鶯伝、霍小玉伝――」（『愛知県立大学説林』一六、一九六八年）参看。
(45)『廣記』巻二六九。
(46)『廣記』巻一二一。
(47)『廣記』巻一三四。楊士達撰『儆戒録』五巻（『宋史』芸文志）。
(48)『廣記』巻一二一。
(49)『廣記』巻一二六、郭覇の条にも、郭覇が宋州の民三百名を殺したが、三百名の怨みによって報応を受け百姓が歓喜しているとみえる。
(50)諸井氏の唐崩壊云々は侯元説話にあるのではなく、王仙芝に攻められ戦死した超人的英雄を描いた「薫漢勛識陣没同僚」を指していられる（前掲註〈12〉論文）。
(51)『能改齋漫録』巻二に「天下寺立觀音像、蓋本于唐文宗好嗜蛤蜊、一日御饌中有擘不開者、帝以爲異、因焚香祝之、乃開、即見菩薩形、梵相具足、遂貯以金粟檀香合、覆以美錦、賜興善寺、仍敕天下寺、各立觀音像」とみえ、

『佛祖統紀』巻五四にもほぼ同じである。これは第二節の論点と関わり説話の変形していく具体的な例として興味ぶかい。

(52) 観音信仰については塚本・牧田両氏の研究のほか、小林太市郎「晋唐の観音」(『佛教芸術』一〇、一九五〇年)、佐伯富「近世中国における観音信仰」(『塚本博士頌寿記念　佛教史学論集』塚本博士頌寿記念会、一九六一年)など多くあり、『寧楽』一三号は観音特集号となっている。

(53) 北魏の佛教が弥勒、釈迦、観音を中心とし、隋いご弥陀と観音の二尊信仰に移ったことが、龍門石窟の研究によって明らかにされている。塚本善隆「龍門石窟に現われたる北魏佛教」(前掲註〈1〉『支那佛教史研究』北魏篇所収、後に『塚本善隆著作集』第二巻、第七章〈大東出版社、一九七四年〉所収)。

(54) 甘露の変については、横山裕男「甘露の変始末」(『中国中世史研究』東海大学出版会、一九七〇年所収)。

(55) 『廣記』巻一〇四は「紀聞にいず」という。この紀聞は牛粛の『紀聞』(『新唐書』芸文志)か隋唐の遺事を集めた潘遠の『紀聞譚』かと思われるが、定かでない。

(56) この胥正とは胥吏ではなく詔勅に村坊とあれば、当時警察権を与えられた坊正、村正を指すと思われる。

(57) 僧伽大師については、牧田諦亮「中国に於ける民俗佛教成立の一過程——泗州大聖・僧伽和尚について——」(『創立廿五周年記念論文集』京都大学人文科学研究所、一九五四年)。なお後世僧伽を禹に比定するようになったことは、明の呉承恩の西遊記にみえ、魯迅もこれを指摘している(前掲註〈43〉)(『支那小説史』上)。

(58) 金岡照光「王陵・李陵変文等について——敦煌本講史類の一側面——」(『東洋学研究』二、一九六七年)。

(59) 『舊五代史』巻一五、李罕之伝。なお『北夢瑣言』巻五にもこのことがあり、罕之は僧時の名であるという。また『舊五代史』巻一七、成汭伝。

(60) 金岡照光氏が『東洋学報』(四六―三・四)に従来の俗講と変文に関する研究史を概観し、このことを疑問視されている。(「敦煌変文研究の動向―資料研究を中心にして―1」「敦煌変文研究の動向2」)

(61) 『廣記』巻一〇三、および巻一三一。これは唐臨の『冥報記』二巻であろうが、『法苑珠林』巻一一三(四部叢刊)には元休の「冥報拾遺」につくっている。一応、『廣記』に従っておく。なお『酉陽雑俎』の王氏説話は公安の霊化寺の僧曙中が当事者の王従貴より聴いたものとしている。

(62) 魯迅前掲註(43)『支那小説史』上。

（63）『法苑珠林』巻九二（四部叢刊）

（編者註1）

以上に引用の『禮記』月令の文句は、現行の『禮記』中には見えない。続く『異苑』の引用文も含めて、すべて『太平御覧』に同文が確認される。『太平御覧』巻次は、本文中の引用順に巻九二二、羽族部、雀の条、巻九二六、羽族部、鷹の条、第九四五、蟲豸部、螢の条、巻九六二、竹部、竹上の条。

（編者註2）

註（63）によれば、引用文は『法苑珠林』巻九二（四部叢刊）に基づくように思われるが、四部叢刊本『法苑珠林』のものは引用文と一部異なる。『廣記』巻一三四に「法苑珠林に出づ」として所載の宜城民の条にこの引用文と同じ文が確認できる。直接の出典は『廣記』であろう。

初出一覧

第一篇

第一章　隋唐佛教への視角
（中国中世史研究会編『中国中世史研究』東海大学出版会、一九七〇年）
第二章　隋唐佛教時代区分試論——度僧制と貢挙制——
（『東洋学術研究』一四—三、一九七五年）
第三章　六朝佛教教団の一側面——間諜・家僧門師・講経斎会——
（川勝義雄・礪波護編『中国貴族制社会の研究』京都大学人文科学研究所、一九八七年）
第四章　唐中期佛教史序説——僧尼拝君親を中心に——
（『南都佛教』二二、一九六九年）
第五章　官吏登用における道挙とその意義
（『史林』五一—六、一九六八年）
第六章　唐代の内供奉制——内供奉十禅師にことよせて——
（薗田香融編『日本佛教の史的展開』塙書房、一九九九年）
第七章　唐五代の童行制度
（『東洋史研究』二一—一、一九六二年）
第八章　王維と佛教——唐代士大夫崇佛への一瞥——
（『東洋史研究』二四—一、一九六五年）
第九章　唐代文人の宗教観
（『歴史教育』一七—三、一九六九年）

第二篇

第一章　曇鸞大師生卒年新考――道宣律師の遊方を手がかりに――
（『教学研究所紀要』一、一九九一年）
第二章　曇鸞教団――地域・構成――
（論註研究会編『曇鸞の世界――往生論註の基礎的研究――』永田文昌堂、一九九六年）
第三章　曇鸞と『往生論註』の彼方
（『教学研究所紀要』六、一九九七年）
第四章　金剛智・不空渡天行釈疑――中・印交渉を手懸りに――
（『奥田慈応先生喜寿記念　佛教思想論集』平楽寺書店、一九七六年）
第五章　不空教団の展開
（『鎌田茂雄博士還暦記念論集　中国の佛教と文化』大蔵出版、一九八八年）
第六章　密教と護国思想
（立川武蔵・頼富本宏編『シリーズ密教三　中国密教』春秋社、一九九九年）
第七章　安史の乱前夜の佛教界と禅宗
（鈴木哲雄編『宋代禅宗の社会的影響』山喜房佛書林、二〇〇二年）
第八章　『華嚴經傳記』の彼方――法蔵と太原寺――
（鎌田茂雄博士古稀記念会編『華厳学論集』大蔵出版、一九九七年）
第九章　説話よりみた庶民佛教
（牧田諦亮編『五代宗教史研究』平楽寺書店、一九七一年）

あとがき

本書は、故藤善眞澄先生の中国佛教史研究に関する専論十八篇を集成したものである。

先生は、二〇〇五年三月、古稀をもって関西大学を退職される際、それまで書きとどめてこられたエッセイや紀行文を自ら編集し『中国史逍遥』として公刊された。その時、あわせて別途、「業績目録」を作成されており、それによれば「学術論文」の項に収録されている論文は六十余篇にのぼる。そのうち二〇〇二年の『道宣伝の研究』にまとめられた十四篇、二〇〇六年の『参天台五臺山記の研究』に用いられた十九篇は、いずれも中国佛教史学及び中国歴史地理学を主軸とする幅広い分野にわたる研究成果として、既に先生御自身の手によって公にされている。しかし、『中国史逍遥』の「自序」末尾に「本書に収めなかった……隋唐佛教史に関する論集、日中交渉史の作品など、公刊に向けて準備中である」と記された中の「日中交渉史の作品」は、『参天台五臺山記の研究』及び訳注『参天台五臺山記』上（二〇〇七年）・下（二〇一一年）あわせて全三巻の大冊として結実されたが、残る「隋唐佛教史に関する論集」は、訳注『参天台五臺山記』下が二〇一一年三月に刊行されて僅かに一年に満たぬ翌二〇一二年二月八日、先生が逝去されたことによって、先生御自身の手になる公刊は望み得ないこととなった。

その年度が終わるまでは、先生の御遺志と承った御逝去を他に伝えることを控えて緘口を守り、論集に収める可き論文の選定作業を、葛藤を覚えつつも漸く開始したのは年度が改まってからであった。先生には、未収載のまま残された中国佛教史研究に係る論文を、整理・編纂し、御自身が課題とされ、折に触れ見解として提唱されてきたさまざまな論点を再構成し、世に問う心積もりがおありであったと思われる。しかし先生は、その心積もりのみを、『中国史逍遥』の「自序」に記され、あるいは僅かに口頭で遺されたまま、逝かれてしまった。

したがって本書に収載された論文は、先生の指示、あるいは遺された計画書やメモ類等もないまま、前記単著に未収載であり、且つ学術雑誌、論集等に掲載された論文を選択し、その上で論題・内容を勘案し、やむなく仮のものとして大きく第一・二篇に分け、たまたま各九篇となった論文をそれぞれに分載したものであって、初出時の順には依っていない。各篇各章の順はそのままに、初出時を示せば、次のようになる。

第一篇

第一章　隋唐佛教への視角　一九七〇年

第二章　隋唐佛教時代区分試論――度僧制と貢挙制――　一九七五年

第三章　六朝佛教教団の一側面――間諜・家僧門師・講経斎会――　一九八七年

第四章　唐中期佛教史序説――僧尼拝君親を中心に――　一九六九年

第五章　官吏登用における道挙とその意義　一九六八年

第六章　唐代の内供奉制――内供奉十禅師にことよせて――　一九九九年

第七章　唐五代の童行制度　一九六二年

第八章　王維と佛教――唐代士大夫崇佛への一瞥――　一九六五年

第九章　唐代文人の宗教観　一九六九年

第二篇

第一章	曇鸞大師生卒年新考——道宣律師の遊方を手がかりに——	一九九一年
第二章	曇鸞教団——地域・構成——	一九九六年
第三章	曇鸞と『往生論註』の彼方	一九九七年
第四章	金剛智・不空渡天行釈疑——中・印交渉を手懸りに——	一九七六年
第五章	不空教団の展開	一九八八年
第六章	密教と護国思想	一九九九年
第七章	安史の乱前夜の佛教界と禅宗	二〇〇二年
第八章	『華嚴經傳記』の彼方——法蔵と太原寺——	一九九七年
第九章	説話よりみた庶民佛教	一九七一年

以上を一覧すると、一九六二年の「唐五代の童行制度」に始まり、二〇〇二年の「安史の乱前夜の佛教界と禅宗」に至るまでの四十年にわたる十八篇の論文には、そこに自ずと画期がなされていたと思われる。

先ず第一篇においては、一九六〇年代の五篇と七〇年代の二篇、及び八〇年代・九〇年代の各一篇によって構成されている。制度史的外的側面と思想・宗教・文化を含む内的側面を対象とする六〇年代の初期の論文を背景として、一九六九年の第四章「唐中期佛教史序説——僧尼拝君親を中心に——」をはじめとし、続く七〇年代の第一章・二章に置かれた諸篇が、「官僚的佛教の概念提起」(「第二章　隋唐佛教時代区分試論——度僧制と貢挙制——」)をはじめ、隋唐佛教をいかに把握すべきかをめぐる先生の「隋唐佛教史」研究の主篇と位置づけられよう。書名の副題が冒頭第一章とした題目から取られることになったのも、数次にわたる編集会議の席上において、自ずと定まってきたものである。

次いで第二篇においては、南北朝末期の曇鸞と中国浄土教に関する三篇、安史の乱前後の中国密教に関わる三篇と禅宗に関する一篇、則天武后時代の賢首大師法蔵の軌跡を追う一篇及び、説話を史料として佛教信仰の種々相を明らかにする最終の一篇の計九篇によって構成され、政治・社会史的側面と佛教信仰の示す内的側面とによって、第一篇と対応する。そのことは先生の出自（浄土真宗本願寺派）へのこまやかな想いを背景とする曇鸞浄土教に係る三篇も例外ではない。

最後に、本書編集の各段階において協力いただいた方々のお名前を記し、謝意を表したい。関西大学、佛教大学での先生の受講生諸氏、及び筆者を研究代表者とする「道宣著作の研究」（科学研究費基盤研究C　二〇一一年度大谷大学・二〇一三年度龍谷大学）班員の諸氏である（五十音順、敬称略）。

関西大学：河村晃太郎、塩卓悟、杉村伸二、宮嶋純子

佛教大学：川勝龍太郎、川上桂、與座良一

大谷大学：今西智久、河邊啓法、戸次顕彰、藤井政彦、松浦典弘、松岡智美

以上の諸氏の協力のもと、先ずは選定した右記十八篇の論文の全体校正と、用いられている史料の原典照合・引用箇所の明記等の基礎作業が行われ、特に最終校正及び索引作成作業には関西大学・宮嶋氏、佛教大学・川勝氏、大谷大学・藤井氏が担当し、また同じく大谷大学の今西氏によって全体の取りまとめがなされ、また折に触れ、元佛教大学講師藤田純子氏に校正及び助言をいただいた。特に今西氏には、本書収載論文を選定するための原案作成

の当初から現在に至るまで、変らず煩瑣な作業に携わっていただいた。諸般の事情が重なり、校正の都度、時間ばかりが打ち過ぎてゆき、先生が逝かれてから既に一年と半ばを経過した。この間、法藏館編集部の戸城三千代編集長、田中夕子副編集長、秋月俊也編集員の三氏には辛抱強く且つ丁寧に務めを果たしていただいた。

このようにして、本書『中国佛教史研究――隋唐佛教への視角――』は編まれた。著者である先生が既におられないのであるから、本文、引用文の校正は能う限り原掲載誌等にもとづき行うことを原則とし、原漢文、また訓読文の取り扱いも同様とした。したがって表記の不統一もやむなく残される結果となっている。それにもかかわらず、万一、校正上の説明が必要となった時に限り、特に編者註を設けている場合がある。

先生には、既刊の著書及び本書に収載された論文以外の、例えば一般読者向けに執筆されたものや講演録等の、先生のもう一つの眞骨頂を如実に伝える多数の文章群がある。これらが公にされれば、中国佛教史研究のおもしろさ、たのしさが先生を通じて伝えられてゆくことになろう。それは将来に期したい。

以上、本書編纂の経緯の概略を記した。協力いただいた諸氏に対し、再度、感謝の意を申し述べ、あとがきとしたいと思う。

二〇一三年八月

大内　文雄

迦才『浄土論』と中国浄土教　凡夫化土往生説の思想形成	工藤量導著	一二、〇〇〇円
曇鸞浄土教形成論　その思想的背景	石川琢道著	六、〇〇〇円
中国仏教思想研究	木村宣彰著	九、五〇〇円
増補　敦煌仏教の研究	上山大峻著	二〇、〇〇〇円
中国隋唐長安・寺院史料集成　史料篇 解説篇	小野勝年編	三〇、〇〇〇円
道元と中国禅思想	何　燕生著	一三、〇〇〇円
日中浄土教論争　小栗栖香頂『念佛圓通』と楊仁山	中村　薫著	八、六〇〇円
中国近世以降における仏教思想史	安藤智信著	七、〇〇〇円
南北朝隋唐期佛教史研究	大内文雄著	一一、〇〇〇円

価格税別

藤善眞澄（ふじよし　ますみ）

1934年、鹿児島県生まれ。1964年、京都大学大学院文学研究科博士課程単位取得。文学博士。関西大学文学部教授、名誉教授。東洋史・中国佛教史・文化史および歴史地理学・日中関係史を専攻。著書に『安禄山』人物往来社、『安禄山と楊貴妃・安史の乱始末記』清水書院、『道宣伝の研究』京都大学学術出版会、『隋唐時代の佛教と社会――弾圧の狭間にて――』白帝社、『参天台五臺山記の研究』関西大学東西学術研究所、『中国史逍遙』藤善眞澄先生古稀記念会、共著に『天台の流伝――智顗から最澄へ――』山川出版社、編著に『アジアの歴史と文化２　中国史―中世』同朋舎出版、『浙江と日本』『福建と日本』関西大学東西学術研究所など、訳註に森鹿三等共訳『洛陽伽藍記・水経注（抄）』平凡社、『諸蕃志』『参天台五臺山記』関西大学東西学術研究所ほかがある。2012年逝去。

中国《ちゅうごく》佛教《ぶっきょう》史《し》研究《けんきゅう》
――隋唐佛教《ずいとうぶっきょう》への視角《しかく》――

二〇一三年一〇月二五日　初版第一刷発行

著　者　藤　善　眞　澄
発行者　西　村　明　高
発行所　株式会社　法藏館
京都市下京区正面通烏丸東入
郵便番号　六〇〇－八一五三
電話　〇七五－三四三－〇〇三〇（編集）
　　　〇七五－三四三－五六五六（営業）

印刷・製本　亜細亜印刷株式会社

ISBN 978-4-8318-7285-2 C3022

藤善 眞澄

中國佛教史研究——隋唐佛教之視角

目　次

FUJIYOSHI MASUMI

HISTORY OF CHINESE BUDDHISM: A VIEWPOINT ON BUDDHISM IN SUI 隋 AND TANG 唐 DYNASTIES

CONTENTS

索　引

凡例

・本書の索引は、１．人名・僧名索引、２．地名・寺名索引、３．書名・佛書索引、４．件名索引、５．研究者（邦人・外国人）索引より成る

・１～４の各索引の配列は字音に拠る。なお原則として漢音を採り、僧名・寺名・件名の一部は呉音に従った

・５．研究者索引中、中国人研究者の配列はピンインに拠り、末尾に欧米人研究者を附した

・「→」は見よ項である。各章の主題となる項目については「1-3」（第一篇第三章）のように示した

1．人名・僧名索引

＜人名＞

ア行——

カ行——

サ行——

タ行——

ナ行——

ハ行——

マ行——

ヤ行——

ラ行——

＜僧名＞

ア行――

ナ行――

ハ行――

マ行――

ヤ行――

ラ行――

2．地名・寺名索引

＜地名＞

ア行――

カ行――

サ行――

＜寺名＞

ラ行――

3．書名・佛書索引

<書名>

ア行――

カ行――

サ行――

タ行——

＜佛書＞

ヤ行――

ラ行――

4．件名索引

ア行――

カ行――

サ行——

タ行——

ナ行——

ハ行——

マ行——

ヤ行——

ラ行——

5．研究者索引

＜邦人研究者＞

ア行——

カ行——

サ行——

タ行——

ナ行——

ハ行——

マ行——

ヤ行——

ワ行——

＜外国人研究者＞